UPSSSC

राजस्व लेखपाल

नवीनतम संस्करण
अभ्यास किट

22 टेस्ट्स
12 सेक्शनल टेस्ट्स
10 मॉक टेस्ट्स

वास्तविक परीक्षा प्रारूप पर आधारित टेस्ट

✓ पूर्णतः संशोधित और अद्यतन

✓ सभी बहुविकल्पीय प्रश्नो का विस्तृत विश्लेषण

<table>
<tr><td>शीर्षक</td><td>: UPSSSC राजस्व लेखपाल</td></tr>
<tr><td>लेखक का नाम</td><td>: Mr. Rohit Manglik</td></tr>
<tr><td>प्रकाशक</td><td>: EduGorilla Community Pvt. Ltd.</td></tr>
<tr><td>प्रकाशक का पता</td><td>: 12/651 प्रथम तल, अरविन्दो पार्क के सामने, निकट जामा मस्जिद, इंदिरा नगर लखनऊ, उत्तर प्रदेश, 226016, भारत।</td></tr>
</table>

कॉपीराइट EduGorilla

अस्वीकरण EduGorilla

Compiled and created by EduGorilla Community Pvt. Ltd

EduGorilla Community Pvt. Ltd. द्वारा मुद्रित

प्रिय छात्रों,

एक बहुत ही प्रचलित कहावत है कि "सफलता उन्हीं को मिलती है जो उसके लिए कड़ी मेहनत करते हैं।" लेकिन मैंने लोगों को उनकी परीक्षाओं के लिए दिन-रात एक करके मेहनत करते हुए देखा है, पर फिर भी वे सफल नहीं हो पाते। तो वहीं दूसरी ओर, कुछ लोग बस आधी मेहनत करके परीक्षा में सफलता प्राप्त करते हैं। तो, क्या वे किस्मत वाले हैं? नहीं मेरा मानना है, कि ऐसा इसलिए है क्योंकि वे सिर्फ कड़ी नहीं बल्कि कुशल तरीके से अपनी तैयारी करते हैं। इसी तरह आपको भी अपनी परीक्षाओं की तैयारी के लिए अपनी योजना बनानी चाहिए, ताकि आपकी भी सफलता की संभावना बढ़ सके। तो तैयार हो जाइये EduGorilla के साथ अपनी परीक्षा में चयन होने की संभावना को 16 गुना बढ़ाने के लिए।

EduGorilla आपको न केवल कड़ी मेहनत करने में मदद करता है, बल्कि एक स्मार्ट और योजनाबद्ध तरीके से तैयारी करने में भी सहायता प्रदान करता है। EduGorilla की तैयारी पैकेज के साथ आप अपने परीक्षा में चयन होने के रास्ते को सहज और मनोरंजक बना सकते हैं। अपनी तैयारी के लिए सही रास्ता खोजना मुश्किल हो सकता है, यदि आप ये नहीं जानते कि आपको किस दिशा में जाना है। चिंता न करें हम आपके साथ खड़े हैं! EduGorilla आपकी सफलता में आपका मार्गदर्शक बनेगा। हमारे तैयारी पैकेज के साथ आप रणनीतिक रूप से तैयारी कर, अपनी परीक्षा में सिर्फ एक ही प्रयास में सफल हो सकते हैं।

EduGorilla के तैयारी पैकेज में शामिल हैं-

- टेस्ट सीरीज़
- किताबें

हमारे तैयारी पैकेज को सभी तरह के नये बदलवों, विशेषज्ञों की राय एवं छात्रों के प्रतिक्रिया के अनुसार तैयार किया गया है। जो आपको परीक्षा के प्रत्येक चरण की चयन प्रक्रिया को पार करने के योग्य बनाता है।

हमारी किताबें शिक्षकों और विशेषज्ञों द्वारा आपकी परीक्षा के लिए तैयार की गई हैं, 150+ वर्षों के अनुभव के साथ; ताकि आपको आसान, कुशल और प्रभावी शिक्षण प्रदान किया जा सके। हमारी स्मार्ट किताबें न सिर्फ आपको प्रश्नों के उत्तर देने की समझ देती हैं, अपितु आपके अभ्यास के लिए समान रूप के प्रश्न भी प्रदान करती हैं।

EduGorilla की सक्षम टेस्ट सीरीज आपको वास्तविक अनुभव और आत्मविश्वास प्रदान करती हैं, जिसके माध्यम से आप केवल एक प्रयास में अपनी ऑफलाइन अथवा ऑनलाइन परीक्षा पास कर सकते हैं। वर्तमान में हम 83,000+ मॉक टेस्ट्स और 1,440+ प्रतियोगी एवं शैक्षणिक परीक्षाओं की तैयारी कराते हैं।

अर्थात, EduGorilla आपकी तैयारी में आपकी सहायता करने का कोई भी मौका नहीं छोड़ता है और परीक्षा के सभी चरणों को कवर करता है, ताकि परीक्षा की तैयारी के लिए आपको कहीं और भटकना ना पड़े।

हम आपको डिफेन्स, बैंकिंग, टीचिंग और अन्य राष्ट्रीय एवं राज्य स्तरीय परीक्षाओं के लिए सम्पूर्ण तैयारी पैकेज प्रदान करते हैं। अत: इससे कोई फर्क नहीं पड़ता कि आप किस परीक्षा के लिए तैयारी कर रहे हैं, क्योंकि आप सफलता हासिल करेंगे।

आपको परीक्षा की शुभकामनाएं!

रोहित मांगलिक,
संस्थापक और मुख्य कार्यकारी अधिकारी, EduGorilla

प्रस्तावना

EduGorilla छात्रों को उनकी परीक्षा में सफल होने के लिए मार्गदर्शन प्रदान करता है। जिसको ध्यान में रखते हुए हमारे कुल 150+ वर्षों का अनुभव रखने वाले प्रतिष्ठित विशेषज्ञों ने कड़े प्रयासों के द्वारा "UPSSSC : राजस्व लेखपाल" को तैयार किया है। इस किताब के प्रश्नों को हाल ही में परीक्षा के पाठ्यक्रम और पैटर्न में हुए सभी बदलावों को ध्यान में रखकर बनाया गया है। वो प्रश्न जिनकी UPSSSC Rajasva Lekhpal परीक्षा में आने कि संभवना काफी प्रबल है, उनको इस किताब मे रखा गया है। आप EduGorilla की "UPSSSC : राजस्व लेखपाल" के माध्यम से अपनी सफलता की संभावना को 16 गुना बढ़ा सकते हैं।

EduGorilla ये अपनी संपूर्ण तैयारी पैकेज के माध्यम से साकार करता है। इस किट में आपको प्रश्न अच्छी तरह अवधारित एवं संरचित रूप मे मिलेंगे जिन्हे आपकी जरूरतों के अनुसार बनाया गया है। इसके माध्यम से आपको स्मार्ट तरीके से परीक्षा के लिए अभ्यास करने में मदद मिलेगी। साथ ही आपको सहायक, समाधान और स्मार्ट उत्तर पत्रिका भी प्रदान की जायेंगी। जिससे आप अपना मूल्यांकन स्वयं कर सकते हैं। आप स्वयं की समीक्षा कर, उन सभी बिन्दुओं पर खुद को बेहतर तरीके से तैयार कर सकते हैं।

EduGorilla आपको अपनी परीक्षा में सफलता दिलाने और आपके लक्ष्य को हासिल करने में आपकी सहायता करने का वादा करता हैं। हम अपने प्रतिभागियों पर पूरा भरोसा करते हैं और उन्हें मेरिट सूची के शीर्ष पर देखते हैं। शीर्ष स्थान की ओर आपका पहला कदम है हमारे साथ तैयारी शुरू करना। EduGorilla की "UPSSSC : राजस्व लेखपाल" की विशेषताएं कुछ इस प्रकार हैं।

➤ अच्छी तरह से शोध किया हुआ पाठ्यक्रम

➤ उच्च गुणवत्ता

➤ विस्तृत उत्तर और विश्लेषण

➤ स्मार्ट उत्तर पत्रिका

➤ परीक्षा सुसंगत प्रश्न

इस प्रकार EduGorilla आपकी तैयारी को मजबूत और आपको परीक्षा में सफल होने के योग्य बनाता है।

UPSSSC Rajasva Lekhpal
परीक्षा की योग्यता, परीक्षा पैटर्न, विषय को जानने
के लिए QR कोड को स्कैन करें।

Book ID: 0177

विषय-सूची

General Hindi

Q.1 'बढ़ा-चढ़ा कर बोलना' दिए गए विकल्पों में से किस मुहावरे का अर्थ है?

A. ऐंठ कर चलना **B.** दिन काटना

C. ओले पड़ना **D.** डींग हाँकना

Q.2 'अंधे के हाथ बटेर लगना' मुहावरे का अर्थ है:

A. बिना प्रयास के कीमती वस्तु मिल जाना

B. सफल होना

C. अयोग्य होना

D. प्रयास से कीमती वस्तु मिलना

Q.3 'बालक फुटबॉल से खेल रहे हैं।' वाक्य में कौन सा कारक है?

A. संबंध कारक **B.** कर्म कारक

C. करण कारक **D.** संप्रदान कारक

Q.4 शुद्ध वर्तनी वाले शब्द का चयन करे:

A. कवयित्री **B.** कवित्री **C.** कवयित्री **D.** कवियित्री

Q.5 निर्देश: वाक्य के अशुद्ध भाग (त्रुटिपूर्ण भाग) का चयन कीजिए।

मैं पटना गया (a)/ तो उस समय (b)/मेरे पास (c)/केवल बीस रुपये मात्र थे। (d)

A. (a) **B.** (b) **C.** (c) **D.** (d)

Q.6 निम्नलिखित में कौन-सा शब्द स्त्रीलिंग नहीं है?

A. अन्त्येष्टि **B.** निराली **C.** झुरमुट **D.** इच्छा

Q.7 निम्नलिखित में से कौन सा शब्द एकवचन हैं?

[UP Police Sub Inspector, 2017]

A. आँसू **B.** प्राण **C.** आकाश **D.** दर्शन

Q.8 'प्रतिध्वनि' शब्द में निम्न में से कौन-सा समास है?

A. तत्पुरुष समास **B.** बहुव्रीहि समास

C. द्विगु समास **D.** अव्ययीभाव समास

Ques (9-13):निर्देश: गद्यांश को पढ़कर निम्नलिखित में सबसे उचित विकल्प को चुनिए।

जब कोई युवा पुरुष अपने घर से बाहर निकलकर बाहरी संसार में अपनी स्थिति जमाता है, तब पहली कठिनता उसे मित्र चुनने में पड़ती है।यदि उसकी स्थिति बिल्कुल एकान्त और निराली नहीं रहती तो उसकी जान-पहचान के लोग धड़ाधड़ बढ़ते जाते हैं और थोड़े ही दिनों में कुछ लोगों से उसका हेल-मेल हो जाता है। यही हेल-मेल बढ़ते-बढ़ते मित्रता के रूप में परिणत हो जाता है। मित्रों के चुनाव की उपयुक्तता पर उसके जीवन की सफलता निर्भर हो जाती है; क्योंकि संगति का गुप्त प्रभाव हमारे आचरण पर बड़ा भारी पड़ता है। हम लोग ऐसे समय में समाज में प्रवेश करके अपना कार्य आरम्भ करते हैं, जब कि हमारा चित्त कोमल और हर तरह का संस्कार ग्रहण करने योग्य रहता है, हमारे भाव अपरिमार्जित और हमारी प्रवृत्ति अपरिपक्व रहती है। हम लोग कच्ची मिट्टी की मूर्ति के समान रहते हैं, जिसे जो जिस रूप का चाहे, उस रूप का करे – चाहे राक्षस बनावे, चाहे देवता। ऐसे लोगों का साथ करना हमारे लिए बुरा है, जो हमसे अधिक दृढ़ संकल्प के हैं; क्योंकि हमें उनकी हर एक बात बिना विरोध के मान लेनी पड़ती है।पर ऐसे लोगों का साथ करना और बुरा है, जो हमारी ही बात को ऊपर रखते हैं; क्योंकि ऐसी दशा में न तो हमारे ऊपर कोई दबाव रहता है और न हमारे लिए कोई सहारा रहता है। दोनों अवस्थाओं में जिस बात का भय रहता है, उसका पता युवा पुरुषों को प्राय: बहुत कम रहता है।यदि विवेक से काम लिया जाए तो यह भय नहीं रहता, पर युवा पुरुष प्राय: विवेक से कम काम लेते हैं। जैसे आश्चर्य की बात है कि लोग एक घोड़ा लेते हैं तो उसके गुण-दोष को कितना परख कर लेते हैं, पर किसी को मित्र बनाने में उसके पूर्व आचरण और प्रकृति आदि का कुछ भी विचार और अनुसंधान नहीं करते।

Q.9 घर से बाहर निकलने के बाद व्यक्ति को सबसे पहले क्या चुनने में कठिनाई होती है?

A. घर **B.** स्कूल **C.** मित्र **D.** नौकरी

Q.10 मित्रता शब्द में कौन सी संज्ञा है?

A. व्यक्तिवाचक **B.** द्रव्यवाचक

C. जातिवाचक **D.** भाववाचक

Q.11 संगति का गुप्त प्रभाव किस पर पड़ता है?

A. आचरण **B.** धन **C.** नौकरी **D.** भविष्य

Q.12 निर्भर शब्द में सन्धि है?

A. गुण सन्धि **B.** यण सन्धि

C. विसर्ग सन्धि **D.** व्यंजन सन्धि

Q.13 समाज में प्रवेश के समय हमारे भाव और प्रवृत्ति किस तरह होती है?

A. परिमार्जित और अपरिपक्व

B. अपरिमार्जित और परिपक्व

C. अपरिमार्जित और अपरिपक्व

D. परिमार्जित और परिपक्व

Q.14 दिए गए विकल्पों में से 'उग्र' शब्द का विलोम क्या होगा?

A. उदात्त **B.** अनुपमा **C.** सौम्य **D.** विरत

Q.15 दिए गए विकल्पों में से 'निष्ठुर' शब्द का विलोम क्या होगा?

A. सहृदयी **B.** कठोर **C.** कृपालु **D.** करुण

Q.16 'घर' का तत्सम क्या होगा?

A. धान **B.** भवन **C.** गृह **D.** सदन

Q.17 खीरा' का तत्सम क्या होगा?

A. क्षीरक **B.** क्षीर **C.** खर्बुज **D.** क्षार

Q.18 निम्नलिखित में से 'भवन' शब्द में कौन-सी संधि होगी?

A. गुण संधि **B.** दीर्घ संधि

C. वृद्धि संधि **D.** अयादि संधि

Q.19 निर्देश: प्रत्येक प्रश्न के आगे दिए गए विकल्पों में से उचित विकल्प चुनें।

आज्ञा का पालन करने वाला:

[Sainik School Entrance Class VI, 2018]

A. आज्ञाकारी **B.** निर्भीक **C.** डरपोक **D.** सुन्दर

Q.20 'अपेक्षा' का अनेकार्थी शब्द समूह है-

A. एकमात्र, विशुध्द ज्ञान, सिर्फ

B. विशुध्द ज्ञान, सिर्फ, आशा

C. एकमात्र, विशुध्द ज्ञान, आवश्यकता

D. इच्छा, आवश्यकता, आशा

Q.21 'संज्ञा' शब्द का उचित अनेकार्थी शब्द समूह है।

A. चेतना, नाम **B.** रास्ता, रोगी का आहार

C. निकट, बन्धन **D.** पूछा हुआ, पन्ना

Q.22 'निधन' का पर्यायवाची है:
A. दिवावसान **B.** देहावसान **C.** देहान्तर **D.** आमरण

Q.23 'यक्षराज' का पर्यायवाची शब्द है:
A. बादल **B.** कल्पवृक्ष **C.** कुबेर **D.** चपला

Q.24 निम्नलिखित में किस शब्द में त्रुटि नहीं है-
A. अगामी **B.** आगमी **C.** आगामी **D.** अगमी

Q.25 निम्नलिखित में किस शब्द में त्रुटि नहीं है-
A. सुभेच्छा **B.** शुभेच्छा **C.** शुभ एच्छा **D.** शुभीक्षा

Mathematics

Q.26 एक समलंब का क्षेत्रफल 18 वर्ग सेमी है। इसकी ऊंचाई और आधार क्रमशः 3 सेमी और 5 सेमी है। आधार के समानांतर भुजा की लंबाई ज्ञात कीजिए।
A. 8 सेमी **B.** 12 सेमी **C.** 10 सेमी **D.** 7 सेमी

Q.27 यदि $k(3$ माध्यक - बहुलक$) = $ माध्य है, तो k का मान क्या है?
A. 2 **B.** $\frac{1}{2}$ **C.** $\frac{1}{3}$ **D.** 3

Q.28 AB और CD एक वृत्त के व्यास हैं जो एक-दूसरे को P पर काटते हैं। AC, CB, BD और DA को मिला दीजिए। यदि $\angle PAD = 60°$ है, तो $\angle BPD$ किसके बराबर है?

[Indian Military Academy (IMA), 2021]

A. 30° **B.** 60° **C.** 90° **D.** 120°

Q.29 आयताकार मैदान की एक भुजा 15 मीटर है और इसका एक विकर्ण 17 मीटर है, मैदान का क्षेत्रफल ज्ञात कीजिए?
A. 75 वर्गमीटर **B.** 120 वर्गमीटर
C. 240 वर्गमीटर **D.** 350 वर्गमीटर

Q.30 एक लॉन एक आयत के रूप में है, जिसकी भुजाओं का अनुपात 2 : 3 है। लॉन का क्षेत्रफल $\frac{1}{6}$ हेक्टेयर है। लॉन की लंबाई और चौड़ाई ज्ञात करें।
A. लंबाई = 66 मीटर, चौड़ाई = 10 मीटर
B. लंबाई = 33.33 मीटर, चौड़ाई = 20 मीटर
C. लंबाई = 99.9 मीटर, चौड़ाई = 30 मीटर
D. लंबाई = $33\frac{1}{3}$ मीटर, चौड़ाई = 50 मीटर

Q.31 एक आयताकार कालीन का क्षेत्रफल 120 मीटर² और परिमाप 46 मीटर है। इसके विकर्ण की लंबाई ज्ञात कीजिए।
A. 15 मीटर **B.** 20 मीटर **C.** 17 मीटर **D.** 16 मीटर

Q.32 यदि (x - 4) और (x + 6), समीकरण x² + ax + b = 0 के गुणनखंड हैं, तो (a – b) का मान ज्ञात कीजिए।
A. 22 **B.** -34 **C.** 17 **D.** 26

Q.33 एक द्विघात समीकरण $5x^2 - 10x + p = 0$ है। इस समीकरण के मूलों का गुणनफल, मूलों के योग का 4 गुना है। p का मान क्या है?
A. 40 **B.** 50 **C.** 60 **D.** 70

Q.34 एक व्यक्ति 15% की हानि पर एक वस्तु बेचता है। यदि उसने इसे 450 रुपये में बेचा होता, तो उसे 10% का लाभ होता। इस वस्तु की लागत मूल्य ज्ञात कीजिए।
A. 1800 **B.** 1600 **C.** 1700 **D.** 1500

Q.35 एक आयत तथा वर्ग का परिमाप समान है। आयत की लंबाई और चौड़ाई क्रमशः 10 सेमी और 8 सेमी है। वर्ग का क्षेत्रफल ज्ञात करें।

[Sainik School Entrance Class VI, 2018]

A. 114 वर्ग सेमी **B.** 36 वर्ग सेमी
C. 81 वर्ग सेमी **D.** 64 वर्ग सेमी

Q.36 3.6 मीटर $\times 4.5$ मीटर साइज के एक कमरे के फर्श के लिए 15 सेमी भुजा वाली कितनी वर्गाकार टाइलों की जरूरत पड़ेगी?

[Sainik School Entrance Class VI, 2018]

A. 720 **B.** 360 **C.** 10800 **D.** 5400

Q.37 दो सम बहुभुज की भुजाओं का अनुपात $1 : 2$ है और उनके अंतः कोण का अनुपात $2 : 3$ है। इन बहुभुज की भुजाओं की संख्या क्रमशः है-
A. 6,12 **B.** 5,10 **C.** 4,8 **D.** 7,14

Q.38 9 सेमी, 12 सेमी और 15 सेमी त्रिज्या की तीन गोलाकार गेंदों को एक नई गोलाकार गेंद बनाने के लिए पिघलाया जाता है। नई गेंद की त्रिज्या (सेमी में) क्या है?
A. 17 सेमी **B.** 28 सेमी **C.** 18 सेमी **D.** 16 सेमी

Q.39 x का मान ज्ञात कीजिये।

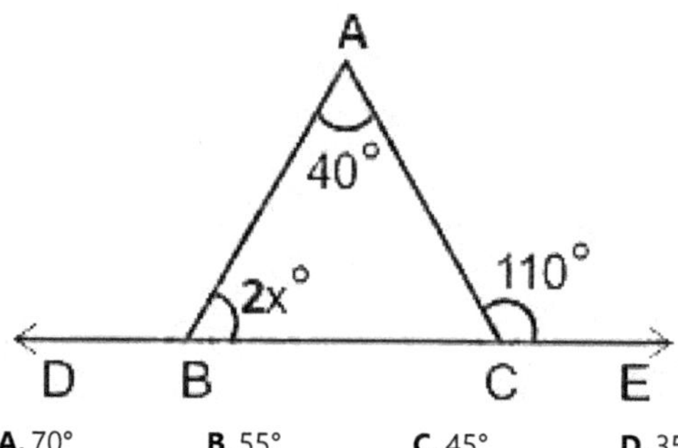

A. 70° **B.** 55° **C.** 45° **D.** 35°

Q.40 दिए गए संख्याओं के समूह की माध्यिका ज्ञात कीजिए:
$2, 6, 6, 8, 4, 2, 7, 9$
A. 6 **B.** 8 **C.** 4 **D.** 5

Q.41 बंटन का बहुलक 24 है और माध्य 60 है। इसकी माध्यिका क्या है?
A. 48 **B.** 50 **C.** 45 **D.** 51

Q.42 37 मिनट 45 सेकंड एक दिन का कितना प्रतिशत है?
A. 2.62% **B.** 2.1% **C.** 2.69% **D.** 0.25%

Ques (43-47):निर्देश: निम्नलिखित ग्राफ का ध्यानपूर्वक अध्ययन करें और नीचे दी गई जानकारी के आधार पर प्रश्न का उत्तर दें।

छह अलग-अलग विषयों को पढ़ाने वाले शिक्षकों का प्रतिशत वितरण:

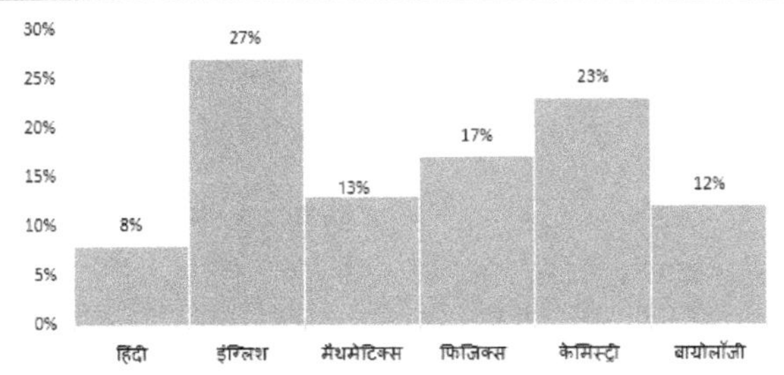

शिक्षकों की कुल संख्या = 1800

Q.43 इंग्लिश और फिजिक्स को मिलाकर पढ़ाने वाले कर्मचारियों की कुल संख्या और मैथमेटिक्स और बायोलॉजी को मिलाकर पढ़ाने वाले शिक्षकों की कुल संख्या के बीच का अंतर कितना है?

A. 57% **B.** 42% **C.** 63% **D.** 69%

Q.44 केमिस्ट्र , इंग्लिश और बायोलॉजी पढ़ाने वाले शिक्षकों की कुल संख्या कितनी है?

A. 1226 **B.** 1116 **C.** 1176 **D.** 998

Q.45 इंग्लिश और फिजिक्स को मिलाकर पढ़ाने वाले कर्मचारियों की कुल संख्या और मैथमेटिक्स और बायोलॉजी को मिलाकर पढ़ाने वाले शिक्षकों की कुल संख्या के बीच का अंतर कितना है?

A. 352 **B.** 342 **C.** 332 **D.** 322

Q.46 मैथमेटिक्स पढ़ाने वाले शिक्षकों का हिंदी पढ़ाने वाले शिक्षकों की संख्या से अनुपात कितना है?

A. 13 : 7 **B.** 7 : 13 **C.** 7 : 26 **D.** 13 : 8

Q.47 यदि मैथमेटिक्स के शिक्षकों के प्रतिशत में 50% की वृद्धि की जाती है और हिंदी के शिक्षकों के प्रतिशत में 25% की कमी की जाती है, तो मैथमेटिक्स और हिंदी के शिक्षकों की कुल संख्या कितनी होगी?

A. 390 **B.** 379 **C.** 459 **D.** 480

Q.48 दिया गया आयतचित्र एक राजमार्ग पर किसी विशेष स्थान से गुजरने वाली कारों की गति की आवृत्ति वितरण दर्शाता है। आरेख का अध्ययन कीजिये और निम्न प्रश्न का उत्तर दीजिये।

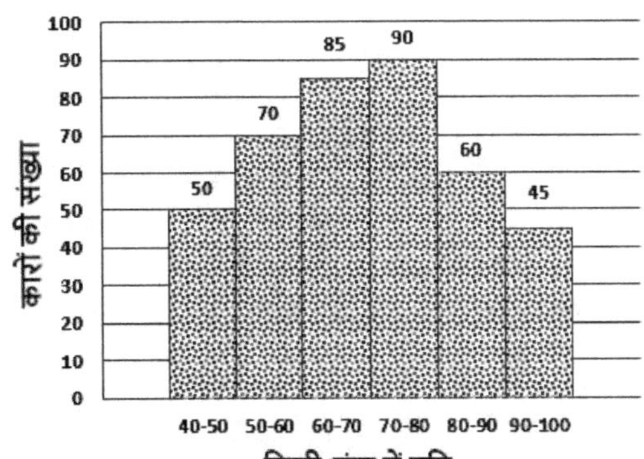

कितनी प्रतिशत कारें 70 किमी/घंटा से कम की गति से चल रही थी?

A. 30% **B.** 51.25% **C.** 60% **D.** 45.75%

Q.49 दो संख्याओं का म. स. प. और ल. स. प. क्रमशः 6 और 432 है। यदि इनमें से एक संख्या 48 है, तो दूसरी संख्या है-

[UPTET Paper - I, 2019]

A. 52 **B.** 42 **C.** 27 **D.** 54

Q.50 यदि 56 और 84 के उभयनिष्ठ धनात्मक गुणनखंडों का योग = 400 - 43 × ____ है, तो रिक्त स्थान में आने वाली संख्या है:

A. 6 **B.** 8 **C.** 2 **D.** 3

General Knowledge

Q.51 जून 2022 में सशस्त्र सीमा बल के नए महानिदेशक के रूप में किसे नियुक्त किया गया है?

A. सुजॉय लाल थाओसेन **B.** संजय अरोड़ा
C. संजीव शर्मा **D.** रंजीत सिंह राणा

Q.52 अगस्त 2022 में वडोदरा में आईटी-सक्षम सेवा (आईटीईएस) पार्क स्थापित करने के लिए किस कंपनी ने गुजरात सरकार के साथ समझौता ज्ञापन पर हस्ताक्षर किए हैं?

A. आदित्य बिड़ला ग्रुप
B. रिलायंस इंडस्ट्रीज लिमिटेड
C. लार्सन एंड टुब्रो (एल एंड टी) लिमिटेड
D. अदानी ग्रुप

Q.53 विश्व कुश्ती चैंपियनशिप में चार पदक जीतने वाले पहले भारतीय कौन हैं?

[HSSC Canal Patwari, 2021]

A. विनेश फोगाट **B.** बजरंग पुनिया
C. बबिता कुमारी **D.** गीता फोगाट

Q.54 जल जनित और वाहक जनित रोगों के प्रसार को रोकने के लिए उत्तर प्रदेश राज्य द्वारा निम्नलिखित में से कौन सा अभियान शुरू किया गया था?

A. स्वास्थ्य **B.** सुरक्षित
C. दस्तक **D.** इनमें से कोई नहीं

Q.55 भारत स्मार्ट सिटी पुरस्कार समारोह में उत्तर प्रदेश राज्य के निम्नलिखित में से किस शहर को 4 श्रेणियों में पुरस्कार प्राप्त हुए?

A. नोएडा **B.** वाराणसी **C.** प्रयागराज **D.** अमेठी

Q.56 19 अप्रैल, 2022 को, मुख्यमंत्री योगी आदित्यनाथ ने उत्तर प्रदेश राज्य के किस जिले में राष्ट्रीय रोग नियंत्रण केंद्र की स्थापना को मंजूरी दी?

A. लखनऊ **B.** आजमगढ़ **C.** भदोही **D.** पीलीभीत

Q.57 मंगल पांडे उत्तर प्रदेश के किस जिले के रहने वाले थे?

A. लखनऊ **B.** बलिया **C.** कानपुर **D.** वाराणसी

Q.58 1857 के विद्रोह के दौरान, कॉलिन कैंपबेल द्वारा लखनऊ पर कब कब्जा कर लिया गया था:

A. 21 मार्च, 1858 **B.** 25 मार्च, 1858
C. 29 मार्च, 1858 **D.** 11 मार्च, 1858

Q.59 EEPROM का पूर्ण रूप क्या है?

A. इलेक्ट्रोनिकली इरेज़ेबल प्रोग्राम्ड रीड-ओनली मेमोरी
B. इज़ली इरेज़ेबल प्रोग्राम्ड रीड-ओनली मेमोरी
C. इलेक्ट्रोनिकली इरेज़ेबल प्रोग्रामिंग रीड-ओनली मेमोरी
D. इलेक्ट्रीकली इरेज़ेबल प्रोग्रामेबल रीड-ओनली मेमोरी

Q.60 कंप्यूटर में सेंट्रल प्रोसेसिंग यूनिट (CPU) में निम्न शामिल हैं:

A. इनपुट, आउटपुट और प्रोसेसिंग
B. कंट्रोल यूनिट, प्राइमरी स्टोरेज और सेकंडरी स्टोरेज
C. कंट्रोल यूनिट, अरिथमेटिक-लॉजिक यूनिट, प्राइमरी स्टोरेज
D. इनमे से कोई भी नहीं

Q.61 निम्नलिखित में से कौन एक आउटपुट डिवाइस है?

A. माइक **B.** माउस **C.** स्पीकर **D.** कीबोर्ड

Q.62 'जनसांख्यिकीय लाभांश' क्या होता है?

A. 15 से 59 वर्ष की कार्यशील जनसंख्या

B. 0 से 6 वर्ष की जनसंख्या

C. 14 से 50 वर्ष की कार्यशील जनसंख्या

D. 60 वर्ष से अधिक की कार्यशील जनसंख्या

Q.63 वायुमंडल की सबसे उपरी परत कौन सी है जिस में पृथ्वी के वायुमंडल में प्रवेश करने के बाद उल्कापिंड जल जाते हैं?

A. क्षोभ मंडल   B. समतापमंडल

C. मध्यमंडल   D. तापमंडल

Q.64 पम्पास घास के मैदान किस देश में स्थित है?

A. अर्जेंटीना   B. ब्राज़िल   C. चिली   D. इक्वेडोर

Q.65 अगस्त 1858 में, ब्रिटिश संसद ने एक अधिनियम पारित किया जिसने कंपनी के शासन को समाप्त कर दिया, इसे _______ कहा गया।

A. भारत सरकार अधिनियम

B. भारतीय न्यास अधिनियम

C. काजिस अधिनियम

D. फोर्ट विलियम अधिनियम

Q.66 भारतीय संविधान में अवशिष्ट शक्तियों के विचार को _______ के संविधान से लिया गया था।

A. यूनाइटेड किंगडम   B. फ्रांस

C. जर्मनी   D. कनाडा

Q.67 कांस्य तांबे और _____ का मिश्र धातु है।

[UPSC Central Armed Police Forces AC, 2017]

A. निकल

C. टिन

B. लोहा

D. अल्युमिनियम

Q.68 वायु की नमी को मापने के लिए निम्नलिखित में से किस उपकरण का उपयोग किया जाता है?

[UPSC Central Armed Police Forces AC, 2017]

A. हाइड्रोमीटर   B. हाइग्रोमीटर

C. हाइपोमीटर   D. पायकनोमीटर

Q.69 कार्बनिक खेती के बारे में निम्नलिखित में से कौन सा सही नहीं है?

[UPSC Central Armed Police Forces AC, 2017]

A. यह आनुवंशिक रूप से संशोधित बीजों का उपयोग नहीं करता है

B. सिंथेटिक कीटनाशकों या उर्वरकों का उपयोग नहीं किया जाता है

C. यह न्यूनतम फसल चक्रण का उपयोग करता है

D. यह पारिस्थितिक रूप से सुरक्षात्मक प्रथाओं का उपयोग करता है

Q.70 पत्तियों के हरे वर्णक में निम्नलिखित में से कौन सा तत्व मौजूद है?

[UPSC Central Armed Police Forces AC, 2017]

A. मैग्नीशियम   B. लोहा   C. कैल्शियम   D. तांबा

Q.71 निम्न में से एक गैस ने वर्ष 1984 में भोपाल गैस त्रासदी का कारण बना था।

[UPSC Central Armed Police Forces AC, 2017]

A. मिथाइल आइसोसाइनेट

B. हेक्सामेथिलीन डायसोसायनेट

C. आइसोफोरोन डायसोसायनेट

D. आइसोथियोसाइनेट

Q.72 हासमान प्रत्यागत नियम अनुपात में इस अवधि में सही लागू होता है:

[DSSSB TGT Social Science, 2014]

A. बाजार - अवधि   B. अल्प-अवधि

C. दीर्घ- अवधि   D. दीर्धकालिक-अवधि

Q.73 जनसंख्या के जनसांख्यिकीय परिवर्तन सिद्धांत में पहले चरण की विशेषता थी:

[DSSSB TGT Social Science, 2014]

A. उच्च जन्म दर और उच्च मृत्यु दर

B. उच्च जन्म दर और निम्न मृत्यु दर

C. निम्न जन्म दर और निम्न मृत्यु दर

D. निम्न जन्म दर और उच्च मृत्यु दर

Q.74 'स्वदेशी' और 'बहिष्कार' को बंगाल में संघर्ष के तरीकों के रूप में अपनाया गया था उसी समय वंदे मातरम आंदोलन किस स्थान पर हुआ था?

A. तमिलनाडु   B. पंजाब   C. आंध्र प्रदेश   D. पूना

Q.75 निम्नलिखित में से कौन-सा सिकंदर के भारत पर आक्रमण का परिणाम था?

1. भारत के महत्वपूर्ण भौगोलिक खातों का विकास।

2. ग्रीस के साथ व्यापार सुविधाओं में कमी।

3. मौर्य साम्राज्य का विस्तार।

कूट का उपयोग करके सही उत्तर चुनिए:

A. केवल 1, 2 और 3   B. केवल 1 और 2

C. केवल 2 और 3   D. केवल 1 और 3

Rural Development and Rural Society

Q.76 पंचायती राज संस्थान _______ के तहत अस्तित्व में आए।

A. 42 वें संशोधन अधिनियम

B. 86 वें संशोधन अधिनियम

C. 63 वें संशोधन अधिनियम

D. 73 वें संशोधन अधिनियम

Q.77 निम्नलिखित में से कौन भारत में पंचायती राज व्यवस्था वाला पहला राज्य है?

A. मध्य प्रदेश   B. राजस्थान

C. पश्चिम बंगाल   D. उत्तर प्रदेश

Q.78 भारत के संविधान में निम्नलिखित में से कौन सा संशोधन 'पंचायती राज व्यवस्था' को संवैधानिक दर्जा प्रदान करता है?

A. 71 वें संशोधन   B. 72 वें संशोधन

C. 73 वें संशोधन   D. 75 वें संशोधन

Q.79 ग्रामीण प्रशासन का मुख्य कार्य क्या है?

A. भूमि संबंधी विवादों को सुनना

B. पटवारियों के कार्य का पर्यवेक्षण करना

C. (A) और (B) दोनों

D. इनमें से कोई नहीं

Q.80 ग्राम पंचायत _______ के प्रति जवाबदेह होती है।

A. ग्राम सभा   B. वार्ड   C. ग्राम   D. पंच

Q.81 ग्राम स्तर पर भूमि अभिलेखों का _______ द्वारा ध्यान रखा जाता है।

A. चौकीदार   B. तहसीलदार

C. जिला कलेक्टर   D. कानूनगो

Q.82 निम्नलिखित में से कौन से प्रधानमंत्री गरीब कल्याण पैकेज के लाभ हैं?

A. 50 लाख रुपये का बीमा कवर

B. बीपीएल परिवारों को एक महीने के लिए मुफ्त एलपीजी सिलेंडर

C. पीएम गरीब कल्याण अन्न योजना के तहत अगले तीन महीने तक मुफ्त दालें

D. (A) और (C) दोनों सही हैं

Q.83 किस केंद्रीय मंत्रालय ने 'मिट्टी के बर्तनों की गतिविधि' और 'मधुमक्खी पालन गतिविधि' वाली योजनाओं के लिए दिशा-निर्देशों की घोषणा की थी?

A. कृषि और ग्रामीण विकास मंत्रालय

B. एमएसएमई मंत्रालय

C. सामाजिक न्याय और अधिकारिता मंत्रालय

D. महिला एवं बाल विकास मंत्रालय

Q.84 एसएचजी ने _______ परिवारों में बचत करने की आदत को बढ़ावा दिया।

A. ग्रामीण   **B.** विदेशी

C. शहरी   **D.** इनमे से कोई नहीं

Q.85 _______ सरकार द्वारा विपणन प्रणाली में सुधार के लिए की गई एक पहल है।

A. बिचौलियों   **B.** थोक बाज़ार

C. विनियमित बाजार   **D.** इनमे से कोई नहीं

Q.86 सरकार द्वारा एमएसपी क्यों तय की जाती है?

A. सरकार के अपने फायदे के लिए

B. किसानों के हितों की रक्षा के लिए

C. उपभोक्ताओं के हित बचाने के लिए

D. इनमे से कोई भी नहीं

Q.87 जैविक खाद्य बेचने के लिए खुदरा श्रृंखलाओं और सुपरमार्केट को कौन सा दर्जा दिया गया है?

A. पारिस्थितिकी दर्जा   **B.** स्थायी दर्जा

C. पोषक तत्वों का दर्जा   **D.** हरित दर्जा

Q.88 सरल सेवा ग्राम आकार में ____ होते है।

A. छोटे   **B.** मध्यम   **C.** बड़े   **D.** बहुत बड़े

Q.89 तुलनात्मक रूप से एक समरूप समाज है:

A. कृषक समाज   **B.** लघु समाज

C. नगरीय समाज   **D.** उपरोक्त सभी

Q.90 "ग्राम एवं नगर दोनों ही सामान है, इनमे न कोई एक दूसरे से अधिक प्राकृतिक है और न ही कृत्रिम" यह कथन निम्न में से किसका है?

A. सोरोकिन   **B.** ए.आर. देसाई

C. मैकाइवर एवं पेज   **D.** एस.सी. दुबे

Q.91 ग्राम एवं नगर के पारस्परिक प्रभाव ने निम्न में से किस प्रक्रिया को जन्म नहीं दिया?

A. ग्राम्य नगरीकरण   **B.** ग्रामीणकरण

C. संस्कृतिकरण   **D.** ग्राम नगरीय नैरन्तर्य

Q.92 ग्रामीण विकास में ग्रामीण संस्थाओं की निम्नलिखित में से कौन-सी भूमिका है?

A. ग्रामीण संस्थाएं प्रभावित करती हैं कि ग्रामीण समाज में संपत्ति का वितरण कैसे होता है

B. ग्रामीण संस्थान कैसे कार्य करते हैं और विकसित होते हैं, यह स्वामित्व और संपत्ति के प्रभाव पर निर्भर करता है

C. (A) और (B) दोनों

D. इनमें से कोई नहीं

Q.93 "ग्राम सभा" के संबंध में कौन-सा कथन सही नहीं है?

A. यह एक निकाय है जिसमें पंचायत स्तर के क्षेत्र के भीतर एक गांव की

मतदाता सूची में पंजीकृत व्यक्ति शामिल होते हैं

B. यह एक ग्राम सभा होती है जिसमें पंचायत के क्षेत्र के सभी पंजीकृत मतदाता होते हैं

C. इसके अधिकार केंद्र सरकार द्वारा निर्धारित होते हैं

D. ग्राम स्तर पर इसके अधिकार और कार्य, राज्य स्तर पर राज्य विधानमंडल के समान होते हैं

Q.94 भारत में ग्रामीण सहकारी बैंकों का नियमन कौन करता है?

A. भारतीय रिजर्व बैंक

B. भारतीय स्टेट बैंक

C. बीमा विनियामक एवं विकास प्राधिकरण

D. इनमे से कोई भी नहीं

Q.95 राष्ट्रीय कृषि और ग्रामीण विकास बैंक (NABARD) का मुख्यालय कहाँ है?

A. दिल्ली   **B.** चंडीगढ़   **C.** कोलकाता   **D.** मुंबई

Q.96 समाज का प्रकार क्या है?

A. जनजातीय   **B.** कृषक

C. औद्योगिक   **D.** उपरोक्त सभी

Q.97 बच्चों की स्थिति में सुधार के लिए भारत में ______ लागू किया गया है।

A. एकीकृत बाल विकास परियोजना

B. नवप्रवर्तनशील बाल विकास योजना

C. भारतीय बाल विकास योजना

D. अंतरराष्ट्रीय बाल विकास परियोजना

Q.98 कृषि/पशु चिकित्सक/बागवानी स्नातकों द्वारा 'कृषि क्लिनिक और कृषि व्यवसाय केंद्रों की स्थापना' की योजना के तहत अनुसूचित जाति, अनुसूचित जनजाति, महिलाओं और अन्य वंचित वर्गों, उम्मीदवारों को उपलब्ध कुल ऋण राशि/कुल निवेश के लिए सब्सिडी घटक क्या है?

A. 25 प्रतिशत   **B.** 44 प्रतिशत

C. 60 प्रतिशत   **D.** 80 प्रतिशत

Q.99 ग्रामीण और अर्ध-शहरी क्षेत्रों में प्रति परिवार क्षतिग्रस्त आवास इकाइयों की मरम्मत के लिए व्यक्तियों को प्राथमिकता-प्राप्त क्षेत्र के ऋण के अंतर्गत कितनी राशि तक का ऋण शामिल है?

A. 50,000 रुपये   **B.** 1 लाख रुपये

C. 2 लाख रुपये   **D.** 10 लाख रुपये

Q.100 उत्तर प्रदेश गोपालक योजना 2021 के तहत युवाओं को कितना ऋण प्रदान किया जाता है?

A. 9 लाख   **B.** 10 लाख   **C.** 11 लाख   **D.** 14 लाख

// स्मार्ट उत्तर पुस्तिका //

सही उत्तर — उन छात्रों का प्रतिशत जिन्होंने प्रश्नों का सही उत्तर दिया था।　　**छोड़ दिया** — उन छात्रों का प्रतिशत जिन्होंने प्रश्नों को छोड़ दिया था।

प्रश्न संख्या	उत्तर	सही उत्तर / छोड़ दिया	प्रश्न संख्या	उत्तर	सही उत्तर / छोड़ दिया	प्रश्न संख्या	उत्तर	सही उत्तर / छोड़ दिया	प्रश्न संख्या	उत्तर	सही उत्तर / छोड़ दिया	प्रश्न संख्या	उत्तर	सही उत्तर / छोड़ दिया	प्रश्न संख्या	उत्तर	सही उत्तर / छोड़ दिया
1	D	68.8 % / 30.01 %	18	D	11.8 % / 83.53 %	35	C	85.89 % / 11.7 %	52	C	62.74 % / 33.07 %	69	C	44.89 % / 32.06 %	86	B	59.31 % / 31.63 %
2	A	76.95 % / 15.64 %	19	A	41.94 % / 30.81 %	36	A	84.14 % / 14.26 %	53	B	41.23 % / 33.15 %	70	A	84.29 % / 14.53 %	87	D	53.6 % / 32.61 %
3	C	53.14 % / 43.06 %	20	D	68.23 % / 30.82 %	37	C	61.02 % / 38.32 %	54	C	60.44 % / 35.86 %	71	A	82.41 % / 13.05 %	88	A	76.06 % / 18.25 %
4	A	40.47 % / 40.45 %	21	A	85.78 % / 10.06 %	38	C	69.92 % / 30.04 %	55	B	66.39 % / 32.08 %	72	B	50.18 % / 35.92 %	89	A	68.65 % / 31.2 %
5	D	59.49 % / 31.6 %	22	B	86.29 % / 12.79 %	39	D	65.3 % / 31.1 %	56	A	44.09 % / 48.15 %	73	A	32.02 % / 67.37 %	90	B	78.12 % / 11.17 %
6	C	87.78 % / 11.54 %	23	C	23.4 % / 67.19 %	40	A	51.36 % / 37.6 %	57	B	76.06 % / 21.93 %	74	C	46.24 % / 39.06 %	91	C	66.6 % / 30.13 %
7	C	77.46 % / 19.38 %	24	C	42.57 % / 47.98 %	41	C	67.68 % / 31.69 %	58	A	62.53 % / 33.04 %	75	D	17.35 % / 73.55 %	92	C	44.19 % / 44.58 %
8	D	46.02 % / 49.18 %	25	B	54.89 % / 31.07 %	42	A	45.94 % / 48.86 %	59	D	54.76 % / 40.86 %	76	D	49.92 % / 39.24 %	93	C	54.37 % / 33.23 %
9	C	44.14 % / 32.06 %	26	D	69.41 % / 30.07 %	43	A	11.15 % / 83.48 %	60	C	60.47 % / 35.6 %	77	B	57.35 % / 41.33 %	94	A	88.86 % / 10.99 %
10	D	67.19 % / 32.66 %	27	B	44.0 % / 36.55 %	44	B	46.99 % / 51.39 %	61	C	86.55 % / 11.28 %	78	C	44.21 % / 54.76 %	95	D	58.81 % / 32.67 %
11	A	64.45 % / 32.11 %	28	D	42.11 % / 50.29 %	45	B	30.39 % / 67.34 %	62	A	45.89 % / 44.81 %	79	C	55.31 % / 40.32 %	96	D	52.16 % / 31.73 %
12	C	48.56 % / 31.04 %	29	B	17.06 % / 71.33 %	46	D	85.47 % / 13.01 %	63	C	42.03 % / 32.99 %	80	A	61.44 % / 30.63 %	97	A	53.29 % / 40.83 %
13	C	44.95 % / 39.78 %	30	D	32.53 % / 67.09 %	47	C	30.4 % / 68.46 %	64	A	27.75 % / 71.89 %	81	D	87.58 % / 10.95 %	98	B	25.36 % / 67.25 %
14	C	50.48 % / 39.08 %	31	C	48.85 % / 45.02 %	48	B	40.94 % / 32.32 %	65	A	53.24 % / 35.87 %	82	D	51.5 % / 38.54 %	99	B	40.61 % / 41.01 %
15	D	44.73 % / 33.44 %	32	D	54.29 % / 30.61 %	49	D	67.52 % / 30.47 %	66	D	81.99 % / 17.77 %	83	B	85.22 % / 12.06 %	100	A	60.56 % / 37.54 %
16	C	77.23 % / 17.33 %	33	A	47.85 % / 35.18 %	50	B	51.54 % / 48.43 %	67	C	79.74 % / 11.98 %	84	A	47.75 % / 31.62 %			
17	A	13.85 % / 83.12 %	34	A	49.31 % / 42.88 %	51	A	24.15 % / 67.23 %	68	B	87.69 % / 10.45 %	85	C	45.63 % / 41.26 %			

//संकेत और समाधान//

1. जब कोई शब्द समूह या पद या वाक्यांश निरंतर अभ्यास के कारण सामान्य अर्थ न देकर विशेष अर्थ व्यक्त करने लगे तो उसे मुहावरा कहते हैं।

डींग हाँकना मुहावरे का अर्थ 'बढ़ा-चढ़ा कर बोलना' है।

वाक्य प्रयोग - मधुमिता सारा दिन डींग हांकती रहती है।

अतः विकल्प (D) सही है।

2. जब कोई शब्द समूह या पद या वाक्यांश निरंतर अभ्यास के कारण सामान्य अर्थ न देकर विशेष अर्थ व्यक्त करने लगे तो उसे मुहावरा कहते हैं।

'अंधे के हाथ बटेर लगना' मुहावरे का अर्थ "बिना प्रयास के कीमती वस्तु मिल जाना" है।

वाक्य प्रयोग- सुधीर कम्प्यूटर नहीं जानता, फिर भी उसके पिता ने उसे नया कम्प्यूटर दिला दिया। ये तो वही बात हुई कि 'अंधे के हाथ बटेर लगना'।

अतः विकल्प (A) सही है।

3. संज्ञा आदि शब्दों के जिस रूप से क्रिया के करने के साधन का बोध हो अर्थात जिसकी सहायता से कार्य संपन्न हो वह करण कारक कहलाता है। इसके विभक्ति-चिह्न 'से', 'के द्वारा' हैं। अर्थात 'बालक फुटबॉल से खेल रहे हैं।' वाक्य में करण कारक है।

अतः विकल्प (C) सही है।

4. शुद्ध वर्तनी अर्थात शब्दों का शुद्ध उच्चारण और शुद्ध लेखन जो कि शुद्ध दर्शन और शुद्ध श्रवण से आता है। कवयित्री का अर्थ वह स्त्री जो कविताओं की रचना करती है। अन्य सभी विकल्प त्रुटिपूर्ण है।

अतः विकल्प (A) सही है।

5. वाक्य के (d) भाग में त्रुटि है, क्योंकि केवल और मात्र का अर्थ एक ही होता है।

शुद्ध वाक्य: "मैं पटना गया तो उस समय मेरे पास केवल बीस रुपये थे।"

अतः विकल्प (D) सही है।

6. लिंग संज्ञा का गुण है, अतः हर संज्ञा शब्द या तो पुल्लिंग होगा या स्त्री लिंग।

झुरमुट पुल्लिंग शब्द है। अन्य सभी शब्द स्त्रीलिंग हैं।

अतः विकल्प (C) सही है।

7. शब्द के जिस रूप से वस्तु या व्यक्ति का एक संख्या होने का बोध हो, एकवचन कहलाते हैं।आकाश एकवचन है। अन्य विकल्प बहुवचन के अंतर्गत आते हैं।

अतः विकल्प (C) सही है।

8. 'प्रतिध्वनि' शब्द में अव्ययीभाव समास है।

- इस समास का पहला पद प्रधान होता है और समस्तपद वाक्य में क्रिया-विशेषण का काम करता है। इसी कारण से, अव्ययीभाव का समस्तपद सदा लिंग, वचन और विभक्तिहीन रहता है।
- इसके दोनों पदों का स्वतंत्र रूप से पृथक् प्रयोग नहीं होता; क्योंकि यह प्रायः 'नित्य समास' होता है।

अतः विकल्प (D) सही है।

9. घर से बाहर निकलने के बाद व्यक्ति को सबसे पहले मित्र चुनने में कठिनाई होती है।क्योंकि व्यक्ति के जीवन में उसके मित्र की एक महत्वपूर्ण भूमिका होती है यदि व्यक्ति की स्थिति एकान्त और निराली नही होती तो उनके हेल-मेल जान पहचान मित्रता के रूप में परिणत हो जाता है।

अतः विकल्प (C) सही है।

10. "मित्रता" शब्द में भाववाचक संज्ञा है। वस्तु या व्यक्ति के गुणों का बोध कराने वाले शब्द को भाववाचक संज्ञा कहते हैं। जैसे – शत्रुता, खटास, अरुणता आदि।

अतः विकल्प (D) सही है।

11. संगति का गुप्त प्रभाव हमारे आचरण पर बड़ा भारी पड़ता है हम ऐसे समय में समाज में प्रवेश कर अपना कार्य प्रारम्भ करते हैं। तो हमारा चित कोमल और हर प्रकार का संस्कार ग्रहण करने योग्य होता है इसलिए संगति हमारे आचरण को प्रभावित करता है।

अतः विकल्प (A) सही है।

12. निर्भर शब्द में विसर्ग सन्धि है। यदि विसर्ग से पहले कोई स्वर हो और विसर्ग के बाद कोई घोष ध्वनि हो तो विसर्ग का 'र' हो जाता है। जैसे निर्गुण = निः + गुण, निर्भर = निः + भर = निर्भर आदि।

अतः विकल्प (C) सही है।

13. समाज में प्रवेश के समय हमारे भाव और प्रवृत्ति अपरिमार्जित और अपरिपक्व होती है। हम लोग कच्ची मिट्टी के मूर्ति के समान रहते है। जिसे जो जिस रूप का चाहे उस रूप का करे जिस प्रकार मिट्टी को जैसा चाहो वैसे आकार प्रदान कर सकते हो। वैसे ही मनुष्य का भी आचरण अच्छा और बुरा बना सकते हो।

अतः विकल्प (C) सही है।

14. दिए गए विकल्पों में से 'उग्र' शब्द का विलोम सौम्य है।

उग्र का अर्थ - भयानक, तीव्र

सौम्य का अर्थ - शीतल, सुंदर

अतः विकल्प (C) सही है।

15. दिए गए विकल्पों में से 'निष्ठुर' शब्द का विलोम करुण है।

निष्ठुर का अर्थ - कठोर, निर्दयी

करुण का अर्थ - दयालु, दयावान

अतः विकल्प (D) सही है।

16. 'घर' का तत्सम रूप गृह है।

तत्सम शब्द संस्कृत भाषा के दो शब्दों, तत् + सम् से मिलकर बना है। तत् का अर्थ है – उसके, तथा सम् का अर्थ है – समान। जिन शब्दों को संस्कृत से बिना किसी परिवर्तन के ले लिया जाता है, उन्हें तत्सम शब्द कहते हैं। इनमें ध्वनि परिवर्तन नहीं होता है।

उदाहरण:

- निधि ने कहा, "चल आज मेरे घर चल।
- निश्चित समय पर वे उसके गृह आ पहुंचे।

अतः विकल्प (A) सही है।

17. खीरा' का तत्सम क्षीरक है।

तत्सम शब्द संस्कृत भाषा के दो शब्दों, तत् + सम् से मिलकर बना है। तत् का अर्थ है – उसके, तथा सम् का अर्थ है – समान। जिन शब्दों को संस्कृत से बिना किसी परिवर्तन के ले लिया जाता है, उन्हें तत्सम शब्द कहते हैं। इनमें ध्वनि परिवर्तन नहीं होता है।

उदाहरण:

- खीरा खाने से बाल स्वस्थ रहते हैं |
- क्षीरक ब्लड प्रेशर को सन्तुलित रखता है!

अतः विकल्प (A) सही है।

18.

- दिए गए विकल्पों में से 'भवन' शब्द में अयादि संधि होगी।

- इसका उचित संधि-विच्छेद भो + अन (ओ + अ = अव)' होगा।

- जहां ए, ऐ और ओ, औ से परे किसी भी स्वर के होने पर क्रमशः अय्, आय्, अव् और आव् हो जाता है, वहाँ इसे अयादि संधि कहते हैं।

अतः विकल्प (D) सही है।

19. आज्ञा का पालन करने वाला: आज्ञाकारी

आज्ञापालक का सीधा सा मतलब होता है,जो आज्ञा का पालन करने वाला हो। जैसे किसी नौकर को उसके मालिक ने आज्ञा दी और उसने उसका पालन किया तो वह आज्ञापालक होता है। आज्ञापालक और आज्ञाकारी एक ही अर्थ मे प्रयोग होते हैं।

अत: विकल्प (A) सही है।

20. इच्छा, आवश्यकता, आशा शब्द 'अपेक्षा' के अनेकार्थी शब्द हैं।

- 'मूर्ख, अचेतन, पत्थर, अनभिज्ञ' शब्द 'अपेक्षा' के अनेकार्थी हैं।

- एकमात्र, विशुद्ध ज्ञान, सिर्फ ये अन्य शब्द 'केवल' के अनेकार्थी शब्द हैं।

- अपेक्षा के अन्य अनेकार्थी शब्द हैं - बनिस्बत।

अतः विकल्प (D) सही है।

21. 'संज्ञा' शब्द का उचित अनेकार्थी शब्द समूह चेतना, नाम है।

- इसके अन्य शब्द- संकेत, ज्ञान हैं।

- वाक्य- सूर्यकांत त्रिपाठी जी को 'निराला' संज्ञा से अभिहित किया गया हैं।

अतः विकल्प (A) सही है।

22. 'निधन' के पर्यायवाची हैं – मृत्यु, स्वर्गवास, काशीवास, देहांत, गंगालाभ, देहावसान, अंत, पंचत्व, मौत, इंतकाल, निर्वाण, मरण इत्यादि।

अतः विकल्प (B) सही है।

23. 'यक्षराज' का पर्यायवाची शब्द है- कुबेर।

इसके अन्य पर्यायवाची हैं - कित्ररेश, धनद, धनाधिप, राजराज।

अतः विकल्प (C) सही है।

24. दिए गये विकल्पों में 'आगामी' शब्द में त्रुटि नहीं हैं जिसका अर्थ है 'भावी, आनेवाला, अगला, होनेवाला'।

अतः विकल्प (C) सही है।

25. उपर्युक्त विकल्पों में से 'शुभेच्छा' शब्द की वर्तनी शुद्ध है।

'शुभेच्छा' में गुण स्वर संधि है, 'शुभ + इच्छा = शुभेच्छा' इसका नियम 'अ + इ = ए' है।

अतः विकल्प (B) सही है।

26. दिया गया है:

ऊँचाई $= 3$ सेमी

आधार $= 5$ सेमी

समलंब का क्षेत्रफल $= 18$ वर्ग सेमी

हम जानते हैं कि,

समलंब का क्षेत्रफल $= \frac{1}{2} \times$ ऊँचाई $\times (a + b)$

जहाँ, $a =$ आधार के समानांतर भुजा की लंबाई

$b =$ आधार

$\Rightarrow 18$ वर्ग सेमी $= \frac{1}{2} \times 3 \times (a + 5)$

$\Rightarrow 36 = 3a + 15$

$\Rightarrow 21 = 3a$

$\Rightarrow a = \frac{21}{3} = 7$ सेमी

∴ आधार के समांतर भुजा की लंबाई 7 सेमी है।

अतः विकल्प (D) सही है।

27. माध्य माध्यक और बहुलक के बीच का संबंध:

माध्य– बहुलक = 3 (माध्य – माध्यक)

चूँकि हम जानते हैं,

माध्य – बहुलक = 3 (माध्य – माध्यक)

$\Rightarrow$ माध्य – बहुलक $= 3$माध्य $- 3$माध्यक

$\Rightarrow 3$माध्यक $-$ बहुलक $= 2$माध्य

$\Rightarrow \frac{1}{2}$ (3 माध्यक $-$ बहुलक) $=$ माध्य

$\therefore k = \frac{1}{2}$

अतः विकल्प (B) सही है।

28. दिया गया है:

$\angle PAD = 60$

$\angle BPD = 120°$

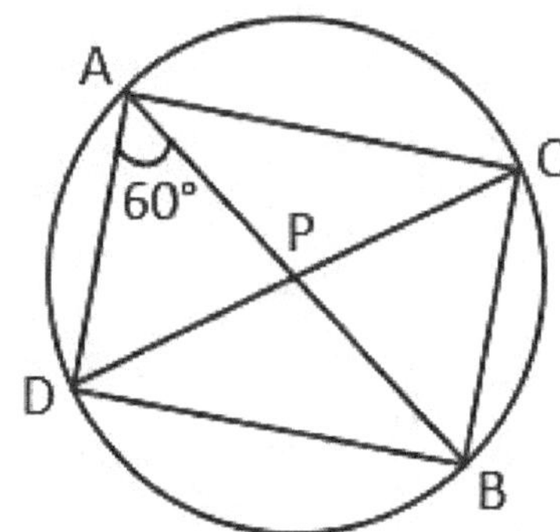

$\triangle APD$, में $AP = DP$ (वृत्त की त्रिज्या)

एक त्रिभुज में समान भुजाओं के सम्मुख कोण बराबर होते हैं

$\angle PAD = \angle PDA = 60°$

$\angle PAD + \angle PDA + \angle APD = 180°$ ($\triangle$ के कोण योग गुण से)

$60° + 60° + \angle APD = 180°$

$\angle APD = 60°$

$\angle APD + \angle BPD = 180°$ (रैखिक जोड़ी)

$\angle BPD = 120°$

अत: विकल्प (D) सही है।

29. दिया गया है,

आयताकार मैदान की लम्बाई = 15 मीटर

आयताकार मैदान के विकर्ण की लम्बाई = 17 मीटर

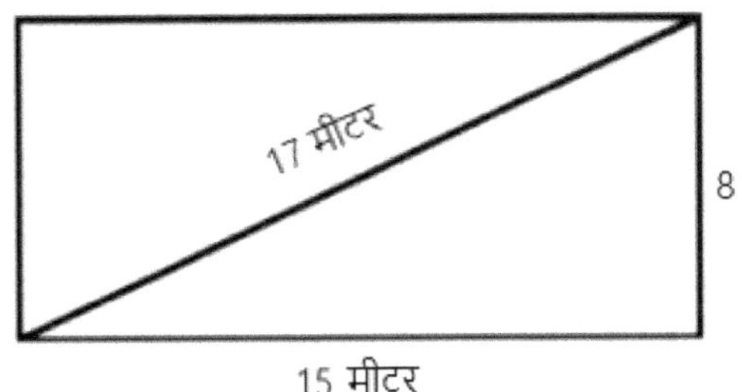

प्रश्न के अनुसार,

आयताकार मैदान की चौड़ाई $= \sqrt{(17)^2 - (15)^2}$

$= \sqrt{289 - 225}$

$= \sqrt{64}$

$= 8$ मीटर

आयत का क्षेत्रफल, $A = $ आयताकार मैदान की लम्बाई $\times$ आयताकार मैदान की चौड़ाई

$\Rightarrow A = (15 \times 8)$ वर्गमीटर

$\Rightarrow A = 120$ वर्गमीटर

अतः विकल्प (B) सही है।

30. दिया गया है,

एक लॉन एक आयत के रूप में है, जिसकी भुजाओं का अनुपात 2 : 3 है। लॉन का क्षेत्रफल $\frac{1}{6}$ हेक्टेयर है।

माना लंबाई $= 2x$ मीटर और चौड़ाई $= 3x$ मीटर है।

अब, क्षेत्रफल $= \left(\frac{1}{6} \times 10000\right)$ वर्गमीटर

$= \left(\frac{5000}{3}\right)$ वर्गमीटर

लॉन का क्षेत्रफल $=$ लॉन की लंबाई $\times$ लॉन की चौड़ाई

$\Rightarrow 2x \times 3x = \frac{5000}{3}$

$\Rightarrow x^2 = \frac{2500}{9}$

$\Rightarrow x = \left(\frac{50}{3}\right)$

इसलिए,

लंबाई $= 2x = \frac{100}{3}$ मीटर

$= 33\frac{1}{3}$ मीटर

चौड़ाई $= 3x = \left(3 \times \frac{50}{3}\right)$ मीटर

$= 50$ मीटर

अतः विकल्प (D) सही है।

31. दिया है:

आयताकार कालीन का क्षेत्रफल = 120 मीटर²

आयताकार कालीन का परिमाप = 46 मीटर

उपयोग किया गया सूत्र:

आयत का परिमाप = 2 (l + b)

प्रश्नानुसार,

2(l + b) = 46

⇒ (l + b) = 23

क्षेत्रफल, lb = 120

जैसा कि हम जानते हैं,

(l + b)² = l² + b² + 2lb

⇒ 23² = l² + b² + 2 × 120

⇒ l² + b² = 529 – 240

⇒ l² + b² = 289

∴ विकर्ण $= \sqrt{(l^2 + b^2)}$

$= \sqrt{289} = 17$ मीटर

अतः विकल्प (C) सही है।

32. दिया गया है:

(x - 4) और (x + 6), समीकरण x² + ax + b = 0 के गुणनखंड हैं।

यदि (x – p) समीकरण x² + ax + b = 0 के गुणनखंड हैं, तो 'p' समीकरण का मूल होगा।

समीकरण x² + ax + b = 0 का मूल 4 और -6 होगा।

मूलों के मान को रखने पर हमें दो समीकरण मिलेंगे:

16 + 4a + b = 0

⇒ 4a + b = -16   ---- (1)

और

36 – 6a + b = 0

⇒ -6a + b = - 36   ---- (2)

इन दो समीकरणों को हल करने से हमें मिलता है:

⇒ a = 2 और b = -24

इसलिए,

(a – b) = 2 – (-24)

= 26

अतः विकल्प (D) सही है।

33. दिया है-

$$5x^2 - 10x + p = 0$$

$ax^2 + bx + c = 0$ से तुलना करने पर,

$$\Rightarrow a = 5$$

$$\Rightarrow b = -10$$

$$\Rightarrow c = p$$

मूलों का योग (s) $= \dfrac{-b}{a}$

$$= \dfrac{10}{5}$$

$$= 2$$

मूलों का गुणनफल (p) $= \dfrac{c}{a}$

$$= \dfrac{p}{5}$$

प्रश्न के अनुसार,

इस समीकरण के मूलों का गुणनफल, मूलों के योग का 4 गुना है।

$$\Rightarrow \dfrac{p}{5} = 4 \times 2$$

$$\Rightarrow p = 40$$

अतः विकल्प (A) सही है।

34. प्रश्नानुसार,

व्यक्ति जब नुकसान में वस्तु बेचता है,

हानि प्रतिशत = x% = 15%

लागत मूल्य = 100

विक्रय मूल्य = 100 - x = 100 - 15 = 85

अब, यदि वह 10% का लाभ अर्जित करने के लिए वस्तु बेचता है,

लाभ प्रतिशत = x% = 10%

लागत मूल्य = 100

विक्रय मूल्य = 100 + x = 100 + 10 = 110

विक्रय मूल्य में अंतर = 110 - 85 = 25

और प्रश्न में वाक्य कहता है "यदि उत्पाद 450 रुपये में बेचा गया था" जिसका अर्थ है कि राशि का अंतर 450 रुपये है।

इसलिए, 25% = 450

और हमें लागत मूल्य निर्धारित करने की आवश्यकता है जो कि 100% है, इसलिए

लागत = (अधिक लाभ/प्रतिशत में अंतर) ×100

$$\Rightarrow \dfrac{450}{25} \times 100 = 1800 \ (लागत मूल्य)$$

अतः विकल्प (A) सही है।

35. जैसा कि हम जानते हैं,

आयत का परिमाप $= 2($ लंबाई $+$ चौड़ाई)

दिया गया है,

आयत की लंबाई $= 10$ सेमी

आयत की चौड़ाई $= 8$ सेमी

आयत और वर्ग का परिमाप समान है।

इसलिए, वर्ग का परिमाप $=$ आयत का परिमाप

वर्ग का परिमाप $= 2(10 + 8)$

वर्ग का परिमाप $= 36$ सेमी

जैसा कि हम जानते हैं,

परिमाप $= 4\sqrt{क्षेत्रफल}$

$$\Rightarrow 36 = 4\sqrt{क्षेत्रफल}$$

$$\Rightarrow \dfrac{36}{4} = \sqrt{क्षेत्रफल}$$

$$\Rightarrow 9 = \sqrt{क्षेत्रफल}$$

$$\Rightarrow क्षेत्रफल = 81 \ वर्ग सेमी$$

इसलिए, वर्ग का क्षेत्रफल 81 वर्ग सेमी है।

अत: विकल्प (C) सही है।

36. दिया गया है,

वर्गाकार टाइल की भुजा $= 15$ सेमी

कमरे की लंबाई $(l) = 4.5$ मीटर $= 450$ सेमी

कमरे की चौड़ाई $(b) = 3.6$ मी $= 360$ सेमी

जैसा कि हम जानते हैं,

आयत का क्षेत्रफल $= l \times b$

$$= 450 \times 360$$

$$= 162000 \ सेमी \ ^2$$

1 वर्गाकार टाइल का क्षेत्रफल $=$ भुजा $\times$ भुजा

$$= 15 \times 15$$

$$= 225 \ सेमी \ ^2$$

एक कमरे के फर्श के लिए 15 सेमी भुजा वाली वर्गाकार टाइलों की संख्या $=$ क्षेत्रफल/टाइल का क्षेत्रफल

$$= \dfrac{162000}{225}$$

$$= 720$$

इसलिए, 720 टाइल्स एक कमरे में फर्श के लिए आवश्यक हैं।

अत: विकल्प (A) सही है।

37. दिया है : नियमित बहुभुज

पक्ष $1:2$ का अनुपात

माना पक्ष n और $2n$ है

हम जानते हैं कि नियमित बहुभुज आंतरिक कोण द्वारा दिया जाता है

$$\frac{(n-2)180}{n}$$

आंतरिक कोणों का अनुपात $= \frac{2}{3}$

$$\frac{\frac{(n-2)180}{n}}{\frac{(2n-2)180}{2n}} = \frac{2}{3}$$

$$\Rightarrow \frac{(n-1)}{(n-2)} = \frac{2}{3}$$

$$\Rightarrow 3n - 6 = 2n - 2$$

$$\Rightarrow n = 4$$

इसलिए, पक्ष 4 और 8 हैं।

अतः विकल्प (C) सही है।

38. दिया है:

9 सेमी, 12 सेमी और 15 सेमी त्रिज्या की तीन गोलाकार गेंदों को एक नई गोलाकार गेंद बनाने के लिए पिघलाया जाता है।

गोले का आयतन $= \frac{4}{3} \times \pi \times r^3$

जहाँ r = गोले की त्रिज्या

तीन गेंदों के आयतन का योग $= \frac{4}{3} \times \pi \times \{(9)^3 + (12)^3 + (15)^3\}$

$$\Rightarrow \frac{4}{3} \times \pi \times (3)^3\{(3)^3 + (4)^3 + (5)^3\}$$

$$\Rightarrow \left(\frac{4\pi}{3}\right) \times 27 \times 216$$

माना कि नए गोले की त्रिज्या 'r' है।

इसलिए, $\frac{4}{3} \times \pi \times r^3 = \left(\frac{4\pi}{3}\right) \times 27 \times 216$

$$\Rightarrow r^3 = 27 \times 216$$

$$\Rightarrow r = 3 \times 6 \text{ सेमी}$$

$$\Rightarrow r = 18 \text{ सेमी}$$

$\therefore$ नई गेंद की त्रिज्या 18 सेमी है।

अतः विकल्प (C) सही है।

39. दिया गया है:

∠BAC = 40°

∠ACE = 110°

∠ABC = 2x°

∠ACB + ∠ACE = 180° (रेखीय युग्म)

$\Rightarrow$ 110° + ∠ACE = 180°

$\Rightarrow$ ∠ACE = 70°

∠ABC + ∠BAC + ∠ACB = 180° (त्रिभुज का कोण योग गुणधर्म)

$\Rightarrow$ 2x + 40° + 70° = 180°

$\Rightarrow$ 2x = 70°

$\Rightarrow$ x $= \frac{70}{2}$ = 35°

$\therefore$ x का मान 35° है।

अतः विकल्प (D) सही है।

40. माध्यिका: माध्यिका संख्याओं की क्रमबद्ध-आरोही या अवरोही सूची में मध्य संख्या होती है।

स्थिति 1: यदि प्रेक्षणों की संख्या (n) सम है

माध्यिका $= [\frac{n}{2}$वें प्रेक्षण का मान $+ \left(\frac{n}{2} + 1\right)$वें प्रेक्षण का मान] / 2

स्थिति 2: यदि प्रेक्षणों की संख्या (n) विषम है

माध्यिका $= \left(\frac{n}{2} + 1\right)$वें प्रेक्षण का मान

गणना:

दिए गए मान 2,6,6,8,4,2,7,9

प्रेक्षणों को आरोही क्रम में व्यवस्थित करने पर:

2,2,4,6,6,7,8,9

यहाँ, $n = 8 = $ सम

जैसा कि हम जानते हैं, यदि n सम है तब,

माध्यिका $= [\frac{n}{2}$वें प्रेक्षण का मान $+ \left(\frac{n}{2} + 1\right)$वें प्रेक्षण का मान] / 2

$= [4$वां प्रेक्षण $+ 5$वां प्रेक्षण] / 2

$= \frac{6+6}{2}$

$= 6$

अतः विकल्प (A) सही है।

41. दिया है:

बहुलक $= 24$

माध्य $= 60$

माध्य $-$ बहुलक $= 3($माध्य $-$ माध्यिका)

माना माध्यिका x है, तब

$$(60 - 24) = 3(60 - x)$$

$$\Rightarrow \frac{36}{3} = (60 - x)$$

$$\Rightarrow 12 = (60 - x)$$

$$\Rightarrow 60 - 12 = x$$

$$\Rightarrow x = 48$$

∴ माध्यिका 48 है।

अतः विकल्प (A) सही है।

42. 37 मिनट 45 सेकंड $= \frac{151}{4}$ मिनट

1 दिन $= 24$ घंटा $= 24 \times 60$ मिनट

$\Rightarrow \frac{151}{4 \times 24 \times 60} \times 100 = 2.62\%$

अतः विकल्प (A) सही है।

43. दिया गया,

शिक्षकों की कुल संख्या $= 1800$,

फिजिक्स $= 17\%$

केमिस्ट्री $= 23\%$

अब,

यदि $\frac{2}{9}$वीं फिजिक्स की महिला शिक्षिका हैं,

तो,

पुरुष शिक्षक $=$ फिजिक्स का $1 - \frac{2}{9} = \frac{7}{9}$वां

माना कि पुरुष फिजिक्स शिक्षक का $x\%$ केमिस्ट्री के शिक्षकों के बराबर है, तो,

केमिस्ट्री के शिक्षक का $x\% =$ फिजिक्स का $\frac{7}{9}$वां

$\Rightarrow$ (1800 का 23%) का $x\% =$ (1800 का 23%) का $\frac{7}{9}$वां

$\Rightarrow 23$ का $x\% = 17$ का $\frac{7}{9}$वां

$\Rightarrow x = \frac{7}{9} \times \frac{17}{23} \times 100$

$\Rightarrow x = 57.4\% \approx 57\%$

अतः विकल्प (A) सही है।

44. दिया गया,

शिक्षकों की कुल संख्या $= 1800$

केमिस्ट्री $= 23\%$

इंग्लिश $= 27\%$

बायोलॉजी $= 12\%$

अब,

शिक्षकों की कुल संख्या का (केमिस्ट्री + इंग्लिश + बायोलॉजी) %

$= 1800$ का $(23 + 27 + 12)\%$

$= 1800$ का 62%

$= \frac{62}{100} \times 1800$

$= 1116$

अतः विकल्प (B) सही है।

45. दिया गया,

शिक्षकों की कुल संख्या $= 1800$

इंग्लिश $= 27\%$

फिजिक्स $= 17\%$

मैथमेटिक्स $= 13\%$

बायोलॉजी $= 12\%$

अब,

आवश्यक अंतर $= 1800$ का $[($ इंग्लिश $+$ फिजिक्स $) - ($ मैथमेटिक्स $+$ बायोलॉजी $)]\%$

$= 1800$ का $[(27 + 17) - (13 + 12)]\%$

$= 1800$ का $(44 - 25)\%$

$= 1800$ का 19%

$= \frac{19}{100} \times 1800$

$= 342$

अतः विकल्प (B) सही है।

46. दिया गया:

शिक्षकों की कुल संख्या $= 1800$

मैथमेटिक्स $= 13\%$

हिंदी $= 8\%$

अब,

मैथमेटिक्स पढ़ाने वाले शिक्षकों की संख्या : हिंदी पढ़ाने वाले शिक्षकों की संख्या

$= 1800$ का $13\% : 1800$ का 8%

$= \frac{13}{100} \times 1800 : \frac{8}{100} \times 1800$

$= 234 : 144$

$= 117 : 72$

$= 39 : 24$

$= 13 : 8$

अतः विकल्प (D) सही है।

47. दिया गया,

शिक्षकों की कुल संख्या $= 1800$

अब,

गणित शिक्षक का प्रतिशत $= 13\%$

50% की वृद्धि के बाद यह बन जाता है,

$13 + 6.5 = 19.5\%$

इसी तरह,

हिंदी शिक्षक का प्रतिशत $= 8\%$

25% की वृद्धि के बाद यह बन जाता है,

$8 - 2 = 6\%$

अब, कुल शिक्षकों का प्रतिशत हो जाता है,

$19.5 + 6 = 25.5\%$

इसलिए,

1800 का 25.5%

$= \dfrac{25.5}{100} \times 1800$

$= 25.5 \times 18$

$= 459$

अतः विकल्प (C) सही है।

48. दिया है:

कारों की कुल संख्या = 50 + 70 + 85 + 90 + 60 + 45 = 400

70 किमी/घंटा से कम गति से चलने वाली कारें = 50 + 70 + 85 = 205

प्रयुक्त अवधारणा:

प्रतिशत = (अंश मान/वास्तविक मान) × 100

70 किमी/घंटा से कम गति से चलने वाली कारों का प्रतिशत

$= \dfrac{205}{400} \times 100$

= 51.25%

∴ प्रतिशत मात्रा 51.25% है।

अतः विकल्प (B) सही है।

49. दिया है:

दो संख्याओं का म.स.प. और ल.स.प. क्रमशः 6 और 432 है।

प्रयुक्त सूत्र:

दोनों संख्याओं का गुणनफल = ल.स.प. × म.स.प.

माना दूसरी संख्या x है।

$\Rightarrow 6 \times 432 = 48 \times x$

$\Rightarrow x = 54$

∴ दूसरी संख्या 54 है।

अतः विकल्प (D) सही है।

50. माना रिक्त स्थान में आने वाली संख्या 'a' है।

56 के गुणनखंड = 1, 2, 4, 7, 8, 14, 28, 56

84 के गुणनखंड = 1, 2, 3, 4, 6, 7, 12, 14, 21, 28, 42, 84

तो 56 और 84 के उभयनिष्ठ गुणनखंड = 1, 2, 4, 7, 14, 28

सामान्य गुणनखंडों का योग = 1 + 2 + 4 + 7 + 14 + 28 = 56

जैसा कि दिया गया है, 56 = 400 - 43 × a

$\Rightarrow 43 \times a = 400 - 56 = 344$

$\Rightarrow a = 344 \div 43 = 8$

∴ अभीष्ट संख्या 8 है।

अतः विकल्प (B) सही है।

51. सुजॉय लाल थाओसेन को हाल ही में सशस्त्र सीमा बल का नया महानिदेशक नियुक्त किया गया है।

नई दिल्ली, जून 2022 (PTI) IPS अधिकारी सुजॉय लाल थाओसेन को सशस्त्र सीमा बल (SSB) के नए महानिदेशक (DG) के रूप में कार्यभार संभाला, जो नेपाल और भूटान के साथ भारतीय सीमाओं की रक्षा करता है। मध्य प्रदेश कैडर के एक 1988-बैच भारतीय पुलिस सेवा (IPS) अधिकारी थाओसेन को आर के पुरम में बल के मुख्यालय में DG और ITBP प्रमुख संजय अरोड़ा को कार्यवाहक सौंपकर बैटन सौंपा गया था।

अतः विकल्प (A) सही है।

52. लार्सन एंड टुब्रो (एल एंड टी) लिमिटेड ने अगस्त 2022 में वडोदरा में एक आईटी और आईटी-सक्षम सेवा (आईटीईएस) पार्क स्थापित करने के लिए गुजरात सरकार के साथ एक समझौता ज्ञापन पर हस्ताक्षर किए हैं।

- पार्क की स्थापना राज्य सरकार की हाल ही में घोषित आईटी/आईटीईएस नीति के तहत की जा रही है।
- यह नीति फरवरी 2022 में अगले पांच वर्षों में आईटी क्षेत्र में एक लाख 'उच्च कुशल रोजगार' पैदा करने के उद्देश्य से शुरू की गई थी।

अतः विकल्प (C) सही है।

53. भारत के बजरंग पुनिया ने बेलग्रेड में विश्व कुश्ती चैंपियनशिप में पुरुषों के 65 किलोग्राम वर्ग में कांस्य पदक जीता था।

इस पदक के साथ बजरंग पुनिया विश्व कुश्ती चैंपियनशिप में चार पदक जीतने वाले पहले भारतीय बन गए हैं। 2022 विश्व कुश्ती चैंपियनशिप संयुक्त आयोजनों की विश्व कुश्ती चैंपियनशिप का 17 वां संस्करण था और 10 से 18 सितंबर 2022 के बीच बेलग्रेड, सर्बिया में आयोजित किया गया था।

अतः विकल्प (B) सही है।

54. 15 अप्रैल, 2022 को, उत्तर प्रदेश सरकार ने जल जनित और वाहक जनित रोगों के प्रसार को रोकने के लिए दस्तक अभियान शुरू किया।

- यह अभियान उत्तर प्रदेश के लोगों को इंसेफेलाइटिस (मस्तिष्क कलाशोथ), मलेरिया, डेंगू, फाइलेरिया और चिकनगुनिया सहित विभिन्न संचारी रोगों से सुरक्षित रखने के उद्देश्य से शुरू किया गया था, जो 30 अप्रैल तक जारी रहेगा।
- इस अभियान के तहत आशा और आंगनबाडी कार्यकर्ताओं को विभिन्न जल जनित और मच्छर जनित बीमारियों के प्रति लोगों को जागरूक करने की जिम्मेदारी सौंपी गई है।
- गौरतलब है कि उत्तर प्रदेश, जिसने देश में सबसे अधिक (60,000 से अधिक) निगरानी समितियों का गठन किया है, मौसमी बुखार, मच्छर और पानी से होने वाली बीमारियों के खिलाफ लड़ाई में महत्वपूर्ण भूमिका निभा रहा है।

अतः विकल्प (C) सही है।

55. 18 अप्रैल, 2022 को सूरत, गुजरात में भारत सरकार के आवासन और शहरी कार्य मंत्रालय द्वारा आयोजित इंडिया स्मार्ट सिटी अवार्ड प्रतियोगिता के पुरस्कार वितरण समारोह में स्मार्ट सिटी वाराणसी को चार अलग-अलग श्रेणियों में सम्मानित किया गया है।

वाराणसी को जिन 4 श्रेणियों में पुरस्कार मिले हैं, उनका विवरण इस प्रकार है:

- कोविड इनोवेशन अवार्ड
- स्मार्ट सिटी लीडरशिप अवार्ड
- सिटी अवार्ड
- जल संरक्षण अवार्ड

अत: विकल्प (B) सही है।

56. 19 अप्रैल, 2022 को मुख्यमंत्री योगी आदित्यनाथ की अध्यक्षता में हुई कैबिनेट की बैठक में लखनऊ में राष्ट्रीय रोग नियंत्रण केंद्र की स्थापना को मंजूरी दी गई।

- लखनऊ का यह केंद्र देश भर में स्थापित किए जाने वाले कुल छह केंद्रों में से एक है।
- डिप्टी सीएम ब्रजेश पाठक ने बताया कि सरोजिनी नगर, लखनऊ के जैतीखेड़ा में NCDC को 2.5 एकड़ जमीन 30 साल के लिए लीज पर दी गई है।

अत: विकल्प (A) सही है।

57. मंगल पांडेय बलिया के रहने वाले थे।

मंगल पांडे एक भारतीय सैनिक थे, जिन्होंने 1857 के भारतीय विद्रोह के फैलने से तुरंत पहले की घटनाओं में महत्वपूर्ण भूमिका निभाई थी। वह ब्रिटिश ईस्ट इंडिया कंपनी की 34वीं बंगाल नेटिव इन्फैंट्री (बीएनआई) रेजिमेंट में एक सिपाही (इन्फैंट्रीमैन) थे।
अत: विकल्प (B) सही है।

58. 1857 के विद्रोह के दौरान, कॉलिन कैंपबेल द्वारा लखनऊ पर 21 मार्च, 1858 को कब्जा कर लिया गया था।

लखनऊ पर कब्जा 1857 के भारतीय विद्रोह की लड़ाई थी। अंग्रेजों ने लखनऊ शहर पर फिर से कब्जा कर लिया, जिसे उन्होंने पिछली सर्दियों में रेजीडेंसी में एक घेराबंदी की राहत के बाद छोड़ दिया था, और विद्रोहियों द्वारा संगठित प्रतिरोध को नष्ट कर दिया।
अत: विकल्प (A) सही है।

59. EEPROM का पूर्ण रूप "इलेक्ट्रीकली इरेज़ेबल प्रोग्रामेबल रीड-ओनली मेमोरी" है। EEPROM नॉन-वोलेटाइल मेमोरी का एक रूप है जहां विद्युत चार्ज का उपयोग करके डेटा को मिटाया जा सकता है और पुनः प्रोग्रामित किया जा सकता है।

अत: विकल्प (D) सही है।

60. सेंट्रल प्रोसेसिंग यूनिट (CPU), किसी भी डिजिटल कंप्यूटर प्रणाली का प्रमुख हिस्सा, आम तौर पर मेन मेमोरी, कंट्रोल यूनिट और अरिथमेटिक-लॉजिक यूनिट से बना होता है।

यह संपूर्ण कंप्यूटर सिस्टम के भौतिक हृदय का गठन करता है, यह विभिन्न परिधीय उपकरणों से जुड़ा होता है, जिसमें इनपुट/आउटपुट डिवाइस और ऑक्सिलरी स्टोरेज यूनिट शामिल हैं।

आधुनिक कंप्यूटरों में, CPU एकीकृत सर्किट चिप को माइक्रोप्रोसेसर कहा जाता है।

यह भाग कंट्रोल यूनिट इनपुट और आउटपुट डिवाइस को नियंत्रित करता है।

अरिथमेटिक-लॉजिक यूनिट इसके अतिरिक्त, गुणा, और विभाजन जैसे बुनियादी कार्य करती हैं।

एक प्राइमरी स्टोरेज डिवाइस एक ऐसा माध्यम है जो कम समय तक मेमोरी रखता है जबकि कंप्यूटर चल रहा है।

अत: विकल्प (C) सही है।

61. आउटपुट डिवाइस कंप्यूटर हार्डवेयर का एक भाग है जो कंप्यूटर से डेटा प्राप्त करता है और फिर उस डेटा को दूसरे रूप में अनुवादित करता है। वह रूप ऑडियो, विजुअल, टेक्स्टुअल या हार्ड कॉपी जैसे मुद्रित दस्तावेज़ हो सकता है।

एक इनपुट डिवाइस और एक आउटपुट डिवाइस के बीच मुख्य अंतर यह है कि एक इनपुट डिवाइस कंप्यूटर को डाटा भेजता है, जबकि एक आउटपुट डिवाइस कंप्यूटर से डाटा प्राप्त करता है।

कंप्यूटर स्पीकर हार्डवेयर डिवाइस होते हैं जो कंप्यूटर के साउंड कार्ड से सिग्नल को ऑडियो में बदलते हैं। स्पीकर आंतरिक एम्प्लीफायरों का उपयोग करके ध्वनि बनाते हैं जो कंप्यूटर से डाटा के अनुसार विभिन्न आवृत्तियों पर कंपन करते हैं। इससे ध्वनि उत्पन्न होती है।

अतः विकल्प (C) सही है।

62. 'जनसांख्यिकीय लाभांश' 15 से 59 वर्ष की कार्यशील जनसंख्या है।

जनसांख्यिकीय लाभांश आर्थिक विकास की क्षमता है, जिसका परिणाम जनसंख्या की आयु संरचना में बदलाव से हो सकता है, मुख्यतः जब काम करने वाले लोगों की आबादी आबादी के गैर-कामकाजी उम्र के हिस्से से बड़ी होती है।

अतः विकल्प (A) सही है।

63. वायुमंडल की सबसे उपरी परत मध्यमंडल है जिस में पृथ्वी के वायुमंडल में प्रवेश करने के बाद उल्कापिंड जल जाते हैं।

यह वायुमंडल की सबसे ऊपरी परत है जिसमें गैसों को उनके द्रव्यमान द्वारा स्तरित होने के बजाय मिश्रित किया जाता है। पृथ्वी के वायुमंडल में प्रवेश करने और पृथ्वी की सतह पर पहुंचने से पहले उल्काएं इस परत में जल जाती हैं। बिना कठिनाई के यहाँ उल्काएं बाह्यांड और तापमंडल के माध्यम से आती हैं क्योंकि इन परतों में अधिक हवा नहीं मौजूद होती है।

लेकिन जब वे मध्यमंडल से टकराते हैं तब घर्षण पैदा करने और गर्मी पैदा करने के लिए यहाँ पर्याप्त गैसें होते हैं।

अत: विकल्प (C) सही है।

64. पम्पास घास के मैदान अर्जेंटीना में स्थित हैं।

ज्यादातर महाद्वीप के आंतरिक भाग में पाया जाता है। सर्दी और गर्मी में तापमान बहुत भिन्न होता है। वर्षा 25-75 सेमी से भिन्न हो सकती है। वनस्पति या जानवरों में इसकी विविधता नहीं है।

अतः विकल्प (A) सही है।

65. भारत में कंपनी के शासन को 'भारत सरकार अधिनियम' 1858 द्वारा समाप्त कर दिया गया था।

इस अधिनियम के द्वारा, भारत के शासन का नियंत्रण 'ब्रिटिश सम्राट' को सौंप दिया गया।

अब भारत सरकार की सारी जिम्मेदारी 'भारत के सचिव' पर थी।

ब्रिटिश सरकार के एक मंत्री को 'भारत का सचिव' कहा जाता था।

भारतीय न्यास अधिनियम, 1882 निजी न्यासों और न्यासियों से संबंधित है।

अत: विकल्प (A) सही है।

66. कनाडा के संविधान में अवशिष्ट शक्ति का विचार लिया गया है। कनाडा के संविधान से ली गई अन्य विशेषताएं हैं

- एक मजबूत केंद्र के साथ संघ
- केंद्र द्वारा राज्य के राज्यपालों की नियुक्ति,
- सर्वोच्च न्यायालय का सलाहकार क्षेत्राधिकार।

यूनाइटेड किंगडम से ली गई सुविधाएँ

- संसदीय सरकार,

- कानून के नियम,
- विधायी प्रक्रिया,
- एकल नागरिकता,
- कैबिनेट प्रणाली,
- व्यावहारिक लेखन,
- संसदीय विशेषाधिकार और
- द्विसदन

फ्रांस से ली गई सुविधाएँ

- गणराज्य और प्रस्तावना में स्वतंत्रता, समानता और बंधुत्व के आदर्श।

जर्मनी से ली गई सुविधाएँ

- आपातकाल के दौरान मौलिक अधिकारों का निलंबन

अतः विकल्प (D) सही है।

67. कांस्य तांबे का एक मिश्र धातु है, लेकिन इसमें 12-12.5% टिन होता है। तो, यह तांबे और टिन दोनों का एक मिश्र धातु है।
अतः विकल्प (C) सही है।

68. हाइग्रोमीटर वह उपकरण है जिसका उपयोग आर्द्रता को मापने के लिए किया जाता है। इस उपकरण को साइक्रोमीटर के रूप में भी जाना जाता है।
अतः विकल्प (B) सही है।

69. जैविक खेती में हम आनुवंशिक रूप से संशोधित बीजों का उपयोग करते हैं और उसमें खेती के लिए किसी भी कीटनाशक का उपयोग नहीं किया जाता है और खेती के उस तरीके में हम फसल चक्र का उपयोग करते हैं क्योंकि फसल चक्रण के कारण मिट्टी के कार्बनिक पदार्थ जल्दी खराब हो जाते हैं।
अतः विकल्प (C) सही है।

70. पत्तियों के हरे वर्णक में मैग्नीशियम उपस्थित होता है। प्रकाश संश्लेषण के दौरान क्लोरोफिल के लिए सूर्य की ऊर्जा को अधिकृत करने के लिए मैग्नीशियम की आवश्यकता होती है, अर्थात पत्तियों को हरा रंग देने के लिए मैग्नीशियम की आवश्यकता होती है।

अतः विकल्प (A) सही है।

71. मिथाइल आइसोसाइनेट गैस के रिसाव के कारण भोपाल गैस त्रासदी हुई। यह भारत के इतिहास की सबसे घातक गैस त्रासदी थी। इसने कई पीढ़ी के लोगों के जीवन को तबाह कर दिया।
अतः विकल्प (A) सही है।

72. कानून का स्रोत यह है कि संसाधन सही विकल्प नहीं हैं। आउटपुट की एक अतिरिक्त इकाई प्राप्त करने के लिए, केवल परिवर्तनीय इनपुट को बढ़ाया जा सकता है। लेकिन परिवर्तनीय इनपुट निश्चित इनपुट के लिए एक अपूर्ण विकल्प है इसलिए हम परिवर्तनीय इनपुट की प्रत्येक अतिरिक्त इकाई के लिए कम और कम अतिरिक्त आउटपुट प्राप्त करते हैं। इस प्रकार सीमांत उत्पाद गिरना चाहिए।

अतः विकल्प (B) सही है।

73. जनसांख्यिकीय संक्रमण सिद्धांत के पहले चरण में जनसंख्या उच्च जन्म दर और उच्च मृत्यु दर दोनों के साथ स्थिर रहती है। बीमारियों के बढ़ते स्तर, लोगों को चिकित्सा सुविधाओं की कमी, खराब स्वच्छता सुविधाओं, भोजन और पानी की आपूर्ति के निम्न स्तर के कारण मृत्यु दर अधिक है, जिसके परिणामस्वरूप उच्च मृत्यु दर होती है।

अतः विकल्प (A) सही है।

74. 'स्वदेशी' और 'बहिष्कार' को बंगाल में संघर्ष के तरीकों के रूप में अपनाया गया था, उसी समय वंदे मातरम आंदोलन आंध्र प्रदेश में हुआ था।

अतः विकल्प (C) सही है।

75.

- यूनानी आक्रमण ने उत्तर-पश्चिम भारत में मौर्य साम्राज्य के विस्तार का मार्ग प्रशस्त किया क्योंकि यूनानियों द्वारा क्षुद्र स्थानीय राज्यों को नष्ट कर दिया गया था। **इसलिये, कथन 3 सही है।**
- आक्रमण ने भारत और यूनान के बीच भूमि और समुद्र के बीच विभिन्न मार्गों को खोल दिया। आक्रमण ने यूनानी व्यापारियों और शिल्पकारों के लिए भारत के साथ व्यापार करने और व्यापार सुविधाओं को बढ़ाने का मार्ग प्रशस्त किया। **इसलिये, कथन 2 गलत है।**
- ये ऐतिहासिक रचनाएँ हमें उस समय की सामाजिक-आर्थिक स्थितियों के बारे में बहुमूल्य जानकारी प्रदान करती हैं। **इसलिये, कथन 1 सही है।**

अतः विकल्प (D) सही है।

76. पंचायती राज संस्था को 73वें संविधान संशोधन अधिनियम, 1992 के माध्यम से जमीनी स्तर पर लोकतंत्र के निर्माण के लिए संवैधानिक बनाया गया था और देश में ग्रामीण विकास का कार्य सौंपा गया था। यह अधिनियम 24 अप्रैल, 1993 को संविधान (73वां संशोधन) अधिनियम, 1992 के रूप में लागू हुआ।

अतः विकल्प (D) सही है।

77. पंचायती राज व्यवस्था का वर्णन भारतीय संविधान के भाग IX में किया गया है। राजस्थान पहला राज्य है जहां पहली बार नागौर जिले में 1959 में इस प्रणाली को लागू किया गया था। बाद में, यह राज्य के सभी जिलों में इस प्रणाली को लागू करने वाला पहला राज्य भी बन गया। 73rd संशोधन 1992 भारत में इस प्रणाली से जुड़ा है।
अतः विकल्प (B) सही है।

78. संसद ने भारतीय संविधान के अनुच्छेद 243 और भाग IX को जोड़कर भारत में पंचायती राज संस्थानों को विधायी दर्जा देने के लिए 73 वें संवैधानिक संशोधन अधिनियम पारित किया। अनुच्छेद 243 के अनुसार सभी राज्य सरकारों पर संवैधानिक प्रावधानों के अनुपालन में अपने पंचायत कानूनों में संशोधन करने के लिए अधिनियम लागू किया गया था।
अतः विकल्प (C) सही है।

79. ग्रामीण प्रशासन के दो मुख्य कार्य हैं:

1. भूमि संबंधी विवादों को सुनना।

2. पटवारियों के कार्य का पर्यवेक्षण करना।

ग्रामीण प्रशासन यह भी सुनिश्चित करता है कि भू-अभिलेख ठीक से रखे गए हैं और भू-राजस्व एकत्र किया जाता है। यह भी सुनिश्चित करता है कि किसान आसानी से अपने रिकॉर्ड की एक प्रति प्राप्त कर सकें।

अतः विकल्प (C) सही है।

80. ग्राम पंचायत ग्राम सभा के प्रति जवाबदेह होती है।

पंचायती राज व्यवस्था लोकतांत्रिक सरकार का प्रथम स्तर या स्तर है। पंच और ग्राम पंचायत ग्राम सभा के प्रति जवाबदेह होते हैं क्योंकि ग्राम सभा के सदस्य ही उन्हें चुनते हैं।

अतः विकल्प (A) सही है।

81. कानूनगो द्वारा ग्राम स्तर पर भूमि अभिलेखों का ध्यान रखा जाता है।

ग्राम स्तर पर, कानूनगो राजस्व के संग्रह से संबंधित मामलों के लिए जिम्मेदार है। भूमि अभिलेखों का रखरखाव भी कानूनगो द्वारा किया जाता है। उन्हें राजस्व निरीक्षक के रूप में जाना जाता है।

अतः विकल्प (D) सही है।

82. प्रधानमंत्री गरीब कल्याण अन्न योजना के तहत 50 लाख रुपये का बीमा कवर और अगले तीन महीनों के लिए मुफ्त दालें प्रधानमंत्री गरीब कल्याण पैकेज का लाभ है।

प्रधानमंत्री गरीब कल्याण योजना (पीएमजीकेवाई) के तहत, सरकारी अस्पतालों और स्वास्थ्य केंद्रों में कोई भी स्वास्थ्य कार्यकर्ता जो कोविद-19 रोगियों के इलाज में काम कर रहा है, उसे 50 लाख रुपये का बीमा कवर प्रदान किया जाएगा। अगर कोई दुर्घटना हो जाती है। उज्ज्वला योजना के तहत बीपीएल परिवारों को अगले तीन महीने तक मुफ्त एलपीजी सिलेंडर उपस्थित किया जाएगा। और प्रधानमंत्री गरीब कल्याण अन्न योजना के तहत अगले तीन महीने तक 5 किलो गेहूं या चावल और 1 किलो अधिमानित दाल उपलब्ध कराई जाएगी।

अतः विकल्प (D) सही है।

83. एमएसएमई मंत्रालय ने उन योजनाओं के लिए दिशा-निर्देशों की घोषणा की जिनमें 'मिट्टी के बर्तनों की गतिविधि' और 'मधुमक्खी पालन गतिविधि' शामिल हैं।

मंत्रालय ने पहले अगरबत्ती बनाने में लगे कारीगरों को समर्थन देने की घोषणा की थी। अतिरिक्त राशि रु. मंत्रालय की स्फूर्ति योजना के तहत मिट्टी के बर्तन बनाने और मधुमक्खी पालन शहद समूहों के विकास में क्लस्टरों की स्थापना के लिए प्रत्येक के लिए 50.00 करोड़ रुपये का प्रावधान किया गया है।

अतः विकल्प (B) सही है।

84. एसएचजी ने ग्रामीण परिवारों में बचत की आदत को बढ़ावा दिया।

स्वयं सहायता समूह (एसएचजी) गरीब लोगों के छोटे समूह हैं। एक एसएचजी के सदस्यों को समान समस्याओं का सामना करना पड़ता है। वे एक-दूसरे की मदद करते हैं, उनकी समस्याओं का समाधान करते हैं। एसएचजी अपने सदस्यों के बीच छोटी बचत को बढ़ावा देते हैं। बचत बैंक के पास रखी जाती है। यह एसएचजी के नाम का कॉमन फंड है। एसएचजी अपने सदस्यों को अपने सामान्य कोष से छोटे ऋण देता है।
अतः विकल्प (A) सही है।

85. विनियमित बाजार विपणन प्रणाली में सुधार के लिए सरकार द्वारा की गई एक पहल है।

असंगठित बाजार प्रणाली की अधिकांश बुराइयों को दूर करने के लिए विनियमित बाजारों की स्थापना की गई है। एक विनियमित बाजार वह है जिसका उद्देश्य अस्वास्थ्यकर और बेईमान प्रथाओं को समाप्त करना, विपणन शुल्क को कम करना और बाजार में उत्पादक-विक्रेताओं को सुविधाएं प्रदान करना है।
अतः विकल्प (C) सही है।

86. सरकार ने किसानों के हितों की रक्षा के लिए एमएसपी तय किया है।

एमएसपी भारत सरकार द्वारा उत्पादक-किसानों को बंपर उत्पादन वर्षों के दौरान कीमतों में अत्यधिक गिरावट से बचाने के लिए निर्धारित मूल्य है। न्यूनतम समर्थन मूल्य सरकार से उनकी उपज के लिए एक गारंटी मूल्य है।
अतः विकल्प (B) सही है।

87. जैविक खाद्य बेचने के लिए खुदरा श्रृंखलाओं और सुपरमार्केट को हरित दर्जा दिया गया है।

खुदरा बिक्री में हरित स्थिति प्रबंधन के नेतृत्व वाले दृष्टिकोण का उपयोग करके आपके व्यवसाय के हर वर्ग में पर्यावरणीय कचरे को कम करने का अभ्यास है। पर्यावरण के लिए महान होने के साथ-साथ, हरे रंग की खुदरा बिक्री में कुछ मामलों में लागत कम करने के साथ-साथ दक्षता बढ़ाने के अतिरिक्त लाभ हैं।
अतः विकल्प (D) सही है।

88. सरल सेवा ग्राम आकार में छोटे होते है। ग्राम परस्पर सम्बन्धित व्यक्तियों का वह समूह है जो एक कुटुम्ब से अधिक विस्तृत है और जो कभी नियमित, कभी अनियमित रूप से निकटवर्ती गृहों में या कभी निकटवर्ती गली मे रहते है। ये व्यक्ति कृषि योग्य भूमि में सामान्य रूप से खेती करते है और समतल भूमि को आपस में बाँट कर बंजर भूमि को चराने में प्रयोग करते है। सरल सेवा ग्राम का आकार अन्य समुदायों की तुलना मे छोटा होता है। राबर्ट रेडफील्ड ने ग्रामीण समुदाय को लघु समुदाय की संज्ञा दी है।

अत: विकल्प (A) सही है।

89. तुलनात्मक रूप से एक समरूप समाज कृषक समाज है। ग्रामीण समाज की सबसे मुख्य विशेषता कृषि है ग्रामीण समाज की अर्थव्यवस्था कृषि पर ही टिकी है। हांलाकि गांव मे अन्य व्यवसाय भी होते है लेकिन 70 से 75 प्रतिशत लोग प्रत्यक्ष या अप्रत्यक्ष रूप से कृषि पर ही आश्रित होते है।

अत: विकल्प (A) सही है।

90. "ग्राम एवं नगर दोनों ही सामान है, इनमे न कोई एक दूसरे से अधिक प्राकृतिक है और न ही कृत्रिम" यह कथन ए.आर. देसाई का है। इनके अनुसार, ग्रामीण समाज की इकाई गाँव है, यह एक रंगमंच है, जहाँ ग्रामीण जीवन का प्रमुख भाग स्वयं प्रकट होता है और कार्य करता है। ग्राम सामूहिक निवास की प्रथम स्थापना है और कृषि अर्थव्यवस्था की उत्पत्ति है।

अत: विकल्प (B) सही है।

91. ग्राम एवं नगर के पारस्परिक प्रभाव ने संस्कृतिकरण को जन्म नहीं दिया है। संस्कृतिकरण वह अवधारणा है जिसमें कोई व्यक्ति या समूह विचार, मूल्य, रीति-रिवाज, धर्म, दर्शन, प्रथा एवं व्यवहार को अपनाता है। ग्रामीण समुदायों मे परंपराओं, जातिगत पवित्रता, पारिवारिकता, रूढ़िवादिता और स्थिर सांस्कृतिक व्यवहारों की पूजा होती है किन्तु नगरीय समाज मे यह सब कुछ नही पाया जाता है। वहां पर सांस्कृतिक प्रतिमानों मे शीघ्र ही परिवर्तन दिखलाई पड़ने लगता है। नये-नये फैशन की वहाँ पूजा होती है जो प्रतिदिन अपना रंग बदलता है।

अत: विकल्प (C) सही है।

92. ग्रामीण संस्थाएँ प्रभावित करती हैं कि एक ग्रामीण समाज में संपत्ति का वितरण कैसे होता है, और वे कैसे कार्य करते हैं और विकसित होते हैं, यह स्वामित्व और संपत्ति के प्रभाव पर निर्भर करता है। मजबूत ग्रामीण संस्थाएं सामाजिक एकता और स्थिरता को भी बढ़ावा देती हैं, जिससे राजनीतिक और आर्थिक बेदखली के प्रतिकूल परिणामों में कमी आती है।

अत: विकल्प (C) सही है।

93. ग्राम सभा शब्द को भारत के संविधान में अनुच्छेद 243 (B) के तहत परिभाषित किया गया है। ग्राम सभा पंचायती राज प्रणाली की प्राथमिक संस्था है। यह पंचायत स्तर के क्षेत्र के भीतर एक गाँव की मतदाता सूची में पंजीकृत व्यक्तियों से बनी एक संस्था है। इसके अधिकार केंद्र सरकार द्वारा निर्धारित न होकर राज्य विधानमंडल द्वारा निर्धारित किये जाते है। ग्राम पंचायत के सदस्य ग्राम सभा द्वारा चुने जाते हैं।

अत: विकल्प (C) सही है।

94. भारत में ग्रामीण सहकारी बैंकों का नियमन भारतीय रिजर्व बैंक करता है।

भारत में ग्रामीण सहकारी ऋण प्रणाली प्राथमिक रूप से कृषि क्षेत्र में ऋण के प्रवाह को सुनिश्चित करने के लिए अनिवार्य है। इसमें अल्पकालिक और दीर्घकालिक सहकारी ऋण संरचनाएं शामिल हैं। अल्पकालिक सहकारी ऋण संरचना एक त्रि-स्तरीय प्रणाली - प्राथमिक कृषि ऋण समितियाँ (PACS) गाँव स्तर पर, केंद्रीय सहकारी बैंक (CCBs) जिला स्तर पर और राज्य सहकारी बैंक (StCBs) राज्य स्तर पर के साथ संचालित होती है। भारतीय रिजर्व बैंक, भारत में ग्रामीण सहकारी बैंकों का नियमन करता है। इससे पहले यह राज्य रजिस्ट्रार ऑफ सोसाइटीज और आरबीआई द्वारा दोहरे विनियमन के तहत संचालित था।

अत: विकल्प (A) सही है।

95. राष्ट्रीय कृषि और ग्रामीण विकास बैंक (NABARD) एक वित्तीय, विकास संस्थान है और इसका मुख्यालय मुंबई में है। संस्था ग्रामीण क्षेत्रों के कृषि क्षेत्र में

संचालन और नीति नियोजन से संबंधित है। यह राष्ट्रीय कृषि और ग्रामीण विकास बैंक (NABARD) अधिनियम 1981 के तहत स्थापित किया गया था।

अतः विकल्प (D) सही है।

96. जनजातीय, कृषक और औद्योगिक समाज के प्रकार हैं।

जनजाति वह सामाजिक समुदाय है जो राज्य के विकास के पूर्व अस्तित्व में था या जो अब भी राज्य के बाहर हैं। जनजाति वास्तव में भारत के आदिवासियों के लिए इस्तेमाल होने वाला एक वैधानिक पद है। भारत के संविधान में अनुसूचित जनजाति पद का प्रयोग हुआ है और इनके लिए विशेष प्रावधान लागू किये गए हैं।

ग्रामीण समाजशास्त्र के विद्वानों के अनुसार कृषक वह व्यक्ति है, जो भूमि को जोतता है और उसमें बीज डालकर उपज पैदा करता है। इसी आधार पर कृषक समाज का अर्थ भी स्पष्ट रूप से यह समझा जाता है कि," कृषक समाज एक ऐसे सामाजिक वर्ग का नाम है, जिसका मुख्य उद्देश्य खेती करके अपने परिवार का पालन-पोषण करना होता है।

एक औद्योगिक समाज वह है जिसमें कारखानों में भारी मात्रा में माल बनाने के लिए बड़े पैमाने पर उत्पादन की तकनीकों का उपयोग किया जाता है, और जिसमें उत्पादन और सामाजिक जीवन के आयोजक का प्रमुख तरीका होता है।

अतः विकल्प (D) सही है।

97. बच्चों की स्थिति में सुधार के लिए भारत में एकीकृत बाल विकास परियोजना लागू की गई है।

एकीकृत बाल विकास परियोजना 1976 में शुरू हुई और स्वास्थ्य और पोषण शिक्षा, स्वास्थ्य सेवाएं, पूरक भोजन और स्कूल-पूर्व शिक्षा प्रदान करके छह साल से कम उम्र के बच्चों और उनकी माताओं के स्वास्थ्य में सुधार करने में महत्वपूर्ण भूमिका निभाई है।

एकीकृत बाल विकास परियोजना मातृ एवं शिशु पोषण को कम करने के लिए सबसे महत्वपूर्ण सरकारी हस्तक्षेप कार्यक्रम है।

अतः विकल्प (A) सही है।

98. कुल ऋण राशि/कुल निवेश पर 44 प्रतिशत का सब्सिडी घटक अनुसूचित जाति, अनुसूचित जनजाति, महिलाओं और अन्य वंचित वर्गों, उम्मीदवारों को बागवानी स्नातक कृषि/पशु चिकित्सक द्वारा 'कृषि और कृषि व्यवसाय केंद्रों की स्थापना' की योजना के तहत उपलब्ध है।

नाबार्ड सब्सिडी के वितरण और ऋण सहायता की निगरानी के लिए कार्यान्वयन एजेंसी है। इस योजना में व्यक्तिगत परियोजनाओं के लिए 20 लाख तक और समूह परियोजनाओं के लिए 100 लाख तक के ऋण सहायता स्टार्ट-अप ऋण का प्रावधान है। इस योजना के तहत प्रशिक्षित उम्मीदवारों द्वारा लिए गए बैंक ऋण पर क्रेडिट लिंक्ड बैक-एंडेड समग्र सब्सिडी का प्रावधान है।

अतः विकल्प (B) सही है।

99. 1 लाख रुपये तक की राशि का ऋण ग्रामीण और अर्ध-शहरी क्षेत्रों में प्रति परिवार क्षतिग्रस्त आवास इकाइयों की मरम्मत के लिए व्यक्तियों को प्राथमिकता प्राप्त क्षेत्र ऋण के तहत कवर किया जाता है।

देश के कमजोर वर्ग की जरूरतों को ध्यान में रखते हुए बैंक रुपये तक का ऋण प्रदान करते हैं। देश के कमजोर वर्ग की जरूरतों को ध्यान में रखते हुए बैंक शहरी महानगरीय क्षेत्रों में 2 लाख तक और ग्रामीण अर्ध-शहरी क्षेत्रों में क्षतिग्रस्त आवास की मरम्मत के लिए 1 लाख रुपये तक का ऋण प्रदान करते हैं। यह योजना आरबीआई द्वारा प्राथमिकता प्राप्त क्षेत्र ऋण के तहत 1972 में शुरू की गई थी।

अतः विकल्प (B) सही है।

100. उत्तर प्रदेश गोपालक योजना 2021 के तहत राज्य सरकार बेरोजगार युवाओं को बैंक के माध्यम से 9 लाख रुपये तक का ऋण प्रदान करेगी।

उत्तर प्रदेश गोपालक योजना 2021 के तहत 10 से 20 गाय रखने वाले पशुपालकों को बैंक द्वारा ऋण का लाभ दिया जाएगा और जो पशुपालक गाय, भेष धारण करते हैं, उनके पास कम से कम 5 जानवर होने चाहिए।

अतः विकल्प (A) सही है।

General Hindi

Q.1 मोहन ने सोहन को किताब दी, में कारक है-

A. कर्ता   **B.** कर्म   **C.** संप्रदान   **D.** अधिकरण

Q.2 दिए गए विकल्पों में से उस शब्द का चयन करें जिसका बहुवचन नहीं होता है।

A. लड़का   **B.** किताब   **C.** गाड़ी   **D.** सोना

Q.3 निर्देश: वाक्य के अशुद्ध भाग (त्रुटिपूर्ण भाग) का चयन कीजिए।

राम राज्य में (a)/शेर और बकरी एक घाट (b)/पर पानी पीती थी। (c)/कोई त्रुटि नहीं (d)

A. (a)   **B.** (b)   **C.** (c)   **D.** (d)

Q.4 'बादल' का पर्यायवाची शब्द है:

A. जलद   **B.** जलज   **C.** नीरज   **D.** नीरव

Q.5 'दीपक' शब्द के उचित पर्यायिवाची युग्म का चयन करे:

A. प्रदीप, दीया, दीप   **B.** दिन, वासर, अहः

C. खल, पामर, दुष्ट   **D.** सुर, देव, अमर

Q.6 'अरि' का पर्यायिवाची शब्द है:

A. मित्र   **B.** शत्रु   **C.** अभद्र   **D.** कठोर

Q.7 'दर्प' किसका पर्यायिवाची शब्द है:

A. तिरस्कार   **B.** स्वाभिमान   **C.** अहंकार   **D.** खतरा

Q.8 निम्नलिखित में से कौन सा शब्द स्त्रीलिंग है?

A. वेदना   **B.** वेद   **C.** ब्रह्म   **D.** चित्र

Q.9 किस शब्द की वर्तनी शुद्ध है?

A. आधीन   **B.** व्यवहारिक   **C.** मिष्ठान्न   **D.** अत्यधिक

Q.10 "राजा की सभा = राजसभा" में कौन-सा समास है?

A. बहुव्रीहि समास   **B.** अव्ययीभाव समास

C. तत्पुरुष समास   **D.** द्वन्द्व समास

Ques (11-15):निर्देश: नीचे दिए गए अनुच्छेद को पढ़कर पूछे गए प्रश्नों के सही/सबसे उपयुक्त उत्तर वाले विकल्प को चुनिए।

बच्चों की दुनिया में कोई लड़ाई नहीं होती। उनके लिए दुनिया है और वे इस दुनिया में आना चाहते हैं। बच्चों को यह सुनना अच्छा नहीं लगता कि यह दुनिया इतनी बेकार है, यहाँ करने के काबिल कुछ भी नहीं है और इससे बचकर कितना दूर भागा जा सकता है। संभवतः सबसे महत्त्वपूर्ण बात यह है कि न्यू लिटिल स्कूल के शिक्षक खुले और सच्चे हैं अर्थात् ये लोग उन सभी विषयों पर बात करने के लिए तत्पर रहते हैं जिन पर बच्चे बात करना चाहते है। वे अपने सच्चे विचार प्रकट करते हैं और कोई बात अगर वे नहीं जानते तो स्वीकार कर लेते है। ज्यादातर शिक्षकों के साथ ऐसा नहीं है। सर्वेक्षण से यह स्पष्ट होता है कि 90 प्रतिशत अमेरिकी शिक्षक विवादास्पद विषयों के बारे में स्कूल में बात करने में विश्वास नहीं करते तथा बच्चों को भी इन विषयों के बारे में बात नहीं करने देते। हालाँकि वे अच्छी तरह जानते हैं कि बच्चों की इन विषयों में सबसे अधिक रुचि होती है। इसलिए पारंपरिक स्कूलों में बच्चे ज्यादा बात नहीं कर सकते और जब करते भी हैं तब वे जो चाहते हैं वह बात नहीं कर सकते और ईमानदारी से नहीं कर सकते। इसके अलावा शिक्षकों को प्रशिक्षण में बार-बार सिखाया जाता है कि अपनी अज्ञानता, अनिश्चय और उलझन को कभी स्वीकार नहीं करें। सबसे अहम बात यह है कि उनमें कूट-कूट कर यह भरा जाता है कि छात्रों से एक पेशेवर दूरी रखें और अपनी

व्यक्तिगत जिंदगी और भावनाओं के बारे में कभी खुलकर बात नहीं करें। लेकिन यही वे बातें हैं जिनमें बच्चों की सबसे ज्यादा जिज्ञासा होती है, क्योंकि इसी से वे महसूस कर सकते हैं कि बड़ा होना क्या होता है।

Q.11 'न्यू लिटिल स्कूल के शिक्षक खुले और सच्चे हैं' में खुले का अर्थ है:

[CTET Paper - I, 2018]

A. बहुत खुले स्थान में रहना

B. बिना दुराव-छिपाव के बात करना

C. व्यापक रूप से सोचने वाले

D. खुले तौर पर काम करने वाले

Q.12 अमेरिकी शिक्षकों के बारे में कौन-सी बात सही है?

[CTET Paper - I, 2018]

A. वे बच्चों के साथ सभी तरह की बात करते है।

B. वे बच्चों को सभी तरह की बात करने देते हैं।

C. वे बच्चों के साथ सभी तरह की बात नहीं करते।

D. वे बच्चों के साथ रोचक विषयों के बारे में बात करते हैं।

Q.13 शिक्षकों को प्रशिक्षण में यह सिखाया जाता है कि:

[CTET Paper - I, 2018]

A. यह स्वीकार करे कि वे अज्ञानी हैं

B. वे यह स्वीकार करें कि वे उलझे हुए हैं

C. वे यह स्वीकार न करें कि उन्हें ज्ञान नहीं है

D. वे यह स्वीकार न करें कि वे शिक्षक हैं

Q.14 बच्चों की सबसे ज्यादा जिज्ञासा किस बात में है?

[CTET Paper - I, 2018]

A. शिक्षकों के निजी जीवन में

B. शिक्षकों की अज्ञानता में

C. शिक्षकों के प्रशिक्षण में

D. शिक्षकों की उलझनों में

Q.15 पारंपरिक स्कूलों के बारे में कौन-सा कथन सही नहीं है?

[CTET Paper - I, 2018]

A. पारंपरिक स्कूलों में बच्चे ज्यादा बात नहीं कर सकते।

B. पारंपरिक स्कूलों में बच्चे ज्यादा बात कर सकते हैं।

C. पारंपरिक स्कूलों में बच्चे मनपसंद बात नहीं कर सकते।

D. पारंपरिक स्कूलों में बच्चे ईमानदारी से बात नहीं कर सकते।

Q.16 'थाली का बैगन होना' इस मुहावरे का सही अर्थ क्या है?

A. बहुत रुचिकर होना   **B.** सर्वत्र सुलभ होना

C. अस्थिर विचार का होना   **D.** मनपसन्द का होना

Q.17 "कबहुँ निरामष होय न कागा", लोकोक्ति का उपयुक्त अर्थ है:

A. कौवा कभी शाकाहारी नहीं होता

B. कौवा कभी मांसाहारी नहीं होता

C. कौवा मांसाहारी होता है

D. दुष्ट अपनी दुष्टता नहीं छोड़ता

Q.18 दिए गए विकल्पों में से 'हिय' का तत्सम शब्द _____ है।

A. मन   **B.** हृदय   **C.** छाती   **D.** उर

Q.19 "आग" शब्द का तत्सम _____ है।

A. अग्रि   **B.** अगनी   **C.** अग्री   **D.** अगिन

Q.20 निर्देश: प्रत्येक प्रश्न के आगे दिए गए विकल्पों में से उचित विकल्प चुनें।

अपना कार्य स्वयं करने वाला:

[Sainik School Entrance Class VI, 2018]

A. चतुर   **B.** होशियार   **C.** स्वावलम्बी   **D.** क्रोधी

Q.21 "तन्मात्रा" शब्द का सही संधि विच्छेद क्या है ?

A. तत् + मात्रा   **B.** तन् + मात्रा
C. तम् + मात्रा   **D.** तप् + मात्रा

Q.22 कौन सा शब्द "रस" का अनेकार्थी नहीं है?

A. सार   **B.** सुख   **C.** अमृत   **D.** धर्म

Q.23 कौन सा शब्द "हंस" का अनेकार्थी नहीं है?

A. प्राण   **B.** पक्षी   **C.** सूर्य   **D.** रंग

Ques (24-25):निर्देश: निम्न वाक्य के जिस भाग में त्रुटि हो, उसका चयन करें।

Q.24 लोग/ भूख से/ मर रहे हैं।/ कोई त्रुटि नहीं है।

A. लोग   **B.** भूख से
C. मर रहे हैं   **D.** कोई त्रुटि नहीं है

Q.25 'बिना पैसे का /किसी भी आदमी /को सम्मान नहीं मिलता/ कोई त्रुटि नहीं है।

A. बिना पैसे का   **B.** किसी भी आदमी
C. को सम्मान नहीं मिलता   **D.** कोई त्रुटि नहीं है।

Mathematics

Q.26 $ABCD$ एक समलम्ब है जिसमें $AB \parallel CD$ है। P और Q क्रमश: AC और BD के मध्य बिंदु हैं। यदि $AB = 3$ सेमी और $CD = 5$ सेमी, $ABQP$ के क्षेत्रफल और $PQDC$ के क्षेत्रफल का अनुपात ज्ञात कीजिए।

A. 7:6   **B.** 8:5   **C.** 7:9   **D.** 6:5

Q.27 यदि x आकड़े $6, x, 2$ और 4 के माध्य है, तो बहुलक क्या है?

A. 6   **B.** 2   **C.** 4   **D.** 3

Q.28 Δ ABC में, ∠B = 90° और ∠A = 45° है। यदि इसकी कर्ण की लंबाई 8 इकाई है, तो किसी अन्य भुजा की लंबाई (इकाई में) क्या है?

A. $4\sqrt{2}$ **B.** $3\sqrt{2}$ **C.** $2\sqrt{2}$ **D.** 1

Q.29 12.40 रुपये प्रति मीटर की दर से 75 सेमी चौड़े कालीन से 13 मीटर लंबे और 9 मीटर चौड़े एक कमरे पर कालीन बिछाने का खर्च ज्ञात कीजिए।

A. 1934.40 रुपये   **B.** 1265.43 रुपये
C. 1374.40 रुपये   **D.** 1005.21 रुपये

Q.30 एक आयत की लंबाई उसकी चौड़ाई की दुगुनी है। यदि इसकी लंबाई 5 सेमी कम कर दी जाती है और चौड़ाई 5 सेमी बढ़ा दी जाती है, तो आयत का क्षेत्रफल 75 वर्ग सेमी बढ़ जाता है। आयत की लंबाई ज्ञात कीजिए।

A. 5 सेमी   **B.** 10 सेमी   **C.** 20 सेमी   **D.** 40 सेमी

Q.31 60 मीटर लंबाई और 40 मीटर चौड़ाई का एक आयताकार क्षेत्र 5 मीटर चौड़ी सड़क से घिरा हुआ है। यदि 1 वर्ग मीटर सड़क बनाने की लागत रु. 500 है, पूरी सड़क की लागत क्या होगी?

A. 450000 रुपये   **B.** 500000 रुपये
C. 550000 रुपये   **D.** 600000 रुपये

Q.32 एक कमीज का क्रय मूल्य 262.40 रुपये है। बाजार मूल्य पर 18% छूट देने के बाद 14% लाभ प्राप्त करने के लिए इसे किस मूल्य पर अंकित किया जाना चाहिए?

[SSC Selection Post Phase IX, 2020]

A. 364.80 रुपये   **B.** 356 रुपये
C. 358.40 रुपये   **D.** 352 रुपये

Q.33 एक वर्ग का क्षेत्रफल 169 सेमी ^{2} है। इसकी भुजा ज्ञात कीजिए।

A. 11 सेमी   **B.** 12 सेमी   **C.** 13 सेमी   **D.** 14 सेमी

Q.34 आयत का परिमाप 20 सेमी है। यदि आयत की लंबाई 6 सेमी है, तो इसकी चौड़ाई होगी:

A. 4 सेमी   **B.** 6 सेमी   **C.** 9 सेमी   **D.** 10 सेमी

Q.35 दो संख्याओं का लघुतम समापवर्त्य (LCM) उनके महत्तम समापवर्तक (HCF) का 28 गुना है। HCF और LCM का योगफल 1740 है। यदि उनमें से एक संख्या 240 है, तो दूसरी संख्या क्या है?

[Indian Military Academy (IMA), 2020]

A. 420   **B.** 640   **C.** 820   **D.** 1040

Q.36 बहुपदों $x^6 - 3x^4 + 3x^2 - 1$ और $x^3 + 3x^2 + 3x + 1$ का HCF क्या है?

[Indian Military Academy (IMA), 2020]

A. $(x + 1)$ **B.** $(x + 1)^2$ **C.** $x^2 + 1$ **D.** $(x + 1)^3$

Q.37 यदि नियमित चतुष्फलक के प्रत्येक भुजा की लम्बाई 24 सेमी है, तब चतुष्फलक का आयतन क्या होगा?

A. $1452\sqrt{2}$ घन सेमी   **B.** $1152\sqrt{2}$ घन सेमी
C. $1158\sqrt{2}$ घन सेमी   **D.** $1512\sqrt{2}$ घन सेमी

Q.38 एक गोले का आयतन, एक लम्ब वृत्तीय बेलन के आयतन का $\frac{1}{4}$ है। गोले और बेलन की त्रिज्या समान है। गोले के व्यास और बेलन की ऊंचाई का अनुपात क्या है?

A. 3 : 2   **B.** 8 : 3   **C.** 4 : 1   **D.** 3 : 8

Q.39 एक समबाहु त्रिभुज ABC और एक विषमबाहु त्रिभुज DBC एक वृत्त में चाप के एक ही तरफ अंकित किए जाते हैं। $\angle BDC$ किसके बराबर है?

[Indian Military Academy (IMA), 2021]

A. 30°   **B.** 45°   **C.** 60°   **D.** 90°

Q.40 यदि द्विघात समीकरण $(\log_5 k)x^2 - 2x + 1 = 0$ के मूल वास्तविक और अलग हैं तो k का अधिकतम मान क्या है?

A. 2   **B.** 4   **C.** 5   **D.** 3

Q.41 k का सबसे छोटा धनात्मक पूर्णांक मान ज्ञात कीजिए जिसके लिए द्विघात समीकरण $\sqrt{3}x^2 - \sqrt{2}kx + 2\sqrt{3} = 0$ भिन्न वास्तविक मूल होगा?

A. 3   **B.** 4   **C.** 1   **D.** 2

Q.42 एक मॉडल वितरण में निम्नलिखित में से कौन सा संबंध सत्य नहीं है?

A. माध्य – बहुलक = 3 (माध्य – माध्यिका)
B. बहुलक = 3 माध्यिका – 2 माध्य
C. 3 माध्यिका = 2 माध्य + बहुलक
D. 2 माध्यिका – 3 चतुर्थक विचलन = 2 माध्य

Q.43 डेटा के वर्गीकरण के मामले में, जिस वर्ग की ऊपरी सीमा होती है, उसे उसके अगले वर्ग की निचली सीमा माना जाता है, उसे कहा जाता है:

A. ओपन एंडेड वर्ग

B. क्लोज एंडेड वर्ग

C. विशिष्ट वर्ग

D. सम्मिलित वर्ग

Q.44 निर्देश: नीचे दिए गए डेटा को ध्यान से पढ़िए और निम्नलिखित प्रश्नों के उत्तर दीजिए।

वृत्त आलेख वित्तीय वर्ष 2020 - 2021 में सात कंपनियों की आय प्रतिशत में दिखाता है।

तालिका वित्तीय वर्ष 2020 - 2021 में सात कंपनियों के लाभ प्रतिशत को दर्शाती है।

प्रतिशत में 7 कंपनियों की आय

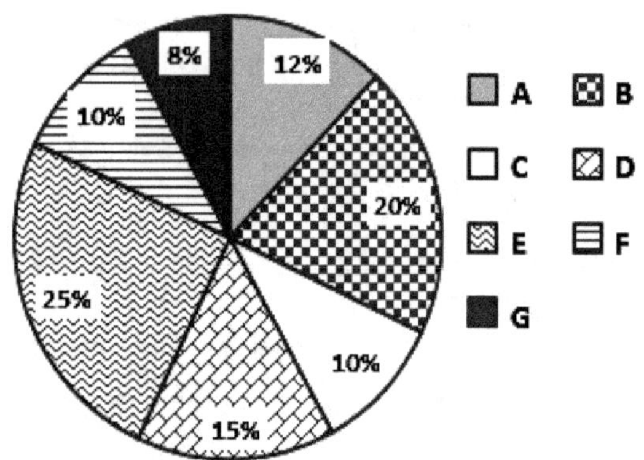

कंपनी का नाम	लाभ%
A	12%
B	25%
C	15%
D	20%
E	10%
F	10%
G	25%

निम्नलिखित में से किस कंपनी ने इस वित्तीय वर्ष में अधिकतम लाभ दर्ज किया है यदि इन कंपनियों की संयुक्त आय 3600 करोड़ रुपये है? (लगभग दो दशमलव तक)

A. A

B. B

C. C

D. D

Ques (45-48):निर्देश: नीचे दिए गए डेटा को ध्यान से पढ़ें और निम्नलिखित प्रश्न का उत्तर दें।

वृत्त आलेख वित्तीय वर्ष 2020 - 2021 में सात कंपनियों की आय प्रतिशत में दिखाता है।

तालिका वित्तीय वर्ष 2020 - 2021 में सात कंपनियों के लाभ प्रतिशत को दर्शाती है।

प्रतिशत में 7 कंपनियों की आय

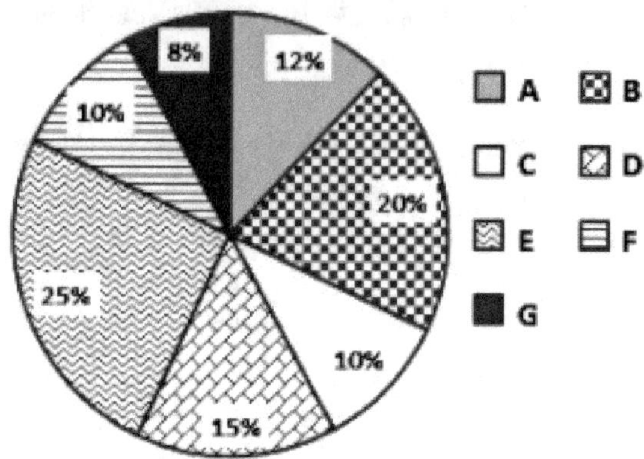

कंपनी का नाम	लाभ%
A	12%
B	25%
C	15%
D	20%
E	10%
F	10%
G	25%

Q.45 यदि कंपनी E और कंपनी F की आय 350 करोड़ रुपये है, तो कंपनी C का लाभ क्या है? (लगभग दो दशमलव तक)

A. 13.04 करोड़ रुपये

B. 14 करोड़ रुपये

C. 15 करोड़ रुपये

D. 13 करोड़ रुपये

Q.46 कंपनी D और कंपनी G के व्यय के बीच का अनुपात क्या है?

A. 64 : 125   **B.** 60 : 127   **C.** 125 : 64   **D.** 50 : 170

Q.47 यदि दिए गए वित्तीय वर्ष में कंपनी D की आय 450 करोड़ है, तो कंपनी B का व्यय क्या होगा?

A. 250 करोड़ रुपये

B. 480 करोड़ रुपये

C. 265 करोड़ रुपये

D. 280 करोड़ रुपये

Q.48 यदि कंपनी A का व्यय 750 करोड़ रुपये है, तो सभी कंपनी की कुल आय क्या होगी?

A. 6000 करोड़ रुपये

B. 5000 करोड़ रुपये

C. 7000 करोड़ रुपये

D. 7500 करोड़ रुपये

Q.49 निर्देश: निम्नलिखित आयतचित्र वर्ग अंतरालों के विपरीत निश्चित आवृत्ति बंटन को दर्शाता है।

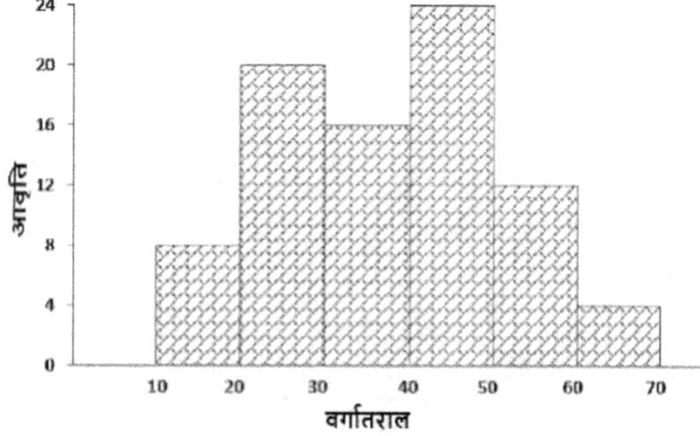

इस बंटन का अनुमानित माध्य है:

A. 34.34   **B.** 35.42   **C.** 37.86   **D.** 36

Q.50 एक संख्या में पहले 20% की कमी हुई और फिर 10% की वृद्धि हुई। प्राप्त संख्या मूल संख्या से 12 कम है। मूल संख्या क्या है?

A. 200　　**B.** 100　　**C.** 400　　**D.** 80

General Knowledge

Q.51 2022 में संयुक्त राष्ट्र महिला कोर बजट में भारत का क्या योगदान है?

[Delhi Forest Guard, 2021], [HSSC Canal Patwari, 2021]

A. यूएसडी 10,000　　**B.** यूएसडी 50,000
C. यूएसडी 100,000　　**D.** यूएसडी 500,000

Q.52 महिला और बाल विकास मंत्रालय ने पीएम केयर्स फॉर चिल्ड्रन योजना को 28 _________ तक बढ़ा दिया था।

A. फरवरी 2022　　**B.** मार्च 2022
C. फरवरी 2022　　**D.** दिसंबर 2022

Q.53 बिहार में एकमात्र जीनोम सीक्वेंसिंग लैब कहाँ से शुरू हुई है?

[Delhi Forest Guard, 2021]

A. पटना　　**B.** दरभंगा　　**C.** गया　　**D.** वैशाली

Q.54 तरकारी एक्सप्रेस बिहार के निम्नलिखित में से किस शहर से शुरू की गई थी?

A. दरभंगा　　**B.** पटना　　**C.** गया　　**D.** मुंगेर

Q.55 नीतीश कुमार ने 15 अगस्त 2021 को आजादी के बाद गाँधी मैदान में सर्वाधिक 15 वीं बार झंडा फहराकर किस पूर्व मुख्यमंत्री के 14 बार झंडा फहराने का रिकॉर्ड तोड़ा?

A. गोपाल　　**B.** श्री कृष्ण सिंह
C. दीक्षा　　**D.** जगन्नाथ मिश्रा

Q.56 उत्तर प्रदेश राज्य में ______ से अग्नि सुरक्षा सप्ताह मनाया जा रहा है?

A. 30 अप्रैल　　**B.** 4 मई　　**C.** 8 फरवरी　　**D.** 14 अप्रैल

Q.57 1861 में, शिव दयाल सिंह ने राधा स्वामी सत्संग की स्थापना किस शहर में की थी?

A. मेरठ　　**B.** आगरा　　**C.** झांसी　　**D.** वाराणसी

Q.58 सर सैयद अहमद खान ने 'अलीगढ़ आंदोलन' शुरू किया:

A. मुसलमानों के लिए अलग जमीन की मांग
B. मुसलमानों की स्थिति में सुधार
C. मुसलमानों में धार्मिक विद्रोह
D. राष्ट्रीय सभा में मुसलमानों का प्रतिनिधित्व

Q.59 कंप्यूटर शब्दवली में प्रयोग होनेवाले CAPTCHA (कैप्चा) का वास्तव में पूर्ण अर्थ है?

A. कण्ट्रोल ऑटोमेटेड पब्लिक ट्यूरिंग टेस्ट टू टेल कंप्यूटर एंड ह्यूमन अपार्ट
B. कम्प्लीटली ऑटोमेटेड पोर्टल ट्यूरिंग टेस्ट टू टेल कंप्यूटर एंड ह्यूमन अपार्ट
C. कम्प्लीटली अप्रेहेंसिव पब्लिक ट्यूरिंग टेस्ट टू टेल कंप्यूटर एंड ह्यूमन अपार्ट
D. कम्प्लीटली ऑटोमेटेड पब्लिक ट्यूरिंग टेस्ट टू टेल कंप्यूटर एंड ह्यूमन अपार्ट

Q.60 कंप्यूटर में डेटाबेस सॉफ्टवेयर निम्नलिखित में से कौन सा नहीं है?

A. एमएस एक्सेस　　**B.** फॉक्सप्रो
C. ओरेकल　　**D.** एमएस वर्ड

Q.61 निम्नलिखित में से कौन सा कारक प्रभावी और कुशल नेटवर्क नहीं बनाता है?

A. प्रदर्शन　　**B.** विश्वसनीयता
C. सर्वर लोड　　**D.** मजबूती

Q.62 निम्नलिखित में से किस राज्य की जनसंख्या सर्वाधिक है?

A. महाराष्ट्र　　**B.** बिहार
C. गुजरात　　**D.** उत्तर प्रदेश

Q.63 विभाग से संबंधित स्थायी समितियों (DRSC) के संबंध में निम्नलिखित में से कौन सा सही है / हैं?

1. इसमें 45 सदस्य शामिल हैं: 30 लोकसभा से और 15 राज्यसभा से।
2. सभी सदस्य चुने जाते हैं।
3. उन्हें एक वर्ष की अधिकतम अवधि के लिए नियुक्त किया जाता है।

A. केवल 1 और 2　　**B.** केवल 3
C. केवल 1　　**D.** केवल 2 और 3

Q.64 एंडीज पर्वत श्रृंखला की सबसे ऊंची चोटी कौन सी है?

A. माउंट मिशेल　　**B.** माउंट एकोंकागुआ
C. माउंट ब्लैंको　　**D.** माउंट एल्बर्टे

Q.65 निम्नलिखित कथनों की जाँच करें और सही कथनों की पहचान करें:
कथन 'A': 24 घंटे के भीतर पृथ्वी 360° देशांतर में घूमती है।
कथन 'B': पृथ्वी को एक डिग्री देशांतर को पार करने के लिए चार मिनट की आवश्यकता होती है।

[Maharashtra Public Service Commission, 2018]

A. कथन 'A' और 'B' सही हैं।
B. कथन 'A' और 'B' गलत हैं।
C. कथन 'A' सही है लेकिन कथन 'B' गलत है।
D. कथन 'A' गलत है लेकिन कथन 'B' सही है।

Q.66 राज्य का संवैधानिक प्रमुख कौन है?

A. मुख्यमंत्री
B. उच्च न्यायालय के मुख्य न्यायाधीश
C. राज्यपाल
D. विधानसभा अध्यक्ष

Q.67 धातुएँ विद्युत की अच्छी सुचालक क्यों होती हैं?

A. क्योंकि उनमें विमुक्त इलेक्ट्रॉन होते हैं
B. क्योंकि परमाणु हल्के ढंग से पैक होते हैं
C. क्योंकि इनका गलनांक उच्च होता है
D. इनमें से सभी

Q.68 हीरे का मणिभ किसके कारण चमकता है?

A. उच्च घनत्व　　**B.** पूर्ण आंतरिक परावर्तन
C. मणिभ जालक　　**D.** इनमें से कोई नहीं

Q.69 एक खाद्य श्रृंखला में 'शाकाहारी' कौन होते हैं?

A. प्राथमिक उत्पादक　　**B.** प्राथमिक उपभोक्ता
C. द्वितीयक उपभोक्ता　　**D.** जैव अपघटक

Q.70 समीकरण v=u+at में, u क्या दर्शाता है?

A. निकाय का प्रारंभिक वेग　　**B.** निकाय का अंतिम वेग
C. निकाय का त्वरण　　**D.** इनमें से कोई नहीं

Q.71 निम्नलिखित में से किस पदार्थ के लिए तापमान में वृद्धि के साथ प्रतिरोधकता कम हो जाती है?

A. शुद्ध सिलिकॉन　　**B.** कॉपर
C. नाइक्रोम　　**D.** प्लैटिनम

Q.72 अशोकन शिलालेखों के संदर्भ में, निम्नलिखित कथनों पर विचार कीजिये:

1. रुम्मिनदेई स्तंभ के संस्करण में लुम्बिनी की कर छूट के बारे में उल्लेख किया गया है।
2. कंधार शिलालेख को अरामी भाषा में उकेरा गया था।
3. दूसरे रॉक एडिट में केरेलपुत्रों के नामों का उल्लेख किया गया है।

ऊपर दिया गया कौन सा कथन सही है/हैं?

A. 1, 2 और 3   **B.** केवल 3
C. केवल 1 और 2   **D.** केवल 1 और 3

Q.73 प्राचीन भारत में गणतांत्रिक राज्यों को क्या नाम दिया गया था, जिनका स्वरूप संघीय था?

A. किंगडम   **B.** निगम   **C.** जनपद   **D.** संघ

Q.74 फ़िलिप्स का वक्र इनका सम्बन्ध दर्शाता है:

[DSSSB TGT Social Science, 2014]

A. आय और खपत
B. आय और मूल्य स्तर
C. आय और निवेश
D. मुद्रास्फीति और बेरोजगारी

Q.75 असंतुलित विकास के विचार को किसने समर्थन नहीं दिया:

[DSSSB TGT Social Science, 2014]

A. एच.डब्ल्यू. सिंगर   **B.** डब्ल्यू.ए. लुईस
C. ए.ओ. हिर्शमैन   **D.** सी.पी. किंडलबर्गर

Rural Development and Rural Society

Q.76 वित्त आयोग से प्राप्त पंचायती राज संस्थाओं के लिए सहायता अनुदान किसे जारी किया जाना है?

A. जिला परिषद   **B.** पंचायत समिति
C. ग्राम पंचायत   **D.** कलेक्टर

Q.77 पंचायत समिति किस स्तर पर पंचायत राज संरचना का संचालन करती है?

A. जिला स्तर   **B.** ग्राम स्तर
C. ग्राम सभा स्तर   **D.** ब्लॉक स्तर

Q.78 नगर पंचायत का कार्यकाल _______ होता है।

A. 2 वर्ष   **B.** 4 वर्ष   **C.** 5 वर्ष   **D.** 6 वर्ष

Q.79 जमीन नापने और जमीन का रिकॉर्ड रखने का काम कौन करता है?

A. पटवारी   **B.** वकील   **C.** रसायनज्ञ   **D.** चिकित्सक

Q.80 उत्तर प्रदेश द्वारा अपने बजट 2021 में छात्रों को मुफ्त प्रतियोगिता कोचिंग प्रदान करने के लिए शुरू की गई योजना का नाम क्या है?

A. मुख्यमंत्री सम्मान योजना
B. मुख्यमंत्री अभ्युदय योजना
C. मुख्यमंत्री समर्थ योजना
D. मुख्यमंत्री सुमंगल योजना

Q.81 एस्पिरेशनल डिस्ट्रिक्ट प्रोग्राम (ADP) किस संगठन द्वारा शुरू किया गया था?

A. नीति आयोग
B. ऑक्सफैम
C. ऊर्जा और संसाधन संस्थान
D. राष्ट्रीय विकास परिषद

Q.82 उत्तर प्रदेश सरकार ने महिलाओं के लिए सुरक्षा और आत्मनिर्भरता को बढ़ावा देने के लिए _______ का तीसरा चरण शुरू किया है।

A. कल्याण मिशन
B. मिशन शक्ति
C. मुख्यमंत्री समर्थ योजना
D. मुख्यमंत्री सुमंगल योजना

Q.83 ग्रामीण क्षेत्रों में माइक्रोफाइनेंस की योजना को _______ के माध्यम से विस्तारित किया गया है।

A. स्वयं सहायता समूह   **B.** भूमि विकास बैंक
C. नाबार्ड   **D.** क्षेत्रीय ग्रामीण बैंक

Q.84 दीन दयाल उपाध्याय ग्राम ज्योति योजना का मुख्य उद्देश्य _______ है।

A. शहरी क्षेत्रों को बिजली उपलब्ध कराना
B. ग्रामीण क्षेत्रों में एलईडी बल्ब की आपूर्ति
C. गांवों में मोमबत्ती उद्योग शुरू
D. ग्रामीण भारत को निरंतर बिजली आपूर्ति सुनिश्चित करना

Q.85 वर्ष $2016 - 17$ से $2018 - 19$ तक 3 वर्ष की अवधि के लिए प्रधानमंत्री ग्रामीण आवास योजना के तहत ग्रामीण क्षेत्रों में घरों की लक्षित संख्या कितनी है?

A. 4 करोड़   **B.** 3 करोड़   **C.** 2 करोड़   **D.** 1 करोड़

Q.86 प्रधान मंत्री किसान सम्मान निधि (PM-KISAN) को वर्ष 2019 में उत्तर प्रदेश में ___________ से लॉन्च किया गया था।

[UPSSSC Junior Assistant, 2020]

A. लखनऊ   **B.** गोरखपुर   **C.** प्रयागराज   **D.** वाराणसी

Q.87 फिलिप एम होसर के अनुसार ग्रामीण क्षेत्रों से शहरी क्षेत्रों में लोगों का प्रवसन _______ कहलाता है।

A. जनसंख्या अंत स्फोटन   **B.** जनसंख्या विः स्फोटन
C. जनसंख्या प्रौद्योगिकी   **D.** इनमे से कोई नहीं

Q.88 निम्न में से कृषक समाज की अवधारणा किसने विकसित की ?

A. प्रदीप्त राय   **B.** गिलेट
C. एम एन श्रीनिवास   **D.** राबर्ट रेडफील्ड

Q.89 भूमापन में प्रयोग 'जरीब' में कड़ियों की संख्या कितनी होती है?

A. 100   **B.** 150   **C.** 200   **D.** 250

Q.90 भूमि सुधार किस विषय सूची से संबंधित है?

A. राज्य सूची   **B.** संघ सूची
C. समवर्ती सूची   **D.** इनमें से कोई नहीं

Q.91 राष्ट्रीय विकास परिषद ने पंचायती राज संस्थाओं की योजनाओं और परियोजनाओं के लिए बलवंत राय मेहता समिति नियुक्त की थी। समिति द्वारा निम्नलिखित में से किस मूल सिद्धांत पर बल दिया गया था?

A. गांव से लेकर जिले तक स्थानीय स्वशासी निकायों की त्रिस्तरीय संरचना होनी चाहिए, जिसमें उनके बीच जैविक जुड़ाव अच्छी तरह से परिभाषित और व्यावहारिक हो।
B. अत्यधिक राज्य नियंत्रण से बचने के लिए इन निकायों को पर्याप्त प्रशासनिक अधिकार सौंपे जाने चाहिए
C. नए निकायों को अपनी जिम्मेदारियों का निर्वहन करने में सक्षम बनाने के लिए पर्याप्त संसाधनों को स्थानांतरित किया जाना चाहिए
D. उपरोक्त सभी

Q.92 किस उर्वरक सहकारी कंपनी ने कृषि के लिए नैनो यूरिया की शुरुआत की है?

A. भारतीय उर्वरक निगम लिमिटेड (FCIL)

B. हिंदुस्तान उर्वरक निगम लिमिटेड (HFCL)

C. भारतीय किसान उर्वरक सहकारी लिमिटेड (IFFCO)

D. इनमे से कोई भी नहीं

Q.93 ग्रामीण संस्थागत व्यवस्था के अंतर्गत ग्रामीण नियोजन की निम्नलिखित में से कौन-सी विधियाँ हैं?

A. क्षेत्र विकास दृष्टिकोण

B. एकीकृत विकास दृष्टिकोण

C. (A) और (B) दोनों

D. इनमें से कोई नहीं

Q.94 _________ एक विकास पाठ्यक्रम है जिसे इसकी सक्रिय भागीदारी के साथ पूरे ग्रामीण समुदाय के लिए आर्थिक और सामाजिक प्रगति की स्थिति बनाने के लिए बनाया गया है।

A. ग्रामीण सामुदायिक विकास

B. सार्वजनिक समीक्षा संस्थान

C. लक्ष्य आयोग

D. जिला ग्रामीण विकास एजेंसी

Q.95 इंदिरा महिला शक्ति कोष कब शुरू किया गया था?

A. दिसंबर, 2019　　　　**B.** दिसंबर, 2015

C. फ़रवरी, 2014　　　　**D.** सितंबर, 2018

Q.96 चकबंदी योजना सर्वप्रथम उत्तर प्रदेश के किस जिले में शुरू हुई?

A. मुजफ्फरनगर　　　　**B.** हमीरपुर

C. इटावा　　　　**D.** उन्नाव

Q.97 उत्तर प्रदेश कन्या विद्या धन योजना के अंतर्गत लाभार्थी को कितनी राशि दी जाती है?

A. 10,000　　**B.** 20,000　　**C.** 30,000　　**D.** 40,000

Q.98 अनुसूचित जनजाति की सर्वाधिक जनसंख्या वाला जिला कौन सा है?

A. सोनभद्र　　　　**B.** कानपुर

C. रायबरेली　　　　**D.** गौतम बुद्ध नगर

Q.99 निम्नलिखित में से कौन जम्मू और कश्मीर में त्रि-स्तरीय पंचायती राज संरचना के तहत एक नया निकाय होगा?

A. जिला विकास परिषद (डीडीसी)

B. हलका पंचायत

C. प्रखण्ड विकास परिषद (बीडीसी)

D. इनमें से कोई नहीं

Q.100 संविधान के किस अनुच्छेद में जिला नियोजन समिति का उल्लेख है?

A. 243 ZA　　**B.** 243 ZD　　**C.** 243 ZF　　**D.** 243 ZB

// स्मार्ट उत्तर पुस्तिका //

सही उत्तर — उन छात्रों का प्रतिशत जिन्होंने प्रश्नों का सही उत्तर दिया था। **छोड़ दिया** — उन छात्रों का प्रतिशत जिन्होंने प्रश्नों को छोड़ दिया था।

प्रश्न संख्या	उत्तर	सही उत्तर / छोड़ दिया	प्रश्न संख्या	उत्तर	सही उत्तर / छोड़ दिया	प्रश्न संख्या	उत्तर	सही उत्तर / छोड़ दिया	प्रश्न संख्या	उत्तर	सही उत्तर / छोड़ दिया	प्रश्न संख्या	उत्तर	सही उत्तर / छोड़ दिया	प्रश्न संख्या	उत्तर	सही उत्तर / छोड़ दिया
1	C	60.76% / 33.97%	18	B	78.23% / 17.66%	35	A	67.7% / 30.69%	52	A	43.74% / 34.76%	69	B	86.43% / 12.53%	86	B	41.1% / 36.14%
2	D	89.69% / 10.13%	19	A	87.24% / 12.11%	36	D	31.83% / 67.37%	53	A	40.03% / 49.98%	70	A	86.51% / 11.5%	87	A	50.21% / 44.0%
3	B	59.47% / 39.0%	20	C	83.78% / 11.59%	37	B	54.2% / 33.77%	54	B	55.94% / 37.16%	71	A	63.21% / 36.15%	88	D	87.5% / 12.48%
4	A	87.74% / 10.73%	21	A	60.4% / 35.77%	38	D	86.88% / 10.77%	55	B	41.93% / 56.22%	72	A	23.89% / 74.44%	89	A	88.56% / 11.22%
5	A	77.67% / 11.21%	22	D	58.42% / 38.79%	39	C	85.17% / 13.36%	56	D	57.61% / 38.96%	73	C	55.81% / 41.28%	90	A	20.18% / 71.23%
6	B	43.59% / 44.93%	23	D	61.94% / 34.96%	40	C	62.96% / 36.6%	57	B	69.51% / 30.02%	74	D	66.35% / 30.21%	91	D	21.59% / 72.93%
7	C	81.06% / 15.32%	24	D	45.55% / 50.3%	41	B	53.59% / 37.94%	58	D	88.39% / 10.41%	75	D	15.66% / 79.24%	92	C	50.88% / 38.19%
8	A	86.71% / 13.13%	25	A	79.22% / 11.47%	42	D	67.27% / 30.53%	59	D	67.71% / 30.73%	76	C	57.86% / 37.54%	93	C	42.16% / 41.21%
9	D	44.53% / 30.32%	26	C	58.88% / 32.03%	43	C	44.42% / 37.04%	60	D	69.33% / 30.24%	77	D	67.95% / 30.25%	94	A	15.07% / 74.14%
10	C	63.7% / 35.56%	27	C	47.82% / 40.62%	44	B	15.21% / 67.37%	61	C	59.7% / 40.19%	78	C	59.84% / 37.09%	95	A	55.98% / 43.69%
11	B	81.53% / 14.1%	28	A	54.91% / 33.37%	45	A	52.85% / 35.57%	62	D	81.03% / 13.01%	79	A	67.12% / 30.79%	96	A	60.86% / 37.03%
12	C	81.78% / 14.97%	29	A	52.62% / 35.1%	46	C	68.85% / 30.21%	63	B	52.0% / 30.09%	80	B	65.2% / 33.95%	97	C	68.64% / 30.17%
13	C	47.42% / 51.55%	30	D	55.83% / 36.73%	47	B	46.16% / 32.8%	64	B	62.44% / 30.51%	81	A	87.17% / 12.63%	98	A	65.11% / 33.0%
14	A	40.54% / 55.13%	31	C	30.18% / 67.62%	48	C	25.46% / 67.76%	65	A	78.1% / 21.06%	82	B	61.9% / 37.74%	99	A	41.74% / 45.95%
15	B	66.9% / 31.03%	32	A	41.46% / 32.18%	49	C	50.0% / 49.67%	66	C	53.91% / 31.32%	83	A	78.76% / 12.9%	100	B	61.79% / 34.99%
16	C	85.1% / 12.53%	33	C	68.66% / 30.29%	50	B	88.91% / 11.08%	67	A	43.94% / 47.16%	84	D	61.42% / 37.18%			
17	D	23.86% / 74.66%	34	A	81.89% / 13.21%	51	D	85.95% / 11.11%	68	B	44.33% / 55.64%	85	A	40.84% / 49.52%			

//संकेत और समाधान//

1. मोहन ने सोहन को किताब दी, में संप्रदान कारक है। संप्रदान का अर्थ है- देना। अर्थात् कर्ता जिसके लिए कुछ कार्य करता है, अथवा जिसे कुछ देता है उसे व्यक्त करने वाले रूप को संप्रदान कारक कहते हैं।

अतः विकल्प (C) सही है।

2. लड़का का बहुवचन- लड़के

किताब का बहुवचन- किताबें

गाड़ी का बहुवचन- गाड़ियाँ

सोना एकवचन शब्द है, इसका बहुवचन शब्द नहीं होता है।

अतः विकल्प (D) सही है।

3. वाक्य के (b) भाग में त्रुटि है, "पर पानी पीती थी।" के स्थान पर "पर पानी पीते थे।" होगा।

शुद्ध वाक्य:

"राम राज्य में शेर और बकरी एक घाट पर पानी पीते थे।"

अतः विकल्प (B) सही है।

4. 'बादल' का पर्यायवाची शब्द 'जलद' है।

'बादल' के पर्यायवाची शब्द- मेघ, घन , जलधर, वारिद, नीरद, पयोद, अंबुद, धराधार, पयोधर, वारीधर, वारिवाह इत्यादि है।

अतः विकल्प (A) सही है।

5. दीपक' शब्द का उचित पर्यायवाची युग्म प्रदीप, दीया, दीप है।

दीपक के पर्यायवाची शब्द – आदित्य, दीप, प्रदीप, दीया इत्यादि है।

अतः विकल्प (A) सही है।

6. 'अरि' का पर्यायवाची शब्द 'शत्रु' है।

अरि के पर्यायवाची शब्द- शत्रु, वैरी, बैरी, दुश्मन, विरोधी इत्यादि है।

अतः विकल्प (B) सही है।

7. 'दर्प' का पर्यायवाची शब्द 'अहंकार' है।

'दर्प' के पर्यायवाची शब्द- घमंड, अहंकार, अभिमान, गर्व, ताव, इत्यादि है।

अतः विकल्प (C) सही है।

8. वेदना मूलतः संस्कृत का शब्द है। वेदना संज्ञा शब्द से स्त्री जाति का बोध होता है। इसलिए, वेदना शब्द स्त्रीलिंग है।

अतः विकल्प (A) सही है।

9. दिए गए विकल्पो में 'अत्यधिक' की वर्तनी शुद्ध है।

अन्य की शुद्ध वर्तनी है-

आधीन - अधीन

व्यवहारिक - व्यावहारिक

मिष्ठान्न - मिष्टान्न

अतः विकल्प (D) सही है।

10. "राजा की सभा = राजसभा" में तत्पुरुष समास है।

- तत्पुरुष समास वह होता है, जिसमें उत्तर पद प्रधान होता है, अर्थात् प्रथम पद गौण होता है एवं उत्तर पद की प्रधानता होती है व समास करते वक्त बीच की विभक्ति का लोप हो जाता है।

- "राजा की सभा = राजसभा" में 'की' विभक्ति का लोप हो रहा है। इसलिए, यहाँ तत्पुरुष समास है।

अतः विकल्प (C) सही है।

11. 'न्यू लिटिल स्कूल के शिक्षक खुले और सच्चे है' इस कथन का अर्थ बिना दुराव-छिपाव के बात करना है।

अतः विकल्प (B) सही है।

12. गद्यांश के अनुसार, "90 प्रतिशत अमेरिकी शिक्षक विवादास्पद विषयों के बारे में स्कूल में बात करने में विश्वास नहीं करते तथा बच्चों को भी इन विषयों के बारे में बात नहीं करने देते।"

इसलिए, "वे बच्चों के साथ सभी तरह की बात नहीं करते" अमेरिकी शिक्षकों के बारे में सही है।

अतः विकल्प (C) सही है।

13. शिक्षकों को प्रशिक्षण में यह सिखाया जाता है कि वे यह स्वीकार न करें कि उन्हें ज्ञान नहीं है।

गद्यांश के अनुसार, "शिक्षकों को प्रशिक्षण में बार-बार सिखाया जाता है कि अपनी अज्ञानता, अनिश्चय और उलझन को कभी स्वीकार नहीं करें।"

अतः विकल्प (C) सही है।

14. बच्चों की सबसे ज्यादा जिज्ञासा शिक्षकों के निजी जीवन में है।

गद्यांश के अनुसार, "सबसे अहम बात यह है कि उनमें कूट-कूट कर यह भरा जाता है कि छात्रों से एक पेशेवर दूरी रखें और अपनी व्यक्तिगत जिंदगी और भावनाओं के बारे में कभी खुलकर बात नहीं करें। लेकिन यही वे बातें हैं जिनमें बच्चों की सबसे ज्यादा जिज्ञासा होती है, क्योंकि इसी से वे महसूस कर सकते हैं कि बड़ा होना क्या होता है।"

अतः विकल्प (A) सही है।

15. गद्यांश के अनुसार, "पारंपरिक स्कूलों में बच्चे ज्यादा बात नहीं कर सकते और जब करते भी हैं तब वे जो चाहते हैं वह बात नहीं कर सकते और ईमानदारी से नहीं कर सकते।"

इसलिए "पारंपरिक स्कूलों में बच्चे ज्यादा बात कर सकते हैं" कथन सही नहीं है।

अतः विकल्प (B) सही है।

16. जब कोई शब्द समूह या पद या वाक्यांश निरंतर अभ्यास के कारण सामान्य अर्थ न देकर विशेष अर्थ व्यक्त करने लगे तो उसे मुहावरा कहते हैं।

'थाली का बैंगन होना' मुहावरे का अर्थ "अस्थिर विचार का होना अथवा ऐसा इंसान जिसके पास कोई सिद्धांत न हो" है।

वाक्य प्रयोग - वह तो थाली का बैंगन है, उसकी बात पर भरोसा मत करो।

अतः विकल्प (C) सही है।

17. जब कोई पूरा कथन किसी प्रसंग विशेष में उद्धृत किया जाता है तो लोकोक्ति कहलाता है।

"कबहुँ निरामष होय न कागा" लोकोक्ति का उपयुक्त अर्थ "दुष्ट अपनी दुष्टता नहीं छोड़ता" है।

वाक्य प्रयोग - दुष्ट सियार ने साधु का रूप धारण कर प्रवचन देना शुरू किया तो मासूम जानवरों को यह विश्वास हो गया कि अब सियार बदल गया किंतु जब उनकी संख्या में कमी होने लगी तब उन्हें यह कहावत याद आया कि कबहुं निरामिष होय न कागा।

अतः विकल्प (D) सही है।

18. 'हिय' का तत्सम शब्द हृदय है।

मन का अर्थ अंतःकरण या चाहत होता है।

छाती और उर शब्द हृदय के पर्यायवाची हैं।

अत: विकल्प (B) सही है।

19. तत्सम: ऐसे शब्द जो ,संस्कृत से आये हुए हैं , जब उनका प्रयोग हिंदी में किया जाता है , तब उन शब्दों का प्रयोग ज्यों का त्यों होता है । ऐसे शब्द को हम तत्सम शब्द कहते हैं।

उदाहरण: ग्रह, अक्षि, कार्य, ग्राम, प्रस्तर आदि।

"आग" शब्द का तत्सम अग्नि है।

अत: विकल्प (A) सही है।

20. अपना कार्य स्वयं करने वाला : स्वावलम्बी

- स्वावलम्बी का अर्थ: अपने ऊपर विश्वास रखते हुए कार्य करना स्वावलंबी कहलाता है।

- स्वावलम्बी वाक्य प्रयोग: रितेश अपना सारा काम खुद करता है,वह स्वावलम्बी पुरुष है।

अत: विकल्प (C) सही है।

21. संधि - सन्धि (सम् + धि) शब्द का अर्थ है 'मेल' या जोड़। दो निकटवर्ती वर्णों के परस्पर मेल से जो विकार (परिवर्तन) होता है वह संधि कहलाता है।

तन्मात्रा का संधि विच्छेद - तत्+ मात्रा (व्यंजन संधि)

नियम - यदि क्, च्, ट्, त्, प् के बाद न् या म् आए तो क्, च्, ट्, त, प् अपने वर्ग के पंचम वर्ण में बदल जाते हैं।

व्यंजन संधि - व्यंजन का स्वर या व्यंजन के साथ मेल होने पर जो परिवर्तन होता है ,उसे व्यंजन संधि कहते हैं।

अत: विकल्प (A) सही है।

22. रस का अर्थ- स्वाद, जलीय अंश।

रस के अनेकार्थी- सुख, स्वाद, जल, अमृत, सार।

धर्म, रस का अनेकार्थी नहीं है।

अतः विकल्प (D) सही है।

23. हंस का अर्थ- बत्तख के आकार का एक सफ़ेद जल पक्षी।

हंस के अनेकार्थी- प्राण, सूर्य, आत्मा, पक्षी।

रंग, हंस का अनेकार्थी नहीं है।

अतः विकल्प (D) सही है।

24. 'लोग भूख से मर रहे हैं।' इस वाक्य में कोई त्रुटि नहीं है।

अत: विकल्प (D) सही है।

25. दिये गए विकल्पों में से वाक्य का 'बिना पैसे का' वाला भाग त्रुटि है।

बिना पैसे का किसी भी आदमी को सम्मान नहीं मिलता।' त्रुटि वाक्य है क्योंकि इसमें संबंधकारक संबंधी त्रुटि है।

वाक्य में 'बिना पैसे का' के भाग में 'का' का प्रयोग नहीं है, उसके स्थान पर 'बिना पैसे के' होगा।

अतः विकल्प (A) सही है।

26. दिया गया है,

$AB \parallel CD,$

$AB = 3$ सेमी और $CD = 5$ सेमी

P और Q, AC और BD के मध्यबिंदु हैं,

$\Rightarrow AP:PC = 1:1$

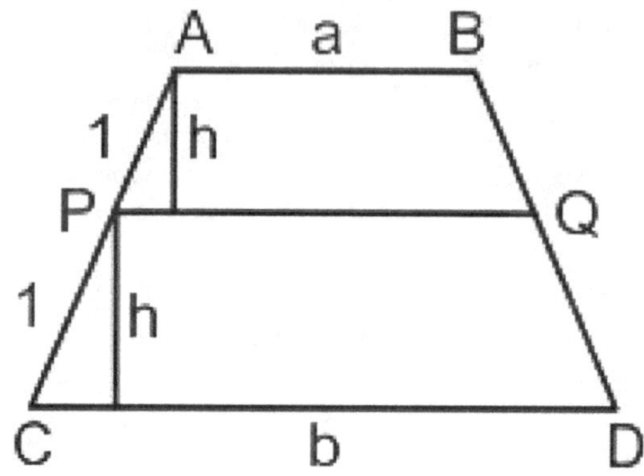

हम जानते हैं कि,

समलम्ब का क्षेत्रफल $= \frac{1}{2} \times$ समानांतर भुजाओं की लंबाई का योग $\times$ ऊंचाई,

जहाँ, ऊँचाई $=$ समानांतर भुजाओं के बीच की दूरी

$$PQ = \frac{1}{2}[AB + CD]$$

$$\Rightarrow \frac{1}{2}[3 + 5] = 4 \text{ सेमी}$$

मान लीजिए कि समलम्ब चतुर्भुज $ABQP$ की ऊँचाई $=$ समलम्ब चतुर्भुज $PQDC$ की ऊँचाई $= h$

$\Rightarrow ABQP$ का क्षेत्रफल : $PQDC$ का क्षेत्रफल

$$\Rightarrow [\frac{1}{2} \times (3 + 4) \times h] : [\frac{1}{2} \times (4 + 5) \times h]$$

$$\Rightarrow 7:9$$

$\therefore$ अनुपात $7:9$ है।

अतः विकल्प (C) सही है।

27. दिए गए आकड़े $6, x, 2,$ और 4 हैं।

$$\therefore \text{माध्य} = \frac{\Sigma x_i}{N} = \frac{6+x+2+4}{4}$$

$$\Rightarrow x = \frac{12+x}{4}$$

$$\Rightarrow x = 4$$

अब आकड़े निम्न हैं: $2,4,4,6$

बहुलक $= 4$ $(\because 4$ सबसे अधिक बार होता है$)$

अतः विकल्प (C) सही है।

28. दिया है:

ΔABC में,

$\angle B = 90°$ और $\angle A = 45°$

एक समकोण त्रिभुज में.

(कर्ण)² = (आधार)² + (लंब)²

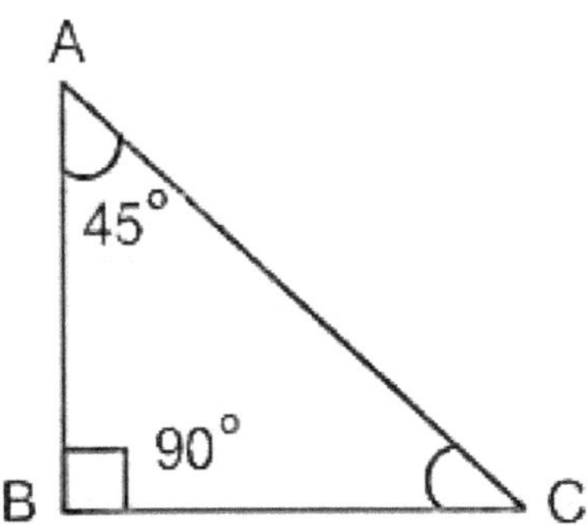

Δ ABC में,

⇒ ∠A + ∠B + ∠C = 180°

⇒ 45° + 90° + ∠C = 180°

⇒ ∠C = 180° - 135°

⇒ ∠C = 45°

और दिया गया त्रिभुज समकोण त्रिभुज है, क्योंकि ∠B = 90° है, तो,

⇒ (8)² = AB² + BC²

∠A और ∠C बराबर हैं, इसलिए ∠A और ∠B के विपरीत भुजाएँ भी बराबर होंगी।

⇒ AB = BC

⇒ (8)² = AB² + AB²

⇒ 2AB² = 64

⇒ AB² = 32

⇒ AB = $4\sqrt{2}$

∴ अन्य दोनों भुजाओं की लंबाई (इकाई में) $4\sqrt{2}$ है।

अतः विकल्प (C) सही है।

29. दिया गया है,

कमरे की लम्बाई 13 मीटर और चौड़ाई 9 मीटर है।

कालीन की चौड़ाई = 75 सेमी = 0.75 मीटर

प्रश्न के अनुसार,

कालीन का क्षेत्रफल = कमरे का क्षेत्रफल

कमरे का क्षेत्रफल, A = कमरे की लम्बाई × कमरे की चौड़ाई

$= (13 \times 9)$ मीटर²

$= 117$ मीटर²

कालीन की लंबाई $=$ क्षेत्रफल/चौड़ाई

$= \left(\frac{117}{0.75}\right)$ मीटर

$= 156$ मीटर

तो, कालीन बनाने की लागत $= (156 \times 12.40)$ रुपये

$= 1934.40$ रुपये

अतः विकल्प (A) सही है।

30. दिया गया है,

एक आयत की लंबाई उसकी चौड़ाई की दुगुनी है। यदि इसकी लंबाई 5 सेमी कम कर दी जाती है और चौड़ाई 5 सेमी बढ़ा दी जाती है, तो आयत का क्षेत्रफल 75 वर्ग सेमी बढ़ जाता है।

माना चौड़ाई $= x$

लंबाई $= 2x$

आयत का क्षेत्रफल $= l \times b$

$= 2x \times x$

$= 2x^2$

दिए गए परिवर्तनों के बाद;

लंबाई $= 2x - 5$

चौड़ाई $= x + 5$

परिवर्तन के बाद आयत का क्षेत्रफल $= 2x^2 + 75$

$\Rightarrow (2x - 5)(x + 5) = 2x^2 + 75$

$\Rightarrow 2x^2 - 5x + 10x - 25 = 2x^2 + 75$

$\Rightarrow 5x = 75 + 25 = 100$

$\Rightarrow x = 20$

इस प्रकार, आयत की चौड़ाई $= 20$ सेमी

और, आयत की लंबाई $= 2x$

$= 2 \times 20$ सेमी

$= 40$ सेमी

अतः विकल्प (D) सही है।

31. दिया गया है,

आयताकार क्षेत्र की लंबाई = 60 मीटर

आयताकार क्षेत्र की चौड़ाई = 40 मीटर

सड़क की चौड़ाई = 5 मीटर

1 वर्ग मीटर सड़क बनाने की लागत = 500 रुपये

आयत का क्षेत्रफल = लंबाई × चौड़ाई

क्षेत्र + सड़क की कुल लंबाई = 60 + 5 + 5 = 70 मीटर

क्षेत्र + सड़क की कुल चौड़ाई = 40 + 5 + 5 = 50 मीटर

∴ (क्षेत्र + सड़क) का कुल क्षेत्रफल = 70 × 50 = 3500 मीटर²

अब,

∴ क्षेत्र का क्षेत्रफल = 60 × 40 = 2400 मीटर²

सड़क का क्षेत्रफल = (क्षेत्र + सड़क) का कुल क्षेत्रफल - क्षेत्र का क्षेत्रफल

⇒ सड़क का क्षेत्रफल = 3500 - 2400 = 1100 मीटर²

1 वर्ग मीटर सड़क बनाने की लागत = 500 रुपये

100 वर्ग मीटर सड़क बनाने की लागत = 1100 × 500 = 550000 रुपये

∴ पूरी सड़क की लागत = 550000 रुपये

अतः विकल्प (C) सही है।

32. दिया है:

क्रय मूल्य = 262.40 रुपये

सूत्र:

विक्रय मूल्य = क्रय मूल्य × (लाभ% + 100)/100

माना एक कमीज का अंकित मूल्य a रुपये है।

छूट के बाद विक्रय मूल्य $= a \times \dfrac{(100-18)}{100} = \dfrac{82a}{100}$ रुपये

तदनुसार,

$$\dfrac{82a}{100} = 262.40 \times \dfrac{(100+14)}{100}$$

$$\Rightarrow \dfrac{82a}{100} = \dfrac{262.40 \times 114}{100}$$

$$\Rightarrow a = 364.80$$

∴ एक कमीज का अंकित मूल्य 364.80 रुपये है।

अतः विकल्प (A) सही है।

33. दिया गया है,

एक वर्ग का क्षेत्रफल $= 169$ सेमी ^{2}

माना वर्ग की भुजा a सेमी है।

जैसा कि हम जानते हैं,

वर्ग का क्षेत्रफल $=$ (भुजा) ^{2}

$\therefore 169 = a^2$

$\Rightarrow 13^2 = a^2$

$\Rightarrow a = 13$ सेमी

इसलिए, वर्ग की भुजा 13 सेमी है।

अतः विकल्प (C) सही है।

34. दिया गया है,

आयत का परिमाप $= 20$ सेमी

आयत की लंबाई $= 6$ सेमी

माना आयत की चौड़ाई x सेमी है।

जैसा कि हम जानते हैं,

आयत का परिमाप $= 2$ (लंबाई $+$ चौड़ाई)

$\therefore 20 = 2(6 + x)$

$\Rightarrow 6 + x = \dfrac{20}{2}$

$\Rightarrow 6 + x = 10$

$\Rightarrow x = 10 - 6$

$\Rightarrow x = 4$ सेमी

अतः विकल्प (A) सही है।

35. दिया है:

दो संख्याओं का लघुत्तम समापवर्त्य $= 28 \times$ महत्तम समापवर्तक

पहली संख्या $= 240$

महत्तम समापवर्तक $+$ लघुत्तम समापवर्त्य $= 1740$

लघुत्तम समापवर्त्य $\times$ महत्तम समापवर्तक $=$ पहली संख्या $\times$ दूसरी संख्या

गणना:

माना कि महत्तम समापवर्तक x है और दूसरी संख्या y है

महत्तम समापवर्तक $= x$

लघुत्तम समापवर्त्य $= 28x$

प्रश्न के अनुसार,

महत्तम समापवर्तक और लघुत्तम समापवर्त्य का योग 1740 है

महत्तम समापवर्तक $+$ लघुत्तम समापवर्त्य $= 1740$

$x + 28x = 1740$

$\Rightarrow 29x = 1740$

$\Rightarrow x = 60$

महत्तम समापवर्तक $= 60$, लघुत्तम समापवर्त्य $= 28 \times 60 = 1680$

सूत्र का उपयोग करके,

लघुत्तम समापवर्त्य $\times$ महत्तम समापवर्तक $=$ पहली संख्या $\times$ दूसरी संख्या

$1680 \times 60 = 240 \times y$

$\Rightarrow y = 420$

∴ दूसरी संख्या 420 है।

अतः विकल्प (A) सही हैं।

36. दिया गया है:

बहुपद $f(x) = x^6 - 3x^4 + 3x^2 - 1$

और बहुपद $g(x) = x^3 + 3x^2 + 3x + 1$

जैसा की हम जानते हैं,

$(x^2 - y^2) = (x + 1)(x - y)$

प्रश्न के अनुसार, हमारे पास है

$f(x) = x^6 - 3x^4 + 3x^2 - 1$

$= x^6 - x^4 - 2x^4 + 2x^2 + x^2 - 1$

$= x^4(x^2 - 1) - 2x^2(x^2 - 1) + 1(x^2 + 1)$

$= (x^2 - 1)(x^4 - 2x^2 + 1)$

$= (x + 1)(x - 1)(x^4 - 2x^2 + 1)$

$= (x + 1)(x - 1)(x^2 - 1)^2$

$= (x + 1)(x - 1)(x + 1)^2(x - 1)^2$

$= (x + 1)^3(x - 1)^3 \quad \dots (1)$

और,

$g(x) = x^3 + 3x^2 + 3x + 1$

$= x^3 + x^2 + 2x^2 + 2x + x + 1$

$= x^2(x + 1) + 2x(x + 1) + 1(x + 1)$

$= (x + 1)(x^2 + 2x + 1)$

$= (x + 1)(x + 1)^2$

$= (x + 1)^3 \quad \dots (2)$

अब,

$f(x)$ और $g(x)$ का महत्तम समापवर्तक समीकरणों (1) और (2) का उभयनिष्ठ गुणनखंड है

$= (x + 1)^3$

∴ बहुपद $x^6 - 3x^4 + 3x^2 - 1$ और $x^3 + 3x^2 + 3x + 1$ का महत्तम समापवर्तक $(x + 1)^3$ है।

अतः विकल्प (D) सही हैं।

37. दिया गया है,

नियमित चतुष्फलक के प्रत्येक भुजा की लम्बाई = 24 सेमी

चतुष्फलक का आयतन $= V = \dfrac{a^3}{6\sqrt{2}}$

जहाँ, a = प्रत्येक भुजा की लम्बाई है

$V = \dfrac{(24 \times 24 \times 24)}{6}\sqrt{2}$

$\therefore V = \dfrac{(4 \times 576)}{\sqrt{2}}$

$V = 2 \times 576\sqrt{2} = 1152\sqrt{2}$ घन सेमी

अतः विकल्प (B) सही है।

38. दिया है:

एक गोले का आयतन, एक लम्ब वृत्तीय बेलन के आयतन का $\dfrac{1}{4}$ है।

गोले और बेलन की त्रिज्या समान है।

गोले का आयतन $= \dfrac{4}{3} \times \pi \times r^3$

बेलन का आयतन $= \pi \times r^2 \times h$

प्रश्न के अनुसार,

$\dfrac{4}{3} \times \pi \times r^3 = \dfrac{1}{4} \times \pi \times r^2 \times h$

$\Rightarrow 16r = 3h$

$\Rightarrow h = \left(\dfrac{16}{3}\right)r$

∴ गोले के व्यास और बेलन की ऊंचाई का अनुपात $= 2r : \left(\dfrac{16}{3}\right)r$

$= 6 : 16 = 3 : 8$

अतः विकल्प (D) सही है।

39.

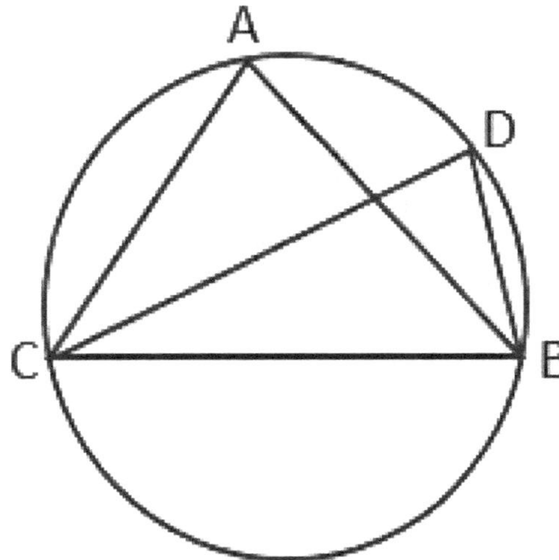

प्रमेय 10.8 से: त्रिज्या द्वारा चाप पर बनाया गया कोण वृत्त पर किसी अन्य बिंदु पर उसी त्रिज्यखंड में बनाए गए कोण के बराबर होता है।

$\angle BAC = 60°$ (दिया गया है)

प्रमेय 10.8 से:

$\angle BAC = \angle BDC = 60°$

अतः विकल्प (C) सही है।

40. दिया गया है:

द्विघात समीकरण (log5 k)x² – 2x + 1 = 0 के मूल वास्तविक हैं

खोजने के लिए: k का न्यूनतम मान

वास्तविक मूलों के लिए: विविक्तकर > 0

$\Rightarrow (-2)^2 - 4 \times \log_5 k \times 1 > 0$

$\Rightarrow 4 - 4 \times \log_5 k > 0$

$\Rightarrow 1 - \log_5 k > 0$

$\Rightarrow \log_5 k < 1$

∴ k < 5

इसलिए k का अधिकतम मान 5 है।

अतः विकल्प (C) सही है।

41. दिया गया है:

द्विघात समीकरण $\sqrt{3}x^2 - \sqrt{2}kx + 2\sqrt{3} = 0$, भिन्न वास्तविक मूल हैं।

जैसा कि हम जानते हैं कि, यदि द्विघात समीकरण $ax^2 + bx + c = 0$ भिन्न वास्तविक मूल हैं। तो $\Delta > 0$ जहां $\Delta = b^2 - 4ac$ है।

यहाँ, $a = \sqrt{3}, b = -\sqrt{2}k$ और $c = 2\sqrt{3}$

$$\Rightarrow \left(-\sqrt{2}k\right)^2 - 4 \times \sqrt{3} \times 2\sqrt{3} > 0$$

$$\Rightarrow 2k^2 - 24 > 0$$

$$\Rightarrow k^2 > 12$$

$\therefore$ k सबसे छोटा धनात्मक पूर्णांक है तो k = 4

अतः विकल्प (B) सही है।

42. मध्यम रूप से विषम वितरण के मामले में, अर्थात् सामान्य रूप से, माध्य और बहुलक के बीच का अंतर माध्य और माध्य के बीच के अंतर के तीन गुना के बराबर होता है। इस प्रकार, अनुभवजन्य संबंध के रूप में:

माध्य $-$ बहुलक $= 3$ (माध्य $-$ माध्यिका)।

यदि आगे हल किया जाता है, तो

बहुलक $= 3$ माध्यिका -2 माध्य और

3 माध्यिका $= 2$ माध्य $+$ मोड

अतः, 2 माध्यिका -3 चतुर्थक विचलन $= 2$ माध्य एक मॉडल वितरण में सत्य नहीं है।

माध्य डेटा सेट का औसत है जिसकी गणना सभी डेटा मानों को एक साथ जोड़कर और डेटा सेट की कुल संख्या से विभाजित करके की जाती है।

माध्य मानों के प्रेक्षित समुच्चय में मध्य मान है और मानों को आरोही क्रम में या अवरोही क्रम में व्यवस्थित करके और फिर मध्य मान का चयन करके गणना की जाती है।

बहुलक एक डेटा सेट की संख्या है जिसमें उच्चतम आवृत्ति होती है और इसकी गणना प्रत्येक डेटा मान के आने की संख्या की गणना करके की जाती है।

अत: सही विकल्प (D) है।

43. आँकड़ों के वर्गीकरण के मामले में, जिस वर्ग की ऊपरी सीमा होती है, उसे उसके अगले वर्ग की निचली सीमा माना जाता है, उसे विशिष्ट वर्ग कहा जाता है।

विशिष्ट वर्ग:

1. जब निचली सीमा को शामिल किया जाता है, लेकिन ऊपरी सीमा को छोड़ दिया जाता है, तो यह एक विशिष्ट वर्ग अंतराल होता है। उदाहरण के लिए: $150 - 153, 153 - 156$..... आदि एक विशिष्ट प्रकार के वर्ग अंतराल हैं।

2. वर्ग अंतराल में $150 - 153, 150$ शामिल है लेकिन 153 को बाहर रखा गया है। 153 को अगले वर्ग की निचली सीमा के रूप में माना जाता है। आमतौर पर, निरंतर चर के मामले में, विशिष्ट प्रकार के वर्ग अंतराल का उपयोग किया जाता है।

अतः विकल्प (C) सही है।

44. दिया है,

सभी कंपनियों की कुल आय 3600 करोड़ रुपये है।

कंपनी का नाम	लाभ%	आय%
A	12%	12%
B	25%	20%
C	15%	10%
D	20%	15%
E	10%	25%
F	10%	10%
G	10%	8%

हम जानते हैं कि,

लाभ $\% = \{(\text{आय} - \text{व्यय})/\text{व्यय}\} \times 100\% \ldots (1)$

माना, कंपनी A का व्यय x है।

कंपनी A की आय $= \left\{3600 \times \left(\frac{12}{100}\right)\right\} = 432$

दिए गए चार्ट से, कंपनी A का लाभ प्रतिशत 12% है। इसलिए, समीकरण (1) से,

हम प्राप्त करते हैं,

$$12 = \left\{\frac{(432-x)}{x}\right\} \times 100$$

$$\Rightarrow x = 385.71$$

लाभ $= (432 - 385.71) = 46.29$

माना, कंपनी B का व्यय y है।

कंपनी B की आय $= \left\{3600 \times \left(\frac{20}{100}\right)\right\} = 720$

दिए गए चार्ट से, कंपनी B का लाभ प्रतिशत 25% है। इसलिए, समीकरण (1) से,

हम प्राप्त करते हैं,

$$25 = \left\{\frac{(720-y)}{y}\right\} \times 100$$

$$\Rightarrow y = 576$$

लाभ $= (720 - 576) = 144$

माना, कंपनी C का व्यय z है।

कंपनी C की आय $= \left\{3600 \times \left(\frac{10}{100}\right)\right\} = 360$

दिए गए चार्ट से, कंपनी C का लाभ प्रतिशत 15% है। इसलिए, समीकरण (1) से, हम प्राप्त करते हैं,

$$15 = \left\{\frac{(360-z)}{z}\right\} \times 100$$

$$\Rightarrow z = 313.04$$

लाभ $= (360 - 313.04) = 46.96$

माना, कंपनी D का व्यय p है।

कंपनी D की आय $= \left\{3600 \times \left(\frac{15}{100}\right)\right\} = 540$

दिए गए चार्ट से, कंपनी D का लाभ प्रतिशत 20% है। इसलिए, समीकरण (1) से, हम प्राप्त करते हैं,

$$20 = \left\{\frac{(540-p)}{p}\right\} \times 100$$

$\Rightarrow p = 450$

लाभ $= (540 - 450) = 90$

माना, कंपनी E का व्यय q है।

कंपनी E की आय $= \left\{3600 \times \left(\frac{25}{100}\right)\right\} = 900$

दिए गए चार्ट से, कंपनी E का लाभ प्रतिशत 10% है। इसलिए, समीकरण (1) से,

हम प्राप्त करते हैं,

$10 = \left\{\frac{(900-q)}{q}\right\} \times 100$

$\Rightarrow q = 818.18$

लाभ $= (900 - 818.18) = 81.82$

माना, कंपनी F का व्यय r है।

कंपनी F की आय $= \left\{3600 \times \left(\frac{10}{100}\right)\right\} = 360$

दिए गए चार्ट से, कंपनी F का लाभ प्रतिशत 10% है। इसलिए, समीकरण (1) से,

हम प्राप्त करते हैं,

$10 = \left\{\frac{(360-r)}{r}\right\} \times 100$

$\Rightarrow r = 327.27$

लाभ $= (360 - 327.27) = 32.73$

माना, कंपनी G का व्यय k है।

कंपनी G की आय $= \left\{3600 \times \left(\frac{8}{100}\right)\right\} = 288$

दिए गए चार्ट से, कंपनी G का लाभ प्रतिशत 25% है। इसलिए, समीकरण (1) से,

हम प्राप्त करते हैं,

$25 = \left\{\frac{(288-k)}{k}\right\} \times 100$

लाभ $= (288 - 230.4) = 57.6$

$\therefore$ कंपनी B को अधिकतम लाभ प्राप्त होता है।

अत: विकल्प (B) सही है।

45. दिया गया है,

कंपनी E की आय $\% = 25\%$

कंपनी F की आय $\% = 10\%$

कंपनी C की आय $\% = 10\%$

कंपनी C की लाभ\% $= 15\%$

कंपनी E और कंपनी F की आय 350 करोड़ रुपये है।

हम जानते हैं कि,

लाभ\% $= \{(\text{आय} - \text{व्यय}) / \text{व्यय}\} \times 100\%$

प्रश्न के अनुसार हम कह सकते हैं,

$(25 + 10)\% = 350$

$\Rightarrow 35\% = 350$

$\Rightarrow 10\% = 100$

तो, कंपनी C की आय 100 करोड़ रुपये है।

माना, कंपनी C का व्यय x है।

अब, सूत्र के अनुसार, हम कह सकते हैं,

$15 = \left\{\frac{(100-x)}{x}\right\} \times 100$

$\Rightarrow 3x = 2000 - 20x$

$\Rightarrow 23x = 2000$

$\Rightarrow x = \left(\frac{2000}{23}\right)$

तो, कंपनी C का व्यय $\left(\frac{2000}{23}\right)$ करोड़ रुपये है।

लाभ $=$ आय - व्यय

तो, लाभ होगा $= \left\{100 - \left(\frac{2000}{23}\right)\right\} = \left(\frac{300}{23}\right) = 13.04$

$\therefore$ कंपनी C का लाभ 13.04 करोड़ रुपये है।

अत: विकल्प (A) सही है।

46. दिया गया है,

कंपनी D की आय $\% = 15\%$

कंपनी D का लाभ $\% = 20\%$

कंपनी G की आय $\% = 8\%$

कंपनी G का लाभ $\% = 25\%$

माना, सभी कंपनी की कुल आय 100% है।

तब कंपनी D की आय $= 15$

कंपनी G की आय $= 8$

अब प्रश्न के अनुसार हम कह सकते हैं,

$120\% = 15$

$\Rightarrow 100\% = \left\{\left(\frac{15}{120}\right) \times 100\right\}$

तो, कंपनी D का व्यय $= \left\{\left(\frac{15}{120}\right) \times 100\right\}$

पुन: प्रश्न के अनुसार हम कह सकते हैं,

$125\% = 8$

$\Rightarrow 100\% = \left\{\left(\frac{8}{125}\right) \times 100\right\}$

तो, कंपनी G का व्यय $= \left\{\left(\frac{8}{125}\right) \times 100\right\}$

तो, अभीष्ट अनुपात $= \left\{\left(\frac{15}{120}\right) \times 100\right\} : \left\{\left(\frac{8}{125}\right) \times 100\right\}$

$\Rightarrow 125 : 64$

$\therefore$ कंपनी D और कंपनी G के व्यय के बीच का अनुपात $125 : 64$ है।

अत: विकल्प (C) सही है।

47. दिया गया है,

कंपनी D की आय 450 करोड़ रुपये है।

कंपनी D की आय % = 15%

कंपनी B की आय % = 20%

कंपनी B का लाभ % = 25%

हम जानते हैं कि,

लाभ % = { (आय - व्यय)/ व्यय } × 100% ... (1)

प्रश्न के अनुसार हम कह सकते हैं,

15% = 450

तब,

$20\% = \left\{\left(\frac{450}{15}\right) \times 20\right\} = 600$

कंपनी B की आय 600 रुपये है।

माना, कंपनी B का व्यय x है।

दिए गए चार्ट से, कंपनी B का लाभ प्रतिशत 25% है। इसलिए, समीकरण (1) से,

हम प्राप्त करते हैं,

$25 = \left\{\frac{(600-x)}{x}\right\} \times 100$

$\Rightarrow x = 2400 - 4x$

$\Rightarrow 5x = 2400$

$\Rightarrow x = 480$

$\therefore$ वित्तीय वर्ष $2020 - 2021$ में कंपनी B का व्यय 480 करोड़ रुपये है।

अत: विकल्प (B) सही है।

48. दिया गया है,

कंपनी A का व्यय 750 करोड़ रुपये है।

कंपनी A की आय % = 12%

कंपनी A का लाभ % = 12%

हम जानते हैं कि,

लाभ % = { (आय − व्यय)/ व्यय } × 100%

माना, कंपनी A की आय x है।

सूत्र के अनुसार हम कह सकते हैं,

$12 = \left\{\frac{(x-750)}{750}\right\} \times 100$

$\Rightarrow 360 = 4x - 3000$

$\Rightarrow 4x = 3360$

$\Rightarrow x = 840$

तो, कंपनी A की आय 840 करोड़ रुपये है।

प्रश्न के अनुसार हम कह सकते हैं,

$12\% = 840$

$\Rightarrow 100\% = \left\{\left(\frac{840}{12}\right) \times 100\right\} = 7000$

सभी कंपनी की कुल आय = 7000 करोड़ रुपये

$\therefore$ वित्तीय वर्ष $2020 - 2021$ में सभी कंपनी की कुल आय 7000 करोड़ रुपये है।

अत: विकल्प (C) सही है।

49. माध्य $= \frac{\sum fx}{\sum f}$

अंतराल	मध्य – बिंदु (x)	बारंबारता(f)	fx
10 – 20	15	8	120
20 – 30	25	20	500
30 – 40	35	16	560
40 – 50	45	24	1080
50 – 60	55	12	660
60 – 70	65	4	260
कुल		84	3180

माध्य $= \frac{3180}{84}$

$\therefore$ माध्य 37.86 (लगभग) है।

अतः विकल्प (C) सही है।

50. दिया गया है,

एक संख्या में पहले 20% की कमी हुई और फिर 10% की वृद्धि हुई। प्राप्त संख्या मूल संख्या से 12 कम है।

$X\% \times Y = Y \times \frac{X}{100}$

मान लीजिए संख्या $= X$

इसलिए,

$X \times 0.8 \times 1.1 = X - 12$

$\Rightarrow 0.12 \times X = 12$

$\Rightarrow X = 100$

अतः विकल्प (B) सही है।

51. भारत ने अपने मुख्य बजट के लिए संयुक्त राष्ट्र महिला, लैंगिक समानता और महिला सशक्तिकरण के लिए संयुक्त राष्ट्र एजेंसी के लिए 500,000 अमरीकी डालर का योगदान दिया है।

संयुक्त राष्ट्र में भारत के स्थायी प्रतिनिधि टी.एस.तिरुमूर्ति ने घोषणा की कि भारत ने महिलाओं के नेतृत्व वाले विकास और लैंगिक समानता की अपनी साझेदारी की पुष्टि की है। संयुक्त राष्ट्र महिला कार्यकारी निदेशक, सीमा बहौस ने भारत को इसके योगदान के लिए धन्यवाद दिया।

अतः विकल्प (D) सही है।

52. महिला और बाल विकास मंत्रालय ने 28 फरवरी 2022 तक पीएम केयर्स फॉर चिल्ड्रन योजना को बढ़ा दिया था। पहले यह योजना 31 दिसंबर 2021 तक वैध थी। यह योजना उन सभी बच्चों को कवर करती है, जिन्होंने 11 मार्च 2020 से कोविड- 19 महामारी के कारण माता-पिता, जीवित माता-पिता, या कानूनी अभिभावक/दत्तक माता-पिता/एकल दत्तक माता-पिता दोनों को खो दिया है।

अतः विकल्प (A) सही है।

53. पटना के पास राज्य की एकमात्र जीनोम सीक्वेंसिंग लैब है। पटना स्थित इंदिरा गांधी इंस्टीट्यूट ऑफ मेडिकल साइंसेज (आईजीआईएमएस) में बिहार की पहली और एकमात्र जीनोम-अनुक्रमण सुविधा अभिकर्मकों की कमी के कारण पिछले सप्ताह से गैर-संचालन हो गई है। कोविड - 19 के ओमिक्रॉन संस्करण का पता लगाने के लिए इस समय राज्य में किसी भी नमूने का परीक्षण नहीं किया जा रहा है।

अतः विकल्प (A) सही है।

54. बिहार के सहकारिता मंत्री सुभाष सिंह ने 24 अगस्त, 2021 को तरकारी एक्सप्रेस का शुभारंभ किया। यह पटना के निवासियों को उनके दरवाजे पर आधी कीमत पर सब्जियां पहुंचाने की सेवा है। सब्जियां सीधे किसानों के खेतों से प्राप्त होती हैं और पटना के सभी मोहल्लों में ई-रिक्शा से पहुंचती हैं।

अतः विकल्प (B) सही है।

55. नीतीश कुमार ने 15 अगस्त 2021 को आजादी के बाद गाँधी मैदान में सर्वाधिक 15 वीं बार झंडा फहराकर श्री कृष्णा सिंह पूर्व मुख्यमंत्री के 14 बार झंडा फहराने का रिकॉर्ड तोड़ा।

15 अगस्त को बिहार के मुख्यमंत्री नीतीश कुमार ने 15 वीं बार तिरंगा झंडा फहराया। इससे पहले सबसे अधिक बार बिहार के मुख्यमंत्री रहते हुए झंडा फहराने का रिकॉर्ड श्री कृष्णा सिंह के पास था।

अतः विकल्प (B) सही है।

56. उत्तर प्रदेश में 14 अप्रैल, 2022 को गर्मी के दिनों में होने वाली अग्नि दुर्घटनाओं को रोकने के लिए राज्यव्यापी अग्नि सुरक्षा सप्ताह की शुरुआत की गई।

- सुरक्षा सप्ताह में इस बात पर विशेष बल दिया गया कि 'इलाज से बचाव बेहतर है', ताकि आग से होने वाले नुकसान को काफी हद तक कम किया जा सके।
- 14 अप्रैल से 20 अप्रैल तक मनाए जा रहे अग्नि सुरक्षा सप्ताह की शुरुआत को चिह्नित करने के लिए मुख्यमंत्री योगी आदित्यनाथ के आधिकारिक आवास पर अग्निशमन विभाग द्वारा एक फ्लैग पिन भी लगाया गया है।
- अग्नि सुरक्षा सप्ताह का उद्देश्य न केवल राज्य को आग के खतरों से बचाना है, बल्कि लोगों में विशेष रूप से ग्रामीण क्षेत्रों, खेत-खलिहान और कच्चे घरों में आग के खतरों से जागरूकता पैदा करना है।
- अग्नि सुरक्षा सप्ताह का आदर्श वाक्य औद्योगिक और व्यावसायिक प्रतिष्ठान में 'अग्नि सुरक्षा सीखें, उत्पादकता बढ़ाएँ' है।

अतः विकल्प (D) सही है।

57. 1861 में शिव दयाल सिंह ने आगरा में राधा स्वामी सत्संग की स्थापना की थी।

राधास्वामी, या राधास्वामी सत्संग, भारत के आगरा में बसंत पंचमी के दिन 1861 में शिव दयाल सिंह द्वारा स्थापित एक आध्यात्मिक संगठन है। कुछ संप्रदायों के अनुसार, इसका नाम राधा शब्द से लिया गया है जिसका अर्थ है आत्मा और स्वामी जो सच्चे ईश्वर या एक ईश्वर को संदर्भित करता है।

अतः विकल्प (B) सही है।

58. सर सैयद अहमद खान ने मुसलमानों की स्थिति में सुधार के लिए 'अलीगढ़ आंदोलन' शुरू किया था।

अलीगढ़ आंदोलन 19वीं शताब्दी के बाद के दशकों के दौरान ब्रिटिश भारत की मुस्लिम आबादी के लिए शिक्षा की एक आधुनिक प्रणाली स्थापित करने के लिए एक धक्का था। आंदोलन का नाम इस तथ्य से निकला है कि इसका मूल और मूल उत्तरी भारत में अलीगढ़ शहर में और विशेष रूप से 1875 में मुहम्मडन एंग्लो-ओरिएंटल कॉलेज की नींव के साथ था।

अतः विकल्प (B) सही है।

59. कैप्चा कम्प्लीटली ऑटोमेटेड पब्लिक ट्यूरिंग टेस्ट टू टेल कंप्यूटर एंड ह्यूमन अपार्ट को संदर्भित करता है।

कैप्चा सिक्योरिटी कोड उन अक्षरों की एक छवि है जो एक व्यक्ति को कैप्चा छवि को देखने के लिए टाइप करना चाहिए।

यह एक प्रकार का चुनौती-प्रतिक्रिया परीक्षण है, जिसका उपयोग कंप्यूटिंग में यह सुनिश्चित करने के लिए किया जाता है कि प्रतिक्रिया कंप्यूटर द्वारा उत्पन्न न हो।

यह कोड स्वचालित कंप्यूटर स्पैम रोबोट को फ़ॉर्म भरने और ईमेल पते को काटने और फिर स्पैम ईमेल भेजने से रोकने के लिए बनाया गया था।

केवल एक मानव एक कोड को टाइप कर सकता है जिसे वह सही ढंग से देखता है, एक स्वचालित कंप्यूटर प्रोग्राम नहीं कर सकता है।

अतः विकल्प (D) सही है।

60. एमएस वर्ड कंप्यूटर में डेटाबेस सॉफ्टवेयर नहीं है।

एमएस वर्ड, माइक्रोसॉफ्ट द्वारा विकसित एक वर्ड प्रोसेसर है। यह पहली बार 25 अक्टूबर, 1983 को एक्सनिक्स सिस्टम के लिए मल्टी-टूल वर्ड के नाम से जारी किया गया था।

अतः विकल्प (D) सही है।

61. सर्वर लोड व्यक्त करता है कि कंप्यूटर प्रोसेसर तक पहुँचने के लिए कतार में कितनी प्रक्रियाएँ चल रही हैं।

यह समय की एक निश्चित अवधि के लिए गणना की जाती है, और छोटी संख्या बेहतर होती है।

अतः विकल्प (C) सही है।

62. उत्तर प्रदेश जनसंख्या की दृष्टि से भारत का सबसे बड़ा राज्य है। 2011 की जनगणना के विवरण के अनुसार उत्तर प्रदेश की कुल जनसंख्या 199,812,341 है। उत्तर प्रदेश में 240,928 किमी^{2} भूमि है। सिक्किम भारत का सबसे कम जनसंख्या वाला राज्य है।

अतः विकल्प (D) सही है।

63. 29 मार्च, 1993 को दोनों सदनों द्वारा अपनाई गई 10वीं लोकसभा और राज्यसभा की नियम समितियों की रिपोर्ट ने केंद्र सरकार के सभी मंत्रालयों/विभागों के अधीन 17 विभागीय संबंधित स्थायी समितियों के गठन का मार्ग प्रशस्त किया। अप्रैल 1993 से 17 विभाग संबंधी संबंधित समितियों का औपचारिक रूप से गठन किया गया। 13वीं लोकसभा तक, इनमें से प्रत्येक स्थायी समिति में 45 सदस्य होते थे। लोकसभा के सदस्यों में से अध्यक्ष द्वारा नामित 30 और राज्य सभा के सदस्यों में से अध्यक्ष, राज्य सभा द्वारा नामित 15 सदस्य होते थे। इसलिए, कथन 2 सही नहीं है। जुलाई 2004 में DRSC की फिर

से संरचना के साथ, प्रत्येक डीआरएससी में 31 सदस्य हैं - 21 लोकसभा से और 10 राज्यसभा से। इसलिए, कथन 1 सही नहीं है। 24 विभाग-संबंधित स्थायी समितियाँ (DRSC) हैं। उन्हें एक वर्ष की अधिकतम अवधि के लिए नियुक्त किया जाता है और समितियों का पुनर्गठन हर साल दल समूह में किया जाता है। इसलिए, कथन 3 सही है।

अत: विकल्प (B) सही है।

64. एंडीज पर्वत श्रृंखला की सबसे ऊंची चोटी माउंट एकोंकागुआ है।

एंडीज पर्वत दक्षिण अमेरिका में विस्तृत पर्वत श्रृंखला का निर्माण करते हैं। यह दुनिया की सबसे लंबी पर्वत श्रृंखलाओं में से एक है। एंडीज पर्वत कैरेबियन सागर के समानांतर स्थित है। एंडीज पर्वत श्रृंखला में 'अटाकामा मरुस्थल' भी है, जो चिली में स्थित है।

अतः विकल्प (B) सही है।

65. कथन 'A' और 'B' सही हैं।

24 घंटे के भीतर पृथ्वी 360 डिग्री देशांतर में घूमती है। पृथ्वी को एक डिग्री देशांतर को पार करने में चार मिनट लगते हैं। इसलिए, घूर्णन एक घंटे में 15 डिग्री की दूरी तय करता है।

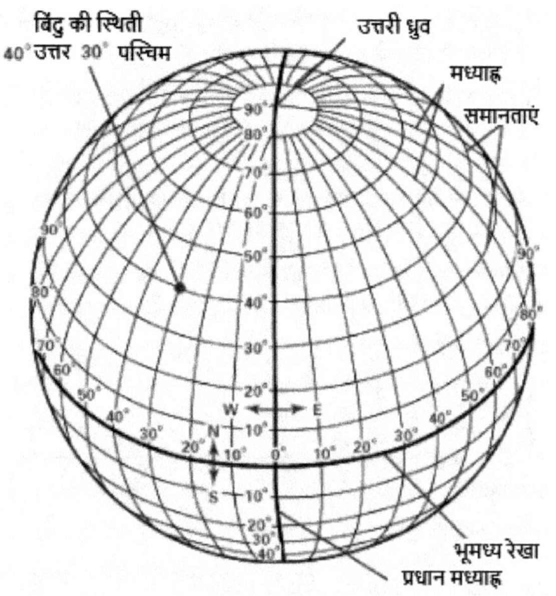

0° अक्षांश पर एक प्रधान मध्याह्न रेखा है जो इंग्लैंड से होकर गुजरती है। अक्षांश किसी भी स्थान पर समय निर्धारित करने के लिए उपयोगी होते हैं। पूर्व की ओर बढ़ने पर (प्राइम मेरिडियन से दूर) प्रत्येक 15 डिग्री के लिए एक घंटे का समय बढ़ा देगा। भारत के लिए मानक समय +5:30, यानी भारतीय समय 82.5 देशांतर पर समय से 5.5 घंटे आगे है।

अत: विकल्प (A) सही है।

66. राज्यपाल उस राज्य का संवैधानिक प्रमुख होता है।

- राज्यपाल के पास राज्य की सभी कार्यकारी और विधायी शक्तियाँ होती हैं।
- राज्यपाल राज्य के पहले व्यक्ति हैं।
- संविधान का अनुच्छेद 153 प्रत्येक राज्य में एक राज्यपाल के लिए प्रदान करता है।

अत: विकल्प (C) सही है।

67. धातुएँ विद्युत और ऊष्मा की अच्छी सुचालक होती हैं क्योंकि धातुओं में परमाणु एक मैट्रिक्स बनाते हैं जिसके माध्यम से बाहरी इलेक्ट्रॉन विमुक्त रूप से घूम सकते हैं। अपने संबंधित परमाणुओं में परिक्रमा करने के बजाय, वे

इलेक्ट्रॉनों का एक विशाल संग्रह बनाते हैं जो परस्पर क्रिया करने वाले धातु आयनों के सकारात्मक नाभिक को घेरते हैं।

अत: विकल्प (A) सही है।

68. हीरे का मणिभ पूर्ण आंतरिक परावर्तन के कारण चमकता है। हीरे के फलकों को इस प्रकार काटा जाता है कि जब भी किसी फलक पर प्रकाश पड़ता है तो इन्सिडेंस कोण, क्रिटिकल कोण से अधिक होता है। इसलिए, जब प्रकाश हीरे पर पड़ता है, तो बार-बार आंतरिक परावर्तन होता है। जब यह परावर्तित प्रकाश बाहर निकलता है, तो हीरा चमकता है।

अत: विकल्प (B) सही है।

69. एक समुदाय में जीवित जीवों का वह क्रम जिसमें एक जीव खाद्य ऊर्जा को स्थानांतरित करने के लिए दूसरे जीव का उपभोग करता है, खाद्य श्रृंखला कहलाती है।

खाद्य श्रृंखला के आधार पर उत्पादकों का प्राधिकार है, उत्पादकों के बाद प्राथमिक उपभोक्ता → द्वितीयक उपभोक्ता → तृतीयक उपभोक्ता → जैव अपघटक हैं।

शाकाहारी वे जंतु हैं जो अपने पोषण के लिए पौधों को खाते हैं।

वे प्राथमिक उपभोक्ताओं की स्थिति पर प्राधिकार कर लेते हैं। उदाहरण - गाय, बकरी, हिरन, टिड्डा आदि।

अतः विकल्प (B) सही है।

70. त्वरित गति के पहले समीकरण $v = u + at$ में, u निकाय के प्रारंभिक वेग को दर्शाता है। प्रारंभिक वेग समय अंतराल $t = 0$ पर वेग है जिस पर किसी निकाय की गति शुरू होती है।

अतः विकल्प (A) सही है।

71. तापमान में वृद्धि के साथ अर्धचालक की प्रतिरोधकता कम हो जाती है। यह वैलेंस बैंड में इलेक्ट्रॉनों के कारण होता है जो कंडक्शन बैंड तक पहुंचने के लिए पर्याप्त तापीय ऊर्जा प्राप्त करते हैं। जैसे-जैसे कंडक्शन बैंड में इलेक्ट्रॉनों की संख्या बढ़ती है, वाहकता बढ़ती है और प्रतिरोधकता कम हो जाती है।

शुद्ध सिलिकॉन के लिए, तापमान में वृद्धि के साथ प्रतिरोधकता कम हो जाती है।

अतः विकल्प (A) सही है।

72. कंधार शिलालेख अशोक की नीतियों से संबंधित है।

- शिलालेख को एरामिक और ग्रीक भाषा में उकेरा गया था।
- यह द्विभाषी है और निर्दिष्ट करता है कि मछुआरे और शिकारी ने शिकार करना छोड़ दिया। **इसलिये, कथन 2 सही है।**

लघु स्तम्भ शिलालेख:

- रुम्मिनदेई स्तंभ शिलालेख: इसमें लुंबिनी (बुद्ध का जन्म स्थान) को कर से छूट का उल्लेख किया गया है।
- अशोक ने राज्याभिषेक के 29 वें वर्ष में लुम्बिनी का दौरा किया।
- यह एकमात्र शिलालेख है जो कराधान का सटीक संदर्भ देता है। **इसलिये, कथन 1 सही है।**

अतः विकल्प (A) सही है।

73. जनपद प्राचीन भारत में उन गणतांत्रिक राज्यों को दिया गया नाम था जिनका संघीय स्वरूप था।

प्राचीन भारत में गणराज्यों को शुद्ध गणराज्यों और क्षत्रिय अभिजात वर्ग में विभाजित किया गया था। गणतंत्र और अभिजात वर्ग दो प्रकार के थे जो एकात्मक और संघीय हैं।

अतः विकल्प (C) सही है।

74. फ़िलिप्स का वक्र मुद्रास्फीति दर और बेरोजगारी के बीच संबंध को दर्शाता है। यह मुद्रास्फीति और बेरोजगारी के बीच विपरीत संबंध को दर्शाता है। विलियम फिलिप्स ने "यूनाइटेड किंगडम में बेरोजगारी और पैसे की मजदूरी दरों में परिवर्तन की दर के बीच संबंध" की अवधारणा का बीड़ा उठाया। इस वक्र के अनुसार जब बाजार में मुद्रास्फीति अधिक होती है, और इसके विपरीत बेरोजगारी कम होती है।

अत: विकल्प (D) सही है।

75. असंतुलित विकास के विचार को सी.पी. किंडलबर्गर ने समर्थन नहीं दिया। असंतुलित विकास का सिद्धांत या असंतुलित विकास की रणनीति आर्थिक विकास का स्वाभाविक तरीका है। यह एक ऐसी स्थिति है जिसे कोई देश या अर्थव्यवस्था किसी भी समय अपने पिछले निवेश निर्णयों और विकास के साथ अनुभव करती है।

अत: विकल्प (D) सही है।

76. वित्त आयोग से प्राप्त पंचायती राज संस्थाओं के लिए सहायता अनुदान ग्राम पंचायत से जारी किया जाना है।

तृतीय राज्य वित्त आयोग की अनुशंसा के अनुसार हस्तांतरण अनुदान ग्राम पंचायतों, पंचायत संघों और जिला पंचायतों को क्रमशः $60:32:8$ के अनुपात में वितरित किया गया। समानता के उपाय के रूप में प्रत्येक ग्राम पंचायत को न्यूनतम 3 लाख रुपये का अनुदान प्रदान किया गया, शेष राशि को जनसंख्या के आधार पर वितरित किया गया।

अत: विकल्प (C) सही है।

77. पंचायत समिति ब्लॉक स्तर पर पंचायत राज संरचना का प्रशासन करती है।

पंचायत समिति भारत में तहसील या तालुका स्तर पर एक स्थानीय सरकारी निकाय है। यह तहसील या तालुका के गांवों के लिए काम करता है जिन्हें एक साथ विकास खंड कहा जाता है।

अत: विकल्प (D) सही है।

78. नगर के एनएसी सदस्य पांच वर्ष की अवधि के लिए वयस्क मताधिकार के आधार पर नगर पंचायत के कई वार्डों से चुने जाते हैं।

भारत में एक नगर पंचायत या अधिसूचित क्षेत्र परिषद (एनएसी) या नगर परिषद एक परिषद है जो ग्रामीण से शहरी में परिवर्तन में मदद करती है। भारत के संविधान के 74वें संशोधन ने शहरी स्थानीय सरकार से संबंधित कानून बनाए।

अत: विकल्प (C) सही है।

79. पटवारी जमीन नापने और जमीन का रिकॉर्ड रखने का काम करते हैं। पटवारी उत्तर और मध्य भारत में बड़े पैमाने पर इस्तेमाल किया जाने वाला शब्द है। यह स्थानीय प्राधिकरण में एक व्यक्ति को संदर्भित करता है जो स्वामित्व रिकॉर्ड रखता है।

अत: विकल्प (A) सही है।

80. मुख्यमंत्री अभ्युदय योजना उत्तर प्रदेश द्वारा अपने बजट 2021 में छात्रों को मुफ्त प्रतियोगिता कोचिंग प्रदान करने के लिए शुरू की गई योजना का नाम है।

इस योजना में छात्राओं के लिए अलग से सुविधाएं भी होंगी। इस योजना में छात्रों को निःशुल्क टेबलेट भी प्रदान किये गये। प्रदेश के 12 अन्य जिलों में मॉडल करियर सेंटर स्थापित करने की योजना का प्रावधान है। वर्ष 2021-2022 के दौरान युवा एवम महिला मंगल दल के प्रचार-प्रसार के लिए 20 करोड़ रुपये की व्यवस्था है।

अत: विकल्प (B) सही है।

81. एस्पिरेशनल डिस्ट्रिक्ट प्रोग्राम (ADP) नीति आयोग द्वारा शुरू किया गया था।

नीति आयोग के सीईओ अमिताभ कांत ने कहा है कि संगठन भारत के 112 आकांक्षी जिलों की रैंकिंग में उपयोग किए जाने वाले मापदंडों और संकेतकों को ठीक कर रहा है। एस्पिरेशनल डिस्ट्रिक्ट्स प्रोग्राम (ADP) जनवरी 2018 में राष्ट्रीय थिंक टैंक NITI Aayog द्वारा लॉन्च किया गया था। इसका उद्देश्य 112 सबसे पिछड़े जिलों को बदलना है, जिन्होंने प्रमुख सामाजिक क्षेत्रों में अपेक्षाकृत कम प्रगति दिखाई है।

अत: विकल्प (A) सही है।

82. उत्तर प्रदेश सरकार ने मिशन शक्ति के तीसरे चरण की शुरुआत की है। इसका उद्देश्य महिलाओं के लिए सुरक्षा और आत्मनिर्भरता को बढ़ावा देना है।

इस चरण में कार्यान्वित की जाने वाली मुख्य योजनाएं हैं:

- सभी 59,000 ग्राम पंचायत भवनों में मिशन शक्ति कवच का शुभारंभ।
- एक लाख महिला स्वयं सहायता समूहों का गठन।
- 1,286 थानों में गुलाबी शौचालय का निर्माण।
- 1.73 नए लाभार्थियों को निराश्रित महिला पेंशन योजना से जोड़ना।
- सीएम कन्या सुमंगला योजना के तहत 1.5 लाख नए लाभार्थियों के बैंक खातों में ₹30.12 करोड़ भी ट्रांसफर करेंगे।
- योजना से लाभान्वित होने वाली लड़कियों की कुल संख्या 9.36 लाख तक पहुंच जाएगी।
- कार्यक्रम का तीसरा चरण 31 दिसंबर, 2021 को समाप्त होगा।

अत: विकल्प (B) सही है।

83. ग्रामीण क्षेत्रों में सूक्ष्म वित्त योजना का विस्तार स्वयं सहायता समूहों के माध्यम से किया जाता है।

भारत में, स्वयं सहायता समूह या एसएचजी वित्तीय मध्यस्थता के लिए एक अद्वितीय दृष्टिकोण का प्रतिनिधित्व करते हैं। यह दृष्टिकोण कम लागत वाली वित्तीय सेवाओं तक पहुंच को एक एसएचजी के सदस्यों के रूप में शामिल होने वाली महिलाओं के लिए स्व-प्रबंधन और विकास की प्रक्रिया के साथ जोड़ता है।

अत: विकल्प (A) सही है।

84. दीन दयाल उपाध्याय ग्राम ज्योति योजना का मुख्य उद्देश्य ग्रामीण भारत को निरंतर बिजली आपूर्ति सुनिश्चित करना है।

दीन दयाल उपाध्याय ग्राम ज्योति योजना (DDUGJY) प्रधान मंत्री नरेंद्र मोदी द्वारा पटना, बिहार में शुरू की गई थी। इस प्रमुख योजना का उद्देश्य 2022 तक देश भर के प्रत्येक ग्रामीण परिवार को निर्बाध बिजली आपूर्ति प्रदान करना है।

अत: विकल्प (D) सही है।

85. प्रधानमंत्री ग्रामीण आवास योजना के तहत $2016-17$ से $2018-19$ तक की 3 वर्ष की अवधि के लिए ग्रामीण क्षेत्रों में घरों की लक्षित संख्या 1 करोड़ है।

प्रधानमंत्री ग्रामीण आवास योजना (पीएमजीएवाई) ग्रामीण गरीबों के लिए आवास प्रदान करने के लिए एक सामाजिक कल्याण कार्यक्रम है। इसी तरह की एक योजना प्रधानमंत्री आवास योजना (शहरी) मिशन 25 जून 2015 को शुरू की गई थी, जो वर्ष 2022 तक शहरी क्षेत्रों में सभी के लिए आवास उपलब्ध कराने का इरादा रखती है।

अत: विकल्प (A) सही है।

86. प्रधानमंत्री किसान सम्मान निधि (PM-KISAN) की शुरुआत वर्ष 2019 में उत्तर प्रदेश के गोरखपुर से की गई थी।

24 फरवरी 2019 को, नरेंद्र मोदी ने उत्तर प्रदेश के गोरखपुर में एक करोड़ से अधिक किसानों को $2,000$ रुपये की पहली किस्त हस्तांतरित

करके इस योजना की शुरुआत की। यह योजना 1 दिसंबर 2018 से लागू हुई थी।

अतः विकल्प (B) सही है।

87. फिलिप एम होसर के अनुसार ग्रामीण क्षेत्रो से शहरी क्षेत्रो में लोगो का प्रवसन जनसंख्या अंत स्फोटन कहलाता है। ग्रामीण लोग शहरी क्षेत्रों की ओर आकर्षित होते हैं जहां उन्हें बेहतर रोजगार के अवसर और स्वास्थ्य, शिक्षा और बुनियादी सेवाओं तक बेहतर पहुंच की उम्मीद होती है।

अतः विकल्प (A) सही है।

88. राबर्ट रेडफील्ड ने कृषक समाज की अवधारणा विकसित की।

राबर्ट रेडफील्ड के अनुसार," वे ग्रामीण लोग जो जीवन निर्वाह के लिए अपनी भूमि पर नियंत्रण बनाये रखते है और उसे जोतते है तथा कृषि जिनके जीवन के परम्परागत तरीके का एक भाग है और जो कुलीन वर्ग या नगरीय लोगों की ओर देखते है और उनसे प्रभावित होते है, जिनके जीवन का ढंग उनसे कुछ सभ्य होता है, कृषक समाज कहलाता है।"

अतः विकल्प (D) सही है।

89. भूमापन में प्रयोग 'जरीब' में कड़ियों की संख्या 100 होती है। इस प्रकार प्रत्येक कड़ी की लम्बाई 0.6 फुट या 7.92 इंच होती है। और जरीब की मानक लम्बाई 66 फीट अथवा 22 गज अथवा 4 लट्ठे होती है।

अतः विकल्प (A) सही है।

90. भूमि सुधार राज्य सूची से संबंधित है। भूमि सुधार कृषि सुधार का एक रूप है जिसमें भूमि स्वामित्व के संबंध में कानूनों, विनियमों या रीति-रिवाजों को बदलना शामिल है। भूमि सुधार में आम तौर पर कृषि भूमि की सरकार द्वारा शुरू की गई या सरकार समर्थित संपत्ति का पुनर्वितरण शामिल हो सकता है।

अतः विकल्प (A) सही है।

91. राष्ट्रीय विकास परिषद ने पंचायती राज संस्थाओं की योजनाओं और परियोजनाओं के लिए बलवंत राय मेहता समिति नियुक्त की थी। इस समिति ने एक वरिष्ठ कानून निर्माता बलवंत राय मेहता की अध्यक्षता में एक अध्ययन दल नियुक्त किया, जो गंभीर रूप से सामुदायिक विकास परियोजनाओं और राष्ट्रीय विस्तार सेवा की समीक्षा करने के लिए और अर्थव्यवस्था को प्रभावित करने और उनके कार्यान्वयन में दक्षता में सुधार के लिए आवश्यक उपायों का सुझाव दिया। समिति द्वारा जोर दिए गए बुनियादी सिद्धांत थे:

गांव से लेकर जिले तक स्थानीय स्वशासी निकायों की त्रिस्तरीय संरचना होनी चाहिए, जिसमें उनके बीच जैविक जुड़ाव अच्छी तरह से परिभाषित और व्यावहारिक हो।

- अत्यधिक राज्य नियंत्रण से बचने के लिए इन निकायों को पर्याप्त प्रशासनिक शक्तियाँ सौंपी जा सकती हैं।
- नए निकायों को अपनी जिम्मेदारियों का निर्वहन करने में सक्षम बनाने के लिए पर्याप्त संसाधनों को स्थानांतरित किया जाना चाहिए।
- इन निकायों के माध्यम से सभी विकास कार्यक्रमों को लागू किया जाना चाहिए।

अतः विकल्प (D) सही है।

92. भारत की सबसे बड़ी उर्वरक सहकारी संस्था IFFCO ने वर्ष 2021 में कृषि के लिए नैनो यूरिया की शुरुआत की है। IFFCO के अनुसार, कलोल (गुजरात में) और आंवला और फूलपुर (उत्तर प्रदेश में) में नैनो यूरिया संयंत्रों के निर्माण की प्रक्रिया पहले ही शुरू की जा चुकी है।

नैनो यूरिया के अति-छोटे कण मिट्टी की तुलना में सीधे पत्ती से बेहतर अवशोषित होते हैं। मिट्टी में लगाए जाने वाले पारंपरिक यूरिया का 70 प्रतिशत से अधिक पौधों द्वारा अवशोषित नहीं किया जाता है और यह बर्बाद हो जाता है।

अतः विकल्प (C) सही है।

93. ग्रामीण नियोजन, प्राकृतिक संसाधनों से समृद्ध अपेक्षाकृत निर्जन क्षेत्रों में रहने वाले समुदायों के जीवन की गुणवत्ता और आर्थिक कल्याण में सुधार की प्रक्रिया है। दृष्टिकोण में प्रगतिशील परिवर्तनों के आधार पर, ग्रामीण विकास योजना के लिए विकसित पद्धतियों को तीन श्रेणियों के अंतर्गत वर्णित किया जा सकता है - विकास केंद्र दृष्टिकोण, क्षेत्र विकास दृष्टिकोण और एकीकृत विकास दृष्टिकोण।

अतः विकल्प (C) सही है।

94. ग्रामीण सामुदायिक विकास, एक विकास पाठ्यक्रम है जिसे पूरे ग्रामीण समुदाय के लिए इसकी सक्रिय भागीदारी के साथ आर्थिक और सामाजिक प्रगति की स्थिति बनाने के लिए बनाया गया है। ग्रामीण सामुदायिक विकास में कई दृष्टिकोण और गतिविधियाँ शामिल हैं, जिनका उद्देश्य ग्रामीण क्षेत्रों में रहने वाले लोगों के कल्याण और आजीविका में सुधार करना है। सामुदायिक विकास की एक शाखा के रूप में, ये दृष्टिकोण सामाजिक मुद्दों पर विशेष रूप से सामुदायिक आयोजन पर ध्यान देते हैं।

अतः विकल्प (A) सही है।

95. इंदिरा महिला शक्ति कोष दिसंबर, 2019 में लॉन्च किया गया था।

यह फंड महिला स्वयं सहायता समूहों (एसएचजी) या आत्मनिर्भर महिलाओं को अपना खुद का व्यवसाय शुरू करने या उद्यम स्थापित करने और उन्हें आत्मनिर्भर बनाने के लिए 1 करोड़ रुपये तक का ऋण देने में मदद करेगा। सरकार ने इसके लिए प्रति वर्ष 200 करोड़ रुपए देने का प्रावधान किया है और पांच वर्षों के दौरान कुल 1000 करोड़ रुपए प्रदान किए जाएंगे।

अतः विकल्प (A) सही है।

96. चकबंदी योजना सर्वप्रथम उत्तर प्रदेश के मुजफ्फरनगर जिले में शुरू हुई।

चकबंदी की शुरुआत आजादी के बाद 1954 में उत्तर प्रदेश के मुजफ्फरनगर जिले की कैराना तहसील और सुलतानगंज जिले की मुसाफिरखाना तहसील में प्रयोग के तौर पर इसकी शुरुआत की गई थी। 1958 में चकबंदी पूरे प्रदेश में लागू करने के साथ ही चकबंदी योजना के संचालन के लिए चकबंदी विभाग का गठन किया गया।

अतः विकल्प (A) सही है।

97. उत्तर प्रदेश कन्या विद्या धन योजना के अंतर्गत लाभार्थी को 30,000 रुपये की राशि दी जाती है।

यूपी कन्या विद्या धन योजना उत्तर प्रदेश सरकार द्वारा शुरू की गई बालिका शिक्षा के लिए एक वित्तीय सहायता योजना है। इस योजना के तहत, यूपी सरकार 12 वीं बोर्ड परीक्षा में योग्यता प्राप्त करने वाली प्रत्येक छात्रा को 30,000 रुपये की वित्तीय सहायता प्रदान करती है।

अतः विकल्प (C) सही है।

98. अनुसूचित जनजाति की सर्वाधिक जनसंख्या वाला जिला सोनभद्र है।

वर्ष 2011 की जनगणना के आधार पर जिले में अनुसूचित जनजाति की कुल आबादी करीब 3,65,601 आंकी गई है। वर्ष 2011 की जनगणना में सोनभद्र में अनुसूचित जाति 3,83,705, अन्य पिछड़ा वर्ग 6,30,096 और सामान्य वर्ग की आबादी 1,80,897 है।

अतः विकल्प (A) सही है।

99. जम्मू और कश्मीर में जिला विकास परिषद (डीडीसी) त्रि-स्तरीय पंचायती राज संरचना के तहत एक नया निकाय होगा।

भारत के गृह मंत्री के आदेशानुसार जिला विकास परिषद (डीडीसी) की स्थापना की जाएगी। जिला विकास परिषद (डीडीसी), हलका अदालत और

प्रखण्ड विकास परिषद अब इस केंद्रशासित प्रदेश में त्रि-स्तरीय संरचना का गठन करेंगे। त्रि-स्तरीय पंचायती राज व्यवस्था अब वहां संचालित होगी। यह पहले संचालित नहीं थी।

अतः विकल्प (A) सही है।

100. जिला योजना समिति (DPC) भारत के संविधान के अनुच्छेद 243ZD के अनुसार जिला स्तर पर जिला और नीचे योजना बनाने के लिए बनाई गई समिति है।

प्रत्येक जिले में समिति को जिले में पंचायतों और नगर पालिकाओं द्वारा तैयार की गई योजनाओं को समेकित करना चाहिए और जिले के लिए विकास योजना का मसौदा तैयार करना चाहिए।

अतः विकल्प (B) सही है।

General Hindi

Q.1 "ठीक समय पर आ जाना" वाक्य में कौन-सा कारक है?
A. कर्म कारक
B. करण कारक
C. सम्प्रदान कारक
D. अधिकरण कारक

Q.2 'दवाई' का बहुवचन शब्द है।
A. दवाईयाँ
B. दवाइयाँ
C. दवाएँ
D. दवइयाँ

Q.3 निर्देश: वाक्य के अशुद्ध भाग (त्रुटिपूर्ण भाग) का चयन कीजिए।
राजा दशरथ को (a)/ चार पुत्र राम, लक्ष्मण, भरत और शत्रुघ्न (b)/ पैदा हुए थे। (c)/ कोई त्रुटि नहीं (d)
A. (a)
B. (b)
C. (c)
D. (d)

Q.4 हिंदी भाषा में लिंग के _____ भेद होते हैं
A. 2
B. 3
C. 4
D. 1

Q.5 वर्तनी के अनुसार अशुद्ध शब्द का चयन कीजिए:
A. बरात
B. आर्शीवाद
C. श्रद्धांजलि
D. अंत्याक्षरी

Q.6 'निशाचर' का समास-विग्रह क्या होगा?
A. निशा को विचरण करने वाला
B. निशा में विचरण करने वाला
C. निशा से विचरण करने वाला
D. निशा के लिए विचरण करने वाला

Ques (7-11):निर्देश: दिए गए अनुच्छेद को पढ़कर पूछे गए प्रश्नों के सही/सबसे उपयुक्त उत्तर वाले विकल्प चुनिए।

किताब का विषय और सामग्री उस आयु वर्ग के हिसाब से हो जिसके लिए आप पुस्तक चुन रहे हैं। छोटे बच्चों के लिए रोज़मर्रा की समस्याएँ और घटनाएँ पुस्तक का विषय हो सकती हैं। उदाहरण के लिए, स्कूल से घर लौटते समय रास्ते में मिलने वाले कुत्ते से डर लगना। इस वर्ग के बच्चों की कहानियों की एक विशेषता होती है शब्दों, वाक्यों और घटनाओं की पुनरावृत्ति। बच्चों को मज़ेदार शब्द और वाक्य दोहराना अच्छा लगता है। आप किसी बच्चे को खेलते देखिए, आपको इस बात का सबूत मिल जाएगा। इसके अतिरिक्त पुनरावृत्ति से उन बच्चों को पढ़ने में प्रवीणता हासिल करने में मदद मिलती है जो अभी सीखने की प्रक्रिया में हैं।

इस स्तर की कहानियाँ बहुत अधिक लंबी या जटिल नहीं होनी चाहिए। उनमें बहुत ज्यादा घटनाएँ या पात्र नहीं हों तो बेहतर है।

Q.7 छोटे बच्चे की पुस्तक का विषय मुख्य रूप से होना चाहिए:
[CTET Paper - I, 2021]
A. राजा - रानी
B. नैतिक मूल्य
C. दैनिक जीवन
D. वीर पुरुष

Q.8 बच्चों को कैसे शब्द दोहराना अच्छा लगता है?
[CTET Paper - I, 2021]
A. सरल
B. जटिल
C. लंबे
D. मज़ेदार

Q.9 सीखने की प्रक्रिया में पुनरावृत्ति का महत्व है, क्योंकि:
[CTET Paper - I, 2021]
A. बच्चे को कहानी याद हो जाती है।
B. घटनाएँ याद हो जाती है।
C. पढ़ने में कुशलता प्राप्त होती है।
D. लिखने में कुशलता प्राप्त होती है।

Q.10 पुस्तक चुनते समय कम महत्त्वपूर्ण है:
[CTET Paper - I, 2021]
A. विषय
B. सामग्री
C. आयु वर्ग
D. कीमत

Q.11 'छोटे बच्चे' में 'छोटे' _____ विशेषण है।
[CTET Paper - I, 2021]
A. गुणवाचक
B. सार्वनामिक
C. परिमाणवाचक
D. संख्यावाचक

Q.12 दिए गए विकल्पों में से 'सम्पन्न' शब्द का विलोम क्या होगा?
A. भाग्यवान
B. उन्नति
C. विपन्न
D. धनी

Q.13 दिए गए विकल्पों में से 'अधो' शब्द का विलोम क्या होगा?
A. उऋण
B. ऊर्ध्व
C. उद्धृत
D. उदात्त

Q.14 'लंगोटी में फाग खेलना' मुहावरे का सही अर्थ है:
A. दरिद्रता में आनंद लूटना
B. मौज मस्ती करना
C. आनंदमय जीवन जीना
D. दयनीय होना

Q.15 'जाके पांव न फटे बिवाई सो क्या जाने पीर पराई' लोकोक्ति का क्या अर्थ है ?
A. दयालु होना
B. दूसरे के कष्ट का अनुभव होना
C. कठोर होना
D. जिसके ऊपर बीतती है वह जानता है

Q.16 निम्नलिखित में से तत्सम शब्द है:
A. युग्म
B. दांत
C. पूरा
D. नींद

Q.17 निम्नलिखित में से तद्भव शब्द है:
A. ऊन
B. उत्थान
C. उत्साह
D. इक्षु

Q.18 वृद्धि संधि किस संधि का भाग है?
A. स्वर संधि
B. हल् संधि
C. विसर्ग संधि
D. व्यंजन संधि

Q.19 निर्देश: प्रत्येक प्रश्न के आगे दिए गए विकल्पों में से उचित विकल्प चुनें।

अचानक हो जाने वाला:
[Sainik School Entrance Class VI, 2018]
A. कभी-कभी
B. आकस्मिक
C. आम तौर पर
D. हमेशा

Q.20 निम्नलिखित में कौन सा शब्द शुद्ध है?
A. इतिहासिक
B. ऐतिहासिक
C. एतिहासिक
D. ऐतिहासकि

Q.21 'प्रभाव' का अनेकार्थी शब्द समूह है-
A. असर, महिमा, दबाव
B. शहद, शराब, वसन्तऋतु
C. शराब, वसन्तऋतु, दबाव
D. शहद, शराब, असर

Q.22 'मछली, शंख, मोती' के लिए कौन-सा अनेकार्थी शब्द उचित है?

A. नमक   B. जलज   C. घोड़ा   D. समुद्र

Q.23 'अनिल' का पर्यायवाची शब्द है:

A. अनल   B. पवन   C. पावस   D. शिवा

Q.24 'मृगेंद्र' का पर्यायवाची शब्द है:

A. कुरंग   B. अहि   C. कुंजर   D. शार्दूल

Q.25 निम्नलिखित में किस शब्द में त्रुटि नहीं है-

A. अद्वितीय   B. सूचिपत्र   C. महिना   D. परिक्षा

Mathematics

Q.26 वृत्त का _______ वृत्त पर किन्हीं दो बिंदुओं को मिलाने वाला एक रेखाखंड होता है।

A. जीवा   B. व्यास

C. त्रिज्या   D. इनमें से कोई नहीं

Q.27 एक समलम्ब में $ABCD$, $AB \parallel CD$ है। भुजाएँ AD और BC, E पर मिलती है। अगर $BC = 10$ सेमी, $CD = 2 \ BC$ और $AB = 3BC$ और $AD = (BC - 2)$ तो DE का मान ज्ञात कीजिए?

A. 15 सेमी   B. 20 सेमी   C. 16 सेमी   D. 18 सेमी

Q.28 नीचे दी गयी सारणी में दी गयी जानकारी के संदर्भ में निम्नलिखित प्रश्न के उत्तर दीजिए।

वस्तुएं	वार्षिक ख़र्च लाख रुपए में
कच्चा माल	4
श्रमिक	3
किराया	4
ब्याज	6
कर	1

कच्चा माल और ब्याज कुल खर्च का कितना प्रतिशत है?

A. 48.31 प्रतिशत   B. 41.06 प्रतिशत

C. 62.81 प्रतिशत   D. 55.56 प्रतिशत

Q.29 एक आयताकार बगीचे का परिमाप, जिसकी लंबाई उसकी चौड़ाई से 4 मी अधिक है, 36 मी है। बगीचे के आयामों का पता लगाएं।

A. 20 मी, 16 मी   B. 20 मी, 30 मी

C. 30 मी, 40 मी   D. 50 मी, 60 मी

Q.30 एक आयत की दो आसन्न भुजाएँ $5x^2 - 3y^2$ और $x^2 + 2xy$ हैं। आयत का परिमाप बताइए।

A. $12x^2 + 5xy + 9y^2$ B. $12x^2 - 6y^2 + 4xy$

C. $7x^2 - 3y^2 + 4xy$ D. $8x^2 - 8y^2 + 3xy$

Q.31 40 मीटर × 20 मीटर आयाम वाले एक आयताकार पार्क में, 'x' मीटर चौड़ाई का एक मार्ग बनाया गया है जैसा कि नीचे दिए गए चित्र में दिखाया गया है। यदि छायांकित क्षेत्र के क्षेत्रफल का आयताकार पार्क के क्षेत्रफल से अनुपात 16 : 25 है तो x का मान ज्ञात कीजिए।

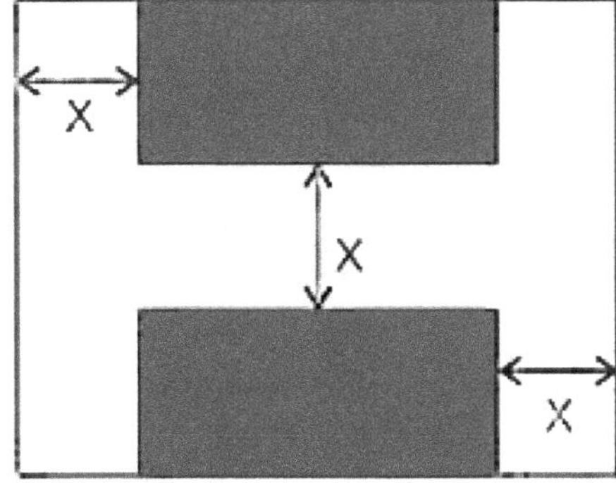

A. 2 मीटर   B. 4 मीटर   C. 5 मीटर   D. 8 मीटर

Q.32 k के कितने वास्तविक मानों के लिए $6kx^2 + 12kx - 24x + 16$ प्रत्येक पूर्णांक x के लिए एक पूर्ण वर्ग है?

[Indian Military Academy (IMA), 2021]

A. शून्य   B. एक   C. दो   D. चार

Q.33 यदि समीकरण $4x^2 - 2kx + 3k = 0$ के मूल एकसमान हैं, तो k के मान क्या है?

[Indian Military Academy (IMA), 2021]

A. 4,12   B. 4,8   C. 0,12   D. 0,8

Q.34 निम्नलिखित हिस्टोग्राम एक स्कूल में 22 शिक्षकों की उम्र के बारंबारता वितरण को दर्शाता है:

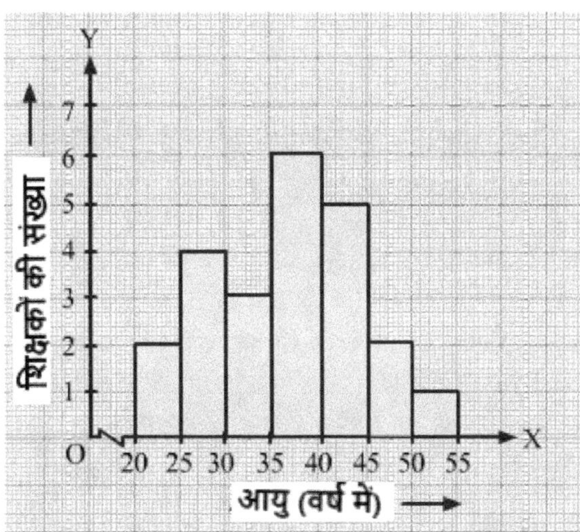

आयु समूह $(20 - 30)$ और आयु समूह $(40 - 55)$ के बीच शिक्षकों की संख्या के बीच झूठ बोलने वाले शिक्षकों की संख्या के बीच अनुपात क्या है?

A. 3:4   B. 4:5   C. 3:5   D. 5:6

Q.35 एक आयताकार कमरे का क्षेत्रफल 150 मीटर ^{2} है। यदि इसकी चौड़ाई 10 मीटर है, तो इसकी लंबाई ज्ञात कीजिए।

A. 15 मीटर   B. 25 मीटर   C. 50 मीटर   D. 55 मीटर

Q.36 एक वर्ग की भुजा 12 सेमी है। इसका क्षेत्रफल है:

A. 144 सेमी ^{2} B. 12 सेमी ^{2}

C. 48 सेमी ^{2} D. 100 सेमी ^{2}

Q.37 तीन नंबर $3:4:5$ के अनुपात में हैं और उनके ल.स.प 2400 है। उनका म.स.प है:

[Sainik School Entrance Class VI, 2020]

A. 120 **B.** 60 **C.** 80 **D.** 40

Q.38 3,4 और 9 का कम से कम सामान्य गुणनफल (ल.स.प) है:

[Sainik School Entrance Class VI, 2020]

A. 36 **B.** 12 **C.** 27 **D.** 45

Q.39 बहुभुज के पांच कोणों में से प्रत्येक कोण 172° के बराबर है और अन्य 160° प्रत्येक है। बहुभुज के भुजाओं की संख्या है:

A. 20 **B.** 21 **C.** 22 **D.** 23

Q.40 60 मिमी व्यास के एक ठोस गोले को 144 सेमी लंबाई के तार में फैलाने के लिए पिघलाया जाता है। तार का व्यास क्या है?

A. 0.5 सेमी **B.** 1 सेमी **C.** 1.5 सेमी **D.** 2 सेमी

Q.41 दी गई आकृति में ∠QPR = 60° है। यदि OQ और OR, ∠Q और ∠R के कोण समद्विभाजक हैं, तो ∠QOR का मान ज्ञात कीजिए।

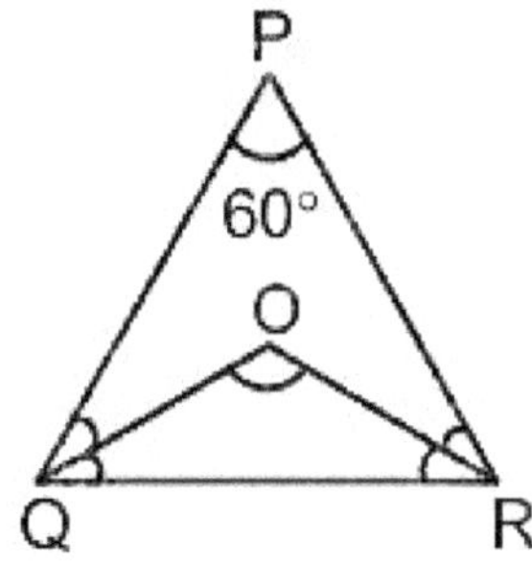

A. 120° **B.** 150° **C.** 30° **D.** 75°

Q.42 एक असमान और सममित वितरण में, औसत के बीच का संबंध इस प्रकार है:

A. माध्य > माध्यिका > बहुलक
B. माध्य < माध्यिका < बहुलक
C. माध्य = माध्यिका = बहुलक
D. माध्य > माध्यिका < बहुलक

Q.43 निम्नलिखित आँकड़ों का चतुर्थक और चतुर्थक विचलन ज्ञात कीजिए:

17,2,7,27,15,5,14,8

A. 2.5 **B.** 3 **C.** 4 **D.** 5

Q.44 एक वस्तु को इसके अंकित मूल्य पर 18% और 22% की क्रमागत छूट देकर 799.50 रुपए में बेचा जाता है। वस्तु का क्रय मूल्य 1,000 रुपए है। यदि इसे अंकित मूल्य पर बेचा जाता है, तो लाभ है:

[SSC Selection Post Phase IX, 2020]

A. 250 रुपए **B.** 240 रुपए **C.** 300 रुपए **D.** 220 रुपए

Ques (45-49):निर्देश: निम्न वृत्त आलेख जेफ रोड्स द्वारा विभिन्न क्रिप्टो मुद्राओं में निवेशित धन को दर्शाता है।

कुल निवेश = 250 मिलियन डॉलर

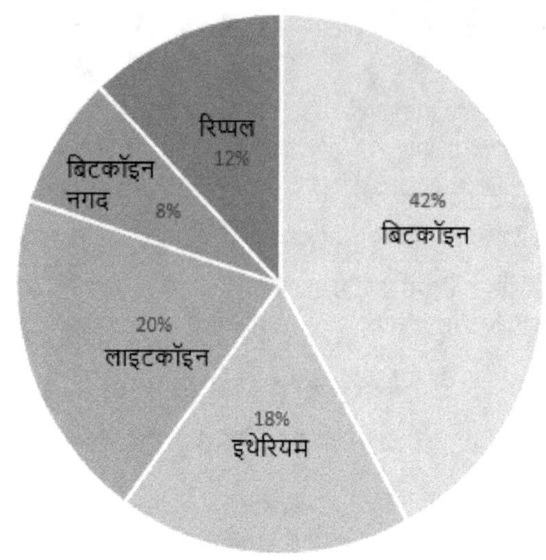

Q.45 यदि बिटकॉइन में निवेशित कुल धन 105 मिलियन डॉलर है। तो जेफ रोड्स की संपत्ति का कुल कीमत (मिलियन डॉलर में) क्या है?

A. 44 **B.** 125 **C.** 150 **D.** 250

Q.46 बी.टी.सी (बिटकॉइन नकद) और रिप्पल में कुल कितना धन निवेशित है?

A. 20 मिलियन डॉलर **B.** 30 मिलियन डॉलर
C. 50 मिलियन डॉलर **D.** 150 मिलियन डॉलर

Q.47 बिटकॉइन में निवेशित धन और अन्य क्रिप्टो मुद्राओं में निवेशित कुल धन के बीच का अंतर क्या है?

A. 10 मिलियन डॉलर **B.** 40 मिलियन डॉलर
C. 60 मिलियन डॉलर **D.** 105 मिलियन डॉलर

Q.48 यदि बिटकॉइन की कीमत 40% घट जाती है, तो जेफ रोड्स की कुल संपत्ति कितने प्रतिशत कम होगी?

A. 17% **B.** 20% **C.** 27% **D.** 40%

Q.49 यदि इथेरियम की कीमत में 20% की वृद्धि होती है और लाइटकॉइन की कीमत में 10% की कमी होती है तो जेफ रोड्स की कुल संपत्ति के मान में कितना बदलाव होगा?

A. 4 मिलियन डॉलर **B.** 5 मिलियन डॉलर
C. 9 मिलियन डॉलर **D.** 14 मिलियन डॉलर

Q.50 यदि X, Y से 25% अधिक है तो Y, X से कितने प्रतिशत कम है?

A. 25% **B.** 20% **C.** 12.5% **D.** 16%

General Knowledge

Q.51 2020 में टूर डे फ्रांस किसने जीता?

[SSC MTS, 2021]

A. सेप कुस (Sepp Kuss)
B. रूडी मोलार्ड (Rudy Molard)
C. रोमैन सिकार्ड (Romain Sicard)
D. तडज पोगाकर (Tadej Pogacar)

Q.52 विश्व प्रतिस्पर्धात्मक सूचकांक 2022 में भारत की रैंक क्या है?

A. 37वां **B.** 41वां **C.** 45वां **D.** 49वां

Q.53 2022 लॉरियस स्पोर्ट्समैन ऑफ द ईयर किसे चुना गया है?

[Delhi Forest Guard, 2021]

A. मार्सेल ह्यूगो   B. मैक्स वर्स्टापेन
C. राफेल नडाल   D. रॉबर्ट लेवानडॉस्की

Q.54 20 फरवरी 2022 को उत्तर प्रदेश के किस जिले में चार हजार वर्ष पुरानी सभ्यता की पुष्टि हुई?

A. वाराणसी   B. मुरादाबाद   C. गोरखपुर   D. एटा

Q.55 उत्तर प्रदेश राज्य में निम्नलिखित में से किसे 'नारी शक्ति पुरस्कार' से सम्मानित किया गया है?

A. आरती राणा और नीरजा माधव
B. कीर्ति सिंह और गीता पाठक
C. चंदना दत्ता और स्वाति सिंह
D. सीमा गुलेटी और रंजना प्रसाद

Q.56 भारत में पहले "अमृत सरोवर" का उद्घाटन भारत के किस राज्य में किया गया था?

A. कर्नाटक   B. असम
C. मध्य प्रदेश   D. उत्तर प्रदेश

Q.57 नवंबर 1928 में लखनऊ में 'साइमन कमीशन' का बहिष्कार किया गया था, इसका नेतृत्व किसके द्वारा किया गया था:

A. पंडित जवाहरलाल नेहरू
B. मोतीलाल नेहरू
C. लाला लाजपत राय
D. वल्लभभाई झावेर भाई पटेल

Q.58 1923 में, चित्तरंजन दास और मोतीलाल नेहरू ने स्वराज पार्टी की स्थापना की:

A. लखनऊ   B. वाराणसी   C. इलाहाबाद   D. गोरखपुर

Q.59 वायरस एक प्रोग्राम है जिसे कंप्यूटर के सामान्य कामकाज में हस्तक्षेप करने के लिए लिखा गया है। निम्न में से कौन एक प्रकार का वायरस नहीं है?

[UPSSSC Forest Guard, 2018]

A. बूस्ट सेक्टर वायरस   B. सिस्टम वायरस
C. फाइल वायरस   D. डिस्क वायरस

Q.60 निम्नलिखित में से कौन सा एक ओपन सोर्स सॉफ्टवेयर नहीं है?

[UPSSSC Forest Guard, 2018]

A. लिनक्स   B. माइक्रोसॉफ्ट ऑफिस
C. मोज़िला फ़ायरफ़ॉक्स   D. एंड्रॉयड

Q.61 'अन्डू (Undo)' फ़ंक्शन के लिए कीबोर्ड शॉर्टकट क्या होती है?

[UPSSSC Forest Guard, 2018]

A. Ctrl + Z   B. Ctrl + V   C. Ctrl + C   D. Ctrl + U

Q.62 निम्नलिखित कथनों पर विचार कीजिए।
1. शंघाई सहयोग संगठन (एससीओ) के 7वें न्याय मंत्रियों की बैठक के सदस्य राष्ट्रों को केंद्रीय कानून मंत्री द्वारा आयोजित किया जाएगा।
2. शंघाई में स्थित एससीओ सचिवालय, एससीओ का मुख्य स्थायी कार्यकारी निकाय है।
निम्नलिखित में से कौन सा/से कथन सही है/हैं?

A. केवल 1   B. केवल 2
C. 1 और 2 दोनों   D. न तो 1 और न ही 2

Q.63 केप्पल द्वीप मुख्यतः किसके विस्तार के कारण पूर्ण रूप से विरंजित हो गया है?

[UPSC NDA, 2021]

A. स्टारफ़िश   B. नीली व्हेल
C. ऑक्टोपस   D. समुद्री घोड़ा

Q.64 निम्नलिखित में से कौन-सी लघु प्लेट नहीं है?

[UPSC NDA, 2021]

A. कोकोस प्लेट   B. नाज़का प्लेट
C. कैरोलाइन प्लेट   D. अंटार्कटिक प्लेट

Q.65 निम्नलिखित में से कौन सी बीमारी पारा और नाइट्रेट द्वारा दूषित पानी की खपत के कारण होती है?

[UPSC Central Armed Police Forces AC, 2017]

A. मिनमाटा रोग और ऑस्टियोपोरोसिस
B. ऑस्टियोपोरोसिस और ब्लू बेबी सिंड्रोम
C. मिनमाटा रोग और ब्लू बेबी सिंड्रोम
D. ऑस्टियोपोरोसिस और मिनमाटा रोग

Q.66 निम्नलिखित में से कौन सा पॉलिमर प्रोटीन से बना है?

[UPSC Central Armed Police Forces AC, 2017]

A. रबर   B. कपास   C. ऊन   D. जूट

Q.67 निम्नलिखित में से कौन सा कृत्रिम मिठास संशोधित चीनी है?

[UPSC Central Armed Police Forces AC, 2017]

A. एस्पर्टेम   B. सैकरीन   C. सुक्रालोस   D. ऐलिटेम

Q.68 निम्नलिखित में से किस निर्णय ने घोषणा की कि संसद के पास भारत के संविधान के भाग III के किसी भी प्रावधान में संशोधन करने की कोई शक्ति नहीं है?

[UPSC Central Armed Police Forces AC, 2017]

A. केशवानंद बनाम केरल राज्य
B. गोलक नाथ बनाम पंजाब राज्य
C. चंपकम दोराईराजन बनाम मद्रास राज्य
D. मिनर्वा मिल्स लिमिटेड बनाम भारत सरकार

Q.69 निम्नलिखित में से कौन भारत में उपनिवेशवाद के आर्थिक आलोचक थे?
1. दादाभाई नौरोजी
2. जी. सुब्रमनिया अय्यर
3. आर. सी. दत्त

A. केवल 1   B. केवल 1 और 2
C. केवल 2 और 3   D. 1, 2 और 3

Q.70 क्रय शक्ति समता सिद्धान्त इन्होंने दिया:

[DSSSB TGT Social Science, 2014]

A. हैबरलर   B. जे. एस. मिल
C. जे.ई. मीडे   D. गुस्ताव कैसेल

Q.71 मांग की मूल्य प्रत्यास्थता एक के बराबर होती है:

[DSSSB TGT Social Science, 2014]

A. क्षैतिज रेखा
B. अनुलम्ब रेखा
C. आयताकार अतिपरवलय
D. अधोमुखी गतिमान रेखा

Q.72 1857 के विद्रोह के लिए पहला उत्प्रेरक क्या था?

A. सैनिकों का असंतोष   B. चूक की नीति
C. अवध की अनुकृति   D. असैनिक असंतोष

Q.73 मटर के पौधे की जड़ में कौन से जीवाणु पाए जाते हैं?

A. प्लैज्मोडियम   B. राइजोबियम
C. पेनिसिलीन   D. ई. कोलाई

Q.74 एक पौधे की कोशिका भित्ति बनी होती है:
A. सेल्यूलोज
B. कार्बोहाइड्रेट
C. लिपिड
D. लिपोप्रोटीन

Q.75 निम्नलिखित में से किस राज्य में शहरी जनसंख्या का प्रतिशत सबसे कम है?
A. बिहार
B. हिमाचल प्रदेश
C. असम
D. त्रिपुरा

Rural Development and Rural Society

Q.76 निम्नलिखित में से किस समिति ने भारत में पंचायती राज व्यवस्था के लिए सिफारिश की थी?
A. पुंछी समिति
B. बलवंत राय मेहता समिति
C. सिंघवी समिति
D. इनमे से कोई नहीं

Q.77 भारत में पंचायती राज व्यवस्था लाने के पीछे मुख्य उद्देश्य क्या था?
A. राजनीति के अपराधीकरण को रोकने के लिए
B. गांवों का विकास
C. आम लोगों के लिए राजनीतिक शक्ति का विकेंद्रीकरण
D. चुनावी खर्च कम करने के लिए

Q.78 1986 में राजीव गांधी द्वारा "लोकतंत्र और विकास के लिए पंचायती राज संस्थान के पुनरोद्धार" पर नियुक्त समिति का नाम बताइए?
A. अशोक मेहता समिति
B. एलएम सिंघवी समिति
C. जीवीके राव समिति
D. बलवंत राय मेहता समिति

Q.79 _______ पंचायत को पैसे का दुरुपयोग करने या कुछ लोगों का पक्ष लेने जैसे गलत काम करने से रोकता है।
A. ग्राम सभा
B. ग्राम पंचायत
C. जिला पंचायत
D. जनपद

Q.80 बीपीएल का मतलब _______ है।
A. गरीबी रेखा के पीछे
B. पिछली गरीबी रेखा
C. बुनियादी गरीबी रेखा
D. गरीबी रेखा के नीचे

Q.81 एसएचओ का मतलब _______ है।
A. स्टेशन हाउस ऑफिसर
B. स्टेशन हेड ऑफिसर
C. सब हेड ऑफिसर
D. स्टेशन हेड आर्डर

Q.82 'आत्मनिर्भर भारत पैकेज के तहत विनिर्माण क्षेत्र' योजना को किस केंद्रीय मंत्रालय द्वारा कार्यान्वित किया जाना था?
A. भारी उद्योग मंत्रालय
B. विद्युत मंत्रालय
C. वाणिज्य और उद्योग मंत्रालय
D. संचार मंत्रालय

Q.83 नीति आयोग के स्कूली शिक्षा गुणवत्ता सूचकांक (बड़े राज्य श्रेणी) की सूची में उत्तर प्रदेश का कौन सा स्थान है?
A. 11वीं
B. 15वीं
C. 20वीं
D. 23वें

Q.84 प्रधानमंत्री किसान सम्मान निधि के तहत किसानों को कितनी राशि दी गई?
A. 4000
B. 2000
C. 5000
D. 6000

Q.85 किसानों को इसके लिए अल्पकालिक ऋण की आवश्यकता है:
A. भूमि पर कोई स्थायी सुधार करना
B. ट्रैक्टर और अन्य मशीनरी की खरीद
C. बीज और खाद की खरीद
D. नई भूमि की खरीद

Q.86 चकबंदी योजना उत्तर प्रदेश में _______ से लागू हुई।
A. 1956
B. 1954
C. 1952
D. 1960

Q.87 प्रधानमंत्री आदर्श ग्राम योजना कब शुरू हुई?
A. 2014
B. 2015
C. 2016
D. 2018

Q.88 स्वतंत्रता पूर्व काल के दौरान ग्रामीण भारत में अंतर्जातीय सम्बन्ध अधिकांश निम्न में से किसके द्वारा परिचालित होते है?
A. परंपरा और प्रभुता के सम्बन्ध में
B. सेवाओ का आदान प्रदान
C. (A) और (B) दोनों
D. इनमे से कोई नहीं

Q.89 एम.एन. श्रीनिवास के अनुसार भारत ग्रामीण समुदाय के सामाजिक संगठन में एच्छिक सदस्यता की इकाई क्या है?
A. जाति
B. वंशपरम्परा
C. परिवार
D. दल

Q.90 रेड्फिल्ड ने कृषक समाज की कितनी विशेषताओ का उल्लेख किया है?
A. दो
B. तीन
C. चार
D. पांच

Q.91 भारत में ग्रामीण समाज में कृषिक संबंधो को किसके अंतर्गत समझा जा सकता है?
A. वर्ग संरचना के अंतर्गत
B. पारिस्थितिक भिन्नताओ के अंतर्गत
C. कृषि एवं श्रम विभाजन में
D. उपरोक्त सभी

Q.92 निम्नलिखित में से कौन ग्रामीण विकास मंत्रालय के विभिन्न गरीबी-विरोधी कार्यक्रमों के कार्यान्वयन का प्रबंधन और निरीक्षण करने के लिए जिला स्तर पर प्रमुख अंग है?
A. ग्रामीण सामुदायिक विकास
B. सार्वजनिक समीक्षा संस्थान
C. लक्ष्य आयोग
D. जिला ग्रामीण विकास एजेंसी

Q.93 डीआरडीए प्रशासन योजना के तहत डीआरडीए के वेतन और प्रशासनिक खर्चों को केंद्र और राज्य सरकार के बीच _______ के आधार पर वित्त पोषित किया जाता है।
A. 75:25
B. 50:50
C. 60:40
D. 20:80

Q.94 निम्नलिखित में से कौन ग्रामीण क्षेत्रों में एक प्रकार की भागीदारी विकास प्रक्रिया है?
A. परामर्श द्वारा भागीदारी
B. सहयोग द्वारा भागीदारी
C. सशक्तिकरण भागीदारी
D. उपरोक्त सभी

Q.95 निम्नलिखित में से कौन ग्रामीण विकास मंत्रालय का एक विभाग है?
A. ग्रामीण विकास विभाग
B. भूमि संसाधन विभाग
C. (A) और (B) दोनों
D. इनमें से कोई नहीं

Q.96 ग्रामीण क्षेत्र में गोकुल पुरस्कार योजना किससे संबंधित है?
A. शहद उत्पादन
B. चीनी उत्पादन
C. दुग्ध उत्पादन
D. उर्जा उत्पादन

Q.97 किसान सारथी ऐप को किसने लांच किया?

A. नरेन्द्र मोदी
B. नरेंद्र सिंह तोमर
C. राजनाथ सिंह
D. योगी आदित्यनाथ

Q.98 अंत्योदय अन्न योजना किसने शुरू की थी?
A. अटल बिहारी बाजपेई
B. मनमोहन सिंह
C. नरेंद्र मोदी
D. इंदिरा गांधी

Q.99 उत्तर प्रदेश के कितने जिलों में हर्बल गार्डन स्थापित किया गया है?
A. 14
B. 16
C. 18
D. 20

Q.100 निम्नलिखित में से कौन ग्रामीण सामाजिक विकास में सहायक है?
A. रोजगार सृजन
B. कृषि उत्पादन वृद्धि
C. संचार सुविधाओं का विकास
D. उपरोक्त सभी

// स्मार्ट उत्तर पुस्तिका //

सही उत्तर	उन छात्रों का प्रतिशत जिन्होंने प्रश्नों का सही उत्तर दिया था।	छोड़ दिया	उन छात्रों का प्रतिशत जिन्होंने प्रश्नों को छोड़ दिया था।

प्रश्न संख्या	उत्तर	सही उत्तर / छोड़ दिया	प्रश्न संख्या	उत्तर	सही उत्तर / छोड़ दिया	प्रश्न संख्या	उत्तर	सही उत्तर / छोड़ दिया	प्रश्न संख्या	उत्तर	सही उत्तर / छोड़ दिया	प्रश्न संख्या	उत्तर	सही उत्तर / छोड़ दिया	प्रश्न संख्या	उत्तर	सही उत्तर / छोड़ दिया
1	D	58.09 % / 39.23 %	18	A	80.18 % / 15.45 %	35	A	42.8 % / 39.44 %	52	A	13.47 % / 82.94 %	69	D	81.11 % / 14.86 %	86	B	45.32 % / 40.59 %
2	B	82.24 % / 11.34 %	19	B	69.77 % / 30.11 %	36	A	26.27 % / 72.81 %	53	C	66.89 % / 30.92 %	70	D	30.59 % / 68.92 %	87	A	54.7 % / 44.03 %
3	A	31.46 % / 67.66 %	20	B	87.98 % / 11.92 %	37	D	56.53 % / 35.91 %	54	A	46.93 % / 45.29 %	71	C	47.34 % / 33.76 %	88	A	27.28 % / 71.29 %
4	A	79.67 % / 18.02 %	21	A	54.26 % / 36.0 %	38	A	79.98 % / 18.92 %	55	A	25.44 % / 73.84 %	72	A	60.52 % / 35.1 %	89	D	47.39 % / 49.73 %
5	B	65.61 % / 32.38 %	22	B	86.47 % / 10.18 %	39	B	63.64 % / 30.57 %	56	D	56.89 % / 31.26 %	73	B	68.77 % / 30.95 %	90	D	56.87 % / 42.68 %
6	B	10.59 % / 71.08 %	23	B	80.1 % / 12.48 %	40	B	78.22 % / 21.43 %	57	A	88.33 % / 10.08 %	74	A	12.39 % / 75.93 %	91	B	69.63 % / 30.13 %
7	C	81.13 % / 17.0 %	24	D	43.71 % / 51.98 %	41	A	81.17 % / 18.41 %	58	C	52.42 % / 36.19 %	75	B	56.75 % / 39.79 %	92	D	48.76 % / 32.95 %
8	D	52.82 % / 39.28 %	25	A	63.8 % / 32.51 %	42	C	87.7 % / 11.07 %	59	B	80.49 % / 14.5 %	76	B	66.07 % / 32.46 %	93	A	13.48 % / 77.57 %
9	C	61.68 % / 35.24 %	26	A	49.78 % / 41.29 %	43	D	12.31 % / 80.51 %	60	B	82.68 % / 15.93 %	77	C	69.97 % / 30.02 %	94	D	64.29 % / 34.11 %
10	D	79.42 % / 17.99 %	27	C	22.25 % / 74.24 %	44	A	65.52 % / 30.52 %	61	A	81.27 % / 12.37 %	78	B	27.3 % / 69.88 %	95	C	79.61 % / 19.98 %
11	A	49.94 % / 44.54 %	28	D	69.52 % / 30.04 %	45	D	54.77 % / 33.08 %	62	A	53.27 % / 31.14 %	79	A	86.0 % / 11.43 %	96	C	60.46 % / 32.9 %
12	C	69.77 % / 30.16 %	29	A	62.84 % / 36.32 %	46	C	42.45 % / 54.21 %	63	A	82.71 % / 14.09 %	80	D	60.18 % / 38.92 %	97	B	61.42 % / 37.71 %
13	B	23.66 % / 69.6 %	30	B	43.78 % / 50.48 %	47	B	66.3 % / 31.83 %	64	D	61.99 % / 36.32 %	81	A	31.38 % / 67.98 %	98	A	50.44 % / 49.4 %
14	A	43.6 % / 40.02 %	31	B	24.75 % / 72.52 %	48	A	10.69 % / 73.94 %	65	C	81.84 % / 16.35 %	82	B	46.02 % / 31.63 %	99	C	60.07 % / 39.73 %
15	D	31.92 % / 67.98 %	32	C	44.23 % / 54.51 %	49	A	43.42 % / 36.88 %	66	C	56.39 % / 37.75 %	83	C	17.61 % / 74.72 %	100	D	57.49 % / 36.38 %
16	A	55.84 % / 43.66 %	33	C	52.86 % / 37.24 %	50	B	62.79 % / 31.98 %	67	C	82.58 % / 15.17 %	84	D	68.65 % / 31.06 %			
17	A	69.79 % / 30.01 %	34	A	52.45 % / 36.7 %	51	D	32.31 % / 67.18 %	68	B	44.62 % / 34.79 %	85	C	53.04 % / 43.5 %			

//संकेत और समाधान//

1. वह कारक जो क्रिया के समय, स्थान, अवसर आदि का बोध कराये, वहाँ अधिकरण कारक होता है। "ठीक समय पर आ जाना" वाक्य में अधिकरण कारक है।

अतः विकल्प (D) सही है।

2. दवाई एकवचन शब्द है जबकि इसका बहुवचन दवाइयाँ होता है। क्योंकि ईकारांत/इकारांत स्त्रीलिंग शब्दों को बहुवचन बनाने के लिए को 'ई' को 'इ' में बदल कर अंत में 'याँ' लगाते हैं।

एकवचन - बहुवचन

दवाई - दवाइयाँ

वचन - जिन शब्दों से संज्ञा या सर्वनाम के एक या अनेक होने का बोध होता है, उन्हें वचन कहते हैं।

वचन दो प्रकार के होते हैं – 1.एकवचन 2.बहुवचन

एकवचन - शब्द के जिस रूप से वस्तु या व्यक्ति का एक संख्या होने का बोध हो, एकवचन कहलाते हैं।

बहुवचन - शब्द के जिस रूप से वस्तु या व्यक्ति का एक से अधिक संख्या होने का बोध हो, बहुवचन कहलाते हैं।

अतः विकल्प (B) सही है।

3. वाक्य के (a) भाग में त्रुटि है, "राजा दशरथ को" के स्थान पर "राजा दशरथ के" होगा।

शुद्ध वाक्य: "राजा दशरथ के चार पुत्र राम, लक्ष्मण, भरत और शत्रुघ्न पैदा हुए थे।"

अतः विकल्प (A) सही है।

4. संज्ञा शब्द के जिस रूप से यह ज्ञात हो कि वह पुरुष जाति का है या स्त्री जाति का, उसे लिंग कहते हैं।

हिंदी भाषा में लिंग के दो भेद होते हैं-

1. पुल्लिंग

2. स्त्रीलिंग

अतः विकल्प (A) सही है।

5. आर्शीवाद शब्द की वर्तनी अशुद्ध है।

आर्शीवाद की शुद्ध वर्तनी – आशीर्वाद

आशीर्वाद का अर्थ - शुभ वचन, आशीष

अतः विकल्प (B) सही है।

6. 'निशाचर' का समास-विग्रह 'निशा में विचरण करने वाला अर्थात राक्षस' होगा।

- जिस समास में कोई पद प्रधान न होकर (दिए गए पदों में) किसी अन्य पद की प्रधानता होती है, वहाँ बहुव्रीहि समास होता है। यह अपने पदों से भिन्न किसी विशेष संज्ञा का विशेषण है।
- निशाचर शब्द में कोई पद प्रधान नहीं है, अपितु ये किसी तीसरे शब्द का बोध करा रहा है, इसलिए, इसमें बहुव्रीहि समास है।

अतः विकल्प (B) सही है।

7. छोटे बच्चे की पुस्तक का विषय मुख्य रूप से दैनिक जीवन होना चाहिए।

गद्यांश के अनुसार, "छोटे बच्चों के लिए रोजमर्रा की समस्याएँ और घटनाएँ पुस्तक का विषय हो सकती है। उदाहरण के लिए,स्कूल से घर लौटते समय रास्ते में मिलने वाले कुत्ते से डर लगना।"

अतः विकल्प (C) सही है।

8. बच्चों को मजेदार शब्द और वाक्य दोहराना अच्छा लगता है।

गद्यांश के अनुसार, "स्कूल से घर लौटते समय रास्ते में मिलने वाले कुत्ते से डर लगना। इस वर्ग के बच्चों की कहानियों की एक विशेषता होती है शब्दों, वाक्यों और घटनाओं की पुनरावृत्ति। बच्चों को मज़ेदार शब्द और वाक्य दोहराना अच्छा लगता है। आप किसी बच्चे को खेलते देखिए, आपको इस बात का सबूत मिल जाएगा।"

अतः विकल्प (D) सही है।

9. सीखने की प्रक्रिया में पुनरावृत्ति का महत्व है क्योंकि पढ़ने में कुशलता प्राप्त होती है।

गद्यांश के अनुसार, "पुनरावृत्ति से उन बच्चों को पढ़ने में प्रवीणता हासिल करने में मदद मिलती है जो अभी सीखने की प्रक्रिया में हैं।"

प्रवीणता शब्द का अर्थ निपुणता, कुशलता, दक्षता, प्रवीण होने की अवस्था या भाव होता है।

अतः विकल्प (C) सही है।

10. पुस्तक चुनते समय कम महत्वपूर्ण कीमत है।

गद्यांश के अनुसार, "किताब का विषय और सामग्री उस आयु वर्ग के हिसाब से हो जिसके लिए आप पुस्तक चुन रहे हैं।" उपर्युक्त पंक्ति में पुस्तक चुनते समय ध्यान रखने योग्य महत्वपूर्ण बिंदु बताये गये हैं।

अतः विकल्प (D) सही है।

11. छोटे बच्चे में 'छोटे' गुणवाचक विशेषण है।

संज्ञा या सर्वनाम की विशेषता बताने वाले शब्द को विशेषण कहते हैं।जिस विशेषण से किसी संज्ञा अथवा सर्वनाम का गुण प्रकट हो, उसे गुणवाचक विशेषण कहते हैं।

जैसे:

- गुण: अच्छा, चालाक, बुद्धिमान आदि।
- दोष: बुरा, गंदा, दुष्ट आदि।
- रंग: काला, लाल आदि।
- आकार: लंबा, छोटा, गोल आदि।
- अवस्था: बीमार, घायल आदि।
- स्थान: पंजाबी, भारतीय, बंगाली आदि।

अतः विकल्प (A) सही है।

12. दिए गए विकल्पों में से 'सम्पन्न' शब्द का विलोम विपन्न है।

संपन्न का अर्थ - अमीर, धनी, धनवान

विपन्न का अर्थ - विपत्तिग्रस्त, दुःखी

अतः विकल्प (C) सही है।

13. दिए गए विकल्पों में से 'अधो' शब्द का विलोम ऊर्ध्व है।

अधो का अर्थ - नीचे की ओर

ऊर्ध्व का अर्थ - ऊपर की ओर

अतः विकल्प (B) सही है।

14. जब कोई शब्द समूह या पद या वाक्यांश निरंतर अभ्यास के कारण सामान्य अर्थ न देकर विशेष अर्थ व्यक्त करने लगे तो उसे मुहावरा कहते हैं।

लंगोटी में फाग खेलना मुहावरे का अर्थ "दरिद्रता में आनंद लूटना" है।

वाक्य प्रयोग - भोला को दो समय की रोटी भी नहीं मिलती है लेकिन फिर भी लंगोटी में फाग खेलना है।

अतः विकल्प (A) सही है।

15. जब कोई पूरा कथन किसी प्रसंग विशेष में उद्धत किया जाता है तो लोकोक्ति कहलाता है।

'जाके पाँव न फटे बिवाई सो क्या जाने पीर पराई' का अर्थ है - जिसके ऊपर बीतती है वही जानता है।

वाक्य प्रयोग - अमन बेरोजगार तो है ही आर्थिक स्थिति भी तंग है। उसके चेहरे का भाव देखकर रमन ने जानना चाहा तो उसका कहना था जाके पांव न फटी बिवाई सो का जाने पीर पराई।

अतः विकल्प (D) सही है।

16. दिए गए विकल्पों में से 'युग्म' तत्सम शब्द है।

ऐसे शब्द जो संस्कृत से ज्यों के त्यों लिए गए, तत्सम होते हैं। उदाहरण: कूप, उष्ट्र, पंचम आदि।

युग्म का तद्भव शब्द 'जोड़ा' होता है। युग्म के पर्यायवाची शब्द हैं - द्वैत, युगल, द्वय, यमल, युग, युति।

अत: विकल्प (A) सही है।

17. दिए गए विकल्पों में से 'ऊन' तद्भव शब्द है।

संस्कृत से हिंदी में आने पर जिन शब्दों का रूप बदल गया हो, तद्भव कहलाते हैं। उदाहरण: आग, काम, पाँच आदि।

'ऊन' का तत्सम शब्द 'ऊर्ण' होता है। ऊन, भेड़ व अन्य जानवरों के कोमल बालों से तैयार एक प्रकार का धागा, जिससे गरम कपड़े तैयार किए जाते हैं।

अत: विकल्प (A) सही है।

18. दो स्वरों के मेल से होने वाले विकार (परिवर्तन) को स्वर-संधि कहते हैं। जैसे - विद्या + आलय = विद्यालय।

स्वर-संधि पाँच प्रकार की होती हैं -

- दीर्घ संधि
- गुण संधि
- वृद्धि संधि
- यण संधि
- अयादि संधि

अत: विकल्प (A) सही है।

19. अचानक हो जाने वाला : आकस्मिक

अचानक होने वाली घटना के लिए एक शब्द है: आकस्मिक।

हिन्दी भाषा में अनेक शब्दों के लिए एक शब्द का प्रयोग करके हम भाषा को प्रभावशाली एवं आकर्षक बनाते हैं। साथ ही यह भाषा की सुदृढ़ता, भावों की गम्भीरता और चुस्त शैली के लिए आवश्यक भी है। कम शब्दों में भावाभिव्यक्ति व्यापक सन्दर्भ में कई अर्थ प्रदान कर लेखक/वक्ता की प्रतिभा का आभास दिलाती है। इसके अतिरिक्त आधुनिक समय में संक्षिप्त भाषा का महत्व बहुत अधिक बढ़ गया है, क्योंकि कम से कम समय में हम अधिक से अधिक ज्ञान प्राप्त करना चाहते हैं।

अत: विकल्प (B) सही है।

20. सभी विकल्पों में 'इतिहास + इक = ऐतिहासिक' शुद्ध शब्द है।

अतिरिक्त विकल्पों के शब्द निरर्थक हैं। अतः सही विकल्प 'ऐतिहासिक' है।

अतः विकल्प (B) सही है।

21. 'असर, महिमा, दबाव' शब्द 'प्रभाव' के अनेकार्थी शब्द हैं।

शहद, शराब, वसन्तऋतु ये अन्य शब्द 'मधु' के अनेकार्थी शब्द हैं।

प्रभाव के अन्य अनेकार्थी शब्द हैं - सामर्थ्य।

अतः विकल्प (A) सही है।

22. 'मछली, शंख, मोती' के लिए 'जलज' शब्द है। दिए गए सभी शब्द 'जलज' के अनेकार्थी हैं जिसका अर्थ होता है जल से उत्पन्न होने वाला।

अतः विकल्प (B) सही है।

23. 'अनिल' का पर्यायवाची शब्द 'पवन' है।

अनिल के पर्यायिवाची शब्द- पवन, वायु, समीर, वात, मरुत, पवमान ,बयार, हवा, इत्यादि है।

अतः विकल्प (B) सही है।

24. 'मृगेंद्र' का पर्यायिवाची शब्द 'शार्दुल' है।

मृगेन्द्र का पर्यायवाची शब्द- शेर-हरि, मृगराज, व्याघ्र, मृगेन्द्र, केहरि, केशरी, वनराज, सिंह, शार्दूल, हरि, मृगराज इत्यादि है।

अतः विकल्प (D) सही है।

25. दिए गए सभी विकल्पों में शुद्ध वर्तनी वाला शब्द है - अद्वितीय। अद्वितीय विशेषण शब्द है जिसका अर्थ बेजोड़ या अनोखा होता है।

अन्य विकल्प वर्तनिगत अशुद्ध हैं।

अतः विकल्प (A) सही है।

26. वृत्त की जीवा वृत्त पर किन्हीं दो बिंदुओं को मिलाने वाला एक रेखाखंड है।

एक वृत्त की जीवा को वृत्त की परिधि पर किन्हीं दो बिंदुओं को मिलाने वाले रेखाखंड के रूप में परिभाषित किया जा सकता है। व्यास एक वृत्त की सबसे लंबी जीवा है जो वृत्त के केंद्र से होकर गुजरती है।

अत: विकल्प (A) सही है।

27. दिया गया है,

$BC = 10$ सेमी

$CD = 2BC$

$\Rightarrow 2 \times 10 = 20$ सेमी

$AB = 3BC$

$\Rightarrow 3 \times 10 = 30$ सेमी

$AD = (BC - 2)$

$\Rightarrow (10 - 2) = 8$ सेमी

हम जानते हैं कि,

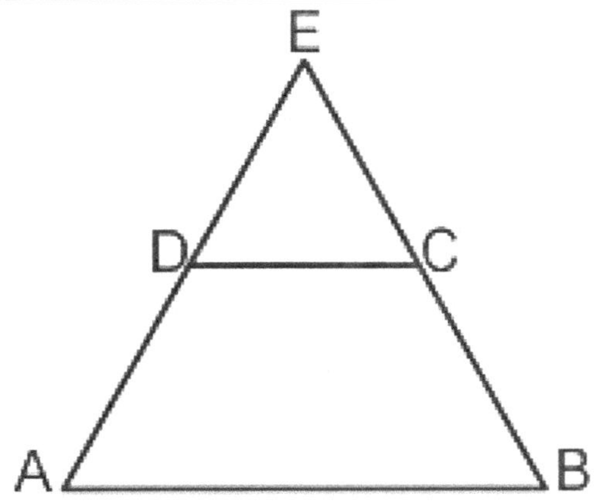

$\triangle\ EDC \sim \triangle\ EAB$

$\Rightarrow \dfrac{DE}{AE} = \dfrac{DC}{AB}$

आकृति के अनुसार,

$\because AE = AD + DE$

$\therefore \dfrac{DE}{(AD+DE)} = \dfrac{20}{30}$

$\Rightarrow \dfrac{DE}{(8+DE)} = \dfrac{2}{3}$

$\Rightarrow 3DE = 16 + 2DE$

$\Rightarrow 3DE - 2DE = 16$

$\Rightarrow DE = 16$ सेमी

अतः विकल्प (C) सही है।

28. कुल ख़र्च $= 4 + 3 + 4 + 6 + 1$

$= 18$ लाख

कच्चा माल और ब्याज पर ख़र्च $= 4 + 6$

$= 10$ लाख

% कच्चा माल और ब्याज पर ख़र्च $= \dfrac{10}{18} \times 100$

$= 55.56\%$

अतः विकल्प (D) सही है।

29. दिया गया है,

एक आयताकार बगीचे का परिमाप, जिसकी लंबाई उसकी चौड़ाई से 4 मी अधिक है, 36 मी है।

आयताकार बगीचे की लंबाई = 'x' मी

आयताकार बगीचे की चौड़ाई = 'y' मी

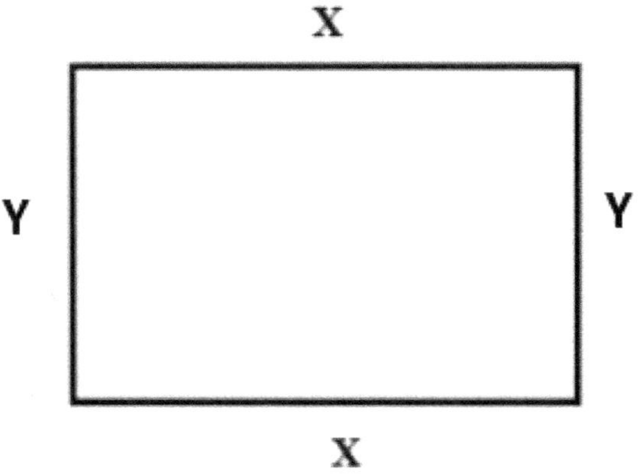

बगीचे की लंबाई इसकी चौड़ाई से 4 मी अधिक है।

$x = y + 4$

$x - y = 4 ....(i)$

परिमाप का आधा भाग 36 मी है।

$\dfrac{2x+2y}{2} = 36$

$2x + 2y = 72$

$x + y = 36 ......(ii)$

समीकरण (i) और (ii) को जोड़ने पर, हम प्राप्त करते हैं

$\therefore 2x = 40$ मी

$x = 20$ मी

समीकरण (i) में 'x' का मान रखने पर, हम प्राप्त करते हैं

$x - y = 4$

$\Rightarrow 20 - y = 4$

$\Rightarrow -y = 4 - 20$

$\Rightarrow -y = -16$

$\Rightarrow y = 16$ मी

इस प्रकार, बगीचे की लंबाई $= 20$ मी

और, बगीचे की चौड़ाई $= 16$ मी

अतः विकल्प (A) सही है।

30. एक आयत की आसन्न भुजाएँ $5x^2 - 3x^2$ और $x^2 + 2xy$ दी गई हैं,

हम जानते हैं कि आसन्न भुजाओं a और b वाले एक आयत का परिमाप $2 \times (a + b)$ है,

परिमाप $= 2\big((5x^2 - 3y^2) + (x^2 + 2xy)\big)$

$= 2(6x^2 - 3y^2 + 2xy)$

$= 12x^2 - 6y^2 + 4xy$

$\therefore$ आयत का परिमाप $= 12x^2 - 6y^2 + 4xy$

अतः विकल्प (B) सही है।

31. दिया है:

आयताकार पार्क का क्षेत्रफल $= 40 \times 20 = 800$ मीटर²

जब मार्ग बनाया जाता है,

छायांकित क्षेत्र की लंबाई $= (40 - 2x)$ मीटर

छायांकित क्षेत्र की चौड़ाई $= (20 - x)$ मीटर

छायांकित क्षेत्र का क्षेत्रफल $= (40 - 2x)(20 - x) = (800 - 80x + 2x^2)$

अब, पार्क के क्षेत्र में छायांकित क्षेत्र का अनुपात $= 16 : 25$

$$\frac{(800 - 80x + 2x^2)}{800} = \frac{16}{25}$$

$$\Rightarrow \frac{(400 - 40x + x^2)}{400} = \frac{16}{25}$$

$$\Rightarrow (400 - 40x + x^2) = 256$$

$$\Rightarrow x^2 - 40x + 144 = 0$$

$$\Rightarrow (x - 4)(x - 36) = 0$$

$$\Rightarrow x = 4, 36$$

$\Rightarrow$ x = 4, 36

$\because$ मार्ग की चौड़ाई पार्क की चौड़ाई से अधिक नहीं हो सकती।

$\therefore$ x = 4 मीटर

अतः विकल्प (B) सही है।

32. दिया गया है:

यदि $6kx^2 + 12kx - 24x + 16$ एक पूर्ण वर्ग है, तो दोनों मूल बराबर होंगे और विविक्तकर 0 होगा।

यहाँ, $a = 6k, b = 12k - 24, c = 16$

$D = $ विविक्तकर $= b^2 - 4ac$

$= (12k - 24)^2 - 4 \times 6k \times 16$

$= 144k^2 - 576k + 576 - 384k$

$= 144k^2 - 960k + 576$

चूँकि, $D = 0$

$144k^2 - 960k + 576 = 0$

$\Rightarrow 3k^2 - 20k + 12 = 0$

$\Rightarrow 3k^2 - 2k - 18k + 12 = 0$

$\Rightarrow k(3k - 2) - 6(3k - 2) = 0$

$\Rightarrow (k - 6)(3k - 2) = 0$

$k = 6, k = \frac{2}{3}$

k के दो वास्तविक मान संभव हैं, जहाँ प्रत्येक पूर्णांक x के लिए $6kx^2 + 12kx - 24x + 16$ एक पूर्ण वर्ग है।

अतः विकल्प (C) सही है।

33. दिया गया है:

समीकरण $4x^2 - 2kx + 3k = 0$ के मूल समान है

समीकरण $4x^2 - 2kx + 3k = 0$

यहाँ, $a = 4, b = -2k,$ और $c = 3k$

$D = b^2 - 4ac = 0$

मान रखने पर,

$(-2k)^2 - 4 \times 4 \times 3k = 0$

$\Rightarrow 4k^2 - 48k = 0$

$\Rightarrow 4k(k - 12) = 0$

$K = 0$

और $(k - 12) = 0$

$k = 12$

इसलिए k का मान $= 0, 12$

अतः विकल्प (C) सही है।

34. दिए गए आंकड़ों के अनुसार,

आयु वर्ग के बीच शिक्षकों की संख्या $(20 - 25) = 2$

आयु वर्ग के बीच शिक्षकों की संख्या $(25 - 30) = 4$

फिर,

$(20 - 30)$ के बीच शिक्षकों की कुल संख्या

$= 2 + 4$

$= 6$

अब,

आयु वर्ग के बीच शिक्षकों की संख्या $(40 - 45) = 5$

आयु वर्ग के बीच शिक्षकों की संख्याp $(45 - 50) = 2$

आयु वर्ग के बीच शिक्षकों की संख्या $(50 - 55) = 1$

फिर,

$(40 - 55)$ के बीच शिक्षकों की कुल संख्या

$= 5 + 2 + 1$

$= 8$

अब,

आवश्यक अनुपात $= \frac{6}{8}$

$= \frac{3}{4}$

∴ आवश्यक अनुपात $= 3:4$
अतः विकल्प (A) सही है।

35. दिया गया है,

आयताकार कमरे का क्षेत्रफल $= 150$ मीटर ^{2}

आयताकार कमरे की चौड़ाई $= 10$ मीटर

माना आयताकार कमरे की लंबाई x है।

कमरे का आकार आयताकार है।

जैसा कि हम जानते हैं,

आयत का क्षेत्रफल $=$ लंबाई $\times$ चौड़ाई

$\Rightarrow 150 =$ लंबाई $\times 10$

$\Rightarrow 150 = x \times 10$

$\Rightarrow x = \frac{150}{10}$

$= 15$ मीटर

∴ आयताकार कमरे की लंबाई 15 मीटर है।

अतः विकल्प (A) सही है।

36. दिया गया है,
वर्ग की भुजा $= 12$ सेमी
जैसा कि हम जानते हैं,
वर्ग का क्षेत्रफल $=$ भुजा ^{2}
$= 12 \times 12$ सेमी
$= 144$ सेमी ^{2}

अतः विकल्प (A) सही है।

37. दिया गया है,

तीन नंबर $3:4:5$ के अनुपात में हैं।

माना कि संख्या $3x, 4x$ और $5x$ है।

$3x, 4x$ और $5x$ का ल.स.प $= 60x$

$3x, 4x$ और $5x$ का म.स.प $= x$

ल.स.प $= 2400$

$\Rightarrow 60x = 2400$

$\Rightarrow x = \frac{2400}{60}$

$\Rightarrow x = 40$

∴ उनका म.स.प 40 है।

अतः विकल्प (D) सही है।

38. दी गई संख्याएँ $3, 4$ और 9 हैं।
दी गई संख्या का लघुत्तम समापवर्त्य है:

3	3	4	9
3	1	4	3
2	1	4	1
2	1	2	1
2	1	2	1
1	1	1	1

इसलिए, $3, 4, 9$ का कम से कम सामान्य गुणनफल (ल.स.प) $= 3 \times 3 \times 2 \times 2 \times 1 = 36$
इसलिए, $3, 4, 9$ संख्याओं का कम से कम सामान्य गुणनफल 36 है।
अतः विकल्प (A) सही है।

39. बहुभुज में सभी कोणों का योग खोजने का सूत्र $= (n-2) \times 180$ डिग्री

माना पक्षों की कुल संख्या n है।

कुल कोण योग $= 180 \times (n-2)$ .....(i)

दिया है:

पाँच कोणों का माप 172 डिग्री और शेष कोणों का मान 160 डिग्री है।

पाँच आंतरिक कोणों का योग $= 5 \times 172 = 860$

अन्य शेष कोणों के लिए $= (n-5) \times 160 = 160n-800$

कुल योग $= 860+160n-800 = 60+160n$ .....(ii)

समीकरण (i) और (ii)

$180 \times (n-2) = 160n + 60$

$\Rightarrow 180n - 360 = 160n + 60$

$\Rightarrow 20n = 420$

$\Rightarrow n = 21$

अतः विकल्प (B) सही है।

40. दिया गया है:

गोले की त्रिज्या $= \frac{60}{2} = 30$ मिमी $= 3$ सेमी

गोले का आयतन $= \frac{4}{3} \times \pi \times r^3$

ठोस गोले का आयतन $= \frac{4}{3} \times \pi \times 3^3 = 36\pi$ घन सेमी

$\Rightarrow 36\pi = \pi \times r^2 \times 144$

$\Rightarrow r = 0.5$ सेमी

तार की त्रिज्या $= 0.5$ सेमी

∴ तार का व्यास $= 2 \times 0.5 = 1$ सेमी

अतः विकल्प (B) सही है।

41. दिया गया है:

$\angle QPR = 60°$

OQ और OR, $\angle Q$ और $\angle R$ के कोण समद्विभाजक हैं।

प्रयुक्त सूत्र के अनुसार,

$\angle QOR = 90° + \frac{\angle QPR}{2}$

$\Rightarrow \angle QOR = 90° + \frac{60°}{2}$

$\Rightarrow \angle QOR = 120°$

$\therefore \angle QOR$ 120° है।

अतः विकल्प (A) सही है।

42. एक असमान और सममित वितरण में, औसत के बीच संबंध माध्य = माध्यिका = बहुलक जैसा होता है।

एक असमान वितरण: एक असमान वितरण में केवल एक स्पष्ट शिखर होता है। प्रारंभ में, मान एक निश्चित उच्चतम बिंदु तक बढ़ता जाता है और फिर घटने लगता है। एक असमान वितरण या तो सममित या असममित वितरण हो सकता है।

एक सममित वितरण: एक सममित वितरण वह होता है जहां माध्य, माध्यिका, बहुलक के सभी मान समान होते हैं। ऐसे वितरण में, लाभ और हानि का अंतराल समान आवृत्ति प्रदर्शित करता है। एक वितरण जो सममित वितरण से भिन्न होता है, असममित वितरण के रूप में जाना जाता है और यही वह जगह है जहां हमें सकारात्मक विषमता और नकारात्मक विषमता मिलती है।

यदि वितरण सममित है तो माध्य माध्यिका के बराबर होता है और वितरण में शून्य विषमता होगी। और इसके अलावा, यदि वितरण एकरूप है तो माध्य = माध्य = बहुलक

अतः विकल्प (C) सही है।

43. दिया है:

$17,2,7,27,15,5,14,8$

दिए गए डेटा का आरोही क्रम है:

$2,5,7,8,14,15,17,27$

यदि प्रेक्षणों की कुल संख्या (n) सम है, तब

माध्यिका $= \left[\left(\frac{n}{2}\right)$ वां प्रेक्षण $+ \left(\frac{n}{2} + 1\right)$ वां प्रेक्षण $\right]/2$

निचले आधे डेटा की माध्यिका $= \frac{(5+7)}{2}$

$\Rightarrow Q_1 = 6$

ऊपरी आधे डेटा की माध्यिका $= \frac{(15+17)}{2}$

$\Rightarrow Q_3 = 16$

चतुर्थक विचलन $= \frac{(Q_3-Q_1)}{2}$

$= \frac{(16-6)}{2}$

$= \frac{10}{2}$

$\Rightarrow$ चतुर्थक विचलन $= 5$

अतः विकल्प (D) सही है।

44. दिया गया है:

वस्तु का विक्रय मूल्य = 799.50 रुपए

क्रमागत छूट दर = 18% और 22%

वस्तु का क्रय मूल्य = 1,000 रुपए

हम जानते हैं कि:

क्रमागत छूट $= x + y - \left(\frac{xy}{100}\right)$

मान लीजिये कि वस्तु का अंकित मूल्य $= a$

कुल प्रभावी छूट दर $= 18 + 22 - \left[\frac{(18\times22)}{100}\right]$

$= 36.04\%$

$\therefore$ छूट के बाद वस्तु का विक्रय मूल्य $= a - \left(\frac{a\times36.04}{100}\right)$

$= \frac{(100a-36.04a)}{100}$

$= \frac{63.96a}{100}$

$\therefore$ वस्तु का विक्रय मूल्य = 799.50 रुपए

$\therefore \frac{63.96a}{100} = 799.50$

$\Rightarrow a = \frac{(799.5\times100)}{63.96}$

$\Rightarrow a = 1250$

$\therefore$ वस्तु का अंकित मूल्य = 1,250 रुपए

$\therefore$ यदि वस्तु को अंकित मूल्य पर बेचा जाता है तो लाभ = अंकित मूल्य - क्रय मूल्य

$= 1250 - 1000$

= 250 रुपए

अतः विकल्प (A) सही है।

45. दिया है:

बिटकॉइन में निवेशित धन = 105 मिलियन डॉलर

माना कि कुल संपत्ति x है

बिटकॉइन में निवेशित धन का प्रतिशत = 42%

$\Rightarrow$ x का 42% = 105 मिलियन डॉलर

$\Rightarrow x = \frac{105\times100}{42}$

$\Rightarrow x = 250$ मिलियन डॉलर

अतः विकल्प (D) सही है।

46. दिया है:

कुल संपत्ति = 250 मिलियन डॉलर

बी.टी.सी और रिप्पल में निवेशित धन का प्रतिशत = 8 + 12 = 20%

बी.टी.सी और रिप्पल में निवेशित कुल धन = 250 मिलियन डॉलर का 20%

$= 250 \times \frac{20}{100}$

= 50 मिलियन डॉलर

अतः विकल्प (C) सही है।

47. दिया है:

कुल संपत्ति = 250 मिलियन डॉलर

बिटकॉइन में निवेश किया गया धन = 250 मिलियन डॉलर का 42%

$$= 250 \times \frac{42}{100}$$

$$= \frac{10500}{100}$$

$$= 105 \text{ मिलियन डॉलर}$$

अन्य क्रिप्टो मुद्राओं में निवेशित धन = 250 – 105 मिलियन डॉलर = 250 – 105 मिलियन डॉलर

= 145 मिलियन डॉलर

निवेशित धन के बीच का अंतर = 145 – 105 मिलियन डॉलर

= 40 मिलियन डॉलर

अतः विकल्प (B) सही है।

48. दिया है:

कुल संपत्ति = 250 मिलियन डॉलर

बिटकॉइन में निवेशित कुल धन = 250 मिलियन डॉलर का 42%

$$= 250 \times \frac{42}{100}$$

$$= \frac{10500}{100}$$

$$= 105 \text{ मिलियन डॉलर}$$

40% घटने के बाद बिटकॉइन में निवेश किया गया कुल धन $= 105 - \left(\frac{40}{100} \times 100\right)$

$$= 105 - \frac{4200}{100}$$

$$= 105 - 42$$

$$= 63 \text{ मिलियन डॉलर}$$

अन्य क्रिप्टो मुद्राओं में निवेशित धन = 250 – 105 मिलियन डॉलर

= 145 मिलियन डॉलर

कुल नयी संपत्ति = 145 + 63 = 208 मिलियन डॉलर

प्रतिशत कमी = पुराना मूल्य - नया मूल्य/पुराना मूल्य × 100

$$= \left(\frac{250-208}{250}\right) \times 100$$

$$= 16.8\%$$

अतः विकल्प (A) सही है।

49. दिया है:

कुल संपत्ति = 250 मिलियन डॉलर

इथेरियम में निवेशित धन = 250 मिलियन डॉलर का 18%

$$= 250 \times \frac{18}{100}$$

$$= \frac{4500}{100} = 45 \text{ मिलियन डॉलर}$$

यदि इथेरियम की कीमत में 20% की वृद्धि होती है

इथेरियम में निवेशित धन $= 45 + \frac{20}{100} \times 45$

= 45 + 9 = 54 मिलियन डॉलर

लाइटकॉइन में निवेशित धन = 250 मिलियन डॉलर का 20%

$$= 250 \times \frac{20}{100}$$

$$= \frac{5000}{100} = 50 \text{ मिलियन डॉलर}$$

लाइटकॉइन की कीमत में 10% की कमी होती है

लाइटकॉइन में निवेशित धन $= 50 - \frac{10}{100} \times 50$

= 50 - 5 = 45 मिलियन डॉलर

संपत्ति में कुल वृद्धि = (54 – 45) + (45 – 50)

= 9 – 5 = 4 मिलियन डॉलर

अतः विकल्प (A) सही है।

50. दिया गया है:

X, Y से 25% अधिक है।

जैसे X, Y से 25% अधिक है।

∴ यदि Y = 100 तब X = 125

इस प्रकार Y, X से 25 कम है जहां X 125 है।

⇒ प्रतिशत जिसके द्वारा Y, X से कम है $= \left(\frac{25}{125}\right) \times 100 = 20\%$

अतः विकल्प (B) सही है।

51. 2020 में टूर डे फ्रांस तडज पोगाकर ने जीता।

तडज पोगाकर एक स्लोवेनियाई साइकिल चालक है जो वर्तमान में यूसीआई वर्ल्डटीम यूएई टीम अमीरात के लिए सवारी करता है। उन्होंने टूर डी फ्रांस के 2020 और 2021 संस्करण जीते, प्रत्येक टूर के दौरान तीन अलग-अलग जर्सी जीती, लगभग चार दशकों में कुछ अनदेखी।

2019 में, वह 20 साल की उम्र में टूर ऑफ़ कैलिफ़ोर्निया जीत के साथ यूसीआई वर्ल्ड टूर रेस जीतने वाले सबसे कम उम्र के साइकिलिस्ट बन गए। बाद में वर्ष में, अपने पहले ग्रैंड टूर में, पोगाकर ने वुट्टा एन एस्पाना के तीन चरणों में जीत हासिल की। एक समग्र तीसरे स्थान की समाप्ति और युवा राइडर का खिताब। अपने टूर डी फ्रांस की शुरुआत और अगले वर्ष दोनों में, उन्होंने तीन चरणों और कुल मिलाकर दौड़, साथ ही साथ पहाड़ों और युवा-सवार वर्गीकरण जीते, इन तीन वर्गीकरणों को एक साथ जीतने वाले एकमात्र सवार बन गए।

अतः विकल्प (D) सही है।

52. विश्व प्रतिस्पर्धात्मक सूचकांक 2022 में भारत का स्थान 37वां है।

- इंस्टीट्यूट फॉर मैनेजमेंट डेवलपमेंट ने हाल ही में 15 जून, 2022 को वार्षिक विश्व प्रतिस्पर्धात्मक सूचकांक संकलित और जारी किया।

- आर्थिक प्रदर्शन में बढ़त के कारण, भारत ने 43वें से 37वें स्थान पर छह स्थान की वृद्धि देखी।

- शीर्ष 63 देशों की सूची में डेनमार्क को शीर्ष स्थान पर रखा गया है। इसे 2021 में तीसरे स्थान पर रखा गया था।

- स्विट्जरलैंड शीर्ष स्थान से गिरकर दूसरे स्थान पर आ गया है।

अतः विकल्प (A) सही है।

53. एफ 1 चैंपियन मैक्स वेरस्टैपेन को 2022 लॉरियस स्पोर्ट्समैन ऑफ द ईयर चुना गया है।

जमैका ओलंपिक स्प्रिंटर एलेन थॉम्पसन-हेरा को स्पोर्ट्सवुमेन ऑफ द ईयर चुना गया है।

अतः विकल्प (C) सही है।

54. 20 फरवरी 2022 को वाराणसी जिले की राजातालाब तहसील के बभनियाव में चार हजार वर्ष पुरानी सभ्यताओं की पुष्टि के लिए इतिहास एवं पुरातत्व विभाग, बीएचयू द्वारा पुन: उत्खनन शुरू किया गया था।

इस उत्खनन का उद्देश्य 2020 में की गई खुदाई में मिले एक मुखी शिवलिंग का समय और विवरण खोजना है। साथ ही यह भी पता लगाया जाएगा कि यहां से प्राप्त अभिलेख, सिक्के और मिट्टी के बर्तन इस क्षेत्र से संबंधित हैं या कहीं और से लाकर स्थापित किए गए हैं।गौरतलब है कि 2020 में की गई खुदाई में 8वीं से 5वीं ईस्वी के बीच का एक मंदिर, चार हजार साल पुराना मिट्टी का घड़ा और दो हजार साल पुरानी दीवार मिली थी।

अतः विकल्प (A) सही है।

55. अंतर्राष्ट्रीय महिला दिवस के अवसर पर राष्ट्रपति राम नाथ कोविंद ने उत्तर प्रदेश की आरती राणा और नीरजा माधव को महिला सशक्तिकरण की दिशा में उनके असाधारण कार्य के लिए 'नारी शक्ति पुरस्कार' से सम्मानित किया।

राष्ट्रपति ने राष्ट्रपति भवन में आयोजित एक विशेष समारोह में 29 महिलाओं को नारी शक्ति पुरस्कार प्रदान किया।

अतः विकल्प (A) सही है।

56. केंद्रीय अल्पसंख्यक मामलों के मंत्री मुख्तार अब्बास नकवी ने पटवई, रामपुर, उत्तर प्रदेश में भारत के पहले "अमृत सरोवर" का उद्घाटन किया।

- 24 अप्रैल 2022 को पीएम मोदी ने मिशन अमृत सरोवर का शुभारंभ किया। मिशन का उद्देश्य भारत के प्रत्येक जिले में 75 जल निकायों का विकास और कायाकल्प करना है।

- इस मिशन के लिए तकनीकी सहायता भास्कराचार्य राष्ट्रीय अंतरिक्ष अनुप्रयोग और भू-सूचना विज्ञान संस्थान द्वारा प्रदान की जाती है।

- मिशन अमृत सरोवर के 15 अगस्त 2023 तक पूरा होने की उम्मीद है। मिशन आजादी का अमृत महोत्सव उत्सव का एक हिस्सा है।

अतः विकल्प (D) सही है।

57. नवंबर 1928 में लखनऊ में 'साइमन कमीशन' का बहिष्कार किया गया था, इसका नेतृत्व पंडित जवाहरलाल नेहरू ने किया था।

भारतीय सांविधिक आयोग, जिसे साइमन कमीशन के नाम से भी जाना जाता है, सर जॉन साइमन की अध्यक्षता में संसद के सात सदस्यों का एक समूह था। ब्रिटेन के सबसे बड़े और सबसे महत्वपूर्ण कब्जे में संवैधानिक सुधार का अध्ययन करने के लिए आयोग 1928 में ब्रिटिश भारत पहुंचा।

अतः विकल्प (A) सही है।

58. 1923 में, चित्तरंजन दास और मोतीलाल नेहरू ने इलाहाबाद में स्वराज पार्टी की स्थापना की।

स्वराज पार्टी की स्थापना कांग्रेस-खिलाफत स्वराज पार्टी के रूप में हुई थी। यह 1 जनवरी 1923 में राष्ट्रीय कांग्रेस के दिसंबर 1922 में गया वार्षिक सम्मेलन के बाद भारत में गठित एक राजनीतिक दल था, जिसने ब्रिटिश राज से भारतीय लोगों के लिए अधिक स्वशासन और राजनीतिक स्वतंत्रता की मांग की थी। यह स्वराज की अवधारणा से प्रेरित था।

अतः विकल्प (C) सही है।

59. सिस्टम वायरस एक प्रकार का वायरस नहीं है।

बूट सेक्टर वायरस का अर्थ है कि यह फ्लॉपी डिस्क के बूट सेक्टर को प्रभावित करता है।

यह कंप्यूटर के उस हिस्से को हानि पहुंचाता है जिसमें कंप्यूटर के ऑपरेटिंग सिस्टम के कामकाज के संबंध में महत्वपूर्ण जानकारी होती है।

फ़ाइल वायरस वह वायरस है जो निष्पादन योग्य फ़ाइलों को संक्रमित करता है, जो फ़ाइल को स्थायी क्षति या अनुपयोगी बनाने के उद्देश्य से होता है।

डिस्क वायरस कंप्यूटर में तब प्रवेश करता है यदि कोई संक्रमित बाहरी डिस्क या फ्लॉपी युक्त वायरस सिस्टम से जुड़ा होता है।

संयुक्त सभी कंप्यूटर वायरस को सिस्टम वायरस कहा जाता है।

अतः विकल्प (B) सही है।

60. ओपन-सोर्स सॉफ्टवेयर का अर्थ है सॉफ्टवेयर का स्रोत कोड लेखकों द्वारा उपलब्ध कराया जाता है।

ऐसा इसलिए किया जाता है ताकि लोग उस कोड को देख सकें, उससे सीख सकें, उससे कॉपी कर सकें, उसे बदल सकें या किसी के साथ साझा कर सकें।

यह एक लाइसेंस के साथ जारी किया जाता है और लेखक इसका कॉपीराइट रखता है।

आमतौर पर इस्तेमाल किया जाने वाला ओपन-सोर्स सॉफ्टवेयर अपाचे HTTP सर्वर, मोज़िला फायरफॉक्स और गूगल क्रोम लिबरॉफ़िस जैसे ब्राउज़र हैं।

सबसे सफल ओपन-सोर्स सॉफ्टवेयर में से एक लिनक्स ऑपरेटिंग सिस्टम है।

अन्य उदाहरणों में एंड्रॉयड, यूनिक्स, युबुन्टू आदि शामिल हैं।

अतः विकल्प (B) सही है।

61. Undo एक तकनीक या वह कमांड है जिसे कई कंप्यूटर प्रोग्रामों में प्रयोग किया जाता है।

यह दस्तावेज़ में किए गए अंतिम परिवर्तन को मिटा देता है।

हम माइक्रोसॉफ्ट वर्ड, पॉवरपॉइंट और एक्सेल में कई क्रियाओं को अनडू, रीडू या दोहरा सकते हैं।

अन्डू कमांड की सहायता से, उपयोगकर्ता गलतियों का डर किए बिना कार्य लगा सकते हैं और पता कर सकते हैं, क्योंकि जब भी आवश्यक हो बदलाव किए जा सकते हैं।

माइक्रोसॉफ्ट विन्डोज़ एप्लीकेशन में, अन्डू कमांड के लिए कीबोर्ड शॉर्टकट Ctrl + Z या Alt + Backspace है, और Redo के लिए शॉर्टकट Ctrl + Y या Ctrl + Shift + Z है।

अतः विकल्प (A) सही है।

62. शंघाई सहयोग संगठन (एससीओ) के 7वें न्याय मंत्रियों की बैठक के सदस्य राष्ट्रों को केंद्रीय कानून मंत्री द्वारा आयोजित किया जाएगा। इसलिए, कथन 1 सही है।

शंघाई सहयोग संगठन (एससीओ) एक स्थायी अंतर सरकारी संगठन है, जिसके निर्माण की घोषणा 15 जून 2001 को शंघाई (चीन) में कजाकिस्तान गणराज्य, पीपुल्स रिपब्लिक ऑफ चाइना, किर्गिज गणराज्य, रूसी संघ, ताजिकिस्तान गणराज्य और उजबेकिस्तान गणराज्य द्वारा की गई थी। इसके पहले शंघाई फाइव मैकेनिज्म था।

बीजिंग में स्थित एससीओ सचिवालय, एससीओ का मुख्य स्थायी कार्यकारी निकाय है। इसलिए, कथन 2 गलत है।

एससीओ के मुख्य लक्ष्य निम्न प्रकार हैं:

- सदस्य राज्यों के बीच आपसी विश्वास और प्रतिवेशी-धर्म को मजबूत करना।

- राजनीति, व्यापार, अर्थव्यवस्था, अनुसंधान, प्रौद्योगिकी, और संस्कृति के साथ-साथ शिक्षा, ऊर्जा, परिवहन, पर्यटन, पर्यावरण संरक्षण और अन्य क्षेत्रों में उनके प्रभावी सहयोग को बढ़ावा देना।

- क्षेत्र में शांति, सुरक्षा और स्थिरता को बनाए रखने और सुनिश्चित करने के लिए संयुक्त प्रयास करना; और एक लोकतांत्रिक, निष्पक्ष और तर्कसंगत नए अंतर्राष्ट्रीय राजनीतिक और आर्थिक व्यवस्था की स्थापना की ओर बढ़ना।

अत: विकल्प (A) सही है।

63. केप्पाल द्वीप मुख्यत: स्टारफ़िश के विस्तार के कारण पूर्ण रूप से विरंजित हो गया है?

केपल द्वीप दक्षिणी ग्रेट बैरियर रीफ में स्थित है।

- गर्मियों के दौरान ग्रेट बैरियर रीफ पर प्रवाल विरंजन का एक प्राथमिक कारण उच्च समुद्र के तापमान और बढ़ी हुई यूवी विकिरण से उत्पन्न गर्मी का तनाव है।

- केपेल द्वीप में विरंजन का एक अन्य प्रमुख कारण स्टारफ़िश है जिसकी आबादी इस क्षेत्र में अनियंत्रित रूप से बढ़ी है।

अत: विकल्प (A) सही है।

64. पृथ्वी के स्थलमंडल को सात प्रमुख और कुछ लघु प्लेटों में विभाजित किया गया है।

प्रमुख प्लेट्स: अंटार्कटिका और आसपास की समुद्री प्लेटें

लघु प्लेट:

- कोकोस प्लेट - यह मध्य अमेरिका और प्रशांत प्लेट के बीच पाई जाती है।

- नाज़का प्लेट - यह दक्षिण अमेरिका और प्रशांत प्लेट के बीच पाई जाती है।

- कैरोलाइन प्लेट - यह फिलीपीन और इंडिया प्लेट के बीच पाई जाती है जो गिनी के उत्तर में है।

अत: विकल्प (D) सही है।

65. पारा-दूषित पानी से मिनामाता रोग होता है। यह सबसे पहले जापान के मिनामाता शहर में खोजा गया था इसलिए इसे मिनामाता रोग कहा जाता है।

नाइट्रेट-दूषित पानी के कारण ब्लू बेबी सिंड्रोम रोग होता है।
अत: विकल्प (C) सही है।

66. ऊन एक बहुलक है जो प्रोटीन से बना होता है। भेड़ों से ऊन निकाला जाता है। रबर, कपास और जूट प्रोटीन से नहीं बनते।
अत: विकल्प (C) सही है।

67. सुक्रालोज एक कृत्रिम स्वीटनर और चीनी का विकल्प है। अधिकांश अंतर्ग्रहण सुक्रालोज़ को शरीर द्वारा विखण्डित नहीं किया जाता है, इसलिए यह नॉनक्लोरिक है।
अत: विकल्प (C) सही है।

68. गोलक नाथ बनाम दण्डनीय निर्णय के राज्य में सर्वोच्च न्यायालय ने घोषणा की कि, संसद भारत के संविधान के भाग ।।। के किसी भी प्रावधान में संशोधन नहीं कर सकती है, लेकिन केशवानंद मामले में सर्वोच्च न्यायालय ने संविधान की मूल विशेषताओं की अवधारणा के अनुसार, जिसे संसद संविधान की मूल विशेषताओं को प्रभावित किए बिना भाग ।।। के प्रावधान में संशोधन कर सकती है।
अत: विकल्प (B) सही है।

69.

- दादाभाई नौरोजी, जी. सुब्रमनिया अय्यर, आर. सी. दत्त प्रसिद्ध आर्थिक आलोचक थे।

- उन्होंने व्यापार, उद्योग और वित्त के माध्यम से वर्चस्व के अपने सभी तीन पहलुओं में औपनिवेशिक संरचना को समझाया।

अत: विकल्प (D) सही है।

70. गुस्ताव कैसल ने क्रय शक्ति समता (पीपीपी) के सिद्धांत को प्रतिपादित किया। यह एक आर्थिक सिद्धांत है जो वस्तुओं की एक टोकरी के माध्यम से विभिन्न देशों की मुद्राओं की तुलना करता है। सरल शब्दों में, दो देश वस्तुओं का आदान-प्रदान करते हैं, जब दोनों देशों में से प्रत्येक में उनकी क्रय शक्ति समान होती है।

अत: विकल्प (D) सही है।

71. मांग एकात्मक लोचदार है जब किसी उत्पाद की कीमत में आनुपातिक परिवर्तन के परिणामस्वरूप मांग की मात्रा में समान परिवर्तन होता है। यहाँ माँग वक्र का आकार एक आयताकार अतिपरवलय है, जो दर्शाता है कि वक्र के नीचे का क्षेत्रफल एक के बराबर है।

अत: विकल्प (C) सही है।

72. सैनिकों का असंतोष 1857 के विद्रोह का पहला उत्प्रेरक था।

इतिहासकारों ने विविध राजनीतिक, 1857 के विद्रोह के आर्थिक, सैन्य, धार्मिक और सामाजिक कारण (भारतीय स्वतंत्रता का पहला युद्ध 1857)। फरवरी 1857 में एनफील्ड राइफल के लिए नए बारूद कारतूसों के मुद्दे से बंगाल सेना की कई सिपाहियों की कंपनियों में एक विद्रोह छिड़ गया था।

अत: विकल्प (A) सही है।

73. मटर के पौधों की जड़ों में राइजोबियम जीवाणु पाए जाते हैं। उनमें से सबसे प्रमुख फलियां-जीवाणु संबंध है।

रॉड के आकार के राइजोबियम की जातियों का संबंध कई फलियों जैसे एल्फाल्फा, स्वीट क्लोवर, मीठी मटर, मसूर, उद्यान मटर, बाकला, क्लोवर सेम आदि की जड़ों से होता है।

अत: विकल्प (B) सही है।

74. पौधे की कोशिका भित्ति मुख्य रूप से सेल्यूलोज से बनी होती हैं।

सेल्यूलोज पृथ्वी पर सबसे प्रचुर मात्रा में पाया जाने वाला स्थूलअणु है।

सेल्यूलोज तंतु (फाइबर) सैकड़ों ग्लूकोज अणुओं के लंबे, रैखिक बहुलक होते हैं। ये तंतु (फाइबर) लगभग 40 के बंडलों में एकत्रित होते हैं, जिन्हें सूक्ष्मतंतु (माइक्रोफिब्रिल) कहा जाता है।

अत: विकल्प (A) सही है।

75. हिमाचल प्रदेश राज्य में शहरी जनसंख्या का प्रतिशत सबसे कम है।

हिमाचल प्रदेश में शहरी जनसंख्या का अनुपात सबसे कम 10.0 प्रतिशत है, जिसके बाद बिहार 11.3 प्रतिशत, असम (14.1 प्रतिशत) और उड़ीसा (16.7 प्रतिशत) है।

अत: विकल्प (B) सही है।

76. बलवंत राय मेहता समिति ने भारत में पंचायती राज व्यवस्था के लिए सिफारिश की थी।

जनवरी 1957 में भारत सरकार ने सामुदायिक विकास कार्यक्रम 1952 और राष्ट्रीय विस्तार सेवा 1953 के कामकाज की जांच करने और उनके बेहतर कामकाज के उपायों का सुझाव देने के लिए एक समिति नियुक्त की। इस समिति के अध्यक्ष बलवंत राय मेहता थे। समिति ने नवंबर 1957 में अपनी रिपोर्ट प्रस्तुत की और 'लोकतांत्रिक विकेंद्रीकरण' की योजना की स्थापना की सिफारिश की, जिसे अंततः पंचायती राज के रूप में जाना जाने लगा। समिति की सिफारिशों को राष्ट्रीय विकास परिषद ने जनवरी 1958 में

स्वीकार कर लिया था।
अतः विकल्प (B) सही है।

77. भारत में पंचायती राज व्यवस्था लाने के पीछे मुख्य उद्देश्य राजनीतिक सत्ता का विकेंद्रीकरण और आम लोगों को बिजली वितरण करना था।

पंचायती राज के गठन की मूल विचारधारा स्थानीय और ग्रामीण क्षेत्रों में राजनीतिक जागरूकता फैलाना था। मूल रूप से, पंचायती राज भारत के ग्रामीण क्षेत्रों की राजनीतिक व्यवस्था है। पंचायती राज के गठन की मूल विचारधारा स्थानीय और ग्रामीण क्षेत्रों में राजनीतिक जागरूकता फैलाना था। मूल रूप से, पंचायती राज भारत के ग्रामीण क्षेत्रों की राजनीतिक व्यवस्था है।
अतः विकल्प (C) सही है।

78. एलएम सिंघवी समिति 1986 में राजीव गांधी द्वारा "लोकतंत्र और विकास के लिए पंचायती राज संस्थान के पुनरोद्धार" पर नियुक्त की गई थी।

समिति	वर्ष	अनुशंसा
एलएम सिंघवी समिति	1986	स्थानीय स्वशासन की संवैधानिक मान्यता। 1986 में राजीव गांधी द्वारा "लोकतंत्र और विकास के लिए पंचायती राज संस्थान के पुनरोद्धार" पर समिति नियुक्त की गई
जीवीके राव समिति	1985	जिला परिषद को भारत की पंचायती राज व्यवस्था में प्रमुख निकाय होना चाहिए।
अशोक मेहता समिति	1978	पंचायती राज संस्थाओं (मंडल पंचायत और जिला परिषद) की दो स्तरीय प्रणाली।
बलवंत राय मेहता समिति	1957	पंचायती राज संस्थाओं (ग्राम पंचायत, पंचायत समिति और जिला परिषद) की त्रिस्तरीय प्रणाली।

अतः विकल्प (B) सही है।

79. ग्राम सभा पंचायत को पैसे का दुरुपयोग करने या कुछ लोगों का पक्ष लेने जैसे गलत काम करने से रोकती है। यह निर्वाचित प्रतिनिधियों पर नजर रखने और उन्हें चुने गए व्यक्तियों के प्रति जिम्मेदार बनाने में महत्वपूर्ण भूमिका निभाता है।

अतः विकल्प (A) सही है।

80. बीपीएल का फुल फॉर्म गरीबी रेखा से नीचे है। यह आय सीमा से संबंधित एक आर्थिक बेंचमार्क है। यह भारत सरकार द्वारा तय किया गया है। यह आर्थिक रूप से कमजोर लोगों और सरकारी सहायता की तत्काल आवश्यकता वाले परिवारों की पहचान करने में मदद कर सकता है।

अतः विकल्प (D) सही है।

81. एसएचओ का मतलब स्टेशन हाउस ऑफिसर है।

एक स्टेशन हाउस ऑफिसर (एसएचओ) भारत में एक पुलिस स्टेशन का प्रभारी अधिकारी होता है। एसएचओ के पास इंस्पेक्टर या सब-इंस्पेक्टर का पद होता है।

एसएचओ किसी इलाके के पुलिस थाने का मुखिया या प्रभारी अधिकारी होता है। वह पुलिस स्टेशन के कामकाज की निगरानी करता है और अपने क्षेत्र में कानून व्यवस्था बनाए रखने के लिए जिम्मेदार है। उसे अपने क्षेत्र में अपराधों की जांच करने और अपने पुलिस स्टेशन की ओर से अदालत में पेश होने का अधिकार है।

अतः विकल्प (A) सही है।

82. विद्युत मंत्रालय महत्वपूर्ण बिजली और नवीकरणीय ऊर्जा उपकरणों के लिए एक घरेलू विनिर्माण कार्यक्रम शुरू करने के लिए तैयार था।

केंद्रीय बजट में 'आत्मनिर्भर भारत पैकेज के तहत विनिर्माण क्षेत्र' शीर्षक वाली योजना की घोषणा की गई थी। आने वाले वित्तीय वर्ष में 1,500 करोड़ रुपये के परिव्यय के साथ, इस योजना में प्रतिवर्ष तीन विनिर्माण क्षेत्र स्थापित करना शामिल है।

अतः विकल्प (B) सही है।

83. नीति आयोग के स्कूली शिक्षा गुणवत्ता सूचकांक (बड़े राज्य श्रेणी) की सूची में उत्तर प्रदेश का 20वां स्थान है।

केरल इस सूची में पहले स्थान पर है। छोटे राज्यों में मणिपुर पहले और केंद्र शासित प्रदेशों में चंडीगढ़ पहले स्थान पर है।

अतः विकल्प (C) सही है।

84. प्रधानमंत्री किसान सम्मान निधि के तहत किसानों को 6000 रुपये दिए गए थे।

प्रधानमंत्री किसान सम्मान निधि भारत सरकार की एक पहल है जिसमें सभी किसानों को न्यूनतम आय सहायता के रूप में प्रति वर्ष 6000 रुपये तक मिलेंगे। 1 फरवरी 2019 को भारत के 2019 के अंतरिम केंद्रीय बजट के दौरान पीयूष गोयल द्वारा पहल की घोषणा की गई थी।
अतः विकल्प (D) सही है।

85. बीज और खाद की खरीद के लिए किसानों को अल्पकालिक ऋण की आवश्यकता होती है।

भारतीय किसानों को अपनी अल्पकालिक जरूरतों को पूरा करने के लिए ऋण की आवश्यकता होती है, जैसे कि बीज, उर्वरक खरीदना, किराए के श्रमिकों को मजदूरी का भुगतान करना आदि। 15 महीने से कम की अवधि के लिए। इस तरह के ऋण आम तौर पर फसल के बाद चुकाए जाते हैं। मध्यम अवधि के क्रेडिट आमतौर पर शॉर्ट टर्म क्रेडिट की तुलना में आकार में बड़े होते हैं।
अतः विकल्प (C) सही है।

86. चकबंदी योजना उत्तर प्रदेश में 1954 से लागू हुई।

उत्तर प्रदेश जोत चकबन्दी अधिनियम को 04 मार्च, 1954 को राष्ट्रपति द्वारा स्वीकृति प्रदान की गयी तथा इसका प्रकाशन दिनांक 08 मार्च, 1954 को उत्तर प्रदेश असाधारण राजपत्र में किया गया। इस प्रकार उत्तर प्रदेश जोत चकबन्दी अधिनियम 1953, 08 मार्च, 1954 से लागू है।
अतः विकल्प (B) सही है।

87. प्रधानमंत्री आदर्श ग्राम योजना 2014 मे शुरू हुई।

सांसद आदर्श ग्राम योजना गाँवों के निर्माण और विकास हेतु कार्यक्रम है। जिसका मुख्य लक्ष्य ग्रामीण इलाकों में विकास करना है। इस कार्यक्रम का शुभारंभ भारत के प्रधानमंत्री, नरेन्द्र मोदी जी ने जयप्रकाश नारायण के जन्म दिन 11 अक्टूबर 2014 को शुरू किया।
अतः विकल्प (A) सही है।

88. स्वतंत्रता पूर्व अवधि के दौरान, ग्रामीण भारत में अंतर-जाति संबंध ज्यादातर परंपरा और संप्रभुता के संबंध में संचालित होते थे। स्वतंत्रता पूर्व काल के दौरान, ग्रामीण भारत एक जाति आधारित समाज था। इससे व्यापार और कृषि उत्पादकता प्रभावित होती है, साथ ही लोकतंत्र का कामकाज भी प्रभावित होता है।

अतः विकल्प (A) सही है।

89. एम.एन. श्रीनिवास के अनुसार भारत ग्रामीण समुदाय के सामाजिक संगठन में एच्छिक सदस्यता की इकाई दल है। एम.एन. श्रीनिवास के अनुसार, ग्रामीण समुदाय वह समुदाय है जहाँ कुछ सापेक्षिक, सांस्कृतिक तथा सामाजिक समानता, अनौपचारिकता, प्राथमिक समूहों की प्रधानता, जनसंख्या का कम घनत्व और कृषि ही मुख्य व्यवसाय हो।

अतः विकल्प (D) सही है।

90. रेडफील्ड ने कृषक समाज की पांच विशेषताओ का उल्लेख किया है। रेडफील्ड ने कृषक समाज की निम्न विशेषताएं है:

1. कृषक समाज तुलनात्मक रूप से एक समरूप समाज है।

2. कृषक समाज के सदस्यों की आजीविका का मुख्य साधन भूमि पर नियंत्रण रखना तथा भूमि को जोतना है।

3. कृषक समाज एक अविभेदीकत और अस्तरीकृत समुदाय है।

4. कृषक समाज नगरों अथवा कस्बों के कुलीन वर्ग से भिन्न होता है। यद्यपि यह उसने अनेक क्षेत्रों में प्रभावित होता है।

5. कृषक समाज को आर्थिक आधार पर अन्य समाजों से स्पष्ट रूप से पृथक किया जा सकता है।

अत: विकल्प (D) सही है।

91. भारत में ग्रामीण समाज में कृषिक संबंधों को पारिस्थितिक भिन्नताओं के अंतर्गत समझा जा सकता है। कृषि और संबंधित क्षेत्र छोटे और सीमांत किसानों के लिए रोजगार और जीविकोपार्जन की दृष्टि से महत्वपूर्ण है जोकि भारत में कृषि पारिस्थितिकी तंत्र में अपना प्रभुत्व रखते हैं।

अत: विकल्प (B) सही है।

92. जिला ग्रामीण विकास एजेंसी (DRDA) पारंपरिक रूप से ग्रामीण विकास मंत्रालय के गरीबी-विरोधी कार्यक्रमों के कार्यान्वयन की निगरानी के लिए जिला स्तर पर प्रमुख अंग है। मूल रूप से एकीकृत ग्रामीण विकास कार्यक्रम (आईआरडीपी) के कार्यान्वयन के लिए बनाए गए DRDA को बाद में केंद्र और राज्य सरकारों दोनों के कई कार्यक्रमों के साथ सौंपा गया था।

अत: विकल्प (D) सही है।

93. डीआरडीए प्रशासन" योजना 1 अप्रैल, 1999 से शुरू की गई थी, जिसके तहत डीआरडीए के वेतन और प्रशासनिक खर्चों को केंद्र और राज्य सरकारों के बीच 75:25 के आधार पर वित्त पोषित किया जाता है। डीआरडीए प्रशासन योजना का प्राथमिक उद्देश्य डीआरडीए को पेशेवर बनाना है ताकि वे ग्रामीण विकास मंत्रालय के गरीबी उन्मूलन कार्यक्रमों को प्रभावी ढंग से प्रबंधित करने में सक्षम हों और अन्य एजेंसियों के साथ उद्देश्यपूर्ण बातचीत कर सकें।

अतः विकल्प (A) सही है।

94. सहभागी विकास का तात्पर्य स्थानीय आबादी को विकास परियोजनाओं में शामिल करना है। परामर्श द्वारा भागीदारी एक निष्कर्ष की प्रक्रिया है, जिसके द्वारा हितधारक बाहरी शोधकर्ता या विशेषज्ञों द्वारा पूछे गए प्रश्नों के उत्तर प्रदान करते हैं। अधिकारिता भागीदारी तब होती है जब प्राथमिक हितधारक प्रक्रिया शुरू करने और विश्लेषण में भाग लेने के लिए सक्षम और इच्छुक होते हैं। सहयोग द्वारा भागीदारी परियोजना द्वारा निर्धारित पूर्व निर्धारित उद्देश्यों की चर्चा और विश्लेषण में भाग लेने के लिए प्राथमिक हितधारकों के समूह बनाती है।

अतः विकल्प (D) सही है।

95. देश में और राज्य में भी ग्रामीण क्षेत्रों का विकास नियोजन प्रक्रिया के मूल में रहा है। ग्रामीण विकास एक व्यापक, समावेशी शब्द है जो ग्रामीण क्षेत्रों के सामाजिक-आर्थिक और राजनीतिक विकास को ध्यान में रखता है। ग्रामीण विकास के उद्देश्य से इसने ग्रामीण विकास मंत्रालय की स्थापना की है। मंत्रालय में निम्नलिखित दो विभाग हैं:

- ग्रामीण विकास विभाग
- भूमि संसाधन विभाग

अतः विकल्प (C) सही है।

96. ग्रामीण क्षेत्र में गोकुल पुरस्कार योजना दुग्ध उत्पादन से संबंधित है।

राज्य सरकार ने गोकुल पुरस्कार शुरू किया है। यह पुरस्कार देशी गायों के दूध के उच्चतम उत्पादक को दिया जाता है। सरकार ग्रामीण क्षेत्रों में 12 लाख से अधिक पंजीकृत डेयरी किसानों को क्रेडिट कार्ड दे रही है, जिससे राज्य में पशुधन की संख्या में उल्लेखनीय वृद्धि हुई है।

अत: विकल्प (C) सही है।

97. किसान सारथी ऐप को नरेंद्र सिंह तोमर ने लांच किया।

किसानों के लिए सरकार ने डिजिटल प्लेटफॉर्म 'किसान सारथी' को लॉन्च किया है। इस डिजिटल प्लेटफार्म पर किसानों को फसल और बाकी चीजों की जानकारी दी जाएगी, साथ ही इसकी मदद से किसान फसल और सब्जियों को सही तरीके से बेच भी सकेंगे।

अत: विकल्प (B) सही है।

98. अंत्योदय अन्न योजना अटल बिहारी बाजपेई ने शुरू की थी। अंत्योदय अन्न योजना का आरंभ केंद्र सरकार द्वारा 25 दिसंबर 2000 को खाद आपूर्ति और उपभोक्ता मामले मंत्रालय द्वारा किया गया था। इस योजना के अंतर्गत शुरू में 10 लाख परिवारों को शामिल किया गया था।

अत: विकल्प (A) सही है।

99. हर्बल गार्डन योजना के तहत प्रदेश के 18 जिलों में हर्बल गार्डन स्थापित किए गए हैं। गोंडा, मथुरा, झांसी, परखपुर, वाराणसी, बलिया में हर्बल गार्डन स्थापित किए जा रहे हैं।

अतः विकल्प (C) सही है।

100. ग्रामीण सामाजिक विकास रोजगार सृजन, कृषि विकास और संचार सुविधाओं के विकास में सहायक है।

ग्रामीण विकास का अर्थ मुख्य रूप से लोगों का आर्थिक विकास है। विकासात्मक और उपचारात्मक कार्य, ताकि उनके रहन-सहन, खान-पान, शिक्षा, स्वास्थ्य आदि में सुधार हो सके।

अतः विकल्प (D) सही है।

General Hindi

Q.1 "ओस चाटने से प्यास नही बुझती" लोकोक्ति का क्या अर्थ है?

A. प्यास बुझाने के लिए पानी पीना पड़ता है

B. बड़े लक्ष्य की प्राप्ति हेतु किया गया थोड़ा प्रयत्न व्यर्थ होता है, बड़े काम के लिए बड़ा प्रयत्न करना पड़ता है

C. बहुत अधिक कंजूसी से भी कार्य नही होता

D. जैसा काम करते हैं, वैसा ही परिणाम मिलता है

Q.2 'अपने मुँह मिया मिट्ठू बनना' मुहावरे का अर्थ है:

A. अपनी बातें छिपाना

B. अपनी निंदा स्वयं करना

C. अपनी प्रशंसा स्वयं करना

D. अपनी चर्चा स्वयं करना

Q.3 'माता जी प्रभात के लिए खिलौना लाई' इस वाक्य में प्रभात है-

A. कर्ता कारक   B. सम्प्रदान कारक

C. करण कारक   D. कर्म कारक

Q.4 निर्देश: वर्तनी के अनुसार शुद्ध शब्द का चयन कीजिए।

A. स्वास्तीक   B. स्विस्तक   C. स्वाशितक   D. स्वस्तिक

Q.5 निर्देश: वाक्य के अशुद्ध भाग (त्रुटिपूर्ण भाग) का चयन कीजिए।

एक वर्ष से मैं जिस पुस्तक की रचना में संलग्न था (a)/ आज उसे छपे आकार में देखकर (b)/ मेरी प्रसन्नता का ठिकाना नहीं है। (c)/ कोई त्रुटि नहीं (d)

A. (a)   B. (b)   C. (c)   D. (d)

Q.6 कौन सा शब्द "जलज" का अनेकार्थी नहीं है?

A. कमल   B. मोती   C. मछली   D. बादल

Q.7 कौन सा शब्द "दल" का अनेकार्थी नहीं है?

A. सेना   B. समूह   C. पत्ता   D. अग्नी

Q.8 "शीशम" शब्द का लिंग क्या है?

A. कारक   B. सहायक क्रिया

C. पुल्लिंग   D. स्त्रीलिंग

Q.9 जो एक या एक से ज्यादा वस्तुओं अथवा व्यक्तियों का बोध कराता हो उसे क्या कहते हैं?

[UP Police ASI, 2018]

A. मिथ्यावचन   B. सत्यवचन

C. बहुवचन   D. एकवचन

Q.10 'अन्न-जल' में कौन-सा समास है?

A. बहुव्रीहि समास   B. द्वंद्व समास

C. कर्मधारय समास   D. तत्पुरुष समास

Q.11 निम्नलिखित में 'निश्छल' का संधि-विच्छेद है:

A. निश्व + ल   B. निः + चल

C. नी: + चल   D. नि + चल

Q.12 'प्रसून' का पर्यायवाची शब्द है:

A. पुष्प   B. वृक्ष   C. चन्द्रमा   D. एकाक्ष

Q.13 'कबूतर' किसका पर्यायवाची शब्द है:

A. कुक्कुट   B. कोर   C. भीरु   D. पारावात

Q.14 निम्नलिखित तत्सम-तद्भव शब्दों का संगत युग्म है:

A. खर्पट - खोपड़ी   B. सक्तु - सत्य

C. पर्यंक-पलंग   D. घोटक - घड़ा

Q.15 निम्नलिखित में से एक 'तद्भव' शब्द है:

A. आँसू   B. एकत्र   C. वानर   D. उच्च

Ques (16-20):निर्देश: निम्नलिखित गद्यांश को पढ़कर पूछे गए प्रश्नों के सबसे उपयुक्त उत्तर वाले विकल्प को चुनिए।

हमारे देश में एक ऐसा भी युग था जब नैतिक और आध्यात्मिक विकास ही जीवन का वास्तविक लक्ष्य माना जाता था। अहिंसा की भावना सर्वोपरि थी। आज पूरा जीवन-दर्शन ही बदल गया है। सर्वत्र पैसे की हाय-हाय तथा धन का उपार्जन ही मुख्य ध्येय हो गया है, भले ही धन-उपार्जन के तरीके गलत ही क्यों न हों। इन सबका असर मनुष्य के प्रतिदिन के जीवन पर पड़ रहा है। समाज का वातावरण दूषित हो गया है। इन सबके कारण मानसिक और शारीरिक तनाव-खिंचाव और व्याधियाँ पैदा हो रही हैं।

आज आदमी धन के पीछे अंधाधुंध दौड़ रहा है। पाँच रुपये मिलने पर दस, दस मिलने पर सौ और सौ मिलने पर हजार की लालसा लिए वह इस अंधी दौड़ में शामिल है। इस दौड़ का कोई अंत नहीं। धन की इस दौड़ में सभी पारिवारिक और मानवीय संबंध पीछे छूट गए। व्यक्ति सत्य-असत्य, उचित-अनुचित, न्याय-अन्याय और अपने-पराए के भेद-भाव को भूल गया। उसके पास अपनी पत्नी और संतान के लिए भी समय नहीं। धन के लिए पुत्र का पिता के साथ झगड़ा हो रहा है। भाई-भाई के खून का प्यासा है। धन की लालसा व्यक्ति को जघन्य से जघन्य कार्य करने के लिए उकसा रही है। इस लालसा का ही परिणाम है कि जगह-जगह हत्या, लूट, अपहरण और चोरी-डकैती की घटनाएँ बढ़ रही हैं। इस रोगी मनोवृत्ति को बदलने के लिए हमें हर स्तर पर प्रयत्न करने होंगे।

Q.16 'धन उपार्जन' में संधि करने पर शब्द बनेगा:

[CTET Paper-II (Science & Mathematics), 2019], [CTET Paper-II (Social Science), 2019]

A. धनुपार्जन   B. धनोपर्जन   C. धनूपर्जन   D. धनोपार्जन

Q.17 'आज पूरा जीवन-दर्शन बदल गया है।'

उक्त कथन का आशय है:

[CTET Paper-II (Science & Mathematics), 2019], [CTET Paper-II (Social Science), 2019]

A. आज जीवन में परिवर्तन आ गया है।

B. आज जीवन के प्रति दृष्टिकोण में बदलाव आ गया है।

C. आज संपूर्ण जीवन बदल गया है।

D. आज समय बदलने से दिनचर्या बदल गई है।

Q.18 प्राचीनकाल में जीवन का वास्तविक लक्ष्य क्या माना गया था?

[CTET Paper-II (Science & Mathematics), 2019], [CTET Paper-II (Social Science), 2019]

A. आध्यात्मिक और सामाजिक विकास

B. आर्थिक और सामाजिक प्रगति

C. जीवन-दर्शन में परिवर्तन

D. नैतिक और आध्यात्मिक विकास

Q.19 'जघन्य' शब्द का अर्थ नहीं है:

[CTET Paper-II (Science & Mathematics), 2019], [CTET Paper-II (Social Science), 2019]

A. निंदित
C. त्याग देने योग्य

B. निकृष्ट
D. जाँघ से संबंधित

Q.20 हमारे मानवीय संबंध पीछे छूटने का कारण है:
[CTET Paper-II (Science & Mathematics), 2019], [CTET Paper-II (Social Science), 2019]

A. धन कमाने की इच्छा
B. धन कमाने की लालसा
C. धन कमाने की अंधी दौड़
D. धन कमाने की विवशता

Q.21 निर्देश: प्रत्येक प्रश्न के आगे दिए गए विकल्पों में से उचित विकल्प चुनें।

आयोजन करने वाला व्यक्ति:
[Sainik School Entrance Class VI, 2018]

A. आयोजक   B. कार्यकर्ता   C. अधिकारी   D. आलोचक

Q.22 दिए गए विकल्पों में से 'वाचाल' शब्द का विलोम क्या होगा?

A. शांत   B. आलसी   C. मूक   D. चुप

Q.23 दिए गए विकल्पों में से 'मौन' शब्द का विलोम क्या होगा?

A. खामोश   B. शांत   C. मुखर   D. चुप

Ques (24-25):निर्देश: निम्न वाक्य के जिस भाग में त्रुटि हो, उसका चयन करें।

Q.24 पोत नष्ट हो गया/ पर यात्रियों को बचा /लिया गया/ कोई त्रुटि नहीं है।

A. पोत नष्ट हो गया
C. लिया गया

B. पर यात्रियों को बचा
D. कोई त्रुटि नहीं है

Q.25 यह मामला/ वास्तव में/ चिंतनीय है/ कोई त्रुटि नहीं

A. यह मामला
C. चिंतनीय है

B. वास्तव में
D. कोई त्रुटि नहीं

Mathematics

Q.26 एक समलंब $ABCD$ में, AD और BC समानांतर भुजाएँ हैं। यदि $(\angle B - A) = 40°$ और $(\angle C - D) = 20°$, तो $(\angle B + C)$ का मान ज्ञात कीजिए।

A. 150°   B. 180°   C. 210°   D. 240°

Q.27 यदि श्रृंखला $x_1, x_2, x_3 \ldots, x_n$ के n तत्वों का योग k है, तो श्रृंखला $ax_1, ax_2, ax_3 \ldots, ax_n$ का माध्य ज्ञात कीजिए।

A. ak B. $\frac{ak}{n}$ C. k D. $k + \frac{a}{n}$

Q.28 ΔPQR में, भुजा QR को बिंदु S तक बढ़ाया गया है, और बाह्य कोण PRS = 100° है। यदि RP = RQ है, तो $\angle PQR$ की माप है:

A. 50°   B. 70°   C. 75°   D. 80°

Q.29 एक बगीचा 90 मी लंबा और 75 मी चौड़ा है। इसके बाहर और उसके चारों ओर 5 मी चौड़ा रास्ता बनाया जाना है। पथ का क्षेत्रफल ज्ञात कीजिए।

A. 1750 मी²   B. 1850 मी²   C. 1950 मी²   D. 1275 मी²

Q.30 एक आयताकार पार्क की लंबाई और चौड़ाई का अनुपात $8 : 5$ है। एक पथ 1.5 मी जो पार्क के बाहर चारों ओर से है, का क्षेत्रफल 594 मी² है। आयताकार पार्क की चौड़ाई ज्ञात कीजिए।

A. 75 मी   B. 80 मी   C. 85 मी   D. 90 मी

Q.31 सुबह 7 बजे 3 घंटी एक साथ बजती हैं। पहली घंटी हर 1 घंटे के बाद, दूसरी घंटी हर 2 घंटे के बाद और तीसरी घंटी हर 4 घंटे के बाद बजती है। किस समय वे एक साथ बजेंगी?

A. 8 पूर्वाह्न   B. 9 पूर्वाह्न   C. 6 पूर्वाह्न   D. 11 पूर्वाह्न

Q.32 यदि $x^2 + x - 12 = 0$ बहुपद $x^3 + Px^2 + Q$ का गुणक है तो P और Q के संबंधित मूल्य क्या हैं?

A. -11 और 121
C. -12 और 144

B. 13 और -144
D. -13 और 169

Q.33 यदि समीकरण $x^2 + mx + n = 0$ के मूल में से एक, अन्य का वर्ग है, तो निम्नलिखित में से कौन सी स्थिति सही होगी?

A. $m^3 + n^2 + n = -3mn$
B. $m^3 + n^2 + n = 3mn$
C. $n^3 + m^2 + m = 3mn$
D. $n^3 + m^2 + m = -3mn$

Q.34 निम्नलिखित आकृति में, $ABCDE$ एक नियमित पेंटागन और कोण $ABG = 72°$ है, x का मान क्या है?

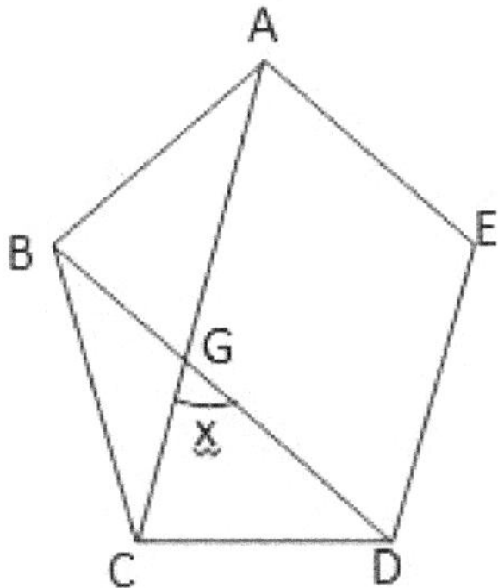

A. 36°   B. 60°   C. 48°   D. 72°

Q.35 आयत का क्षेत्रफल क्या है यदि लंबाई 2 मीटर है, चौड़ाई 5 मीटर है?

A. 12 मीटर²
C. 10 मीटर²

B. 14 मीटर²
D. 18 मीटर²

Q.36 वर्ग की प्रत्येक भुजा 10 मीटर है। वर्ग का क्षेत्रफल क्या होगा?

A. 100 मीटर²
C. 10 मीटर²

B. 200 मीटर²
D. 50 मीटर²

Q.37 एक आयत की लंबाई एक वर्ग की भुजा से 6 सेमी अधिक है और चौड़ाई वर्ग की भुजा से 2 सेमी कम है। यदि आयत का क्षेत्रफल वर्ग के क्षेत्रफल के बराबर है, तो आयत की लंबाई और चौड़ाई ज्ञात कीजिए।

A. 9 सेमी, 1 सेमी
C. 12 सेमी, 4 सेमी

B. 10 सेमी, 2 सेमी
D. 16 सेमी, 8 सेमी

Q.38 13 सेमी त्रिज्या के एक ठोस गोले को पिघलाया जाता है और इसके कुछ भाग का उपयोग एक खोखले गोले को बनाने के लिए किया जाता है जिसकी आंतरिक त्रिज्या 5 सेमी है। यदि ठोस गोले का पृष्ठीय क्षेत्रफल खोखले गोले के कुल पृष्ठीय क्षेत्रफल के बराबर है, तो गोले की मोटाई क्या होगी?

A. 6 सेमी   B. 7 सेमी   C. 8 सेमी   D. 9 सेमी

Q.39 चतुर्थक विचलन के गुणांक की गणना करने का सूत्र है:
[HTET TGT Mathematics, 2020]

A. $\frac{Q_3 - Q_1}{Q_3 + Q_1}$ B. $\frac{Q_3 + Q_1}{4}$ C. $\frac{Q_1 - Q_2}{4}$ D. $\frac{Q_2 + Q_1}{Q_2 - Q_1}$

Q.40 आंकड़ा समुच्चय की माध्यिका ज्ञात कीजिए:

6,3,8,2,9,1

A. 4.5 **B.** 5 **C.** 6 **D.** 7

Q.41 A ने 10% की हानि पर 3600 रुपए में B को एक घोड़ा बेचा। B ने C को वह घोड़ा उतनी कीमत पर बेचा जिस पर A को 12% का लाभ होता है। B को कितना लाभ हुआ?

A. 180 रुपए **B.** 190 रुपए **C.** 200 रुपए **D.** 880 रुपए

Q.42 जब किसी संख्या के 75% में 75 जोड़ा जाता है, तो प्राप्त परिणाम संख्या ही होती है। संख्या ज्ञात कीजिए।

A. 50 **B.** 60 **C.** 300 **D.** 400

Q.43 वह छोटी से छोटी संख्या जिसे 4707 में जोड़ा जाना चाहिए ताकि योग 4, 5, 6 और 8 से पूर्णतः विभाजित हो जाए:

A. 83 **B.** 73 **C.** 63 **D.** 93

Q.44 निर्देश: निम्नलिखित हिस्टोग्राम एक स्कूल में 22 शिक्षकों की उम्र के बारंबारता वितरण को दर्शाता है:

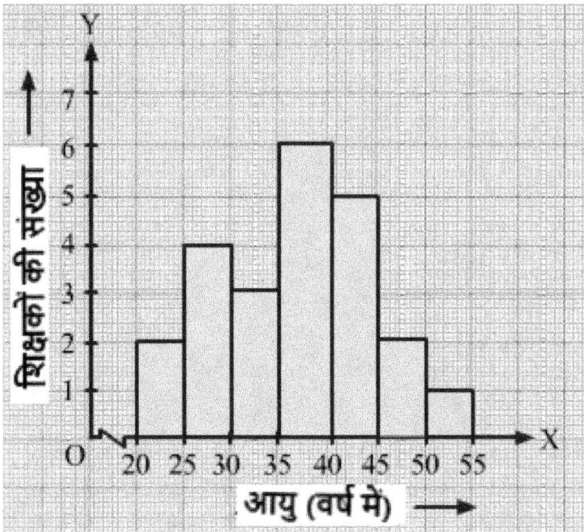

आयु समूह $(45 - 55)$ के बीच शिक्षकों की संख्या का प्रतिशत आयु समूह $(20 - 30)$ के बीच शिक्षकों की संख्या से कितना प्रतिशत अधिक या कम है?

A. 40 कम **B.** 40 अधिक **C.** 50 कम **D.** 50 अधिक

Ques (45-49):निर्देश: दिए गए बार ग्राफ का ध्यानपूर्वक अध्ययन कीजिए और नीचे दिए गए प्रश्नों के उत्तर दीजिए।

नीचे दिया गया बार ग्राफ पांच अलग-अलग घरों (P, Q, R, S, और T) द्वारा दो अलग-अलग महीनों (जून और जुलाई) में खपत की गई बिजली की इकाइयों के आंकड़ों को दर्शाता है।

बिजली के बिल पर शुल्क इस तरह से लगाया जाता है कि बिजली की इकाइयों की एक निश्चित सीमा तक शुल्क की दर (रुपए में) कम होगी, और उस सीमा से अधिक होने पर शुल्क की दर अधिक होगी।

नोट: प्रत्येक महीने की इकाइयों के लिए दर और सीमा अपरिवर्तित रहती है।

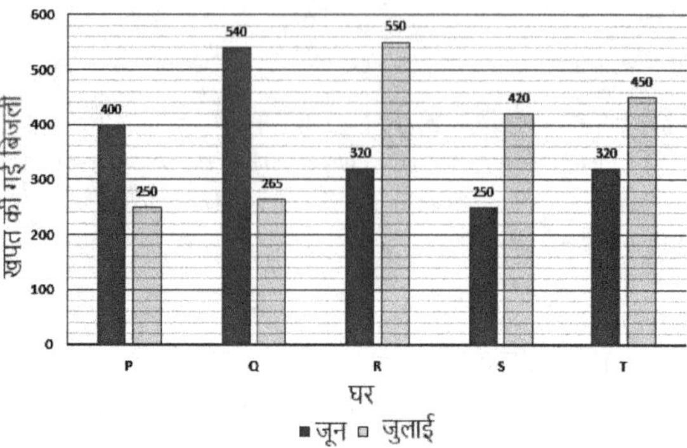

Q.45 जून के महीने में, घर P द्वारा खपत की गई बिजली की इकाइयों की निश्चित सीमा तक की दर 3 रुपए प्रति इकाई है, जबकि उस सीमा से अधिक होने पर दर 5 रुपए प्रति इकाई है। यदि जून में घर P का कुल बिजली बिल 1600 रुपए है, तो बिजली की इकाइयों की वह संख्या ज्ञात कीजिए जिस पर शुल्क की दर 3 रुपए है।

A. 150 **B.** 200 **C.** 180 **D.** 160

Q.46 घर Q के लिए, यदि जून और जुलाई के बिजली बिल के बीच का अंतर 1650 रुपए है और बिजली की इकाइयों की प्रारंभिक संख्या, जिसके लिए शुल्क की दर कम है, 120 इकाई है, तो बिजली की इकाइयों की संख्या की अधिक सीमा के लिए बिजली की दर ज्ञात कीजिए।

A. 5.5 रुपए **B.** 7 रुपए **C.** 6 रुपए **D.** 6.5 रुपए

Q.47 घर S में, अगस्त महीने में उपयोग की जाने वाली बिजली की इकाइयों की संख्या जून और जुलाई के महीने में उपयोग की जाने वाली बिजली की इकाइयों की संख्या का औसत है। अगस्त में उपयोग की जाने वाली प्रारंभिक 150 इकाई बिजली का शुल्क 3 रुपए प्रति इकाई की दर से लिया जाता है और शेष इकाइयों का शुल्क x रुपए प्रति यूनिट की दर से लिया जाता है। यदि अगस्त में भुगतान किया गया कुल बिल 1745 रुपए है, तो x का मान ज्ञात कीजिए।

A. 6 **B.** 5 **C.** 8 **D.** 7

Q.48 घर R केवल दो प्रकार के उपकरण अर्थात भोजन और इलेक्ट्रॉनिक में बिजली का उपयोग करता है, जून के महीने में इलेक्ट्रॉनिक उपकरणों और खाद्य उपकरणों द्वारा खपत बिजली की इकाइयों की संख्या का अनुपात 2 : 3 है, जबकि जुलाई के महीने में इलेक्ट्रॉनिक उपकरणों और खाद्य उपकरणों द्वारा खपत बिजली की इकाइयों की संख्या का अनुपात 3 : 2 है। दोनों महीनों में एकसाथ घर R में खाद्य उपकरण द्वारा खपत बिजली की इकाइयों की कुल संख्या ज्ञात कीजिए।

A. 438 इकाई **B.** 448 इकाई
C. 458 इकाई **D.** 468 इकाई

Q.49 जुलाई के महीने में दिए गए घरों में से प्रत्येक द्वारा खपत की गई बिजली की इकाइयों की औसत संख्या ज्ञात कीजिए।

A. 387 इकाई **B.** 367 इकाई
C. 337 इकाई **D.** 357 इकाई

Q.50 एक वृत्त की परिधि 264 मी है। तो इसके क्षेत्रफल और व्यास का अनुपात क्या होगा? $\left(\pi = \dfrac{22}{7}\right)$

A. 66 **B.** 84 **C.** 132 **D.** 42

General Knowledge

Q.51 शिकायतों, योजनाओं, कार्यक्रमों और नीतियों की निगरानी के लिए किस राज्य के ऊर्जा विभाग ने 'संभव' प्लेटफॉर्म / पोर्टल लॉन्च किया है?

A. राजस्थान **B.** उत्तर प्रदेश

C. मध्य प्रदेश

D. बिहार

Q.52 अंतर्राष्ट्रीय वित्तीय सेवा केंद्र प्राधिकरण (IFSCA) और _________ ने अप्रैल 2022 में एक समझौता ज्ञापन पर हस्ताक्षर किए हैं।

A. बजाज फाइनेंस लिमिटेड

B. आदित्य बिड़ला फाइनेंस लिमिटेड

C. मुथूट फाइनेंस लिमिटेड

D. GVFL लिमिटेड

Q.53 हरियाणा के गांवों में कितनी हाईटेक लाइब्रेरियां बनाई जाएंगी ?

A. 500 **B.** 700 **C.** 900 **D.** 1000

Q.54 29 अप्रैल 2022 को किस मिशन के तहत INS घड़ियाल महत्वपूर्ण जीवन रक्षक दवाएं वितरित के लिए कोलंबो पहुंचा?

A. MAITRI-22 **B.** DOSTI-IV

C. MISSION DOSTI **D.** SAGAR IX

Q.55 मुख्यमंत्री योगी आदित्यनाथ ने निम्नलिखित में से किस जिले से संचारी रोग नियंत्रण और दस्तक अभियान की शुरुआत की?

A. लखनऊ **B.** वाराणसी **C.** सीतापुर **D.** गोरखपुर

Q.56 मिशन ___ के कार्यान्वयन में उत्तर प्रदेश शीर्ष पर है।

A. कर्मयोगी **B.** शक्ति निर्माण

C. जल शक्ति **D.** अमृत सरोवर

Q.57 भारत एक धर्मनिरपेक्ष राज्य है, किस वाक्यांश में निहित है?

A. सामाजिक न्याय

B. व्यक्तियों की गरिमा

C. स्थिति की समानता

D. आस्था और पूजा की स्वतंत्रता

Q.58 एक टेराबाइट का मान है:

A. 1024 पेटाबाइट्स **B.** 1024 मेगाबाइट

C. 1024 गीगाबाइट **D.** 1024 किलोबाइट

Q.59 एमएस एक्सेल में आपके कंटेंट और पेज के किनारे के बीच का स्थान _______ है।

A. मार्जिन **B.** प्रिंट एरिया

C. ओरिएंटेशन **D.** प्रिंट टाइटल्स

Q.60 'स्पैम' शब्द किससे संबंधित है?

A. कंप्यूटर **B.** कला **C.** संगीत **D.** खेल

Q.61 स्तूप के संदर्भ में, निम्नलिखित कथनों पर विचार कीजिये:

1. स्तूप के शीर्ष पर चार छत्रियाँ थीं, जो सीधे हरिका को छूती थीं।
2. सांची स्तूप में प्रदक्षिणापथ एक वेदिका के भीतर संलग्न है, जिस पर कई कथाएं चित्रित हैं।
3. अमरावती स्तूप में प्रतीकात्मक रूप से प्रस्तुत बुद्ध के चित्र शामिल थे।

नीचे दिए गए विकल्पों का उपयोग करके सही उत्तर चुनिए:

A. केवल 1 और 2 **B.** केवल 1 और 3

C. केवल 2 **D.** 1, 2 और 3

Q.62 निम्नलिखित में से कौन सा/से कथन सही है/हैं?

1. गुटनिरपेक्ष आंदोलन(नाम) की स्थापना 1961 में बेलग्रेड, एसआर सर्बिया यूगोस्लाविया में हुई थी।
2. भारतीय प्रधान मंत्री जवाहरलाल नेहरू ने भी स्थापित नाम में योगदान दिया।

A. केवल 1 **B.** केवल 2

C. दोनों 1 और 2 **D.** न तो 1 और न ही 2

Q.63 भारतीय कम्युनिस्ट पार्टी का पहला सम्मेलन कानपुर में किसकी अध्यक्षता में आयोजित किया गया था?

A. सुभाष चंद्र बोस

B. मदन मोहन मालवीय

C. मुजफ्फर अहमद

D. पेरियार ई. वी. रामासाम्य

Q.64 संयुक्त प्रांत में किसानों के बीच 'एका आंदोलन' (1920-22) का नेतृत्व एक किसान ने किया जिसका नाम था:

A. शौकत अली **B.** मदारी पासी

C. बख्त खान **D.** महावीर त्यागी

Q.65 निम्नलिखित कथनों पर विचार कीजिए।

1. भारत के मुख्य न्यायाधीश का कार्यालय सूचना के अधिकार (आरटीआई) अधिनियम के दायरे में आता है।

2. मुख्य सूचना आयुक्त और एक सूचना आयुक्त, ऐसे पद के लिए केंद्र सरकार द्वारा निर्धारित अवधि या जब तक वे 65 वर्ष की आयु प्राप्त नहीं कर लेते, जो भी पहले हो, तक यह पद संभालेंगे।

उपरोक्त कथनों में से कौन सा/से सही है/हैं?

A. केवल 1 **B.** केवल 2

C. 1 और 2 दोनों **D.** न तो 1 और न ही 2

Q.66 लाइसोसोम के बारे में निम्नलिखित में से कौन सा कथन सही है/हैं?

1. इसे कोशिका का "आत्मघाती थैला" कहा जाता है।
2. लाइसोसोमल झिल्ली कार्डियोलिपिन में समृद्ध है।
3. वे एरिथ्रोसाइट्स में अनुपस्थित होते हैं।
4. वे प्रकृति में क्षारीय होते हैं।

A. केवल 1 और 3 **B.** केवल 2 और 4

C. केवल 1, 2 और 4 **D.** केवल 2, 3 और 4

Q.67 निम्नलिखित में से कौन सा कथन ओजोन गैस के संबंध में सही है?

1 वातावरण के ऊपरी हिस्से में अच्छा ओजोन पाया जाता है जिसे क्षोभ मंडल कहा जाता है।

2. जमीन से वायुमंडल के शीर्ष तक हवा के एक स्तंभ में ओजोन की मोटाई को डॉबसन इकाइयों (डी यू) के संदर्भ में मापा जाता है।

A. केवल 1 **B.** केवल 2

C. दोनों 1 और 2 **D.** न तो 1 और न ही 2

Q.68 भारत स्टेज के मानदंडों के संबंध में निम्नलिखित में से कौन सा सही है?

1. आंतरिक दहन इंजन और स्पार्क-इग्निशन इंजन उपकरण से वायु प्रदूषकों के उत्पादन को विनियमित करने के लिए सरकार द्वारा भारत स्टेज (बीएस) उत्सर्जन मानक निर्धारित किए जाते हैं।

2. केंद्र सरकार ने अनिवार्य किया है कि वाहन निर्माताओं को 1 अप्रैल, 2020 से केवल बीएस-6 वाहनों का निर्माण, बिक्री और पंजीकरण करना होगा।

3. भारत में पेट्रोल के लिए 1992 में और डीजल वाहनों के लिए 1994 में पहले उत्सर्जन मानदंड पेश किए गए थे।

A. केवल 1 और 2 **B.** केवल 2 और 3

C. केवल 1 और 3 **D.** उपरोक्त सभी

Q.69 निम्नलिखित में से कौन सा कथन सही है?

1. सुपोषण एक झील की प्राकृतिक उम्र है जो इसके पानी के पोषक तत्वों से समृद्ध होती है।

2. प्रमुख संदूषक नाइट्रेट और फॉस्फेट होते हैं, जो पौधों के पोषक तत्वों के रूप में कार्य करते हैं।

A. केवल 1
B. केवल 2
C. दोनों 1 और 2
D. न तो 1 और न ही 2

Q.70 स्थिरवैद्युत अवक्षेपित्र के बारे में निम्नलिखित कथनों पर विचार कीजिये।

1. ताप विद्युत संयंत्र से निकलने वाले स्थिरवैद्युत अवक्षेपित्र में मौजूद 60 फीसदी से ज्यादा कणीय पदार्थ निकाल सकते हैं।

2. इसमें इलेक्ट्रोड तार होते हैं जो कई हजार वोल्ट पर रखे जाते हैं, जो एक कोरोना का उत्पादन करते हैं जो इलेक्ट्रॉन निर्मुक्त करता है।

A. केवल 1
B. केवल 2
C. दोनों 1 और 2
D. न तो 1 और न ही 2

Q.71 निम्न में से क्या वित्तीय नीति का साधन नही है ?

[DSSSB TGT Social Science, 2014]

A. लोक-राजस्व
B. लोक-व्यय
C. लोक-उधार
D. नकद संचय अनुपात

Q.72 व्यापार की एक कारक और द्वि कारक निबन्धन की परिकल्पना इन्होने दी:

[DSSSB TGT Social Science, 2014]

A. हैबरलर
B. जैकब विनर
C. स्नाइडर
D. स्कैमेल

Q.73 निम्नलिखित में से कौन-सा प्रमुख तांबा उत्पादक देश है?

A. इंडोनेशिया
B. श्रीलंका
C. रूस
D. चिली

Q.74 हारमुज जलडमरूमध्य किसके बीच स्थित है?

A. काला सागर और मरमरा का सागर
B. अटलांटिक महासागर और भूमध्य सागर
C. फारस की खाड़ी और ओमान की खाड़ी
D. उपयुक्त में से कोई नहीं

Q.75 निम्नलिखित में से किस अवधि को भारत में स्थिर जनसंख्या वृद्धि का काल माना जाता है?

A. 1981 - 2001
B. 1921 - 1951
C. 1951 - 1981
D. 1981 - 2011

Rural Development and Rural Society

Q.76 निम्नलिखित में से कौन अनुसूचित क्षेत्रों में पंचायत विस्तार (पेसा) अधिनियम, 1996 का उद्देश्य नहीं हैं?

A. आदिवासी आबादी को स्वशासन प्रदान करने के लिए
B. आदिवासी समुदायों की परंपराओं और रीति-रिवाजों को संरक्षित करने के लिए
C. जनजातीय क्षेत्रों में एक स्वायत्त परिषद की स्थापना करना
D. कुछ संशोधनों के साथ अनुसूची क्षेत्रों में भाग IX के प्रावधानों का विस्तार करने के लिए

Q.77 निम्नलिखित में से कौन सा अनुच्छेद राज्य सरकारों को पंचायतों को संगठित करने का निर्देश देता है?

[Bihar PSC, 2018]

A. अनुच्छेद 33
B. अनुच्छेद 40
C. अनुच्छेद 48
D. अनुच्छेद 50

Q.78 पंचायती राज दिवस कब मनाया जाता है?

A. 26 नवंबर
B. 24 अप्रैल
C. 2 अक्टूबर
D. 15 जून

Q.79 ग्राम सभा के सचिव की नियुक्ति _______ द्वारा की जाती है।

A. सरकार
B. लोग
C. वार्ड
D. पंचायत

Q.80 _____ ग्राम सभा और ग्राम पंचायत की बैठक बुलाने और कार्यवाही का रिकॉर्ड रखने के लिए जिम्मेदार है।

A. सचिव
B. पंच
C. सरकार
D. सरपंच

Q.81 _______ सदस्यों को पंच कहा जाता है।

A. जिला परिषद
B. ब्लाक समिति
C. पंचायत
D. ग्राम सभा

Q.82 उत्तर प्रदेश कैबिनेट ने "अंबेडकर विशेष रोजगार योजना" को निम्नलिखित में से किस नाम से बदलने का निर्णय लिया?

A. ज्योतिराव फुले रोजगार योजना
B. बाबा साहेब अम्बेडकर रोजगार योजना
C. उत्तर प्रदेश ग्राम रोजगार योजना
D. इनमें से कोई भी नहीं

Q.83 'हर घर नल योजना' किस भारतीय राज्य/केंद्र शासित प्रदेश में लागू की गई थी?

A. उत्तर प्रदेश
B. गुजरात
C. हिमाचल प्रदेश
D. असम

Q.84 योलो हेल्थ एटीएम उत्तर प्रदेश के निम्नलिखित में से किस स्थान पर स्थापित किया गया था?

A. कानपुर सेंट्रल रेलवे स्टेशन
B. लखनऊ रेलवे स्टेशन
C. गोरखपुर रेलवे स्टेशन
D. इनमे से कोई भी नहीं

Q.85 किसान क्रेडिट कार्ड योजना कब शुरू की गई थी?

A. 2000
B. 1992
C. 1995
D. 1998

Q.86 भूमि अधिग्रहण विधेयक भारत सरकार ने कब पास किया?

A. 2015
B. 2013
C. 2011
D. 2010

Q.87 राष्ट्रीय भूमि रिकॉर्ड आधुनिकीकरण कार्यक्रम की शुरुआत कब हुई?

A. 2013
B. 2008
C. 2015
D. 2010

Q.88 भारत सरकार द्वारा राष्ट्रीय किसान आयोग का गठन कब हुआ?

A. 2006
B. 2001
C. 2004
D. 2005

Q.89 भारत के गाँवों में किसकी समस्या है?

A. अशिक्षा
B. ऋणग्रस्तता
C. गरीबी
D. उपरोक्त सभी

Q.90 ग्रामीण ऋणग्रस्तता का क्या कारण है?

A. पैतृक ऋण
B. मातृत्व ऋण
C. भ्रात ऋण
D. इनमे से कोई नहीं

Q.91 भारतीय ग्रामीण बस्ती का आधार _____ नहीं है।

A. रेखीय
B. चौकपडी
C. अरीय
D. अपखंडित

Q.92 निम्न में से किसके कारण किसानों की आर्थिक स्थिति में सुधार हुआ?

A. परिवार नियोजन से
B. साक्षरता अभियान से
C. भू-आन्दोलन से
D. इनमे से कोई नहीं

Q.93 सहकारी समिति क्या होती है?

A. एक ऐसा संगठन, जो आम तौर पर सरकार से स्वतंत्र रूप से गठित होता है
B. लोगों के संघ का प्रतिनिधित्व करने वाली कानूनी संस्था
C. सटीक प्रकार की व्यावसायिक संरचना, जो केवल भारत में पाई जाती है

D. एक संयुक्त स्वामित्व वाले उद्यम के माध्यम से अपनी सामान्य आर्थिक, सामाजिक और सांस्कृतिक आवश्यकताओं और आकांक्षाओं को पूरा करने के लिए स्वेच्छा से एकजुट व्यक्तियों का एक स्वायत्त संघ

Q.94 सहकारी समिति के पंजीकरण और अन्य गतिविधियों का नियमन कौन करता है?

A. राज्य सरकार

B. सहकारी समितियों के रजिस्ट्रार

C. (A) और (B) दोनों

D. उपरोक्त में से कोई नहीं

Q.95 सहकारी समिति अधिनियम 1904 के तहत पंजीकृत प्रथम सहकारी समिति कौन सी थी और किस वर्ष पंजीकृत की गई थी?

A. कृषि ऋण सहकारी समिति, 1905

B. ग्रांट रोड सोसाइटी, 1914

C. मद्रास सहकारी संघ, 1914

D. इनमें से कोई नहीं

Q.96 भारत में क्षेत्रीय ग्रामीण बैंक अधिनियम कब पारित किया गया था?

A. 1904 **B.** 1948 **C.** 1976 **D.** 1995

Q.97 उत्तर प्रदेश में आशा दिवस किस दिन मनाया जाता है?

A. 23 अगस्त **B.** 10 जनवरी

C. 05 जुलाई **D.** 13 मार्च

Q.98 उत्तर प्रदेश के किस शहर में भारत का पहला कौशल संस्थान भारतीय कौशल संस्थान स्थापित होने जा रहा है?

A. कानपुर **B.** अयोध्या **C.** अमेठी **D.** प्रयागराज

Q.99 निम्नलिखित में से किस कार्यक्रम का उद्देश्य ग्रामीण महिलाओं में बचत को बढ़ावा देना है?

A. राष्ट्रीय महिला कोष **B.** महिला समृद्धि योजना

C. इंदिरा महिला योजना **D.** जवाहर रोजगार योजना

Q.100 निम्नलिखित में से किस योजना के लिए आवंटन, योजना राजस्व व्यय का हिस्सा हैं ?

1. मनरेगा

2. एनएफएसए (राष्ट्रीय खाद्य सुरक्षा अधिनियम)

3. सर्व शिक्षा अभियान

4. एनआरएचएम

A. 1,3 **B.** 1,2,4

C. 1,3,4 **D.** उपरोक्त सभी

// स्मार्ट उत्तर पुस्तिका //

सही उत्तर — उन छात्रों का प्रतिशत जिन्होंने प्रश्नों का सही उत्तर दिया था। **छोड़ दिया** — उन छात्रों का प्रतिशत जिन्होंने प्रश्नों को छोड़ दिया था।

प्रश्न संख्या	उत्तर	सही उत्तर %	छोड़ दिया %
1	B	48.92 %	38.53 %
2	C	80.95 %	16.19 %
3	B	60.89 %	38.56 %
4	B	64.6 %	33.28 %
5	B	66.3 %	30.88 %
6	D	52.86 %	30.84 %
7	D	67.51 %	31.73 %
8	C	50.1 %	42.83 %
9	C	80.37 %	11.87 %
10	B	64.31 %	34.83 %
11	B	44.71 %	30.79 %
12	A	26.93 %	67.94 %
13	D	54.42 %	37.18 %
14	C	51.22 %	40.62 %
15	A	77.33 %	14.96 %
16	D	41.44 %	44.35 %
17	B	78.39 %	10.97 %
18	D	83.68 %	15.94 %
19	D	53.0 %	40.33 %
20	C	83.74 %	10.63 %
21	A	61.41 %	37.79 %
22	C	53.02 %	40.49 %
23	C	40.85 %	40.9 %
24	D	69.68 %	30.31 %
25	C	85.68 %	10.33 %
26	C	21.79 %	74.69 %
27	B	65.22 %	34.41 %
28	A	78.2 %	17.39 %
29	A	16.77 %	70.03 %
30	A	31.3 %	68.36 %
31	D	58.92 %	34.38 %
32	B	55.89 %	34.84 %
33	B	54.18 %	41.48 %
34	D	28.87 %	69.29 %
35	C	81.49 %	16.32 %
36	A	88.65 %	10.46 %
37	A	82.02 %	12.52 %
38	B	12.95 %	74.92 %
39	A	48.58 %	48.94 %
40	A	44.21 %	30.6 %
41	D	55.64 %	41.93 %
42	C	82.12 %	16.26 %
43	D	68.56 %	30.71 %
44	C	52.52 %	34.8 %
45	B	58.27 %	34.42 %
46	C	50.02 %	47.05 %
47	D	63.51 %	34.0 %
48	C	47.39 %	40.33 %
49	A	68.16 %	31.7 %
50	A	67.66 %	31.06 %
51	B	29.53 %	68.77 %
52	D	54.9 %	44.4 %
53	D	45.04 %	38.81 %
54	D	41.63 %	49.32 %
55	D	47.62 %	39.54 %
56	D	45.6 %	38.74 %
57	D	53.61 %	42.1 %
58	C	80.43 %	11.62 %
59	A	62.06 %	34.24 %
60	A	45.59 %	30.4 %
61	C	19.8 %	78.91 %
62	C	14.9 %	68.55 %
63	D	42.0 %	38.09 %
64	B	14.16 %	83.74 %
65	A	69.74 %	30.12 %
66	A	66.76 %	30.77 %
67	B	32.65 %	67.33 %
68	A	81.29 %	11.3 %
69	C	67.31 %	32.42 %
70	B	80.95 %	12.82 %
71	D	61.74 %	37.76 %
72	B	55.67 %	37.47 %
73	D	61.33 %	31.77 %
74	C	76.94 %	10.53 %
75	B	65.92 %	30.78 %
76	C	52.99 %	42.04 %
77	B	82.13 %	13.81 %
78	B	47.83 %	48.0 %
79	A	49.52 %	38.54 %
80	A	50.04 %	40.44 %
81	C	45.08 %	41.67 %
82	B	46.09 %	31.66 %
83	A	27.05 %	68.22 %
84	B	65.5 %	33.89 %
85	D	54.74 %	36.36 %
86	B	60.36 %	39.3 %
87	B	50.87 %	31.03 %
88	C	17.63 %	69.75 %
89	D	44.99 %	42.0 %
90	A	51.63 %	43.36 %
91	D	80.65 %	17.33 %
92	C	55.99 %	31.53 %
93	D	59.81 %	36.4 %
94	C	66.92 %	32.48 %
95	A	68.51 %	31.03 %
96	C	51.95 %	45.59 %
97	A	62.34 %	36.07 %
98	A	25.12 %	72.07 %
99	B	54.44 %	31.27 %
100	C	28.42 %	69.45 %

//संकेत और समाधान//

1. जब कोई पूरा कथन किसी प्रसंग विशेष में उद्धत किया जाता है तो लोकोक्ति कहलाता है।

"ओस चाटने से प्यास नहीं बुझती" लोकोक्ति का अर्थ "बड़े काम के लिए बड़ा प्रयत्न करना पड़ता है"।

वाक्य प्रयोग - अगर तुम पार्टी करना चाहते हो तो तुम्हें ओर अधिक खाने-पीने का समान लाना पड़ेगा, ओस चाटे प्यास नहीं बुझेगी।

अतः विकल्प (B) सही है।

2. जब कोई शब्द समूह या पद या वाक्यांश निरंतर अभ्यास के कारण सामान्य अर्थ न देकर विशेष अर्थ व्यक्त करने लगे तो उसे मुहावरा कहते हैं।

"अपने मुंह मियां मिट्ठू" बनना मुहावरे का अर्थ अपनी प्रशंसा स्वयं करना है।

वाक्य प्रयोग - रानी से पूछा की तुम इतना अच्छा खाना कैसे बना लेती हो तो रानी अपने मुँह मियाँ मिट्ठू बनने लगी थी ।

अतः विकल्प (C) सही है।

3. 'माता जी प्रभात के लिए खिलौना लाई' इस वाक्य में प्रभात सम्प्रदान कारक है। कर्ता जिसके लिए कुछ कार्य करता है, अथवा जिसे कुछ देता है उसे व्यक्त करने वाले रूप को सम्प्रदान कारक कहते हैं।

अतः विकल्प (B) सही है।

4. वर्तनी का अर्थ: भाषा की वर्तनी का अर्थ उस भाषा में शब्दों को वर्णों से अभिव्यक्त करने की क्रिया को कहते हैं। लिखने की रीति को वर्तनी कहते हैं।

उपरोक्त शब्दों में 'स्वस्तिक' वर्तनी के अनुसार शुद्ध रूप है बाकी सभी शब्द वर्तनी के अनुसार गलत शब्द है। स्वस्तिक का अर्थ चारणों का एक प्रकार, शरीर या पदार्थ पर लगाया जानेवाला एक मंगल चिह्न होता है।

अतः विकल्प (B) सही है।

5. वाक्य के (b) भाग में त्रुटि है, "आज उसे छपे आकार में देखकर" के स्थान पर "आज उसे छपे रुप में देखकर" होगा।

शुद्ध वाक्य:

एक वर्ष से मैं जिस पुस्तक की रचना में संलग्न था आज उसे छपे रुप में देखकर मेरी प्रसन्नता का ठिकाना नहीं है।

अतः विकल्प (B) सही है।

6. जलज का अर्थ- जल से उत्पन्न होनेवाला।

जलज का अनेकार्थी- कमल, शंख, मोती, मछली।

बादल, जलज का अनेकार्थी नहीं है।

अतः विकल्प (D) सही है।

7. दल का अर्थ- गिरोह, झुंड।

दल का अनेकार्थी- समूह, सेना, पत्ता, हिस्सा, पक्ष, भाग।

अग्नी, दल का अनेकार्थी नहीं है।

अतः विकल्प (D) सही है।

8. "शीशम" शब्द का लिंग पुल्लिंग है।

शीशम का एक पेड़ होता है, और सभी पेड़ पुल्लिंग होते हैं।

लिंग- जिस संज्ञा शब्द से व्यक्ति की जाति का पता चलता है उसे लिंग कहते हैं। इससे यह पता चलता हे की वह पुरुष जाति का है या स्त्री जाति का है।

उदाहरण: बन्दर, हंस, बकरा, लड़का इत्यादि।

अतः विकल्प (C) सही है।

9. 'जो एक या एक से ज्यादा वस्तुओं अथवा व्यक्तियों का बोध कराता हो उसे बहुवचन कहते हैं।

जो शब्द एक ही वस्तु/व्यक्ति का बोध कराता है, उसे 'एकवचन' कहते हैं। मिथ्यावचन और सत्यवचन परस्पर विलोमार्थी शब्द हैं।

अतः विकल्प (C) सही है।

10. 'अन्न-जल' में द्वंद्व समास है।

- इस समास में दोनों पद प्रधान होते हैं तथा विग्रह करने पर उनके बीच 'तथा', 'या', 'अथवा', 'एवं' या 'और' का प्रयोग होता है।
- 'अन्न-जल' का समास विग्रह 'अन्न और जल' होगा। इसलिए, यहाँ द्वंद्व समास है।

अतः विकल्प (B) सही है।

11. 'निश्चल' शब्द का उचित संधि-विच्छेद 'निः + चल' (विसर्ग + च, छ = विसर्ग श्) होगा।

यह विसर्ग संधि है।

विसर्ग (:) के बाद स्वर या व्यंजन आने पर विसर्ग में जो विकार (परिवर्तन) होता है उसे विसर्ग-संधि कहते हैं ।

अतः विकल्प (B) सही है।

12. 'प्रसून' का पर्यायवाची शब्द 'पुष्प' है।

'प्रसून' का पर्यायवाची शब्द- पुष्प, फूल, सुमन, कुसुम, मंजरी, इत्यादि है।

अतः विकल्प (A) सही है।

13. 'कबूतर' का पर्यायवाची शब्द 'पारावात' है।

कबूतर का पर्यायवाची शब्द- कपोत, रक्तलोचन, पारावत, कलरव, हारिल इत्यादि है।

अतः विकल्प (D) सही है।

14. पर्यक - पलंग यहाँ तत्सम और तध्द शब्दों का सही युग्म है। अन्य विकल्प असंगत है।

पर्यंक और पलंग दोनों एक ही अर्थ वाले शब्द है।

अतः विकल्प (C) सही है।

15. आँसू शब्द तध्दव शब्द है। अन्य सभी विकल्प असंगत है। आँसू का तत्सम रूप अश्रु होता है।

आँसू का अर्थ: दुख, खुशी या कष्ट के क्षणों में आँखों से बहने वाला पानी जैसा तरल पदार्थ

अन्य शब्द:

- एकत्र - इकट्ठा
- वानर - बन्दर
- उच्च - ऊँचा

अतः विकल्प (A) सही है।

16. 'धन उपार्जन' में संधि करने पर 'धनोपार्जन' बनेगा। अन्य विकल्प त्रुटिपूर्ण हैं।

स्वर संधि में स्वर 'अ, आ' के साथ 'इ, ई' का मेल होने पर 'ए', 'उ, ऊ' का मेल होने पर 'ओ' तथा 'ऋ' के मेल होने पर 'अर्' हो जाता है।

धन + उपार्जन = धनोपार्जन

नियम - अ + उ = ओ, इस नियमानुसार यहाँ गुण स्वर संधि है।

अतः विकल्प (D) सही है।

17. ''आज पूरा जीवन-दर्शन बदल गया है" कथन से आशय जीवन के प्रति दृष्टिकोण में बदलाव से है। इसलिए, आज जीवन के प्रति दृष्टिकोण में बदलाव आ आया है।

अतः विकल्प (B) सही है।

18. गद्यांश के अनुसार, 'प्राचीन काल में हमारे जीवन का वास्तविक लक्ष्य नैतिक और आध्यात्मिक विकास था'। इसलिए, जीवन का वास्तविक लक्ष्य नैतिक और आध्यात्मिक विकास माना गया था।

अतः विकल्प (D) सही है।

19. 'जघन्य' शब्द का अर्थ 'जाँघ से संबंधित' नहीं है, अन्य विकल्प 'जघन्य' से सम्बंधित हैं।

'जघन्य' का अर्थ - त्याग देने योग्य, निंदित, निकृष्ट

'जघन्य' एक विशेषण शब्द है जो प्रायः अपराध के सन्दर्भ में प्रयोग होता है।

अतः विकल्प (D) सही है।

20. गद्यांश के अनुसार "आज आदमी धन की प्राप्ति के लिए अँधाधुंध दौड़ लगा रहा है।"

हमारे मानवीय संबंध पीछे छूटने का कारण 'धन कमाने की अंधी दौड़' है अन्य विकल्प असंगत हैं।

अतः विकल्प (C) सही है।

21. आयोजन करने वाला व्यक्ति: आयोजक

जब अनेक शब्दों के लिए एक शब्द का प्रयोग किया जाता है और उसका अर्थ वही रहता है तो उस शब्द को अनेक शब्दों के लिए एक शब्द या वाक्यांशों के लिए एक शब्द कहते हैं। भाषा में सरसता लाने के लिए हम इन शब्दों का उपयोग करते है।

अतः विकल्प (A) सही है।

22. दिए गए विकल्पों में से 'वाचाल' शब्द का विलोम मूक है।

वाचाल का अर्थ - बातूनी, ज्यादा बोलने वाला

मूक का अर्थ - गूंगा, कम बोलने वाला

अतः विकल्प (C) सही है।

23. दिए गए विकल्पों में से 'मौन' शब्द का विलोम मुखर है।

मौन का अर्थ - शांति, चुप्पी

मुखर का अर्थ - वाचाल, वाकपटु

अतः विकल्प (C) सही है।

24. दिया गया वाक्य पूर्णतय: सही है अतः कोई त्रुटि नहीं है।

पोत के विभिन्न अर्थ होते लेकिन दिए गए वाक्य में पोत का अर्थ 'नाव' से है।

अतः विकल्प (D) सही है।

25. दिए गए विकल्पों में से विकल्प 'चिंतनीय है' में त्रुटि है।

इसके स्थान पर उचित शब्द 'चिंताजनक है' होगा।

इस वाक्य में विशेषण संबंधी त्रुटि है।

पूर्णवाक्य है - यह मामला वास्तव में चिंताजनक है।

चिंताजनक - जिसकी अवस्था शोचनीय हो।

अतः विकल्प (C) सही है।

26. दिया गया है,

$$(\angle B - \angle A) = 40° \quad ...(i)$$

$$(\angle C - \angle D) = 20° \quad ...(ii)$$

(i) और (ii) को जोड़ने पर, हम प्राप्त करते हैं,

$$\Rightarrow (\angle B - \angle A) + (\angle C - \angle D) = 40° + 20°$$

$$\Rightarrow \angle B + \angle C = 60° + \angle A + \angle D$$

$$\Rightarrow \angle A + \angle D = \angle B + \angle C - 60° \quad ...(iii)$$

हम जानते हैं कि,

समलम्ब चतुर्भुज के सभी कोणों का योग $= 360°$

$$\Rightarrow \angle A + \angle B + \angle C + \angle D = 360°$$

(iii) से प्रतिस्थापित करने पर,

$$\Rightarrow 2(\angle B + \angle C) = 360° + 60°$$

$$\therefore (\angle B + \angle C) = \frac{420°}{2} = 210°$$

अतः विकल्प (C) सही है।

27. n तत्वों का माध्य= सभी n तत्वों का योग/तत्वों की कुल संख्या (n)

श्रृंखला का योग $x_1, x_2, x_3 … … , x_n$ is given $= k$

$$x_1 + x_2 + x_3 … … . +x_n = k$$

श्रृंखला का योग $ax_1, ax_2, ax_3 … … . , ax_n$

$$S = ax_1 + ax_2 + ax_3 … … . +ax_n$$

$$\Rightarrow S = a(x_1 + x_2 + x_3 … … . +x_n)$$

$$\Rightarrow S = ak$$

अब श्रृंखला का माध्य $ax_1, ax_2, ax_3 … … . , ax_n$

$$M = \frac{S}{n}$$

$$\Rightarrow M = \frac{ak}{n}$$

अतः विकल्प (B) सही है।

28. दिया है:

PRS = 100°

RP = RQ

माना ∠PQR, ∠QPR (बराबर कोण) का मान x है।

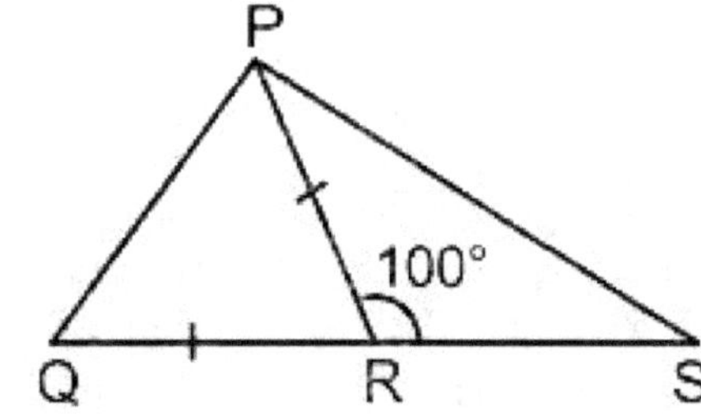

एक सरल रेखा पर कोणों का योग = ∠PRS + ∠PRQ

⇒ 100° + ∠PRQ = 180°

⇒ ∠PRQ = 80°

ΔPQR के कोणों का योग = ∠PRQ + ∠PQR + ∠QPR

⇒ 80° + x + x = 180°

⇒ 2x = 100°

⇒ x = 50°

⇒ ∠PQR = 50°

∴ ∠PQR का मान 50° है।

अतः विकल्प (A) सही है।

29. दिया गया है,

एक बगीचा 90 मी लंबा और 75 मी चौड़ा है। इसके बाहर और उसके चारों ओर 5 मी चौड़ा रास्ता बनाया जाना है।

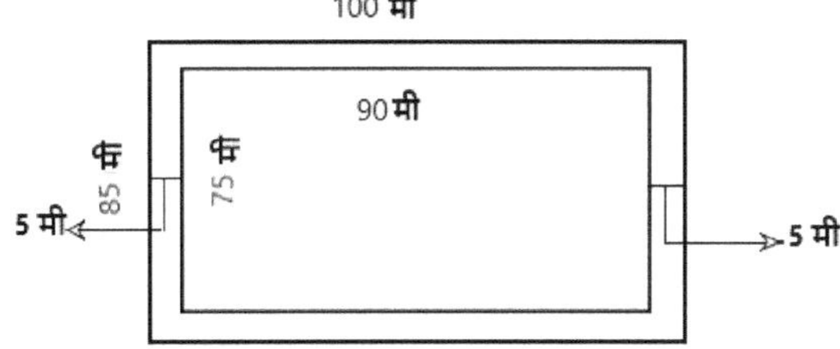

बगीचे का मूल क्षेत्रफल = बगीचे की लम्बाई $\times$ बगीचे की चौड़ाई

$= 90 \times 75 = 6750$ मी²

बगीचे के चारों ओर पथ जोड़ने के बाद, नयी लंबाई $= 90 + 2 \times 5 = 100$ मी

नयी चौड़ाई $= 75 + 2 \times 5 = 85$ मी

पथ के साथ बगीचे का क्षेत्रफल $= 100 \times 85 = 8500$ मी²

इसलिए,

पथ का क्षेत्रफल = पथ के साथ बगीचे का क्षेत्रफल - बिना पथ वाले बगीचे का क्षेत्रफल

पथ का क्षेत्रफल $= 8500 - 6750$

$= 1750$ मी²

अतः विकल्प (A) सही है।

30. दिया गया है,

एक आयताकार पार्क की लंबाई और चौड़ाई का अनुपात $8:5$ है। एक पथ 1.5 मी जो पार्क के बाहर चारों ओर से है, का क्षेत्रफल 594 मी² है।

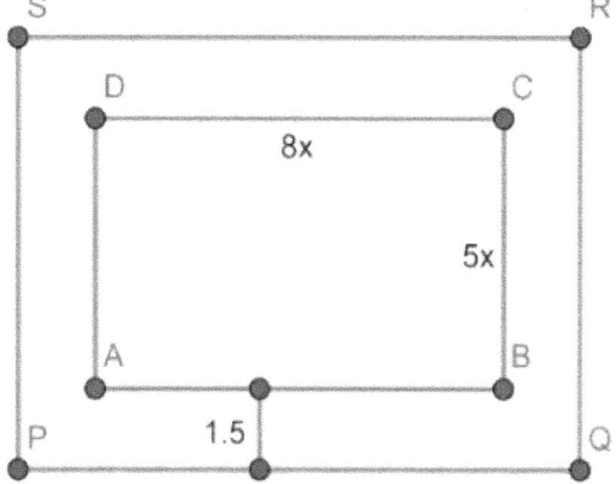

माना आयताकार पार्क $ABCD$ की लंबाई $8x$ मी है।

माना कि आयताकार पार्क $ABCD$ की चौड़ाई $5x$ मी है।

आयताकार पार्क का क्षेत्रफल $ABCD = (8x \times 5x)$ मी

$= 40x^2$ मी

पथ PQRS सहित पार्क की लंबाई $= 8x + 2$ (पथ की चौड़ाई)

$= 8x + 2(1.5)$

$= 8x + 3$ मी

पथ PQRS सहित पार्क की चौड़ाई $= 5x + 2$ (पथ की चौड़ाई)

$= 5x + 2(1.5)$

$= 5x + 3$ मी

पथ PQRS सहित पार्क का क्षेत्रफल $= (8x + 3)(5x + 3)$

$= (40x^2 + 39x + 9)m^2$

दिया गया है,

पथ का क्षेत्रफल $= 594$ मी²

PQRS का क्षेत्रफल - ABCD का क्षेत्रफल = 594

⇒ $40x^2 + 39x + 9 - 40x^2 = 594$

⇒ $39x = 594 - 9$

⇒ $39x = 585$

⇒ $x = \frac{585}{39}$

⇒ $x = 15$

आयताकार पार्क की लंबाई $= 8x$

$= 8 \times 15$

$= 120$ मी

आयताकार पार्क की चौड़ाई $= 5x$

$= 5 \times 15$

$= 75$ मी

अतः विकल्प (A) सही है।

31. दिया है,

3 घंटियों के बीच का अंतर 1 घंटा, 2 घंटा, 4 घंटा है।

यहां, हमें बजने वाले घंटों के लघुत्तम समापवर्त्य को प्राप्त करने की आवश्यकता है = लघुत्तम समापवर्त्य [1, 2, 4] = 4

इसलिए, 4 घंटे के बाद एक साथ घंटी बजेंगी = 7 पूर्वाह्न + 4 घंटे = 11 पूर्वाह्न

∴ पूर्वाह्न 11 बजे तीनों घंटियां एक साथ बजती हैं।

अतः विकल्प (D) सही है।

32. द्विघात समीकरण $ax^2 + bx + c = 0$ के मूल निम्न द्वारा दिए जाते हैं:

$$x = \frac{-b \pm \sqrt{b^2 - 4ac}}{2a}$$

बहुपद $x^3 + Px^2 + Q$ का $x^2 + x - 12 = 0$ एक गुणक है

$x^2 + x - 12 = 0$ की तुलना द्विघात समीकरण के मानक रूप $ax^2 + bx + c = 0$ से करके हम प्राप्त करते हैं:

$a = 1, b = 1$ और $c = -12$

a, b और c के मूल्य को $x = \frac{-b \pm \sqrt{b^2 - 4ac}}{2a}$ में प्रतिस्थापित करके हम प्राप्त करते हैं

$$\Rightarrow x = \frac{-(1) \pm \sqrt{(1)^2 - 4 \times 1 \times (-12)}}{2} = \frac{-1 \pm \sqrt{49}}{2}$$

$\Rightarrow x = 3$ या -4

$x^2 + x - 12 = 0$ के मूल भी $P(x)$ के मूल होंगे।

∵ $x^2 + x - 12 = 0$

बहुपद $P(x) = x^3 + Px^2 + Q$ का गुणक है।

$\Rightarrow P(-4) = -64 + 16P + Q = 0 ...(1)$

$\Rightarrow P(3) = 27 + 9P + Q = 0 ....(2)$

(1) से (2) घटाकर हम प्राप्त करते हैं

$\Rightarrow -91 + 7P = 0$

$\Rightarrow P = 13$

समीकरण (2) में P के मूल्य को प्रतिस्थापित करते हुए हम प्राप्त करते हैं,

$\Rightarrow 27 + 117 + Q = 0$

$\Rightarrow Q = -144$

अतः विकल्प (B) सही है।

33. दिया गया है:

समीकरण $x^2 + mx + n = 0$ के मूल में से एक दूसरे का वर्ग है।

यदि $ax^2 + bx + c = 0$, तो

मूलों का योग $= -\dfrac{b}{a}$

मूलों का गुणनफल $= \dfrac{c}{a}$

$$(a + b)^3 = a^3 + b^3 + 3 \times a \times b \times (a + b)$$

माना α और α^2 समीकरण $x^2 + mx + n = 0$ के मूल हैं

मूलों का गुणनफल $= \dfrac{c}{a}$

$\Rightarrow \alpha \times \alpha^2 = n$

$\Rightarrow \alpha^3 = n$

$\Rightarrow \alpha = (n)^{\frac{1}{3}} ....(1)$

मूलों का योग $= -\dfrac{b}{a}$

$\Rightarrow \alpha + \alpha^2 = -m$

$\Rightarrow \alpha + \alpha^2 = -m ....(2)$

समीकरण (1) का मान समीकरण (2) में रखने पर

$\Rightarrow (n)^{\frac{1}{3}} + (n)^{\frac{2}{3}} = -m$

दोनों तरफ वर्ग करने पर,

$\Rightarrow n + n^2 + 3 \times n^{\frac{1}{3}} \times n^{\frac{2}{3}} \times \left(n^{\frac{1}{3}} + n^{\frac{2}{3}} \right) = (-m)^3$

$\Rightarrow n + n^2 + 3 \times n \times (-m) = -m^3$

$\Rightarrow n + n^2 + m^3 = 3mn$

∴ $n + n^2 + m^3 = 3mn$ शर्त सत्य होगी।

अतः विकल्प (B) सही है।

34. दिया है: $\angle ABG = 72°$

$\angle ABC =$ पंचभुज का आंतरिक कोण

$= \dfrac{(n-2)}{n} \times 180$

$\dfrac{(5-2) \times 180}{5} = 108^0$

माना $\angle BCA = \angle BAC = Z°$

$108° + Z° + Z° = 180°$

$Z = 36°$

$\angle BGA = \angle CGD = 180° - 72° - 36° = 72°$

$\angle CGD = 72°$

अतः विकल्प (D) सही है।

35. दिया गया है,

लंबाई $= 2$

चौड़ाई $= 5$

जैसा कि हम जानते हैं,

आयत का क्षेत्रफल $=$ लंबाई $\times$ चौड़ाई

इसलिए क्षेत्रफल $= 2 \times 5$

$= 10$ मीटर ^{2}

इसलिए, आयत का क्षेत्रफल 10 मीटर ^{2} है।

अत: विकल्प (C) सही है।

36. दिया गया है,

वर्ग की भुजा $= 10$ मीटर

जैसा कि हम जानते हैं,

वर्ग का क्षेत्रफल $=$ भुजा $\times$ भुजा

$= 10 \times 10$

$= 100$ मीटर ^{2}

इसलिए, वर्ग का क्षेत्रफल 100 मीटर ^{2} है।

अत: विकल्प (A) सही है।

37. माना कि वर्ग की भुजा 'x' सेमी है।

तब, आयत की लम्बाई, l = x + 6

आयत की चौड़ाई, b = x – 2

चूँकि, वर्ग का क्षेत्रफल = आयत का क्षेत्रफल

$\Rightarrow x^2 = (x + 6)(x - 2)$

$\Rightarrow x^2 = x^2 + 6x - 2x - 12$

$\Rightarrow 4x = 12$

$\Rightarrow x = \dfrac{12}{4} = 3$ सेमी

$\therefore$ लम्बाई, l = 3 + 6 = 9 सेमी और

चौड़ाई, b = 3 – 2 = 1 सेमी

अत: विकल्प (A) सही है।

38. दिया है:

गोले की त्रिज्या = 13 सेमी

ठोस गोले का पृष्ठीय क्षेत्रफल खोखले गोले के कुल पृष्ठीय क्षेत्रफल के बराबर है।

गोले का पृष्ठीय क्षेत्रफल $= 4 \times \pi \times$ (त्रिज्या $)^2$

गोले की आंतरिक त्रिज्या = 5 सेमी

माना कि गोले की मोटाई x सेमी है।

गोले की बाहरी त्रिज्या = (5 + x) सेमी

ठोस गोले का पृष्ठीय क्षेत्रफल = खोखले गोले का कुल पृष्ठीय क्षेत्रफल

$4 \times \pi \times (13)^2 = 4 \times \pi \times [(5)^2 + (5 + x)^2]$

$\Rightarrow 169 = (25 + 25 + x^2 + 10x)$

$\Rightarrow x^2 + 10x = 119$

$\Rightarrow x = 7$ सेमी

इसलिए, खोखले गोले की मोटाई = x = 7 सेमी

अत: विकल्प (B) सही है।

39. चतुर्थक विचलन एक आँकड़ा है जो विचलन को मापता है। यह औसत मान से आँकड़ों के विचलन को मापता है।

यहां हमारे पास तीन चतुर्थक Q_1, Q_2, Q_3 हैं जो डेटा को तीन कार्टरों में विभाजित करते हैं। डेटा के माध्यिका को द्वितीय चतुर्थक Q_2 के रूप में संदर्भित किया गया है। साथ ही, प्रथम चतुर्थक Q_1 डेटा के पहले भाग की माध्यिका है, और तृतीय चतुर्थक Q_3 डेटा के दूसरे भाग की माध्यिका है।

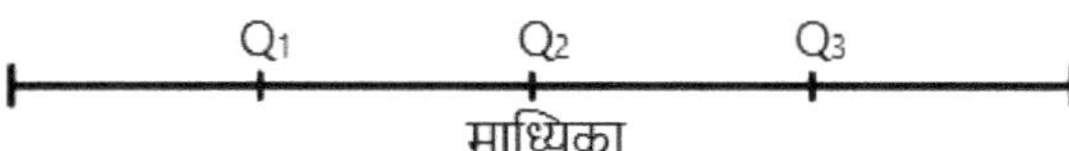

चतुर्थक विचलन $= \dfrac{(Q_3 - Q_1)}{2}$

चतुर्थक विचलन की गणना समूहीकृत आँकड़ों तथा अवर्गीकृत आँकड़ों दोनों के लिए की जा सकती है। चतुर्थक विचलन फैलाव के निरपेक्ष स्तर को मापता है और चरम मूल्यों से प्रभावित नहीं होता है। चतुर्थक विचलन के संदर्भ में सापेक्ष माप को चतुर्थक विचलन के गुणांक के रूप में जाना जाता है।

चतुर्थक विचलन का गुणांक $= \dfrac{Q_3 - Q_1}{Q_3 + Q_1}$

अत: विकल्प (A) सही है।

40. संकल्पना:

स्थिति 1: यदि प्रेक्षणों की संख्या (n) सम है

माध्यिका $= \dfrac{n}{2}$वें प्रेक्षण का मान $+ \left(\dfrac{n}{2} + 1\right)$वें प्रेक्षण का मान $/ \; 2$

स्थिति 2: यदि प्रेक्षणों की संख्या (n) विषम है

माध्यिका $= \left(\dfrac{n}{2} + 1\right)$वें प्रेक्षण का मान

गणना:

प्रेक्षणों को आरोही क्रम में व्यवस्थित करने पर:

1,2,3,6,8,9

यहाँ, $n = 6 =$ सम.

इसलिए, तीसरा और चौथा प्रेक्षण 3 और 6 हैं

$\therefore$ माध्यिका $= \dfrac{3+6}{2} = 4.5$

अत: विकल्प (A) सही है।

41. दिया हुआ है,

A के लिए

घोड़े का क्रय मूल्य $= \left(3600 \times \dfrac{100}{90}\right) = 4000$ रुपए

B के लिए

घोड़े का विक्रय मूल्य $= \left(4000 \times \dfrac{112}{100}\right) = 4480$ रुपए

$\therefore B$ का लाभ $= 4480 - 3600 = 880$ रुपए

अत: विकल्प (D) सही है।

42. दिया है-

किसी संख्या के 75% में 75 जोड़ा जाता है और प्राप्त परिणाम संख्या ही होती है।

माना कि संख्या a है।

$\Rightarrow 75 + (75\% \times a) = a$

$\Rightarrow 75 + \left(\frac{75}{100} \times a\right) = a$

$\Rightarrow 75 + \frac{3a}{4} = a$

$\Rightarrow 75 = a - \frac{3a}{4}$

$\Rightarrow 75 = \frac{a}{4}$

$\Rightarrow 75 \times 4 = a$

$\Rightarrow a = 300$

अतः विकल्प (C) सही है।

43. दिया गया है,

संख्या = 4707

लाभांश = भाजक × भागफल + शेष

लघुत्तम समापवर्तक = सबसे छोटा उभयनिष्ठ गुणक

यह सबसे छोटी धनात्मक संख्या है जो दो या दो से अधिक संख्याओं से विभाजित होती है।

4707 में जोड़ी जा सकने वाली वह छोटी से छोटी संख्या ज्ञात करने के लिए जो 4, 5, 6 और 8 से पूर्णतः विभाज्य हो, हमें इन 4 संख्याओं का लघुत्तम समापवर्तक ज्ञात करना होगा।

4, 5, 6 और 8 के लघुत्तम समापवर्तक की गणना अभाज्य गुणनखंड द्वारा की जा सकती है:

$4 = 2^2$

$5 = 5$

$6 = 2 \times 3$

$8 = 2^3$

लघुत्तम समापवर्तक (4, 5, 6, 8) $= 2^3 \times 3 \times 5 = 120$

4707 को 120 से विभाजित करने पर, हम प्राप्त करते हैं

4707 = 120 × 39 + 27

भाजक और शेषफल का अंतर जोड़ने पर (120 - 27) = 93

4707 + 93 = 120 × 39 + 27 + 93

$\Rightarrow$ 4800 = 120 × 39 + 120

$\Rightarrow$ 4800 = 120 (39 + 1)

$\Rightarrow$ 4800 = 120 × 40

∴ वह छोटी से छोटी संख्या जिसे 4707 में जोड़ा जाना चाहिए ताकि योग 4, 5, 6 और 8 से पूर्णतः विभाज्य हो, 93 है।

अतः विकल्प (D) सही है।

44. दिए गए आंकड़ों के अनुसार,

$(45 - 50)$ आयु वर्ग के बीच शिक्षकों की संख्या = 2

$(55 - 55)$ आयु वर्ग के बीच शिक्षकों की संख्या = 1

फिर,

$(45 - 55)$ के बीच शिक्षकों की कुल संख्या $= 2 + 1$

$= 3$

फिर,

$(20 - 25)$ आयु वर्ग के बीच शिक्षकों की संख्या = 2

$(25 - 30)$ आयु वर्ग के बीच शिक्षकों की संख्या = 4

इसलिए,

$(20 - 30)$ के बीच शिक्षकों की कुल संख्या $= 2 + 4$

अब,

आवश्यक प्रतिशत $= \frac{6-3}{6} \times 100 = \frac{3}{6} \times 100$

$= \frac{1}{2} \times 100$

$= 50\%$

∴ आवश्यक प्रतिशत $= 50\%$ कम

अतः विकल्प (C) सही है।

45. जैसा कि हम जानते हैं,

कुल बिजली बिल = (इकाई की वह संख्या जिसके लिए शुल्क की दर कम होगी) × दर + (इकाई की वह संख्या जिसके लिए शुल्क की दर अधिक होगी) × दर

जून में घर P के द्वारा खपत की गई इकाइयों की संख्या = 400

माना 3 रुपए शुल्क की दर की इकाइयों की संख्या x है।

इसलिए, इकाई की वह संख्या जिसके लिए शुल्क की दर 5 रुपए है $= (400 - x)$

जून में घर P के लिए कुल बिजली बिल = 1600 रुपए

$\therefore 3 \times x + 5 \times (400 - x) = 1600$

$\Rightarrow 3x + 2000 - 5x = 1600$

$\Rightarrow -2x + 2000 = 1600$

$\Rightarrow -2x = -400$

$x = 200$

∴ इकाई की वह संख्या जिसके लिए शुल्क की दर 3 रुपए है वह 200 इकाई है।

अतः विकल्प (B) सही है।

46. बिजली की इकाइयों की प्रारंभिक संख्या जिसके लिए शुल्क की दर कम है = 120 इकाई

जून में घर Q द्वारा खपत इकाइयों की संख्या = 540

जून में बिजली की इकाइयों की वह संख्या जिसके लिए शुल्क की दर अधिक है = 540 - 120 = 420

जुलाई में घर Q द्वारा खपत इकाइयों की संख्या = 265

जुलाई में बिजली की इकाइयों की वह संख्या जिसके लिए शुल्क की दर अधिक है = 265 - 120 = 145

माना कम शुल्क की दर x और अधिक शुल्क की दर y है।

जून में बिजली का बिल = 120x + 420y

जुलाई में बिजली का बिल = 120x + 145y

जून और जुलाई के बिजली बिल का अंतर = 1650 रुपए

∴ 120x + 420y - (120x + 145y) = 1650

⇒ 120x + 420y - 120x - 145y = 1650

⇒ 275y = 1650

⇒ y = 6

∴ बिजली की इकाइयों की संख्या की अधिक सीमा के लिए बिजली की दर 6 रुपये प्रति इकाई है।

अत: विकल्प (C) सही है।

47. जून में घर S द्वारा खपत इकाइयों की संख्या = 250

जुलाई में घर S द्वारा खपत इकाइयों की संख्या = 420

अगस्त महीने में उपयोग की जाने वाली बिजली की इकाइयों की संख्या जून और जुलाई के महीने में उपयोग की जाने वाली बिजली की इकाइयों की संख्या का औसत है।

अगस्त महीने में घर S द्वारा खपत की गई बिजली की इकाइयों की संख्या = $\frac{250+420}{2} = 335$ इकाई

अगस्त में उपयोग की जाने वाली प्रारंभिक 150 इकाई बिजली का शुल्क 3 रुपए प्रति इकाई की दर से लिया जाता है।

शेष इकाइयों का शुल्क x रुपए प्रति यूनिट की दर से लिया जाता है।

अगस्त में भुगतान किया गया कुल बिल = 1745 रुपए

$$\therefore 150 \times 3 + (335 - 150) \times x = 1745$$

$$\Rightarrow 450 + 185x = 1745$$

$$\Rightarrow 185x = 1295$$

$$x = 7$$

∴ x का मान 7 रुपए है।

अत: विकल्प (D) सही है।

48. जून में घर R द्वारा खपत इकाइयों की संख्या = 320

जून के महीने में इलेक्ट्रॉनिक उपकरणों और खाद्य उपकरणों द्वारा खपत बिजली की इकाइयों की संख्या का अनुपात = 2 : 3

जून के महीने में खाद्य उपकरणों द्वारा खपत बिजली की इकाइयों की संख्या = $\frac{2}{5} \times 320 = 128$

जुलाई में घर R द्वारा खपत इकाइयों की संख्या = 550

जुलाई के महीने में इलेक्ट्रॉनिक उपकरणों और खाद्य उपकरणों द्वारा खपत बिजली की इकाइयों की संख्या का अनुपात = 3 : 2

जुलाई के महीने में खाद्य उपकरणों द्वारा खपत बिजली की इकाइयों की संख्या = $\frac{3}{5} \times 550 = 330$

घर R में खाद्य उपकरण द्वारा खपत बिजली की कुल इकाइयों की संख्या = 128 + 330 = 458

∴ घर R में खाद्य उपकरण द्वारा खपत बिजली की कुल इकाइयों की संख्या 458 इकाई है।

अत: विकल्प (C) सही है।

49. जुलाई में खपत हुई कुल बिजली $= 250 + 265 + 550 + 420 + 450 = 1935$

बिजली की खपत की गई इकाइयों की औसत संख्या $= \frac{1935}{5} = 387$

∴ बिजली की खपत की गई इकाइयों की औसत संख्या 387 इकाई है।

अत: विकल्प (A) सही है।

50. दिया है:

परिधि = 264 मी, $\pi = \frac{22}{7}$

हम जानते हैं कि,

परिधि $= \pi \times D$

$$D = \frac{264}{\pi} = 264 \times \frac{7}{22}$$ मी

D = 84 मी

क्षेत्रफल और व्यास का अनुपात $= \frac{Area}{Diameter} = \frac{\pi}{4} \times D$

क्षेत्रफल और व्यास का अनुपात $= \frac{\frac{22}{7}}{4} \times 84 = 66$

इसलिए क्षेत्रफल और व्यास का अनुपात 66 मी है।

अत: विकल्प (A) सही है।

51. ऊर्जा और शहरी विकास मंत्री अरविंद शर्मा ने उत्तर प्रदेश में दो विभागों के सार्वजनिक शिकायतों और निगरानी कार्यक्रमों और योजनाओं के निपटान के लिए संभव (सिस्टमिक एडमिनिस्ट्रेशन मैकेनिज्म फॉर ब्रिंगिंग हैप्पीनेस एंड वैल्यू) पोर्टल लॉन्च किया है।

अत: विकल्प (B) सही है।

52. अंतरराष्ट्रीय वित्तीय सेवा केंद्र प्राधिकरण (IFSCA) और GVFL लिमिटेड ने गिफ्ट सिटी, गुजरात में IFSCA के कार्यालय में एक समझौता ज्ञापन पर हस्ताक्षर किए।

GIFT IFSC में फिनटेक पारितंत्र को समर्थन और सुविधा प्रदान करने के लिए सहयोग और सहभागिता के लिए इस पर हस्ताक्षर किए गए हैं। IFSCA एक एकीकृत नियामक है जो IFSC में वित्तीय उत्पादों, वित्तीय सेवाओं और संस्थानों के विकास और विनियमन के लिए जिम्मेदार है।

अत: विकल्प (D) सही है।

53. हरियाणा के विकास एवं पंचायत मंत्री देवेंद्र सिंह बबली ने कहा कि राज्य में पायलट प्रोजेक्ट के तौर पर गांवों में एक हजार हाईटेक लाइब्रेरी बनाई जाएंगी। कैथल जिले के खीरी रायवाली गांव में आयोजित 'मधुर मिलन कार्यक्रम' के दौरान एक जनसभा को संबोधित करते हुए मंत्रियों ने कहा कि इन पुस्तकालयों से ग्रामीण क्षेत्र के युवा वर्तमान आवश्यकता के अनुरूप शिक्षा ग्रहण कर अपना भविष्य उज्जवल बना सकेंगे। इसके साथ ही युवाओं को खेलों के प्रति प्रोत्साहित करने और उन्हें नशे से दूर रखने के लिए गांवों में 1000 जिम बनाने का काम भी चल रहा है।

अतः विकल्प (D) सही है।

54. INS घड़ियाल, मिशन SAGAR IX के हिस्से के रूप में, 29 अप्रैल 2022 को कोलंबो पहुंचा और 107 प्रकार की महत्वपूर्ण जीवनरक्षक दवाओं के 760 किलोग्राम से अधिक का वितरण किया। इसका उद्देश्य चल रहे संकट के दौरान श्रीलंका को महत्वपूर्ण चिकित्सा सहायता प्रदान करना था। मई 2020 से, भारतीय नौसेना ने 18 मित्र देशों में दस जहाजों को तैनात करते हुए, ऐसे आठ मिशन सफलतापूर्वक संपन्न किए हैं।

अतः विकल्प (D) सही है।

55. 1 जुलाई 2022 को मुख्यमंत्री योगी आदित्यनाथ ने बीआरडी मेडिकल कॉलेज, गोरखपुर से संचारी रोग नियंत्रण और दस्तक अभियान की शुरुआत की। उन्होंने विशेष संचार अभियान की रैली को भी झंडी दिखाकर रवाना किया। मुख्यमंत्री ने कहा कि अभियान के तहत आशा कार्यकर्ता, आंगनबाडी कार्यकर्ता, स्वास्थ्य विभाग समेत कई विभागों के कर्मचारी और विभिन्न संस्थाओं के लोग घर-घर जाकर लोगों को जागरूक करेंगे।

अत: विकल्प (D) सही है।

56. मिशन अमृत सरोवर के कार्यान्वयन में उत्तर प्रदेश शीर्ष पर है।

- 8,462 अमृत सरोवरों के निर्माण के बाद, उत्तर प्रदेश 'मिशन अमृत सरोवर' के सर्वोत्तम कार्यान्वयन के साथ शीर्ष राज्य के रूप में उभरा है।

- UP के भीतर, लखीमपुर खीरी जिला 256 अमृत सरोवर के साथ शीर्ष पर उभरा है।

- अमृत सरोवर परियोजना (24 अप्रैल 2022 को शुरू की गई) का उद्देश्य नए जल निकायों के निर्माण और पुराने के कायाकल्प के माध्यम से जल संरक्षण करना है।

अत: विकल्प (D) सही है।

57. भारतीय संविधान भारत को एक धर्मनिरपेक्ष राज्य घोषित करता है, इसका अर्थ है कि राज्य धर्म को नागरिक का निजी मामला मानता है और इस आधार पर भेदभाव नहीं करता है।

- धर्मनिरपेक्ष का अर्थ है कि भारत किसी विशिष्ट धर्म/एक धर्म को आधिकारिक रूप से स्थापित नहीं करता है।

- धर्मनिरपेक्षता के तहत, किसी देश के पास लोगों को धर्म, जिसका वे पालन करना चाहते हैं, के आधार पर दंडित करने या भेदभाव करने की शक्ति नहीं है।

- भारतीय संविधान के अनुसार, प्रत्येक व्यक्ति को धर्म को मानने, अभ्यास करने और प्रचार करने, जैसा वह मानता है, का अधिकार है।

- इसलिए, इसका अर्थ है कि भारत में आस्था और पूजा की स्वतंत्रता है, जिसका तात्पर्य भारत के धर्मनिरपेक्ष राज्य से है।

अत: विकल्प (D) सही है।

58. मेमोरी की सबसे छोटी इकाई को बिट कहा जाता है।

बिट बाइनरी अंक को दर्शाता है।

कंप्यूटर की मेमोरी को बाइट्स में मापा जाता है।

हार्ड डिस्क की स्टोरेज क्षमता को मेगाबाइट्स, गीगाबाइट्स और टेराबाइट्स में मापा जाता है।

टेराबाइट डिजिटल जानकारी के लिए यूनिट बाइट का एक समूह है।

एक टेराबाइट का मान 1024 गीगाबाइट है।

1 TB = 1000000000000 बाइट्स = 10^{12} बाइट्स।

अतः विकल्प (C) सही है।

59. मार्जिन आपके कंटेंट और पेज के किनारे के बीच का स्थान है।

मार्जिन नॉर्मल पर सेट होते हैं, जो पेज के कंटेंट और प्रत्येक किनारे के बीच एक इंच का स्थान होता है।

अपने डेटा को पेज पर अधिक आराम से फिट करने के लिए आपको मार्जिन समायोजित करने की आवश्यकता हो सकती है।

प्रिंटेड पेज पर एक्सेल वर्कशीट को बेहतर ढंग से संरेखित करने के लिए, आप मार्जिन बदल सकते हैं, कस्टम मार्जिन निर्दिष्ट कर सकते हैं, या वर्कशीट को केंद्र में या तो क्षैतिज या लंबवत रूप से पेज पर रख सकते हैं।

पेज मार्जिन आपके डेटा और प्रिंटेड पेज के किनारों के बीच रिक्त स्थान हैं। टॉप और बॉटम पेज मार्जिन का इस्तेमाल हेडर, फुटर और पेज नंबर जैसी चीजों के लिए किया जा सकता है।

अतः विकल्प (A) सही है।

60. स्पैम:

यह वाणिज्यिक विज्ञापन के उद्देश्य के लिए बड़ी संख्या में प्राप्तकर्ताओं को एक अवांछित संदेश भेजने के लिए मैसेजिंग सिस्टम का उपयोग है।

यह शब्द अन्य मीडिया में इसी तरह की अपशब्दों , यूज़नेट न्यूज़ग्रुप स्पैम, इंस्टेंट मैसेजिंग स्पैम, वेब सर्च इंजन स्पैम, ब्लॉगों में स्पैम, विकी स्पैम, ऑनलाइन क्लासीफाइड विज्ञापन स्पैम, मोबाइल फ़ोन मैसेजिंग स्पैम, इंटरनेट फ़ोरम स्पैम, जंक फ़ैक्स प्रसारण, स्पैम, मोबाइल ऐप्स, सोशल स्पैम, टेलीविज़न विज्ञापन और फ़ाइल शेयरिंग स्पैम के लिए लागू होता है।

अतः विकल्प (A) सही है।

61.

- बौद्ध वास्तुकला में बुद्ध के जीवन के विभिन्न पहलुओं, बुद्ध का प्रतिनिधित्व करने वाले प्रतीक और उनसे जुड़ी कहानियां शामिल हैं।

- बौद्ध वास्तुकला के तीन महत्वपूर्ण तत्व स्तूप, चैत्य और विहार हैं।

- एक स्तूप अंतिम संस्कार के पारंपरिक प्रतिनिधि है, जिसमें मृतकों की राख बौद्ध और जैन धर्म दोनों में दफन है।

- वे बौद्ध धार्मिक स्मारक हैं और मूल रूप से बुद्ध और अन्य प्रमुख भिक्षुओं के अवशेषों को कवर करने के लिए केवल मिट्टी या मिट्टी का एक अर्ध-गोलाकार टीला था।

- स्तूप निर्माण बौद्ध कला थी, हालांकि, यहां तक कि जैनों ने भी स्तूपों का निर्माण किया था।

- बौद्ध स्तूपों की उपस्थिति के लिए प्राचीनतम पुरातात्विक साक्ष्य ईसा पूर्व चौथी शताब्दी के उत्तरार्ध में मिलते हैं।

- इन तीनों छत्रों ने बौद्ध धर्म के त्रिरत्न का प्रतिनिधित्व किया। **इसलिये, कथन 1 गलत है।**

- अमरावती स्तूप की तरह, सांची के स्तूप में भी वेदिका के भीतर एक प्रदक्षिणापथ संलग्न है, जिस पर कई ऐतिहासिक मूर्तियों को दर्शाया गया है। **इसलिये, कथन 2 सही है।**

- यद्यपि बौद्ध वास्तुकला का प्रारंभिक चरण बुद्ध की छवियों की अनुपस्थिति को दर्शाता है, दूसरी और दूसरी शताब्दी में बाद के चरण के दौरान अखरोट, बुद्ध की छवियों को ड्रम स्लैब और कई अन्य स्थानों पर उकेरा गया है।

- सांची के स्तूप में बुद्ध को केवल एक खाली सिंहासन, पैर, चतरा, स्तूप आदि के रूप में दिखाया गया है। **इसलिये, कथन 3 गलत है।**

अतः विकल्प (C) सही है।

62. गुटनिरपेक्ष आंदोलन (नाम) की स्थापना 1961 में बेलग्रेड, एसआर सर्बिया यूगोस्लाविया में हुई थी।

भारतीय प्रधान मंत्री जवाहरलाल नेहरू ने भी स्थापित नाम में योगदान दिया।

गुटनिरपेक्ष आंदोलन (नाम) 120 विकासशील दुनिया के राज्यों का एक मंच है जो औपचारिक रूप से किसी भी प्रमुख विकास ब्लॉक के साथ या उसके खिलाफ गठबंधन में नहीं हैं। संयुक्त राष्ट्र के बाद, यह दुनिया भर के राज्यों का सबसे बड़ा समूह है।

1955 में बांडुंग सम्मेलन में सहमत सिद्धांतों पर चित्रण करते हुए, भारतीय प्रधानमंत्री जवाहरलाल नेहरू, घाना के राष्ट्रपति डॉ. सुक्मनो, इंडोनेशिया के राष्ट्रपति सुकर्णो, मिस्र के राष्ट्रपति गमाल अब्देल नासर और यूगोस्लाव के राष्ट्रपति जोसिप ब्रोज़ टीटो की पहल के माध्यम से 1961 में बेलग्रेड, एसआर सर्बिया, यूगोस्लाविया में गुटनिरपेक्ष आंदोलन की स्थापना की गई थी।

इसलिए, दोनों कथन सही हैं।

अतः विकल्प (C) सही है।

63. भारतीय कम्युनिस्ट पार्टी का पहला सम्मेलन पेरियार ई. वी. रामासाम्य की अध्यक्षता में कानपुर में आयोजित किया गया था।

कानपुर कम्युनिस्ट सम्मेलन भारत में प्रारंभिक कम्युनिस्ट आंदोलन की एक ऐतिहासिक घटना थी, जो 26 से 28 दिसंबर, 1925 तक कानपुर में आयोजित किया गया था। 1925 में भारतीय कम्युनिस्ट पार्टी की स्थापना राष्ट्रीय और वर्ग संघर्षों के द्वंद्वात्मक संयोजन का एक ऐतिहासिक उत्पाद था, जिसे रूसी क्रांति और अंतर्राष्ट्रीय घटनाओं द्वारा गहराई से क्रिस्टलीकृत किया गया था।
अतः विकल्प (D) सही है।

64. संयुक्त प्रांत में किसानों के बीच 'एका आंदोलन' (1920-22) का नेतृत्व मदारी पासी नामक एक किसान ने किया था।

एका आंदोलन या एकता आंदोलन एक किसान आंदोलन है जो 1921 के अंत में हरदोई, बहराइच और सीतापुर में सामने आया था। शुरुआत में कांग्रेस और खलीफात आंदोलन द्वारा शुरू किया गया था, बाद में इसका नेतृत्व मदारी पासी ने किया था।
अतः विकल्प (B) सही है।

65. भारत के सर्वोच्च न्यायालय ने 2019 में, सूचना के अधिकार (आरटीआई) अधिनियम के दायरे में भारत के मुख्य न्यायाधीश के कार्यालय को लाने के दिल्ली उच्च न्यायालय के फैसले को बरकरार रखा। इसलिए, कथन 1 सही है। वर्तमान में, राजनीतिक दल आरटीआई अधिनियम के दायरे में नहीं आते हैं।

केंद्रीय सूचना आयोग की स्थापना केंद्र सरकार ने 2005 में की थी। यह सूचना का अधिकार अधिनियम (2005) के प्रावधानों के तहत एक आधिकारिक राजपत्र अधिसूचना के माध्यम से गठित किया गया था। इसलिए यह एक संवैधानिक निकाय नहीं है। केंद्रीय सूचना आयोग एक उच्चस्तरीय स्वतंत्र निकाय है, जो परस्पर की गई शिकायतों पर गौर करता है और अपील तय करता है। मुख्य सूचना आयुक्त/सूचना आयुक्त 5 वर्ष (पांच) वर्ष के लिए या जब तक वह 65 वर्ष की आयु प्राप्त नहीं कर लेते, तब तक पद पर रहेंगे। इसलिए, कथन 2 सही नहीं है।

अतः विकल्प (A) सही है।

66. लाइसोसोम:

- इसे कोशिका का "आत्मघाती बैग" कहा जाता है। इसलिए कथन 1 सही है।
- इसे पेरिन्यूक्लियर सघन अंग के रूप में भी जाना जाता है।
- लाइसोसोमल झिल्ली में सायलिक अम्ल अधिक मिलते है। इसलिए कथन 2 सही नहीं है।
- वे एरिथ्रोसाइट्स में अनुपस्थित होते हैं। इसलिए कथन 3 सही है।
- एनाबॉलिक एंजाइम की उपस्थिति के कारण वे प्रकृति में अम्लीय होते हैं। इसलिए कथन 4 सही नहीं है।
- एसिड फॉस्फेट (एंजाइम) लाइसोसोम के लिए एक मार्कर के रूप में प्रयोग किया जाता है।

- सुक्रोज घनता प्रवणता केंद्रापसरण लिपोसोमल का प्रयोग भिन्न के अलगाव में किया जाता है।

लाइसोसोम का कार्य:

- आत्मलयन
- स्वतःभोजिता
- पाचन (अंतःकोशिकीय और बाह्यकोशिकीय)

गामोरी अभिरंजन तकनीक का उपयोग लाइसोसोम का पता लगाने के लिए किया जाता है।

फॉस्फेट एस्टर और न्यूक्लियस लाइसोसोम के घटक हैं।

उन्हें कोशिका का "कचड़ा ट्रक" माना जाता है क्योंकि वे सभी अवांछित कोशिकीय सामग्रियों को निकाल देते हैं।

सफेद रक्त कोशिकाओं में सबसे अधिक सक्रिय लाइसोसोम होते हैं।

वे उत्सर्जन में प्रयोग होते हैं।

वे ल्यूकोसाइट्स में पाए जाते हैं।

अत: विकल्प (A) सही है।

67. वातावरण के ऊपरी हिस्से में अच्छा ओजोन पाया जाता है जिसे समतापमंडल कहा जाता है, और यह सूर्य से पराबैंगनी विकिरण को अवशोषित करने वाली ढाल के रूप में कार्य करता है। इसलिए, कथन 1 गलत है।

पराबैंगनी किरणें जीवित जीवों के लिए अत्यधिक हानिकारक होती हैं क्योंकि जीवित जीवों के डी.एन.ए. और प्रोटीन अधिमानतः पराबैंगनी किरणों को अवशोषित करते हैं और यह उच्च ऊर्जा इन अणुओं के भीतर रासायनिक बंधनों को तोड़ती है।

जमीन से वायुमंडल के शीर्ष तक हवा के एक स्तंभ में ओजोन की मोटाई को डॉबसन इकाइयों (डी यू) के संदर्भ में मापा जाता है। इसलिए, कथन 2 सही है।

ओजोन गैस आणविक ऑक्सीजन पर पराबैंगनी किरणों की क्रिया से लगातार बनती है और समतापमंडल में आणविक ऑक्सीजन में भी अवक्रमित होती है।

समतापमंडल में ओजोन के उत्पादन और क्षरण के बीच संतुलन होना चाहिए। हाल ही में, क्लोरोफ्लोरोकार्बन (सी एफ सी) द्वारा ओजोन क्षरण को बढ़ाने के कारण संतुलन बाधित हुआ है।

सी एफ सी को रेफ्रिजरेंट के रूप में व्यापक उपयोग मिलता है। वायुमंडल के निचले भाग में डिस्चार्ज किए गए सी एफ सी ऊपर की ओर बढ़ते हैं और समतापमंडल तक पहुंचते हैं।

समतापमंडल में, पराबैंगनी किरणें उन पर क्लोरीन परमाणुओं को निर्मुक्त करने का कार्य करती हैं।

- क्लोरीन आणविक ऑक्सीजन निर्मुक्त करने वाले ओजोन को कम करता है, इन परमाणुओं के साथ केवल उत्प्रेरक के रूप में कार्य करते हैं;
- प्रतिक्रिया में क्लोरीन परमाणुओं का क्षय नहीं किया जाता है।

इसलिए, समतापमंडल में जो भी सी एफ सी जोड़े जाते हैं, उनका ओजोन स्तर पर स्थायी और सतत प्रभाव पड़ता है।

यद्यपि समतापमंडल में ओजोन की कमी व्यापक रूप से हो रही है, लेकिन अंटार्कटिक क्षेत्र में विशेष रूप से कमी चिह्नित की गई है।

इसके परिणामस्वरूप ओजोन परत का एक बड़ा क्षेत्र बन गया है जिसे आमतौर पर ओजोन छेद कहा जाता है।

पराबैंगनी-बी से कम तरंगदैर्ध्य का पराबैंगनी विकिरण पृथ्वी के वायुमंडल द्वारा लगभग पूरी तरह से अवशोषित हो जाता है, यह देखते हुए कि ओजोन परत बरकरार है।

लेकिन, पराबैंगनी-बी डी.एन.ए को नुकसान पहुंचाता है और उत्परिवर्तन हो सकता है। यह त्वचा की उम्र बढ़ना, त्वचा कोशिकाओं को नुकसान,और त्वचा कैंसर के विभिन्न प्रकार का कारण बनता है। मानव आंख में, कॉर्निया पराबैंगनी-बी विकिरण को अवशोषित करता है,और पराबैंगनी-बी की उच्च मात्रा कॉर्निया की सूजन का कारण बनती है, जिसे बर्फ-अंधापन, मोतियाबिंद आदि कहा जाता है। इस तरह के एक्सपोजर से कॉर्निया को स्थायी रूप से नुकसान पहुंच सकता है।

ओजोन की कमी के हानिकारक प्रभावों को पहचानते हुए, मॉन्ट्रियल प्रोटोकॉल के नाम से जानी जाने वाली एक अंतरराष्ट्रीय संधि पर ओजोन-घटते पदार्थों के उत्सर्जन को नियंत्रित करने के लिए 1987 (1989 में प्रभावी) में मॉन्ट्रियल (कनाडा) में हस्ताक्षर किए गए थे।

इसके बाद, और भी कई प्रयास किए गए हैं और प्रोटोकॉल ने सी एफ सी और अन्य ओजोन घटते रसायनों के उत्सर्जन को कम करने के लिए विकसित और विकासशील देशों के लिए अलग से निश्चित रोडमैप निर्धारित किए हैं।

अत: विकल्प (B) सही है।

68. आंतरिक दहन इंजनों और स्पार्क-इग्निशन इंजन उपकरणों से वायु प्रदूषकों के उत्पादन को विनियमित करने के लिए सरकार द्वारा भारत स्टेज (बीएस) उत्सर्जन मानक निर्धारित किए जाते हैं। इसलिए, कथन 1 सही है।

भारत में पेट्रोल के लिए 1991 में और डीजल वाहनों के लिए 1992 में पहले उत्सर्जन मानदंड लागू किए गए थे। इसलिए, कथन 3 गलत है।

- इनका अनुसरण करते हुए, पेट्रोल वाहनों के लिए उत्प्रेरक कनवर्टर अनिवार्य हो गया और बाजार में अनलेडेड पेट्रोल पेश किया गया।

केंद्र सरकार ने अनिवार्य किया है कि वाहन निर्माताओं को 1 अप्रैल, 2020 से केवल बीएस-VI (बीएस 6) वाहनों का निर्माण, बिक्री और पंजीकरण करना होगा। इसलिए, कथन 2 सही है।

- बीएस-6 उत्सर्जन मानदंडों के अनुसार, पेट्रोल वाहनों को अपने NOx या नाइट्रोजन ऑक्साइड उत्सर्जन में 25% की कमी को प्रभावित करना होगा।
- डीजल इंजन को HC + NOx (हाइड्रोकार्बन + नाइट्रोजन ऑक्साइड) को 43%, उनके NOx के स्तर में 68% और कणिकीय पदार्थ के स्तर को 82% तक कम करना होगा।
- भारत में दोपहिया वाहनों के सभी मॉडलों के उत्सर्जन मानदंड यूरोप (2021) और जापान (2022) से आगे हैं।
- उत्सर्जन मानकों के इस स्तर को अपनाने वाला भारत पहला देश है। (बीएस-6 मानदंड)

अत: विकल्प (A) सही है।

69. सुपोषण झीलों या जलाशयों में उसके जल में पोषक तत्वों को समृद्ध करने की प्राकृतिक प्रभावन है। इसलिए, कथन 1 सही है।

- एक स्वच्छ झील में, जल ठंडा और साफ़ होता है, थोड़ा जिसमें जीवन संभव होता है।
- समय के साथ, झील में बहने वाली धाराएं नाइट्रोजन और फास्फोरस जैसे पोषक तत्वों से मिश्रित होती हैं, जो जलीय जीवों के विकास में सहायक होते हैं।
- जैसे ही झील की बहुतायत क्षमता बढ़ती है, पौधे और पशु जीवन बढ़ते हैं, और जैविक अवशेष झील के तल पर जमा होने लगते हैं।
- सदियों से, गाद और जैविक मलबे के ढेर के रूप में, झील उथले और गर्म होती है, गर्म पानी के जीवों के साथ जो ठंडे वातावरण में पनपते हैं।

मार्श के पौधे छिछले स्थान में जड़ लेते हैं और मूल झील घाटी में फैलना शुरू कर देते हैं। अंततः, झील बड़ी संख्या में प्लवमान पौधों (दलदल) क स्थान देती है, जो अंत में भूमि में परिवर्तित हो जाता है।

जलवायु, झील के आकार और अन्य कारकों के आधार पर, झील की प्राकृतिक उम्र बढ़ने की प्रक्रिया हजारों साल हो सकती है।

हालांकि, उद्योगों और घरों से अपशिष्ट जैसी मानव गतिविधियों से प्रदूषक मौलिक रूप से क्षति-काल बढ़ने की प्रक्रिया को तेज कर सकते हैं। इस घटना को संवर्धनिक या त्वरित सुपोषण कहा गया है।

पिछली सदी के दौरान, पृथ्वी के कई हिस्सों में झीलों को सीवेज और कृषि और औद्योगिक कचरे से गंभीर रूप से सुपोषित किया गया है।

प्रमुख संदूषक नाइट्रेट और फॉस्फेट होते हैं, जो पौधे के पोषक तत्वों के रूप में कार्य करते हैं। इसलिए कथन 2 सही है।

वे शैवाल के विकास को अधिक प्रभावित करते हैं, जिससे भद्दा मल और अप्रिय गंध होती है, और अन्य जलीय जीवन के लिए महत्वपूर्ण घुलित ऑक्सीजन के जल को खत्म कर रहे हैं।

इसी समय, एक झील में बहने वाले अन्य प्रदूषक मछली की पूरी आबादी को जहर दे सकते हैं, जिसका विघटन पानी की घुली हुई ऑक्सीजन सामग्री को और अधिक ख़राब करता है।

ऐसे प्रकार से, एक झील सचमुच मौत का सबब बन सकती है।

अत: विकल्प (C) सही है।

70.

- वायु प्रदूषक सभी जीवों को हानि पहुंचाते हैं।
- वे फसलों की वृद्धि और उपज को कम करते हैं और पौधों की असामयिक अंत का कारण बनते हैं।
- वायु प्रदूषक मनुष्यों और जानवरों की श्वसन प्रणाली को भी हानिकारक रूप से प्रभावित करते हैं।
- हानिकारक प्रभाव प्रदूषकों की एकाग्रता, जोखिम की अवधि और जीव पर निर्भर करते हैं।
- ताप विद्युत संयंत्र, प्रगालकों और अन्य उद्योगों के स्मोकस्टैक हानिरहित गैसों जैसे नाइट्रोजन, ऑक्सीजन आदि के साथ कण और गैसीय वायु प्रदूषकों को छोड़ते हैं।
- इन प्रदूषकों को वायुमंडल में हानिरहित गैसों को छोड़ने से पहले अलग/फ़िल्टर किया जाना चाहिए।

अत: विकल्प (B) सही है।

71. नकद आरक्षित अनुपात राजकोषीय नीति का साधन नहीं है। राजकोषीय नीति सरकार का एक तरीका है जिसके माध्यम से सरकार अपने राजस्व (मुख्य रूप से कर) और व्यय (खर्च) द्वारा किसी देश पर अर्थव्यवस्था को समायोजित करती है।

अत: विकल्प (D) सही है।

72. जैकब विनर ने व्यापार के एकल कारक और द्वि कारक की अवधारणा दी। व्यापार अवधारणा के द्वि कारक शर्तों की तुलना में व्यापार की एकल कारक शर्ते अर्थव्यवस्था के लिए अधिक महत्वपूर्ण अवधारणा है। यह किसी देश या क्षेत्र द्वारा निर्यात की क्रय शक्ति को मापने का एक उपकरण है।

अत: विकल्प (B) सही है।

73. चिली एक प्रमुख तांबा उत्पादक देश है।

चिली, अब तक दुनिया का प्रमुख तांबा उत्पादक है, 2019 में अनुमानित 5.6 मिलियन मीट्रिक टन तांबे का उत्पादन किया गया।

दूसरे स्थान पर पेरू है, समान वर्ष में 2.4 मिलियन मीट्रिक टन की अनुमानित तांबे की खान उत्पादन के साथ है।

अतः विकल्प (D) सही है।

74. हारमुज जलडमरूमध्य फारस की खाड़ी और ओमान की खाड़ी के बीच में स्थित है।

यह फारस की खाड़ी को ओमान की खाड़ी और अरब सागर से जोड़कर ईरान और ओमान को अलग करता है। यह जलडमरूमध्य अपने सबसे संकरे बिंदु पर 33 किमी चौड़ी है। दोनों दिशाओं में जहाजडी मार्ग सिर्फ तीन किमी चौड़ी है। ओपेक देशों से निर्यात होने वाले अधिकांश कच्चे तेल को इस जलमार्ग के माध्यम से भेजा जाता है।

अतः विकल्प (C) सही है।

75. 1921 - 1951 की अवधि को भारत में स्थिर जनसंख्या वृद्धि का काल माना जाता है।

स्थिर जनसंख्या की अवधि (1901-1921) या जनसांख्यिकी संक्रमण का उच्च स्थिर चरण थी। तेजी से उच्च विकास की अवधि (1951-1981) थी। धीमा होने के निश्चित संकेतों के साथ उच्च वृद्धि की अवधि (1981-2011) थी।

अतः विकल्प (B) सही है।

76. "आदिवासी क्षेत्रों में एक स्वायत्त परिषद की स्थापना" अनुसूचित क्षेत्रों के लिए पंचायत विस्तार (पेसा) अधिनियम, 1996 के उद्देश्य नहीं हैं।

अधिनियम के उद्देश्य:

1. पंचायतों से संबंधित संविधान के भाग IX के प्रावधानों को कुछ संशोधनों के साथ अनुसूचित क्षेत्रों तक विस्तारित करना।
2. जनजातीय आबादी के बड़े हिस्से के लिए स्व-शासन प्रदान करना।
3. सहभागी लोकतंत्र के साथ ग्राम शासन करना।
4. पारंपरिक प्रथाओं के अनुरूप एक उपयुक्त प्रशासनिक ढांचा विकसित करना।
5. आदिवासी समुदायों की परंपराओं और रीति-रिवाजों की रक्षा और संरक्षण करना।
6. जनजातीय आवश्यकताओं के अनुकूल विशिष्ट शक्तियों के साथ पंचायतों को उपयुक्त स्तरों पर सशक्त बनाना।
7. उच्च स्तर पर पंचायतों को ग्राम सभा के निचले स्तर पर पंचायतों की शक्तियों और अधिकारों को ग्रहण करने से रोकना।

अतः विकल्प (C) सही है।

77. अनुच्छेद 40- ग्राम पंचायतों का संगठन:

राज्य ग्राम पंचायतों को संगठित करने के लिए कदम उठाएगा और उन्हें ऐसी शक्तियाँ और अधिकार प्रदान करेगा जो उन्हें स्वशासन की इकाइयों के रूप में कार्य करने में सक्षम बनाने के लिए आवश्यक हो।

अतः विकल्प (B) सही है।

78. पंचायती राज दिवस 24 अप्रैल को मनाया जाता है।

राष्ट्रीय पंचायती राज दिवस भारत में पंचायती राज व्यवस्था का राष्ट्रीय दिवस है जिसे पंचायती राज मंत्रालय द्वारा प्रतिवर्ष 24 अप्रैल को मनाया जाता है। भारत के प्रधान मंत्री मनमोहन सिंह ने 24 अप्रैल 2010 को पहला राष्ट्रीय पंचायती राज दिवस घोषित किया था। 2011 से, भारत की केंद्र सरकार ने हर साल 24 अप्रैल को राष्ट्रीय पंचायती राज दिवस के रूप में मनाने का फैसला किया था।

अतः विकल्प (B) सही है।

79. पंचायत गतिविधियों की देखरेख के लिए सरकार द्वारा ग्राम सभा के सचिव की नियुक्ति की जाती है। वह ग्राम सभा की बैठक बुलाने और कार्यवाही का रिकॉर्ड रखने के लिए भी जिम्मेदार है।

अतः विकल्प (A) सही है।

80. सचिव ग्राम सभा और ग्राम पंचायत की बैठक बुलाने और कार्यवाही का रिकॉर्ड रखने के लिए जिम्मेदार है।

ग्राम पंचायत में एक सचिव होता है जो ग्राम सभा का सचिव भी होता है। यह व्यक्ति निर्वाचित व्यक्ति नहीं है बल्कि सरकार द्वारा नियुक्त किया जाता है। सचिव ग्राम सभा और ग्राम पंचायत की बैठक बुलाने और कार्यवाही का रिकॉर्ड रखने के लिए जिम्मेदार है।

अतः विकल्प (A) सही है।

81. पंचायत सदस्यों को पंच कहा जाता है।

ग्राम पंचायत को वार्डों में विभाजित किया जाता है और प्रत्येक वार्ड का प्रतिनिधित्व वार्ड सदस्य या आयुक्त द्वारा किया जाता है, जिसे पंच या पंचायत सदस्य भी कहा जाता है, जिसे सीधे ग्रामीणों द्वारा चुना जाता है। पंचायत की अध्यक्षता गांव के अध्यक्ष द्वारा की जाती है, जिसे सरपंच कहा जाता है।

अतः विकल्प (C) सही है।

82. उत्तर प्रदेश कैबिनेट ने "अंबेडकर विशेष रोजगार योजना" को नए नाम "बाबा साहेब अम्बेडकर रोजगार योजना" से बदलने का फैसला किया।

इस योजना के माध्यम से उत्तर प्रदेश के युवाओं को कारोबार करने हेतु सरकार की तरफ से आर्थिक मदद मुहैया कराई जाएगी। योजना में कारोबार के लिए आवेदकों को 1.5 लाख रूपए से लेकर 2 लाख रूपए तक का लोन दिया जाएगा। इसमें SC/ST लोगों समेत सामान्य वर्ग के लोगों को भी सब्सिडी दी जाएगी

अतः विकल्प (B) सही है।

83. प्रधान मंत्री नरेंद्र मोदी ने उत्तर प्रदेश राज्य में 'हर घर नल योजना' शुरू किया था।

इस योजना का उद्देश्य सोनभद्र और मिर्जापुर के दो जिलों में 4.1 मिलियन से अधिक लोगों को पाइप से पानी की आपूर्ति प्रदान करना है। परियोजना का परिव्यय 5,555 करोड़ रुपये है। इस योजना से 3,000 से अधिक गांवों को पाइप से पानी की आपूर्ति का लाभ मिलेगा।

अतः विकल्प (A) सही है।

84. लखनऊ रेलवे स्टेशन पर योलो हेल्थ एटीएम लगाया गया। यह पहली बार है जब यूपी के किसी स्टेशन को हेल्थ एटीएम मिला है।

यह पहल फिट इंडिया कार्यक्रम का हिस्सा है। कियोस्क में 16 स्वास्थ्य जांच की सुविधा है।

अतः विकल्प (B) सही है।

85. किसान क्रेडिट कार्ड योजना की शुरूआत 1998 मे की गई थी।

फसल सीजन के दौरान किसानों की पर्याप्त और समय पर अल्पकालिक ऋण आवश्यकताओं को पूरा करने के उद्देश्य से 1998 में किसान क्रेडिट कार्ड योजना शुरू की गई थी। यह पहली बार 1998 — 99 के बजट में प्रस्तावित किया गया था। नाबार्ड ने आर वी गुप्ता समिति पर आधारित प्रमुख बैंकों के परामर्श से एक आदर्श किसान क्रेडिट कार्ड योजना तैयार की थी।

अतः विकल्प (D) सही है।

86. भूमि अधिग्रहण विधेयक भारत सरकार ने 2013 मे पास किया।

भूमि अधिग्रहण, पुनर्वास और पुनर्वास अधिनियम, 2013 में उचित मुआवजे और पारदर्शिता के अधिकार के रूप में जाना जाता है, इस कानून ने एक नई प्रक्रिया लाने के लिए पुरातन भूमि अधिग्रहण अधिनियम, 1894 की जगह ली, जो एक नया कानून प्रदान करेगा। भूमि अधिग्रहण कानून पांच महत्वपूर्ण स्तंभों पर टिका है। ये स्तंभ हैं सामाजिक प्रभाव आकलन (एसआईए), लोगों की सहमति, मुआवजा, पुनर्वास एवं पुनर्स्थापन।

अतः विकल्प (B) सही है।

87. राष्ट्रीय भूमि रिकॉर्ड आधुनिकीकरण कार्यक्रम की शुरुआत वर्ष 2008 मे हुई।

इसका मुख्य उद्देश्य भूमि अभिलेखों के प्रबंधन को आधुनिकीकरण, भूमि/संपत्ति विवादों के दायरे को कम करने, भूमि अभिलेख रखरखाव प्रणाली में पारदर्शिता बढ़ाने और देश में अचल संपत्तियों के लिये अंततः गारंटीकृत निर्णायक अधिकार की ओर बढ़ने की सुविधा प्रदान करना है।
अतः विकल्प (B) सही है।

88. भारत सरकार द्वारा राष्ट्रीय किसान आयोग का गठन वर्ष 2004 मे हुआ।

राष्ट्रीय किसान आयोग भारत का एक आयोग है जिसका गठन 18 नवम्बर 2004 को किया गया था। इसके अध्यक्ष एम. एस. स्वामीनाथन हैं। आयोग ने चार रपट दिये- दिसम्बर 2004 में, अगस्त 2005 में, दिसम्बर 2005 में, और अप्रैल 2006 में। पाँचवाँ तथा अन्तिम रपट 8 अक्टूबर 2006 को प्रस्तुत की गयी थी। इन रपटों में 'अधिक तेज तथा अधिक समावेशी विकास' की प्राप्ति के लिये उपाय सुझाये गये थे जो 11वीं पंचवर्षीय योजना का एक लक्ष्य था।
अतः विकल्प (C) सही है।

89. भारत के गाँवों में अशिक्षा, ऋणग्रस्तता और गरीबी की समस्या है। भारत में अशिक्षा, ऋणग्रस्तता गरीबी का मुख्य कारण बढ़ती जनसंख्या दर है। इससे निरक्षरता, खराब स्वास्थ्य सुविधाएं और वित्तीय संसाधनों की कमी की दर बढ़ती है। इसके अलावा उच्च जनसंख्या दर से प्रति व्यक्ति आय भी प्रभावित होती है और प्रति व्यक्ति आय घटती है।

अत: विकल्प (D) सही है।

90. ग्रामीण ऋणग्रस्तता का सबसे प्रमुख व महत्वपूर्ण कारण ग्रामीण क्षेत्रों में पैतृक ऋण, आय का कम होना एवं उनके पास विपदा के लिए कोई कोष न होना हैं । इसका परिणाम यह होता है कि असाधारण विपदा में ऋण लेना पड़ता है, जिसको वे अपनी कम आय होने के कारण लौटा नहीं पाते हैं और सदा ऋणग्रस्त बने रहते हैं।

अत: विकल्प (A) सही है।

91. भारतीय ग्रामीण बस्ती का आधार अपखंडित नहीं है। ग्रामीण बस्ती अधिक निकटता से तथा प्रत्यक्ष रूप से भूमि से नज़दीकी संबंध रखती हैं। यहाँ के निवासी अधिकतर प्राथमिक गतिविधियों में लगे होते हैं। जैसे- कृषि, पशुपालन एवं मछली पकड़ना आदि इनके प्रमुख व्यवसाय होते हैं। बस्तियों का आकार अपेक्षाकृत छोटा होता है।

अत: विकल्प (D) सही है।

92. भू आन्दोलन के कारण किसानों की आर्थिक स्थिति में सुधार हुआ। भू आन्दोलन का मूल लक्ष्य देश की अप्रयुक्त भूमि को छोटे उत्पादकों के एक नए वर्ग के लिए खोलना का लेकिन इस सामान्य विषय को व्यावहारिक दायरे और बौद्धिक परिष्कार में व्यापक पहल के माध्यम से अभिव्यक्ति मिली।

अत: विकल्प (C) सही है।

93. संयुक्त रूप से स्वामित्व वाले उद्यम के माध्यम से अपनी सामान्य आर्थिक, सामाजिक और सांस्कृतिक आवश्यकताओं और आकांक्षाओं को पूरा करने के लिए स्वेच्छा से एकजुट व्यक्तियों के एक स्वायत्त संघ को सहकारी समिति के रूप में जाना जाता है। ग्रामीण क्षेत्रों में सहकारी समितियों की सदस्यता से प्राप्त होने वाला मुख्य लाभ वित्तीय सहायता है और समस्याओं के समाधान में एकता को बढ़ावा देना ग्रामीण विकास में सहकारी समितियों की मुख्य भूमिका है।

अतः विकल्प (D) सही है।

94. सहकारी समितियों का एक बड़ा हिस्सा ग्रामीण और शहरी क्षेत्रों में काम कर रहा है। राज्य सरकार और राज्य द्वारा नियुक्त सहकारी समितियों के रजिस्टार सहकारी समितियों के लिए मुख्य नियामक प्राधिकरण हैं। वे एक सहकारी समिति के पंजीकरण और अन्य गतिविधियों को विनियमित करते हैं।

सहकारी समिति अधिनियम, 1912 के तहत भारत में सहकारी समिति पंजीकरण अनिवार्य है। सहकारी समिति केवल कमजोर वर्गों के हितों की रक्षा के लिए बनाई गई है, और यह व्यक्तियों का एक स्वैच्छिक संघ है जिसका उद्देश्य सदस्य का कल्याण है।

अतः विकल्प (C) सही है।

95. कर्नाटक में गडग जिले के कानागिनहाल शहर की कृषि ऋण सहकारी समिति, भारत के पहले सहकारी कानून के तहत बनाई गई प्रमुख सहायक समिति थी। यह 8 जुलाई 1905 को कानागिनहाल के स्थानीय लोगों द्वारा श्री सिद्धनगौड़ा सन्ना रमनगौड़ा पाटिल के अधिकार में 2000 रुपये की अंतर्निहित पेशकश पूंजी के साथ भेजा गया था।

अतः विकल्प (A) सही है।

96. क्षेत्रीय ग्रामीण बैंकों की स्थापना 26 सितंबर 1976 को पारित एक कानून और आरआरबी अधिनियम के तहत खेती और अन्य देश क्षेत्रों के लिए पर्याप्त बैंकिंग और ऋण कार्यालय देने के लिए की गई थी। इंदिरा गांधी के प्रशासन के दौरान ग्रामीण ऋण पर नरसिम्हम समिति के सुझावों पर 2 अक्टूबर 1975 को पांच क्षेत्रीय ग्रामीण बैंकों की स्थापना की गई। डिजाइन ग्रामीण क्षेत्रों को वित्तीय मानक में शामिल करने के लिए था जो देश की भारतीय आबादी का लगभग 70% था।

अतः विकल्प (C) सही है।

97. उत्तर प्रदेश में आशा दिवस 23 अगस्त को मनाया जाता है।

राष्ट्रीय स्वास्थ्य मिशन के अंतर्गत प्रदेश में आशा कार्यक्रम का प्रारंभ दिनांक 23 अगस्त 2005 को हुआ था। आशा सम्मेलन का आयोजन इसी दिन की याद में जनपद स्तर पर आयोजित किया जाता है जिसमें सभी आशाओं एंव आशा संगिनियों द्वारा प्रतिभाग किया जाता है।

अत: विकल्प (A) सही है।

98. उत्तर प्रदेश के कानपुर शहर में भारत का पहला कौशल संस्थान भारतीय कौशल संस्थान स्थापित होने जा रहा है।

वर्ष 2016 में, प्रधान मंत्री मोदी ने उत्तर प्रदेश के कानपुर में देश के पहले भारतीय कौशल संस्थान की आधारशिला रखी। उन्होंने केंद्रीय कौशल विकास और उद्यमिता मंत्रालय की प्रमुख कौशल विकास पहलों को चित्रित करने के लिए उत्तर प्रदेश के युवाओं के लिए कौशल प्रदर्शिनी का भी उद्घाटन किया।

अत: विकल्प (A) सही है।

99. महिला समृद्धि योजना कार्यक्रम का उद्देश्य ग्रामीण महिलाओं में बचत को बढ़ावा देना है।

महिला समृद्धि योजना ग्रामीण महिलाओं को आर्थिक सुरक्षा प्रदान करने और उनमें बचत की आदतों को प्रोत्साहित करने के उद्देश्य से शुरू की गई थी। इसे 2 अक्टूबर 1993 को शुरू किया गया था। इस योजना के तहत 18 वर्ष की ग्रामीण महिलाएं अपने क्षेत्र के ग्रामीण डाकघर में कम से कम 4 रुपये से अपना बचत खाता खोल सकती हैं।

अत: विकल्प (B) सही है।

100. मनरेगा, सर्व शिक्षा अभियान और एनआरएचएम योजनाओं के लिए आवंटन योजना राजस्व व्यय का हिस्सा हैं। राष्ट्रीय ग्रामीण रोजगार गारंटी अधिनियम 2005, एक भारतीय श्रम कानून और सामाजिक सुरक्षा उपाय है जिसका उद्देश्य 'काम के अधिकार' की गारंटी देना है। मनरेगा ग्रामीण व्यय योजना में महत्वपूर्ण भूमिका निभाता है। सर्व शिक्षा अभियान (एसएसए) भारत के संविधान में 86वें संशोधन द्वारा अनिवार्य समयबद्ध तरीके से प्रारंभिक शिक्षा के सार्वभौमीकरण (यूईई) की उपलब्धि के लिए भारत सरकार का प्रमुख कार्यक्रम है, जो 6 से 14 साल के बच्चों को मुफ्त और अनिवार्य शिक्षा देता है।

राष्ट्रीय ग्रामीण स्वास्थ्य मिशन (एनआरएचएम) की शुरुआत माननीय प्रधान मंत्री द्वारा 12 अप्रैल 2005 को ग्रामीण आबादी, विशेष रूप से कमजोर समूहों के लिए सुलभ सस्ती और गुणवत्तापूर्ण स्वास्थ्य देखभाल प्रदान करने के लिए की गई थी।

अतः विकल्प (C) सही है।

General Hindi

Q.1 निम्नलिखित में से कौन-सा विकल्प अन्य विकल्पों का अनेकार्थी नहीं हैं?

A. प्रबंध   B. नलिन   C. कमल   D. सारस

Q.2 सम्बन्ध कारक का चिन्ह है?

A. का, के, की   B. से
C. के, लिए   D. में, पर

Q.3 शुद्ध वर्तनी वाले शब्द का चयन कीजिए:

A. अन्त्याक्षरी   B. पूज्यनीय   C. तदोपरांत   D. कवियित्री

Q.4 निर्देश: वाक्य के अशुद्ध भाग (त्रुटिपूर्ण भाग) का चयन कीजिए।
आज भ्रष्टाचार हर क्षेत्र में (a)/ शिष्टाचार के रूप में (b)/जाना जाता है। (c)/कोई त्रुटि नहीं (d)

A. (a)   B. (b)   C. (c)   D. (d)

Q.5 दिए गए विकल्पों में से 'एकाधिकार' शब्द का विलोम क्या होगा?

A. पराधिकार   B. सर्वाधिकार
C. परमाधिकार   D. इनमें से कोई नहीं

Q.6 दिए गए विकल्पों में से 'कृपण' शब्द का विलोम क्या होगा?

A. कर्षण   B. दरिद्र   C. उदार   D. स्थूल

Q.7 निम्नलिखित शब्दों में किसका लिंग परिवर्तन हिन्दी भाषा में प्रचलित नहीं है?

A. कोयल   B. भैंसा   C. बहन   D. चाचा

Q.8 'शरीर' शब्द का बहुवचन रूप क्या है?

[DSSSB TGT Social Science, 2014]

A. शरीर   B. शरीरे   C. शरिर   D. शरीरों

Q.9 'प्रतिकूल' में कौन-सा समास है?

A. द्विगु समास   B. द्वंद्व समास
C. कर्मधारय समास   D. अव्ययीभाव समास

Q.10 'परमात्मा से आत्मा के मिलन का नाम मोक्ष है।'
रेखांकित शब्द का संधि विच्छेद है:

A. परम + अत्मा   B. परम + आत्मा
C. पर्म + आत्मा   D. परम + आत्म

Q.11 'ओर का ओर हो जाना' मुहावरे का सही अर्थ है:

A. महापुरुषों का निरादर मूर्खता है
B. तंग करना
C. बदल जाना
D. झंझट पाल लेना

Q.12 'आग फूस का वैर' मुहावरे का सही अर्थ है:

A. शरणागत की रक्षा करना
B. विषम परिस्थितियों से गुजरना
C. जन्मजात शत्रुता होना
D. व्यर्थ ही बीच में पढ़ने वाला

Q.13 निम्नलिखित में से कौन-सा शब्द तद्भव नहीं है?

A. कुँआ   B. काठ   C. आँख   D. मध्य

Q.14 तत्सम - तद्भव शब्द का कौन-सा युग्म उपयुक्त नहीं है?

A. ग्रंथि - ग्रंथ   B. गृह - घर
C. दूर्वा - दूब   D. कर्म - काम

Ques (15-19):निर्देश: नीचे दिए गए अनुच्छेद को पढ़कर पूछे गए प्रश्नों के सही/सबसे उपयुक्त उत्तर वाले विकल्प को चुनिए।

हेंवल घाटी के गाँववासियों ने चीड़ के पेड़ों के हो रहे विनाश के विरुद्ध जुलूस निकाले। घास-चारा लेने जा रही महिलाओं ने इन पेड़ों से लीसा टपकाने के लिए लगाए गए लोहे निकाल दिए व उनके स्थान पर मिट्टी की मरहम-पट्टी कर दी। महिलाओं ने पेड़ों का रक्षा-बंधन भी किया। आरंभ से ही लगा कि वृक्ष बचाने में महिलाएँ आगे आएँगी। वन कटने का सबसे अधिक कष्ट उन्हीं को उठाना पड़ता है, क्योंकि घास-चारा लाने के लिए उन्हें और दूर जाना पड़ता है। कठिन स्थानों से घास-चारा एकत्र करने में कई बार उन्हें बहुत चोट लग जाती है। वैसे भी पहाड़ी रास्तों पर घास-चारे का बोझ लेकर पाँच-दस कि० मी० या उससे भी ज़्यादा चलना बहुत कठिन हो जाता है। इस आंदोलन की बात ऊँचे अधिकारियों तक पहुँची तो उन्हें लीसा प्राप्त करने के तौर-तरीकों की जाँच करवानी पड़ी। जाँच से स्पष्ट हो गया कि बहुत अधिक लीसा निकालने के लालच में चीड़ के पेड़ों को बहुत नुकसान हुआ है। इन अनुचित तरीकों पर रोक लगी। चीड़ के घायल पेड़ों को आराम मिला, एक नया जीवन मिला। पर तभी खबर मिली कि इस इलाके के बहुत से पेड़ों को कटाई के लिए नीलाम किया जा रहा है। लोगों ने पहले तो अधिकारियों को ज्ञापन दिया कि जहाँ पहले से ही घास-चारे का संकट है, वहाँ और व्यापारिक कटान न किया जाए। जब अधिकारियों ने गाँववासियों की माँग पर ध्यान न देते हुए नरेंद्रनगर में नीलामी की घोषणा कर दी, तो गाँववासी जुलूस बनाकर वहाँ नीलामी का विरोध करते हुए पहुँच गए। वहाँ एकत्र ठेकेदारों से हेंवल घाटी की महिलाओं ने कहा, आप इन पेड़ों को काटकर हमारी रोज़ी-रोटी मत छीनो। पेड़ कटने से यहाँ बाढ़ व भू-स्खलन का खतरा भी बढ़ जाएगा। कुछ ठेकेदारों ने तो वास्तव में वह बात मानी पर कुछ अन्य ठेकेदारों ने अद्वानी और सलेत के जंगल खरीद लिए।

Q.15 हेंवल घाटी में किन पेड़ों के होने बाले विनाश के विरुद्ध जुलूस निकाले गए?

A. देवदार   B. चीड़   C. पीपल   D. आम

Q.16 महिलाओं ने पेड़ों का रक्षा-बंधन क्यों किया?

[CTET Paper - I, 2018]

A. यह उस घाटी की रस्म थी
B. पेड़ों को सुंदर बनाने के लिए
C. उनकी मरहम-पट्टी करने के लिए
D. पेड़ों को बचाने के लिए

Q.17 वन काटने का सबसे अधिक कष्ट महिलाओं को क्यों उठाना पड़ता है?

[CTET Paper - I, 2018]

A. केवल उन्हें ही बन से प्रेम था
B. उन्हें चारा लाने के लिए दूर जाना पड़ता है
C. उन्हें वनों की घनी छाया नहीं मिलती
D. उन्हें वनों से लीसा नहीं मिलता

Q.18 चीड़ के पेड़ों को किससे बहुत नुकसान हो रहा था?

[CTET Paper - I, 2018]

A. बहुत ऊँचे अधिकारियों से
B. अधिक घास-चारा लाने से

C. बहुत अधिक लीसा निकालने से

D. कुछ ठेकेदारों से

Q.19 पेड़ कटने से किसका खतरा बढ़ जाएगा?

[CTET Paper - I, 2018]

A. बाढ़ और लकड़ी का

B. भू-स्खलन और बाढ़ का

C. भू-स्खलन और लकड़ी का

D. लकड़ी और चारे का

Q.20 निम्नलिखित में किस शब्द में त्रुटि नहीं है-

A. वीस्तित   B. विस्तरित   C. विस्तित   D. विस्तृत

Q.21 निम्नलिखित में किस शब्द में त्रुटि नहीं है-

A. तकनिकी   B. तक्नीकी   C. तकनीकी   D. तक्निकी

Q.22 'द्विज' के अनेकार्थी शब्दों में से निम्नलिखित में से कौन सा एक शब्द नहीं आता?

A. ब्राह्मण   B. पक्षी   C. दाँत   D. विदेह

Q.23 'केसरी' किसका पर्यायवाची शब्द है:

A. मंजुल   B. सिंह   C. करी   D. भिनसार

Q.24 'किनारा' का पर्यायवाची शब्द है:

A. तरुण   B. कनक   C. कगार   D. रजनी

Q.25 'हवनकुंड की अग्नि' वाक्यांश के लिए एक शब्द क्या है?

A. आहुति   B. हवनाग्रि   C. होमाग्रि   D. यज्ञाग्रि

Mathematics

Q.26 एक समलम्ब $ABCD$ में, $DC \parallel AB, AB = 12$ सेमी और $DC = 7.2$ सेमी है। इसके विकर्णों के मध्य-बिंदुओं को मिलाने वाले रेखाखंड की लंबाई कितनी है?

A. 4.8 सेमी   B. 2.4 सेमी   C. 3.6 सेमी   D. 2.6 सेमी

Q.27 10 अवलोकनों का माध्य 5 है। यदि प्रत्येक अवलोकन में 2 जोड़ा जाता है और फिर 3 से गुणा किया जाता है, तो नया माध्य क्या होगा?

A. 5   B. 7   C. 15   D. 21

Q.28 एक त्रिभुज ABC की भुजाएँ 4 सेमी, 6 सेमी और 8 सेमी हैं। त्रिभुज के शीर्ष बिन्दुओं को केन्द्र मानकर, तीन वृत्त बनाए गए हैं जिनमें से प्रत्येक वृत्त अन्य दो वृत्तों को बाहर से स्पर्श करता है। तीनों वृत्तों की त्रिज्याओं का योगफल क्या है?

[Indian Military Academy (IMA), 2021]

A. 6 सेमी   B. 7 सेमी   C. 9 सेमी   D. 10 सेमी

Q.29 5 मीटर 44 सेमी लंबा और 3 मीटर 74 सेमी चौड़ा एक कमरा चौकोर टाइलों से पक्का किया जाना है। फर्श को ढकने के लिए आवश्यक वर्गाकार टाइलों की न्यूनतम संख्या ज्ञात कीजिए।

A. 120   B. 145   C. 176   D. 185

Q.30 दो वर्गों के परिमाप 40 सेमी और 32 सेमी हैं। एक तीसरे वर्ग का परिमाप ज्ञात कीजिए जिसका क्षेत्रफल दो वर्गों के क्षेत्रफलों के अंतर के बराबर है।

A. 4 सेमी   B. 6 सेमी   C. 24 सेमी   D. 30 सेमी

Q.31 एक कांच का विक्रय मूल्य 1965 रुपये है और हानि 25% है। यदि विक्रय मूल्य 3013 रुपये है तो लाभ प्रतिशत कितना है?

A. 13%   B. 10.4%   C. 15%   D. 20%

Q.32 निम्नलिखित हिस्टोग्राम एक शहर में 10 से 70 वर्ष के आयु वर्ग में साक्षर महिलाओं की संख्या को दर्शाता है:

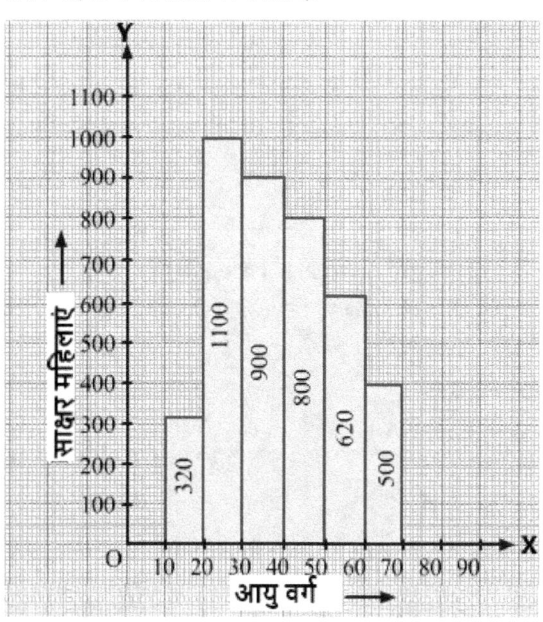

आयु वर्ग 10 — 40 के बीच साक्षर महिलाओं की संख्या का आयु समूह 40 — 70 के बीच साक्षर महिला से अनुपात कितना है?

A. 29 : 24   B. 28 : 23   C. 22 : 24   D. 29 : 28

Q.33 एक आयताकार खेत का क्षेत्रफल 120 m² और परिमाप 46m है। खेत में रखे जा सकने वाले खम्भे की अधिकतम लंबाई कितनी है?

A. 16 मीटर

B. 19 मीटर

C. 17 मीटर

D. निर्धारित नही किया जा सकता है

Q.34 यदि किसी आयत की लंबाई और चौड़ाई को दोगुना कर दिया जाए, तो उसका परिमाप:

A. वैसा ही रहता है   B. दोगुना हो जाता है

C. चार गुना हो जाता है   D. आधा हो जाता है

Q.35 यदि एक आयताकार भूखंड का क्षेत्रफल 180 वर्ग मीटर है और इसकी लंबाई 20 मीटर है, तो इसकी चौड़ाई है:

A. 9 मीटर   B. 12 मीटर   C. 60 मीटर   D. 13 मीटर

Q.36 24,36 और 92 का एचसीएफ है:

A. 24   B. 36   C. 12   D. 4

Q.37 एक बहुभुज के 27 विकर्ण हैं। बहुभुज की भुजाओं की संख्या होगी:

A. 9   B. 10   C. 11   D. 12

Q.38 गोला X का वक्र पृष्ठीय क्षेत्रफल गोला Y से 96% अधिक है, जबकि गोला Z का वक्र पृष्ठीय क्षेत्रफल, गोलाकार Y से 44% अधिक है। तो, गोला X और गोला Z के आयतन का अनुपात ज्ञात कीजिये?

A. 125 : 64   B. 216 : 125

C. 343 : 216   D. 512 : 343

Q.39 यदि α और β समीकरण $ax^2 + bx + c = 0$ के मूल हैं, तो $\frac{1}{a\alpha+b} + \frac{1}{a\beta+b}$ का मान क्या है?

[Indian Military Academy (IMA), 2018]

A. $\frac{a}{bc}$ B. $\frac{b}{ac}$ C. $\frac{c}{ab}$ D. $\frac{1}{abc}$

Q.40 व्यंजक $2x^2 + 5x + 5$ का न्यूनतम मान क्या है?

[Indian Military Academy (IMA), 2018]

A. 5   B. $\frac{15}{8}$ C. $-\frac{15}{8}$ D. 0

Q.41 $7.1, 3.2, 5.8, 8.9, 6.5, 10.2, 9, 12.5$ की माध्यिका क्या है?

A. 6   B. 7   C. 8   D. 9

Q.42 निम्नलिखित प्रेक्षणों को आरोही क्रम में व्यवस्थित किया गया है। आँकड़ों की माध्यिका 15 है। x का मान ज्ञात कीजिए।

$8, 11, 12, x + 6, 17, 18, 23$

A. 15   B. 9   C. 11   D. 12

Q.43 40 के वर्ग के 40% का एक चौथाई ज्ञात कीजिए।

[UP Police Constable, 2019]

A. 120   B. 140   C. 160   D. 180

Q.44 यदि ∆XYZ ~ ∆ABC, XY = 12 सेमी, YZ = 16 सेमी और AB = 21 सेमी है, तो BC ज्ञात कीजिए।

A. 35   B. 28   C. 24   D. 40

Ques (45-49):निर्देश: निम्नलिखित बार ग्राफ का अध्ययन कीजिए और उस पर आधारित प्रश्नों के उत्तर दीजिए।

दो कंपनियों लेनेवो और कॉम्पैक द्वारा कंप्यूटर निर्मित किये गए हैं। बार ग्राफ का मान हजार में दिया गया है।

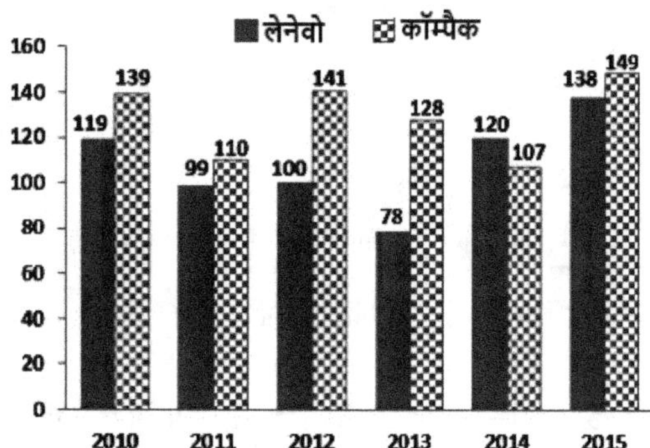

Q.45 2013 में कॉम्पैक कंपनी का उत्पादन समान वर्ष में लेनेवो कंपनी के उत्पादन का लगभग कितना प्रतिशत था?

A. 136.6%   B. 90.8%   C. 120.8%   D. 164.10%

Q.46 निम्नलिखित में से किस वर्ष में, कंपनी लेनेवो और कॉम्पैक के उत्पादन के बीच का अंतर दिए गए वर्षों में अधिकतम था?

A. 2013   B. 2015   C. 2014   D. 2011

Q.47 दी गई अवधि में लेनेवो कंपनी द्वारा निर्मित कंप्यूटरों की औसत संख्या कितनी है?

A. 119000   B. 109000   C. 115000   D. 99000

Q.48 2011 और 2012 में कॉम्पैक कंपनी द्वारा निर्मित कंप्यूटरों की संख्या के बीच क्या अंतर है?

A. 31000   B. 41000   C. 21000   D. 76000

Q.49 दिए गए में दोनों कंपनियों के बीच क्या अंतर है?

A. 150000   B. 135000   C. 120000   D. 189000

Q.50 दो संख्याओं का ल.स.प. उनके म.स.प. का 91 गुना है। म.स.प. और ल.स.प. का योग 2760 है। यदि एक संख्या 210 है, तो दूसरी संख्या होगी:

A. 2730   B. 420   C. 30   D. 390

General Knowledge

Q.51 निम्नलिखित में से किसे मार्च 2020 में मुख्य सूचना आयुक्त (CIC) के रूप में नियुक्त किया गया था?

[SSC MTS, 2021]

A. अजय भूषण पांडेय   B. अजय भूषण पांडेय
C. अजय भूषण पांडेय   D. बिमल जुल्का

Q.52 निम्नलिखित में से किसने फ्रांस का राष्ट्रपति चुनाव- 2017 जीता है?

[UPPSC Staff Nurse, 2017]

A. मैरीन लि पेन   B. फ्रैन्कोइस ओलांन
C. एम्मानुएल मैक्रों   D. जीन-लुक मेलेन्कन

Q.53 नीति आयोग के वर्तमान सीईओ निम्नलिखित में से कौन है?

[RRB (NTPC), 2017]

A. अरविंद पनगढ़िया   B. अरविंद सुब्रमण्यन
C. अमिताभ कांत   D. सिंधुश्री खुल्लर

Q.54 अप्रैल 2022 में नीति आयोग द्वारा शुरू किए गए राज्य ऊर्जा और जलवायु सूचकांक में उत्तर प्रदेश को कौन-सा स्थान मिला है?

A. 10   B. 11   C. 12   D. 13
E. 15

Q.55 10 मार्च, 2022 को चुनाव आयोग ने उत्तर प्रदेश राज्य की कितनी सीटों के लिए विधानसभा चुनाव के नतीजे घोषित किए?

A. 235   B. 290   C. 578   D. 403

Q.56 14 फरवरी, 2022 को, उत्तर प्रदेश के किस शहर से 'मेड इन इंडिया' परफ्यूम न्यूयॉर्क में 'आजादी का अमृत महोत्सव' कार्यक्रम के हिस्से के रूप में लॉन्च किया गया था?

A. झांसी   B. फिरोजाबाद
C. गोरखपुर   D. कन्नौज

Q.57 "बलिया का बाघ" किसे कहा जाता है?

A. चित्तू पांडे   B. मंगल पांडे
C. मुनीश्वर दत्त उपाध्याय   D. रफ़ी अहमद किदवई

Q.58 कदम सिंह ने आधुनिक राज्यों के निम्नलिखित में से किस क्षेत्र में 1857 के विद्रोह का नेतृत्व किया?

A. सीकर, राजस्थान   B. मेरठ, उत्तर प्रदेश
C. देहरादून, उत्तराखंड   D. बरेली, उत्तर प्रदेश

Q.59 इंटरनेट सर्फिंग के लिए कौन सा ब्राउज़र नहीं है ?

A. इंटरनेट एक्सप्लोरर   B. ओपेरा
C. मोज़िला फ़ायरफ़ॉक्स   D. गूगल

Q.60 उस मेमोरी का नाम बताइए जो मुख्य मेमोरी और सेंट्रल प्रोसेसिंग यूनिट के बीच काम करती है?

A. कैश मेमोरी   B. रजिस्टर मेमोरी
C. वर्चुअल मेमोरी   D. इनमे से कोई नहीं

Q.61 निम्नलिखित में से कौन सा हार्डवेयर डिवाइस वेक्टर ग्राफिक्स प्रिंटिंग के लिए उपयोग किया जाता है?

A. इंकजेट प्रिंटर   B. प्लॉटर
C. कीबोर्ड   D. माउस

Q.62 सोवियत संघ और संयुक्त राज्य अमेरिका के बीच भू-राजनीतिक तनाव की अवधि को शीत युद्ध काल कहा जाता है, यह कौन सी अवधि है?

A. 1914 – 1919

B. 1939 – 1945

C. 1947 – 1991

D. 1991 – 2001

Q.63 निम्नलिखित में से कौन सा/से कथन सही है/हैं?

1. पूर्वी गठबंधन उत्तरी अटलांटिक संधि संगठन (नाटो), जो अप्रैल 1949 में अस्तित्व में आया।

2. पश्चिमी गठबंधन, जिसे वारसा संधि के रूप में जाना जाता है, का नेतृत्व सोवियत संघ द्वारा किया गया था, जिसे 1955 में बनाया गया था।

A. केवल 1

B. केवल 2

C. दोनों 1 और 2

D. न तो 1 और न ही 2

Q.64 केंद्रीय सतर्कता आयोग (सीवीसी) के संबंध में निम्नलिखित में से कौन सा/से कथन सही है/हैं?

1. सीवीसी गृह मंत्रालय के अंतर्गत आता है।

2. केंद्रीय सतर्कता आयुक्त या किसी भी सतर्कता आयुक्त को केवल प्रधानमंत्री के आदेश द्वारा उनके पद से हटाया जा सकता है।

3. केंद्रीय सतर्कता आयोग ने प्रोक्योरमेंट गतिविधियों के लिए सरकारी संगठनों में "सत्यनिष्ठा समझौता" को अपनाने पर मानक संचालन प्रक्रिया (एसओपी) में संशोधन किया है।

A. केवल 1

B. केवल 2 और 3

C. केवल 3

D. इनमें से कोई नहीं

Q.65 अक्रिय गैसों की इलेक्ट्रॉन आत्मीयता है-

A. कम

B. उच्च

C. बहुत उच्च

D. लगभग शून्य

Q.66 निम्नलिखित में से कौन सी गैस ऑक्सीजन से भारी है?

A. कार्बन डाइऑक्साइड

B. अमोनिया

C. मीथेन

D. हीलियम

Q.67 सिरका का रासायनिक नाम क्या है?

A. एसिटिक अम्ल

B. सिट्रिक अम्ल

C. लैक्टिक अम्ल

D. फॉर्मिक अम्ल

Q.68 निम्नलिखित में से किसका प्रयोग पेंसिल बनाने में किया जाता है?

A. ग्रेफाइट

B. कोबाल्ट

C. टंगस्टन

D. इनमें से कोई नहीं

Q.69 एलपीजी में प्रमुख अवयव हैं-

A. मीथेन

B. ब्यूटेन

C. प्रोपेन

D. दोनों (B) और (C)

Q.70 "धारणीय विकास (खसटेंबल डैवलपमेंट) यह शब्द पहली बार किस रिपोर्ट में उपयोग किया गया?

[DSSSB TGT Social Science, 2014]

A. ब्रंटलैंड रिपोर्ट

B. वियना रिपोर्ट

C. ब्रेटन वुड रिपोर्ट

D. वर्ल्ड एच. डी. रिपोर्ट

Q.71 'श्रम की आरक्षित सेना' यह परिकल्पना इसने दी:

[DSSSB TGT Social Science, 2014]

A. कार्ल मार्क्स

B. डेविड रिकार्डो

C. एडम स्मिथ

D. जे.एस. मिल

Q.72 निम्नलिखित में से कौन सा 'प्रवासन के मूल कारकों' में से है?

A. जीवन की सुरक्षा

B. बेरोजगारी

C. ख़राब रहने की स्थिति

D. अप्रिय जलवायु

Q.73 फोबोस और डीमोस किस ग्रह के उपग्रह हैं?

A. मंगल

B. बुध

C. शुक्र

D. अरुण

Q.74 दक्षिणी गोलार्ध में सबसे लंबा दिन (सबसे छोटी रात) कौन-सा है:

A. 21 जुलाई

B. 22 दिसंबर

C. 22 नवंबर

D. 21 जून

Q.75 भारतीय संविधान की चौथी अनुसूची निम्नलिखित में से किस विकल्प के बारे में बताती है?

A. सदस्य का वेतन

B. संघ और उसके क्षेत्र

C. राज्यसभा सीटों का आवंटन

D. इनमें से कोई नहीं

Rural Development and Rural Society

Q.76 खातों के वार्षिक विवरण और पंचायत की वार्षिक प्रगति रिपोर्ट की समीक्षा करना मुख्य कार्य है:

A. ग्राम पंचायत

B. ग्राम सभा

C. जिला पंचायत

D. कलेक्टर

Q.77 भारत के संविधान में, पंचायती राज _______ में शामिल है।

A. संघ सूची

B. समवर्ती सूची

C. राज्य सूची

D. अवशिष्ट शक्ति

Q.78 निम्नलिखित में से कौन सा लेख पंचायतों में सीटों के आरक्षण से संबंधित है?

A. अनुच्छेद- 243C

B. अनुच्छेद- 243E

C. अनुच्छेद- 243D

D. अनुच्छेद- 243G

Q.79 एक ग्राम सभा में _______ होते हैं।

A. गांव के लोगों द्वारा चुने गए सभी सदस्य

B. गाँव के सभी सदस्य जिनकी आयु 21 वर्ष से कम न हो

C. पंचायत क्षेत्र के सभी सदस्य जिनकी आयु 18 वर्ष से कम न हो

D. उपरोक्त सभी

Q.80 ग्राम पंचायत के कार्यक्रमों और परियोजनाओं का अनुमोदन कौन करता है?

A. जिला कलेक्टर

B. जिला पंचायत

C. ग्राम सभा

D. इनमे से कोई नहीं

Q.81 निम्नलिखित में से कौन पुलिस स्टेशन का प्रभारी व्यक्ति है?

A. एसडीओ

B. एसएचओ

C. उप निरीक्षक

D. सहायक उप निरीक्षक

Q.82 उस योजना का नाम क्या है जिसका उद्देश्य 2024 तक प्रत्येक ग्रामीण घर को कार्यात्मक घरेलू नल जल कनेक्शन (FHTC) प्रदान करना है?

A. जल क्रांति अभियान

B. जल जीवन मिशन

C. हर खेत को पानी

D. जन आरोग्य योजना

Q.83 कौन सा मंत्रालय स्वामित्व योजना लागू करता है?

A. कौशल विकास मंत्रालय

B. पंचायती राज मंत्रालय

C. कृषि मंत्रालय

D. ग्रामीण विकास मंत्रालय

Q.84 सौभाग्य योजना _______ क्षेत्र से सम्बंधित है।

A. स्वास्थ्य

B. बिजली

C. रोजगार

D. वैक्सीन

Q.85 पर्यावरण सुरक्षा अधिनियम कब बना?

A. 1975

B. 1970

C. 1968

D. 1986

Q.86 बीस सूत्रीय कार्यक्रम किस प्रधानमंत्री के कार्यकाल में शुरू हुआ?

A. अटल बिहारी वाजपेयी   B. राजीव गाँधी
C. जवाहरलाल नेहरु   D. इंदिरा गाँधी

Q.87 देश में ग्रामीण विकास के लिए प्रधानमंत्री ग्राम सड़क योजना की शुरुआत कब हुई थी?

A. 2000   B. 2010   C. 2005   D. 2009

Q.88 ग्रामीण और नगरीय जीवन में भेद का आधार क्या है?

A. परिवार   B. विवाह
C. उपरोक्त दोनों   D. इनमे से कोई नहीं

Q.89 निम्न में से कौन सी व्यवस्था भूमि सुधार की दृष्टि से सर्वप्रथम समाप्त की गई?

A. काश्तकारी   B. जमींदारी
C. मजदूरी पर कृषि   D. उपरोक्त सभी

Q.90 सामुदायिक विकास योजना का क्षेत्र _______ है।

A. नगर   B. ग्राम
C. महानगर   D. राजधानिया

Q.91 सामुदायिक विकास में _______ शामिल नहीं है।

A. कृषि कार्य   B. स्वास्थ्य
C. समाज कल्याण   D. अपराध सुधार

Q.92 निम्नलिखित में से कौन-सा/से पंचायतों का उत्तरदायित्व है/हैं?

A. आर्थिक विकास और सामाजिक न्याय के लिए योजना तैयार करना
B. आर्थिक विकास और सामाजिक न्याय के लिए योजनाओं का क्रियान्वयन
C. (A) और (B) दोनों
D. उपरोक्त में से कोई नहीं

Q.93 निम्नलिखित में से कौन-सी गैर-कृषि ऋण समितियाँ हैं?

A. सहकारी बैंक
B. थ्रिफ्ट और क्रेडिट सोसायटी
C. वेतनभोगी समाज
D. ये सभी

Q.94 भारत में सहकारी समितियाँ किस संगठनात्मक संरचना का अनुसरण करती हैं?

A. संघीय संरचना   B. केंद्रीकृत संरचना
C. एकात्मक संरचना   D. विकेंद्रीकृत संरचना

Q.95 सहकारी समिति में जमा राशियों पर ब्याज दर के लिए कौन जिम्मेदार है?

A. सदस्य   B. रजिस्ट्रार
C. अध्यक्ष   D. प्रबंधन समिति

Q.96 3 – 6 वर्ष आयु वर्ग के बच्चों के लिए प्रारंभिक बचपन शिक्षा योजना _______ के अंतर्गत कार्य करती है।

A. सर्व शिक्षा अभियान
B. राजीव गांधी शिक्षा कार्यक्रम
C. प्रारंभिक शिक्षा का सार्वभौमीकरण
D. शिशु विद्या योजना

Q.97 बेटी बचाओ बेटी पढाओ योजना के बारे में निम्नलिखित में से कौन सा कथन सही है?

1. इसे संयुक्त रूप से मानव संसाधन और विकास मंत्रालय, महिला और बाल विकास मंत्रालय और स्वास्थ्य और परिवार कल्याण मंत्रालय द्वारा कार्यान्वित किया जाता है।

2. बाल लिंगानुपात को रोकना और उलटना इसके घटकों में से एक है।

A. केवल 1   B. केवल 2
C. 1 और 2 दोनों   D. न तो 1 न ही 2

Q.98 मध्याह्न भोजन योजना के बारे में निम्नलिखित पर विचार करें, निम्नलिखित में से कौन सा कथन सही है?

1. मध्याह्न भोजन योजना चलाने के लिए खाना पकाने, ढांचागत विकास, रसद लागत पूरी तरह से राज्यों द्वारा वहन की जाती है।

2. इस योजना के तहत गर्मी के मौसम में सूखा प्रभावित क्षेत्रों में रहने वाले बच्चों के पोषण संबंधी सहायता भी ली जाती है।

A. केवल 1   B. केवल 2
C. 1 और 2 दोनों   D. ना तो 1 न ही 2

Q.99 निम्नलिखित में से कौन सा कार्यक्रम 'कुटीर ज्योति योजना' से संबंधित है?

A. गरीबी रेखा से नीचे जीवन यापन करने वाले ग्रामीण परिवारों को बिजली उपलब्ध कराना
B. ग्रामीण युवाओं को रोजगार उपलब्ध कराना
C. ग्रामीण क्षेत्रों में केरख उद्योगों को प्रोत्साहित करना
D. उपरोक्त सभी

Q.100 उत्तर प्रदेश कौशल सतरंग योजना का संबंध किससे है?

A. कौशल विकास   B. ग्रामीण विकास
C. जल संरक्षण   D. स्वच्छता

// स्मार्ट उत्तर पुस्तिका //

सही उत्तर — उन छात्रों का प्रतिशत जिन्होंने प्रश्नों का सही उत्तर दिया था। **छोड़ दिया** — उन छात्रों का प्रतिशत जिन्होंने प्रश्नों को छोड़ दिया था।

प्रश्न संख्या	उत्तर	सही उत्तर	छोड़ दिया
1	A	68.78 %	30.64 %
2	A	62.35 %	35.94 %
3	A	62.69 %	33.97 %
4	C	87.51 %	10.65 %
5	B	47.22 %	30.65 %
6	C	62.69 %	33.41 %
7	A	87.88 %	11.31 %
8	A	57.02 %	35.59 %
9	D	67.19 %	32.24 %
10	B	85.68 %	13.41 %
11	C	50.85 %	47.22 %
12	C	53.06 %	42.58 %
13	D	64.19 %	34.62 %
14	A	27.07 %	69.92 %
15	B	60.37 %	39.09 %
16	D	22.81 %	71.23 %
17	B	42.7 %	36.5 %

प्रश्न संख्या	उत्तर	सही उत्तर	छोड़ दिया
18	C	54.49 %	39.32 %
19	B	40.06 %	42.22 %
20	D	27.08 %	69.85 %
21	C	79.96 %	12.18 %
22	D	84.42 %	12.34 %
23	B	64.64 %	31.81 %
24	C	66.8 %	30.65 %
25	B	42.04 %	44.5 %
26	B	46.84 %	41.38 %
27	D	47.23 %	51.18 %
28	C	46.61 %	50.38 %
29	C	20.19 %	78.39 %
30	C	27.22 %	68.78 %
31	C	67.84 %	31.11 %
32	A	43.64 %	52.92 %
33	C	44.32 %	39.52 %
34	B	77.64 %	20.72 %

प्रश्न संख्या	उत्तर	सही उत्तर	छोड़ दिया
35	A	47.18 %	51.7 %
36	D	41.23 %	34.3 %
37	A	86.7 %	10.57 %
38	C	15.52 %	78.19 %
39	B	28.39 %	69.37 %
40	B	79.27 %	14.66 %
41	C	42.12 %	44.58 %
42	B	69.82 %	30.08 %
43	C	80.47 %	17.58 %
44	B	87.37 %	12.41 %
45	D	53.14 %	30.45 %
46	A	46.91 %	52.62 %
47	B	67.28 %	31.61 %
48	A	85.07 %	10.81 %
49	C	63.17 %	31.09 %
50	D	67.19 %	30.8 %
51	D	19.94 %	79.05 %

प्रश्न संख्या	उत्तर	सही उत्तर	छोड़ दिया
52	C	48.06 %	50.29 %
53	C	58.24 %	36.93 %
54	D	57.86 %	30.91 %
55	D	59.08 %	34.02 %
56	D	41.7 %	55.96 %
57	A	76.28 %	21.42 %
58	B	45.95 %	32.79 %
59	D	65.46 %	31.34 %
60	A	60.87 %	31.52 %
61	B	85.37 %	13.6 %
62	C	44.16 %	53.04 %
63	D	57.64 %	31.15 %
64	C	89.71 %	10.24 %
65	D	48.62 %	49.27 %
66	A	67.3 %	30.19 %
67	A	78.45 %	12.98 %
68	A	47.71 %	32.61 %

प्रश्न संख्या	उत्तर	सही उत्तर	छोड़ दिया
69	D	52.21 %	31.17 %
70	A	14.44 %	77.5 %
71	A	51.11 %	41.83 %
72	A	69.07 %	30.45 %
73	A	63.6 %	33.64 %
74	B	58.39 %	30.43 %
75	C	53.09 %	39.97 %
76	B	67.41 %	30.41 %
77	C	79.89 %	16.42 %
78	C	62.17 %	34.14 %
79	C	84.45 %	10.97 %
80	C	51.47 %	38.26 %
81	B	44.51 %	42.05 %
82	B	62.75 %	34.18 %
83	B	40.66 %	42.1 %
84	B	60.48 %	36.84 %
85	D	87.3 %	11.87 %

प्रश्न संख्या	उत्तर	सही उत्तर	छोड़ दिया
86	D	48.29 %	40.7 %
87	A	51.1 %	46.6 %
88	C	57.02 %	38.04 %
89	B	45.19 %	51.25 %
90	B	89.72 %	10.1 %
91	D	54.44 %	43.05 %
92	C	80.01 %	13.11 %
93	D	49.18 %	47.79 %
94	A	79.01 %	18.67 %
95	B	59.08 %	34.33 %
96	C	49.43 %	38.04 %
97	C	32.36 %	67.11 %
98	B	13.18 %	71.02 %
99	A	64.19 %	34.21 %
100	A	60.92 %	37.65 %

//संकेत और समाधान//

1. दिए गए विकल्पों में 'प्रबंध' शब्द अन्य शब्दों से अलग है। प्रबंध के अनेकार्थी शब्द हैं- तंत्र, शासन, उपाय, औषधि वस्तु आदि। नलिन के अनेकार्थी शब्द हैं- कमल, सारस, जल, नील आदि।

अतः विकल्प (A) सही है।

2. का, के, की सम्बन्ध कारक के चिन्ह है।

संज्ञा या सर्वनाम के जिस रूप से किसी अन्य शब्द के साथ संबंध का बोध हो, उसे सम्बन्ध कारक कहते हैं। इसकी विभक्ति 'का', 'की', और 'के' है।

जैसे – सीता का भाई आया है, राम की किताब।

अतः विकल्प (A) सही है।

3. 'अन्त्याक्षरी' की वर्तनी शुद्ध है।

अन्य की शुद्ध वर्तनी है-

पूज्यनीय - पूजनीय

तदोपरांत - तदुपरांत

कवियित्री - कवयित्री

अतः विकल्प (A) सही है।

4. वाक्य के (c) भाग में त्रुटि है, "जाना जाता है।" के स्थान पर "माना जाता है।" होगा।

शुद्ध वाक्य: "आज भ्रष्टाचार हर क्षेत्र में शिष्टाचार के रूप में माना जाता है।"

अतः विकल्प (C) सही है।

5. दिए गए विकल्पों में से 'एकाधिकार' शब्द का विलोम सर्वाधिकार है।

एकाधिकार का अर्थ - किसी एक का अधिकार

सर्वाधिकार का अर्थ - सभी का अधिकार

अतः विकल्प (B) सही है।

6. दिए गए विकल्पों में से 'कृपण' शब्द का विलोम उदार है।

कृपण का अर्थ - कंजूस

उदार का अर्थ - दानी

अतः विकल्प (C) सही है।

7. कोयल शब्द का लिंग परिवर्तन हिन्दी भाषा में प्रचलित नहीं है। अन्य शब्दों के लिंग बदले जा सकते हैं जैसे भैंसा का स्त्रीलिंग भैंस, बहन का पुल्लिंग भाई और चाचा का स्त्रीलिंग चाची होता है, परंतु कोयल शब्द का लिंग परिवर्तन नहीं होता।

अतः विकल्प (A) सही है।

8. 'शरीर' शब्द का बहुवचन रूप शरीर ही होता है। एक से अधिक का बोध होने पर बहुवचन होता है। जैसे लडके , गायें , कपड़े , टोपियाँ।

अतः विकल्प (A) सही है।

9. 'प्रतिकूल' में अव्ययीभाव समास है।

- अव्ययीभाव समास में पहला पद (पूर्वपद) अव्यय तथा प्रधान होता है।
- जैसे – जन्म से लेकर = आजन्म, मति के अनुसार = यथामति।
- कूल (किनारे) के विपरीत-विरोधी अर्थात् प्रतिकूल। इसलिए, यहाँ अव्ययीभाव समास है।

अतः विकल्प (D) सही है।

10. परम + आत्मा की संधि 'परमात्मा' होगी। शेष विकल्प त्रुटिपूर्ण हैं।

- 'परमात्मा' में दीर्घ स्वर संधि है।
- परम + आत्मा = परमात्मा (अ + आ = आ), यहाँ **'अ'** और **'आ'** के मेल से **'आ'** बना है।
- 'दीर्घ स्वर संधि' में ह्स्व या दीर्घ अ, इ, उ के साथ ह्स्व या दीर्घ अ, इ, उ का मेल होने पर आ, ई, ऊ हो जाता है।

अतः विकल्प (B) सही है।

11. जब कोई शब्द समूह या पद या वाक्यांश निरंतर अभ्यास के कारण सामान्य अर्थ न देकर विशेष अर्थ व्यक्त करने लगे तो उसे मुहावरा कहते हैं।

'ओर का ओर हो जाना' मुहावरे का सही अर्थ है – बदल जाना। अन्य विकल्प असंगत हैं।

वाक्य प्रयोग - तुम तो मंत्री बनकर ओर का ओर हो गए हो।

अतः विकल्प (C) सही है।

12. जब कोई शब्द समूह या पद या वाक्यांश निरंतर अभ्यास के कारण सामान्य अर्थ न देकर विशेष अर्थ व्यक्त करने लगे तो उसे मुहावरा कहते हैं।

'आग फूस का वैर' मुहावरे का सही अर्थ है – जन्मजात शत्रुता होना है।

वाक्य प्रयोग - साँप और नेवले में आग फूस का वैर होता है।

अतः विकल्प (C) सही है।

13. मध्य, शब्द तद्भव नहीं है।

मध्य तत्सम शब्द है।

मध्य का तद्भव रूप:- मध्यम, बीच का

संस्कृत से हिंदी में आने पर जिन शब्दों का रूप बदल गया हो, तद्भव कहलाते हैं।

अतः विकल्प (D) सही है।

14. दिए गये विकल्पों में से 'तत्सम -तद्भव' शब्द युग्म का 'ग्रंथि - ग्रंथ' यह विकल्प सही नही है।

क्योंकि ग्रंथि शब्द का अर्थ गाँठ होता है, ग्रन्थ नही। अन्य सभी विकल्प सही है।

अतः विकल्प (A) सही है।

15. गद्यांश के अनुसार, "हेंवल घाटी के गाँववासियों ने चीड़ के पेड़ों के हो रहे विनाश के विरुद्ध जुलूस निकाले। घास-चारा लेने जा रही महिलाओं ने इन पेड़ों से लीसा टपकाने के लिए लगाए गए लोहे निकाल दिए व उनके स्थान पर मिट्टी की मरहम-पट्टी कर दी।"

अतः विकल्प (B) सही है।

16. महिलाओं ने पेड़ों का रक्षा-बंधन पेड़ों को बचाने के लिए किया।

गद्यांश के अनुसार, "महिलाओं ने पेड़ों का रक्षा-बंधन भी किया। आरंभ से ही लगा कि वृक्ष बचाने में महिलाएँ आगे आएँगी।"

अतः विकल्प (D) सही है।

17. गद्यांश के अनुसार, "आरंभ से ही लगा कि वृक्ष बचाने में महिलाएँ आगे आएँगी। वन कटने का सबसे अधिक कष्ट उन्हीं को उठाना पड़ता है, क्योंकि घास-चारा लाने के लिए उन्हें और दूर जाना पड़ता है।"

अतः विकल्प (B) सही है।

18. गद्यांश के अनुसार, "जाँच से स्पष्ट हो गया कि बहुत अधिक लीसा निकालने के लालच में चीड़ के पेड़ों को बहुत नुकसान हुआ है। इन अनुचित तरीकों पर रोक लगी।"

अतः विकल्प (C) सही है।

19. गद्यांश के अनुसार, "वहाँ एकत्र ठेकेदारों से हेंवल घाटी की महिलाओं ने कहा, आप इन पेड़ों को काटकर हमारी रोज़ी-रोटी मत छीनो। पेड़ कटने से यहाँ बाढ़ व भू-स्खलन का खतरा भी बढ़ जाएगा।"

अतः विकल्प (B) सही है।

20. 'विस्तृत' शब्द में त्रुटि नहीं है। विस्तृत का अर्थ है विस्तारवाला।

अतः विकल्प (D) सही है।

21. 'तकनीकी' शब्द शुद्ध वर्तनी रूप है; इसका अर्थ प्राविधिक है।

अतः विकल्प (C) सही है।

22. विदेह शब्द द्विज का अनेकार्थी रूप नहीं है।

द्विज के एक से अधिक अर्थ – ब्राह्मण, दाँत, अंडज, पक्षी, चन्द्रमा आदि।

विदेह का अर्थ - वह जो शरीर से रहित हो ।

अतः विकल्प (D) सही है।

23. 'केसरी' का पर्यायवाची शब्द 'सिंह' है।

'केसरी' का पर्यायवाची शब्द- सिंह, शेर, महावीर, व्याघ्र, पंचमुख, मृगेन्द्र, केहरी, केशी, ललित, हरि, मृगपति, वनराज, शार्दूल, नाहर, सारंग, मृगराज इत्यादि है।

अतः विकल्प (B) सही है।

24. 'किनारा' का पर्यायवाची शब्द 'कगार' है।

'किनारा' का पर्यायवाची शब्द- सीमा, तट, तीर, लड़, कगार, कूल, पार, समाप्ति, अंत, साहिल इत्यादि है।

अतः विकल्प (C) सही है।

25. 'हवनकुंड की अग्नि' वाक्यांश के लिए एक शब्द 'हवनाग्नि' है। शेष विकल्प असंगत हैं।

अतः विकल्प (B) सही है।

26. दिया गया है,

$AB = 12$ सेमी और $DC = 7.2$ सेमी

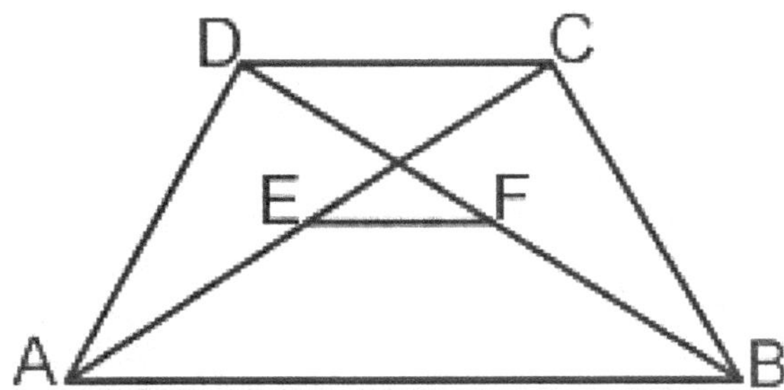

माना E और F विकर्णों के मध्यबिंदु हैं

जैसा कि हम जानते हैं,

प्रमेय के अनुसार एक समलंब के विकर्णों के मध्य-बिंदुओं को मिलाने वाले रेखाखंड की प्रत्येक समानांतर भुजा के समानांतर होता है और इन भुजाओं के अंतर के आधे के बराबर होता है।

$$\Rightarrow EF = \frac{1}{2}(AB - DC)$$

$$\Rightarrow EF = \frac{1}{2} \times (12 - 7.2)$$

$$\Rightarrow EF = \frac{1}{2} \times 4.8 = 2.4$$

अतः विकल्प (B) सही है।

27. यहाँ, माध्य = 5, और अवलोकन की संख्या = 10

माध्य = अवलोकन का योग/अवलोकनों की संख्या

∴ अवलोकनों का योग = 5 × 10

= 50

अब प्रत्येक अवलोकन से 2 जोड़ा जाता है।

∴ योग = 50 + (10×2)

= 70

अब प्रत्येक अवलोकन को 3 से गुणा किया जाता है।

∴ नया योग = 70 × 3 = 210

नया माध्य = नया योग/अवलोकनों की संख्या

$$= \frac{210}{10}$$

= 21

अतः विकल्प (D) सही है।

28. दिया गया है:

त्रिभुज की भुजाएँ 4 सेमी, 6 सेमी और 8 सेमी हैं।

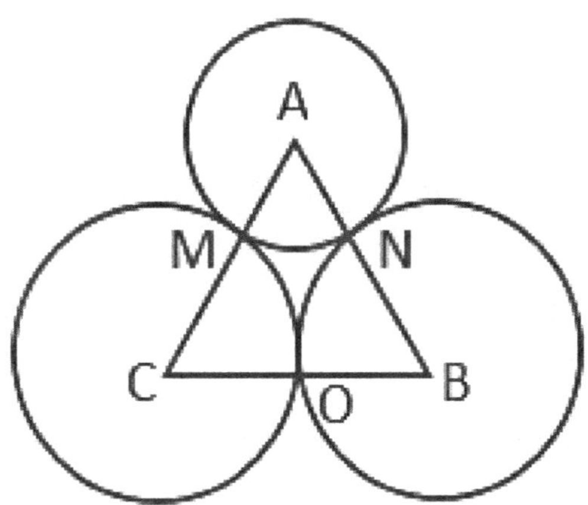

चूँक $AP = AQ$ (वृत्त की त्रिज्याएँ)

$BP = BR$ (वृत्त की त्रिज्या)

$CR = CQ$ (वृत्त की त्रिज्या)

मान लीजिए $AP = AQ = a$

फिर,

$$BP = AB - AP$$

$$= 4 - a = BR$$

$$CR = BC - BR$$

$$= 6 - (4 - a)$$

$$= 2 + a = CQ$$

चूंकि $AC = AQ + QC$

$8 = a + 2 + a$

$6 = 2a$

$a = 3$

$AP = AQ$

$= a = 3$ सेमी

$BP = BR$

$= 4 - a$

$= 4 - 3$

$= 1$ सेमी

$CR = CQ$

$= 2 + a = 2 + 3$

$= 5$ सेमी

तीन त्रिज्याओं का योग $= AP + BP + CR$

$= 3 + 1 + 5$

$= 9$ सेमी

अतः विकल्प (C) सही है।

29. दिया गया है,

फर्श की लंबाई = 5 मीटर 44 सेमी = (500 + 44) सेमी = 544 सेमी

फर्श की चौड़ाई = 3 मीटर 74 सेमी = (300 + 74) सेमी = 374 सेमी

फर्श का क्षेत्रफल = फर्श की लंबाई $\times$ फर्श की चौड़ाई

$= (544 \times 374)$ वर्ग सेमी

सबसे बड़े वर्गाकार टाइल का आकार =544 सेमी और 374 सेमी का एच.सी.एफ.

$544 = 2 \times 2 \times 2 \times 2 \times 2 \times 17$

$374 = 2 \times 11 \times 17$

एच.सी.एफ. = $2 \times 17 = 34$ सेमी

एक टाइल का क्षेत्रफल $= (34 \times 34)$ वर्ग सेमी

आवश्यक टाइलों की संख्या = फर्श का क्षेत्रफल / एक टाइल का क्षेत्रफल

$= \left(\frac{544 \times 374}{34 \times 34} \right)$

$= 176$

अतः विकल्प (C) सही है।

30. दिया गया है,

दो वर्गों के परिमाप 40 सेमी और 32 सेमी हैं।

माना, पहले वर्ग की भुजा = a

और दूसरे वर्ग की भुजा = b

पहले वर्ग की परिमाप, $4a = 40$

$\Rightarrow a = \left(\frac{40}{4} \right) cm$

$\Rightarrow a = 10$ सेमी

दूसरे वर्ग की परिमाप, $4b = 32$

$\Rightarrow b = \left(\frac{32}{4} \right)$ सेमी

$\Rightarrow b = 8$ सेमी

प्रश्न के अनुसार,

तीसरे वर्ग का क्षेत्रफल $= [(10)^2 - (8)^2]$ सेमी²

$= (100 - 64)$ सेमी²

$= 36$ सेमी²

तीसरे वर्ग की भुजा $= \sqrt{36}$ सेमी

$= 6$ सेमी

इसीलिए, अभीष्ट परिमाप $= (6 \times 4)$ सेमी

$= 24$ सेमी

अतः विकल्प (C) सही है।

31. प्रश्नानुसार,

कांच का विक्रय मूल्य = 1965 रुपये

और हानि = 25%

$\therefore CP = \frac{1965}{75} \times 100 = 2620$ रुपये

यदि विक्रय मूल्य = 3013 रुपये

$\therefore$ लाभ $\% = \frac{(3013 - 2620)}{2620} \times 100$

$= \frac{3930}{262} = 15\%$

अतः विकल्प (C) सही है।

32. दिए गए आंकड़ों के अनुसार,

साक्षर महिलाओं की संख्या,

$10 - 20 = 320 \quad \ldots (i)$

$20 - 30 = 1100 \quad \ldots (ii)$

$30 - 40 = 900 \quad \ldots (iii)$

अब,

$(i), (ii)$ और (iii) को जोड़ने पर,

हम पाते हैं,

कुल मूल्य = 2320

अब,

साक्षर महिलाओं की संख्या,

$40 - 50 = 800 \quad ...(i)$

$50 - 600 = 620 \quad ...(ii)$

$60 - 70 = 500 \quad ...(iii)$

अब,

$(i), (ii)$ और (iii) को जोड़ने पर,

हम पाते हैं,

कुल मूल्य $= 1920$

अब,

आवश्यक अनुपात = (10-40) के बीच साक्षर महिलाओं की संख्या/साक्षर महिलाओं की संख्या (40-70) के बीच

$= \dfrac{2320}{1920}$

$= \dfrac{232}{192}$

$= \dfrac{58}{48}$

$= \dfrac{29}{24}$

$\therefore$ आवश्यक अनुपात $= 29 : 24$

अतः विकल्प (A) सही है।

33. माना खेत की लंबाई और चौड़ाई क्रमशः a और b मीटर है।

इसलिए, ab = 120 और 2(a + b) = 46

$\Rightarrow$ a + b = 23

खम्बे की अधिकतम लंबाई खेत के विकर्ण के बराबर है।

जैसा कि हम जानते हैं कि,

विकर्ण² = लंबाई² + चौड़ाई²

इसका मतलब है कि हमें a² + b² के मान की गणना करनी है।

जैसा कि हम जानते हैं,

(a + b)² = a² + b² + 2ab

$\Rightarrow$ a² + b² = (a + b)² - 2ab

$= 23² - 2 \times 120 = 289$

इसलिए, विकर्ण² = 289

$\Rightarrow$ विकर्ण = 17 मीटर

अतः विकल्प (C) सही है।

34. माना आयत की लंबाई $= l$

माना आयत की चौड़ाई $= b$

परिमाप $= 2(l + b)$

यदि लम्बाई और चौड़ाई दुगनी हो तो

लंबाई $= 2l$

चौड़ाई $= 2b$

परिमाप $= 2(2l + 2b) = 2 \times 2(l + b)$

इसलिए, परिमाप दुगना हो जाता है।

अतः विकल्प (B) सही है।

35. दिया गया है,

लंबाई $= 20$ मीटर

चौड़ाई $= x$

जैसा कि हम जानते हैं,

आयत का क्षेत्रफल $=$ लंबाई $\times$ चौड़ाई

आयत का क्षेत्रफल $= 180$ वर्ग मीटर

लंबाई $\times$ चौड़ाई $= 180$ वर्ग मीटर

चौड़ाई $= \dfrac{180}{20} = 9$

अतः विकल्प (A) सही है।

36. दी गई संख्याएँ $24, 36$ और 92 हैं।

$24 = 2 \times 2 \times 2 \times 3$
$36 = 2 \times 2 \times 3 \times 3$
$92 = 2 \times 2 \times 23$

अब, उभयनिष्ठ गुणनखंड 2 और 2 हैं।

इसलिए, एचसीएफ $= 2 \times 2 = 4$

अतः विकल्प (D) सही है।

37. हम जानते हैं कि, बहुभुज के विकर्णों की संख्या $= \dfrac{n(n-3)}{2}$

प्रश्न के अनुसार,

$\dfrac{n(n-3)}{2} = 27$

$\Rightarrow n(n - 3) = 54$

$\Rightarrow n^2 - 3n - 54 = 0$

$\Rightarrow n^2 - 9n + 6n - 54 = 0$

$\Rightarrow n(n - 9) + 6(n9) = 0$

$\Rightarrow (n + 6)(n - 9) = 0$

$n = 9, -6$ (ऋणात्मक मान को नही लेगें)

$n = 9$

अतः विकल्प (A) सही है।

38. दिया है,

X का वक्र पृष्ठीय क्षेत्रफल $=$ Y के वक्र पृष्ठीय क्षेत्रफल का 196%

$\therefore$ गोला का वक्र पृष्ठीय क्षेत्रफल $\propto$ (त्रिज्या)²

(X का त्रिज्या)² = 1.96 × (Y का त्रिज्या)²

दोनों पक्षों का वर्गमूल करने पर,

X का त्रिज्या $= 1.4 \times$ Y का त्रिज्या --- (1)

इस प्रकार,

Z का वक्र पृष्ठीय क्षेत्रफल $=$ Y के वक्र पृष्ठीय क्षेत्रफल का 144%

(Z का त्रिज्या)² = 1.44 × (Y का त्रिज्या)²

दोनों पक्षों का वर्गमूल करने पर,

Z की त्रिज्या = 1.2 × Y की त्रिज्या   ---(2)

(1) से (2) को विभाजित करने पर, हमें प्राप्त होता है,

X की त्रिज्या / Z की त्रिज्या $= \dfrac{7}{6}$ ---(3)

अब, गोला का आयतन $\propto$ (त्रिज्या)³

गोला X का आयतन/गोला Z का आयतन = (X का त्रिज्या/Z का त्रिज्या)³

$= \left(\dfrac{7}{6}\right)^3 = \dfrac{343}{216}$

∴ गोला X और गोला Z के आयतन का अनुपात = 343 : 216

अतः विकल्प (C) सही है।

39. $(ax^2 + bx + c) = 0$ द्विघात समीकरण के लिए,

वर्गमूलों का योगफल $= -\dfrac{b}{a}$

वर्गमूलों का गुणनफल $= \dfrac{c}{a}$

समीकरण के वर्गमूल 'α' और 'β' दिए गये हैं,

$\Rightarrow (\alpha + \beta) = -\dfrac{b}{a}$

$\Rightarrow \alpha\beta = \dfrac{c}{a}$

अब,

$\Rightarrow \dfrac{1}{(a\alpha+b)} + \dfrac{1}{(a\beta+b)} = \dfrac{(a\beta+b+a\alpha+b)}{(a^2\alpha\beta+\alpha ab+\beta ab+b^2)}$

$= \dfrac{[a(\alpha+\beta)+2b]}{[a^2\alpha\beta+ab(\alpha+\beta)+b^2]}$

$= \dfrac{[a(-b/a)+2b]}{[a^2(c/a)+ab(-b/a)+b^2]}$

$= \dfrac{(-b+2b)}{(ac-b^2+b^2)}$

$= \dfrac{b}{ac}$

अतः विकल्प (B) सही है।

40. दिया गया है, समीकरण (2x² + 5x + 5),

प्रारूप के द्विघात समीकरण के लिए,(ax² + bx + c),

यहाँ, a = 2 > 0

इसके अतिरिक्त, b = 5 और c = 5,

यदि a > 0 है, तब समीकरण का न्यूनतम मान = c - $\dfrac{b^2}{4a}$

समीकरण का न्यूनतम मान= 5 - $\left(\dfrac{25}{8}\right) = \dfrac{15}{8}$

अतः विकल्प (B) सही है।

41. संकल्पना:

यदि दिए गए प्रेक्षणों की कुल संख्या विषम है, तो माध्यिका की गणना करने का सूत्र है:

माध्यिका $= \left\{\dfrac{n+1}{2}\right\}$ वां प्रेक्षण

यदि प्रेक्षणों की कुल संख्या सम है, तो माध्यिका सूत्र है:

माध्यिका $= \left[\left(\dfrac{n}{2}\right)$ वां प्रेक्षण $+ \left(\dfrac{n}{2}+1\right)$ वां प्रेक्षण $]/2$

जहाँ n प्रेक्षणों की संख्या है।

दी गई संख्याएँ: 7.1,3.2,5.8,8.9,6.5,10.2,9,12.5

आरोही क्रम में व्यवस्थित करने पर:

3.2,5.8,6.5,7.1,8.9,9,10.2,12.5

यहाँ, प्रेक्षणों की कुल संख्या सम है।

$\dfrac{n}{2}$ वां प्रेक्षण $= \dfrac{8}{2} = 4$ वां प्रेक्षण $= 7.1$

और, $\left(\dfrac{n}{2}+1\right)$ वां प्रेक्षण $= 5$ वां प्रेक्षण $= 8.9$

तो, माध्यिका $= \dfrac{7.1+8.9}{2}$

$= \dfrac{16}{2}$

$= 8$

अतः विकल्प (C) सही है।

42. संकल्पना:

यदि दिए गए प्रेक्षणों की कुल संख्या विषम है, तो माध्यिका की गणना करने का सूत्र है:

माध्यिका $= \left\{\dfrac{n+1}{2}\right\}$ वां प्रेक्षण

यदि प्रेक्षणों की कुल संख्या सम है, तो माध्यिका सूत्र है:

माध्यिका $= \left[\left(\dfrac{n}{2}\right)$ वां प्रेक्षण $+ \left(\dfrac{n}{2}+1\right)$ वां प्रेक्षण $]/2$

जहाँ n प्रेक्षणों की संख्या है।

दिया है:

माध्यिका $= 15$

$8,11,12, x + 6,17,18,23$

$n = 7,$

क्योंकि, n सम है, तो माध्यिका 4 वां प्रेक्षण होनी चाहिए

इसलिए, माध्यिका $x + 6$ होनी चाहिए

$\Rightarrow x + 6 = 15$

$\Rightarrow x = 9$

अतः विकल्प (B) सही है।

43. गणना:

40 का वर्ग = (40)²

= 1600

1600 के 40% का एक चौथाई = 1600 के 40% का 25%

$$\left(\frac{1}{4}\right) \times \left(\frac{2}{5}\right) \times 1600$$

$$\Rightarrow 1600 \times \left(\frac{2}{20}\right)$$

$$\Rightarrow 160$$

∴ परिणाम 160 होगा।

अत: विकल्प (C) सही है।

44. दिया है:

ΔXYZ ~ ΔABC

XY = 12 सेमी, YZ = 16 सेमी और AB = 21 सेमी

प्रश्नानुसार, हमारे पास है

ΔXYZ ~ ΔABC

$$\Rightarrow \frac{XY}{AB} = \frac{YZ}{BC}$$

$$\Rightarrow \frac{12}{21} = \frac{16}{BC}$$

$$\Rightarrow BC = \frac{(21 \times 16)}{12}$$

$$\Rightarrow BC = 28$$

∴ BC का मान 28 सेमी है।

अत: विकल्प (B) सही है।

45. दिया गया है:

वर्ष 2013 में कॉम्पैक कंपनी द्वारा कंप्यूटर का उत्पादन = 128000

वर्ष 2013 में लेनेवो कंपनी द्वारा कंप्यूटर का उत्पादन = 78000

प्रयुक्त सूत्र:

अभीष्ट प्रतिशत = (वर्ष 2013 में कॉम्पैक कंपनी द्वारा कंप्यूटर का उत्पादन / वर्ष 2013 में लेनेवो कंपनी द्वारा कंप्यूटर का उत्पादन) × 100

$$प्रतिशत = \frac{128000}{78000} \times 100$$

अभीष्ट प्रतिशत = 164.10%

अत: विकल्प (D) सही है।

46. दिया गया है:

2010 से 2015 तक लेनेवो कंपनी का उत्पादन = 119000, 99000, 100000, 78000, 120000, 138000

2010 से 2015 तक कॉम्पैक कंपनी का उत्पादन = 139000, 110000, 141000, 128000, 107000, 149000

वर्ष 2010 में = 139000 – 119000 = 20000

वर्ष 20011 में = 110000 – 99000 = 11000

वर्ष 2012 में = 141000 – 100000 = 41000

वर्ष 2013 में = 128000 – 78000 = 50000

वर्ष 2014 में = 120000 – 107000 = 13000

वर्ष 2015 में = 149000 – 138000 = 11000

LENOVO और COMPAQ कंपनियों के उत्पादन के बीच का अंतर ऊपर से अधिकतम था जिसे हम देख सकते हैं कि 2013 में उत्पादन अधिकतम है।

अत: विकल्प (A) सही है।

47. दिया गया है:

2010 से 2015 तक लेनेवो कंपनी का उत्पादन = 119000, 99000, 100000, 78000, 120000, 138000

प्रयुक्त सूत्र:

औसत = लेनेवो कंपनी द्वारा कुल कंप्यूटर उत्पादन / 6

$$= \frac{(119000+99000+100000+78000+120000+138000)}{6}$$

$$= \frac{654000}{6}$$

∴ औसत $= 109000$

अत: विकल्प (B) सही है।

48. दिया गया है:

वर्ष 2011 में कॉम्पैक कंपनी का उत्पादन = 110000

वर्ष 2012 में कॉम्पैक कंपनी का उत्पादन = 141000

प्रयुक्त सूत्र:

अंतर = वर्ष 2012 में कॉम्पैक कंपनी का उत्पादन – वर्ष 2011 में कॉम्पैक कंपनी का उत्पादन

अंतर = 141000 – 110000 = 31000

अत: विकल्प (A) सही है।

49. दिया गया है:

2010 से 2015 तक लेनेवो कंपनी का उत्पादन = 119000, 99000, 100000, 78000, 120000, 138000

2010 से 2015 तक कॉम्पैक कंपनी का उत्पादन = 139000, 110000, 141000, 128000, 107000, 149000

प्रयुक्त सूत्र:

अंतर = 2010 से 2015 तक कॉम्पैक कंपनी का उत्पादन – 2010 से 2015 तक लेनेवो कंपनी का उत्पादन

2010 से 2015 तक लेनेवो कंपनी का उत्पादन = 654000

2010 से 2015 तक कॉम्पैक कंपनी का उत्पादन = 774000

अंतर = 774000 – 654000 = 120000

अत: विकल्प (C) सही है।

50. दिया गया है:

दो संख्याओं का ल.स.प. = 91× म.स.प.

म.स.प. और ल.स.प. का योग = 2760

एक संख्या = 210

दो संख्याओं का गुणनफल = म.स.प. × ल.स.प.

माना दूसरी संख्या = b

म.स.प. + ल.स.प. = 2760

⇒ म.स.प. + 91× म.स.प. = 2760

⇒ 92 × म.स.प. = 2760

⇒ म.स.प $= \dfrac{2760}{92}$

⇒ म.स.प. = 30

∴ ल.स.प. = 91 × 30 = 2730

दो संख्याओं का गुणनफल = म.स.प. × ल.स.प.

⇒ 210 × b = 30 × 2730

⇒ $b = 30 \times \dfrac{2730}{210}$

⇒ b = 390

∴ दूसरी संख्या 390 है।

अतः विकल्प (D) सही है।

51. बिमल जुल्का को मार्च 2020 में मुख्य सूचना आयुक्त (CIC) के रूप में नियुक्त किया गया था।

राष्ट्रपति भवन की विज्ञप्ति के अनुसार सूचना आयुक्त बिमल जुल्का को मुख्य सूचना आयुक्त (सीआईसी) नियुक्त किया गया है। राष्ट्रपति राम नाथ कोविंद ने राष्ट्रपति भवन में आयोजित एक समारोह में केंद्रीय सूचना आयोग में जुल्का को सीआईसी के रूप में पद की शपथ दिलाई।

सुधीर भार्गव के 11 जनवरी को सेवानिवृत्त होने के बाद से पारदर्शिता प्रहरी एक प्रमुख के बिना काम कर रहा है और 11 की स्वीकृत संख्या (सीआईसी सहित) के मुकाबले छह सूचना आयुक्तों की कम संख्या में है।

अतः विकल्प (D) सही है।

52. एम्मानुएल मैक्रों ने फ्रास का राष्ट्रपति चुनाव- 2017 जीता है।

7 मई 2017 को, मैक्रॉन को फ्रांस का राष्ट्रपति चुना गया था, जिसमें मरीन ले पेन के 33.9% की तुलना में 66.1% वोट मिले थे। चुनाव में 25.4% और 8% मतपत्र खाली या खराब हुए थे।

अतः विकल्प (C) सही है।

53. श्री अमिताभ कांत को वर्तमान में नीति पुरस्कार के सीईओ (CEO) के रूप में नियुक्त किया गया है।

अमिताभ कांत भारतीय प्रशासनिक सेवा, आईएएस (केरल कैडर: 1980 बैच) के सदस्य हैं। वह "ब्रैंडिंग इंडिया – एन इनक्रिडेबल स्टोरी" के लेखक हैं तथा "मेक इन इंडिया", स्टार्टअप इंडिया, "इनक्रिडेबल इंडिया" और "गॉड्स ओन कंट्री" अभियान के प्रमुख संचालक रहे हैं।

अतः विकल्प (C) सही है।

54. अप्रैल 2022 में नीति आयोग द्वारा शुरू किए गए राज्य ऊर्जा और जलवायु सूचकांक में उत्तर प्रदेश को 13 वां स्थान मिला था।

सूचकांक में उत्तर प्रदेश ने कुल अंक हासिल किए हैं।

यह सूचकांक नीति आयोग द्वारा वर्ष 2019-20 के आंकड़ों के आधार पर तैयार किया गया था। गुजरात ने सूचकांक में पहला स्थान हासिल किया था।

राज्यों के प्रदर्शन को 6 मापदंडों के आधार पर मापा गया था।

अतः विकल्प (D) सही है।

55. 10 मार्च, 2022 को, चुनाव आयोग ने उत्तर प्रदेश राज्य में 403 सीटों के लिए विधानसभा चुनाव के परिणाम घोषित किए, जिसमें भारतीय जनता पार्टी ने अपने सहयोगियों के साथ 273 सीटों पर जीत हासिल की और पूर्ण बहुमत हासिल किया।

अतः विकल्प (D) सही है।

56. 14 फरवरी, 2022 को, उत्तर प्रदेश के कन्नौज शहर से 'मेड इन इंडिया' परफ्यूम न्यूयॉर्क में 'आजादी का अमृत महोत्सव' कार्यक्रम के हिस्से के रूप में लॉन्च किया गया था।

भारत के महावाणिज्य दूतावास रणधीर जायसवाल ने इत्र 'विकास खन्ना बाय जिघराना' के लॉन्च का न्यूयॉर्क में अनावरण किया।

अतः विकल्प (D) सही है।

57. चित्तू पांडे को "बलिया का बाघ" कहा जाता है।

भारत छोड़ो आंदोलन के दौरान उनके त्रुटिहीन नेतृत्व के कारण चित्तू पांडे को जवाहरलाल नेहरू और सुभाष चंद्र बोस द्वारा "बलिया का बाघ" के रूप में वर्णित किया गया था। उनका जन्म उत्तर प्रदेश के बलिया जिले के एक गांव रत्तुचक में हुआ था।

अतः विकल्प (A) सही है।

58. कदम सिंह ने उत्तर प्रदेश के मेरठ में 1857 के विद्रोह का नेतृत्व किया।

कदम सिंह एक गुर्जर नेता थे जिन्होंने मेरठ क्षेत्र में 1857 के भारतीय विद्रोह के दौरान ब्रिटिश ईस्ट इंडिया कंपनी के खिलाफ लड़ाई लड़ी और खुद को परीक्षितगढ़ और मवाना का राजा घोषित किया।

अतः विकल्प (B) सही है।

59. इंटरनेट एक्सप्लोरर ग्राफिकल वेब ब्राउज़रों की एक श्रृंखला है और ऑपरेटिंग सिस्टम के माइक्रोसॉफ्ट विंडोज लाइन में शामिल है।

यह माइक्रोसॉफ्ट द्वारा विकसित किया गया था और 1995 में शुरू हुआ था।

मोज़िला फ़ायरफ़ॉक्स, मोज़िला फाउंडेशन द्वारा विकसित एक वेब ब्राउज़र है।

ओपेरा ब्राउज़र एक वेब ब्राउज़र है जिसे ओपेरा सॉफ्टवेयर द्वारा 10 अप्रैल 1995 को शुरू किया गया था।

ओपेरा जीएक्स नामक एक गेमिंग ब्राउज़र 11 जून 2019 को लॉन्च किया गया था।

अतः विकल्प (D) सही है।

60. कैश मेमोरी एक हाई-स्पीड मेमोरी है जो रैम और सीपीयू के बीच बफर के रूप में कार्य करती है।

यह मुख्य मेमोरी का डेटा रखता है जो CPU द्वारा पहले उपयोग किया जाता है। मुख्य मेमोरी की तुलना में कैश मेमोरी का आकार छोटा होता है।

रजिस्टर मेमोरी सबसे छोटी और सबसे तेज़ मेमोरी है जो CPU द्वारा अक्सर उपयोग किए जाने वाले डेटा और निर्देशों को अस्थायी रूप से रखती है।

वर्चुअल मेमोरी एक मेमोरी है जो कंप्यूटर को फिजिकल मेमोरी की कमी की भरपाई करने में सक्षम बनाती है। यह उपयोगकर्ताओं को उन प्रक्रियाओं को संग्रहीत करने की अनुमति देता है जो उपलब्ध मुख्य मेमोरी से बड़ी हैं।

अतः विकल्प (A) सही है।

61. प्लॉटर मूल रूप से प्रिंटर का एक प्रकार है।

यह कंप्यूटर का आउटपुट डिवाइस है।

यह कागज या मीडिया पर एक प्रिंट बनाने के लिए एक पेन का उपयोग करता है।

आउटपुट वेक्टर ग्राफिक्स पर बनाया गया है।

इसका मतलब है कि डॉट्स मुद्रित किए जाते हैं जो पाठ और छवियों का उत्पादन करने के लिए लाइनों और घटता से जुड़ते हैं।

बड़े प्रारूप के प्रिंट को प्रिंट करने के लिए उपयोग किए जाने वाले कई डिजाइनों में प्लॉटर मौजूद हैं।

इसमें लेआउट, भवन निर्माण योजना, जहाज डिजाइन, सीएडी (कंप्यूटर एडेड डिजाइन), बड़े कैनवास प्रिंट और किसी भी अन्य इंजीनियरिंग ड्राइंग जैसी वास्तुकला शामिल हैं।

प्लॉटर्स एक आउटपुट मीडिया पर ग्राफिक्स खींचने के लिए पेन या मार्कर का उपयोग करते हैं।

ये पेन एक प्लॉटर द्वारा तैनात तकनीक के अनुसार अलग-अलग चलते हैं।

अतः विकल्प (B) सही है।

62. 1947-1991 में, सोवियत संघ और संयुक्त राज्य अमेरिका के बीच भू-राजनीतिक तनाव की अवधि को शीत युद्ध काल कहा जाता है।

- शीत युद्ध द्वितीय विश्व युद्ध के बाद सोवियत संघ और संयुक्त राज्य अमेरिका और उनके संबंधित सहयोगियों, पूर्वी ब्लॉक और पश्चिमी ब्लॉक के बीच भू-राजनीतिक तनाव का दौर था।
- इस अवधि को आम तौर पर 1991 से 1947 तक सोवियत संघ के विघटन की अवधि माना जाता है।
- "शीत" शब्द का उपयोग किया जाता है क्योंकि दोनों महाशक्तियों के बीच सीधे तौर पर कोई बड़े पैमाने पर लड़ाई नहीं हुई थी, लेकिन वे प्रत्येक समर्थित प्रमुख क्षेत्रीय संघर्षों को प्रतिनिधि युद्धों के रूप में जानते थे।
- पश्चिम का नेतृत्व संयुक्त राज्य अमेरिका के साथ-साथ पश्चिमी ब्लॉक के अन्य प्रथम विश्व राष्ट्रों ने किया था जो आम तौर पर उदार लोकतांत्रिक थे लेकिन सत्तावादी राज्यों के एक जाल से बंधे थे, जिनमें से अधिकांश उनके पूर्व उपनिवेश थे।

अतः विकल्प (C) सही है।

63. पश्चिमी गठबंधन उत्तर अटलांटिक संधि संगठन (नाटो), जो अप्रैल 1949 में अस्तित्व में आया था। इसलिए कथन 1 सही नहीं है।

पूर्वी गठबंधन, जिसे वारसा संधि के रूप में जाना जाता है, का नेतृत्व सोवियत संघ द्वारा किया गया था, जिसे 1955 में बनाया गया था। इसलिए कथन 2 सही नहीं है।

- उत्तरी अटलांटिक संधि संगठन, जिसे उत्तरी अटलांटिक गठबंधन भी कहा जाता है, 30 यूरोपीय और उत्तरी अमेरिकी देशों के बीच एक अंतर-सरकारी सैन्य गठबंधन है।
- संगठन 4 अप्रैल 1949 को हस्ताक्षरित उत्तर अटलांटिक संधि को लागू करता है।
- स्थापित: 4 अप्रैल 1949, वाशिंगटन, डी.सी., संयुक्त राज्य अमेरिकामुख्यालय: ब्रुसेल्स, बेल्जियम

अतः विकल्प (D) सही है।

64. सीवीसी एक बहु-सदस्यीय निकाय है जिसमें एक केंद्रीय सतर्कता आयुक्त (सभापति) शामिल है और दो सतर्कता आयुक्तों से अधिक नहीं है। वे राष्ट्रपति द्वारा उनकी शक्ति और मुहर के तहत वारंट द्वारा नियुक्त किए जाते हैं।

तीन सदस्यीय समिति की सिफारिश पर, इसमें

- प्रधान मंत्री इसके प्रधान के रूप में,
- केंद्रीय गृह मंत्री और
- लोकसभा में विपक्ष के नेता।

राष्ट्रपति केंद्रीय सतर्कता आयुक्त या किसी सतर्कता आयुक्त को कार्यालय से हटा सकता है। (इसलिए, कथन 2 सही नहीं है)

सीवीसी किसी भी मंत्रालय/विभाग द्वारा नियंत्रित नहीं होता है। यह एक स्वतंत्र निकाय है जो केवल संसद के लिए उत्तरदायी है। (इसलिए, कथन 1 सही नहीं है)

केंद्रीय सतर्कता आयोग ने प्रोक्योरमेंट गतिविधियों के लिए सरकारी संगठनों में "सत्यनिष्ठा समझौता" को अपनाने पर मानक संचालन प्रक्रिया (एसओपी) में

संशोधन किया है। इसलिए, कथन 3 सही है। केंद्रीय सतर्कता आयोग (सीवीसी) केंद्र सरकार में भ्रष्टाचार को रोकने के लिए मुख्य एजेंसी है। इसकी स्थापना 1964 में केंद्र सरकार के एक कार्यकारी प्रस्ताव द्वारा की गई थी। इसकी स्थापना की सिफारिश भ्रष्टाचार निवारण पर संथानम समिति (1962–64) द्वारा की गई थी। इस प्रकार, मूल रूप से सीवीसी न तो संवैधानिक निकाय और न ही वैधानिक निकाय था। बाद में, 2003 में, संसद ने सीवीसी पर वैधानिक दर्जा देने वाला कानून बनाया।

अतः विकल्प (C) सही है।

65. इलेक्ट्रॉन आत्मीयता को एक तटस्थ परमाणु (गैसीय चरण में) की ऊर्जा में परिवर्तन के रूप में परिभाषित किया जाता है जब एक नकारात्मक आयन बनाने के लिए परमाणु में एक इलेक्ट्रॉन जोड़ा जाता है।

अक्रिय गैसों की इलेक्ट्रॉन आत्मीयता लगभग शून्य होती है। अक्रिय गैसों में पूरी तरह से वैलेंस शेल भरे होते हैं और स्थिर अष्टक होते हैं। वे इलेक्ट्रॉनों को आसानी से स्वीकार नहीं करते क्योंकि उनमें इलेक्ट्रॉनों की कोई कमी नहीं होती है और इलेक्ट्रॉनों को जोड़ने से इलेक्ट्रॉनों के बीच प्रतिकर्षण उत्पन्न होता है।

अतः विकल्प (D) सही है।

66. कार्बन डाइऑक्साइड में एक कार्बन परमाणु और दो ऑक्सीजन परमाणु और 44 का आणविक भार होता है। हवा के ऑक्सीजन में, वास्तव में 32 के आणविक भार के साथ O के दो परमाणु होते हैं। इसलिए, कार्बन डाइऑक्साइड का घनत्व अधिक होता है और यह ऑक्सीजन से भारी होता है।

अतः विकल्प (A) सही है।

67. सिरका का रासायनिक नाम एसिटिक अम्ल है। इसका रासायनिक सूत्र CH_3COOH है। सिरका का समाधान प्राकृतिक कार्बोहाइड्रेट के किण्वन और ऑक्सीकरण द्वारा उत्पादित एसिटिक अम्ल का एक जलमिश्रित समाधान होता है। यह खाना पकाने, सफाई और खरपतवार नियंत्रण के लिए इस्तेमाल किया जाता है और वजन घटाने और रक्त शर्करा और कोलेस्ट्रॉल को कम करने में मदद करता है।

अतः विकल्प (A) सही है।

68. ग्रेफाइट का प्रयोग पेंसिल बनाने में किया जाता है।

ग्रेफाइट, जिसे प्लंबैगो भी कहा जाता है, कार्बन का एक क्रिस्टलीय रूप है जिसके परमाणु षट्कोणीय संरचना में व्यवस्थित होते हैं। यह इस रूप में स्वाभाविक रूप से होता है और मानक परिस्थितियों में कार्बन का सबसे स्थिर रूप है। उच्च दाब और तापमान में यह हीरे में बदल जाता है।

अतः विकल्प (A) सही है।

69. एलपीजी का अर्थ है लिक्विफैड पेट्रोलियम गैस। सभी जीवाश्म ईंधन की तरह, यह ऊर्जा का एक गैर-नवीकरणीय स्रोत है। इसे कच्चे तेल और प्राकृतिक गैस से निकाला जाता है। आम तौर पर, गैस को इस्पात पात्र, सिलेंडर या टैंक में दबाव में तरल रूप में संग्रहित किया जाता है।

एलपीजी, हाइड्रोकार्बन से बना होता है जिसमें तीन या चार कार्बन परमाणु होते हैं। एलपीजी में प्रमुख अवयव ब्यूटेन और प्रोपेन है।

अतः विकल्प (D) सही है।

70. 'सतत विकास' शब्द का प्रयोग पहली बार ब्रंटलैंड आयोग द्वारा जारी पेपर 'आवर कॉमन फ्यूचर' में किया गया था। सतत विकास शब्द ने अपने अर्थ को एक ऐसे विकास के रूप में व्यक्त किया जो भविष्य की पीढ़ी की जरूरतों के बारे में कोई समझौता या विचार किए बिना केवल वर्तमान पीढ़ी की जरूरतों को पूरा करता है।

अतः विकल्प (A) सही है।

71. कार्ल मार्क्स ने 'मेरी सेना के रिजर्व' की अवधारणा दी थी। यह शब्द पूंजीवादी समाज में बेरोजगार और बेरोजगार के रूप में अर्थ को दर्शाता है। 'सेना' शब्द का अर्थ समाज में श्रमिक है। वास्तव में कार्ल मार्क्स ने पहले

इस शब्द का प्रयोग नहीं किया था, फ्रेडरिक एंगेल्स ने इस शब्द का प्रयोग वर्ष 1845 में अपनी पुस्तक 'इंग्लैंड में मजदूर वर्ग की स्थिति' में किया था।

अत: विकल्प (A) सही है।

72. जीवन की सुरक्षा 'प्रवासन के मूल कारकों' में से है।

जन्म और मृत्यु के अलावा, प्रवासन एक अन्य तरीका है जिसके द्वारा जनसंख्या का आकार बदल जाता है। प्रवासन समय और स्थान पर जनसंख्या के पुनर्वितरण का एक अभिन्न अंग है। प्रवासन स्थायी, अस्थायी या मौसमी हो सकता है।

प्रवासन ग्रामीण से ग्रामीण क्षेत्रों, ग्रामीण से शहरी क्षेत्रों, शहरी से शहरी क्षेत्रों और शहरी से ग्रामीण क्षेत्रों में हो सकता है।

अतः विकल्प (A) सही है।

73. फोबोस और डीमोस, मंगल ग्रह के दो प्राकृतिक उपग्रह हैं।

असाफ हॉल ने इन दोनों उपग्रहों की खोज की।

उनका नाम ग्रीक पौराणिक जुड़वां पात्रों फोबोस (भय) और डीमोस (आतंक) के नाम पर रखा गया है जिन्होंने अपने पिता ऐरेस का लड़ाई में साथ दिया था। युद्ध के देवता, ऐरेस, को रोमन, मंगल के नाम से जानते थे।

अत: विकल्प (A) सही है।

74. 22 दिसंबर दक्षिणी गोलार्ध में सबसे लंबा दिन है।

इस दिन मकर रेखा पर सूर्य की सीधी किरणें पड़ती हैं क्योंकि दक्षिणी ध्रुव उसकी ओर झुकता है। दक्षिणी गोलार्ध के एक बड़े हिस्से को प्रकाश मिलता है क्योंकि सूर्य की किरणें मकर रेखा पर लंबवत पड़ती हैं। पृथ्वी की इस स्थिति को शीतकालीन संक्रांति कहा जाता है। इस प्रक्रिया के कारण, दक्षिणी गोलार्ध में गर्मियों में दिन अधिक लंबे और रातें अधिक छोटी होती हैं। उत्तरी गोलार्ध में सबसे छोटा दिन और सबसे लंबी रात के साथ विपरीत होता है।

अत: विकल्प (B) सही है।

75. भारतीय संविधान की चौथी अनुसूची हमें राज्यसभा सीटों के आवंटन के बारे में बताती है।

प्रत्येक राज्य/केंद्रशासित प्रदेश से चुने जाने वाले राज्य सभा के सदस्यों की संख्या संविधान की चौथी अनुसूची द्वारा तय की गई है।

भारत में, राज्यों/केंद्रशासित प्रदेशों की सीटें बड़ी आबादी पर निर्भर होती है जनसंख्या के छोटे राज्यों के साथ राज्यों की तुलना में अधिक प्रतिनिधि सीटें मिलती हैं।

अत: विकल्प (C) सही है।

76. खातों के वार्षिक विवरण और पंचायत की वार्षिक प्रगति रिपोर्ट की समीक्षा करना ग्राम सभा का मुख्य कार्य है।

प्रत्येक पंचायत के लिए एक ग्राम सभा होगी जिसमें मतदाता सूची में पंजीकृत व्यक्ति शामिल होंगे। ग्राम सभा की बैठकें पंचायत के सरपंच द्वारा या उनकी अनुपस्थिति में पंचायत के उप-सरपंच द्वारा बुलाई जाती है। ग्राम सभा ग्राम पंचायत के वार्षिक बजट और लेखा परीक्षा रिपोर्ट को ध्यान में रखती है।

कमजोर वर्गों को आवंटित भूखंडों के संबंध में सामाजिक अंकेक्षण करना। किसी विशेष गतिविधि, योजना, आय और व्यय के बारे में सरपंच और पंचायत के सदस्यों से स्पष्टीकरण मांगना। करों, दरों, किराए, शुल्क और दरों में वृद्धि के आरोपण पर विचार करना।

अत: विकल्प (B) सही है।

77. भारत के संविधान में पंचायती राज को राज्य सूची में शामिल किया गया है।

राज्य सूची या सूची- II भारत के संविधान की अनुसूची सात की 61 मदों की सूची है। राज्य सूची में वे विषय शामिल हैं जो राज्य सरकार द्वारा नियंत्रित और देखे जाते हैं, जैसे वन, बैंकिंग, परिवहन, आदि।

अत: विकल्प (C) सही है।

78. पंचायती राज संस्था को 73वें संविधान संशोधन अधिनियम 1992 के माध्यम से जमीनी स्तर पर लोकतंत्र का निर्माण करने के लिए संवैधानिक बनाया गया था।

महत्वपूर्ण अनुच्छेद	विषय वस्तु
243A	ग्राम सभा
243B	पंचायतों का संविधान
243C	पंचायतों की संरचना
243D	सीटों का आरक्षण
243E	पंचायतों की अवधि
243F	सदस्यता के लिए अयोग्यता
243G	पंचायतों की शक्तियां, अधिकार और जिम्मेदारियां
243I	वित्तीय स्थिति की समीक्षा के लिए वित्त आयोग का गठन
243K	पंचायतों के चुनाव

अत: विकल्प (C) सही है।

79. ग्राम सभा में पंचायत क्षेत्र के सभी सदस्य होते हैं जिनकी आयु 18 वर्ष से कम नहीं होती है।

ग्राम सभा में एक गाँव या गाँवों के समूह के 18 सदस्यों से अधिक आयु के पूरे वयस्क होते हैं। यह आम तौर पर कम से कम 1500 से अधिक लोगों की आबादी वाले गांवों में बनता है।

संविधान का अनुच्छेद 243 (B) ग्राम सभा को उन व्यक्तियों द्वारा गठित निकाय के रूप में परिभाषित करता है जिनके नाम ग्राम स्तर पर पंचायत के लिए मतदाता सूची में मौजूद हैं। ग्राम सभा ग्राम स्तर पर विधायी कार्य करती है जैसे राज्य विधायिका राज्य स्तर पर समान करती है। ग्राम सभा गरीबी उन्मूलन, सामाजिक और आर्थिक विकास, सांस्कृतिक संरक्षण, समाज के कमजोर वर्गों के सशक्तिकरण आदि के लिए ग्राम स्तर पर नीतियां और कार्यक्रम प्रदान करती है।

अत: विकल्प (C) सही है।

80. ग्राम सभा ग्राम पंचायत के कार्यक्रमों और परियोजनाओं का अनुमोदन करती है। पंचायत की अध्यक्षता गांव के अध्यक्ष द्वारा की जाती है, जिसे सरपंच कहा जाता है।

निर्वाचित प्रतिनिधियों का कार्यकाल पांच वर्ष का होता है। पंचायत का सचिव एक गैर-निर्वाचित प्रतिनिधि होता है, जिसे राज्य सरकार द्वारा पंचायत गतिविधियों की देखरेख के लिए नियुक्त किया जाता है।

अत: विकल्प (C) सही है।

81. स्टेशन हाउस अधिकारी (एसएचओ) थाने का प्रभारी अधिकारी होता है। एसएचओ शिकायत प्राप्त करने और आपराधिक मामले दर्ज करने के लिए अधिकृत है।

एक एसएचओ के लिए रैंक प्रतीक चिन्ह तीन सितारे और कंधे की पट्टियों के बाहरी किनारे पर एक लाल और नीले रंग की धारीदार रिबन। उनकी रैंकिंग एक उप-निरीक्षक (एसआई) से ऊपर और एक पुलिस उपाधीक्षक (डीएसपी) से नीचे है।

अत: विकल्प (B) सही है।

82. जल जीवन मिशन उस योजना का नाम है जिसका उद्देश्य 2024 तक प्रत्येक ग्रामीण घर को कार्यात्मक घरेलू नल जल कनेक्शन (FHTC) प्रदान करना है।

जल जीवन मिशन के कार्यान्वयन के लिए केंद्रीय जल शक्ति मंत्रालय अप्रैल के महीने में राज्यों और केंद्र शासित प्रदेशों के साथ वार्षिक योजना अभ्यास शुरू करने के लिए तैयार है। इस योजना की घोषणा 15 अगस्त, 2019 को की गई थी, जिसका उद्देश्य 2024 तक प्रत्येक ग्रामीण घर को कार्यात्मक घरेलू नल कनेक्शन (FHTC) प्रदान करना है।

अतः विकल्प (B) सही है।

83. पंचायती राज मंत्रालय स्वामित्व योजना लागू करता है।

स्वामित्व योजना राष्ट्रीय पंचायत दिवस यानी 24 अप्रैल 2020 को शुरू की गई एक केंद्रीय क्षेत्र की योजना है। पंचायती राज मंत्रालय (MoPR) योजना के कार्यान्वयन के लिए नोडल मंत्रालय है। स्वामित्व के तहत ई-प्रॉपर्टी कार्ड भारत के प्रधानमंत्री द्वारा 5,000 गांवों में 4.09 लाख संपत्ति मालिकों को वितरित किए गए हैं।

अत: विकल्प (B) सही है।

84. सौभाग्य योजना बिजली के क्षेत्र से सम्बंधित है।

सौभाग्य योजना या प्रधान मंत्री सहज बिजली हर घर योजना घरों को बिजली प्रदान करने के लिए एक भारत सरकार की परियोजना है। इस परियोजना की घोषणा सितंबर 2017 में प्रधान मंत्री नरेंद्र मोदी ने की थी, जिसका उद्देश्य दिसंबर 2018 तक विद्युतीकरण प्रक्रिया को पूरा करना है।

अतः विकल्प (B) सही है।

85. पर्यावरण सुरक्षा अधिनियम वर्ष 1986 मे बना।

पर्यावरण संरक्षण अधिनियम संसद द्वारा 23 मई 1986 को पारित किया गया था और 19 नवंबर 1986 को लागू किया हुआ था। इसमें चार अध्याय तथा 26 धाराएं होती हैं। इसे पारित करने का मुख्य उद्देश्य संयुक्त राष्ट्र द्वारा पर्यावरण संरक्षण की दिशा में किए गए प्रयासों को भारत में विधि (कानून) बनाकर लागू करना है।

अतः विकल्प (D) सही है।

86. बीस सूत्रीय कार्यक्रम प्रधानमंत्री इंदिरा गाँधी के कार्यकाल में शुरू हुआ।

बीस सूत्रीय कार्यक्रम पाँचवीं पंचवर्षीय योजना में आरंभ किया गया। पाँचवी पंचवर्षीय योजना का कार्यकाल अप्रैल, 1974 से 31 मार्च, 1979 तक रहा। इस योजना का मुख्य उद्देश्य 'गरीबी का उन्मूलन और आत्म निर्भरता' था। बीस सूत्रीय कार्यक्रम की शुरूआत इंदिरा गांधी के कार्यकाल में 1975 में हुई थी।

अतः विकल्प (D) सही है।

87. देश में ग्रामीण विकास के लिए प्रधानमंत्री ग्राम सड़क योजना की शुरुआत वर्ष 2000 मे हुई थी।

प्रधानमंत्री ग्राम सड़क योजना एक केंद्र सरकार द्वारा प्रायोजित योजना है, जिसे दिसंबर 2000 में शुरू किया गया था, ताकि राज्यों को असंबद्ध बसावटों को हर मौसम में सड़क नेटवर्क प्रदान करने में सहायता मिल सके। इसकी परिकल्पना गरीबी कम करने की रणनीति के एक हिस्से के रूप में की गई थी, जिसमें उच्च तकनीकी और प्रबंधन मानकों को स्थापित करने और राज्य-स्तरीय नीति विकास और योजना को सुगम बनाने की योजना थी।

अतः विकल्प (A) सही है।

88. ग्रामीण और नगरीय जीवन में भेद का आधार परिवार और विवाह दोनों है। ग्रामीण परिवारों के बच्चों एवं स्त्रियों को अधिक महत्व नही दिया जाता। इसके विपरीत नगरीय परिवार मे स्त्रियों को पर्याप्त महत्व दिया जाता है तथा बच्चों की पसंद एवं उनकी आवश्यकताओं तथा शिक्षा आदि की ओर विशेष ध्यान दिया जाता है। ग्रामीण समाज मे विवाह को पवित्र एवं धार्मिक संस्कार के रूप मे 7 जन्मों का पवित्र बंधन माना जाता है। ग्रामों मे विवाह दो व्यक्तियों मे नही अपितु दो परिवारो मे होता है। नगरों मे विवाह परिवार पर आधारित न होकर व्यक्ति पर आधारित होता है। जीवन साथी के चुनाव मे पूर्ण स्वतंत्रता होती है।

अत: विकल्प (C) सही है।

89. जमींदारी व्यवस्था भूमि सुधार की दृष्टि से सर्वप्रथम समाप्त की गई। जमींदारी व्यवस्था भारत में मुगल काल एवं ब्रिटिश काल में प्रचलित एक राजनैतिक-सामाजिक व्यवस्था थी जिसमें भूमि का स्वामित्व उस पर काम करने वालों का न होकर किसी और (जमींदार) का होता था जो खेती करने वालों से कर वसूलते थे। भारत के स्वतंत्र होने के बाद यह प्रथा समाप्त हो गई।

अत: विकल्प (B) सही है।

90. सामुदायिक विकास योजना का क्षेत्र ग्राम। ग्रामीण विकास की इस योजना का नाम 'सामुदायिक विकास योजना' रखा गया तथा 1952 में ही महात्मा गाँधी के जन्म दिवस 2 अक्टूबर से 55 विकास खण्डों की स्थापना करके इस योजना पर कार्य आरम्भ कर दिया गया।

अत: विकल्प (B) सही है।

91. सामुदायिक विकास में अपराध सुधार शामिल नहीं है। सामुदायिक विकास ग्रामीण क्षेत्रों के विकास पर केंद्रित थे। समुदाय के सदस्य समुदाय से संबंधित किसी भी मुद्दे से संबंधित निर्णय लेने और हल करने में शामिल थे। कार्यक्रम ने संचार प्रणालियों में सुधार, देश के कृषि कार्यक्रम में पर्याप्त वृद्धि, ग्रामीण स्वास्थ्य, स्वच्छता और शिक्षा आदि में सुधार प्रदान किया।

अत: विकल्प (D) सही है।

92. पंचायतें देश के शासन के लिए साधन हैं जो गाँव को आत्मनिर्भर संस्थाओं के रूप में पुनर्निमाण करती है। ग्राम पंचायत लोगों के बीच उत्पादक और रचनात्मक गतिविधियों को प्रोत्साहित करने और समर्थन देने में केंद्रीय भूमिका निभाती है। पंचायतों को निम्नलिखित उत्तरदायित्व सौंपे जाते हैं:

- आर्थिक विकास और सामाजिक न्याय के लिए योजना तैयार करना,
- आर्थिक विकास और सामाजिक न्याय के लिए योजनाओं का कार्यान्वयन।

अत: विकल्प (C) सही है।

93. सहकारी बैंक और गैर-कृषि ऋण सहकारी समितियां गैर-कृषि ऋण की आवश्यकताओं को पूरा करती हैं। शहरी सहकारी बैंकों के अलावा, गैर-कृषि ऋण सहकारी समितियां, बचत और ऋण समितियां और वेतन अर्जक समितियां भी इसी तरह काम कर रही हैं और अग्रिमों को आगे बढ़ाने में एक बड़ी भूमिका निभाती हैं।

अत: विकल्प (D) सही है।

94. भारत में सहकारी समितियां संघीय ढांचे का अनुसरण करती हैं। संघवाद सरकार की एक व्यवस्था है जहां सत्ता एक फोकल शक्ति और देश की विभिन्न घटक इकाइयों के बीच विभाजित होती है। भारत में संघवाद का तात्पर्य केंद्र सरकार और भारत की राज्य सरकारों के बीच संबंधों से है।

अत: विकल्प (A) सही है।

95. सहकारी समितियों के रजिस्ट्रार सहकारी समितियों में जमा की ब्याज दर तय करने के लिए जिम्मेदार हैं। सहकारी समितियों का रजिस्ट्रार अधिनियम और नियमों के अनुसार सहकारी समितियों द्वारा धन का उचित निवेश सुनिश्चित करता है, लेखा परीक्षा आयोजित करता है, निरीक्षण, जांच का आदेश देता है, सहकारी समितियों की जमा राशि पर ब्याज दर भी तय करता है और मध्यस्थता की प्रक्रिया के माध्यम से सहकारी समितियों के विवादों का निपटारा करता है।

अत: विकल्प (B) सही है।

96. प्रारंभिक बाल्यावस्था शिक्षा 3 – 6 वर्ष आयु वर्ग के बच्चों की योजना प्रारंभिक शिक्षा के सार्वभौमिकरण के तहत कार्य करती है।

नेशनल अर्ली चाइल्डहुड केयर एंड एजुकेशन(ईसीसीई) नीति भारत सरकार की प्रतिबद्धता की पुष्टि करती है कि वह जन्म के पूर्व की अवधि से लेकर छह साल की उम्र तक सभी बच्चों के समग्र विकास के लिए एकीकृत सेवाएं प्रदान

करती है। यह नीति प्रत्येक भारतीय बच्चे के लिए प्रारंभिक शिक्षा पर ध्यान देने के साथ एक ठोस आधार सुनिश्चित करने की दिशा में एक व्यापक दृष्टिकोण के लिए आगे का रास्ता तय करती है।

अतः विकल्प (C) सही है।

97. बेटी बचाओ, बेटी पढाओ योजना के बारे में 1 और 2 दोनों कथन सही हैं।

वर्ष 2015 में लॉन्च किया गया। इसे केंद्र प्रायोजित योजना के रूप में लागू किया गया है। यह तीन मंत्रालयों द्वारा संयुक्त रूप से कार्यान्वित किया जाता है: मानव संसाधन और विकास मंत्रालय (अब, शिक्षा मंत्रालय), महिला और बाल विकास मंत्रालय, स्वास्थ्य और परिवार कल्याण मंत्रालय।

योजना के उद्देश्य: लिंग-पक्षपाती लिंग चयन उन्मूलन को रोकना। बालिकाओं के अस्तित्व और सुरक्षा को सुनिश्चित करना। बालिकाओं की शिक्षा के लिए सहायक वातावरण सुनिश्चित करना।

अतः विकल्प (C) सही है।

98. मध्याह्न भोजन योजना के संबंध में केवल कथन 2 सही है।

मध्याह्न भोजन योजना सरकारी, सरकारी सहायता प्राप्त स्कूलों मदरसा, मकतब केंद्र द्वारा संचालित विशेष शिक्षा केंद्रों आदि में कक्षा I से कक्षा VIII तक के बच्चों को भोजन प्रदान करती है। राज्य सरकारें सूखा प्रभावित क्षेत्रों में रहने वाले बच्चों को उनकी भोजन आवश्यकताओं के लिए सहायता करने की हकदार हैं।

अतः विकल्प (B) सही है।

99. कुटीर ज्योति योजना का प्रमुख उद्देश्य ग्रामीण क्षेत्रों में गरीबी रेखा से नीचे जीवन यापन करने वाले परिवारों को विद्युत उपलब्ध कराना है। यह योजना भारत सरकार द्वारा अप्रैल 1988 − 89 में शुरू की गई है। यह योजना मौजूदा राजीव गांधी ग्रामीण विद्युतीकरण योजना (आरजीजीवीवाई) को प्रतिस्थापित करेगी लेकिन राजीव गांधी विद्युतीकरण योजना की सुविधाओं को डीडीयूजीजेवाई की नई योजना में सम्मिलित किया गया है और आरजीजीवीवाई योजना की खर्च नहीं की गई राशि को डीडीयूजीजेवाई में शामिल किया जाएगा।

अत: विकल्प (A) सही है।

100. उत्तर प्रदेश कौशल सतरंग योजना मुख्य रूप से कौशल विकास से संबंधित है। इसे 11 जून, 2020 को लॉन्च किया गया था। इसके तहत युवाओं को रोजगार के अवसर उपलब्ध कराए जाएंगे। इसके तहत हर जिले में 'मेगा जॉब फेयर' का आयोजन किया जाएगा।

अतः विकल्प (A) सही है।

General Hindi

Q.1 'से' किस कारक का चिह्न है?

A. करण कारक

B. कर्म कारक

C. संबंध कारक

D. कर्ता कारक

Q.2 'खूँटी' शब्द का बहुवचन बताइए।

[UPSSSC Rajasva Lekhpal, 2015]

A. खूँटियाँ

B. खूँटिया

C. खूटियों

D. खूँटिया

Q.3 निर्देश: वाक्य के अशुद्ध भाग (त्रुटिपूर्ण भाग) का चयन कीजिए। छायावाद के युग में (a)/ राष्ट्रवादी विचारधारा के (b)/ उन्नत स्वर (c)/ सुनने को मिलता है। (d)

A. (a)

B. (b)

C. (c)

D. (d)

Q.4 निम्नलिखित शब्दों में से कौन-सा शब्द अनेकार्थी नहीं है?

[UP Police Constable, 2018]

A. कनक

B. अनंत

C. महावीर

D. हत्या

Q.5 'वांगमय' शब्द की शुद्ध वर्तनी कौन सी होगी?

A. वांगमय्

B. वाङ्मय

C. वागमय

D. कोई भी नहीं

Q.6 'त्रिफला' में कौन-सा समास है?

A. कर्मधारय समास

B. तत्पुरुष समास

C. द्वंद्व समास

D. द्विगु समास

Q.7 'काव्योर्मि' का संधि विच्छेद है:

A. काव्य + ओर्मि

B. काव्य + उर्मि

C. कवि + ऊर्मि

D. काव् + उर्मि

Q.8 'गंगा' का पर्यायवाची शब्द है:

A. कालिन्दी

B. सरिता

C. नदी

D. मंदाकिनी

Q.9 'रमा' का पर्यायवाची शब्द है:

A. दामिनी

B. वनिता

C. इन्दिरा

D. दुर्ग

Q.10 'नौ दो ग्यारह होना' मुहावरे का उचित अर्थ हैं:

A. भाग जाना

B. हल खोजना

C. भयभीत होना

D. अपमान करना

Q.11 'भाड़ झोंकना' मुहावरे का अर्थ है:

A. रिश्वत लेना

B. व्यर्थ समय बिताना

C. क्रोधित होना

D. तंग करना

Q.12 गेहूँ का तत्सम क्या होगा?

A. अन्न

B. कनक

C. गोधप

D. जीवन

Q.13 'अक्षि' का तद्भव क्या होगा?

A. नमन

B. लोचन

C. नेत्र

D. आँख

Ques (14-18):निर्देश: नीचे दिए गद्यांश को पढ़कर पूछे गए प्रश्नों के सबसे उचित उत्तर वाले विकल्प चुनिए।

"आदमी की तलाश" - यह स्वर अकसर सुनने को मिलता है। यह भी सुनने को मिलता है कि आज आदमी, आदमी नहीं रहा। इन्हीं स्थितियों के बीच दार्शनिक राधाकृष्णन की इन पंक्तियों का स्मरण हो आया - "हमने पक्षियों की तरह उड़ना और मछलियों की तरह तैरना तो सीख लिया है, पर मनुष्य की तरह पृथ्वी पर चलना और जीना नहीं सीखा।' ज़िंदगी के सफ़र में नैतिक और मानवीय उद्देश्यों के प्रति मन में अटूट विश्वास होना जरूरी है। कहा जाता है - आदमी नहीं चलता, उसका विश्वास चलता है। आत्मविश्वास सभी गुणों को एक जगह बाँध देता है, यानी कि विश्वास की रोशनी में मनुष्य का संपूर्ण व्यक्तित्व और आदर्श उजागर होता है। गेटे की प्रसिद्ध उक्ति है कि जब कोई आदमी ठीक काम करता है, तो उसे पता तक नहीं चलता कि वह क्या कर रहा है, पर गलत काम करते समय उसे हर क्षण यह ख्याल रहता है कि वह जो कर रहा है, वह गलत है। गलत को गलत मानते हुए भी इंसान गलत किए जा रहा है। इसी कारण समस्याओं एवं अँधेरों के अंबार लगे हैं। लेकिन ऐसा ही नहीं है। कुछ अच्छे लोग भी हैं, शायद उनकी अच्छाइयों के कारण ही जीवन बचा हुआ है। ऐसे लोगों ने नैतिकता और सच्चरित्रता का खिताब ओढ़ा नहीं, उसे जीकर दिखाया। वे भाग्य और नियति के हाथों खिलौना बनकर नहीं बैठे, स्वयं के पसीने से अपना भाग्य लिखा। महात्मा गांधी ने इसीलिए कहा कि हमें वह परिवर्तन खुद बनना चाहिए, जिसे हम संसार में देखना चाहते हैं। जरूरत है कि हम दर्पण जैसा जीवन जीना सीखें। उन सभी खिड़कियों को बंद कर दें, जिनसे आने वाली गंदी हवा इंसान को इंसान नहीं रहने देती। मनुष्य के व्यवहार में मनुष्यता को देखा जा सके, यही 'आदमी की तलाश' है।

Q.14 अनुचित कार्य करते समय मनुष्य को -

[CTET Paper-II (Science & Mathematics), 2015], [CTET Paper-II (Social Science), 2015]

A. पता ही नहीं होता कि वह अनुचित कर रहा है।

B. मालूम रहता है कि वह ठीक नहीं कर रहा।

C. विश्वास रहता है कि किसी को पता नहीं चलेगा।

D. अच्छे मार्ग से कुछ पाने का भरोसा नहीं होता।

Q.15 'अँधेरों के अंबार लगे हैं' - रेखांकित का भाव है:

[CTET Paper-II (Science & Mathematics), 2015], [CTET Paper-II (Social Science), 2015]

A. अंधकार के

B. बुराइयों के

C. विघ्न-बाधाओं के

D. दुर्भाग्य के

Q.16 शेष से भिन्न शब्द को पहचानिए -

[CTET Paper-II (Science & Mathematics), 2015], [CTET Paper-II (Social Science), 2015]

A. मनुष्यता

B. उछलता

C. नैतिकता

D. सच्चरित्रता

Q.17 मुख्य भाव के अनुसार गद्यांश का सबसे उपयुक्त शीर्षक हो सकता है -

[CTET Paper-II (Science & Mathematics), 2015], [CTET Paper-II (Social Science), 2015]

A. मानवीय उद्देश्य

B. सच्ची मानवता

C. जीवन यात्रा

D. आदमी की तलाश

Q.18 सभी गुणों को एक स्थान पर जोड़ने की शक्ति किसमें बताई गई है?

[CTET Paper-II (Science & Mathematics), 2015], [CTET Paper-II (Social Science), 2015]

A. मनुष्य में

B. नैतिकता में

C. सच्चरित्रता में

D. आत्मविश्वास में

Q.19 निर्देश: प्रत्येक प्रश्न के आगे दिए गए विकल्पों में से उचित विकल्प चुनें।

जो जीता न जा सके:

[Sainik School Entrance Class VI, 2018]

A. आलोकिक
B. अजेय
C. अभेद्य
D. अनुकरणीय

Q.20 दिए गए विकल्पों में से 'इति' शब्द का विलोम क्या होगा?
A. अथ
B. अथक
C. अति
D. पृथक

Q.21 दिए गए विकल्पों में से 'ओछा' शब्द का विलोम क्या होगा?
A. निस्तेज
B. बेकसूर
C. कर्कश
D. गंभीर

Q.22 निम्नलिखित में से कौन सा शब्द "अतिथि" का अनेकार्थक शब्द नहीं है?
A. संन्यासी
B. आम
C. अग्नि
D. अभ्यागत

Q.23 निम्न में से किसका नाम सदा पुल्लिंग होता है?
A. बोलियों के नाम
B. भाषाओं के नाम
C. लिपियों के नाम
D. पदनाम

Q.24 निम्नलिखित में किस शब्द में त्रुटि नहीं है-
A. सुसील
B. शुशील
C. सुशील
D. सुषील

Q.25 निम्नलिखित में किस शब्द में त्रुटि नहीं है-
A. समति
B. समीति
C. समेति
D. समिति

Mathematics

Q.26 एक समलंब $ABCD$ पर विचार करें, जिसमें AB, CD के समानांतर है और AD, AB पर लंबवत है। यदि समलम्ब चतुर्भुज में एक वृत्त है जो AB को E पर, CD को F पर और BC को P पर स्पर्श करता है, जहाँ $EB = 25$ सेमी और $FC = 16$ सेमी है, तो वृत्त का व्यास क्या है?
A. 16 सेमी
B. 25 सेमी
C. 36 सेमी
D. 40 सेमी

Q.27 दो संकेंद्रित वृत्त जिनकी त्रिज्या 3 सेमी और 9.25 सेमी है। बड़े वृत्त की उस जीवा की लंबाई ज्ञात कीजिए जो दूसरे वृत्त की स्पर्श रेखा है।
A. 17.5 सेमी
B. 19.25 सेमी
C. 12.5 सेमी
D. 15 सेमी

Q.28 एक 110 मी लंबे और 65 मी चौड़े आयताकार घास के मैदान में इसके चारों ओर 2.5 मी चौड़ा बजरी का पथ है। 80 पैसे प्रति वर्ग मी की दर से पथ पर बजरी बनाने की लागत ज्ञात कीजिए।
A. 150 रुपये
B. 340 रुपये
C. 530 रुपये
D. 680 रुपये

Q.29 आयत का क्षेत्रफल एक वृत्त के क्षेत्रफल के बराबर है जिसकी त्रिज्या 14 सेमी है। यदि आयत की चौड़ाई 22 सेमी है, तो इसकी लंबाई क्या है?
A. 24 सेमी
B. 28 सेमी
C. 30 सेमी
D. 35 सेमी

Q.30 एक वस्तु के क्रय मूल्य का 10%, 1245.80 रुपये है। यदि वस्तु 15% की हानि पर बेची जाती है तो विक्रय मूल्य क्या होगा: (रुपये के निकटतम मान तक)

[RRB (NTPC), 2017]

A. 12,458
B. 10589
C. 14327
D. 14657

Q.31 एक वृत्त की त्रिज्या 17 सेमी है और XY एक जीवा है, जिसकी केंद्र से दूरी 8 सेमी है। जीवा की लंबाई कितनी है?
A. 15 सेमी
B. 23 सेमी
C. 30 सेमी
D. 20 सेमी

Q.32 एक त्रिभुज के तीन माध्यिकाओं की लंबाई 9 सेमी, 12 सेमी और 15 सेमी है। फिर त्रिभुज का क्षेत्रफल क्या है?

A. 24 सेमी ^{2}
B. 72 सेमी ^{2}
C. 48 सेमी ^{2}
D. 144 सेमी ^{2}

Q.33 एक आयत की लंबाई 12 सेमी और चौड़ाई 7.5 सेमी का है। इसका क्षेत्रफल ज्ञात कीजिए।
A. 90 सेमी ^{2}
B. 190 सेमी ^{2}
C. 290 सेमी ^{2}
D. 80 सेमी ^{2}

Q.34 493, 527 तथा 697 का महत्तम समापवर्त्य ज्ञात कीजिये।
A. 27
B. 51
C. 17
D. 23

Q.35 निम्नलिखित में से किसकी संख्या सबसे अधिक है?
A. 99
B. 101
C. 176
D. 182

Q.36 आयताकार खेत की चौड़ाई इसकी लंबाई का दो-तिहाई है। यदि इसका क्षेत्रफल 864 मीटर² है, तो 15 रुपये प्रति मीटर की दर से इसके चारों ओर बाड़ लगाने की लागत ज्ञात कीजिए।
A. 2,000 रुपये
B. 1,600 रुपये
C. 1,800 रुपये
D. 2,400 रुपये

Q.37 तीन ठोस गोले क्रमशः 3 सेमी, 4 सेमी और 5 सेमी त्रिज्या के पिघलाए जाते हैं और एक बड़े ठोस गोले के रुप में बनाए जाते हैं। गोले की त्रिज्या है:
A. 12
B. 10
C. 6
D. 4

Q.38 दी गई आकृति में, सर्वांगसमता के भुजा-कोण-भुजा नियम से ∆ABC ≅ ∆ADC है। AB = AD ∠BAC = 50°, ∠ADC का मान ज्ञात कीजिये।

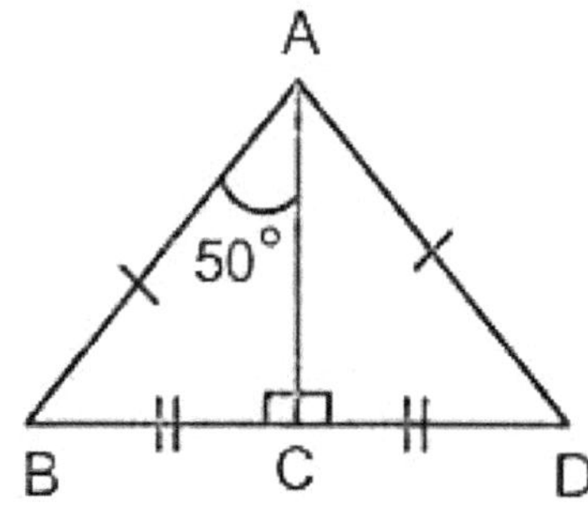

A. 40°
B. 100°
C. 150°
D. 200°

Q.39 k का पूर्णांक मान ज्ञात कीजिए जिसके लिए समीकरण $x^2 - 5(k-1)x + (8k+1) = 0$ के समान मूल हैं।
A. 8
B. 3
C. 16
D. 24

Q.40 एक निश्चित डेटा को समान वर्ग आकार का उपयोग करके बारंबार बंटन के रूप में प्रस्तुत किया जाता है। यदि प्रथम श्रेणी के अंतराल का वर्ग चिह्न 70 है, और वर्ग आकार 20 है, तो सातवें वर्ग के अंतराल की उपरि सीमा है:
A. 160
B. 220
C. 200
D. 140

Q.41 दिए गए आंकड़ों का परास और माध्यिका का माध्य ज्ञात कीजिये।
$$32, 41, 28, 54, 35, 26, 23, 33, 38, 40$$
A. 53.2
B. 25.3
C. 32.5
D. 35.2

Q.42 दो क्रमिक वर्षों में, एक विद्यालय के 100 और 200 छात्र अंतिम परीक्षा में शामिल हुए। उनमें से क्रमशः 80% और 60% उत्तीर्ण हुए। 2 वर्ष में संचयी उत्तीर्ण प्रतिशत ज्ञात कीजिए।
A. 50%
B. 60%
C. 66.67%
D. 65%

Ques (43-47):निर्देश: निम्नलिखित तालिका चार्ट का ध्यानपूर्वक अध्ययन करें और नीचे दिए गए प्रश्न का उत्तर दें।

चार्ट 5 कंपनियों में विभिन्न विभाग में कर्मचारियों की संख्या को दर्शाता है।

	ABC	JMD	BCGI	TCS	HCL
तकनीकी	200	350	270	70	120
संचालन	75	200	150	340	180
एच.आर.	50	30	25	35	20
वित्त	300	50	120	100	75

Q.43 Find the ratio of employees of Technical, Operations, and Finance between BCGI and TCS companies.

A. 18 : 17   **B.** 17 : 16   **C.** 19 : 21   **D.** 32 : 33

Q.44 सभी कंपनियों के लिए संचालन विभाग के कर्मचारियों की संख्या कुल कर्मचारियों की संख्या का कितना प्रतिशत है?

A. 34.24%   **B.** 35.23%   **C.** 37.42%   **D.** 29.82%

Q.45 तकनीकी विभाग से सभी कंपनियों द्वारा नियुक्त कर्मचारियों की औसत संख्या ज्ञात कीजिए।

A. 200   **B.** 205   **C.** 198   **D.** 202

Q.46 TCS में संचालन और एच.आर. कर्मचारियों की तुलना में BCGI में तकनीकी और संचालन कर्मचारियों का कितना प्रतिशत है?

A. 12%   **B.** 108%   **C.** 114%   **D.** 112%

Q.47 HCL में एच.आर. कर्मचारियों का प्रतिशत कितना है?

A. 7%   **B.** 5.06%   **C.** 4.98%   **D.** 5.6%

Q.48 माध्यिका 54 के साथ एक परीक्षण के लिए आरोही क्रम में तेरह छात्रों के अंक नीचे दिए गए हैं, k का मान है:

18, 22, 34, 37, 42, k + 2, k + 8, 58, 63, 68, 73, 78, 85.

A. 54   **B.** 62   **C.** 48   **D.** 46

Q.49 यदि $x^2 - hx - 21 = 0, x^2 - 3hx + 35 = 0 (h > 0)$ का मूल सार्व है, तो h का मान क्या होगा?

A. 1   **B.** 2   **C.** 3   **D.** 4

Q.50 निम्नलिखित आयतचित्र वर्ग अंतरालों के विपरीत निश्चित आवृत्ति बंटन को दर्शाता है।

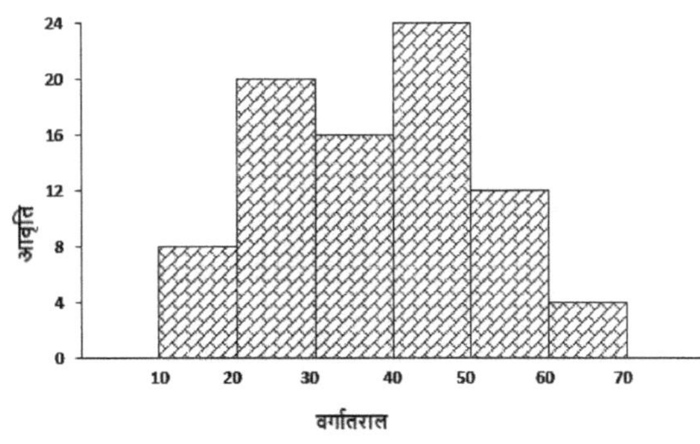

इस बंटन का अनुमानित माध्य है:

A. 34.34   **B.** 35.42   **C.** 37.86   **D.** 36

General Knowledge

Q.51 मई 2022 में पहला क्षेत्रीय खिलौना मेला कहाँ आयोजित किया गया था?

A. वाराणसी   **B.** बेंगलुरु   **C.** कांचीपुरम   **D.** कोलकाता

Q.52 हरियाणा विधानसभा, जो अक्टूबर 2019 के चुनावों के बाद गठित की गई है :

[HTET PGT - Computer Science, 2020]

A. 12 वीं   **B.** 13 वीं   **C.** 14 वीं   **D.** 15 वीं

Q.53 मई 2022 में जारी 'द स्ट्रगल फॉर पुलिस रिफॉर्म्स इन इंडिया' पुस्तक के लेखक कौन हैं?

A. राकेश अस्थाना   **B.** किरण सिंह

C. सत्य नारायण प्रधान   **D.** प्रकाश सिंह

Q.54 किस राज्य ने अपने राज्य के लिए स्क्रैपिंग नीति लागू की?

A. महाराष्ट्र   **B.** हिमाचल प्रदेश

C. राजस्थान   **D.** उत्तर प्रदेश

Q.55 2022 में नीति आयोग द्वारा शुरू किए गए राज्य ऊर्जा और जलवायु सूचकांक में उत्तर प्रदेश को कौन सा स्थान मिला है?

A. 10   **B.** 1   **C.** 12   **D.** 13

Q.56 उत्तर प्रदेश सरकार द्वारा प्रदेश के कितने शहरों में इ-सिटी बस सेवा का शुभारम्भ किया गया है ?

A. 2   **B.** 5   **C.** 7   **D.** 9

Q.57 हीरे की चमक ___ के कारण है।

[UPSC Central Armed Police Forces AC, 2019]

A. प्रकाश का व्यतिकरण

B. प्रकाश का विवर्तन

C. प्रकाश का ध्रुवीकरण

D. प्रकाश का कुल आंतरिक परावर्तन

Q.58 निम्नलिखित में से कौन एक विद्युत चुम्बकीय तरंग नहीं है?

[UPSC Central Armed Police Forces AC, 2019]

A. प्रकाश तरंग   **B.** रेडियो तरंगें

C. ध्वनि तरंगे   **D.** माइक्रो तरंग

Q.59 विद्युत चुम्बकीय तरंग के लिए निम्नलिखित में से कौन सा सही नहीं है?

[UPSC Central Armed Police Forces AC, 2019]

A. विद्युत चुम्बकीय तरंग ऊर्जा और संवेग का परिवहन करती है

B. एक विद्युत चुम्बकीय तरंग को ध्रुवीकृत और प्रतिबिंबित किया जा सकता है

C. एक विद्युत चुम्बकीय तरंग अनुदैर्ध्य है

D. विद्युत चुम्बकीय तरंग प्रसार अलग-अलग विद्युत और चुंबकीय क्षेत्रों द्वारा वर्णित है

Q.60 यूरेनियम 235 तत्व के नाभिक के अंदर न्यूट्रॉन की संख्या है-

[UPSC Central Armed Police Forces AC, 2019]

A. 235   **B.** 92   **C.** 143   **D.** 51

Q.61 निम्नलिखित में से कौन सा वायरस का एक प्रकार नहीं है?

A. पॉलीमॉर्फिक   **B.** मैकेफी

C. मल्टीपार्टइट   **D.** बूट सेक्टर

Q.62 कंप्यूटर का इनपुट डिवाइस निम्नलिखित में से कौन सा है?

A. स्कैनर   **B.** प्रिंटर   **C.** स्पीकर   **D.** मॉनिटर

Q.63 निम्नलिखित में से कौन सा एक पोर्टेबल डिवाइस (लाने - ले जाने योग्य उपकरण) नहीं है?

A. आईपॉड   **B.** थंब्स ड्राइव

C. डेस्कटॉप कंप्यूटर   **D.** लैपटॉप

Q.64 सबसे पहला द्वैध मॉडल किसके द्वारा विकसित किया गया था?

[DSSSB TGT Social Science, 2014]

A. बर्ट्रैंड
B. कारनॉट
C. जे.बी. क्लार्क
D. एडगेवर्थ

Q.65 मानव विकास सूचकांक किसके द्वारा तैयार किया गया था?

[DSSSB TGT Social Science, 2014]

A. विश्व बैंक
B. अंतरराष्ट्रीय मुद्रा कोष
C. यूएनटीएडी
D. यूएनडीपी

Q.66 फैजाबाद में 1857 के विद्रोह का नेतृत्व किसने किया था?

A. राव तुलाराम
B. खान बहादुर खान
C. अज़ीमुल्लाह खान
D. अहमदुल्ला शाह

Q.67 निम्नलिखित में से किस व्यक्ति ने वहाबी आंदोलन का नेतृत्व किया?

A. मंजू शाह फकीरी
B. अब्दुल वहाबी
C. शाह वलीउल्लाह
D. सैयद अहमद बरेलवी

Q.68 संसदीय सरकार के संदर्भ में, निम्नलिखित में से कौन-सी विशेषता सही है/हैं?

1. राष्ट्रपति राज्य का प्रमुख और सरकार का प्रमुख दोनों होता है
2. दोहरी सदस्यता
3. निचले सदन का विघटन
4. सामूहिक जवाबदेही

A. केवल 1
B. केवल 1 और 2
C. केवल 2. 3 और 4
D. 1, 2, 3 और 4

Q.69 निम्नलिखित में से कौन मौर्य कला और वास्तुकला के उदाहरण हैं:

1. दीदारगंज में यक्षिणी।
2. शेरनाथ सारनाथ में राजधानी।
3. सारनाथ में बैठे हुए बुद्ध।
4. बाराबर पहाड़ियों में गुफाएँ।

कोड का उपयोग करके सही उत्तर चुनिए:

A. केवल 1 और 2
B. 1, 2, 3 और 4
C. 2, 3 और 4
D. 1, 2 और 4

Q.70 निम्नलिखित में से कौन सही ढंग से मेल खाता है?

	भू-राजनीतिक घटना		वर्ष
A.	जर्मनी का पुनर्मिलन	1.	1990
B.	कोरियाई युद्ध	2.	1950
C.	क्यूबा मिसाइल संकट	3.	1991
D.	सोवियत विघटन	4.	1962

A. केवल 1
B. केवल 1 और 2
C. 1, 2 और 3
D. उपरोक्त सभी

Q.71 भारत के संविधान के निम्नलिखित अनुच्छेद में से कौन सा कारखानों आदि में बच्चों के रोजगार पर प्रतिबंध लगाता है?

[SSC Sub Inspector (CPO), 2020]

A. 31
B. 17
C. 24
D. 21

Q.72 निम्नलिखित में से किस राज्य से कर्क रेखा गुजरती है?

A. असम
B. नागालैंड
C. मणिपुर
D. मिज़ोरम

Q.73 आल्प्स पर्वत किस प्रकार के पर्वत हैं?

A. ज्वालामुखी
B. वलित
C. अवशिष्ट
D. भ्रंश

Q.74 क्षेत्रफल के आधार पर भारत का सबसे बड़ा राज्य कौन सा है?

A. उत्तर प्रदेश
B. राजस्थान
C. गुजरात
D. महाराष्ट्र

Q.75 विज्ञान के निम्नलिखित में से किस क्षेत्र से "किरचॉफ के नियम" संबंधित हैं?

A. परमाणविक संरचना
B. विद्युत परिपथ
C. कार्बनिक रसायनशास्त्र
D. प्रकाशिकी

Rural Development and Rural Society

Q.76 भारत में पंचायती राज की शुरुआत कब हुई थी?

A. 4 नवंबर 1953
B. 23 सितंबर 1960
C. 5 अक्टूबर 1958
D. 2 अक्टूबर 1959

Q.77 निम्नलिखित में से कौन सी समिति पंचायती राज से संबंधित है?

1. जी वी के राव समिति
2. एल एम सिंघवी समिति
3. गाडगिल समिति
4. अशोक मेहता समिति

A. 1, 2, 3 और 4
B. 1, 2 और 4
C. 3 और 4
D. 1 और 2

Q.78 प्रत्येक _________ को राज्य वित्त आयोग द्वारा की गई सिफारिश के आधार पर राज्य निधि से सहायता अनुदान प्राप्त करने का अधिकार है।

A. पंचायत
B. जिला परिषद
C. कलेक्टर
D. इनमें से कोई नहीं

Q.79 पंचायती समिति में मुख्य अधिकारी कौन होता है?

A. प्रसार अधिकारी
B. विकास अधिकारी
C. लेखाकार
D. कार्यालय अधीक्षक

Q.80 स्थानीय सरकार की त्रि-स्तरीय प्रणाली में _______ शामिल नहीं है।

A. पंचायत समिति
B. ग्राम समिति
C. ग्राम पंचायत
D. जिला परिषद

Q.81 'STARS' परियोजना, जिसे केंद्रीय मंत्रिमंडल द्वारा अनुमोदित किया गया है, आंशिक रूप से किस वित्तीय संस्थान द्वारा वित्त पोषित है?

A. अंतर्राष्ट्रीय मुद्रा कोष
B. विश्व बैंक
C. एशियाई विकास बैंक
D. एशियन इन्फ्रास्ट्रक्चर इन्वेस्टमेंट बैंक

Q.82 कृषि मंत्रालय ने किस योजना के लिए ड्रोन के उपयोग के लिए डीजीसीए से मंजूरी प्राप्त की है?

A. पीएमएफबीवाई
B. पीएमजेजेबीवाई
C. पीएमएसबीवाई
D. पीएमकेएसवाई

Q.83 एसटीईएम क्षेत्र में लड़कियों को प्रोत्साहित करने के लिए विज्ञान और प्रौद्योगिकी विभाग द्वारा शुरू की गई योजना का नाम क्या है?

A. विज्ञान प्रसार
B. नई रोशनी
C. नई उड़ान
D. विज्ञान ज्योति

Q.84 निम्नलिखित में से कौन सा सामाजिक अनुसंधान पद्धति के विषय क्षेत्रों में शामिल नहीं है?

A. ग्रामीण समुदाय
B. सामूहिक व्यवहार
C. भूमि वितरण
D. सामूहिक संघर्ष

Q.85 राष्ट्रीय कृषि विकास योजना कब शुरू की गई थी?

A. 2010　　B. 2000　　C. 2005　　D. 2007

Q.86 ग्रामीण विद्युतीकरण निगम की स्थापना कब की गई थी?

A. 1973　　B. 1969　　C. 1975　　D. 1986

Q.87 आशा योजना का संबंध किससे है?

A. बिजली विभाग

B. स्वास्थ्य एवं परिवार कल्याण

C. सामाजिक न्याय

D. शिक्षा विभाग

Q.88 निम्नलिखित में से कौन-सा ग्राम से नगर प्रवास के लिए उत्तरदायी कारक है?

A. प्राकृतिक कारक　　　　B. सामाजिक कारक

C. आर्थिक कारक　　　　D. उपरोक्त सभी

Q.89 स्वयं सहायता _______ समूह होते है।

A. रोज़गार सम्बन्धी　　　　B. समाज सम्बन्धी

C. शिक्षा सम्बन्धी　　　　D. उपरोक्त सभी

Q.90 ग्रामीण धर्म की विशेषता _______ है।

A. प्रकृति पूजा　　　　B. अन्धविश्वास

C. मन्दिरों का महत्व　　　　D. उपरोक्त सभी

Q.91 ग्रामीण धर्म में सर्वाधिक प्रभावशाली _______ क्रियाएं है।

A. प्रार्थना　　　　B. यज्ञ

C. अनुष्ठान　　　　D. उपरोक्त सभी

Q.92 ग्रामीण सहकारी समिति में प्रबंध समिति की क्या भूमिका होती है?

A. ऋण सुविधा प्रदान करना

B. निम्न आय वर्ग के लिए आवास की सुविधा

C. छोटे और मध्यम उद्यमों को चलाने में मदद करना

D. ये सभी

Q.93 सहभागितापूर्ण विकास की संपूर्ण प्रक्रिया में कितने चरण होते हैं?

A. 4 चरण　　B. 5 चरण　　C. 2 चरण　　D. 3 चरण

Q.94 निम्नलिखित में से कौन सहकारी समितियों की कार्यप्रणाली का अंग नहीं है?

A. सदस्य　　　　B. लाभप्रद बाजार

C. समुदाय　　　　D. प्रबंधन

Q.95 एक सहकारी ऋण समिति, जिसे आमतौर पर _______ के रूप में जाना जाता है, दस या अधिक व्यक्तियों के साथ शुरू होती है, जो आमतौर पर एक गांव से संबंधित होती है।

A. प्राथमिक कृषि ऋण समिति (PACS)

B. राष्ट्रीय कृषि और ग्रामीण विकास बैंक (NABARD)

C. भारतीय रिजर्व बैंक (RBI)

D. भारतीय किसान उर्वरक सहकारी लिमिटेड (IFFCO)

Q.96 सौभाग्य योजना किस क्षेत्र से सम्बंधित है?

A. स्वास्थ्य　　B. बिजली　　C. रोजगार　　D. वैक्सीन

Q.97 उत्तर प्रदेश में लेखपाल सेवा नियमावली कब बनी?

A. 2006　　B. 2009　　C. 2005　　D. 2001

Q.98 चकबंदी योजना उत्तर प्रदेश में कब लागू हुई?

A. 1956　　B. 1954　　C. 1952　　D. 1960

Q.99 प्रधानमंत्री आदर्श ग्राम योजना कब शुरू हुई?

A. 2009　　B. 2015　　C. 2016　　D. 2007

Q.100 पंचायती राज संस्थाएँ किसके अंतर्गत अस्तित्व में आयी थी?

A. 42वां और 43वां संशोधन अधिनियम

B. 86वां और 87वां संशोधन अधिनियम

C. 63वां और 64वां संशोधन अधिनियम

D. 73वां और 74वां संशोधन अधिनियम

// स्मार्ट उत्तर पुस्तिका //

सही उत्तर — उन छात्रों का प्रतिशत जिन्होंने प्रश्नों का सही उत्तर दिया था।   **छोड़ दिया** — उन छात्रों का प्रतिशत जिन्होंने प्रश्नों को छोड़ दिया था।

प्रश्न संख्या	उत्तर	सही उत्तर / छोड़ दिया	प्रश्न संख्या	उत्तर	सही उत्तर / छोड़ दिया	प्रश्न संख्या	उत्तर	सही उत्तर / छोड़ दिया	प्रश्न संख्या	उत्तर	सही उत्तर / छोड़ दिया	प्रश्न संख्या	उत्तर	सही उत्तर / छोड़ दिया	प्रश्न संख्या	उत्तर	सही उत्तर / छोड़ दिया
1	A	83.45 % / 12.2 %	18	D	45.08 % / 52.08 %	35	C	41.52 % / 31.43 %	52	C	62.39 % / 36.96 %	69	D	10.72 % / 84.15 %	86	B	46.16 % / 47.92 %
2	A	67.59 % / 30.77 %	19	B	79.43 % / 11.76 %	36	C	69.79 % / 30.19 %	53	D	43.37 % / 45.73 %	70	B	25.27 % / 71.52 %	87	B	84.3 % / 10.39 %
3	D	52.61 % / 33.48 %	20	A	62.64 % / 35.77 %	37	C	44.99 % / 54.3 %	54	D	51.29 % / 44.08 %	71	C	44.61 % / 39.55 %	88	D	20.39 % / 73.34 %
4	D	79.57 % / 15.08 %	21	D	45.64 % / 34.53 %	38	A	46.91 % / 48.97 %	55	D	41.64 % / 39.92 %	72	D	43.3 % / 36.36 %	89	A	58.46 % / 39.2 %
5	B	63.55 % / 34.49 %	22	B	49.68 % / 48.88 %	39	B	62.93 % / 32.15 %	56	C	46.67 % / 34.32 %	73	B	66.97 % / 31.2 %	90	D	13.73 % / 78.03 %
6	D	24.72 % / 72.11 %	23	D	42.7 % / 40.61 %	40	C	48.01 % / 44.98 %	57	D	64.55 % / 32.18 %	74	B	41.83 % / 33.88 %	91	D	42.03 % / 38.46 %
7	B	40.37 % / 42.18 %	24	C	69.45 % / 30.49 %	41	C	55.42 % / 41.18 %	58	B	42.09 % / 49.26 %	75	B	52.01 % / 46.11 %	92	D	58.97 % / 34.46 %
8	D	48.45 % / 33.81 %	25	D	89.54 % / 10.08 %	42	C	77.37 % / 18.42 %	59	C	41.57 % / 37.38 %	76	D	54.12 % / 39.49 %	93	A	48.74 % / 43.85 %
9	C	18.87 % / 73.81 %	26	D	13.71 % / 73.23 %	43	A	67.15 % / 31.35 %	60	C	83.07 % / 12.42 %	77	A	30.06 % / 68.19 %	94	B	77.96 % / 12.89 %
10	A	83.89 % / 14.28 %	27	A	41.28 % / 31.26 %	44	A	12.43 % / 72.87 %	61	B	48.13 % / 32.36 %	78	A	43.02 % / 38.33 %	95	A	48.48 % / 45.06 %
11	B	57.63 % / 39.09 %	28	D	84.52 % / 12.63 %	45	D	61.96 % / 33.61 %	62	A	61.88 % / 36.9 %	79	B	40.69 % / 44.72 %	96	B	67.94 % / 31.74 %
12	C	47.43 % / 49.62 %	29	B	40.93 % / 39.29 %	46	D	49.57 % / 35.25 %	63	C	54.92 % / 31.29 %	80	B	43.79 % / 45.52 %	97	A	60.91 % / 32.63 %
13	D	11.33 % / 87.45 %	30	B	21.49 % / 67.6 %	47	B	42.58 % / 30.36 %	64	D	15.48 % / 79.43 %	81	B	58.75 % / 31.63 %	98	B	65.52 % / 30.97 %
14	B	47.38 % / 50.26 %	31	C	60.03 % / 39.47 %	48	D	11.86 % / 71.82 %	65	D	68.65 % / 31.24 %	82	A	55.86 % / 36.64 %	99	A	47.54 % / 48.13 %
15	B	32.98 % / 67.01 %	32	B	78.06 % / 18.6 %	49	D	49.4 % / 35.92 %	66	D	77.55 % / 16.76 %	83	D	81.21 % / 15.09 %	100	D	55.56 % / 32.27 %
16	B	45.76 % / 52.46 %	33	A	60.0 % / 34.95 %	50	C	56.97 % / 36.49 %	67	D	59.84 % / 30.88 %	84	C	46.51 % / 31.81 %			
17	D	42.25 % / 37.77 %	34	C	83.74 % / 11.46 %	51	A	24.53 % / 74.51 %	68	C	82.01 % / 11.11 %	85	D	28.39 % / 68.97 %			

//संकेत और समाधान//

1. दिए गए विकल्पों में 'से' 'करण कारक' का चिह्न है।

संज्ञा या सर्वनाम के जिस रूप की सहायता से क्रिया सम्पन्न होती हैं, उसे करण कारक कहते हैं। जैसे- रामा ने मोहन को डंडे से मारा।

अत: विकल्प (A) सही है।

2. 'खूँटी' शब्द का बहुवचन रूप खूँटियाँ होता है।

बहुवचन - एक से अधिक व्यक्ति या वस्तु का बोध हो, उसे बहुवचन कहते है। जैसे- लड़के, गायें, कपड़े, टोपियाँ

वचन- संज्ञा, सर्वनाम, विशेषण अथवा क्रिया शब्द के जिस रूप से एक या उसके एक से अधिक होने का बोध होता है, उसे 'वचन' कहते हैं। हिन्दी में वचन दो होते हैं- 1. एकवचन, 2. बहुवचन

अत: विकल्प (A) सही है।

3. वाक्य के (d) भाग में त्रुटि है, "सुनने को मिलता है।" के स्थान पर "सुनने को मिलते हैं।" होगा।

शुद्ध वाक्य: छायावाद के युग में राष्ट्रवादी विचारधारा के उन्नत स्वर सुनने को मिलते हैं।

अत: विकल्प (D) सही है।

4. हत्या शब्द को छोड़कर सभी शब्दों के एक से ज्यादा अर्थ हैं।

अत: विकल्प (D) सही है।

5. 'वांगमय' शब्द की शुद्ध वर्तनी वाङ्मय होगी। 'वांग्मय' यह संस्कृत का शब्द है, जिसका हिंदी अर्थ होता है "साहित्य"।

अत: विकल्प (B) सही है।

6. 'त्रिफला' में द्विगु समास है।

- 'त्रिफला' का अर्थ है- तीन फलों का समूह।
- 'त्रिफला' में उत्तर पद 'फल' की प्रधानता है। द्विगु समास में पूर्व पद संख्यावाची होता है, उत्तर पद प्रधान होता है तथा समस्तपद किसी समूह का बोध कराता है।
- इसलिए, यहाँ द्विगु समास है।

अत: विकल्प (D) सही है।

7. 'काव्योर्मि' का सन्धि विग्रह 'काव्य + ऊर्मि (अ + उ = ओ)' है।

'काव्योर्मि' शब्द में गुण स्वर सन्धि है।

जब संधि करते समय (अ, आ) के साथ इ, ई हो तो तो 'ए' बनता है, जब (अ, आ) के साथ (उ, ऊ) हो तो 'ओ' बनता है, जब (अ, आ) के साथ (ऋ) हो तो 'अर्' बनता है तो यह गुण संधि कहलाती है।

अत: विकल्प (B) सही है।

8. 'गंगा' का पर्यायवाची शब्द 'मंदाकिनी' है।

'गंगा' के पर्यायवाची शब्द - देवनदी, मंदाकनी, भगीरथी, विष्णुपगा, देवपगा, ध्रुवनंदा, सुरसरि, त्रिपथगा, जाह्नवी, सुरसरिता, सुरधुनी, इत्यादि है।

अत: विकल्प (D) सही है।

9. 'रमा' का पर्यायवाची शब्द 'इन्दिरा' है।

रमा के पर्यायवाची शब्द - हरिप्रिया, श्री, लक्ष्मी, कमला, पद्मा, पद्मासना, समुद्रजा, श्रीभार्गवी, क्षीरोदतनया इत्यादि है।

अत: विकल्प (C) सही है।

10. जब कोई शब्द समूह या पद या वाक्यांश निरंतर अभ्यास के कारण सामान्य अर्थ न देकर विशेष अर्थ व्यक्त करने लगे तो उसे मुहावरा कहते हैं।

'नौ दो ग्यारह होना' मुहावरे का उचित अर्थ हैं – भाग जाना है।

वाक्य प्रयोग - पुलिस को देखकर चोर नौ दो ग्यारह हो गए।

अत: विकल्प (A) सही है।

11. जब कोई शब्द समूह या पद या वाक्यांश निरंतर अभ्यास के कारण सामान्य अर्थ न देकर विशेष अर्थ व्यक्त करने लगे तो उसे मुहावरा कहते हैं।

'भाड़ झोंकना' मुहावरे का अर्थ है – व्यर्थ समय बिताना है।

वाक्य प्रयोग - तुम दिल्ली में इतने दिन रहकर भी भाड़ ही झोंकते रहे।

अत: विकल्प (B) सही है।

12. गेहूँ का तत्सम गोधूम है।

तत्सम शब्द संस्कृत भाषा के दो शब्दों, तत् + सम् से मिलकर बना है। तत् का अर्थ है – उसके, तथा सम् का अर्थ है – समान। जिन शब्दों को संस्कृत से बिना किसी परिवर्तन के ले लिया जाता है, उन्हें तत्सम शब्द कहते हैं। इनमें ध्वनि परिवर्तन नहीं होता है।

उदाहरण: गोधूम ब्राह्मणों को दान में दिया गया।

अत: विकल्प (A) सही है।

13. 'अक्षि' का तद्भव रूप आँख है।

तद्भव शब्द तत्+भव से मिलकर बना है, जिसका अर्थ है–विकसित या उससे उत्पन्न। यानि वे शब्द जो संस्कृत से उत्पन्न या विकसित हुए हैं, तद्भव शब्द कहलाते हैं।

उदाहरण: आँख के बदले आँख' के प्राचीन सिद्धान्त से तो एक दिन सभी अंधे हो जाएंगे।

अत: विकल्प (D) सही है।

14. अनुचित कार्य करते समय मनुष्य को -"मालूम रहता है कि वह ठीक नहीं कर रहा।"

गद्यांश अनुसार,

दिए गए गद्यांश के वाक्यांश "पर गलत काम करते समय उसे हर क्षण यह ख्याल रहता है कि वह जो कर रहा है, वह गलत है......" से स्पष्ट है कि

अनुचित कार्य करते समय मनुष्य को मालूम रहता है कि वह ठीक नहीं कर रहा।

- अनुचित शब्द - अन् + उचित से मिलकर बना है।
- अन् यहाँ उपसर्ग है।

अत: विकल्प (B) सही है।

15. 'अँधेरों के अंबार लगे हैं' - रेखांकित शब्द का भाव "बुराइयों के" अम्बार लगे है।

अंबार का अर्थ- ढेर।

अँधेरे से बुराई की यहाँ तुलना की गई है।

- अँधेरे के अन्य समानार्थ शब्द:- तम, तमस, तिमिर, अंधकार

अत: विकल्प (B) सही है।

16. दिए गए शब्दों में उछलता शब्द भिन्न है क्योंकि यह क्रिया है जबकि अन्य सभी विकल्प विशेषण है।

जो शब्द संज्ञा या सर्वनाम की विशेषता बताते है, विशेषण कहलाते है।

जैसे:- यह बहुत उछलने वाली गेंद है।

- अर्थात यहाँ गेंद की विशेषता है, उछलना।

अत: विकल्प (B) सही है।

17. मुख्य भाव के अनुसार गद्यांश का सबसे उपयुक्त शीर्षक "आदमी की तलाश" हो सकता है।

- आदमी शब्द:- यह हमेशा एकवचन में प्रयोग होता है।
- आदमी का बहुवचन आदमी ही होता है।
- आदमी का स्त्रीलिंग शब्द:- औरत है।

अत: विकल्प (D) सही है।

18. सभी गुणों को एक स्थान पर जोड़ने की शक्ति "आत्मविश्वास में" बताई गई है।

गद्यांश के अनुसार,

दिए गए गद्यांश के वाक्यांश "आत्मविश्वास सभी गुणों को एक जगह बाँध देता है, यानी कि विश्वास की रोशनी में...." से स्पष्ट है कि:

- सभी गुणों को एक स्थान पर जोड़ने की शक्ति आत्मविश्वास में है।
- आत्मविश्वास:- स्वयं का स्वयं पर अटूट विश्वास

अत: विकल्प (D) सही है।

19. जो जीता न जा सके: अजेय

वाक्य प्रयोग: युद्ध में अशोक सदैव अजेय रहते थे।

अत: विकल्प (B) सही है।

20. दिए गए विकल्पों में से 'इति' शब्द का विलोम अथ है।

इति का अर्थ - अंत

अथ का अर्थ - शुरुआत

अतः विकल्प (A) सही है।

21. दिए गए विकल्पों में से 'ओछा' शब्द का विलोम गंभीर है।

ओछा का अर्थ - तुच्छ, छिछोरा

गंभीर का अर्थ - स्थिरचित्त

अतः विकल्प (D) सही है।

22. आम "अतिथि" का अनेकार्थी शब्द नहीं है।

"अतिथि" के अनेकार्थी शब्द संन्यासी, मेहमान, साधु, यात्री, अपरिचित व्यक्ति, यज्ञ में सोमलता लाने वाला, अग्नि,अभ्यागत है।

अतः विकल्प (B) सही है।

23. पदनाम सदैव पुल्लिंग में होते है।

जैसे: राजदूत, मुख्यमंत्री, प्रधानमंत्री, कुलपति, राष्ट्रपति, इंजीनियर, प्रोड्यूसर, फोटोग्राफ, रिपोर्टर, डाक्टर, प्रोफेसर, सचिव सभापति,आदि।

अत: विकल्प (D) सही है।

24. 'सुशील' शब्द शुद्ध वर्तनी रूप है; सुशील का अर्थ है अच्छे चरित्र वाला।

अतः विकल्प (C) सही है।

25. 'समिति' शब्द शुद्ध वर्तनी रूप है; समिति का अर्थ सभा या समाज संस्था है।

अतः विकल्प (D) सही है।

26.

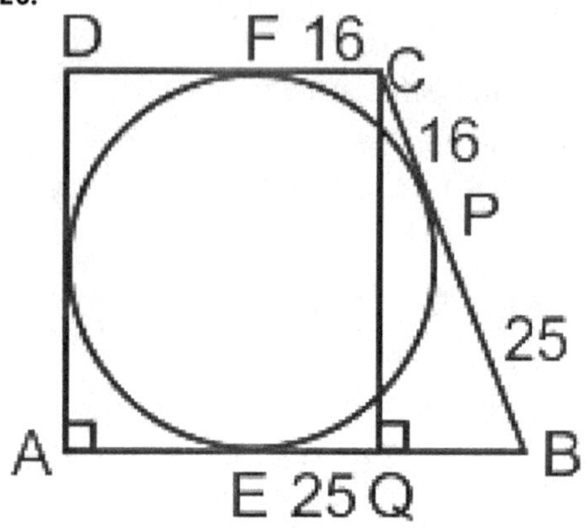

दिया गया है:

$EB = 25$ सेमी और $FC = 16$ सेमी

चूँकि CF और CP एक ही बिंदु C से वृत्त की स्पर्श रेखाएँ हैं, तो

$\Rightarrow CP = CF = 16$ सेमी

इसी प्रकार,

$\Rightarrow BP = BE = 25$ सेमी और

$\Rightarrow BC = BP + CP$

$\Rightarrow BC = 16 + 25 = 41$

CQ, BA के लंबवत है:

$\because AB \parallel DC$

$\therefore AQ = DC$

$\Rightarrow QB = AB - AQ$

$\Rightarrow QB = 25 - 16 = 9$ सेमी

$\triangle BCQ:$ में

पाइथागोरस प्रमेय के अनुसार,

$CQ = \sqrt{(BC^2 - QB^2)}$

$\Rightarrow CQ = \sqrt{(41^2 - 9^2)}$

$\Rightarrow CQ = 40$ सेमी

$\Rightarrow$ वृत्त का व्यास$= 40$ सेमी

अत: विकल्प (D) सही है।

27. दिया गया

छोटे वृत्त की त्रिज्या = 3 सेमी

बड़े वृत्त की त्रिज्या = 9.25 सेमी

प्रयुक्त सूत्र

वृत्त के केंद्र से जीवा तक लंबवत यह समान रूप से विभाजित होता है।

$H^2 = P^2 + B^2$

आकृति से, ΔOEA में

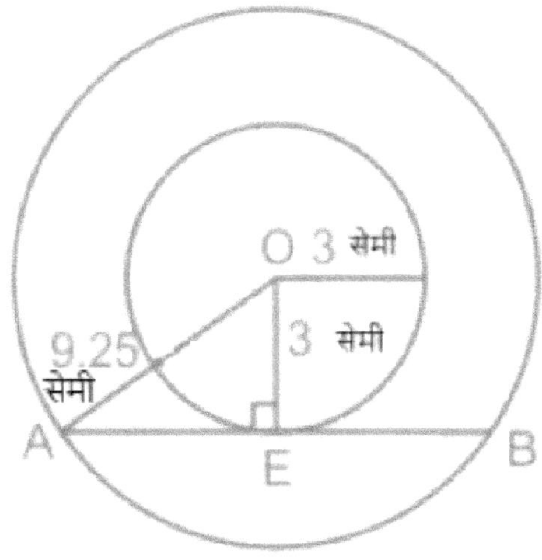

$OA^2 = EA^2 + OE^2$

$\Rightarrow 9.25^2 = 3^2 + EA^2$

$\Rightarrow EA = 8.75$

बड़े वृत्त की जीवा की लंबाई $= 2 \times 8.75 = 17.5$ सेमी

$\therefore$ अभीष्ट उत्तर 17.5 सेमी है।

अत: विकल्प (A) सही है।

28. दिया गया है,

एक 110 मी लंबे और 65 मी चौड़े आयताकार घास के मैदान में इसके चारों ओर 2.5 मी चौड़ा बजरी का पथ है।

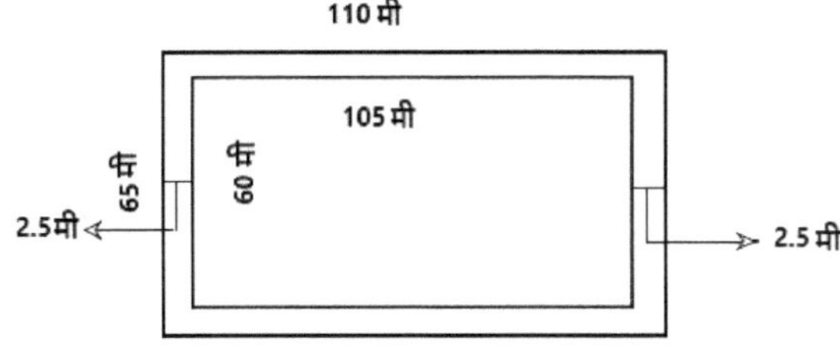

आयताकार घास के मैदान का क्षेत्रफल $= (110 \times 65)$ मी ^{2}

$= 7150$ मी ^{2}

पथ की चौड़ाई $= 2.5$ मी

आयताकार घास के मैदान की आंतरिक लंबाई $= 110 - (2 \times 2.5) = 105$ मी

आयताकार घास के मैदान की आंतरिक चौड़ाई $= 65 - (2 \times 2.5) = 60$ मी

पथ को छोड़कर आयताकार घास के मैदान का क्षेत्रफल $= 105 \times 60$

$= 6300$ मी ^{2}

तो, पथ का क्षेत्रफल $= (7150 - 6300)$ मी ^{2}

$= 850$ मी ^{2}

पथ को बजरी बनाने की लागत $= \left(850 \times \dfrac{80}{100}\right)$

$= 680$ रुपये

अतः विकल्प (D) सही है।

29. दिया गया है,

आयत का क्षेत्रफल एक वृत्त के क्षेत्रफल के बराबर है जिसकी त्रिज्या 14 सेमी है।

प्रश्न के अनुसार,

आयत का क्षेत्रफल $=$ वृत्त का क्षेत्रफल

लंबाई $\times$ चौड़ाई $= \pi r^2$

$\Rightarrow l \times 22 = \dfrac{22}{7} \times 14 \times 14$

$\Rightarrow l \times 22 = 616$

$\Rightarrow l = \dfrac{616}{22}$

$\Rightarrow l = 28$ सेमी

अतः विकल्प (B) सही है।

30. दिया है:

एक वस्तु के क्रय मूल्य का 10%, 1245.80 रुपये है

हानि $= 15\%$

यदि एक वस्तु के क्रय मूल्य का 10%, x है, तो पूरी वस्तु का क्रय मूल्य $10x$ होगा

हम जानते हैं कि:

हानि% = (हानि/क्र.मू) $\times$ 100

वि.मू = क्र.मू - हानि

एक वस्तु के क्रय मूल्य का 10%, 1245.80 रुपये है

$\Rightarrow$ पूरी वस्तु का क्रय मूल्य $= 1245.80 \times 10 = 12458$

अब,

हानि को L द्वारा दर्शाया जाएगा

$\Rightarrow \left(\dfrac{L}{12458}\right) \times 100 = 15$

$\Rightarrow L = \dfrac{(12458 \times 15)}{100}$

$\Rightarrow L = 1868.7$

$\therefore$ वि.मू $= 12458 - 1868.7 = 10589.3$

विक्रय मूल्य (रुपये के निकटतम मान तक) $= 10,589$

अतः विकल्प (B) सही है।

31.

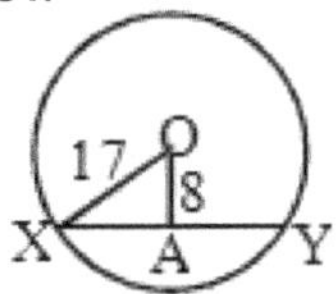

जीवा की लंबाई $= XY$

In $\triangle OAX$

$${OX}^{2} = {OA}^{2} + {AX}^{2}$$

$$17^2 = 8^2 + AX^2$$

$$AX = \sqrt{289 - 64} = 15$$

$$XY = 15 + 15 = 30 \text{ सेमी}$$

अत: विकल्प (D) सही है।

32. त्रिभुज का क्षेत्रफल $= \frac{4}{3} \times$ (एक भुजा के रूप में माध्यिका द्वारा गठित त्रिभुज का क्षेत्र)

एक त्रिभुज का क्षेत्रफल, जिसकी भुजा लंबाइयाँ a, b और c हैं:

$A = \sqrt{s(s - a)(s - b)(s - c)}$, जहां ' s ' त्रिभुज का अर्ध-परिमाप है।

त्रिभुज का अर्ध-परिमाप $= s = \frac{a+b+c}{2}$

दिया हुआ: एक त्रिभुज के तीन माध्यिकाओं की लंबाई 9 cm, 12 cm और 15 cm है

माना कि एक भुजा के रूप में माध्यिका द्वारा गठित त्रिभुज का अर्ध-परिमाप है

$$\therefore s = \frac{9+12+15}{2} = 18$$

अब, एक भुजा के रूप में माध्यिका द्वारा गठित त्रिभुज का क्षेत्रफल $= \sqrt{s(s - a)(s - b)(s - c)}$

$$= \sqrt{18(18 - 9)(18 - 12)(18 - 15)}$$

$$= \sqrt{18 \times 9 \times 6 \times 3}$$

$$= 54$$

जैसा कि हम जानते हैं,

त्रिभुज का क्षेत्र $= \frac{4}{3} \times$ (एक भुजा के रूप में माध्यिका द्वारा गठित त्रिभुज का क्षेत्र)

$$= \frac{4}{3} \times 54 = 72 \text{ सेमी}^2$$

अत: विकल्प (B) सही है।

33. दिया गया है,

लंबाई $(l) = 12$ सेमी

चौड़ाई, $(b) = 7.5$ सेमी

जैसा कि हम जानते हैं,

आयत का क्षेत्रफल $= l \times b$

$$= 12 \times 7.5 \text{ सेमी}$$

$$= 90 \text{ सेमी}^2$$

अत: विकल्प (A) सही है।

34. महत्तम समापवर्त्य के लिए,

493 का गुणनखंड = 17 × 29 = 1, 17, 29, 493

527 का गुणनखंड = 17 × 31 = 1, 17, 31, 527

697 का गुणनखंड = 17 × 41 = 1, 17, 41, 697

∴ (493,527,697) का महत्तम समापवर्त्य = तीनों के उभयनिष्ठ गुणनखंड = 17

अत: विकल्प (C) सही है।

35. 99 = 1 × 3 × 3 × 11

101 = 1 × 101

176 = 1 × 2 × 2 × 2 × 2 × 11

182 = 1 × 2 × 7 × 13

तो, 99 के विभाजक 1, 3, 9, 11, 33, .99 हैं101 के भाजक 1 और 101 हैं

176 के विभाजक 1, 2, 4, 8, 11, 16, 22, 44, 88 और 176 हैं

182 के भाजक 1, 2, 7, 13, 14, 26, 91 और 182 हैं।

इसलिए, 176 में सबसे अधिक भाजक हैं।

अत: विकल्प (C) सही है।

36. दिया गया है :

आयताकार खेत की चौड़ाई इसकी लंबाई का दो - तिहाई है। इसका क्षेत्रफल 864 मीटर² है।

आयत का क्षेत्रफल = लंबाई × चौड़ाई

आयत का परिमाप = 2 × (लंबाई + चौड़ाई)

माना कि लंबाई 3x है।

चौड़ाई 2x होगी।

प्रश्नानुसार,

आयत का क्षेत्रफल = 864

3x × 2x = 864

⇒ 6x² = 864

⇒ x² = 144

⇒ x = 12

लंबाई = 3x = 36 मीटर

चौड़ाई = x = 24 मीटर

आयत का परिमाप = 2 × 60 = 120 मीटर

बाड़ लगाने की कुल लागत = 120 × 15 = 1800 रुपये

अत: विकल्प (C) सही है।

37. दिया है:

क्रमशः 3 सेमी, 4 सेमी और 5 सेमी त्रिज्या के तीन ठोस गोले हैं।

गोले का आयतन $= \frac{4}{3}\pi r^3$

माना कि बड़े गोले का त्रिज्या 'R' है।

बड़े ठोस गोले का आयतन है:

$= \frac{4}{3} \times \pi \times (3^3 + 4^3 + 5^3)$

$= \frac{4}{3} \times \pi(27 + 64 + 125)$

$= \frac{4\pi}{3} \times 216$ सेमी³

अब,

$\frac{4\pi}{3} \times R^3 = \frac{4\pi}{3} \times 216$

$\Rightarrow R^3 = 216$

$\Rightarrow R = (216)^{\frac{1}{3}}$

$\Rightarrow R = 6$

∴ बड़े गोले की त्रिज्या 6 सेमी है।

अतः विकल्प (C) सही है।

38. दिया है:

$\Delta ABC \cong \Delta ADC$

AB = AD

∠BAC = 50°

ΔABC और ΔADC में, (सर्वसमता के भुजा-कोण-भुजा नियम से)

AB = AD

BC = CD

$\Rightarrow$ ∠BAC = ∠CAD = 50°(सर्वांगसम त्रिभुज के संगत भाग)

Δ ACD में, ∠CAD + ∠ACD + ∠ADC = 180°

∠ADC = 180 - 50 - 90 = 40°

∴ ∠ADC = 40°

अतः विकल्प (A) सही है।

39. $x^2 – 5(k – 1)x + (8k + 1) = 0$ के समान मूल हैं।

$b^2 - 4ac = 0$

$\Rightarrow \{5(k - 1)\}^2 - 4(8k + 1) = 0$

$\Rightarrow \{5(k - 1)\}^2 = 4(8k + 1)$

$\Rightarrow 25(k^2 - 2k + 1) = 32k + 4$

$\Rightarrow 25k^2 - 82k + 21 = 0$

$\Rightarrow 25k^2 - 75k - 7k + 21 = 0$

$\Rightarrow 25k(k - 3) - 7(k - 3) = 0$

$\Rightarrow (k - 3)(25k - 7) = 0$

$\Rightarrow$ k = 3 पूर्णांक मान है।

अतः विकल्प (B) सही है।

40. दिया गया है,

एक निश्चित डेटा को समान वर्ग आकार का उपयोग करके बारंबार बंटन के रूप में प्रस्तुत किया जाता है। यदि प्रथम श्रेणी के अंतराल का वर्ग चिह्न 70 है, और वर्ग आकार 20 है।

प्रथम श्रेणी के अंतराल का वर्ग चिह्न 70 है, अर्थात् प्रथम श्रेणी के अन्तराल का बारंबार बंटन = ($60 - 80$)

उसी तरह, द्वितीय श्रेणी के अन्तराल का बारंबार बंटन = ($80 - 100$) इत्यादि

तो, सातवीं श्रेणी के अन्तराल का बारंबार बंटन = ($180 - 200$)

सातवें वर्ग के अंतराल की उपरि सीमा $= 200$

∴ आवश्यक मान 200 है।

अतः विकल्प (C) सही है।

41. दिया गया है,

कुल प्रेक्षण की संख्या $= 10$

हम जानते हैं,

परास = अधिकतम मान - न्यूनतम मान

माध्य = प्रेक्षण का योग/प्रेक्षण की कुल संख्या

आरोही क्रम में आंकड़ों को व्यवस्थित करने पर:

$23, 26, 28, 32, 33, 35, 38, 40, 41, 54$

प्रेक्षण का मध्य मान 33 और 35 है।

माध्यिका = मध्य मान का औसत

$\Rightarrow$ माध्यिका $= \frac{(33+35)}{2}$

$= \frac{68}{2}$

$= 34$

परास = अधिकतम मान - न्यूनतम मान

$\Rightarrow$ परास $= 54 - 23 = 31$

माध्य $= \frac{(34+31)}{2}$

$= \frac{65}{2}$

$= 32.5$

∴ माध्यिका का माध्य और परास 32.5 है।

अतः विकल्प (C) सही है।

42. दिया है:

दो क्रमिक वर्षों में, एक विद्यालय के 100 और 200 छात्र अंतिम परीक्षा में उपस्थित हुए। उनमें से क्रमशः 80% और 60% उत्तीर्ण हुए।

प्रयुक्त सूत्र:

X% का Y = Y × $\dfrac{X}{100}$

2 वर्षों में शामिल छात्रों की कुल संख्या = 100 + 200 = 300

और

2 वर्ष में उत्तीर्ण छात्रों की कुल संख्या = 100 × 0.8 + 200 × 0.6

= 80 + 120

= 200

इसलिए,

अभीष्ट प्रतिशत = $\left[\dfrac{200}{300}\right]$ × 100 = 66.67%

अतः विकल्प (C) सही है।

43. दिया गया है,

BCGI में तकनीकी के कर्मचारी = 270

BCGI में संचालन के कर्मचारी = 150

BCGI में वित्त के कर्मचारी = 120

TCS में तकनीकी कर्मचारी = 70

TCS में संचालन के कर्मचारी = 340

TCS में वित्त के कर्मचारी = 100

आवश्यक विभाग में BCGI में कार्यरत कर्मचारी = 270 + 150 + 120 = 540

आवश्यक विभाग में TCS में कार्यरत कर्मचारी = 70 + 340 + 100 = 510

आवश्यक अनुपात = 540 : 510

= 18 : 17

अतः विकल्प (A) सही है।

44. दिया गया है:

संचालन में कर्मचारी $= 75 + 200 + 150 + 340 + 180 = 945$

5 कंपनियों में कुल कर्मचारी,

$= 200 + 75 + 50 + 300 + 350 + 200 + 30 + 50 + 270 + 150 + 25 + 120 + 70 + 340 + 35 + 100 + 120 + 180 + 20 + 75$

$= 2760$

आवश्यक प्रतिश $= \dfrac{945 \times 100}{2760}$

$= 34.24\%$

अतः विकल्प (A) सही है।

45. दिया गया है,

5 कंपनियों द्वारा नियुक्त किये गए कुल तकनीकी कर्मचारी = 200 + 350 + 270 + 70 + 120 = 1010

आवश्यक औसत $= \dfrac{1010}{5} = 202$

अतः विकल्प (D) सही है।

46. दिया गया है,

BCGI में तकनीकी और संचालन कर्मचारी = 270 + 150 = 420

TCS में संचालन और एच.आर. कर्मचारी = 35 + 340 = 375

आवश्यक % $= \dfrac{420 \times 100}{375} = 112\%$

अतः विकल्प (D) सही है।

47. दिया गया है,

HCL में कुल कर्मचारी = 120 + 180 + 20 + 75 = 395

HCL में कुल एच.आर. कर्मचारी = 20

आवश्यक % $= \dfrac{20}{395} \times 100$

$= 5.06\%$

अतः विकल्प (B) सही है।

48. दिया गया है:

18, 22, 34, 37, 42, k + 2, k + 8, 58, 63, 68, 73, 78, 85.

n = 13 (विषम संख्या)

माध्यिका = [(n + 1)/2]वां पद (जब n विषम है)

$\Rightarrow 54 = \left[\dfrac{(13+1)}{2}\right]$ वां पद

$\Rightarrow 54 = \left(\dfrac{14}{2}\right)$ वां पद

$\Rightarrow 54 = 7$वां पद

$\Rightarrow 54 = k + 8$

$\Rightarrow k = 54 - 8 = 46$

∴ k का मान 46 है।

अतः विकल्प (D) सही है।

49. दोनों समीकरणों को घटाने पर,

$$(x^2 - hx - 21) - (x^2 - 3hx + 35) = 0$$

हमें प्राप्त होगा $2hx = 56$ अथवा $hx = 28$

hx का मान समीकरण 1 में रखने पर,

$$x^2 - hx - 21 = 0$$

$$x^2 - 28 - 21 = 0$$

$$x^2 = 49$$

$$x = 7$$

$$h = \dfrac{28}{x} = \dfrac{28}{7} = 4$$

हम केवल x का धनात्मक मान लेंगे क्योंकि h > 0 है (जैसा की प्रश्न में दिया गया है)

x के ऋणात्मक मान से, हमें h का ऋणात्मक मान प्राप्त होगा

अतः विकल्प (D) सही है।

50. सूत्र

$$\text{माध्य} = \frac{\sum fx}{\sum f}$$

अंतराल	मध्य – बिंदु (x)	बारंबारता(f)	fx
10 – 20	15	8	120
20 – 30	25	20	500
30 – 40	35	16	560
40 – 50	45	24	1080
50 – 60	55	12	660
60 – 70	65	4	260
कुल		84	3180

$$\Rightarrow \text{माध्य} = \frac{3180}{84}$$

∴ माध्य 37.86 (लगभग) है।

अतः विकल्प (C) सही है।

51. पहला क्षेत्रीय खिलौना मेला वाराणसी में दीनदयाल हस्तकला संकुल व्यापार सुविधा केंद्र और संग्रहालय में 27 से 30 मई, 2022 तक विकास आयुक्त हस्तशिल्प कार्यालय, वस्त्र मंत्रालय द्वारा हस्तशिल्प निर्यात संवर्धन परिषद (ईपीसीएच) के सहयोग से आयोजित किया गया था।

अतः विकल्प (A) सही है।

52. हरियाणा की 14th विधानसभा, जिसका गठन अक्टूबर, 2019 के चुनाव के बाद किया गया है।

परिणाम 24 अक्टूबर 2019 को घोषित किए गए थे। भारतीय जनता पार्टी सबसे बड़ी पार्टी के रूप में उभरी और जननायक जनता पार्टी और सात निर्दलीय विधायकों के साथ चुनाव के बाद गठबंधन में सरकार बनाई।

अत: विकल्प (C) सही है।

53. उपराष्ट्रपति एम वेंकैया नायडू ने मई 2022 में एक पुस्तक, 'द स्ट्रगल फॉर पुलिस रिफॉर्म्स इन इंडिया' का विमोचन किया। इसे पूर्व आईपीएस अधिकारी प्रकाश सिंह ने लिखा है। उन्होंने कुछ मुद्दों को भी हरी झंडी दिखाई, जिन्हें युद्ध स्तर पर संबोधित करने की आवश्यकता है, जिसमें पुलिस विभागों में रिक्तियों को भरना और आधुनिक युग की पुलिसिंग की आवश्यकताओं के अनुरूप पुलिस के बुनियादी ढांचे को मजबूत करना शामिल है।

अतः विकल्प (D) सही है।

54. स्क्रैपिंग नीति लागू करने वाला उत्तर प्रदेश देश का पहला राज्य बन गया है। इसके बाद से अब प्रदेश में अब तय उम्र पूरी कर चुके वाहन सड़क पर चल नहीं सकेंगे। जांच दल ऐसे अनुपयुक्त और अनुपयुक्त वाहनों को जब्त कर स्क्रैप केंद्र को सौंप देंगे। स्क्रैप सेंटर तक पहुंचने वाले वाहनों का उचित मूल्य उनके मालिकों को दिया जाएगा।

अतः विकल्प (D) सही है।

55. अप्रैल 2022 में नीति आयोग द्वारा शुरू किए गए राज्य ऊर्जा और जलवायु सूचकांक में उत्तर प्रदेश को 13वां स्थान मिला था। सूचकांक में उत्तर प्रदेश ने कुल 41.0 अंक हासिल किए हैं।

यह सूचकांक नीति आयोग द्वारा वर्ष 2019-20 के आंकड़ों के आधार पर तैयार किया गया था। नीति आयोग ने स्टेट एनर्जी एंड क्लाइमेट इंडेक्स (SECI) लॉन्च किया। यह पहला सूचकांक है जिसका उद्देश्य जलवायु और ऊर्जा क्षेत्र में राज्यों और केंद्र शासित प्रदेशों द्वारा किए गए प्रयासों को ट्रैक करना है।

अतः विकल्प (D) सही है।

56. उत्तर प्रदेश सरकार द्वारा प्रदेश के 7 शहरों में ई-सिटी बस सेवा का शुभारम्भ किया गया है। जिनके नाम है : आगरा, मथुरा, मुरादाबाद, बरेली, मेरठ, शाहजहांपुर एवं अलीगढ़।

अतः विकल्प (C) सही है।

57. हीरे का अपवर्तनांक बहुत बड़ा होता है और हीरे की संरचना ऐसी होती है कि जब प्रकाश हीरे के अंदर प्रवेश करता है, तो एक 'पूर्ण आंतरिक परावर्तन' होता है जो हीरे में होता है, अर्थात प्रकाश हीरे की एक आंतरिक सतह से परावर्तित हो जाता है और आगे सतह के अन्य भागों से परावर्तित होता है। यह घटना कई बार दोहराई जाती है। इस घटना के कारण हीरा चमकता है।

अतः विकल्प (D) सही है।

58. ध्वनि तरंगें यांत्रिक तरंगों के उदाहरण हैं, जबकि प्रकाश तरंगें, रेडियो तरंगें और माइक्रोवेव विद्युत चुम्बकीय तरंगों के उदाहरण हैं। विद्युत चुम्बकीय तरंगें विद्युत आवेश के कंपन से बनती हैं। यह कंपन एक तरंग बनाता है जिसमें विद्युत और चुंबकीय घटक दोनों होते हैं। ध्वनि तरंगें अनुदैर्ध्य तरंगें हैं जिन्हें यात्रा करने के लिए एक माध्यम की आवश्यकता होती है, और यह निर्वात के माध्यम से यात्रा नहीं कर सकती है।

अतः विकल्प (C) सही है।

59. विद्युत चुम्बकीय तरंगें (EM तरंगें) अनुप्रस्थ प्रकृति की होती हैं, अनुदैर्ध्य नहीं।

विद्युत चुम्बकीय तरंगों के लिए अनुप्रयोग:

• विद्युतचुंबकीय तरंगें निर्वात के माध्यम से या बिना किसी माध्यम का उपयोग करके ऊर्जा के संचरण को पूरा करती हैं।

• चूंकि EM तरंगें ऊर्जा का संचार करती हैं, यह संचार प्रौद्योगिकी सहित हमारे दैनिक जीवन में एक आवश्यक भूमिका निभाती हैं।

• इनका उपयोग लघु/लंबी-तरंग दैर्ध्य रेडियो तरंगों को प्रसारित करने के लिए भी किया जाता है।

• इनका उपयोग टीवी या वायरलेस सिग्नल और ऊर्जा को प्रसारित करने के लिए भी किया जाता है।

• ईएम तरंगें माइक्रोवेव, दृश्य प्रकाश, पराबैंगनी प्रकाश, अवरक्त विकिरण, गामा किरणों और एक्स-रे के रूप में ऊर्जा के संचरण के लिए जिम्मेदार हैं।

• विद्युतचुंबकीय विकिरण रडार के काम करने का आधार है, जो बदले में हमारे ग्रह पृथ्वी की समझ को निर्देशित करने और सुदूर संवेदन के लिए उपयोग किया जाता है।

• यूवी किरणें प्रकृति में जीवाणुनाशक होती हैं, और वे विभिन्न सतहों, हवा/पानी से बैक्टीरिया, वायरस और मोल्ड को नष्ट कर देती हैं।

• जाली नोटों का पता लगाने के लिए पराबैंगनी किरणों का भी उपयोग किया जाता है। असली बैंकनोट पराबैंगनी प्रकाश के तहत फ्लोरोसेंट नहीं बनते हैं।

• यूवी किरणों में स्वच्छता और चिकित्सीय गुण भी होते हैं।

अतः विकल्प (C) सही है।

60. यूरेनियम-235 में 92 प्रोटॉन हैं, इसलिए 235U की प्रोटॉन संख्या 92 है। इसके नाभिक के अंदर 92 प्रोटॉन प्लस 143 न्यूट्रॉन हैं, इसलिए इसकी कुल न्यूक्लियॉन संख्या 235 है।

यूरेनियम-235 (235U) यूरेनियम का एक समस्थानिक है जो प्राकृतिक यूरेनियम का लगभग 0.72 प्रतिशत बनाता है। प्रमुख आइसोटोप यूरेनियम 238 के विपरीत, यह बहुत अधिक विखंडनीय है, अर्थात यह एक विखंडन श्रृंखला प्रतिक्रिया को बनाए रख सकता है। यह एकमात्र विखंडनीय समस्थानिक है जो प्रथम-जात है और प्रकृति में अपेक्षाकृत पर्याप्त मात्रा में पाया जाता है। यूरेनियम-235 का आधा जीवन 703.8 मिलियन वर्ष है। इसकी खोज सबसे पहले 1935 में आर्थर जेफरी डेम्पस्टर ने की थी। धीमी थर्मल न्यूट्रॉन के लिए इसका विखंडन क्रॉस-सेक्शन लगभग 584.994 बार्न है। त्वरित न्यूट्रॉन के लिए, यह 1 खलिहान के क्रम में है। अधिकतर लेकिन सभी न्यूट्रॉन अवशोषण के परिणामस्वरूप विखंडन नहीं होता है; यूरेनियम -236 बनाने के लिए एक अल्पसंख्यक भी न्यूट्रॉन पर कब्जा कर लेता है।

अतः विकल्प (C) सही है।

61. मैकेफी एक वायरस रिमूवल सर्विस सॉफ्टवेयर है जो कंप्यूटर से ट्रोजन, स्पायवेयर और अन्य मालवेयर जैसे वायरस का पता लगाता है और उसे खत्म करता है।

यह किसी भी मालिशियस एप्लिकेशन या मालवेयर की पहचान करता है और उन्हें कंप्यूटर से हटा देता है।

इस कंपनी के सीईओ पीटर ए. लेव हैं।

अतः विकल्प (B) सही है।

62. इनपुट डिवाइस का उपयोग डेटा या निर्देशों को कंप्यूटर में दर्ज करने के लिए किया जाता है।

- कीबोर्ड
- माउस
- डिजिटल कैमरा
- स्कैनर
- माइक
- बारकोड रीडर
- जॉयस्टिक

अतः विकल्प (A) सही है।

63. पोर्टेबल डिवाइस एक ऐसा उपकरण होता है जिसे आसानी से कहीं ले जाया जा सकता है।

हम डेस्कटॉप कंप्यूटर कहीं भी नहीं ले जा सकते हैं, इसलिए यह एक पोर्टेबल डिवाइस नहीं है।

आइपॉड, थंब्स ड्राइव, लैपटॉप पोर्टेबल डिवाइस हैं क्योंकि ये आसानी से ले जाए जा सकते हैं।

अतः विकल्प (C) सही है।

64. सबसे पुराना द्वैध मॉडल फ्रांसीसी अर्थशास्त्री ऑगस्टिन कौरनॉट द्वारा वर्ष 1838 में विकसित किया गया था। अपने स्पष्टीकरण में, कोर्टनॉट दो फर्मों A और B के उदाहरण के साथ डुओपॉली मॉडल को दिखाता है, प्रत्येक शून्य लागत पर खनिज पानी का उत्पादन कर रहा है।

अतः विकल्प (B) सही है।

65. पाकिस्तानी अर्थशास्त्री महबूब उल हक और भारतीय अर्थशास्त्री अमर्त्य सेन ने मानव विकास सूचकांक विकसित किया जिसे बाद में संयुक्त राष्ट्र विकास कार्यक्रम द्वारा राष्ट्र के विकास को मापने के लिए इस्तेमाल किया गया। सरल शब्दों में यह सामाजिक और आर्थिक पहलुओं के संदर्भ में किसी अर्थव्यवस्था के विकास को गिनने या मापने का उपकरण है।

अतः विकल्प (D) सही है।

66. अहमदुल्ला शाह ने फैजाबाद में 1857 के विद्रोह का नेतृत्व किया।

फैजाबाद में, 1857 के विद्रोह का नेतृत्व मौलवी अहमदुल्ला शाह ने किया था, जिन्होंने चिनहट की प्रसिद्ध लड़ाई लड़ी थी जिसमें सर हेनरी लॉरेंस के अधीन ब्रिटिश सेना हार गई थी। लेकिन, अंत में, अंग्रेजों ने विद्रोह को कठोरता से दबा दिया।

अतः विकल्प (D) सही है।

67. सैयद अहमद बरेलवी ने वहाबी आंदोलन का नेतृत्व किया।

वहाबी आंदोलन (1820-1870) रायबरेली के सैयद अहमद बरेलवी द्वारा स्थापित एक इस्लामी पुनरुत्थानवादी आंदोलन था, जो पैगंबर के समय में इस्लाम को पुनर्जीवित करना चाहता था। वह सऊदी अरब के अब्दुल वहाब और दिल्ली के शाह वलीउल्लाह की शिक्षाओं से प्रेरित थे। इस आंदोलन का उद्देश्य सिखों और अंग्रेजों को उखाड़ फेंक कर भारत में मुस्लिम सत्ता को

पुनर्जीवित करना और बहाल करना था।

अतः विकल्प (D) सही है।

68. भारत में संसदीय सरकार की विशेषताएं:

नाममात्र और वास्तविक अधिकारी -

- राष्ट्रपति नाममात्र के कार्यकारी (विधिः कार्यकारी या शीर्षक कार्यकारी) होते हैं जबकि प्रधानमंत्री वास्तविक कार्यकारी (वास्तविक कार्यपालिका) होते हैं।
- इस प्रकार, राष्ट्रपति राज्य का प्रमुख होता है, जबकि प्रधानमंत्री सरकार का प्रमुख होता है। अतः, कथन 1 सही नहीं है।

अधिकांश पार्टी नियम -

- वह राजनीतिक दल जो लोकसभा में बहुमत सीट हासिल करता है, सरकार बनाता है।

सामूहिक जवाबदेही -

- यह संसदीय सरकार का आधार सिद्धांत है।
- मंत्री सामूहिक रूप से संसद में और विशेष रूप से लोकसभा के लिए जिम्मेदार होते हैं (अनुच्छेद 75)।
- वे एक टीम के रूप में कार्य करते हैं, और एक साथ तैरते और डूबते हैं।
- सामूहिक जिम्मेदारी का सिद्धांत यह बताता है कि लोकसभा अविश्वास प्रस्ताव पारित करके मंत्रालय (अर्थात् प्रधान मंत्री की अध्यक्षता वाले मंत्री परिषद) को पद से हटा सकती है।

राजनीतिक समरूपता

- आमतौर पर, मंत्रिपरिषद के सदस्य एक ही राजनीतिक दल के होते हैं, और इसलिए वे समान राजनीतिक विचारधारा साझा करते हैं।
- गठबंधन सरकार के मामले में, मंत्री आम सहमति से बंधे हैं।

दोहरी सदस्यता

- मंत्री विधायिका और कार्यपालिका दोनों के सदस्य होते हैं।
- इसका अर्थ यह है कि कोई व्यक्ति संसद का सदस्य बने बिना मंत्री नहीं हो सकता।
- संविधान यह बताता है कि एक मंत्री जो लगातार छह महीने तक संसद का सदस्य नहीं होता है वह मंत्री बनना बंद कर देता है।

प्रधान मंत्री का नेतृत्व

- प्रधानमंत्री सरकार की इस प्रणाली में एक नेतृत्वकारी भूमिका निभाता है।
- वे मंत्रिपरिषद के नेता, संसद के नेता और सत्ता में पार्टी के नेता होते हैं।

निचले सदन का विघटन

- संसद (लोकसभा) के निचले सदन को प्रधान मंत्री की सिफारिश पर राष्ट्रपति द्वारा भंग किया जा सकता है।
- दूसरे शब्दों में, प्रधानमंत्री अपने कार्यकाल की समाप्ति से पहले राष्ट्रपति को लोकसभा भंग करने और नए चुनाव कराने की सलाह दे सकता है।
- इसका अर्थ यह है कि कार्यपालिका को संसदीय प्रणाली में विधायिका को भंग करने का अधिकार प्राप्त है।

गुप्तता

- मंत्री प्रक्रिया की गोपनीयता के सिद्धांत पर काम करते हैं और अपनी कार्यवाही और निर्णय नीतियों के बारे में जानकारी नहीं दे सकते हैं।

- वे अपने कार्यालय में प्रवेश करने से पहले गोपनीयता की शपथ लेते हैं।
- मंत्रियों को गोपनीयता की शपथ राष्ट्रपति द्वारा दिलाई जाती है।

अत: विकल्प (C) सही है।

69.

- मौर्य साम्राज्य चंद्रगुप्त मौर्य द्वारा स्थापित एक मजबूत शक्ति थी जिसने 32 ईसा पूर्व से 180 ईसा पूर्व के बीच प्राचीन भारत पर शासन किया था।
- मौर्य काल में, पत्थर की कला निर्मित कला रूपों के लिए भारतीय कलाकारों का प्रमुख माध्यम के रूप में उभरा।
- इससे पहले, लकड़ी अधिकांश कला रूपों के लिए मुख्य सामग्री थी।
- मौर्य कला मूलतः एक शाही कला थी।
- स्तंभों, स्तूपों, गुफाओं, मूर्तिकला, मिट्टी के बर्तनों का उपयोग मौर्यकालीन कला का विशिष्ट उदाहरण था।
- दीदारगंज में यक्षिणी की आदमकद खड़ी छवि, ठीक से चौरी लिए हुए मौर्य काल की मूर्तिकला परंपरा का एक अच्छा उदाहरण है। **इसलिये, कथन 1 सही है।**
- लायन राजधानी की खोज वाराणसी (U.P) के पास सारनाथ में की गई, जिसे आमतौर पर सारनाथ लायन कैपिटल के रूप में जाना जाता है। **इसलिये, कथन 2 सही है।**
- यह मूर्तिकला के सारनाथ स्कूल का एक उत्कृष्ट उदाहरण था जो मौर्य काल में नहीं, गुप्त काल के दौरान उभरा था। **इसलिये, कथन 3 सही नहीं है।**
- बाराबर पहाड़ियों (लोमस ऋषि गुफा) में चार गुफाएं अशोक द्वारा अजीविका संप्रदाय के अजिविका भिक्षुओं को समर्पित की गई थीं। **इसलिये, कथन 4 सही है।**

अतः विकल्प (D) सही है।

70. नीचे दी गई तालिका सही ढंग से मिलान की गई है:

	भू-राजनीतिक घटना		वर्ष
A.	जर्मनी का पुनर्मिलन	1.	1990
B.	कोरियाई युद्ध	2.	1950
C.	क्यूबा मिसाइल संकट	3.	1962
D.	सोवियत विघटन	4.	1991

अतः विकल्प (B) सही है।

71. भारत के संविधान के अनुच्छेद 24 में कारखानों आदि में बच्चों के रोजगार पर प्रतिबंध लगाता है।

यह आदेश देता है कि 14 वर्ष से कम आयु के किसी भी बच्चे को किसी कारखाने या खदान में काम करने या किसी अन्य खतरनाक रोजगार में लगाने के लिए नियोजित नहीं किया जाएगा।

अत: विकल्प (C) सही है।

72. मिजोरम कर्क रेखा को पास करता है।

कर्क रेखा 8 भारतीय राज्यों से होकर गुजरती है।

8 भारतीय राज्य, जिनके माध्यम से, कर्क रेखा गुजरती है वे हैं:

- गुजरात
- राजस्थान
- मध्य प्रदेश
- छत्तीसगढ़
- झारखंड
- पश्चिम बंगाल
- त्रिपुरा
- मिजोरम

अत: विकल्प (D) सही है।

73. आल्प्स पर्वत तह प्रकार के होते हैं।

यह अंतर्जात बलों (भूकंप, भूस्खलन, आदि) द्वारा उत्पन्न संपीड़ित बलों के कारण बनता है।

वलित पर्वतो के उदाहरण हिमालय, आल्प्स, एंडीज, रॉकीज, एटलस आदि हैं।

अत: विकल्प (B) सही है।

74. क्षेत्रफल के आधार पर राजस्थान सबसे बड़ा राज्य है जिसके बाद मध्यप्रदेश और महाराष्ट्र क्रमश: दूसरे और तीसरे स्थान पर हैं।

राजस्थान राज्य द्वारा कवर किया गया कुल क्षेत्रफल 342239 किमी² है जो भारत में किसी भी राज्य द्वारा कवर किया गया सबसे बड़ा क्षेत्र है और इसका कुल देश के क्षेत्रफल का 10.41% है।

अत: विकल्प (B) सही है।

75. "किरचॉफ के नियम" विद्युत परिपथ संबंधित हैं।

किरचॉफ का लूप नियम बताता है कि लूप के समीप के सभी विद्युत विभवांतारों का योग शून्य होता है। दूसरे शब्दों में, यह बताता है कि जिस ऊर्जा की बैटरी में आपूर्ति की जाती है उसका उपयोग एक लूप में अन्य सभी घटकों द्वारा किया जाता है। यह इसलिए है क्योंकि ऊर्जा एक बंद परिपथ में प्रवेश या निकल नहीं सकती है। यह नियम विद्युत विभवांतर के संदर्भ में ऊर्जा संरक्षण का एक अनुप्रयोग है।

अत: विकल्प (B) सही है।

76. पंचायती राज की त्रि-स्तरीय योजना 2 अक्टूबर, 1959 को काम करना शुरू कर दिया। भारत में पंचायती राज व्यवस्था को 1992 में 73 वें संविधान संशोधन के माध्यम से संवैधानिक बनाया गया था। पंचायती राज को पहली बार 2 अक्टूबर 1959 को राजस्थान के नागौर जिले में भारत में पेश किया गया था।

अत: विकल्प (D) सही है।

77. पंचायती राज से संबंधित समितियों की सूची,

- जी वी के राव समिति
- एल एम सिंघवी समिति
- गाडगिल समिति
- अशोक मेहता समिति
- बलवंत राय मेहता समिति
- थुंगन समिति

समिति	वर्ष	अनुशंसा
जी वी के राव समिति	1985	जिला परिषद को भारत की पंचायती राज व्यवस्था में प्रमुख निकाय होना चाहिए।
एल एम सिंघवी समिति	1986	स्थानीय स्वशासन की संवैधानिक मान्यता।
गाडगिल समिति	1988	नीति और कार्यक्रमों पर समिति का गठन 1988 में कांग्रेस पार्टी द्वारा वीएन गाडगिल की अध्यक्षता में किया गया था। यह समिति इस सवाल पर विचार करने के लिए बनाई गई थी कि "पंचायती राज संस्थानों को कैसे प्रभावी बनाया जा सकता है"।
अशोक		पंचायती राज संस्थाओं (मंडल पंचायत और जिला

मेहता समिति	1978	परिषद) की दो स्तरीय प्रणाली।
बलवंत राय मेहता समिति	1957	पंचायती राज संस्थाओं (ग्राम पंचायत, पंचायत समिति और जिला परिषद) की त्रिस्तरीय प्रणाली।

अतः विकल्प (A) सही है।

78. प्रत्येक पंचायत को राज्य वित्त आयोग द्वारा की गई अनुशंसा के आधार पर राज्य निधि से सहायता अनुदान प्राप्त करने का अधिकार है।

राज्य वित्त आयोग की अनुशंसा पर ग्राम पंचायत, पंचायत समिति एवं जिला परिषद सरकार के निर्देशानुसार कर/शुल्क वसूल कर सकते हैं।

ग्राम पंचायत, पंचायत समिति एवं जिला परिषद क्रमशः ग्राम पंचायत के नाम से ग्राम पंचायत कोष, पंचायत समिति के नाम पंचायत समिति कोष तथा परिषद के नाम जिला परिषद कोष का गठन कर अपनी राशि जमा खातों में जमा कराती है।

अतः विकल्प (A) सही है।

79. विकास अधिकारी पंचायत समिति में मुख्य अधिकारी होता है।

पंचायत समिति पंचायती राज संस्थाओं का एक मध्यवर्ती स्तर है। पंचायत समिति के मुख्य कार्यपालन अधिकारी प्रखंड विकास पदाधिकारी हैं. विकास अधिकारी राज्य सिविल सेवा का एक अधिकारी होता है। पंचायत समिति को जनपद पंचायत के नाम से भी जाना जाता है।

अतः विकल्प (B) सही है।

80. स्थानीय सरकार की त्रिस्तरीय प्रणाली में ग्राम समिति शामिल नहीं है।

बलवंत राय मेहता समिति मूल रूप से सामुदायिक विकास कार्यक्रम और राष्ट्रीय विस्तार सेवा के कामकाज की जांच के लिए भारत सरकार द्वारा नियुक्त एक समिति थी। 16 जनवरी 1957 को समिति का गठन किया गया था। बलवंत राय मेहता इस समिति के अध्यक्ष थे।

त्रिस्तरीय पंचायती राज व्यवस्था की स्थापना इस समिति की प्रमुख सिफारिशों में से एक है। इस समिति द्वारा अनुशंसित तीन स्तरीय प्रणाली हैं:

1. ग्राम स्तर पर ग्राम पंचायत।

2. ब्लॉक स्तर पर पंचायत समिति।

3. जिला स्तर पर जिला परिषद।

अतः विकल्प (B) सही है।

81. 'STARS' परियोजना, जिसे केंद्रीय मंत्रिमंडल द्वारा अनुमोदित किया गया है, आंशिक रूप से विश्व बैंक द्वारा वित्त पोषित है।

केंद्रीय मंत्रिमंडल ने 'स्ट्रेंथनिंग टीचिंग-लर्निंग एंड रिजल्ट्स फॉर स्टेट्स (STARS)' परियोजना को मंजूरी दे दी है, जिसे आंशिक रूप से विश्व बैंक द्वारा वित्त पोषित किया जाता है। कार्यक्रम का उद्देश्य छह राज्यों में शासन के साथ-साथ शिक्षण और सीखने के परिणामों में सुधार करना है। परियोजना प्रारंभिक बचपन और व्यावसायिक शिक्षा पर केंद्रित है। विश्व बैंक के लगभग 3,700 करोड़ रुपये के समर्थन के साथ परियोजना का कुल परिव्यय 5,718 करोड़ रुपये है।

अतः विकल्प (B) सही है।

82. केंद्रीय कृषि मंत्रालय ने प्रधानमंत्री फसल बीमा योजना (पीएमएफबीवाई) को लागू करने के लिए ड्रोन के उपयोग के लिए डीजीसीए से मंजूरी प्राप्त कर ली है।

पीएमएफबीवाई का उद्देश्य फसल की विफलता के खिलाफ एक व्यापक बीमा कवर प्रदान करना है जिससे किसानों की आय को स्थिर करने में मदद मिलती है। इस योजना में सभी खाद्य और तिलहन फसलों और वार्षिक वाणिज्यिक/बागवानी फसलों को शामिल किया गया है जिनके लिए पिछले उपज डेटा उपलब्ध है और जिसके लिए सामान्य फसल अनुमान सर्वेक्षण

(जीसीईएस) के तहत आवश्यक संख्या में फसल कटाई प्रयोग (सीसीई) आयोजित किए जा रहे हैं। यह योजना पैनल में शामिल सामान्य बीमा कंपनियों द्वारा कार्यान्वित की जाती है। कार्यान्वयन एजेंसी (आईए) का चयन संबंधित राज्य सरकार द्वारा बोली के माध्यम से किया जाता है। अधिसूचित फसलों के लिए फसल ऋण / केसीसी खाते का लाभ उठाने वाले ऋणी किसानों के लिए योजना अनिवार्य है और दूसरों के लिए स्वैच्छिक है। इस योजना का संचालन कृषि मंत्रालय द्वारा किया जा रहा है।

अतः विकल्प (A) सही है।

83. विज्ञान ज्योति कार्यक्रम, विज्ञान और प्रौद्योगिकी विभाग (डीएसटी) द्वारा शुरू किया गया था, जो लड़कियों को विज्ञान में रुचि लेने और अपना करियर बनाने के लिए प्रोत्साहित करता है।

विज्ञान ज्योति कार्यक्रम का दूसरा चरण 11 फरवरी, 2021 को विज्ञान में अंतर्राष्ट्रीय महिला और बालिका दिवस के अवसर पर शुरू किया गया था। यह योजना को 50 जिलों के अतिरिक्त 50 और जिलों में विस्तारित करेगा।

अतः विकल्प (D) सही है।

84. भूमि वितरण ग्रामीण विकास एवं सामाजिक अनुसंधान के विषय क्षेत्र में सम्मिलित नहीं है।

सामाजिक अनुसंधान पद्धति में निम्नलिखित विषय क्षेत्र शामिल हैं:

- ग्रामीण समुदाय का अध्ययन,
- सामूहिक व्यवहार,
- सामूहिक संघर्ष,
- निपटान संबंध अध्ययन,
- सामाजिक और ग्रामीण समस्याएं परिवार

अतः विकल्प (C) सही है।

85. राष्ट्रीय कृषि विकास योजना वर्ष 2007 मे शुरू की गई थी।

कृषि एवं संबद्ध क्षेत्रों के अधिक समग्र एवं समेकित विकास को सुनिश्चित करने के लिए कृषि जलवायुवीय, प्राकृतिक संसाधन और प्रौद्योगिकी को ध्यान में रखते हुए गहन कृषि विकास करने के लिए राज्यों को बढ़ावा देने हेतु एक विशेष अतिरिक्त केंद्रीय सहायता (एसीए) योजना की शुरूआत भारत सरकार ने वर्ष 2007 — 08 राष्ट्रीय कृषि विकास योजना की शुरूआत की थी जो तब से प्रचालन में है।
अतः विकल्प (D) सही है।

86. ग्रामीण विद्युतीकरण निगम की स्थापना वर्ष 1969 मे की गई थी।

ग्रामीण विद्युतीकरण निगम एक सार्वजनिक बुनियादी ढांचा वित्त कंपनी है जो सभी क्षेत्रों में बिजली क्षेत्र को वित्तीय सहायता प्रदान करती है। ग्रामीण विद्युतीकरण निगम की स्थापना वर्ष 1969 में हुई। ग्रामीण विद्युतीकरण निगम का मुख्यालय नई दिल्ली में स्थित है।
अतः विकल्प (B) सही है।

87. आशा योजना का संबंध स्वास्थ्य एवं परिवार कल्याण से है।

आशा का कार्य स्थानीय स्वास्थ्य केंद्र के माध्यम से गरीब महिलाओं को स्वास्थ्य संबंधी सेवाएँ प्रदान करना है। योजना भारत के 2012 — 13 के संघीय बजट के अनुसार आशा अब ग्रामीण स्वास्थ्य तथा स्वच्छता समिति की संयोजक होगी तथा कुपोषण संबंधी योजनाओं में भी सहायता करेगी।
अतः विकल्प (B) सही है।

88. ग्राम से नगर प्रवास के लिए उत्तरदायी कारक हैं:

प्राकृतिक कारक: सूखा, बाढ़, भूकम्प आदि प्राकृतिक आपदाओं की वजह से भी लोग नगरीय क्षेत्रों की ओर जाते हैं।

सामाजिक कारक: गाँवों में निभाने वाले सामाजिक रीति-रिवाज भी इसका कारण है। गावों में सामाजिक असुरक्षा जैसे जात पात, दंगे आदि की वजह से भी लोग नगरीय क्षेत्रों की तरफ प्रस्थान कर जाते है।

आर्थिक कारक: ग्रामीण क्षेत्रों में रोजगार उपलब्ध नहीं है तथा युवा पीढ़ी खेतों में काम करने की बजाय बाहर नौकरी करना पसंद करती है। इसलिए युवा वर्ग नगरीय क्षेत्रों की तरफ भागता है। मशीनीकरण के कारण ग्रामीण जनसंख्या के एक बड़े भाग को गाँवों में आजीविका नहीं मिल पाती। इसलिए वे नगरीय क्षेत्रों की तरफ प्रस्थान करते है।

अत: विकल्प (D) सही है।

89. स्वयं सहायता समूह रोज़गार सम्बन्धी होते है। मुख्य रूप से स्वयं सहायता समूह की शुरुआत देश की प्रतिष्ठित स्वैच्छिक संस्थाएं जैसे सेल्फ एम्पलाइड वीमेन एशोसिएशन, (SEWA) अहमदाबाद, मयराडा, बंगलौर आदि के माध्यम से हुई थी। इसके उद्देश्य है:

- गरीबों की ऋण जरूरतों को पूरा करने के लिए पूरक ऋण नीतियों का विकास करना।
- बैंकों एवं ग्रामीणों गरीब जनता के बीच परस्पर विश्वास/भरोसा पैदा करना।
- ग्रामीण गरीब जनता में बचत व ऋण दोनों तरह के बैंकिंग कार्यकलापों को प्रोत्साहित करना।

अत: विकल्प (A) सही है।

90. भारतीय ग्रामीण धर्म की निम्न विशेषताएं है:

- प्रकृति पूजा
- अन्धविश्वास
- मन्दिरों का महत्व
- विशेष धार्मिक कृत्य
- पौधों, वृक्षों व पशुओं की पूजा करना
- भूत, प्रेत और चुड़ैल मे विश्वास
- श्रेष्ठ आत्मओं मे विश्वास
- शकुन और अपशकुन का विचार
- विशेष धार्मिक त्यौहार

अत: विकल्प (D) सही है।

91. ग्रामीण धर्म में सर्वाधिक प्रभावशाली क्रियाएं प्रार्थना, यज्ञ और अनुष्ठान है। ग्रामीण जनता के जीवन मे ग्रामीण मन्दिर का विशेष महत्व है। मन्दिर ग्रामीण जीवन की समस्त सामाजिक क्रियाओं का केन्द्र बिन्दु होता है। मन्दिर गाँव मे परोपकारी तथा समाज कल्याण के कार्य भी करते है। गाँवों मे देवी-देवताओं के अलावा पौधों, वृक्षों और कुछ पशुओं की भी पूजा की जाती है। तुलसी का पौधा बहुत पवित्र माना जाता है। वृक्षों मे पीपल और बरगद की पूजा की जाती है और पशुओं मे गाय, बैल व सर्प आदि की पूजा की जाती है।

अत: विकल्प (D) सही है।

92. ग्रामीण सहकारी समितियां मुख्य रूप से ग्रामीण समुदायों के कमजोर वर्गों को धनी व्यक्तियों और कंपनियों द्वारा शोषण से बचाती हैं। सहकारी समितियों की जिम्मेदारी होती है कि वे अपने निवासियों की जरूरतों को पूरा करने के लिए सतत विकास के लिए रचनात्मक भूमिका निभाएं। ग्रामीण सहकारी समिति में प्रबंध समिति की मुख्य भूमिका निम्न आय वर्ग के लिए ऋण सुविधा, आवास सुविधा प्रदान करना और छोटे और मध्यम उद्यमों को चलाने में सहायता करना है।

अत: विकल्प (D) सही है।

93. जनोन्मुखी विकास के लिए सहभागी विकास एक महत्वपूर्ण दृष्टिकोण है जो आत्मनिर्भर सतत विकास और सामाजिक न्याय की प्राप्ति की दिशा में एक कदम के रूप में स्थानीय समाजों में भागीदारी की गुणवत्ता को बढ़ाने पर जोर देता है। सहभागितापूर्ण विकास की पूरी प्रक्रिया में 4 चरण होते हैं। वह 4 चरण हैं, वरीयता प्रकटीकरण, नीति पसंद, कार्यान्वयन, निगरानी मूल्यांकन और जवाबदेही।

अत: विकल्प (A) सही है।

94. लाभप्रद बाजार सहकारी समितियों की कार्यप्रणाली का हिस्सा नहीं है।

सहकारी समितियों की कार्यप्रणाली में व्यापार और वाणिज्य में बिचौलियों के अनावश्यक लाभ को खत्म करने के लिए सामान और सेवाएं प्रदान करना, समाज के कमजोर सदस्यों के शोषण को रोकने की कोशिश करना और इसके सदस्यों, उत्पादकों और उपभोक्ताओं के अधिकारों की रक्षा करना शामिल है।

अत: विकल्प (B) सही है।

95. एक सहकारी ऋण समिति, जिसे आमतौर पर प्राथमिक कृषि ऋण समिति (PACS) के रूप में जाना जाता है, को दस या अधिक व्यक्तियों के साथ शुरू किया जा सकता है, जो सामान्य रूप से एक गांव से संबंधित होते हैं। प्रत्येक भाग का महत्व आम तौर पर नाममात्र का होता है ताकि सबसे गरीब किसान को भी सदस्य बनने में सक्षम बनाया जा सके। प्राथमिक कृषि ऋण समितियाँ (PACs) अल्पकालिक सहकारी ऋण संरचना की जमीनी स्तर की शाखाएँ हैं। PAC सीधे किसान कर्जदारों के साथ सौदा करते हैं, लघु अवधि और मध्यम अवधि के ऋण देते हैं और वितरण और विपणन कार्य भी करते हैं।

अत: विकल्प (A) सही है।

96. सौभाग्य योजना बिजली के क्षेत्र से सम्बंधित है।

जिन लोगों का नाम साल 2011 की सामाजिक- आर्थिक जनगणना में हैं, उन्हें इस योजना के तहत मुफ्त बिजली कनेक्शन दिया जाता है। देश के जिन इलाके में अभी तक बिजली नहीं पहुंची है, वहां इस योजना के तहत सरकार हर घर को एक सोलर पैक देगी, जिसमें पांच एलईडी बल्ब और एक पंखा होगा।

अत: विकल्प (B) सही है।

97. उत्तर प्रदेश में लेखपाल सेवा नियमावली 2006 में बनी। इस नियमावली में लेखपालों को उनके अधिकारों के बारे में जानकारी दी गयी तथा उनके द्वारा निहित किये जाने वाले कार्य की भी जानकारी प्रदान करता है। लेखपाल सेवा नियमावली 2006, लेखपालों को समाज में सम्मिलित सभी वर्गों के लोगो के लिए अलग अलग नियमो का भी बोध कराता है।

अत: विकल्प (A) सही है।

98. चकबंदी योजना उत्तर प्रदेश में 1954 में लागू हुई।

उत्तर प्रदेश जोत चकबन्दी अधिनियम को 04 मार्च, 1954 को राष्ट्रपति द्वारा स्वीकृति प्रदान की गयी तथा इसका प्रकाशन दिनांक 08 मार्च, 1954 को उत्तर प्रदेश असाधारण राजपत्र में किया गया। इस प्रकार उत्तर प्रदेश जोत चकबन्दी अधिनियम 1953, 08 मार्च 1954, से लागू है।

अत: विकल्प (B) सही है।

99. प्रधानमंत्री आदर्श ग्राम योजना 2009 में शुरू हुई।

प्रधान मंत्री आदर्श ग्राम योजना (पीएमएजीवाई) को 2009 − 10 के दौरान क्षेत्र-आधारित विकास के दृष्टिकोण को सक्षम करने के उद्देश्य से शुरू किया गया था। इस योजना का लक्ष्य उन गाँवों के एकीकृत विकास से है, जिनकी जनसंख्या अनुसूचित जातियों की आबादी 50% से ऊपर है।

अत: विकल्प (A) सही है।

100. 73वें और 74वें संशोधन अधिनियम के तहत पंचायती राज संस्थाएं अस्तित्व में आयी थी।

पंचायती राज संस्था को 73वें संविधान संशोधन अधिनियम, 1992 के माध्यम से जमीनी स्तर पर लोकतंत्र के निर्माण के लिए संवैधानिक बनाया गया था और देश में ग्रामीण विकास का कार्य सौंपा गया था। दिसंबर 1992 में संसद द्वारा 73वें और 74वें संवैधानिक संशोधन पारित किए गए।

अतः विकल्प (D) सही है।

General Hindi

Q.1 'ऐरा गैरा नथ्थू खैरा' मुहावरे का अर्थ निम्नलिखित में से कौन नहीं हैं:

A. कम सुनना

B. उपेक्षित व्यक्ति

C. नगण्य व्यक्ति

D. तुच्छ

Q.2 'मोहन चाकू से फल काटता है।' वाक्य में कौनसा कारक है?

A. करण **B.** कर्ता **C.** अपादान **D.** कर्म

Q.3 निम्नलिखित विकल्पों में सही वर्तनी वाला शब्द है-

A. छयालिस

B. शमशान

C. सच्चिदानन्द

D. विरहणी

Q.4 निर्देश: वाक्य के अशुद्ध भाग (त्रुटिपूर्ण भाग) का चयन कीजिए।
राम के धनुष भंग करते ही (a)/ दूसरे राजाओं के (b)/ वक्ष पर साँप लोटने लगे। (c)/ कोई त्रुटि नहीं (d)

A. (a) **B.** (b) **C.** (c) **D.** (d)

Q.5 निम्नलिखित प्रश्न, चार विकल्प दिए गए हैं जिनमें से एक शब्द दिए गए अनेकार्थी शब्द का एक अर्थ है। उस शब्द का चयन करें।

शंख

A. राग **B.** जलज **C.** बादल **D.** गुण

Q.6 दिए गए विकल्पों में से 'मिथ्या' शब्द का समानार्थी शब्द कौन सा नहीं है?

A. व्यर्थ **B.** पाखंड **C.** झूठ **D.** बेकार

Q.7 'बकरी' शब्द का पुल्लिंग शब्द कौन-सा है?

A. भेड़

B. नर बकरिया

C. बकरिया

D. बकरा

Q.8 'माता-पिता' में कौन-सा समास होगा?

A. तत्पुरुष समास

B. बहुव्रीहि समास

C. द्विगु समास

D. द्वंद्व समास

Q.9 निम्न में से कौन सा युग्म संधि का सही उदाहरण नहीं है?

A. हरे + ए = हरये

B. यदि + आपी = यद्यपि

C. प्रति + एक = प्रत्येक

D. मन: + रंजन + मनोरंजन

Q.10 दिए गए विकल्पों में से 'नैसर्गिक' शब्द का विलोम क्या होगा?

A. कल्पित **B.** कृत्रिम **C.** प्राकृतिक **D.** पुरातन

Q.11 दिए गए विकल्पों में से 'आनंद' शब्द का विलोम क्या होगा?

A. वेदना **B.** उत्साह **C.** शांत **D.** क्लांत

Q.12 दिए गए विकल्पों में से 'अनुरक्त' शब्द का विलोम क्या होगा?

A. अनुग्रह **B.** कोप **C.** विरक्त **D.** अमृत

Q.13 खांसी का तद्भव है:

A. कुक्कर **B.** कषाय **C.** कास **D.** कफ

Q.14 'अंगीठी' शब्द का तत्सम रूप कौन सा है:

A. अफेम **B.** अफिम **C.** अहि-फेन **D.** अफिष्म

Ques (15-19):निर्देश: दिए गए अनुच्छेद को पढ़कर पूछे गए प्रश्नों के सही/सबसे उपयुक्त उत्तर वाले विकल्प चुनिए।

चिनार वृक्ष सामान्यतया मध्यम आकार के, मध्यम से अधिक ऊँचे आकार के होते हैं। इनकी ऊँचाई 50 मीटर अथवा इससे भी अधिक हो सकती है । इसकी लकड़ी का घनत्व बहुत अधिक होता है तथा यह मज़बूत और कठोर होती है। चिनार की लकड़ी सफ़ेद होती है तथा इसके किनारे पीले अथवा लाल रंग के होते हैं। इसकी लकड़ी पर सरलता से पॉलिश की जा सकती है तथा रंग भी किया जा सकता है। इसकी लकड़ी न तो आसानी से कटती है और न आसानी से टूटती है। किंतु यह टिकाऊ भी नहीं होती है, अत: कीमती फ़र्नीचर आदि इससे नहीं बनाए जाते।

चिनार वृक्ष का तना सुंदर और आकर्षक होता है एवं इस पर काँटे नहीं होते, किंतु छूने पर यह खुरदुरा लगता है। चिनार वृक्ष के तने की छाल अविकसित सी होती है तथा यह पहाड़ी बनकर झरती रहती है। इससे इसका तना शल्क वाला दिखाई देने लगता है। इसके पुराने वृक्षों की छाल झरती नहीं है, किंतु इसमें लंबी-लंबी दरारें पड़ जाती हैं। चिनार वृक्ष की छाल का रंग धूसर, हरापन लिए धूसर अथवा सफ़ेदी लिए हुए धूसर रंग का होता है, शरद ऋतु में चिनार का वृक्ष अपनी छाल का रंग बदलता है और नारंगी अथवा नारंगीपन लिए सुनहरे रंग का हो जाता है। चिनार वृक्ष की शाखाएँ कत्थई रंग की होती हैं तथा आसानी से नहीं टूटतीं किंतु वृक्ष के बढ़ने के साथ ही ये नीचे झुकने लगती हैं और कभी-कभी वृक्ष के नीचे से गुज़रने वालों से टकराने लगती हैं।

Q.15 चिनार का तना होता है:

[CTET Paper - I, 2021]

A. चिकना **B.** खुरदुरा **C.** भुरभुरा **D.** कँटीला

Q.16 चिनार वृक्ष अपनी छाल का रंग कब बदलता है?

[CTET Paper - I, 2021]

A. गर्मी में **B.** बरसात में **C.** बसंत में **D.** सर्दी में

Q.17 इनमें से कौन-सा शब्द समूह से भिन्न है?

[CTET Paper - I, 2021]

A. लंबी दरारें **B.** पुराने वृक्ष **C.** धूसर छाल **D.** चिनार वृक्ष

Q.18 चिनार की लकड़ी होती है:

[CTET Paper - I, 2021]

A. पीली **B.** लाल **C.** सफ़ेद **D.** काली

Q.19 'अत: कीमती फ़र्नीचर आदि इससे नहीं बनाए जाते।' वाक्य में विशेषण शब्द है:

[CTET Paper - I, 2021]

A. कीमती **B.** फ़र्नीचर **C.** इससे **D.** बनाए

Q.20 'जो सुना हुआ न हो' के लिए एक शब्द बताइये।

A. अश्रव्य **B.** अलोकझ **C.** अनादि **D.** असहिष्णु

Q.21 'छात्र' शब्द का उचित बहुवचन चुनिए।

A. छात्राओं **B.** छात्रलोग **C.** छात्रगण **D.** छात्र

Q.22 निम्नलिखित में किस शब्द में त्रुटि नहीं है-

A. उन्नती **B.** उनति **C.** उनती **D.** उन्नति

Q.23 निम्नलिखित में किस शब्द में त्रुटि नहीं है-

A. अनयथा **B.** अयंथा **C.** अन्यथा **D.** आन्यथा

Q.24 'नेकी कर दरिया में डाल' लोकोक्ति का उचित अर्थ बताइए।
A. उपकार करते समय बदले की भावना नहीं रखनी चाहिए
B. उपकार करते समय बदले की भावना रखनी चाहिए
C. उपकार करते समय जताना चाहिए
D. उपकार और बदला दोनों होना चाहिए

Q.25 प्रश्न में दिए गए शब्द का उपयुक्त विलोम बताने के लिए चार-चार विकल्प प्रस्तावित हैं। उचित विकल्प का चयन कीजिये -
'हर्ष'

A. खेद   **B.** वेदना   **C.** दुःख   **D.** विषाद

Mathematics

Q.26 $ABCD$ एक समलम्ब है जिसमें CD और AB की लंबाई क्रमशः 12 सेमी और 8 मीटर है। AC और BD विकर्ण हैं, जिनके मध्य बिंदु P और Q हैं। PQ की लंबाई ज्ञात कीजिए? (जहां, $CD \parallel AB$)।

A. 2 सेमी   **B.** 4 सेमी   **C.** 3 सेमी   **D.** 5 सेमी

Q.27 यदि माध्यिका और माध्य क्रमशः 7 और 5 हैं, तो बहुलक ज्ञात कीजिये।

A. 10   **B.** 11   **C.** 12   **D.** 13

Q.28 समांतर चतुर्भुज ABCD में एक विकर्ण BD खींचा गया है। बने हुए त्रिभुज इस प्रकार हैं:
A. सर्वांगसम
B. समरुप
C. (A) और (B) दोनों
D. इनमे से कोई भी नहीं

Q.29 नीचे दी गई आकृति में, आयत ABCD का क्षेत्रफल 100 सेमी² है। O, AB पर कोई बिंदु है और CD = 20 सेमी है। तो, COD का क्षेत्रफल है:

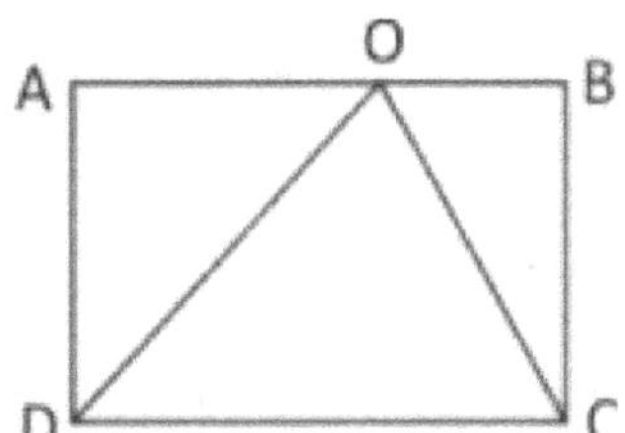

A. 40 सेमी²   **B.** 45 सेमी²   **C.** 50 सेमी²   **D.** 80 सेमी²

Q.30 यदि समीकरण $x^2 + px + 12 = 0$ का एक मूल 4 है जबकि समीकरण $x^2 + px + q = 0$ के मूल बराबर हैं तो q का मान क्या है?

A. 4   **B.** 12   **C.** 3   **D.** $\frac{49}{4}$

Q.31 समीकरण $x^2 + px + q = 0$ के मूल 1 और 2 हैं। समीकरण $qx^2 - px + 1 = 0$ के मूल होने चाहिए:

[UPSESSB TGT Mathematics, 2016]

A. $1, \frac{1}{2}$ **B.** $-\frac{1}{2}, -1$ **C.** $-\frac{1}{2}, 1$ **D.** $-1, \frac{1}{2}$

Ques (32-36):निर्देश: विभिन्न क्षेत्रों से किसी देश के कार्बन डाइऑक्साइड CO_2 उत्सर्जन (मिलियन मीटरी टन) निम्नलिखित तालिका में दिए गए हैं।

CO₂ उत्सर्जन (मिलियन मीटरी टन)				
वर्ष/ क्षेत्र	विद्युत	उद्योग	वाणिज्यिक	कृषि	घरेलू
2005	500	200	150	80	100
2006	600	300	200	90	110
2007	650	320	250	100	120
2008	700	400	300	150	150
2009	800	450	320	200	180

Q.32 वर्ष 2005 से 2009 के दौरान विद्युत क्षेत्र से CO_2 उत्सर्जन की प्रतिशतता वृद्धि (प्रतिशत) क्या है?

A. 60   **B.** 50   **C.** 40   **D.** 80

Q.33 वर्ष 2005 से 2009 के दौरान CO_2 उत्सर्जन में किस क्षेत्र में अधिकतम वृद्धि दर्ज की गई है?
A. विद्युत
B. उद्योग
C. वाणिज्यिक
D. कृषि

Q.34 वर्ष 2005 से 2009 में CO_2 का कुल उत्सर्जन किस प्रतिशतता (प्रतिशत) तक बढ़ा है?
A. 89.32%
B. 57.62%
C. 40.32%
D. 113.12%

Q.35 2005 से 2009 तक बिजली की औसत वार्षिक वृद्धि दर क्या है?
A. 12.57%   **B.** 16.87%   **C.** 30.81%   **D.** 50.25%

Q.36 वर्ष 2008 में कुल CO_2 उत्सर्जन में विद्युत क्षेत्र का प्रतिशत योगदान कितना है।
A. 30.82%   **B.** 41.18%   **C.** 51.38%   **D.** 60.25%

Q.37 अनु को एक वस्तु 265.50 रुपए में बेचने पर 18% का लाभ होता है। यदि वह इसे 231.30 रुपए में बेचती है, तो उसका लाभ या हानि प्रतिशत है:

[SSC Selection Post Phase IX, 2020]

A. लाभ: 2.4%
B. हानि: 2.4%
C. हानि: 2.8%
D. लाभ: 2.8%

Q.38 यदि एक वर्ग का परिमाप 36 सेमी है, तो उसका क्षेत्रफल है:
A. 6 वर्ग सेमी
B. 9 वर्ग सेमी
C. 18 वर्ग सेमी
D. 81 वर्ग सेमी

Q.39 निम्नलिखित हिस्टोग्राम एक शहर में 10 से 70 वर्ष के आयु वर्ग में साक्षर महिलाओं की संख्या को दर्शाता है:

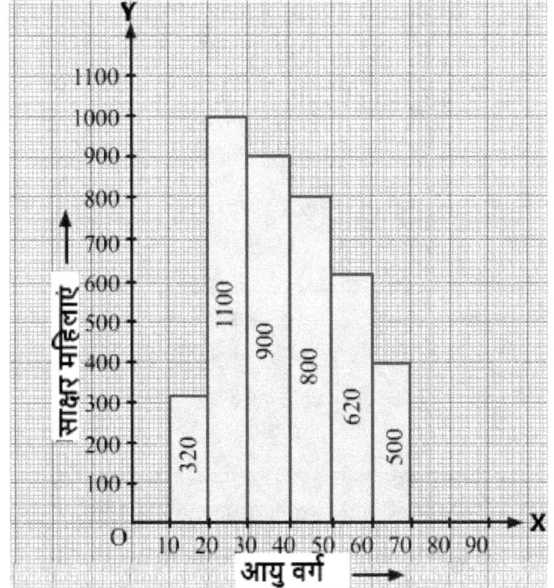

आयु वर्ग $(20 - 40)$ के बीच साक्षर महिलाओं की कुल संख्या का साक्षर महिलाओं का प्रतिशत कितना है?

A. 43.56 लगभग
B. 47.16 लगभग
C. 48.16 लगभग
D. 44.06 लगभग

Q.40 3341 और 3328 का म.स.प ज्ञात कीजिए।

[RRB (NTPC), 2017]

A. 257
B. 13
C. 337
D. 31

Q.41 यदि एक निश्चित आयत की लंबाई में 4 सेमी की कमी हो जाती है और चौड़ाई में 3 सेमी की वृद्धि हो जाती है, तो मूल आयत के समान क्षेत्रफल वाला एक वर्ग प्राप्त होगा। मूल आयत का परिमाप ज्ञात कीजिए।

A. 20 सेमी
B. 30 सेमी
C. 50 सेमी
D. 60 सेमी

Q.42 5 सेमी त्रिज्या वाले एक गोले को पिघलाया जाता है और फिर इससे 2 सेमी त्रिज्या वाले गोलों का पुनर्निर्माण किया जाता है। तो ऐसे कितने गोले बनाये जा सकते हैं?

A. 15
B. 16
C. 17
D. 18

Q.43 $x^2 + y^2 + 6y = 0$ का केंद्र और त्रिज्या ज्ञात करें।

A. $(0,3), 3$
B. $(-3,0), 3$
C. $(3,0), 3$
D. $(0,-3), 3$

Q.44 यदि निम्न आँकड़ों का बहुलक 7 है, तो डेटा सेट
$3,8,6,7,1,6,10,6,7,2k + 5,9,7,13$ में k का मान है:

A. 1
B. 3
C. 4
D. 7

Q.45 माना तीन संख्याओं का औसत 16 है। यदि दो संख्याएँ 8 और 10 हैं, तो शेष संख्या क्या है?

A. 12
B. 18
C. 24
D. 30

Q.46 एक चुनाव में, दो उम्मीदवार अरविंद और मनोज थे। यदि 20% मतों को अमान्य घोषित किया गया और अरविंद को मनोज से 20% अधिक मत मिले। यदि अरविंद 480 मतों से जीता तो मतदान करने वाले व्यक्तियों की कुल संख्या का ज्ञात कीजिये।

A. 3000
B. 30000
C. 2400
D. 9600

Q.47 6 सेमी और 10 सेमी समानांतर भुजाओं वाले एक समलम्ब का क्षेत्रफल 32 सेमी² है, तो समानांतर भुजाओं के बीच की दूरी क्या है?

A. 2 सेमी
B. 4 सेमी
C. 5 सेमी
D. 8 सेमी

Q.48 एक नियमित बहुभुज के कितनी भुजाएं होंगी यदि इसके प्रत्येक कोण की माप 108° हो?

A. 8
B. 5
C. 6
D. 7

Q.49 दो संख्याओं का अनुपात 3 : 4 है और उनका लघुत्तम समापवर्तक 72 है, तो दो संख्याओं का योग कितना है?

A. 56
B. 42
C. 49
D. 63

Q.50 यदि समांतर चतुर्भुज की आसन्न भुजाएं 4: 5 के अनुपात में है जिनका परिमाप 180 सेमी है, तो इसकी भुजाएं हैं:

A. 40 सेमी और 50 सेमी
B. 32 सेमी और 40 सेमी
C. 44 सेमी और 55 सेमी
D. 36 सेमी और 45 सेमी

General Knowledge

Q.51 चल रहे सिंगापुर इंटरनेशनल में भारोत्तोलन में स्वर्ण पदक किसने जीता?

[Delhi Forest Guard, 2021]

A. मीराबाई चानू
B. स्वाति सिंह
C. कुंजारानी देवी
D. कर्णम मल्लेश्वरी

Q.52 अनुसूचित वाणिज्यिक बैंकों के लिए क्रेडिट कार्ड जारी करने के लिए आवश्यक न्यूनतम निवल मूल्य क्या है?

A. 10 करोड़ रुपये
B. 50 करोड़ रुपये
C. 100 करोड़ रुपये
D. 500 करोड़ रुपये

Q.53 2019 में सम्पन्न हुए विधानसभा चुनाव में प्रत्याशी/उम्मीदवार के लिए व्यय की अधिकतम सीमा थी:

[Haryana Primary Teacher (PRT), 2020]

A. 10 लाख
B. 25 लाख
C. 28 लाख
D. 30 लाख

Q.54 अंतर्राष्ट्रीय डेयरी महासंघ विश्व डेयरी शिखर सम्मेलन (IDF WDS) 2022 कहाँ आयोजित किया गया था?

A. वाराणसी
B. ग्रेटर नोएडा
C. अमृतसर
D. नैनीताल

Q.55 मेजर ध्यानचंद खेल विश्वविद्यालय कहाँ स्थित है?

A. ग्रेटर नोएडा
B. मेरठ
C. लखनऊ
D. कानपुर

Q.56 2022 में आयोजित 11वें विश्व शहरी मंच का आयोजन स्थल कौन सा है?

A. स्पेन
B. पोलैंड
C. ऑस्ट्रेलिया
D. फ्रांस

Q.57 प्रोग्रामों का एक संग्रह है जो यह नियंत्रित करता है कि कम्प्यूटर सिस्टम कैसे चलता तथा जानकारी संसाधित करता है, को कहा जाता है।

A. कम्प्यूटर
B. ऑपरेटिंग सिस्टम
C. ऑफिस
D. संकलक (Compiler)

Q.58 एमएस-एक्सेल में वर्कशीट में मानों को दर्शाने के लिए किसका उपयोग किया जाता है?

A. चार्ट
B. फॉर्मूला
C. टेम्पलेट
D. व्यूज

Q.59 एमएस-पावरप्वाइंट का फाइल एक्सटेंशन क्या है?

A. .exe
B. .xlsx
C. .pptx
D. .pst

Q.60 निम्नलिखित में से किसने 1857 के विद्रोह में कानपुर में सिपाहियों का नेतृत्व किया था?

A. तात्या टोपे

B. लक्ष्मीबाई

C. नाना साहेब

D. कुंवर सिंह

Q.61 चौरी-चौरा कांड के समय भारत का वायसराय कौन था?

A. लॉर्ड चेम्सफोर्ड

B. लॉर्ड रीडिंग

C. लॉर्ड इरविन

D. लॉर्ड हार्डिंग ॥

Q.62 निम्नलिखित में से कौन-सा/से कथन गलत है/हैं।

1. न्यायालय की नागरिक अवमानना लिखित या बोले गए शब्द या कोई भी कृत्य है जो न्यायालय को डराता है या उसके अधिकार या पूर्वग्रहों को कम करता है या न्यायिक कार्यवाही के नियत समय के साथ हस्तक्षेप करता है या न्याय के प्रशासन में हस्तक्षेप / बाधा डालता है।

2. न्यायालय की आपराधिक अवमानना एक अदालत के आदेश या निर्णय या एक अदालत को दिए गए उपक्रम के विलफुल उल्लंघन की दृढ अवज्ञा है।

A. केवल 1

B. केवल 2

C. 1 और 2 दोनों

D. न तो 1 और न ही 2

Q.63 केंद्र सरकार सीबीआई के निदेशक की नियुक्ति तीन सदस्यीय समिति की सिफारिश पर करेगी, जिसमें शामिल हैं:

1. अध्यक्ष के रूप में प्रधानमंत्री

2. केंद्रीय गृहमंत्री

3. लोकसभा में विपक्ष के नेता

4. राज्यसभा में विपक्ष के नेता

5. भारत के मुख्य न्यायाधीश या उनके द्वारा नामित सर्वोच्च न्यायालय के न्यायाधीश

नीचे दिए गए कूट का प्रयोग कर सही उत्तर का चयन कीजिए।

A. 1, 3 और 5

B. 2, 4 और 5

C. 1, 2 और 3

D. 1, 3, 4 और 5

Q.64 AFC निम्न के बीच की उर्ध्वाधर दूरी के बराबर होता है:

[DSSSB TGT Social Science, 2014]

A. AC वक्र और MC वक्र

B. AVC वक्र और MC वक्र

C. AC वक्र और AVC वक्र

D. TC वक्र और TVC वक्र

Q.65 हेक्शर-ओहलिन सिद्धांत में, सापेक्ष वस्तु कीमतों और राष्ट्रों के बीच व्यापार में अंतर का सबसे महत्वपूर्ण कारण अंतर है:

[DSSSB TGT Social Science, 2014]

A. कारक निधि

B. प्रौद्योगिकी

C. रुचि

D. तुलनात्मक लागत

Q.66 व्हिटेकर के वर्गीकरण के अनुसार निम्नलिखित में से कौन एक जगत का नाम नहीं है?

A. जीवाणु

B. कवक

C. प्लांटी

D. प्राणी

Q.67 पौधों में जल परिवहन के लिए _______ उत्तरदायी हैं।

A. हरितलवक

B. फ्लोएम

C. नसें

D. जाइलम

Q.68 हड़प्पा की खुदाई _______ द्वारा की गई थी।

A. राखाल दास बनर्जी

B. ई. जे. एच. मैके

C. राय बहादुर दया राम साहनी

D. आर.एस. बिष्ट

Q.69 कौन सी जलडमरूमध्य यूरोप को अफ्रीका से विभाजित करती है?

A. बोस्पोरस

B. बेरिंगो

C. जिब्राल्टर

D. डोवर

Q.70 माउंट सेंट हेलेन्स कहाँ स्थित है?

A. यूएसए

B. इंडिया

C. ऑस्ट्रेलिया

D. इटली

Q.71 मनुष्यों में पित्त कहाँ उत्पन्न होता है?

A. अमाशय

B. अग्रयाशय

C. यकृत

D. पित्ताशय

Q.72 प्रोटीन के मूल घटक क्या हैं?

A. लिपिड

B. ग्लूकोज़

C. कोलेजन

D. अमीनो अम्ल

Q.73 विद्युत विभव अंतर की SI इकाई क्या है?

A. कूलम्ब

B. जूल

C. एम्पेयर

D. वोल्ट

Q.74 भारत में दूसरा सबसे घनी आबादी वाला शहर कौन सा है?

A. मुंबई

B. दिल्ली

C. कोलकाता

D. चेन्नई

Q.75 पुष्यमित्र शुंग द्वारा मारा जाने वाला अंतिम मौर्य शासक कौन था?

A. देववर्मन

B. बिंदुसार

C. बृहद्रथ

D. दशरथ

Rural Development and Rural Society

Q.76 भारत में ग्राम पंचायतों की संख्या है?

A. गैर-आबादी वाले गांवों से अधिक

B. गैर-आबादी वाले गांवों से कम

C. गैर-आबादी वाले गांवों के बराबर

D. आबादी वाले गांवों के बराबर

Q.77 निम्नलिखित में से कौन-सा ग्राम पंचायत का अनिवार्य कार्य है?

A. स्थानीय कर लगाना और जमा करना

B. रोजगार से संबंधित सरकारी योजनाओं का क्रियान्वयन

C. जल संसाधनों, ग्रामीण सड़कों, जल निकासी, स्कूल भवनों और सामान्य संपत्ति संसाधनों (CPR) का रखरखाव और निर्माण

D. इनमे से सभी

Q.78 जिला योजना समिति के सचिव के रूप में कौन कार्य करता है?

A. जिला पंचायत अध्यक्ष

B. राज्य सरकार द्वारा मनोनीत सदस्य

C. एक नगर पालिका के सदस्य

D. जिला कलेक्टर

Q.79 एम्बुलेंस की खरीद के लिए किस संगठन ने उत्तर प्रदेश राज्य को 5.00 करोड़ रुपये का दान दिया है?

A. एनटीपीसी

B. एनसीएल

C. आईएसआरओ

D. ओएनजीसी

Q.80 किस केंद्रीय मंत्रालय ने 'गोवर्धन' योजना के लिए एक एकीकृत पोर्टल लॉन्च किया है?

A. गृह मंत्रालय

B. बिजली मंत्रालय

C. जल शक्ति मंत्रालय

D. कृषि मंत्रालय

Q.81 किसानों की आय को दोगुना करने के लिए किस भारतीय राज्य ने 'किसान कल्याण मिशन' नाम से एक कार्यक्रम शुरू किया है?

A. उत्तर प्रदेश

B. राजस्थान

C. गुजरात

D. बिहार

Q.82 ग्रामीण डाक जीवन बीमा योजना कब लागू हुई थी?

A. 2005   **B.** 1990   **C.** 1995   **D.** 1986

Q.83 केंद्रीय परियोजना चमन का संबंध किससे है?

A. बीमा   **B.** स्वास्थ्य   **C.** कृषि   **D.** शिक्षा

Q.84 महात्मा गांधी राष्ट्रीय ग्रामीण रोजगार गारंटी योजना (मनरेगा) के तहत कितने दिनों का रोजगार दिया जाता है?

A. 100   **B.** 182   **C.** 125   **D.** 150

Q.85 उत्तर प्रदेश राजमार्ग भूनियंत्रण अधिनियम किस वर्ष पारित किया गया था?

A. 1945   **B.** 1952   **C.** 1948   **D.** 1955

Q.86 निम्नलिखित में से कौन-सा एक ग्रामीण कृषि की मुख्य विशेषता नहीं है?

A. यह निर्वाह कृषि है
B. यह मानसून पर निर्भर है
C. कृषि पर जनसंख्या का दबाव है
D. इनमें उद्योगों की फसलों की प्रधानता है

Q.87 "ग्रामीण समाज मे भूतकाल में जाति के चाहे जो भी लाभ रहे हो आज वह प्रगति में बाधक है" निम्न में से यह कथन किसका है?

A. डॉ आशीर्वादम   **B.** रिजले
C. एम एन श्रीनिवास   **D.** गोडार्ड

Q.88 निम्न में से ग्रामीण समाज मे सामाजिक शोषण दोष __________ है।

A. जातिवाद   **B.** समाजवाद
C. भ्रष्टाचार   **D.** उपरोक्त सभी

Q.89 ग्रामीण समाज मे जातिवाद को रोकने के उपाय क्या है?

A. नैतिक एवं राष्ट्रीय शिक्षा
B. अन्तर्जातीय विवाह को प्रोत्साहन
C. जाति संगठनों पर रोक
D. उपरोक्त सभी

Q.90 निम्नलिखित में से कौन सा विकेंद्रीकरण का एक रूप है जो कार्यों और जिम्मेदारियों के साथ सरकार के एक स्वतंत्र स्तर का अधिकार बनाने का प्रयास करता है?

A. हस्तांतरण   **B.** पुनर्स्थापन
C. निर्जीवीकरण   **D.** इनमें से कोई नहीं

Q.91 राज्य में विभिन्न श्रेणियों के बुनकरों की जरूरतों के अनुरूप विभिन्न प्रकार के बुनकर समाजों के गठन के माध्यम से किस क्षेत्र में उत्पादन का संगठन किया जाता है?

A. बैंकिंग क्षेत्र   **B.** शैक्षिक क्षेत्र
C. सहकारी क्षेत्र   **D.** इनमे से कोई भी नहीं

Q.92 निम्नलिखित में से कौन-सा एक बुनकर सहकारी समितियों का कार्य है?

A. हथकरघा उद्योग में सुधार करना
B. उद्योग के लिए आवश्यक कच्चे माल और उपकरणों की खरीद करना
C. कच्चे माल को तैयार माल में परिवर्तित करने के लिए सदस्यों को वेतन का भुगतान
D. ये सभी

Q.93 निम्नलिखित में से कौन-सी सोसायटी मुख्य रूप से सदस्यों को अपनी उपज को निजी व्यापार के माध्यम से अधिक लाभप्रद रूप से बेचने में मदद करने के उद्देश्य से गठित कृषकों का एक संघ है?

A. मनी मार्केटिंग सोसायटी
B. सहकारी मार्केटिंग सोसायटी
C. सरकारी मार्केटिंग सोसायटी
D. निजी मार्केटिंग सोसायटी

Q.94 राष्ट्रीय खाद्य सुरक्षा योजना की शुरुआत कब हुई थी?

A. 2015   **B.** 2001   **C.** 2005   **D.** 2013

Q.95 राजीव गांधी ग्रामीण विद्युतीकरण योजना को _______ से बदल दिया गया है।

A. प्रधानमंत्री उज्ज्वला योजना
B. संसद आदर्श ग्राम योजना
C. भारत निर्माण
D. दीनदयाल उपाध्याय ग्राम ज्योति योजना

Q.96 उत्तर प्रदेश में किस वर्ष में मनरेगा (MGNREGA) प्रारम्भ किया गया?

A. 2007   **B.** 2008   **C.** 2005   **D.** 2006

Q.97 नौवीं पंचवर्षीय योजना ($1997 - 2002$) में, ग्रामीण क्षेत्रों में बी.पी.एल. (BPL) के लिए निश्चित की गई वार्षिक पारिवारिक आय का स्तर क्या है?

[UPSSSC Rajasva Lekhpal, 2015]

A. ₹ 25,000   **B.** ₹ 28,000
C. ₹ 20,000   **D.** ₹ 18,000

Q.98 हाल ही में एक ऑनलाइन पोर्टल GOBARDHAN के तहत शुरू किया गया है:

A. ग्रामीण विकास मंत्रालय
B. जल शक्ति मंत्रालय
C. कृषि और किसान कल्याण मंत्रालय
D. सामाजिक न्याय और अधिकारिता मंत्रालय

Q.99 जननी सुरक्षा योजना का उद्देश्य क्या है?

A. महिलाओं की साक्षरता बढ़ाना
B. मातृ और नवजात मृत्यु दर को कम करना
C. लिंगानुपात बढ़ाना
D. महिला सुरक्षा बढ़ाना

Q.100 निम्नलिखित में से कौन विभिन्न फसलों के लिए न्यूनतम समर्थन मूल्य तय करने के संबंध में सिफारिश करता है?

A. भारतीय कृषि अनुसंधान परिषद
B. नाबार्ड
C. कृषि लागत और मूल्य आयोग
D. भारतीय कृषि अनुसंधान संस्थान

// स्मार्ट उत्तर पुस्तिका //

सही उत्तर	उन छात्रों का प्रतिशत जिन्होंने प्रश्नों का सही उत्तर दिया था।	छोड़ दिया	उन छात्रों का प्रतिशत जिन्होंने प्रश्नों को छोड़ दिया था।

प्रश्न संख्या	उत्तर	सही उत्तर / छोड़ दिया	प्रश्न संख्या	उत्तर	सही उत्तर / छोड़ दिया	प्रश्न संख्या	उत्तर	सही उत्तर / छोड़ दिया	प्रश्न संख्या	उत्तर	सही उत्तर / छोड़ दिया	प्रश्न संख्या	उत्तर	सही उत्तर / छोड़ दिया	प्रश्न संख्या	उत्तर	सही उत्तर / छोड़ दिया
1	A	60.27 % / 37.8 %	18	C	85.41 % / 10.73 %	35	A	56.7 % / 37.21 %	52	C	66.36 % / 30.6 %	69	C	47.02 % / 33.94 %	86	D	30.38 % / 68.61 %
2	A	45.91 % / 43.58 %	19	A	85.63 % / 10.97 %	36	B	59.49 % / 33.18 %	53	B	63.1 % / 32.99 %	70	A	46.74 % / 33.37 %	87	A	58.7 % / 37.88 %
3	C	80.03 % / 14.93 %	20	A	89.43 % / 10.27 %	37	D	48.29 % / 36.28 %	54	B	55.38 % / 36.26 %	71	C	61.95 % / 34.16 %	88	A	22.12 % / 72.09 %
4	C	49.44 % / 48.0 %	21	C	49.25 % / 33.38 %	38	D	78.14 % / 16.32 %	55	B	52.78 % / 45.97 %	72	D	57.16 % / 42.62 %	89	D	42.32 % / 48.23 %
5	B	81.31 % / 10.76 %	22	D	44.74 % / 36.02 %	39	B	62.21 % / 30.08 %	56	B	40.17 % / 47.68 %	73	D	64.04 % / 30.57 %	90	A	46.46 % / 39.08 %
6	B	45.11 % / 49.71 %	23	C	43.44 % / 35.77 %	40	B	82.32 % / 11.65 %	57	B	77.59 % / 17.51 %	74	C	45.76 % / 44.54 %	91	C	67.24 % / 30.93 %
7	D	56.67 % / 43.18 %	24	A	68.65 % / 30.2 %	41	C	25.92 % / 67.01 %	58	A	27.8 % / 71.29 %	75	C	58.93 % / 36.14 %	92	D	40.43 % / 32.76 %
8	D	87.68 % / 11.13 %	25	D	54.41 % / 45.08 %	42	A	89.26 % / 10.34 %	59	C	79.16 % / 18.42 %	76	A	48.26 % / 30.1 %	93	B	80.91 % / 12.36 %
9	B	55.57 % / 30.86 %	26	A	80.44 % / 16.64 %	43	D	58.12 % / 30.08 %	60	C	76.73 % / 16.45 %	77	D	15.71 % / 68.7 %	94	D	29.37 % / 67.79 %
10	B	58.98 % / 40.09 %	27	B	81.03 % / 15.98 %	44	A	47.45 % / 45.44 %	61	B	60.61 % / 33.55 %	78	D	53.98 % / 41.65 %	95	D	62.91 % / 33.29 %
11	A	52.31 % / 42.82 %	28	C	89.65 % / 10.31 %	45	D	82.88 % / 12.45 %	62	C	56.9 % / 37.32 %	79	B	77.87 % / 12.97 %	96	D	59.67 % / 33.94 %
12	C	57.87 % / 34.5 %	29	C	27.1 % / 69.43 %	46	A	32.54 % / 67.34 %	63	A	10.32 % / 71.16 %	80	C	44.28 % / 42.15 %	97	C	12.57 % / 86.99 %
13	C	80.47 % / 16.74 %	30	D	49.21 % / 45.26 %	47	B	47.64 % / 48.65 %	64	D	14.52 % / 83.27 %	81	A	21.3 % / 72.53 %	98	B	55.94 % / 34.3 %
14	C	81.85 % / 17.16 %	31	B	45.95 % / 45.76 %	48	B	41.32 % / 33.22 %	65	D	17.32 % / 80.5 %	82	C	63.07 % / 34.57 %	99	B	69.33 % / 30.37 %
15	B	58.43 % / 39.11 %	32	A	61.9 % / 34.97 %	49	B	46.48 % / 42.74 %	66	A	46.69 % / 44.15 %	83	C	51.52 % / 41.13 %	100	C	54.18 % / 37.39 %
16	D	85.13 % / 13.98 %	33	D	41.69 % / 54.84 %	50	A	50.26 % / 30.08 %	67	D	89.68 % / 10.18 %	84	A	56.75 % / 37.41 %			
17	D	77.96 % / 17.65 %	34	A	59.88 % / 37.74 %	51	A	62.19 % / 31.13 %	68	C	59.99 % / 31.89 %	85	A	60.8 % / 34.54 %			

//संकेत और समाधान//

1. जब कोई शब्द समूह या पद या वाक्यांश निरंतर अभ्यास के कारण सामान्य अर्थ न देकर विशेष अर्थ व्यक्त करने लगे तो उसे मुहावरा कहते हैं।

'ऐरा गैरा नत्थू खैरा' मुहावरे का अर्थ कम सुनना नहीं है।

शेष विकल्प असंगत है।

वाक्य प्रयोग - अब तो ऐरा गैरा नत्थू खैरा भी राजनीति में आ जाता है।

अतः विकल्प (A) सही है।

2. 'मोहन चाकू से फल काटता है।' वाक्य में करण कारक है।

संज्ञा या सर्वनाम का वह रूप जिससे उसका संबंध क्रिया के साथ जाना जाता है, उसे कारक कहते हैं। अथवा जो शब्द क्रिया के साथ संबंध प्रकट करते हैं,उन्हें कारक कहते हैं। अर्थात् जो शब्द क्रिया संपादन करने में उपयोगी सिद्ध होते हैं कारक कहलाते हैं।

अतः विकल्प (A) सही है।

3. दिए गए विकल्पों में सच्चिदानन्द शब्द की वर्तनी शुद्ध है।

अन्य विकल्पों की शुद्ध वर्तनी-

छयालिस - छियालीस

शमशान - श्मशान

विरहणी - विरहिणी

अतः विकल्प (C) सही है।

4. वाक्य के (c) भाग में त्रुटि है, "वक्ष पर साँप लोटने लगे।" के स्थान पर "कलेजे पर साँप लोटने लगे।" होगा।

शुद्ध वाक्य: "राम के धनुष भंग करते ही दूसरे राजाओं के कलेजे पर साँप लोटने लगे।"

अतः विकल्प (C) सही है।

5. उपरोक्त विकल्पों में से 'जलज' शब्द 'शंख' का अनेकार्थी शब्द है।

इसके अन्य अनेकार्थी शब्द हैं – कमल, मोती, मछली, चंद्रमा आदि।

अतः विकल्प (B) सही है।

6. 'मिथ्या' शब्द का समानार्थी शब्द 'पाखंड' नहीं है।

अन्य सभी शब्द एक दूसरे के समानार्थी शब्द हैं। पाखंड के समानार्थी शब्द होंगे - प्रपंच, आडम्बर, ढोंगबाजी। 'खंड' शब्द में 'पा' उपसर्ग से 'पाखंड' शब्द बना है।

अतः विकल्प (B) सही है।

7. बकरी स्वयं एक स्त्रीलिंग शब्द है और इसका पुल्लिंग बकरा होता है। अत: D विकल्प सही है।बकरी शब्द का पुल्लिंग रूप बकरा होता है।

लिंग - संज्ञा के जिस रूप से व्यक्ति या वस्तु की नर या मादा जाति का बोध हो, उसे व्याकरण में 'लिंग' कहते हैं।

पुल्लिंग - जिन संज्ञा शब्दों से पुरुष जाति का बोध होता है, उसे पुल्लिंग कहते है। (कुत्ता, बालक, खटमल, पिता, राजा, घोड़ा, बन्दर, हंस, बकरा, लड़का)

स्त्रीलिंग - जिस संज्ञा शब्द से स्त्री जाति का बोध होता है, उसे स्त्रीलिंग कहते है। (माता, रानी, घोड़ी, कुतिया, बंदरिया, हंसिनी, लड़की, बकरी,जूँ)

अतः विकल्प (D) सही है।

8. 'माता-पिता' में द्वंद्व समास है।

'माता-पिता' शब्द का समास विग्रह है - माता और पिता। यह द्वंद्व समास का उदाहरण है।

द्वंद्व समास: जिस समास में पूर्वपद और उत्तरपद दोनों ही प्रधान हों अर्थात् अर्थ की दृष्टि से दोनों का स्वतंत्र अस्तित्व हो और उनके मध्य संयोजक शब्द का लोप हो, तब वह द्वंद्व समास कहलाता है।

अतः विकल्प (D) सही है।

9. 'यदि + आपी = यद्यपि' संधि का सही उदाहरण नहीं है। शेष विकल्प असंगत हैं।

'यद्यपि' में यण संधि है।

यदि + अपि = यद्यपि (इ + अ = य्), यहाँ 'इ' और 'अ' के मेल से 'य्' बना है।

यण संधि में यदि ह्रस्व या दीर्घ इ, उ, ऋ तथा लृ के बाद कोई असमान स्वर आ जाए तो इ-ई का य्, उ-ऊ का व् और ऋ का र् तथा लृ का ल हो जाता है।

शेष विकल्प संधि के सही उदाहरण है।

अतः विकल्प (B) सही है।

10. दिए गए विकल्पों में से 'नैसर्गिक' शब्द का विलोम कृत्रिम है।

नैसर्गिक का अर्थ - प्राकृतिक, स्वाभाविक

कृत्रिम का अर्थ - बनावटी, नकली

अतः विकल्प (B) सही है।

11. दिए गए विकल्पों में से 'आनंद' शब्द का विलोम वेदना है।

आनंद का अर्थ - खुशी, सुख

वेदना का अर्थ - दुख, कष्ट

अतः विकल्प (A) सही है।

12. दिए गए विकल्पों में से 'अनुरक्त' शब्द का विलोम विरक्त है।

अनुरक्त का अर्थ – वफ़ादार

विरक्त का अर्थ – आसक्तिरहित

अतः विकल्प (C) सही है।

13. तत्सम शब्दों में समय और परिस्थितियों के कारण कुछ परिवर्तन होने से जो शब्द बने हैं उन्हें तद्भव कहते हैं। तद्भव का शाब्दिक अर्थ है – उससे बने (तत् + भव = उससे उत्पन्न), अर्थात् जो उससे (संस्कृत से) उत्पन्न हुए हैं। खांसी का तद्भव कास है।

अतः विकल्प (C) सही है।

14. 'अंगीठी' शब्द का तत्सम रूप अहि-फेन है। तत्सम शब्द संस्कृत भाषा के दो शब्दों, तत् + सम् से मिलकर बना है। तत् का अर्थ है - उसके, तथा सम् का अर्थ है: समान।

अर्थात - ज्यों का त्यों। जिन शब्दों को संस्कृत से बिना किसी परिवर्तन के ले लिया जाता है, उन्हें तत्सम शब्द कहते हैं।

अतः विकल्प (C) सही है।

15. चिनार का तना खुरदरा होता है।

गद्यांश के अनुसार, "चिनाए वृक्ष का तना सुंदर और आकर्षक होता है एवं इस पर काँटे नहीं होते, किंतु छूने पर यह खुरदरा लगता है।"

खुरदुरा शब्द का अर्थ जिसकी सतह रूखी या दानेदार हो, जो चिकना न हो होता है।

अतः विकल्प (B) सही है।

16. चिनार वृक्ष अपनी छाल का रंग सर्दी में बदलता है।

गद्यांश के अनुसार, "शरद ऋतु में चिनार का वृक्ष अपनी छाल का रंग बदलता है और नारंगी अथवा नारंगीपन लिए सुनहरे रंग का हो जाता है।"

अतः विकल्प (D) सही है।

17. चिनार वृक्ष शब्द समूह से भिन्न है।

अन्य शब्द वृक्ष की विशेषताएं हैं जबकि चिनार वृक्ष का नाम है।

अतः विकल्प (D) सही है।

18. चिनार की लकड़ी सफेद होती है।

गद्यांश के अनुसार, "चिनार की लकड़ी सफेद होती है तथा इसके किनारे पीले अथवा लाल रंग के होते हैं।"

अतः विकल्प (C) सही है।

19. 'अतः कीमती फर्नीचर आदि इससे नहीं बनाए जाते।' वाक्य में विशेषण शब्द कीमती है।

संज्ञा या सर्वनाम की विशेषता बताने वाले शब्द को विशेषण कहते हैं।

जैसे: अच्छा लड़का, तीन पुस्तकें, नई कलम, कीमती फर्नीचर इत्यादि।

अतः विकल्प (A) सही है।

20. 'जो सुना हुआ न हो' के लिए एक शब्द 'अश्रव्य' होगा।

भाषा को सुंदर, आकर्षक और प्रभावशाली बनाने के लिए अनेक शब्दों के स्थान पर एक शब्द का प्रयोग किया जाता है तो वह वाक्यांश के लिए एक शब्द कहलाता है।

अतः विकल्प (A) सही है।

21. 'छात्र' शब्द का उचित बहुवचन छात्रगण है, क्योंकि कभी-कभी कुछ एकवचन संज्ञा शब्दों के साथ गुण शब्द के प्रयोग से उसका वचन परिवर्तन हो जाता है।

छात्राओं शब्द 'छात्रा' शब्द का बहुवचन है।

छात्रलोग निरर्थक शब्द है।

छात्र एकवचन है।

अतः विकल्प (C) सही है।

22. 'उन्नति' शब्द शुद्ध वर्तनी रूप है; उन्नति का अर्थ 'प्रगति' है।

अतः विकल्प (D) सही है।

23. 'अन्यथा' शब्द शुद्ध वर्तनी रूप है; अन्यथा शब्द 'क्रिया विशेषण' है।

अतः विकल्प (C) सही है।

24. लोकोक्ति - नेकी कर दरिया में डाल

अर्थ - उपकार करते समय बदले की भावना नहीं रखनी चाहिए

वाक्य - कक्षा में मास्टर जी ने बच्चों को समझाया कि उपकार अहसान के लिए नहीं किया जाता। इसलिए हमें 'नेकी कर दरिया में डाल' देना चाहिए।

अतः विकल्प (A) सही है।

25. 'हर्ष' का विलोम 'विषाद' है।

'हर्ष' का अर्थ - प्रसन्नता, खुशी

'विषाद' का अर्थ - दुःख, अवसाद, उदासी

अतः विकल्प (D) सही है।

26.

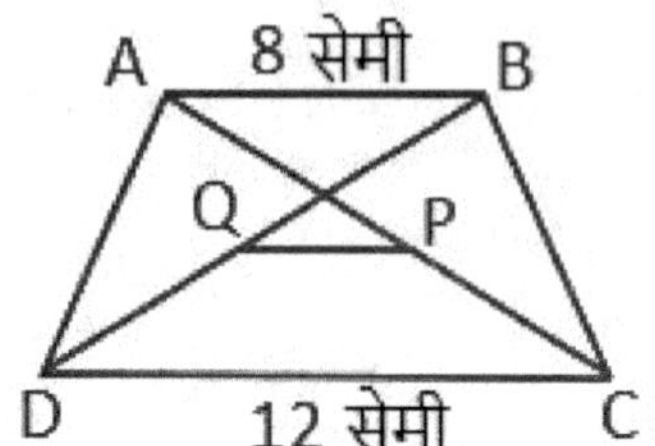

दिया गया है,

$AB = 8$ सेमी

$CD = 12$ सेमी

$AP = PC$

$BQ = QD$

हम जानते हैं कि,

एक समलंब के विकर्णों के मध्य बिंदुओं को मिलाने वाली रेखा की लंबाई =लंबी समानांतर भुजा - छोटी समानांतर भुजा / 2

$$\Rightarrow PQ = \frac{(DC-AB)}{2}$$

$$= \frac{(12-8)}{2}$$

$$= \frac{4}{2}$$

$$\Rightarrow PQ = 2$$ सेमी

अतः विकल्प (A) सही है।

27. दिया गया है:

माध्यिका = 7 और माध्य = 5

बहुलक = 3(माध्यिका) - 2(माध्य)

बहुलक = 3 × 7 − 2 × 5

= 11

∴ बहुलक 11 है।

अतः विकल्प (B) सही है।

28. दिया गया है:

समांतर चतुर्भुज ABCD में एक विकर्ण BD खींचा गया है।

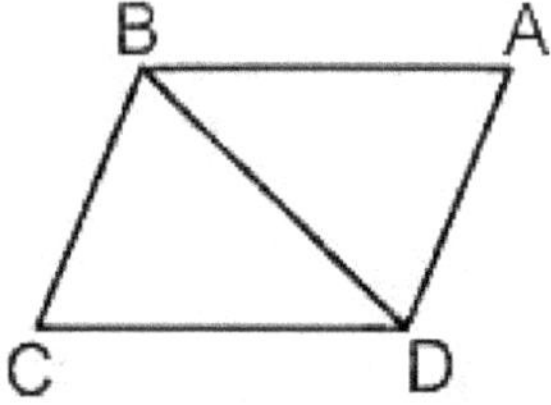

∆ABD और ∆BCD में,

AB = CD

∠ABD = ∠BCD (एकान्तर कोण)

BD = BD

ΔABD ≅ ΔBCD (भुजा-कोण-भुजा सर्वांगसमता नियम से)

सर्वांगसम त्रिभुज, समरुप भी हैं।

अतः विकल्प (C) सही है।

29. दिया गया है,

नीचे दी गई आकृति में, आयत ABCD का क्षेत्रफल 100 सेमी² है, O, AB पर कोई बिंदु है और CD = 20 सेमी है।

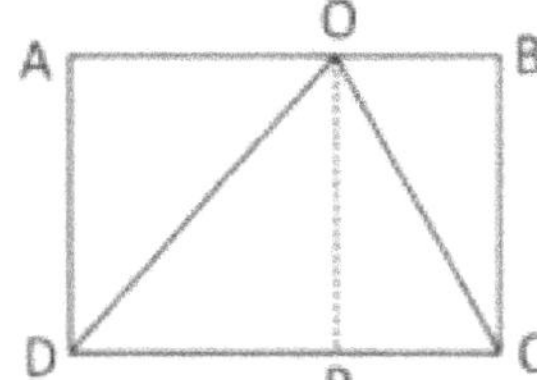

प्रश्न के अनुसार,

CD = 20 सेमी

और, आयत का क्षेत्रफल $ABCD = 100$ सेमी²

$\Rightarrow AD \times CD = 100$

$\Rightarrow AD \times 20 = 100$

$\Rightarrow AD = 5$ सेमी

$\because AD = OP = 5$ सेमी

$\therefore \triangle COD$ का क्षेत्रफल $= \frac{1}{2} \times CD \times OP$

$= \frac{1}{2} \times 20 \times 5$

$= 50$ सेमी²

अतः विकल्प (C) सही है।

30. दिया है:

4 द्विघात समीकरण $x^2 + px + 12 = 0$ का एक मूल है

समीकरण में $x = 4$ को प्रतिस्थापित करने पर हमें प्राप्त होता है

$\Rightarrow 4^2 + p \times 4 + 12 = 0$

उनमें से प्रत्येक को 4 से विभाजित करें, हम प्राप्त करते हैं

$\Rightarrow 4 + p + 3 = 0$

$\Rightarrow p + 7 = 0$

$\Rightarrow p = -7 ......(1)$

अब,

$x^2 + px + q = 0$ की तुलना $ax^2 + bx + c = 0$ से करें तो हमें प्राप्त होता है

$a = 1, b = p, c = q$

विविक्तकर $(D) = 0$

दिए गए मूल बराबर हैं

$b^2 - 4ac = 0$

$\Rightarrow p^2 - 4 \times 1 \times q = 0$

$\Rightarrow (-7)^2 - 4q = 0$ [(1) से]

$\Rightarrow 49 = 4q$

$\Rightarrow 49 = 4q$

$\Rightarrow q = \frac{49}{4}$

अतः विकल्प (D) सही है।

31. द्विघात समीकरण में $ax^2 + bx + c = 0$

मूलों का योग $= -\frac{b}{a}$ और मूलों का गुणनफल $= \frac{c}{a}$

समीकरण $x^2 + px + q = 0$ के मूल 1 और 2 हैं

समीकरण $x^2 + px + q = 0$ पर विचार करें

मूलों का योग $= -p = 1 + 2 = 3$

मूलों का गुणनफल $= q = 1 \times 2 = 2$

अब, समीकरण $qx^2 - px + 1 = 0$

उपरोक्त समीकरण में p और q का मान रखें

$2x^2 + 3x + 1 = 0 \quad (-p = 3$ या $p = -3)$

$\Rightarrow 2x^2 + x + 2x + 1 = 0$

$\Rightarrow x(2x + 1) + 1(2x + 1) = 0$

$\Rightarrow (x + 1)(2x + 1) = 0$

$x = -1$ और $x = -\frac{1}{2}$

समीकरण $qx^2 - px + 1 = 0$ के मूल -1 और $-\frac{1}{2}$ हैं।

अतः विकल्प (B) सही है।

32. 2005 से 2009 के दौरान बिजली क्षेत्र से CO_2 का विकास $= 800 - 500 = 300$ (सिर्फ 2009 और 2005 के मूल्यों को लें और उन्हें घटाएं)

प्रतिशत वृद्धि $= \{($ 2009 में मूल्य - 2005 में मूल्य$) /2005$ में मूल्य $\} \times 100\%$

प्रतिशत वृद्धि $= \frac{(800-500)}{500} \times 100\%$

$= \frac{300}{500} \times 100 = 60\%$

अतः विकल्प (A) सही है।

33. प्रतिशत वृद्धि $= \{(2009$ में मूल्य $- 2005$ में मूल्य$) / 2005$ में मूल्य $\} \times 100\%$

पावर: $\% = \frac{(800-500)}{500} \times 100\% = 60\%$

उद्योग: $\% = \frac{(450-200)}{200} \times 100\% = 125\%$

वाणिज्यिक: $= \frac{(320-150)}{150} \times 100 = 113\%$

कृषि: $\% = \frac{(200-80)}{80} \times 100 = 150\%$

घरेलू: $\% = \frac{(180-100)}{100} \times 100 = 80\%$

इसलिए, CO_2 में अधिकतम वृद्धि कृषि की है।

अतः विकल्प (D) सही है।

34. 2005 में CO_2 का कुल उत्सर्जन $= 500 + 200 + 150 + 80 + 100 = 1030$

2009 में CO_2 का कुल उत्सर्जन $= 800 + 450 + 320 + 200 + 180 = 1950$

प्रतिशत वृद्धि $= \{($ 2009 में मूल्य $-$ 2005 में मूल्य $) \,/$ 2005 में मूल्य $\} \times 100\%$

वृद्धि हुई $= \frac{(1950-1030)}{1030} \times 100\% = 89.32\%$

अतः विकल्प (A) सही है।

35. 2005 से 2006 में: $\frac{100}{500} \times 100 = 20\%$

2006 से 2007 में: $\frac{50}{600} \times 100 = 8.33\%$

2007 से 2008 में: $\frac{50}{650} \times 100 = 14.28\%$

2008 से 2009 में: $\frac{100}{700} \times 100 = 14.28\%$

औसत वार्षिक विकास दर $= \frac{50.30}{4} = 12.57\%$

अतः विकल्प (A) सही है।

36. वर्ष 2008 में कुल CO_2 उत्सर्जन में विद्युत क्षेत्र का $\%$ योगदान $= \frac{700}{1700} \times 100 = 41.18\%$

अतः विकल्प (B) सही है।

37. दिया गया है:

वस्तु का प्रारंभिक विक्रय मूल्य $=$ 265.50 रुपए

लाभ $\% = 18\%$

नया विक्रय मूल्य $=$ 231.30 रुपए

हम जानते हैं कि:

क्रय मूल्य $=$ विक्रय मूल्य $\times$ [100/(100 + लाभ%)]

लाभ% $=$ (लाभ $\times$ 100)/क्रय मूल्य

लाभ $=$ विक्रय मूल्य - क्रय मूल्य

वस्तु का क्रय मूल्य $= 265.50 \times \left[\frac{100}{(100+18)}\right]$

$= 265.5 \times \left(\frac{100}{118}\right)$

$= \frac{26550}{118}$

$= 225$

$\therefore$ वस्तु का क्रय मूल्य $=$ 225 रुपए

$\because$ नया विक्रय मूल्य $=$ 231.30 रुपए

$\therefore$ यहाँ लाभ होता है।

लाभ $=$ विक्रय मूल्य - क्रय मूल्य

$= 231.3 - 225$

$= 6.3$ रुपए

$\therefore$ लाभ $\% = \frac{(6.3 \times 100)}{225}$

$= 2.8\%$

अतः विकल्प (D) सही है।

38. दिया गया है,

वर्ग का परिमाप $= 36$ सेमी

जैसा कि हम जानते हैं,

एक वर्ग का परिमाप $= 4 \times$ भुजा की लंबाई

$\Rightarrow 4 \times$ भुजा की लंबाई $= 36$

$\Rightarrow$ भुजा की लंबाई $= \frac{36}{4} = 9$ सेमी

वर्ग का क्षेत्रफल $=$ (भुजा की लंबाई $)^2 = ($ 9 सेमी $)^2 = 81$ वर्ग सेमी

अतः विकल्प (D) सही है।

39. दिए गए आंकड़ों के अनुसार,

साक्षर महिलाओं की कुल संख्या $= 320 + 1100 + 900 + 800 + 620 + 500$

$= 4240$

$20 - 30$ के बीच साक्षर महिलाओं की संख्या $= 1100 \quad \ldots (i)$

$30 - 40$ के बीच साक्षर महिलाओं की संख्या $= 900 \quad \ldots (ii)$

अब,

(i) और (ii) को जोड़ने पर,

हम पाते हैं,

कुल मूल्य $= 2000$

अब,

आयु वर्ग $(20 - 40)$ के बीच साक्षर महिलाओं का प्रतिशत है,

$\frac{2000}{4240} \times 100$

$$= \frac{2000}{424} \times 10$$

$$= \frac{20000}{424}$$

$$= 47.16 \text{ लगभग}$$

अतः विकल्प (B) सही है।

40. 3341 और 3328 के गुणनखंड:

$$3341 = 257 \times 13$$

$$3328 = 2^8 \times 13$$

यहाँ सामान्य गुणनखंड केवल 13 है।

$\therefore$ 3341 और 3328 का म.स.प 13 है।

अतः विकल्प (B) सही है।

41. दिया है,

एक आयत की लंबाई में 4 सेमी की कमी हो जाती है और चौड़ाई में 3 सेमी की वृद्धि हो जाती है।

आयत का क्षेत्रफल = (लंबाई × चौड़ाई) वर्ग इकाई और वर्ग का क्षेत्रफल = (भुजा)² वर्ग इकाई

आयत का परिमाप = 2 (लंबाई + चौड़ाई) इकाइयाँ

माना आयत की लंबाई और चौड़ाई x और y है।

आयत का क्षेत्रफल = (लंबाई × चौड़ाई) वर्ग इकाई

= xy सेमी²

नई लंबाई और चौड़ाई = (x - 4) और (y + 3)

$\Rightarrow$ (x - 4) = (y + 3)

$\Rightarrow$ x - y = 7 .....(1)

वर्ग का क्षेत्रफल = (x - 4) × (y + 3)

प्रश्नानुसार,

आयत का क्षेत्रफल = वर्ग का क्षेत्रफल

$\Rightarrow$ xy = (x - 4) × (y + 3)

$\Rightarrow$ 3x - 4y = 12 .....(2)

इन समीकरणों को हल करने पर,

x = 16 और y = 9

आयत का परिमाप = 2 (लंबाई + चौड़ाई) इकाइयाँ

= 2(16 + 9)

= 2 × 25 = 50 सेमी

$\therefore$ मूल आयत का परिमाप 50 सेमी है।

अतः विकल्प (C) सही है।

42. माना कि छोटे गोलों की संख्या n है।

हम जानते हैं कि,

गोले का आयतन $= \frac{4}{3} \times \pi \times R^3$

प्रश्नानुसार,

$$\frac{4}{3} \times \pi \times R^3 = n \times \frac{4}{3} \times \pi \times r^3$$

$$\Rightarrow R^3 = n \times r^3$$

$$\Rightarrow 5^3 = n \times 2^3$$

$$\Rightarrow n = \frac{125}{8} = 15 \text{ (लगभग)}$$

इस प्रकार, ऐसे 15 गोले बनाए जा सकते हैं।

अतः विकल्प (A) सही है।

43. दिया हुआ,

$$x^2 + y^2 + 6y = 0$$
$$\Rightarrow x^2 + y^2 + 6y + 9 - 9 = x^2 + (y + 3)^2 - 9 = 0$$
$$\Rightarrow x^2 + (y + 3)^2 = 9$$

त्रिज्या r और केंद्र (h, k) वाले वृत्त का मानक समीकरण दिया जाता है,

$$(x - h)^2 + (y - k)^2 = r^2$$

तुलना करने पर, हमें प्राप्त होता है

$$h = 0, k = -3, r = 3$$

$\therefore$ केंद्र $= (0, -3)$, त्रिज्या $= 3$

अतः विकल्प (D) सही है।

44. दिए गए डेटा मान हैं: $3, 8, 6, 7, 1, 6, 10, 6, 7, 2k + 5, 9, 7, 13$

उपरोक्त डेटा सेट में 6,7 अधिक बार आया है अर्थात, 3 बार

लेकिन दिया गया बहुलक 7 है

इसलिए, 6 से अधिक बार 7 होना चाहिए

तो, चर $2k + 5$ अवश्य ही 7 होना चाहिए

$$2k + 5 = 7$$

$$\Rightarrow 2k = 2$$

$$\therefore k = 1$$

अतः विकल्प (A) सही है।

45. दिया है:

यहाँ $n = 3$

माना तीसरी संख्या x है।

n प्रेक्षणों का माध्य $=$ प्रेक्षणों का योग $/\ n$

$$\therefore 16 = \frac{x + 8 + 10}{3}$$

$$\Rightarrow x + 18 = 48$$

$$\Rightarrow x = 30$$

अतः विकल्प (A) सही है।

46. दिया है,

अमान्य मत = कुल मतों का 20%

अरविंद 480 मतों से जीता।

और अरविंद को मनोज से 20% अधिक मत मिले।

माना कि कुल मत x है।

अमान्य मत = x का 20% = 0.2 x

मान्य मत = x – 0.2 x = 0.8 x

अरविंद और मनोज को 0.8 x मत मिले।

अरविंद को मनोज से 20% अधिक मत मिले।

⇒ अरविन्द को मान्य मतों का 60% और मनोज को मान्य मतों का 40% मिलते हैं।

⇒ अरविंद को मिले मत $= 0.8x \times \dfrac{60}{100} = 0.48$

⇒ मनोज को मिले मत = 0.8 x - 0.48 x = 0.32 x

अरविंद के मत – मनोज के मत = 480

⇒ 0.48 x - 0.32 x = 480

⇒ 0.16 x = 480

⇒ x = 3000

∴ मतदान करने वाले व्यक्तियों की कुल संख्या 3000 है।

अतः विकल्प (A) सही है।

47. दिया गया है,

समलम्ब का क्षेत्रफल $= 32$ सेमी

समानांतर भुजाओं की लंबाई 6 सेमी और 10 सेमी है।

समानांतर भुजाओं के बीच की दूरी ऊंचाई के बराबर होती है।

समलम्ब का क्षेत्रफल $= \dfrac{1}{2} \times$ ऊंचाई $\times$ (दो समानांतर भुजाओं का योग)

समलम्ब का क्षेत्रफल $= \dfrac{1}{2} \times$ ऊंचाई $\times$ (दो समानांतर भुजाओं का योग)

$\Rightarrow 32 = 0.5 \times$ ऊंचाई $\times 16$

$\Rightarrow$ ऊंचाई $= 4$ सेमी

अतः विकल्प (B) सही है।

48. हम जानते हैं कि,

'n' भुजाओं वाले एक नियमित बहुभुज के प्रत्येक अन्तः कोण की माप $= \dfrac{180°(n-2)}{n}$

अन्तः कोण $= \dfrac{180°(n-2)}{n} = 108°$

$\Rightarrow 180°n - 360° = 108°n$

$\Rightarrow (180° - 108°)n = 360°$

$\Rightarrow 72° \times n = 360°$

$\therefore n = \dfrac{360°}{72°} = 5$

अतः विकल्प (B) सही है।

49. दिया गया है:

संख्याओं का अनुपात = 3 : 4

लघुत्तम समापवर्तक = 72

माना दो संख्याएं mx, my के रूप में है

तब, लघुत्तम समापवर्तक = m × x × y

माना संख्या 3x और 4x हैं

लघुत्तम समापवर्तक = 72

⇒ 3 × 4 × x = 72

⇒ 12x = 72

⇒ x = 6

अभीष्ट योग = 3x + 4x

= 3 × 6 + 4 × 6

= 18 + 24

⇒ अभीष्ट योग = 42

∴ दो संख्याओं का योग 42 है।

अतः विकल्प (B) सही है।

50. दिया है:

समांतर चतुर्भुज की आसन्न भुजाओं का अनुपात = 4 : 5

समांतर चतुर्भुज का परिमाप = 180 सेमी

प्रयुक्त सूत्र:

समांतर चतुर्भुज का परिमाप = 2(a + b)

जहां a और b समांतर चतुर्भुज की आसन्न भुजाएँ हैं।

माना भुजाएं क्रमशः 4x और 5x हैं

⇒ 2(4x + 5x) = 180 सेमी

⇒ 18x = 180 सेमी

⇒ x = 10 सेमी

भुजाएं है 4x = 4 × 10 = 40 सेमी

और 5x = 5 × 10 = 50 सेमी

∴ भुजाएं क्रमशः 40 सेमी और 50 सेमी हैं।

अतः विकल्प (A) सही है।

51. मीराबाई चानू ने सिंगापुर इंटरनेशनल में भारोत्तोलन में स्वर्ण पदक जीता।

भारोत्तोलन में 2020 टोक्यो ओलंपिक की रजत पदक विजेता, मीराबाई चानू ने 25 फरवरी 2022 को चल रहे सिंगापुर इंटरनेशनल में स्वर्ण पदक जीता। इस जीत ने उन्हें बर्मिंघम में आगामी 2022 राष्ट्रमंडल खेलों में एक स्थान सुरक्षित करने में भी मदद की। नए भार वर्ग −55 किग्रा में प्रतिस्पर्धा करते हुए चानू ने स्नैच में कुल 191 किग्रा- 86 किग्रा और क्लीन एंड जर्क में 105 किग्रा भार उठाकर स्वर्ण पदक जीता।

अतः विकल्प (A) सही है।

52. भारतीय रिजर्व बैंक ने हाल ही (क्रेडिट कार्ड और डेबिट कार्ड - जारी करना और व्यवहार) 2022 में निर्देश आरबीआई द्वारा जारी किया गया था।

अनुसूचित वाणिज्यिक बैंक (एससीबी) रुपये की कुल संपत्ति के साथ। 100 करोड़ क्रेडिट कार्ड जारी कर सकते हैं। क्षेत्रीय ग्रामीण बैंकों को अन्य बैंकों के साथ सहयोग करने की आवश्यकता है। रिजर्व बैंक में पंजीकृत शहरी सहकारी बैंक (यूसीबी) और एनबीएफसी, जिनकी कुल संपत्ति 100 करोड़ रुपये से अधिक है, कुछ दिशानिर्देशों के अधीन कार्ड जारी कर सकते हैं।

अतः विकल्प (C) सही है।

53. 2019 में सम्पन्न हुए विधानसभा चुनाव में प्रत्याशी/उम्मीदवार के लिए व्यय की अधिकतम सीमा 25 लाख थी।

- यह वह राशि है जो एक चुनावी उम्मीदवार अपने चुनाव प्रचार के लिए कानूनी रूप से खर्च कर सकता है और इसके लिए जिम्मेदार होता है, जिसमें सार्वजनिक बैठकों, रैलियों, विज्ञापनों, पोस्टर, बैनर वाहनों और विज्ञापनों पर खर्च होता है।
- यह सीमा विधानसभा चुनावों के लिए 25 लाख रू और 54 लाख से 70 लाख रू तक लोकसभा चुनाव के लिए होती है।
- लोक प्रतिनिधित्व अधिनियम, (RPA), 1951 की धारा 77 के तहत, प्रत्येक उम्मीदवार उस तिथि जिस पर उन्हें नामांकित किया गया है और परिणाम की घोषणा की तारीख के बीच किए गए सभी खर्चों का एक अलग और सही हिसाब रखेगा।
- चुनाव पूरा होने के 30 दिनों के भीतर सभी उम्मीदवारों को ECI में अपना व्यय विवरण प्रस्तुत करना होता है।
- एक गलत खाता या खर्चे से अधिक व्यय RPA, 1951 की धारा 10A के तहत ECI द्वारा उम्मीदवार को तीन साल तक के लिए अयोग्य ठहराया जा सकता है।

अत: विकल्प (B) सही है।

54. अंतर्राष्ट्रीय डेयरी महासंघ विश्व डेयरी शिखर सम्मेलन (IDF WDS) 2022 ग्रेटर नोएडा में आयोजित किया गया था और प्रधानमंत्री नरेंद्र मोदी ने सम्मेलन का उद्घाटन किया।

भारतीय डेयरी उद्योग वैश्विक दूध का लगभग 23% हिस्सा है, जो सालाना लगभग 210 मिलियन टन का उत्पादन करता है। विगत आठ वर्षों में विभिन्न योजनाओं से दुग्ध उत्पादन में 44 प्रतिशत से अधिक की वृद्धि हुई है।

अत: विकल्प (B) सही है।

55. प्रधान मंत्री श्री नरेंद्र मोदी ने 2 जनवरी 2022 को उत्तर प्रदेश के मेरठ में मेजर ध्यानचंद खेल विश्वविद्यालय की आधारशिला रखी है और यह उत्तर प्रदेश का पहला खेल विश्वविद्यालय होगा।

अत: विकल्प (B) सही है।

56. 11वां विश्व शहरी मंच पोलैंड में आयोजित किया गया था। नेशनल इंस्टीट्यूट ऑफ अर्बन अफेयर्स '(एनआईयूए) क्लाइमेट सेंटर फॉर सिटीज (एनआईयूए सी-क्यूब), वर्ल्ड रिसोर्स इंस्टीट्यूट इंडिया (डब्ल्यूआरआई इंडिया) और उनके सहयोगियों ने शहरी प्रकृति-आधारित समाधानों (एनबीएस) के लिए भारत का पहला राष्ट्रीय गठबंधन मंच लॉन्च किया।

'इंडिया फोरम फॉर नेचर-बेस्ड सॉल्यूशंस' का उद्देश्य शहरी प्रकृति-आधारित समाधानों को बढ़ाने में सहायता के लिए एनबीएस उद्यमियों, सरकारी संस्थाओं और समान विचारधारा वाले संगठनों का एक समूह बनाना है।

अत: विकल्प (B) सही है।

57. एक ऑपरेटिंग सिस्टम (OS) सिस्टम सॉफ्टवेयर है जो कंप्यूटर हार्डवेयर और सॉफ्टवेयर संसाधनों का प्रबंधन करता है और कंप्यूटर प्रोग्राम के लिए सामान्य सेवाएं प्रदान करता है।

अत: विकल्प (B) सही है।

58. एक्सेल आपको कई प्रकार के चार्ट बनाने की अनुमति देता है: बार चार्ट, कॉलम चार्ट, लाइनक्रेट्स, एरिया चार्ट, स्कैटर चार्ट, पाईचार्ट, स्टॉक चार्ट।

59. .pptx एमएस-पावरप्वाइंट द्वारा उपयोग की जाने वाली प्रस्तुति फ़ाइल प्रारूप के लिए एक फ़ाइल एक्सटेंशन है, जो आमतौर पर कार्यालय और शैक्षिक स्लाइड शो के लिए उपयोग किया जाता है।

अत: विकल्प (C) सही है।

60. नाना साहेब ने 1857 के विद्रोह में कानपुर में सिपाहियों का नेतृत्व किया था।

नाना साहब का असली नाम गोविंद ढोंडु पंत था। वह मराठा साम्राज्य के एक भारतीय पेशवा, कुलीन और सेनानी थे, जिन्होंने 1857 के विद्रोह के दौरान कानपुर में विद्रोह का नेतृत्व किया था।

अत: विकल्प (C) सही है।

61. चौरी-चौरा कांड के समय लॉर्ड रीडिंग भारत के वायसराय थे।

चौरी चौरा कांड वर्ष 1922 (5 फरवरी) को हुआ था। लॉर्ड रीडिंग तत्कालीन वायसराय थे। घटना के बाद गांधीजी ने असहयोग आंदोलन वापस ले लिया। इस घटना में तीन नागरिकों और 22 पुलिसकर्मियों की मौत हो गई। महात्मा गांधी, जो हिंसा के सख्त खिलाफ थे, उन्होंने 12 फरवरी 1922 को राष्ट्रीय स्तर पर असहयोग आंदोलन को रोक दिया।

अतः विकल्प (B) सही है।

62. अदालत की अवमानना, एक अवधारणा के रूप में जो न्यायिक संस्थानों को प्रेरित हमलों और अनुचित आलोचना से बचाने के लिए, और इसके अधिकार को कम करने वालों को दंडित करने के लिए एक कानूनी तंत्र के रूप में तलाश करती है।

न्यायालय के दो प्रकार के विषय होते हैं:

- न्यायालय की नागरिक अवमानना एक अदालत के आदेश या निर्णय या एक अदालत को दिए गए उपक्रम के विलफुल उल्लंघन की दृढ़ अवज्ञा है। इसलिए, कथन 1 सही नहीं है।
- अदालत की आपराधिक अवमानना लिखित या बोले गए शब्द या कोई भी कृत्य है जो अदालत को डराता है या उसके अधिकार या पूर्वग्रहों को कम करता है या न्यायिक कार्यवाही के नियत समय के साथ हस्तक्षेप करता है या न्याय के प्रशासन में हस्तक्षेप / बाधा डालता है। इसलिए, कथन 2 सही नहीं है।

अत: विकल्प (C) सही है।

63. हाल ही में, केन्द्र सरकार केन्द्रीय जांच ब्यूरो (सीबीआई) की एक नई निदेशक के रूप में 'सुबोध कुमार जायसवाल' को नियुक्त किया है।

केंद्रीय जांच ब्यूरो (सीबीआई):

- सीबीआई की स्थापना 1963 में गृह मंत्रालय के एक प्रस्ताव द्वारा की गई थी।
- भ्रष्टाचार की रोकथाम पर संथानम समिति (1962-1964) द्वारा सीबीआई की स्थापना की सिफारिश की गई थी।
- सीबीआई एक वैधानिक निकाय नहीं है। यह दिल्ली विशेष पुलिस स्थापना अधिनियम, 1946 से अपनी शक्तियाँ प्राप्त करता है।
- सीबीआई केंद्र सरकार की प्रमुख जांच एजेंसी है।
- सीबीआई का नेतृत्व एक निदेशक करता है।
- सीबीआई निदेशक की नियुक्ति:
  - लोकपाल और लोकायुक्त अधिनियम (2013) दिल्ली विशेष पुलिस स्थापना अधिनियम (1946) में संशोधन किया और सीबीआई के निदेशक की नियुक्ति के संबंध में निम्न परिवर्तन किए:

– नियुक्ति समितिः केंद्र सरकार सीबीआई के निदेशक की नियुक्ति तीन सदस्यीय समिति की सिफारिश पर करेगी जिसमें

- अध्यक्ष के रूप में प्रधानमंत्री,

- लोकसभा में विपक्ष के नेता और

- भारत के मुख्य न्यायाधीश या उनके द्वारा नामित सर्वोच्च न्यायालय के न्यायाधीश। अतः कथन 1, 3 और 5 सही हैं।

अतः विकल्प (A) सही है।

64. औसत निश्चित लागत (AFC) उत्पादन की प्रति इकाई कुल निश्चित लागत के बराबर है। औसत कुल लागत और औसत परिवर्तनीय लागत वक्र के बीच की ऊर्ध्वाधर दूरी औसत निश्चित लागत के बराबर होती है। जैसे-जैसे आउटपुट बढ़ता है, दूरी कम होती जाती है क्योंकि बढ़ते आउटपुट के साथ औसत निश्चित लागत घटती है।

अतः विकल्प (D) सही है।

65. हेक्शर-ओहलिन सिद्धांत, विभिन्न वस्तुओं के उत्पादन के लिए तुलनात्मक लागत में अंतर के सापेक्ष वस्तुओं की कीमतों और राष्ट्रों के बीच व्यापार में अंतर का सबसे महत्वपूर्ण कारण है। इस सिद्धांत को अंतर्राष्ट्रीय व्यापार का आधुनिक सिद्धांत भी कहा जाता है।

अतः विकल्प (D) सही है।

66. व्हिटेकर के वर्गीकरण के अनुसार जीवाणु एक जगत का नाम नहीं है।

पांच राज्यों के वर्गीकरण के अनुसार, बैक्टीरिया मोनेरा हैं। मोनेरा प्रोकैरियोट्स का साम्राज्य है। इसमें जीवन के सबसे आदिम रूप शामिल हैं। बैक्टीरिया प्रोकैरियोटिक एककोशिकीय जीवों का एक समूह है।

अतः विकल्प (A) सही है।

67. पौधों में जल परिवहन के लिए जाइलम उत्तरदायी हैं।

जाइलम: जाइलम संवहनी पौधों का विशिष्ट ऊतक है जो पौधे की जड़ों से तनों और पत्तियों तक जल और पोषक तत्वों को पहुंचाता है। यह पौधे को यांत्रिक सहायता और भंडारण भी प्रदान करता है। जाइलम का जल-संचालन कार्य संवहनी पौधों की प्रमुख विशिष्ट विशेषताओं में से एक है।

अतः विकल्प (D) सही है।

68. हड़प्पा की खुदाई राय बहादुर दया राम साहनी ने 1921 में की थी।

यह पंजाब (पाकिस्तान) के मोंटगोमरी जिले में रावी नदी के तट पर स्थित है। हड़प्पा स्थल से महत्वपूर्ण खोज मानव शरीर रचना की बलुथा पत्थर की मूर्तियाँ, अनाज का भंडार और बैलगाड़ी थी।

अतः विकल्प (C) सही है।

69. जिब्राल्टर जलडमरूमध्य अटलांटिक महासागर को भूमध्य सागर से जोड़ता है और स्पेन को यूरोपीय महाद्वीप पर मोरक्को से अफ्रीकी महाद्वीप पर अलग करता है।

अतः विकल्प (C) सही है।

70. माउंट सेंट हेलेंस, स्कामैनिया काउंटी, वाशिंगटन, यूएसए में स्थित है।

संयुक्त राज्य अमेरिका में कुछ सक्रिय ज्वालामुखी किलाउआ, माउंट रेनियर, माउंट शास्ता, माउंट हूड, थ्री सिस्टर्स और येलोस्टोन सुपर ज्वालामुखी हैं।

अतः विकल्प (A) सही है।

71. पित्त यकृत का एक अनूठा और महत्वपूर्ण जलीय स्राव है।

पित्त एक तरल पदार्थ है जो यकृत द्वारा बनाया और निर्मुक्त होता है और पित्ताशय में जमा होता है। पित्त पाचन में मदद करता है। यह फैटी एसिड में

वसा को विभाजित करता है, जिसे पाचन तंत्र द्वारा शरीर में ले जाया जा सकता है।

अतः विकल्प (C) सही है।

72. प्रोटीन अमीनो एसिड से बने होते हैं, अनिवार्य रूप से वे प्रोटीन के निर्माण खंड होते हैं।

प्रत्येक प्रोटीन विभिन्न अमीनो एसिड के संयोजन से बनता है। कुल 21 अमीनो एसिड होते हैं। प्रत्येक एसिड कार्बन, हाइड्रोजन, ऑक्सीजन और नाइट्रोजन से बना होता है, हालांकि अन्य तत्व अलग-अलग एसिड में भी मौजूद हो सकते हैं।

अतः विकल्प (D) सही है।

73. वोल्ट विद्युत विभव अंतर की SI इकाई है।

वोल्ट विद्युत क्षमता, विद्युत संभावित अंतर और इलेक्ट्रोमोटिव बल के लिए व्युत्पन्न इकाई है। इसका नाम इतालवी भौतिक विज्ञानी एलेसेंड्रो वोल्टा के नाम पर रखा गया है।

अतः विकल्प (D) सही है।

74. कोलकाता भारत में दूसरा सबसे घनी आबादी वाला शहर है।

22,000 लोग प्रति वर्ग किलोमीटर के साथ, कोलकाता में भारत में सबसे अधिक जनसंख्या घनत्व है। इसकी आबादी 4,631,400 है और यह अपनी व्यस्त सड़कों के लिए जाना जाता है।

अतः विकल्प (C) सही है।

75. अंतिम मौर्य शासक बृहद्रथ की हत्या 185 ईसा पूर्व में उनके सेनापति पुष्यमित्र शुंग ने की थी।

पुष्यमित्र शुंग ने उत्तर में एक राज्य स्थापित किया था। पुष्यमित्र शुंग ने अपना शुंग वंश स्थापित किया था।

अतः विकल्प (C) सही है।

76. भारत में ग्राम पंचायतों की संख्या गैर-आबादी वाले गांवों की तुलना में अधिक है। भारत में ग्राम पंचायतों की संख्या 2.50 लाख से अधिक है। जिसके अंतर्गत लगभग 6 लाख गांव शामिल हैं, जिनमें से आबादी वाले गांवों की संख्या 597464 और गैर आबादी वाले गांवों की संख्या 43466 है।

अतः विकल्प (A) सही है।

77. बलवंत राय मेहता समिति ने पंचायती राज प्रणाली के लिए तीन स्तरीय संरचना की सिफारिश की जिसमें शामिल हैं:

- जिला स्तर पर जिला परिषद

- प्रखंड स्तर पर पंचायत समिति

- ग्राम स्तर पर ग्राम पंचायत

ग्राम स्तर पर ग्राम पंचायत के अध्यक्ष को प्रधान कहा जाता है। प्रधान का चुनाव सीधे ग्राम सभा द्वारा किया जाता है।

ग्राम पंचायत के अनिवार्य कार्य निम्नलिखित हैं:

- स्थानीय कर लगाना और जमा करना।

- रोजगार से संबंधित सरकारी योजनाओं का क्रियान्वयन।

- जल संसाधनों, ग्रामीण सड़कों, जल निकासी, स्कूल भवनों और सामान्य संपत्ति संसाधनों (CPR) का रखरखाव और निर्माण।

अतः विकल्प (D) सही है।

78. जिला कलेक्टर जिला योजना समिति के सचिव के रूप में कार्य करता है।

जिला योजना समिति भारत के संविधान के अनुच्छेद 243ZD के अनुसार बनाई गई। प्रत्येक जिले में समिति को जिले में पंचायतों और नगर पालिकाओं द्वारा

तैयार की गई योजनाओं को समेकित करना चाहिए। यह जिले के लिए एक मसौदा विकास योजना भी तैयार करता है।

जिला कलेक्टर का मुख्य कार्य सामान्य प्रशासन का पर्यवेक्षण करना, भू-राजस्व एकत्र करना और जिले में कानून व्यवस्था बनाए रखना है। वह न्यायिक कार्य भी करता है।

अतः विकल्प (D) सही है।

79. एनसीएल संगठन ने एम्बुलेंस की खरीद के लिए उत्तर प्रदेश राज्य को 5.00 करोड़ रुपये का दान दिया है।

कोल इंडिया लिमिटेड की सहायक कंपनी नॉर्दर्न कोलफील्ड्स लिमिटेड (एनसीएल) ने राज्य के लिए 50 एम्बुलेंस की खरीद के लिए उत्तर प्रदेश राज्य को 5.00 करोड़ रुपये का दान दिया है।

कंपनी के एमडी और सीईओ ने यूपी के मुख्यमंत्री को चेक सौंपा एनसीएल एक मिनरल कंपनी है जो सालाना 100 मिलियन टन से अधिक कोयले की आपूर्ति करती है।

अत: विकल्प (B) सही है।

80. केंद्रीय जल शक्ति मंत्रालय ने गोवर्धन योजना पर एक एकीकृत पोर्टल लॉन्च किया है। पोर्टल का उद्देश्य योजना के तहत हुई प्रगति की निगरानी करना है। गोवर्धन योजना भारत सरकार द्वारा मवेशियों और बायोडिग्रेडेबल कचरे के प्रबंधन और किसानों की आय बढ़ाने में मदद करने के लिए शुरू की गई थी। इसे स्वच्छ भारत मिशन ग्रामीण-चरण 2 के तहत लागू किया जा रहा है।

अत: विकल्प (C) सही है।

81. उत्तर प्रदेश राज्य किसानों की आय को दोगुना करने के लिए 'किसान कल्याण मिशन' नाम से एक कार्यक्रम शुरू करने जा रहा है।

योजना के तहत कृषि और संबद्ध क्षेत्र की प्रदर्शनियां आयोजित की जाएंगी। वैज्ञानिक खेती और सरकार की विभिन्न योजनाओं की व्याख्या के लिए बैठकें की जाएंगी। इस योजना में बागवानी, पशुपालन, मत्स्य पालन सहित विभिन्न राज्य विभाग भागीदार होंगे।

अत: विकल्प (A) सही है।

82. ग्रामीण डाक जीवन बीमा योजना वर्ष 1995 मे लागू हुई थी।

ग्रामीण डाक जीवन बीमा 1995 में भारत के ग्रामीण लोगों के लिए शुरू किया गया था। इस योजना का मुख्य उद्देश्य सामान्य रूप से ग्रामीण जनता को बीमा कवर प्रदान करना और विशेष रूप से ग्रामीण क्षेत्रों के कमजोर वर्गों और महिला श्रमिकों को लाभ पहुंचाना और ग्रामीण आबादी के बीच बीमा जागरूकता फैलाना है।
अतः विकल्प (C) सही है।

83. केंद्रीय परियोजना चमन का संबंध कृषि से है।

बागवानी क्षेत्र को सामरिक विकास प्रदान करने के लिए, ताकि किसानों की आय में वृद्धि की जा सके, चमन नामक एक अग्रणी परियोजना सरकार द्वारा शुरू की गई है। चमन अध्ययनों के माध्यम से चिन्हित उच्च उपयुक्तता वाले झूम क्षेत्रों में खेती करने से पूर्वोत्तर क्षेत्रो के किसानों की आय में वृद्धि होगी।
अतः विकल्प (C) सही है।

84. महात्मा गांधी राष्ट्रीय ग्रामीण रोजगार गारंटी योजना (मनरेगा) के तहत 100 दिनों का रोजगार दिया जाता है।

मनरेगा को "एक वित्तीय वर्ष में कम से कम 100 दिनों की गारंटीकृत मजदूरी रोजगार प्रदान करके ग्रामीण क्षेत्रों में आजीविका सुरक्षा को बढ़ाने के उद्देश्य से शुरू किया गया था, जिसके लिए प्रत्येक परिवार के वयस्क सदस्यों को अकुशल मैनुअल काम करने के लिए स्वयंसेवा किया गया था।" मनरेगा का एक और उद्देश्य है टिकाऊ संपत्तियां (जैसे सड़कों, नहरों, तालाबों, कुओं) का निर्माण करें आवेदक के निवास के 5 किमी के भीतर रोजगार उपलब्ध कराया

जाना है, और न्यूनतम मजदूरी का भुगतान करना है।
अतः विकल्प (A) सही है।

85. उत्तर प्रदेश राजमार्ग भूमि नियंत्रण अधिनियम वर्ष 1945 में पारित किया गया था।

यह कानून मुख्य सड़कों से सटे क्षेत्रों पर नियंत्रण करने के उद्देश्य से बनाया गया था, जिसमें ईंट के खेतों और भट्टों के लिए भूमि के उपयोग को विनियमित करने पर ध्यान केंद्रित किया गया था। यह दो कारणों से आवश्यक था, जैसा कि अधिनियम द्वारा घोषित किया गया था, अनियमित उत्खनन पहले मलेरिया ले जाने वाले मच्छरों के लिए प्रजनन स्थल बना देगा, और दूसरा यह कि महंगा समतल संचालन के बिना निर्माण उद्देश्यों के लिए भूमि के भविष्य के विकास को प्रस्तुत करना असंभव होगा।

अत: विकल्प (A) सही है।

86. ग्रामीण कृषि में उद्योगों की फसलों की प्रधानता नहीं होती है।

ग्रामीण कृषि की विशेषताएं है:

- यह निर्वाह कृषि है।
- यह मानसून पर निर्भर है।
- कृषि पर जनसंख्या का दबाव है।
- यह मनुष्य तथा पशुओं के लिए जीवन का साधन है।

अत: विकल्प (D) सही है।

87. "ग्रामीण समाज मे भूतकाल में जाति के चाहे जो भी लाभ रहे हो आज वह प्रगति में बाधक है" निम्न में से यह कथन डॉ आशीर्वादम का है। चूंकि व्यक्ति को अपनी जातीय व्यवसाय को ही करना पड़ता है, जिसे वह अपनी इच्छा अथवा अनिच्छा के अनुसार बदल नहीं सकता, अतएव इसने श्रम की गतिशीलता को रोका है। इससे गतिहीनता उत्पन्न हुई है। जाति व्यवस्था ने एक जाति को दूसरी जाति में पृथक करके तथा उनके बीच किसी भी सामाजिक समागम को प्रतिबंधित करके हिंदू समाज में सद्भावना एवं एकता के विकास को रोका है। इसने हिंदू समाज का विघटन किया तथा इसे निर्बल बना दिया।

अत: विकल्प (A) सही है।

88. ग्रामीण समाज मे सामाजिक शोषण दोष जातिवाद है। जातिवाद जाति के सदस्यों की वह संकुचित भावना है, जो राष्ट्र तथा समाज के सामान्य हितों की अवहेलना करते हुए अपनी जाति के सदस्यों के हितों को बढ़ावा देती है तथा उन्हे आगे बढ़ने के अवसर प्रदान करती है।

अत: विकल्प (A) सही है।

89. ग्रामीण समाज मे जातिवाद को रोकने के उपाय:

- नैतिक एवं राष्ट्रीय शिक्षा
- अन्तर्जातीय विवाह को प्रोत्साहन
- जाति संगठनों पर रोक
- औद्योगीकरण वनगरीकरण
- कानूनी उपाय
- प्रचार
- शुद्ध राजनीति

अत: विकल्प (D) सही है।

90. हस्तांतरण विकेंद्रीकरण का एक रूप है जो कार्यों और जिम्मेदारियों के साथ सरकार के स्वतंत्र स्तर का अधिकार बनाने का प्रयास करता है। यह केंद्र या राज्य सरकारों के लिए अपने कुछ कार्यों को सरकार की नई इकाइयों को छोड़ने की व्यवस्था है, जो उनके नियंत्रण से बाहर हैं। 73वें और 74वें संशोधन में ग्रामीण (पंचायती राज संस्थानों) और शहरी (नगरपालिका) स्थानीय स्व-सरकारी संस्थानों को शक्तियों और जिम्मेदारियों के हस्तांतरण के प्रावधान शामिल थे।

अतः विकल्प (A) सही है।

91. सहकारी क्षेत्र में उत्पादन का संगठन राज्य में विभिन्न श्रेणियों के बुनकरों की आवश्यकताओं के अनुरूप विभिन्न प्रकार की बुनकर समितियों के गठन के माध्यम से किया जाता है। प्राथमिक बुनकर की सहकारी समितियां अधिकतर कपास की किस्मों को कवर करती हैं। औद्योगिक बुनकरों की सहकारी समितियां जो करघे रहित बुनकरों के लिए काम की तरह की बुनियादी सुविधाएं प्रदान करती हैं।

अतः विकल्प (C) सही है।

92. भारतीय सहकारिता आंदोलन में बुनकर सहकारी समितियों का बहुत महत्वपूर्ण स्थान है। सदियों पुराना भारतीय हथकरघा उद्योग सभी कुटीर उद्योगों में सबसे बड़ा है जो कृषि के आगे रैंक करता है और रोजगार के अवसर प्रदान करता है। बुनकर सहकारी समितियों के कार्य निम्नलिखित हैं:

- हथकरघा उद्योग में सुधार करना
- उद्योग के लिए आवश्यक कच्चे माल और उपकरणों की खरीद करना
- कच्चे माल को तैयार माल में परिवर्तित करने के लिए सदस्यों को वेतन का भुगतान

अतः विकल्प (D) सही है।

93. भारतीय रिजर्व बैंक के अनुसार, एक सहकारी मार्केटिंग सोसायटी, मुख्य रूप से निजी व्यापार के माध्यम से सदस्यों को अपनी उपज को अधिक लाभप्रद रूप से बेचने में मदद करने के उद्देश्य से गठित कृषकों का एक संघ है।

अतः विकल्प (B) सही है।

94. राष्ट्रीय खाद्य सुरक्षा योजना की शुरुआत 2013 में हुई थी।

10 सितंबर, 2013 राष्ट्रीय खाद्य सुरक्षा अधिनियम, 2013 को संसद द्वारा पारित किया गया, जिसका उद्देश्य लोगों को एक सम्मानजनक जीवन जीने के लिए सस्ती कीमतों पर अच्छी गुणवत्ता वाला भोजन उपलब्ध कराना है। इस योजना के अंतर्गत उन्हें पर्याप्त मात्रा में खाद्यान्न उपलब्ध कराकर मानव जीवन-चक्र दृष्टिकोण में भोजन और पोषण सुरक्षा प्रदान करनी होगी।

अत: विकल्प (D) सही है।

95. राजीव गांधी ग्रामीण विद्युतीकरण योजना को "दीनदयाल उपाध्याय ग्राम ज्योति योजना" से बदल दिया गया है।

राजीव गांधी ग्रामीण विद्युतीकरण योजना (RGGVY) को ग्रामीण विद्युत अवसंरचना और घरेलू विद्युतीकरण योजना के रूप में भी जाना जाता है। यह 2005 में शुरू किया गया था और सभी ग्रामीण घरों में बिजली प्रदान करने के लिए समर्पित है। यह योजना केंद्र सरकार द्वारा 90% और ग्रामीण विद्युतीकरण निगम (REC) द्वारा 10% वित्त पोषित है।

अत: विकल्प (D) सही है।

96. उत्तर प्रदेश में वर्ष 2006 में मनरेगा (MGNREGA) प्रारम्भ किया गया।

महात्मा गांधी राष्ट्रीय ग्रामीण रोजगार गारंटी अधिनियम (MGNREGA) 2006 में उत्तर प्रदेश में शुरू किया गया था। भारतीय संसद ने अगस्त 2005 में एन.आर.इ.जी.ए. को पारित किया था जो 2 फरवरी, 2006 को लागू हुआ था। 2 अक्टूबर 2009 को, अधिनियम एन.आर.इ.जी.ए. का नाम बदलकर मनरेगा कर दिया गया था।

अत: विकल्प (D) सही है।

97. नौवीं पंचवर्षीय योजना (1997 − 2002) में, ग्रामीण क्षेत्रों में बीपीएल (BPL) के लिए निश्चित की गई वार्षिक पारिवारिक आय का स्तर ₹ 20,000 है। बीपीएल का पूर्ण रूप गरीबी रेखा के नीचे है। भारत सरकार ने

इस बेंचमार्क को देश के आर्थिक रूप से कमजोर लोगों के लिए निर्धारित किया है।

अत: विकल्प (C) सही है।

98. जल शक्ति मंत्रालय ने 'गोबर्धन' योजना पर एकीकृत पोर्टल GOBARDHAN की शुरूआत की है।

बायोगैस योजनाओं / पहलों और उनके वास्तविक समय की ट्रैकिंग को सुचारू रूप से लागू करने के लिए GOBARDHAN पोर्टल शुरू किया गया है।

अत: विकल्प (B) सही है।

99. जननी सुरक्षा योजना का उद्देश्य मातृ और नवजात मृत्यु दर को कम करना है।

जननी सुरक्षा योजना (JSY) का मुख्य उद्देश्य राष्ट्रीय स्वास्थ्य मिशन के तहत एक सुरक्षित मातृत्व हस्तक्षेप है। इसे गरीब गर्भवती महिलाओं के बीच संस्थागत प्रसव को बढ़ावा देकर मातृ और नवजात मृत्यु दर को कम करने के उद्देश्य से लागू किया जा रहा है। योजना ने एक मान्यता प्राप्त सामाजिक स्वास्थ्य कार्यकर्ता (आशा) को सरकार और गर्भवती महिलाओं के बीच एक प्रभावी कड़ी के रूप में पहचाना है।

अत: विकल्प (B) सही है।

100. कृषि लागत और मूल्य आयोग विभिन्न फसलों के लिए न्यूनतम समर्थन मूल्य तय करने के संबंध में सिफारिशें करता है।

न्यूनतम समर्थन मूल्य (MSP) भारत सरकार द्वारा कृषि उत्पादों के लिए न्यूनतम मूल्य वर्ग है। यह वह मूल्य है जो किसानों से सीधे कृषि उपज की खरीद पर चुकाना पड़ता है।

अत: विकल्प (C) सही है।

General Hindi

Q.1 दिए गए वाक्य का उचित बहुवचन चयन करे-
मेरा बेटा पास हो गया।
A. मेरे बेटे पास हो गए।   B. मेरे बेटे पास हो गया।
C. मेरा बेटा पास हो गए।   D. इनमे से कोई नहीं

Q.2 निर्देश: वाक्य के अशुद्ध भाग (त्रुटिपूर्ण भाग) का चयन कीजिए।

जब पृथ्वी पर पाप और अत्याचार बढ़ते हैं (a)/ तब ईश्वर किसी-न-किसी महापुरुषों के रूप में (b)/पृथ्वी पर अवतार लेता है। (c)/ कोई त्रुटि नहीं (d)
A. (a)   B. (b)   C. (c)   D. (d)

Q.3 निम्न विकल्पो में से दन्त का पर्यायिवाची शब्द बताइए:
A. द्विज   B. वनिता   C. तरी   D. पिक

Q.4 'चतुर' का पर्यायिवाची शब्द है:
A. पटु   B. अंचल   C. किंकर   D. निर्जर

Q.5 "ठाकुर" का स्त्रीलिंग है-
A. ठकुरानी   B. ठकुराइन
C. ठाकुरिन   D. इनमे से कोई नहीं

Q.6 अशुद्ध शब्द की पहचान कीजिए।
A. खराब   B. दुर्बल   C. साहसिक   D. शक्तिशली

Q.7 'ज्ञानयुक्त' का समास-विग्रह क्या होगा?
A. ज्ञान में युक्त   B. ज्ञान पर युक्त
C. ज्ञान से युक्त   D. ज्ञान के लिए युक्त

Ques (8-12):निर्देश: नीचे दिए गए गद्यांश को ध्यानपूर्वक पढ़िए और उस पर आधारित प्रश्न का उत्तर दीजिए।

स्वतंत्रता प्राप्ति के बाद भारतीय सेना के सभी रैंकों के लिए अनेक वीरता पदकों की शुरुआत की गयी। उनमें परमवीर चक्र का स्थान सबसे ऊपर आता है, जिसे शत्रु का सामना करते हुए युद्धभूमि में अभूतपूर्व साहस का परिचय देने के लिए दिया जाता है। परमवीर चक्र तथा अन्य पदकों के शुरुआत भले ही 26 जनवरी 1950 को भारत के एक गणराज्य बनने के बाद हुई हो, लेकिन उन्हें उन सभी अधिकारियों और जवानों को भी प्रदान किया गया था जिन्होंने 15 अगस्त 1947 में भारत के आज़ाद होने के बाद किसी भी लड़ाई में भाग लेते हुए असाधारण शौर्य का परिचय दिया था।

महत्व की दृष्टि से महावीर चक्र इस क्रम में दूसरे नंबर पर आता है, इसके बाद वीर चक्र आता है। अशोक चक्र वीरता के लिए दिया जाने वाला वह सर्वोच्च सम्मान है जिसे ऐसी परिस्थिति में दिया जाता है जब दुश्मन का आमना सामना ना किया गया हो. इसे वरीयता के क्रम ने परमवीर चक्र से ठीक नीचे रखा गया है। इस कड़ी में आगे कीर्ति चक्र और शौर्य चक्र आते हैं।

Q.8 भारतीय सेना के सभी रैंकों के लिए वीरता पुरस्कारों की शुरुआत कब की गयी?

[Sainik School Entrance Class VI, 2018]

A. 1857 के बाद
B. भारत छोड़ो आंदोलन के बाद
C. दूसरे विश्व युद्ध के बाद
D. भारत गणराज्य बनने के बाद

Q.9 कौन सा वीरता पुरस्कार सबसे ऊंचा मन जाता है?
A. अशोक चक्र   B. महावीर चक्र
C. परमवीर चक्र   D. शौर्य चक्र

Q.10 भारत एक गण राज्य कब बना?

[Sainik School Entrance Class VI, 2018]

A. 26 जनवरी 1950   B. 15 अगस्त 1857
C. 23 अगस्त 1942   D. 15 जनवरी 1950

Q.11 भारत को स्वतंत्रता कब मिली?

[Sainik School Entrance Class VI, 2018]

A. 26 जनवरी 1950   B. 23 अगस्त 1847
C. 01 जून 1950   D. 15 अगस्त 1947

Q.12 परमवीर चक्र कब दिया जाता है?

[Sainik School Entrance Class VI, 2018]

A. दुश्मन के सामने सर्वोच्च वीरता के लिए
B. सर्वोच्च वीरता के लिए जब दुश्मन आमने सामने न हो
C. ओलम्पिक में अच्छे प्रदर्शन के लिए
D. अपने जवानों का हौसला बढ़ाने के लिए

Q.13 'अंगारे से खेलना' मुहावरे का अर्थ निम्नलिखित में से कौन नहीं हैं:
A. खतरा मोल लेना   B. खतरे का काम करना
C. खतरों से न डरना   D. समझ का चले जाना

Q.14 'आंख उठाना' मुहावरे का अर्थ है:
A. ऊंचा सुनना   B. साहस करना
C. कलेजे पर सांप लोटना   D. आस्तीन चढ़ाना

Q.15 निम्नलिखित में से कौन-सा शब्द तद्भव है?

[UPTET Paper - I, 2019]

A. नाथ   B. खेत   C. त्रिकुटी   D. प्रभु

Q.16 निम्नलिखित में से कौन-सा शब्द तत्सम है?

[UPSSSC Rajasva Lekhpal, 2015]

A. आँख   B. अग्र   C. आग   D. आज

Q.17 'उच्चारण' शब्द का संधि विग्रह है -
A. उत् + चारण   B. उच् + चारण
C. उच्च + आरण   D. उच्त + चारण

Q.18 'जो छुआ न गया हो' इस वाक्यांश के उचित एक शब्द ज्ञात कीजिए।
A. अछूत   B. अछूता   C. द्विज   D. जिगिषु

Q.19 'लड़का पेड़ से गिरा' में कौन सा कारक है?
A. अपादान कारक   B. सम्प्रदान कारक
C. कर्म कारक   D. अधिकरण कारक

Q.20 नीचे दिये शब्द युग्म में कौन सा त्रुटिपूर्ण है?
A. अनन्त – सांत   B. अनुग्रह - आग्रह
C. जड़ - चेतन   D. आकृष्ट – विकृष्ट

Q.21 निम्नलिखित विकल्पों में से कौन सा शब्द 'उदार' का विलोम है।
A. कठोर   B. निर्भय   C. अपव्यय   D. अनुदार

Q.22 इनमें से कौन-सा शब्द "प्रस्थान" का विलोम है -

A. निगम   **B.** गमनागमन   **C.** आगमन   **D.** निर्गम

Q.23 निम्नलिखित अनेकार्थी शब्द को एक अर्थ के साथ लिखा गया है,'प्रमत्त-स्वेच्छाचारी' दूसरा अर्थ ज्ञात करें।

A. उन्मत्त   **B.** प्रपीड़ित   **C.** परितप्त   **D.** उत्कृष्ट

Q.24 'अंजन' का अनेकार्थी शब्द समूह है।

A. काजल, रात, माया
B. अपाहिज, नेत्रों के कोने, तिलक
C. नेत्रों के कोने, तिलक, माया
D. अपाहिज, नेत्रों के कोने, काजल

Q.25 दिए गये शब्दों में किसमे त्रुटि नहीं है?

A. नाशमझी   **B.** नासमझी   **C.** नसमझी   **D.** नासमजी

Mathematics

Q.26 एक समलंब $ABCD$ में, AB, DC के समानांतर है। विकर्ण AC और BD, P पर प्रतिच्छेद करते हैं। यदि $AP:PC = 4:(4x-4)$ और $BP:PD = (2x-1):(2x+4)$, तो x का मान क्या है?

A. 4   **B.** 3   **C.** $\frac{3}{2}$ **D.** 2

Q.27 एक कक्षा में 44 छात्रों के वजन (किग्रा में) का वितरण निम्नानुसार है:

वजन	छात्रों की संख्या
35 - 38	3
38 - 41	13
41 - 44	13
44 - 47	10
47 - 50	5

कक्षा का औसत वजन क्या है?

A. 40.26   **B.** 41.88   **C.** 42.56   **D.** 43.25

Q.28 वृत्त $(x-3)^2 + (y-4)^2 = 5$ का केंद्र है

A. $(3,4)$ **B.** $(-3,-4)$
C. $(4,3)$ **D.** $(-4,-3)$

Q.29 एक आयताकार मैदान का क्षेत्रफल 4500 वर्ग मीटर है। यदि इसकी लंबाई और चौड़ाई का अनुपात 9:5 है, तो इसका परिमाप है:

A. 90 मीटर   **B.** 150 मीटर   **C.** 280 मीटर   **D.** 360 मीटर

Q.30 8 सेमी त्रिज्या वाले एक वृत्त में अंकित एक वर्ग का क्षेत्रफल है:

A. 32 वर्ग सेमी   **B.** 64 वर्ग सेमी
C. 128 वर्ग सेमी   **D.** 256 वर्ग सेमी

Q.31 एक आयताकार खेत की लंबाई इसकी चौड़ाई से 5 मीटर अधिक है। यदि इसका परिमाप 90 मीटर है, तो खेत में 50 पैसे प्रति वर्ग मीटर की दर से खेती करने का व्यय ज्ञात कीजिये।

A. 300 रुपये   **B.** 250 रुपये   **C.** 350 रुपये   **D.** 100 रुपये

Q.32 यदि समीकरण $px^2 - 6x + q = 0$ के मूलों का योगफल और गुणनफल दोनों ही 6 है, तो $(p+q)$ किसके बराबर है?

[Indian Military Academy (IMA), 2021]

A. 8   **B.** 7   **C.** 6   **D.** 5

Q.33 यदि समीकरण $x^2 + y^2 - 2xy\sin^2\theta = 0$ में x और y का स्पष्ट हल है, तो:

[Indian Military Academy (IMA), 2021]

A. $x = y$ **B.** $x = -y$ **C.** $x = 2y$ **D.** $2x = y$

Q.34 यदि एक वर्ग का परिमाप 50 सेमी है, तो उसकी भुजा है:

A. 200 सेमी   **B.** 150 सेमी
C. 25 सेमी   **D.** 12.5 सेमी

Q.35 लंबाई 25 सेमी और चौड़ाई 12 सेमी वाले आयत का क्षेत्रफल है:

A. 300 वर्ग सेमी   **B.** 74 सेमी
C. 300 वर्ग सेमी   **D.** 74 वर्ग सेमी

Q.36 एक दुकानदार ने लागत मूल्य पर एक वस्तु बेचा, लेकिन 1 किग्रा वजन के स्थान पर 960 ग्राम वजन का उपयोग करें। उसका लाभ % ज्ञात कीजिये?

A. $2\frac{1}{3}\%$ **B.** $3\frac{1}{6}\%$ **C.** $4\frac{1}{6}\%$ **D.** $3\frac{1}{5}\%$

Q.37 14 सेमी त्रिज्या और 25 सेमी ऊंचाई के ठोस बेलन को पिघलाकर 3.5 सेमी त्रिज्या के कुछ गोले बनाये जाते हैं। ऐसे कितने गोले बनाये जा सकते हैं?

A. 72   **B.** 85   **C.** 73   **D.** 70

Q.38 DEF एक त्रिभुज है। HF, ∠DFG का समद्विभाजक है। तो ∠DFH ज्ञात कीजिये।

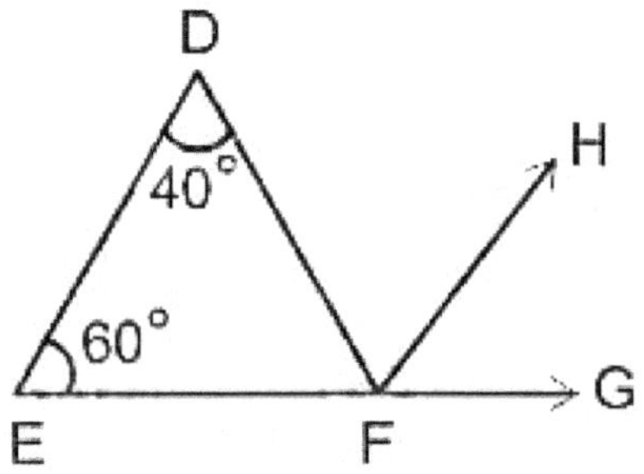

A. 50°   **B.** 125°   **C.** 100°   **D.** 150°

Q.39 प्रेक्षण का माध्य बहुलक का 2 गुना है। यदि माध्यिका 5 है, तो प्रेक्षण के बहुलक और माध्यिका का औसत क्या है?

A. 2   **B.** 3   **C.** 4   **D.** 7

Q.40 प्रथम 99 प्राकृत संख्याओं का माध्य क्या है?

A. 100   **B.** 50   **C.** 99   **D.** 101

Q.41 एक परीक्षा में 80% उम्मीदवार अंग्रेजी में उत्तीर्ण हुए और 85% उम्मीदवार गणित में उत्तीर्ण हुए। यदि इन दोनों विषयों में 73% अभ्यर्थी उत्तीर्ण हुए, तो दोनों विषयों में कितने प्रतिशत अभ्यर्थी अनुत्तीर्ण हुए?

A. 8   **B.** 15   **C.** 27   **D.** 35

Ques (42-46):निर्देश: दी गई जानकारी को ध्यान से पढ़िये और निम्नलिखित प्रश्नों का उत्तर दीजिये।

वृत्त आलेख जो विभिन्न विषयों में अध्ययन करने वाले छात्रों के प्रतिशत वितरण का प्रतिनिधित्व करता है।

कुल छात्र = 6000

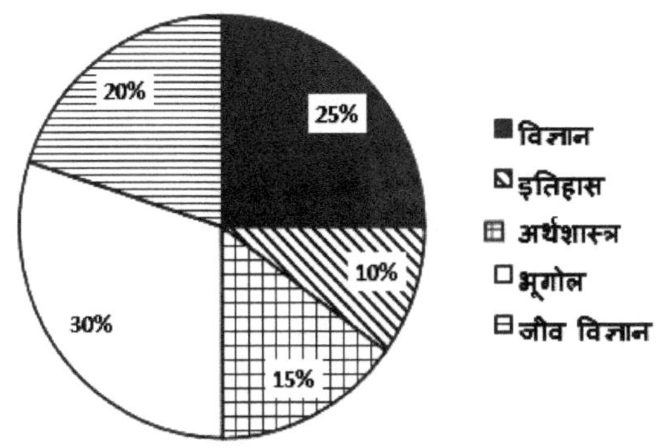

Q.42 यदि अर्थशास्त्र में अध्ययन करने वाले छात्रों में से 75% छात्र परीक्षा में उपस्थित होते हैं और उपस्थित छात्रों में से 80% छात्र परीक्षा में उत्तीर्ण होते हैं। तो परीक्षा में कितने छात्र अनुत्तीर्ण हुए?

A. 125   **B.** 150   **C.** 135   **D.** 145

Q.43 भूगोल और विज्ञान में एक साथ अध्ययन करने वाले छात्रों की संख्या तथा अर्थशास्त्र और जीव विज्ञान में एक साथ अध्ययन करने वाले छात्रों की संख्या में अंतर ज्ञात कीजिए।

A. 1100   **B.** 1200   **C.** 1400   **D.** 1500

Q.44 यदि जीव विज्ञान में अध्ययन करने वाले पुरुषों और महिलाओं का अनुपात 2 : 3 है। तो जीव विज्ञान के छात्रों में पुरुषों और महिलाओं के बीच अंतर ज्ञात कीजिए।

A. 360   **B.** 280   **C.** 240   **D.** 210

Q.45 यदि इतिहास में अध्ययन करने वाले छात्रों में से 20% छात्र और विज्ञान में अध्ययन करने वाले छात्रों में से 40% छात्र महिला छात्र हैं। तो विज्ञान और इतिहास दोनों में अध्ययन करने वाले कुल पुरुष छात्रों की संख्या ज्ञात कीजिए।

A. 1180   **B.** 1280   **C.** 1380   **D.** 1480

Q.46 अर्थशास्त्र, जीव विज्ञान और भूगोल विषयों का अध्ययन करने वाले छात्रों की औसत संख्या ज्ञात कीजिए।

A. 1000   **B.** 1100   **C.** 1300   **D.** 1200

Q.47 निम्न में से किस प्रकार का हिस्टोग्राम बीच में दो पीक के साथ दो सामान्य वितरण का प्रतिनिधित्व करता है?

A. डबल पीक   **B.** बेल के आकार
C. पठार   **D.** धार वाली चोटी

Q.48 दो संख्याओं का गुणनफल 1521 है और इन संख्याओं का म.स.प. 13 है। ऐसे युग्मों की संख्या ज्ञात कीजिए?

A. 2   **B.** 3   **C.** 1   **D.** 0

Q.49 दो संख्याओं का म.स.प. और ल.स.प. 24 और 168 हैं और संख्याएँ 1 : 7 के अनुपात में हैं। दोनों संख्याओं में से सबसे बड़ी संख्या ज्ञात कीजिए?

A. 168   **B.** 144   **C.** 108   **D.** 72

Q.50 एक वर्ग के क्षेत्रफल और इसके विकर्ण पर बनाये गए वर्ग के क्षेत्रफल का अनुपात क्या होगा?

A. 2 : 1   **B.** 1 : 2   **C.** 1 : 4   **D.** 1 : 1

General Knowledge

Q.51 केंद्रीय आईटी मंत्री द्वारा किस सरकारी एप्लिकेशन का अंतर्राष्ट्रीय संस्करण लॉन्च किया गया है?

A. यूएमएएनजी   **B.** फेम
C. स्वच्छ भारत   **D.** एम-आवास

Q.52 'सेमीकॉन इंडिया कॉन्फ्रेंस-2022' का आयोजन स्थल कौन सा था?

A. मुंबई   **B.** नई दिल्ली   **C.** बेंगलुरु   **D.** चेन्नई

Q.53 निम्नलिखित में से कौन सा रेल कॉरिडोर अदानी पोर्ट्स एंड स्पेशल इकोनॉमिक जोन (एपीएसईजेड) द्वारा अधिग्रहित किया गया है?

A. सरगुजा रेल कॉरिडोर
B. हावड़ा-हल्दिया रेल कॉरिडोर
C. ईस्टर्न डेडिकेटेड फ्रेट कॉरिडोर
D. उत्तर-दक्षिण समर्पित फ्रेट कॉरिडोर

Q.54 7 जुलाई 2022 को किस शहर में, प्रधानमंत्री नरेंद्र मोदी ने 'अखिल भारतीय शिक्षा समागम' का उद्घाटन किया?

A. हरिद्वार   **B.** अयोध्या   **C.** उज्जैन   **D.** वाराणसी

Q.55 जून 2022 में, _____ ने जेवर में राष्ट्रीय राजधानी क्षेत्र के नए हवाई अड्डे के निर्माण के लिए बिड जीती है।

A. विप्रो   **B.** एचसीएल
C. टाटा प्रोजेक्ट्स   **D.** रिलायंस

Q.56 भारत सरकार के महत्वाकांक्षी मिशन अमृत सरोवर के तहत किस राज्य ने सबसे अधिक झीलों का निर्माण किया है?

A. कर्नाटक   **B.** मध्य प्रदेश
C. ओडिशा   **D.** उत्तर प्रदेश

Q.57 1946 में, निम्नलिखित में से किसे भारतीय संविधान सभा का अंतरिम अध्यक्ष बनाया गया था?

A. सचिंद्रनाथ सन्याल   **B.** सरोजिनी नायडू
C. एस. सुब्रमण्य अय्यर   **D.** सच्चिदानंद सिन्हा

Q.58 कम्प्यूटर सिस्टम में सभी डाटा को _____ के रूप में निरूपित किया जाता है।

[KVS Trained Graduate Teacher, 2018]

A. केवल दो अंकों - 0 और 1 के द्वारा
B. अंको और वर्णों के द्वारा
C. अंकों, वर्णों और =,-, *, $ आदि चिन्हों के द्वारा
D. कि-बोर्ड पर दिखाई देने वाली सभी भाषाओं के अंको और वर्णों के द्वारा

Q.59 वे उपकरण जो कम्प्यूटर में सूचना कि प्रविष्टि करते हैं और उसके साथ संवाद करते हैं, _____ कहलाते हैं।

[KVS Trained Graduate Teacher, 2018]

A. आउटपुट   **B.** इनपुट   **C.** हार्डवेयर   **D.** स्टोरेज

Q.60 एक प्रोग्राम से दूसरे प्रोग्राम या एक डिस्क से दूसरे डिस्क तक फैले एक व्यवधानकारी प्रोग्राम को कहते हैं:

[KVS Trained Graduate Teacher, 2018]

A. टाइम बम
B. ट्रोजन होर्ज
C. वायरस
D. टाइम-रिलेटेड बम सीक्वेंस

Q.61 भारत के जनसंख्या अध्ययन में किस जनगणना वर्ष को 'जनसांख्यिकी विभाजन' कहा जाता है?

A. 1911   **B.** 1921   **C.** 1931   **D.** 1941

Q.62 सुप्रीम कोर्ट ने सामंजस्यपूर्ण निर्माण के सिद्धांत को निम्नलिखित में से किस मामले में प्रस्तावित किया था?

A. केरल शिक्षा विधेयक (1957) केस

B. वेंकटरामन बनाम मद्रास राज्य (1966) केस

C. गोलकनाथ और ओआरएस बनाम पंजाब राज्य (1967) केस

D. केसवानंद भारती बनाम केरल राज्य (1973) केस

Q.63 अंतरराष्ट्रीय अक्षय ऊर्जा एजेंसी का मुख्यालय ____ में है।

A. अबु धाबी **B.** दुबई **C.** शारजाह **D.** कुवैत

Q.64 सीफ्लोर स्प्रेडिंग थ्योरी के संदर्भ में निम्नलिखित कथनों पर विचार कीजिए:

(A) समुद्री लकीरों के शिखर पर लगातार विस्फोट से नई प्लेट सामग्री का निर्माण होता है।

(B) यह चट्टानों की उम्र से सत्यापित होता है क्योंकि मध्य-महासागरीय रिज के करीब चट्टानें सबसे पुरानी हैं।

उपरोक्त में से कौन सा/से कथन सही है/हैं?

A. केवल (A) **B.** केवल (B)

C. (A) और (B) दोनों **D.** (A) और (B) दोनों नहीं

Q.65 चौरी-चौरा की घटना कब हुई थी?

A. 4 फरवरी, 1922 **B.** 8 फरवरी, 1922

C. 14 फरवरी, 1922 **D.** 22 फरवरी, 1922

Q.66 1857 का विद्रोह किस तारीख को मेरठ में शुरू हुआ था?

A. 14 मई, 1857 **B.** 18 मई, 1857

C. 10 मई, 1857 **D.** 19 मई, 1857

Q.67 संकटकालीन न्यूनतम प्रयास (क्रिटिकल मिनिमम एफर्ट थ्योरी) निम्न ने दी थी:

[DSSSB TGT Social Science, 2014]

A. लिबेंस्टीन **B.** रोसेनस्टीन रोडान

C. आर्थर लुईस **D.** मार्क्स

Q.68 निम्न में से क्या न्यूनतम नकद संपत्ति हैं?

[DSSSB TGT Social Science, 2014]

A. पैसा **B.** मशीन **C.** शेयर **D.** बांड

Q.69 भारत के स्वतंत्रता संग्राम में 19वीं सदी में राष्ट्रवादी के योगदान के संदर्भ में, निम्नलिखित में से कौन सा कथन सही है/हैं?

1. आर.सी. दत्त ने ब्रिटिश उपनिवेशवाद को "व्हाइट मैनस बर्डन" कहा।

2. सचिदानंद सिन्हा ने अपनी पुस्तक "द इकोनॉमिक हिस्ट्री ऑफ इंडिया" का प्रमुख विषय "ड्रेन" बनाया।

A. केवल 1 **B.** केवल 2

C. 1 और 2 दोनों **D.** न तो 1 और न ही 2

Q.70 कुशन शासकों के संदर्भ में निम्नलिखित में से कौन सा कथन सही है/हैं:

1. उन्होंने काठियावाड़ क्षेत्र में सुदर्शन झील की मरम्मत की।

2. उन्होंने बौद्ध धर्म के महायान संप्रदाय के विकास का समर्थन किया।

3. वे सोने के सिक्के जारी करने वाले पहले शासक थे।

नीचे दिए गए कोड का उपयोग करके सही उत्तर चुनिए:

A. 1, 2 और 3 **B.** केवल 2 और 3

C. केवल 1 और 3 **D.** केवल 2

Q.71 ज्वालामुखी गतिविधियों से किस प्रकार की झील का निर्माण होता है?

A. मीठे पानी की झील **B.** लैगून

C. काल्डेरा झील **D.** कार्स्ट झील

Q.72 निम्नलिखित में से कौन सा पादप हार्मोन बीजों में सुप्तावस्था स्थापित करने में सबसे महत्वपूर्ण भूमिका निभाता है?

A. ईथीलीन **B.** जिबरेलिक अम्ल

C. अब्सिसिक एसिड **D.** ऑक्सिन

Q.73 लीशमैनियासिस प्रोटोजोआ परजीवी के कारण होने वाली बीमारी है जो लीशमैनिया जीनस से संबंधित है और ____ की कुछ प्रजातियों के काटने से फैलती है?

A. मच्छर **B.** सैंडफ्लाइज़

C. मधुमक्खी **D.** इनमे से कोई भी नहीं

Q.74 निम्नलिखित में से किसने यह सिद्ध किया कि जीवाणु स्वतःस्फूर्त पीढ़ी से उत्पन्न नहीं होते हैं?

A. रेडी **B.** पाश्चर **C.** हूक **D.** श्लीडेन

Q.75 निम्नलिखित में से कौन एक पेय संयंत्र नहीं है?

A. कमीलया साइनेंसिस **B.** थियोब्रोमा कोको

C. कॉफ़ी अरेबिका **D.** अलोंसोआ ग्रैडिफ्लोरा

Rural Development and Rural Society

Q.76 निम्नलिखित में से किस वर्ष भारत में सामुदायिक विकास कार्यक्रम शुरू किया गया था?

A. 1950 **B.** 1952 **C.** 1954 **D.** 1956

Q.77 निम्नलिखित में से कौन सा कर ग्राम पंचायतों द्वारा लगाया जाता है?

A. बिक्री कर **B.** भूमि राजस्व कर

C. स्थानीय मेलों पर कर **D.** इनमें से कोई नहीं

Q.78 'पंचायती राज' प्रणाली का मूल उद्देश्य निम्नलिखित में से किसे सुनिश्चित करना है?

A. विकास में लोगों की भागीदारी

B. राजनीतिक जवाबदेही

C. लोकतांत्रिक विकेंद्रीकरण

D. वित्तीय जुटाना

Q.79 किस केंद्रीय मंत्रालय ने 'पड़ोस का पोषण चुनौती समूह' की घोषणा की?

A. ग्रामीण विकास मंत्रालय

B. आवास एवं शहरी कार्य मंत्रालय

C. कृषि और ग्रामीण विकास मंत्रालय

D. वित्त मंत्रित्व

Q.80 किस मंत्रालय ने "श्रमशक्ति" नाम से एक राष्ट्रीय प्रवासन सहायता पोर्टल लॉन्च किया है?

A. केंद्रीय श्रम मंत्रालय

B. केंद्रीय गृह मंत्रालय

C. केंद्रीय महिला एवं बाल कल्याण मंत्रालय

D. केंद्रीय जनजातीय कार्य मंत्रालय

Q.81 सरकार द्वारा "सर्ब पावर" योजना किस खंड को लक्षित करते हुए शुरू की गई है?

A. स्वयं सहायता समूह **B.** सड़क विक्रेताओं

C. किसानों **D.** महिला वैज्ञानिक

Q.82 राष्ट्रीय खाद्य सुरक्षा योजना की शुरुआत वर्ष ____ मे हुई थी।

A. 2015 **B.** 2001 **C.** 2005 **D.** 2013

Q.83 श्यामा प्रसाद मुखर्जी रूर्बन मिशन किस केंद्रीय मंत्रालय द्वारा कार्यान्वित किया जाता है?

A. कृषि और किसान कल्याण मंत्रालय

B.   ग्रामीण विकास मंत्रालय
C.   आवास और शहरी मामलों के मंत्रालय
D.   कार्मिक, लोक शिकायत और पेंशन मंत्रालय

Q.84 राजीव गांधी ग्रामीण विद्युतीकरण योजना की शुरुआत कब हुई थी?

A. 2000   B. 2005   C. 1998   D. 2010

Q.85 भारत में हरित क्रांति 20वीं सदी में ______ के दशक के दौरान नई कृषि रणनीति को अपनाने के लिए शुरू की गई थी।

A. 1960s   B. 1970s   C. 1950s   D. 1990s

Q.86 ग्रामीण समाज में जजमानी व्यवस्था की हानि ______ है।

A.   जमींदारी प्रथा का अंत   B.   परिजनों का शोषण
C.   दास प्रथा से मुक्ति   D.   इनमें से कोई नहीं

Q.87 ग्राम स्वराज किसकी दृष्टि थी?

A.   एम.एन. श्रीनिवास   B.   आर.के. नारायण
C.   एम.के. गांधी   D.   आर. एन. टैगोर

Q.88 ग्रामीण समाज की विशेषता क्या है ?

A.   औपचारिक संबंध   B.   आमने-सामने बातचीत
C.   उच्च घनत्व जनसंख्या   D.   गतिशील जीवन शैली

Q.89 ग्रामीण क्षेत्र में अधिकांश समाज ______ समाज के प्रकार हैं।

A. प्राचीन   B. औद्योगिक   C. मॉर्डन   D. कृषि

Q.90 निम्नलिखित में से कौन सहकारी विपणन सोसायटी की भूमिका है?

A.   संसाधन उपयोग और उत्पादन प्रबंधन में अनुकूलन
B.   बाजारों का विस्तार
C.   कृषि आधारित उद्योगों का विकास
D.   ये सभी

Q.91 निम्नलिखित में से कौन ग्रामीण सहकारी ऋण संस्थाओं में शामिल है?

A.   राज्य सहकारी बैंक
B.   जिला केंद्रीय सहकारी बैंक
C.   प्राथमिक कृषि ऋण समितियां
D.   ये सभी

Q.92 निम्नलिखित में से किस अधिनियम के तहत पंचायती राज संस्थाएं अस्तित्व में आईं थीं?

A.   42वां संशोधन अधिनियम
B.   86वां संशोधन अधिनियम
C.   63वां संशोधन अधिनियम
D.   73वां संशोधन अधिनियम

Q.93 वित्त आयोग से प्राप्त पंचायती राज संस्थाओं के लिए अनुदान सहायता किसे जारी की जाती है?

A.   जिला परिषद   B.   पंचायत समिति
C.   ग्राम पंचायत   D.   कलेक्टर

Q.94 उत्तर प्रदेश राजमार्ग भू-नियंत्रण अधिनियम किस वर्ष में पारित किया गया था?

[UPSSSC Rajasva Lekhpal, 2015]

A.   1952   B.   1956   C.   1945   D.   1947

Q.95 अम्बेडकर विशेष रोजगार योजना (एवीआरवाई) के अंतर्गत सामान्य श्रेणी लाभार्थियों के लिए उपलब्ध इकाई लागत प्रतिशतता एवं अधिकतम आर्थिक सहायता (सब्सिडी) धनराशि क्या है?

A.   25% ₹ 7,500   B.   33% ₹ 7,500
C.   25% ₹ 10,000   D.   33% ₹ 10,000

Q.96 मध्याह्न भोजन कार्यक्रम के अन्तर्गत मध्याह्न भोजन के पकाने परोसने व उपभोग करने में स्वच्छता का ध्यान रखने के लिए जाँच-पड़ताल कितनी आवृत्ति पर करनी चाहिए?

A. दैनिक   B. त्रैमासिक   C. साप्ताहिक   D. पाक्षिक

Q.97 उत्तर प्रदेश में एक ग्राम पंचायत में महिलाओं के लिए कितने प्रतिशत पद आरक्षित होने चाहिए?

A. 33%   B. 50%   C. 10%   D. 20%

Q.98 ________ में ग्रामीण विकास विभाग खाद्य और कृषि मंत्रालय के एक भाग के रूप में अस्तित्व में आया।

A. 1972   B. 1974   C. 1978   D. 1976

Q.99 निम्नलिखित में से कौन सा एक प्रमुख संस्थान है जो भारत में ग्रामीण विकास पर प्रशिक्षण प्रदान करता है और अनुसंधान करता है?

A.   राष्ट्रीय ग्रामीण संस्थान
B.   राष्ट्रीय ग्रामीण विकास संगठन
C.   राष्ट्रीय ग्रामीण विकास और पंचायती राज संस्थान
D.   ग्रामीण विकास संस्थान

Q.100 ग्रामीण क्षेत्रों में ऋण आपूर्ति को बढ़ावा देने के लिए ______ और ______ की स्थापना की गई थी।

A.   एसबीआई और नाबार्ड
B.   आरबीआई और एसबीआई
C.   आरआरबी और भूमि विकास बैंक
D.   आरआरबी और आरबीआई

// स्मार्ट उत्तर पुस्तिका //

सही उत्तर — उन छात्रों का प्रतिशत जिन्होंने प्रश्नों का सही उत्तर दिया था। **छोड़ दिया** — उन छात्रों का प्रतिशत जिन्होंने प्रश्नों को छोड़ दिया था।

प्रश्न संख्या	उत्तर	सही उत्तर / छोड़ दिया
1	A	89.86 % / 10.09 %
2	B	23.37 % / 67.12 %
3	A	67.81 % / 30.35 %
4	A	60.03 % / 37.69 %
5	B	78.28 % / 13.61 %
6	D	56.26 % / 36.26 %
7	C	88.52 % / 11.33 %
8	D	83.5 % / 13.9 %
9	C	89.1 % / 10.27 %
10	A	78.6 % / 20.83 %
11	D	59.22 % / 38.29 %
12	A	64.56 % / 34.81 %
13	D	45.94 % / 47.6 %
14	B	88.78 % / 10.18 %
15	B	67.9 % / 30.34 %
16	B	44.73 % / 36.51 %
17	A	78.94 % / 16.37 %

प्रश्न संख्या	उत्तर	सही उत्तर / छोड़ दिया
18	B	40.74 % / 37.56 %
19	A	77.27 % / 11.61 %
20	B	64.62 % / 31.02 %
21	D	66.97 % / 30.05 %
22	C	52.66 % / 43.63 %
23	A	52.15 % / 45.11 %
24	A	32.73 % / 67.21 %
25	B	80.44 % / 16.23 %
26	B	58.99 % / 33.26 %
27	C	49.95 % / 39.69 %
28	A	82.11 % / 11.31 %
29	C	31.45 % / 68.14 %
30	C	49.17 % / 31.17 %
31	B	40.55 % / 51.8 %
32	B	58.16 % / 39.46 %
33	A	68.39 % / 30.07 %
34	D	49.98 % / 48.36 %

प्रश्न संख्या	उत्तर	सही उत्तर / छोड़ दिया
35	C	76.5 % / 15.94 %
36	C	27.89 % / 67.67 %
37	B	56.76 % / 33.25 %
38	A	66.38 % / 30.94 %
39	C	87.9 % / 11.38 %
40	B	57.17 % / 41.35 %
41	A	46.85 % / 42.75 %
42	C	64.66 % / 34.19 %
43	B	14.89 % / 73.97 %
44	C	44.97 % / 41.49 %
45	C	86.09 % / 13.78 %
46	C	66.46 % / 30.4 %
47	A	25.24 % / 71.24 %
48	C	49.97 % / 36.65 %
49	A	40.94 % / 45.8 %
50	B	78.04 % / 18.77 %
51	A	57.42 % / 32.92 %

प्रश्न संख्या	उत्तर	सही उत्तर / छोड़ दिया
52	C	67.26 % / 30.21 %
53	A	27.83 % / 68.41 %
54	D	48.86 % / 40.12 %
55	C	28.33 % / 69.85 %
56	D	44.26 % / 43.87 %
57	D	53.9 % / 32.06 %
58	A	87.86 % / 11.68 %
59	B	88.39 % / 11.02 %
60	C	77.48 % / 17.59 %
61	B	45.86 % / 53.91 %
62	A	77.84 % / 18.71 %
63	A	82.65 % / 13.03 %
64	A	23.07 % / 73.17 %
65	A	63.87 % / 32.19 %
66	C	85.67 % / 11.09 %
67	A	47.54 % / 47.94 %
68	D	32.62 % / 67.19 %

प्रश्न संख्या	उत्तर	सही उत्तर / छोड़ दिया
69	D	15.87 % / 81.12 %
70	D	25.18 % / 71.84 %
71	C	42.68 % / 30.06 %
72	C	47.26 % / 51.61 %
73	B	17.47 % / 76.47 %
74	B	63.61 % / 30.32 %
75	D	60.45 % / 32.81 %
76	B	55.75 % / 31.41 %
77	C	52.6 % / 42.41 %
78	C	42.43 % / 54.18 %
79	B	19.72 % / 67.6 %
80	D	66.37 % / 31.11 %
81	D	22.65 % / 77.31 %
82	D	56.04 % / 40.54 %
83	B	67.14 % / 31.26 %
84	B	19.98 % / 68.21 %
85	B	67.03 % / 32.41 %

प्रश्न संख्या	उत्तर	सही उत्तर / छोड़ दिया
86	B	66.29 % / 31.58 %
87	C	48.25 % / 50.42 %
88	B	66.6 % / 30.05 %
89	D	51.05 % / 36.87 %
90	D	54.88 % / 33.45 %
91	D	82.49 % / 15.22 %
92	D	59.18 % / 36.61 %
93	C	76.96 % / 17.4 %
94	C	55.4 % / 38.67 %
95	A	10.21 % / 75.05 %
96	A	55.19 % / 35.41 %
97	A	48.21 % / 42.44 %
98	B	65.26 % / 31.91 %
99	C	29.15 % / 67.46 %
100	C	89.46 % / 10.51 %

//संकेत और समाधान//

1. दिया है-

मेरा बेटा पास हो गया।

बेटा का बहुवचन- बेटे

हो गया का बहुवचन- हो गए

वाक्य का बहुवचन रूप- मेरे बेटे पास हो गए।

अतः विकल्प (A) सही है।

2. वाक्य के (b) भाग में त्रुटि है, "तब ईश्वर किसी-न-किसी महापुरुषों के रूप में" के स्थान पर "तब ईश्वर किसी-न-किसी महापुरुष के रूप में" होगा।

शुद्ध वाक्य:

"जब पृथ्वी पर पाप और अत्याचार बढ़ते हैं तब ईश्वर किसी-न-किसी महापुरुष के रूप में पृथ्वी पर अवतार लेता है।"

अतः विकल्प (B) सही है।

3. 'दन्त' का पर्यायवाची शब्द 'द्विज' है।

'दन्त' के पर्यायवाची शब्द -दशन, दंश, रदन, रद, द्विज, मुखखुर इत्यादि है।

अतः विकल्प (A) सही है।

4. 'चतुर' का पर्यायवाची शब्द 'पटु' है।

'चतुर' का पर्यायवाची शब्द - दक्ष, नागर, प्रवीण, योग्य, कुशल, प्रवीण इत्यादि है।

अतः विकल्प (A) सही है।

5. "ठाकुर" का स्त्रीलिंग ठकुराइन है।

अर्थ: ठाकुर या राजा की पत्नी

राजपूत जाति की स्त्री

ठाकुर के घर की स्वामिनी; मालकिन 4. रानी 5. नाई की पत्नी।

उदाहरण: प्रकाश में उसने ठकुराइन को दबे पांव जाते देखा।

अतः विकल्प (B) सही है।

6. 'शक्तिशाली' शब्द अशुद्ध रूप में है इसका शुद्ध रूप है- 'शक्तिशाली'। इसका अर्थ होता है ताकतवर या बलवान। यह विशेषण शब्द है।

वाक्य प्रयोग- शक्तिशाली होने का यह मतलब नहीं होता कि दूसरों को डरा कर रखे बल्कि यह है कि अपनी शक्ति के बल पर उनकी हिफाजत की जाए।

अतः विकल्प (D) सही है।

7. 'ज्ञानयुक्त' का समास-विग्रह होगा 'ज्ञान से युक्त'।

- 'ज्ञानयुक्त' शब्द में तत्पुरुष समास है।
- इसमें 'से' करण कारक का प्रयोग हुआ है। इसलिए, इसमें 'तत्पुरुष समास' है।

अतः विकल्प (C) सही है।

8. भारतीय सेना के सभी रैंकों के लिए वीरता पुरस्कारों की शुरुआत भारत गण राज्य बनने के बाद की गयी।

गद्यांश के अनुसार, "स्वतंत्रता प्राप्ति के बाद भारतीय सेना के सभी रैंकों के लिए अनेक वीरता पदकों की शुरुआत की गयी। उनमें परमवीर चक्र का स्थान सबसे ऊपर आता है, जिसे शत्रु का सामना करते हुए युद्धभूमि में अभूतपूर्व साहस का परिचय देने के लिए दिया जाता है। परमवीर चक्र तथा अन्य पदकों

के शुरुआत भले ही 26 जनवरी 1950 को भारत के एक गणराज्य बनने के बाद हुई हो।"

अतः विकल्प (D) सही है।

9. परमवीर चक्र पुरस्कार सबसे ऊंचा मन जाता है।

गद्यांश के अनुसार, "महत्व की दृष्टि से महावीर चक्र इस क्रम में दूसरे नंबर पर आता है, इसके बाद वीर चक्र आता है. अशोक चक्र वीरता के लिए दिया जाने वाला वह सर्वोच्च सम्मान है जिसे ऐसी परिस्थिति में दिया जाता है जब दुश्मन का आमना सामना ना किया गया हो. इसे वरीयता के क्रम ने परमवीर चक्र से ठीक नीचे रखा गया है। इस कड़ी में आगे कीर्ति चक्र और शौर्य चक्र आते हैं।"

अतः विकल्प (C) सही है।

10. भारत एक गण राज्य 26 जनवरी 1950 में बना।

गद्यांश के अनुसार, "परमवीर चक्र तथा अन्य पदकों के शुरुआत भले ही 26 जनवरी 1950 को भारत के एक गणराज्य बनने के बाद हुई हो, लेकिन उन्हें उन सभी अधिकारियों और जवानों को भी प्रदान किया गया था जिन्होंने 15 अगस्त 1947 में भारत के आज़ाद होने के बाद किसी भी लड़ाई में भाग लेते हुए असाधारण शौर्य का परिचय दिया था।"

अतः विकल्प (A) सही है।

11. गद्यांश के अनुसार, "15 अगस्त 1947 में भारत के आज़ाद होने के बाद किसी भी लड़ाई में भाग लेते हुए असाधारण शौर्य का परिचय दिया था।"

अंग्रेजों में बहुत लंबे समय तक हमारे देश पर राज किया था। 15 अगस्त सन् 1947 को हम उनकी गुलामी से आजाद हुए थे। 15 अगस्त 1947 की रात भारत देश आजाद हुआ था। अंग्रेजों ने पूरे 200 सालों तक हम पर राज किया था।

अतः विकल्प (D) सही है।

12. परमवीर चक्र दुश्मन के सामने सर्वोच्च वीरता के लिए दिया जाता है।

गद्यांश के अनुसार, "महत्व की दृष्टि से महावीर चक्र इस क्रम में दूसरे नंबर पर आता है, इसके बाद वीर चक्र आता है. अशोक चक्र वीरता के लिए दिया जाने वाला वह सर्वोच्च सम्मान है जिसे ऐसी परिस्थिति में दिया जाता है जब दुश्मन का आमना सामना ना किया गया हो. इसे वरीयता के क्रम ने परमवीर चक्र से ठीक नीचे रखा गया है।"

अतः विकल्प (A) सही है।

13. जब कोई शब्द समूह या पद या वाक्यांश निरंतर अभ्यास के कारण सामान्य अर्थ न देकर विशेष अर्थ व्यक्त करने लगे तो उसे मुहावरा कहते हैं।

'अंगारे से खेलना' मुहावरे का अर्थ समझ का चले जाना नहीं है।

'अंगारे से खेलना' मुहावरे का अर्थ खतरे का काम करना है।

वाक्य प्रयोग - सीमा पर सिपाही अंगारों से खेलते हैं।

अतः विकल्प (D) सही है।

14. 'आंख उठाना' मुहावरे का अर्थ है – साहस करना है।

वाक्य प्रयोग - सत्ता के विरुद्ध आंख उठाना सबके बस की बात नहीं है।

जब कोई शब्द समूह या पद या वाक्यांश निरंतर अभ्यास के कारण सामान्य अर्थ न देकर विशेष अर्थ व्यक्त करने लगे तो उसे मुहावरा कहते हैं।

अतः विकल्प (B) सही है।

15. उपर्युक्त विकल्पों में से 'खेत' एक तद्भव शब्द है। 'खेत' का तत्सम शब्द 'क्षेत्र' होता है।

त्रिकुटी - वह स्थान जो दोनों भृकुटिओं के बीच होता है।

संस्कृत भाषा के वे शब्द जो हिन्दी में अपने वास्तविक रूप में प्रयुक्त होते है, उन्हें तत्सम शब्द कहते है।

ऐसे शब्द, जो संस्कृत और प्राकृत से विकृत होकर हिंदी में आये है, तद्भव शब्द कहलाते है।

अत: विकल्प (B) सही है।

16. अग्र' तत्सम शब्द है जिसका तद्भव शब्द 'आगे' होता है। आँख, आग तथा आज यह तीनों तद्भव शब्द हैं।

संस्कृत भाषा के वे शब्द जो हिन्दी में अपने वास्तविक रूप में प्रयुक्त होते है, उन्हें तत्सम शब्द कहते है।

ऐसे शब्द, जो संस्कृत और प्राकृत से विकृत होकर हिंदी में आये है, तद्भव शब्द कहलाते है।

अत: विकल्प (B) सही है।

17. 'उच्चारण' का संधि विच्छेद करने पर 'उत्+चारण' होगा तथा यहाँ व्यंजन संधि है।

व्यंजन संधि में यदि त् + च या छ आये तो त् का च् हो जाएगा। जैसे – उत् + चारण = उच्चारण, महत् + छत्र = महच्छत्र।

अत: विकल्प (A) सही है।

18. दिए गए विकल्पों में 'अछूता' उपरोक्त वाक्यांश के लिए उचित शब्द है। अन्य विकल्प अनुचित हैं।

उदाहरण:

बिहारी के दोहों में श्रृंगार का कोई भी कोना उनसे अछूता नहीं रहा।

अतः विकल्प (B) सही है।

19. दिए गए विकल्पों में 'लड़का पेड़ से गिरा' वाक्य में अपादान कारक है। अन्य विकल्प असंगत है।

अपादान कारक- जिससे किसी वस्तु के अलग होने का बोध हो, इसकी विभक्ति 'से' है। जैसे – दूल्हा घोड़े से गिर पड़ा, चूहा बिल से बाहर निकला।

अतः विकल्प (A) सही है।

20. दिए गए विकल्पों में अनुग्रह - आग्रह शब्द युग्म में त्रुटिपूर्ण है।

अनुग्रह के अर्थ - छोटों पर प्रसन्न होकर उनका किया जानेवाला उपकार,भलाई या हिमायत। दया अथवा पक्षपातपूर्वक किसी को उन्नत, प्रसन्न सा सुखी करने की प्रवृत्ति या भावना।

आग्रह के अर्थ - किसी से निवेदन करना।

अतः विकल्प (B) सही है।

21. 'उदार' का विलोम शब्द अनुदार होता है।

उदार शब्द का क्या अर्थ है लोगों को हर चीज खुले दिल से और यथेष्ट देता हो। जो स्वभाव से नम्र और सुशील हो और पक्षपात या संकीर्णता का विचार छोड़कर सबके साथ खुले दिल से आत्मीयता का व्यवहार करता हो।

उदाहरण : सत्येन्द्रनाथ की पत्नी बड़ी उदार थीं और उनके दो बच्चे सुरेन और इन्दिरा, जिनकी उम्र क्रमशः छह और पांच साल की थी ,अपनी युवा और खूबसूरत चाचा से घुल मिल गए।

अतः विकल्प (D) सही है।

22. "प्रस्थान" का विलोम है- आगमन

प्रस्थान का अर्थ - एक स्थान से दूरवाले किसी दूसरे स्थान की ओर चलना, यात्रा आरंभ करना, सेना का युद्ध क्षेत्र की ओर जाना।

अतः विकल्प (C) सही है।

23. 'प्रमत्त-स्वेच्छाचारी' अर्थात 'मतवाला, मनमाना, उन्मत्त'। 'प्रमत्त' का अनेकार्थी शब्द 'स्वेच्छाचारी, मतवाला, मनमाना, उन्मत्त' है।

अन्य विकल्प:-

प्रपीड़ित अर्थात 'बहुत अधिक सताना या कष्ट देना'।

परितप्त अर्थात 'अत्यधिक दुःखी एवं संतप्त'।

उत्कृष्ट अर्थात 'श्रेष्ठ, उत्तम'।

अतः विकल्प (A) सही है।

24. दिए गए विकल्पों में सही उत्तर विकल्प 1 'काजल, रात, माया' हैं। अन्य विकल्प इसके अनुचित उत्तर हैं।

अनेकार्थी शब्द -जिन शब्दों के एक से अधिक अर्थ होते हैं, उन्हें 'अनेकार्थी शब्द' कहते है।

उदाहरण- काक- कौआ, लँगड़ा आदमी, अतिधृष्ट।

अतः विकल्प (A) सही है।

25. सही शब्द नासमझी है।अन्य विकल्प असंगत है।

नासमझी अर्थ - मूर्खता,बुद्धिहीनता

अतः विकल्प (B) सही है।

26. दिया गया है,

$AB \parallel DC$

$AP : PC = 4 : (4x - 4)$

$BP : PD = (2x - 1) : (2x + 4)$

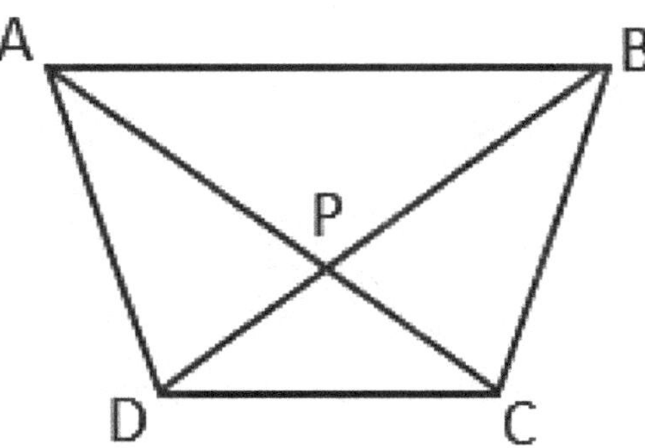

हम जानते हैं कि,

एक समलंब के विकर्ण एक दूसरे को आनुपातिक रूप से विभाजित करते हैं।

$\Rightarrow AP : PC = BP : PD$

$\Rightarrow \dfrac{4}{(4x-4)} = \dfrac{(2x-1)}{(2x+4)}$

$\Rightarrow 8x + 16 = 8x^2 - 4x - 8x + 4$

$\Rightarrow 8x^2 - 20x - 12 = 0$

$\Rightarrow 4(2x^2 - 5x - 3) = 0$

$\Rightarrow 2x^2 - 6x + x - 3 = 0$

$\Rightarrow 2x(x - 3) + 1(x - 3) = 0$

$\Rightarrow (2x + 1)(x - 3) = 0$

$\Rightarrow x = \frac{-1}{2}, 3$

$\therefore$ x का मान 3 है।

अतः विकल्प (B) सही है।

27. दिए गए डेटा का माध्य है

$\Rightarrow \frac{35+38}{2} = 36.5$

$\Rightarrow \frac{38+41}{2} = 39.5$

$\Rightarrow \frac{41+44}{2} = 42.5$

$\Rightarrow \frac{44+47}{2} = 45.5$

$\Rightarrow \frac{47+50}{2} = 48.5$

सभी कक्षाओं का औसत वजन

$\Rightarrow \frac{36.5 \times 3 + 39.5 \times 13 + 42.5 \times 13 + 45.5 \times 10 + 48.5 \times 5}{44}$

$\Rightarrow \frac{1873}{44}$

$\therefore$ कक्षा का औसत 42.56 है।

अतः विकल्प (C) सही है।

28. केंद्र (a, b) के साथ वृत्त का मानक समीकरण,

$(x - a)^2 + (y - b)^2 = r$ ....(i)

तो,

$(x - 3)^2 + (y - 4)^2 = 25$

इस समीकरण की तुलना समीकरण (i) से करने पर,

हमें मिला,

$a = 3$, और $b = 4$

$\therefore$ वृत्त का केंद्र $(3,4)$ है।

अतः विकल्प (A) सही है।

29. दिया गया है,

एक आयताकार मैदान का क्षेत्रफल 4500 वर्ग मीटर है। यदि इसकी लंबाई और चौड़ाई का अनुपात 9:5 है।

माना एक आयताकार मैदान की लंबाई और चौड़ाई क्रमशः $9x$ और $5x$ है।

जैसा कि दिया गया है, आयताकार मैदान का क्षेत्रफल = 4500 वर्ग मीटर

$\therefore$ लंबाई $\times$ चौड़ाई $= 4500$

$\Rightarrow 9x \times 5x = 4500$

$\Rightarrow 45x^2 = 4500$

$\Rightarrow x^2 = 100$

$\Rightarrow x = 10$

$\therefore$ आयताकार मैदान की लंबाई $= 9x$

$= 9 \times 10$

$= 90$ मीटर

तथा, आयताकार मैदान की चौड़ाई $= 5x$

$= 5 \times 10$

$= 50$ मीटर

अब, आयताकार मैदान का परिमाप = 2 (लंबाई + चौड़ाई)

$= 2(90 + 50)$

$= 2 \times 140$

$= 280$ मीटर

अतः विकल्प (C) सही है।

30. दिया गया है,

त्रिज्या (r) = 8 सेमी

$\therefore$ व्यास = 2r = 2 × 8 = 16 सेमी

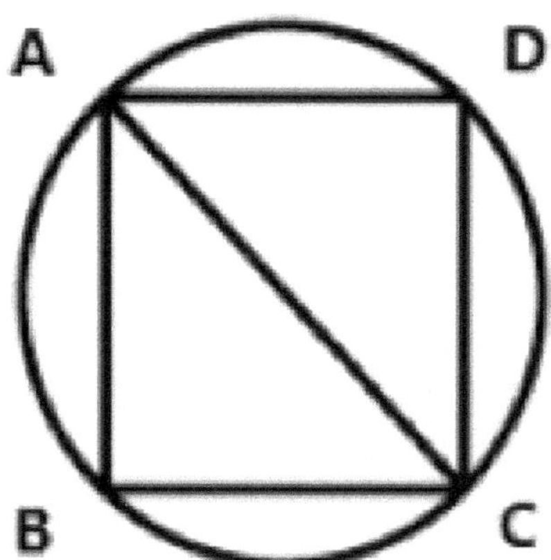

जैसा कि हम आरेख में देख सकते हैं,

व्यास = वर्ग का विकर्ण

वर्ग का विकर्ण = 16 सेमी

पाइथागोरस प्रमेय के अनुसार,

कर्ण का वर्ग = अन्य दो भुजाओं के वर्गों का योग

$AC^2 = AB^2 + BC^2$

चूँकि ABCD एक वर्ग है, इसलिए सभी भुजाएँ समान हैं, AB=BC

$AC^2 = 2AB^2$

$\Rightarrow 16^2 = 2AB^2$

$\Rightarrow AB = 8\sqrt{2}$

इसलिए वर्ग की भुजा $= 8\sqrt{2}$

हम जानते हैं कि,

$\therefore$ वर्ग का क्षेत्रफल $= AB^2$

$= \left(8\sqrt{2}\right)^2$

$= 64 \times 2$

$= 128$ वर्ग सेमी

अतः विकल्प (C) सही है।

31. दिया गया है:

आयताकार मैदान की लंबाई उसकी चौड़ाई से 5 मीटर अधिक है।

परिमाप = 90 मीटर

आयत का परिमाप = 2(l + b)

जहाँ, l = लंबाई और b = चौड़ाई

माना खेत की चौड़ाई = x मीटर

खेत की लंबाई = (x + 5) मीटर

खेत का परिमाप = 2(l+b)

= 2(x + 5 + x)

$\Rightarrow$ 2(2x + 5) = 4x + 10

प्रश्नानुसार,

4x + 10 = 90

$\Rightarrow$ 4x = 90 - 10 = 80

$\Rightarrow \dfrac{80}{4}$ = 20 मीटर

अब,

लंबाई = x + 5 = 20 + 5 = 25 मीटर

चौड़ाई = x = 20 मीटर

अब, आयताकार खेत का क्षेत्रफल = l x b

= 25 × 20 =500 मीटर²

खेत में खेती करने का व्यय $= 50 \times \dfrac{500}{100}$ = 250 रुपये

$\therefore$ खेत में खेती करने का व्यय 250 रुपये है।

अतः विकल्प (B) सही है।

32. दिया गया है:

अभिव्यक्ति $px^2 - 6x + q$.

मूल का योग $= 6$ और मूल का गुणनफल $= 6$

मूल का योग $= \dfrac{-b}{a}$ और मूल का गुणनफल $= \dfrac{c}{a}$

यहां, $a = p, b = -6$ और $c = q$

मूल का योग $= \dfrac{-b}{a} = \dfrac{-(-6)}{p}$

$6 = \dfrac{6}{p}$

$\Rightarrow p = 1$

अब, मूल का गुणनफल $= \dfrac{c}{a} = \dfrac{q}{p}$

$6 = \dfrac{q}{1}$ (p का मान रखने पर)

तो, $q = 6$

इसलिए, $(p + q) = 6 + 1$

$= 7$

इसलिए सही उत्तर 7 है।

अतः विकल्प (B) सही है।

33. दिया गया है:

$x^2 + y^2 - 2xy\sin^2\theta = 0$

समीकरण का वास्तविक मूल जब:

$D =$ विविक्तकर $= b^2 - 4ac \geq 0.$

द्विघात समीकरण का सामान्य रूप $ax^2 + bx + c = 0$ जहाँ, $a \neq 0$

तब, $a = 1, b = -2y\sin^2\theta, c = y^2$

$D = (-2y\sin^2\theta)^2 - 4(1)(y^2)$

$= 4y^2\sin^2\theta(\sin^2\theta - 1)$

जब, $D = 0$

$4y^2\sin^2\theta(\sin^2\theta - 1) = 0$

$\Rightarrow \sin^2\theta = 1$

$\Rightarrow x^2 + y^2 - 2xy\sin^2\theta = 0$

$\Rightarrow x^2 + y^2 - 2xy = 0(\sin^2\theta = 1)$

$\Rightarrow (x - y)^2 = 0$

$\Rightarrow x = y$

अतः विकल्प (A) सही है।

34. दिया गया है,

एक वर्ग का परिमाप $= 50$ सेमी

जैसा कि हम जानते हैं,

एक वर्ग का परिमाप $= 4a$, जहां $a =$ एक भुजा की लंबाई

प्रश्न के अनुसार,

$4a = 50$ सेमी

$\Rightarrow a = \dfrac{50}{4}$ सेमी

$\Rightarrow a = 12.5$ सेमी

इसलिए, एक भुजा की लंबाई 12.5 सेमी है।

अतः विकल्प (D) सही है।

35. दिया गया है,

लंबाई $= 25$ सेमी

चौड़ाई $= 12$ सेमी

जैसा कि हम जानते हैं,

क्षेत्रफल $=$ लंबाई $\times$ चौड़ाई

$= 25$ सेमी $\times 12$ सेमी

$= 300$ वर्ग सेमी

अत: विकल्प (C) सही है।

36. दिया है:

शुद्ध वजन $= 1$ किग्रा $= 1000$ ग्राम

अशुद्ध वजन $= 960$ ग्राम

हम जानते हैं कि,

लाभ $\% =$ (शुद्ध वजन $-$ अशुद्ध वजन) / अशुद्ध वजन $\times 100$

$= \dfrac{1000 - 960}{960} \times 100$

$= \dfrac{40}{960} \times 10$

$= \dfrac{25}{6} = 4\dfrac{1}{6} \%$

अतः विकल्प (C) सही है।

37. दिया है:

बेलन का त्रिज्या (R) $= 14$ सेमी

बेलन की ऊंचाई (h) $= 25$ सेमी

गोलाकार की त्रिज्या (r) $= 3.5$ सेमी

पिघलने की प्रक्रिया से पहले और बाद में धातु का आयतन समान रहता है।

बेलन का आयतन $= \pi R^2 h$

$= \dfrac{22}{7} \times 14 \times 14 \times 25 = 15{,}400$ घन सेमी

गोले का आयतन $= \dfrac{4}{3} \pi r^3$

$= \dfrac{4}{3} \times \dfrac{22}{7} \times 3.5 \times 3.5 \times 3.5 = 179.67$ घन सेमी

$\therefore$ गोलों की संख्या $=$ बेलन का आयतन/गोलाकार की मात्रा

$= \dfrac{15400}{179.67} = 85.71 \approx 85$

इस प्रकार, 85 ऐसे पूर्ण गोले बनाये जा सकते हैं।

अत: विकल्प (B) सही है।

38. दिया है:

HF, $\angle$DFG का समद्विभाजक है।

$\angle$DFG $= \angle$EDF $+ \angle$DEF (किसी त्रिभुज का एक बहिष्कोण उसके दो सम्मुख गैर-आसन्न आंतरिक कोणों के योग के बराबर होता है।)

$\Rightarrow \angle$DFG $= 40° + 60° = 100°$

चूँकि HF, $\angle$DFG का समद्विभाजक है, इसलिए $\angle$DFH $= \angle$HFG

तो $\angle$DFG $= \angle$DFH $+ \angle$DFG

$\Rightarrow \angle$DFG $= \angle$DFH $+ \angle$DFH $\quad$ ($\angle$DFH $= \angle$HFG)

$\Rightarrow \angle$DFH $= \dfrac{\angle DFG}{2}$

$= \dfrac{100}{2}$

$= 50°$

$\therefore \angle$DFH का मान $50°$ है।

अतः विकल्प (A) सही है।

39. दिया है,

माध्य $= 2$ बहुलक

माध्यिका $= 5$

हम जानते हैं कि,

$3($ माध्यिका $) = 2($ माध्य $) +$ बहुलक

मान लीजिए कि बहुलक x है

प्रश्नानुसार:

$3 \times 5 = 2($ 2 बहुलक$) +$ बहुलक

$\Rightarrow 15 = (4 \times x) + x$

$\Rightarrow 15 = 5x$

$\Rightarrow x = 3$

इस प्रेक्षण का बहुलक 3 है

औसत $=($ बहुलक $+$ माध्यिका$) / 2$

$= \dfrac{(3+5)}{2}$

$= 4$

$\therefore$ आवश्यक औसत 4 है।

अतः विकल्प (C) सही है।

40. मान लीजिए कि ' n ' प्रेक्षण $\{x_1, x_2, x_3, \dots, x_n\}$ हैं,

माध्य $(\bar{x}) = \dfrac{(x_1 + x_2 + x_3 + \dots + x_n)}{n} = \dfrac{\sum_{i=1}^{n} x_i}{n}$

गणना:

जैसा कि हम जानते हैं,

प्रथम n प्राकृत संख्याओं का योग $= \dfrac{n(n+1)}{2}$

$= \dfrac{99(99+1)}{2}$

माध्य $= \dfrac{\frac{99(99+1)}{2}}{99}$

$$= \frac{(99+1)}{2}$$

$$= 50$$

अतः विकल्प (B) सही है।

41. दिया गया,

छात्र अंग्रेजी में उत्तीर्ण हुए $= 80\%$

छात्र गणित में उत्तीर्ण हुए $= 85\%$

छात्र दोनों विषयों में उत्तीर्ण हुए $= 73\%$

फिर, कम से कम एक विषय में उत्तीर्ण छात्रों की संख्या $= (80 + 85) - 73 = 92\%$

इस प्रकार, छात्र दोनों विषयों $= 100 - 92 = 8\%$ में अनुत्तीर्ण हुए।

अतः विकल्प (A) सही है।

42. दिया गया है,

छात्रों की कुल संख्या 6000 है।

अर्थशास्त्र में छात्रों की संख्या $= \frac{15}{100} \times 6000 = 900$

अर्थशास्त्र की परीक्षा में उपस्थित छात्रों की संख्या $= \frac{75}{100} \times 900 = 675$

अर्थशास्त्र की परीक्षा में उत्तीर्ण छात्रों की संख्या $= \frac{80}{100} \times 675 = 540$

अर्थशास्त्र की परीक्षा में अनुत्तीर्ण छात्रों की संख्या $= 675 - 540 = 135$

∴ अर्थशास्त्र की परीक्षा में अनुत्तीर्ण छात्रों की संख्या 135 है।

अतः विकल्प (C) सही है।

43. दिया गया है,

छात्रों की कुल संख्या 6000 है।

विज्ञान में छात्रों की संख्या $= \frac{25}{100} \times 6000 = 1500$

इतिहास में छात्रों की संख्या $= \frac{10}{100} \times 6000 = 600$

अर्थशास्त्र में छात्रों की संख्या $= \frac{15}{100} \times 6000 = 900$

भूगोल में छात्रों की संख्या $= \frac{30}{100} \times 6000 = 1800$

जीव विज्ञान में छात्रों की संख्या $= \frac{20}{100} \times 6000 = 1200$

भूगोल और विज्ञान में एक साथ अध्ययन करने वाले छात्र की संख्या $= 1500 +$

$1800 = 3300$

अर्थशास्त्र और जीव विज्ञान में एक साथ अध्ययन करने वाले छात्र की संख्या $=$

$900 + 1200 = 2100$

अंतर $= 3300 - 2100 = 1200$

∴ भूगोल और विज्ञान में एक साथ अध्ययन करने वाले छात्रों की संख्या तथा अर्थशास्त और जीव विज्ञान में एक साथ अध्ययन करने वाले छात्रों की संख्या के बीच का अंतर 1200 है।

अत: विकल्प (B) सही है।

44. दिया गया है,

छात्रों की कुल संख्या 6000 है।

कुल छात्र = पुरुष छात्र + महिला छात्र

जीव विज्ञान में छात्रों का प्रतिशत 20% है।

जीव विज्ञान में छात्रों की संख्या $= \frac{20}{100} \times 6000 = 1200$

जीव विज्ञान में अध्ययन करने वाले पुरुषों और महिलाओं का अनुपात $2:3$ है।

पुरुषों की संख्या$= \frac{2}{5} \times 1200 = 480$

महिलाओं की संख्या $= \frac{3}{5} \times 1200 = 720$

जीव विज्ञान में पुरुषों और महिलाओं की संख्या के बीच का अंतर $= 720 - 480 = 240$

∴ जीव विज्ञान में पुरुषों और महिलाओं के बीच का अंतर 240 है।

अत: विकल्प (C) सही है।

45. दिया गया है,

विज्ञान में छात्रों की संख्या $= \frac{25}{100} \times 6000 = 1500$

इतिहास में छात्रों की संख्या $= \frac{10}{100} \times 6000 = 600$

इतिहास में महिलाओं की संख्या $= \frac{20}{100} \times 600 = 120$

इतिहास में पुरुषों की संख्या $= 600 - 120 = 480$

विज्ञान में महिला की संख्या $= \frac{40}{100} \times 1500 = 600$

विज्ञान में पुरुषों की संख्या $= 1500 - 600 = 900$

विज्ञान और इतिहास में पुरुषों की कुल संख्या $= 900 + 480 = 1380$

∴ विज्ञान और इतिहास में पुरुषों की कुल संख्या 1380 है।

अत: विकल्प (C) सही है।

46. दिया गया है,

छात्रों की कुल संख्या 6000 है।

अर्थशास्त्र में छात्रों की संख्या $= \frac{15}{100} \times 6000 = 900$

जीव विज्ञान में छात्रों की संख्या $= \frac{20}{100} \times 6000 = 1200$

भूगोल में छात्रों की संख्या $= \frac{30}{100} \times 6000 = 1800$

जैसा कि हम जानते हैं,

औसत = = प्रेक्षणों का योग/प्रेक्षणों की कुल संख्या

अर्थशास्त, जीव विज्ञान और भूगोल में छात्रों की संख्या का योग $= 900 + 1200 + 1800 = 3900$

अर्थशास्त, जीव विज्ञान और भूगोल में छात्रों की संख्या का औसत $= \frac{3900}{3} = 1300$

$\therefore$ अर्थशास्त, जीव विज्ञान और भूगोल में छात्रों की संख्या का औसत 1300 है।

अत: विकल्प (C) सही है।

47. डबल पीक हिस्टोग्राम बीच में दो चोटियों के साथ दो सामान्य वितरण का प्रतिनिधित्व करता है। यह इंगित करता है कि काम पर एक से अधिक वितरण।

डबल पीक या बिमोडल दो प्रक्रियाओं का परिणाम है जिसमें अलग-अलग वितरण डेटा के एक सेट में संयुक्त होते हैं। उदाहरण के लिए, दो-शिफ्ट ऑपरेशन से उत्पादन डेटा का वितरण बिमोडल हो सकता है, यदि प्रत्येक शिफ्ट परिणामों का एक अलग वितरण उत्पन्न करता है। स्तरीकरण अक्सर इस समस्या को प्रकट करता है।

अतः विकल्प (A) सही है।

48. दिया है,

दो संख्याओं का गुणनफल 1521 है और इन संख्याओं का म.स.प. 13 है।

म.स.प.: महत्तम समापवर्तक (म.स.प.) दो संख्याओं के सभी समापवर्तकों में से सबसे बड़ी संख्या का चयन करके ज्ञात किया जाता है।

माना संख्याएँ $13a$ और $13b$ हैं जैसा की इन संख्याओं का म.स.प. 13 है।

हम लिख सकते है:

$13a \times 13b = 1521$

$\Rightarrow ab = 9$

$\therefore$ एकमात्र संभव युग्म 13,117 है

अतः विकल्प (C) सही है।

49. दिया है:

म.स.प. $= 24$

ल.स.प. $= 168$

संख्याओं का अनुपात $= 1:7$.

संख्याओं का गुणनफल = ल.स.प. $\times$ म.स.प.

माना कि संख्याएं x और $7x$ हैं।

$x \times 7x = 24 \times 168$

$\Rightarrow x^2 = 24 \times 24$

$\Rightarrow x = 24$

$\therefore$ बड़ी संख्या $= 7x = 24 \times 7 = 168$

अतः विकल्प (A) सही है।

50. वर्ग का क्षेत्रफल $= a^2$

वर्ग का विकर्ण $= a\sqrt{2}$; जहां $a =$ वर्ग की भुजा

माना वर्ग की भुजा को ' a ' इकाई है

$\Rightarrow$ भुजा ' a ' इकाई के साथ वर्ग का क्षेत्रफल $= a^2$

$\Rightarrow$ भुजा ' $a\sqrt{2}$ ' इकाई के साथ वर्ग का क्षेत्रफल $= 2a^2$

$\therefore$ क्षेत्र का आवश्यक अनुपात $= \frac{a^2}{2a^2} = \frac{1}{2}$

अतः विकल्प (B) सही है।

51. केंद्रीय इलेक्ट्रॉनिक्स और सूचना प्रौद्योगिकी मंत्री, रविशंकर प्रसाद ने संयुक्त राज्य अमेरिका, यूके, कनाडा, ऑस्ट्रेलिया, यूएई, नीदरलैंड, सिंगापुर, ऑस्ट्रेलिया और न्यूजीलैंड सहित चुनिंदा देशों के लिए विदेश मंत्रालय के समन्वय में यूएमएएनजी के अंतर्राष्ट्रीय संस्करण का शुभारंभ किया।

यूएमएएनजी (यूनिफाइड मोबाइल एप्लिकेशन फॉर न्यू-एज गवर्नेंस) के 3 साल पूरे होने और 2000 से अधिक सेवाओं के मील के पत्थर के अवसर पर एक ऑनलाइन सम्मेलन का आयोजन किया गया था। ऐप भारतीय अंतरराष्ट्रीय छात्रों, एनआरआई और भारतीय पर्यटकों को सरकार की सेवाओं का लाभ उठाने में मदद करेगा।

अतः विकल्प (A) सही है।

52. प्रधान मंत्री नरेंद्र मोदी ने बेंगलुरु में सेमीकॉन इंडिया सम्मेलन-2022 का उद्घाटन किया। सेमीकंडक्टर्स की खपत 2030 तक 110 बिलियन अमरीकी डालर को पार करने की उम्मीद है और भारत के पास दुनिया का सबसे तेजी से बढ़ने वाला स्टार्ट-अप इकोसिस्टम है। यह उद्योग संघों के साथ साझेदारी में भारत सेमीकंडक्टर मिशन द्वारा आयोजित किया गया था। इंडिया सेमीकंडक्टर मिशन (आईएसएम) डिजिटल इंडिया कॉर्पोरेशन के भीतर एक स्वतंत्र व्यापार प्रभाग है, जिसके पास सेमीकंडक्टर पारिस्थितिकी तंत्र के विकास के लिए रणनीति तैयार करने के लिए प्रशासनिक और वित्तीय स्वायत्तता है।

अतः विकल्प (C) सही है।

53. सरगुजा रेल कॉरिडोर प्राइवेट लिमिटेड (एसआरसीपीएल) के अधिग्रहण के लिए अदानी पोर्ट्स एंड स्पेशल इकोनॉमिक जोन (एपीएसईजेड) की समग्र योजना को नेशनल कंपनी लॉ ट्रिब्यूनल (एनसीएलटी) ने मंजूरी दे दी है। यह 1 अप्रैल, 2021 की नियत तारीख से प्रभावी होगा। एक बार समेकित होने के बाद, एसआरसीपीएल 450 करोड़ रुपये या एपीएसईजेड के कुल एबिटा (ब्याज कर, मूल्यह्रास और परिशोधन से पहले की कमाई) का पांच प्रतिशत जोड़ देगा।

अतः विकल्प (A) सही है।

54. 7 जुलाई 2022 को प्रधानमंत्री नरेंद्र मोदी ने वाराणसी में राष्ट्रीय शिक्षा नीति (NEP) के कार्यान्वयन पर 'अखिल भारतीय शिक्षा समागम' का उद्घाटन किया।

- शिक्षा मंत्रालय 7 से 9 जुलाई 2022 तक शिक्षा समागम का आयोजन कर रहा है।
- यह शिक्षाविदों और नीति निर्माताओं को NEP 2020 के प्रभावी कार्यान्वयन के लिए विचार-विमर्श करने, अपने अनुभव साझा करने और रोडमैप पर चर्चा करने के लिए एक मंच प्रदान करेगा।

अतः विकल्प (D) सही है।

55. जून 2022 में, टाटा प्रोजेक्ट्स ने जेवर में राष्ट्रीय राजधानी क्षेत्र के नए हवाई अड्डे के निर्माण के लिए बिड जीती है।

टाटा प्रोजेक्ट्स अनुबंध के लिए शापूरजी पलोनजी ग्रुप और लार्सन एंड टुब्रो को पछाड़कर जेवर में राष्ट्रीय राजधानी क्षेत्र के नए हवाई अड्डे का निर्माण करेगी। हालांकि सौदे के आकार का खुलासा नहीं किया गया है, लेकिन सूत्रों ने इसे 6,000 करोड़ रुपये से अधिक का अनुमान लगाया है।

अत: विकल्प (C) सही है।

56. भारत सरकार के महत्वाकांक्षी मिशन अमृत सरोवर के तहत उत्तर प्रदेश ने सबसे अधिक झीलों का निर्माण किया है।

- उत्तर प्रदेश ने मोदी सरकार के महत्वाकांक्षी मिशन अमृत सरोवर के तहत 8,462 अमृत सरोवर (झीलों) का निर्माण किया है, जिसका उद्देश्य भविष्य की पीढ़ी के लिए पानी का संरक्षण करना है।

- इस मिशन के तहत अन्य शीर्ष प्रदर्शन करने वाले राज्य मध्य प्रदेश (1,668 झीलें), जम्मू और कश्मीर (1,458 झीलें), राजस्थान (898 झीलें) और तमिलनाडु (818 झीलें) हैं।

- उत्तर प्रदेश के भीतर, लखीमपुर खीरी 256 अमृत सरोवरों के निर्माण के साथ शीर्ष प्रदर्शनकर्ता था।

अत: विकल्प (D) सही है।

57. 1946 में, सच्चिदानंद सिन्हा को भारतीय संविधान सभा का अंतरिम अध्यक्ष बनाया गया था।

संविधान सभा की स्थापना 6 दिसंबर 1946 को हुई थी। भारत का संविधान आधिकारिक रूप से संविधान सभा द्वारा तैयार किया गया था। भारतीय राष्ट्रीय कांग्रेस ने 1934 में एक संविधान सभा की मांग की। संविधान सभा की पहली आधिकारिक बैठक 9 दिसंबर 1946 को हुई थी। पहली बैठक 9 महिलाओं सहित 207 सदस्यों के साथ आयोजित की गई थी।

अत: विकल्प (D) सही है।

58. कंप्यूटर सिस्टम में सभी डेटा को केवल दो नंबरों - 0 और 1 के रूप में दर्शाया जाता है।

कंप्यूटर डेटा स्टोर करने के लिए बाइनरी - अंक 0 और 1 - का उपयोग करते हैं। इसे 0 या 1 द्वारा दर्शाया जाता है। बाइनरी नंबर बाइनरी अंकों (बिट्स) से बने होते हैं, जैसे बाइनरी नंबर 1001। कंप्यूटर के प्रोसेसर में सर्किट अरबों ट्रांजिस्टर से बने होते हैं।

अत: विकल्प (A) सही है।

59. कंप्यूटिंग में, एक इनपुट डिवाइस एक कंप्यूटर या सूचना उपकरण जैसे सूचना प्रसंस्करण प्रणाली को डेटा और नियंत्रण संकेत प्रदान करने के लिए उपयोग किए जाने वाले उपकरण का एक भाग है। इनपुट डिवाइस के उदाहरणों में कीबोर्ड, माउस, स्कैनर, कैमरा, जॉयस्टिक और माइक्रोफोन शामिल हैं।

अत: विकल्प (B) सही है।

60. एक प्रोग्राम से दूसरे प्रोग्राम या एक डिस्क से दूसरे डिस्क तक फैले एक व्यवधानकारी प्रोग्राम को कहते वायरस हैं।

कंप्यूटर वायरस एक प्रकार का दुर्भावनापूर्ण कोड या प्रोग्राम है जो कंप्यूटर के संचालन के तरीके को बदलने के लिए लिखा जाता है। इसे एक कंप्यूटर से दूसरे कंप्यूटर में फैलाने के लिए डिज़ाइन किया गया है।

अत: विकल्प (C) सही है।

61. वर्ष 1921 को भारत में जनसांख्यिकी विभाजन के रूप में जाना जाता है।

1921 से पहले जनसंख्या स्थिर नहीं थी। 1921 के बाद, हम जनसंख्या में निरंतर वृद्धि देख सकते हैं।

जनसांख्यिकी लाभांश आर्थिक विकास क्षमता है, जिसके परिणामस्वरूप 15 वर्ष से 64 वर्ष के कार्यशील आयु वर्ग के लोगों के एक बड़े वर्ग के साथ बदलती जनसंख्या आयु संरचना है, जो 14 वर्ष से कम और 65 वर्ष से अधिक की गैर-कार्यशील आयु जनसंख्या की तुलना में है।

अत: विकल्प (B) सही है।

62. केरल शिक्षा विधेयक (1957) में, सर्वोच्च न्यायालय ने कहा कि मौलिक अधिकार और निर्देश सिद्धांतों के बीच संघर्ष के मामले में, सामंजस्यपूर्ण निर्माण के सिद्धांत को लागू किया जाना चाहिए। अदालत ने यह देखा कि: "हालांकि, मूल सिद्धांतों को मौलिक अधिकारों से अलग नहीं किया जा सकता है, फिर भी, मौलिक अधिकारों के दायरे और दायरे को निर्धारित करने में अदालत पूरी तरह से निर्देश के सिद्धांत को नजरअंदाज नहीं कर सकती है, लेकिन सामंजस्यपूर्ण निर्माण के सिद्धांत को अपनाना चाहिए और देने का प्रयास करना चाहिए जितना दोनों पर प्रभाव संभव हो।

अत: विकल्प (A) सही है।

63. अंतर्राष्ट्रीय अक्षय ऊर्जा एजेंसी का मुख्यालय अबू धाबी में है।

- यह औद्योगिक और विकासशील दोनों देशों में जरूरतों को पूरा करने के लिए विशेष रूप से अक्षय ऊर्जा पर ध्यान केंद्रित करने वाला पहला अंतरराष्ट्रीय संगठन है।

- इसकी स्थापना 2009 में हुई थी और इसकी क़ानून 8 जुलाई 2010 को लागू हुई थी।

- इसका मुख्यालय मसदर शहर, अबू धाबी में है।

अत: विकल्प (A) सही है।

64. सीफ्लोर स्प्रेडिंग थ्योरी: यह 1961 में हेस द्वारा प्रस्तावित किया गया था।

- महासागरीय क्रस्ट की कम उम्र के साथ-साथ तथ्य यह है कि एक महासागर के फैलने से दूसरे के सिकुड़ने का कारण नहीं बनता है, हेस ने समुद्री क्रस्ट की खपत के बारे में सोचा।

- यह निर्धारित करता है कि महासागरीय लकीरों के शिखर पर लगातार विस्फोट से समुद्री क्रस्ट का टूटना होता है और नया लावा इसमें समा जाता है, जिससे समुद्री क्रस्ट को दोनों ओर धकेल दिया जाता है। इस प्रकार समुद्र तल फैल जाता है। इसलिए, कथन (ए) सही है।

- महासागरीय तल जो शिखर पर ज्वालामुखी विस्फोटों के कारण धँस जाता है, समुद्र की खाइयों में डूब जाता है और भस्म हो जाता है।

- मध्य-महासागरीय कटक के शिखर के दोनों ओर समान दूरी पर स्थित चट्टानें गठन की अवधि, रासायनिक संरचना और चुंबकीय गुणों के संदर्भ में उल्लेखनीय समानताएं दिखाती हैं। मध्य-महासागरीय कटक के करीब की चट्टानों में सामान्य ध्रुवता होती है और ये सबसे छोटी होती हैं।

- शिखा से दूर जाने पर चट्टानों की आयु बढ़ती है। इसलिए, कथन (बी) सही नहीं है।

- महासागरीय क्रस्ट चट्टानें महाद्वीपीय चट्टानों की तुलना में बहुत छोटी हैं।

अत: विकल्प (A) सही है।

65. चौरी-चौरा की घटना 4 फरवरी 1922 को हुई थी।

भारत में संयुक्त प्रांत (आधुनिक उत्तर प्रदेश) के गोरखपुर जिले के चौरी चौरा में हुई थी, जब असहयोग आंदोलन में भाग लेने वाले प्रदर्शनकारियों के एक बड़े समूह पर गोली चला दी गई थी। पुलिस। जवाबी कार्रवाई में प्रदर्शनकारियों ने एक पुलिस स्टेशन पर हमला किया और आग लगा दी, जिसमें उसके सभी लोग मारे गए। इस घटना में तीन नागरिकों और 22 पुलिसकर्मियों की मौत हो गई। महात्मा गांधी, जो हिंसा के सख्त खिलाफ थे, ने 12 फरवरी 1922 को राष्ट्रीय स्तर पर असहयोग आंदोलन को रोक दिया।

अत: विकल्प (A) सही है।

66. 1857 का विद्रोह 10 मई, 1857 को मेरठ में शुरू हुआ।

मई, 1857 में, भारतीय विद्रोह (1857-58) का प्रारंभिक विद्रोह तब हुआ जब सिपाहियों (अंग्रेजों द्वारा नियोजित भारतीय सैनिकों) ने अपने ब्रिटिश अधिकारियों पर हमला किया और उन्हें मार डाला और फिर दिल्ली पर चढ़ाई की।

अतः विकल्प (C) सही है।

67. संकटकालीन न्यूनतम प्रयास (क्रिटिकल मिनिमम एफर्ट थ्योरी) हार्वे लिबेंस्टीन ने अपनी पुस्तक इकोनॉमिक बैकवर्डनेस एंड इकोनॉमिक ग्रोथ में दी है। यह सिद्धांत बताता है कि अविकसित देश गरीबी के दुष्चक्र में फंस गए हैं जिसके कारण वे कम प्रति व्यक्ति आय की स्थिति में हैं।

अतः विकल्प (A) सही है।

68. शेयर सबसे न्यूनतम नकद संपत्ति हैं क्योंकि उन्हें बेचने और मुद्रा में बदलने के लिए हफ्तों या महीनों की आवश्यकता होती है। एक बांड धारक को जारी किया गया एक ऋणग्रस्तता साधन है जिसे वे एक निश्चित अवधि के लिए एक चर या निश्चित ब्याज दर पर धन उधार लेते हैं।

अतः विकल्प (D) सही है।

69. सचिदानंद सिन्हा ने 1903 में अख़बार, इंडियन पीपल में ब्रिटिश उपनिवेशवाद को व्हाइट मैनस बर्डन कहा था।

इसलिए कथन 1 सही नहीं है।

आर.सी. दत्त ने अपनी पुस्तक द इकोनॉमिक हिस्ट्री ऑफ इंडिया के प्रमुख विषय ड्रेन बनाया।

इसलिए कथन 2 सही नहीं है।

अतः विकल्प (D) सही है।

70. कुषाण चीन की सीमा पर या मध्य एशिया में रहने वाले यू ची जनजातियों की शाखाओं में से एक है।

कुजुला कडफिसेस ने भारत में कुषाण साम्राज्य की नींव रखी कडफिसेस ॥ (विएमा कडफिसेस) ने बड़ी संख्या में सोने के सिक्के जारी किए और अपना राज्य सिंधु नदी के पूर्व तक फैला दिया।

पहले सोने के सिक्के कुषाणों द्वारा जारी नहीं किए गए थे।

- ये रोमन और पार्थियन द्वारा जारी किए गए वजन के साथ समान थे और उत्तर भारत और मध्य एशिया के विभिन्न स्थलों पर पाए गए हैं।

इसलिए, कथन 3 गलत है।

- कनिष्क सबसे महान कुषाण शासक था।
- उन्होंने एक नए युग की शुरुआत की जिसे शक युग (78 ईस्वी) के रूप में जाना जाता है।
- कुषाण बौद्ध धर्म के महायान रूप के महान संरक्षक थे।
- कनिष्क ने कश्मीर में कुंडलवन में चौथी बौद्ध परिषद बुलाई जहां महायान बौद्ध धर्म के सिद्धांतों को अंतिम रूप दिया गया।
- यह संस्कृत में आयोजित किया गया था।

इसलिए कथन 2 सही है।

- प्रसिद्ध शक शासक रुद्रदामन प्रथम ने काठियावाड़ क्षेत्र में सुदर्शन झील की मरम्मत का कार्य किया, जो मौर्यों के समय से लंबे समय से सिंचाई के उपयोग में थी।

तो, कथन 1 गलत है।

अतः विकल्प (D) सही है।

71. एक काल्डेरा झील एक ज्वालामुखी क्रेटर या काल्डेरा द्वारा निर्मित एक अवसाद है जो पानी से भर जाता है। जब कोई ज्वालामुखी सक्रिय नहीं होता है, तो गड्ढा या काल्डेरा वर्षा और पिघलने वाली बर्फ से पानी भर सकता है जो झील को भी खिला सकता है।

अतः विकल्प (C) सही है।

72. एब्सिसिक एसिड बीजों में सुप्तावस्था स्थापित करने में सबसे महत्वपूर्ण भूमिका निभाता है। एब्सिसिक एसिड भी मेटाज़ोन्स में मौजूद पाया गया है, स्पंज से लेकर मनुष्यों सहित स्तनधारियों तक।

अतः विकल्प (C) सही है।

73. लीशमैनियासिस प्रोटोजोआ परजीवियों के कारण होने वाली एक बीमारी है जो लीशमैनिया जीनस से संबंधित है और सैंडफ्लाइज़ की कुछ प्रजातियों के काटने से फैलती है। रोग तीन मुख्य तरीकों से उपस्थित हो सकता है: त्वचीय, श्लेष्मा, या आंत।

अतः विकल्प (B) सही है।

74. पाश्चर ने सिद्ध किया कि जीवाणु सहज पीढ़ी से उत्पन्न नहीं होते हैं। लुई पाश्चर टीकाकरण, माइक्रोबियल किण्वन और पाश्चराइजेशन के सिद्धांतों की अपनी खोजों के लिए प्रसिद्ध हैं।

अतः विकल्प (B) सही है।

75. अलोंसोआ ग्रैंडिफ्लोरा एक सजावटी पौधा है।

अलोंसोआ (मास्क फ्लावर) परिवार स्क्रोफुलेरियासी में फूलों के पौधों की 12 प्रजातियों की एक प्रजाति है। जीनस में शाकाहारी और झाड़ीदार दोनों प्रजातियां शामिल हैं।

अतः विकल्प (D) सही है।

76. सामुदायिक विकास कार्यक्रम 1952 में स्वतंत्रता के ठीक बाद भारत में शुरू किया गया था। सामुदायिक विकास कार्यक्रम 2 अक्टूबर 1952 को शुरू किया गया था। यह ग्रामीण लोगों के समग्र विकास के उद्देश्य से एक बहु-परियोजना कार्यक्रम था। इसका उद्देश्य गांव के लोगों के जीवन स्तर में सुधार करना भी था। सामुदायिक विकास परियोजनाओं के माध्यम से ग्रामवासियों को प्रशासनिक गतिविधियों का प्रशिक्षण भी दिया जाता है।
अतः विकल्प (B) सही है।

77. एक स्थानीय कर एक राज्य, काउंटी या नगरपालिका द्वारा शिक्षा, कचरा संग्रहण और सीवेज मरम्मत जैसी सार्वजनिक सेवाओं के भुगतान में सहायता के लिए भुगतान किया गया कर है। संपत्ति कर, पेरोल कर, बिक्री कर और लाइसेंस शुल्क सभी स्थानीय करों के उदाहरण हैं। पंचायत स्थानीय मामलों के कर एकत्र करने के लिए प्रभारी है।

प्रत्येक ग्राम पंचायत अपने क्षेत्र में कर लगा सकती है। इन करों में शामिल हैं:

- ग्राम पंचायत द्वारा निर्धारित दर से सेवा कर
- टोल टैक्स
- गांव में या उसके आसपास आयोजित मेलों के लिए शुल्क
- कृषि भूमि पर कर

अतः विकल्प (C) सही है।

78. पंचायती राज की स्थापना भारत में लोकतांत्रिक विकेंद्रीकरण की अवधारणा पर आधारित है। पंचायती राज संस्थाएं जमीनी स्तर पर लोकतंत्र और विकास को बढ़ावा देने के लिए हैं। इसका उद्देश्य तेजी से, तीव्र सामाजिक-आर्थिक प्रगति सुनिश्चित करने और पर्याप्त न्याय प्रदान करने की दृष्टि से लोकतांत्रिक विकेंद्रीकरण और लोगों की भागीदारी की एक प्रणाली विकसित करना है।
अतः विकल्प (C) सही है।

79. आवास एवं शहरी कार्य मंत्रालय के स्मार्ट सिटीज मिशन ने 'पड़ोस का पोषण चुनौती समूह' के लिए 25 शॉर्टलिस्ट किए गए शहरों की घोषणा की।

यह चुनौती केंद्र सरकार के स्मार्ट सिटीज मिशन के तहत बचपन के अनुकूल पड़ोस का समर्थन करने के उद्देश्य से तीन साल की पहल है। इस चुनौती में 300 से अधिक पायलट परियोजनाओं का प्रस्ताव किया गया था जिससे 12 लाख से अधिक बच्चों के जीवन की गुणवत्ता में सुधार होगा।

अत: विकल्प (B) सही है।

80. केंद्रीय जनजातीय मामलों के मंत्रालय ने "श्रमशक्ति" नाम से एक राष्ट्रीय प्रवासन सहायता पोर्टल लॉन्च किया है।

केंद्रीय जनजातीय मामलों के मंत्रालय ने एक समर्पित पोर्टल लॉन्च किया है जो प्रवासी श्रमिकों के लिए राज्य और राष्ट्रीय स्तर के कार्यक्रम तैयार करने में मदद करेगा।

पोर्टल का नाम 'श्रमशक्ति' है और इसे गोवा में केंद्रीय जनजातीय मामलों के मंत्री द्वारा लॉन्च किया गया था। उन्होंने श्रम साथी नामक प्रवासी श्रमिकों के लिए एक प्रशिक्षण नियमावली भी शुरू की।

अतः विकल्प (D) सही है।

81. सरकार द्वारा "सर्ब पावर" योजना महिला वैज्ञानिक खंड को लक्षित करते हुए शुरू की गई है।

विज्ञान और प्रौद्योगिकी मंत्रालय द्वारा "सर्ब पावर" (अन्वेषी अनुसंधान में महिलाओं के लिए अवसरों को बढ़ावा देना) नामक एक योजना शुरू की गई है, जिसे विशेष रूप से महिला वैज्ञानिकों को विज्ञान और प्रौद्योगिकी के क्षेत्र में काम करने के लिए प्रोत्साहित करने के लिए डिज़ाइन किया गया है। विज्ञान और इंजीनियरिंग अनुसंधान बोर्ड (एसईआरबी), विज्ञान और प्रौद्योगिकी विभाग (डीएसटी), भारत सरकार का एक वैधानिक निकाय इस योजना को लागू कर रहा है।

अत: विकल्प (D) सही है।

82. राष्ट्रीय खाद्य सुरक्षा योजना की शुरुआत वर्ष 2013 मे हुई थी।

सरकार ने संसद द्वारा पारित, राष्ट्रीय खाद्य सुरक्षा अधिनियम, 2013 दिनांक 10 सितम्बर, 2013 को अधिसूचित किया है,जिसका उद्देश्य एक गरिमापूर्ण जीवन जीने के लिए लोगों को वहनीय मूल्यों पर अच्छी गुणवत्ता के खाद्यान्न की पर्याप्त मात्रा उपलब्ध कराते हुए उन्हें मानव जीवन-चक्र दृष्टिकोण में खाद्य और पौषणिक सुरक्षा प्रदान करना है।
अतः विकल्प (D) सही है।

83. वर्ष 2016 में, प्रधान मंत्री नरेंद्र मोदी ने ग्रामीण विकास मंत्रालय के तहत श्यामा प्रसाद मुखर्जी रूर्बन मिशन का शुभारंभ किया। मिशन के तहत, स्थानीय आर्थिक विकास को प्रोत्साहित करने और इस तरह एक समावेशी ग्रामीण विकास का निर्माण करने के लिए सुनियोजित रुर्बन क्लस्टर बनाए गए हैं।

अतः विकल्प (B) सही है।

84. राजीव गांधी ग्रामीण विद्युतीकरण योजना की शुरुआत वर्ष 2005 मे हुई थी।

राजीव गांधी ग्रामीण विद्युतीकरण योजना या ग्रामीण विद्युत मूलसंरचना एवं गृह विद्युतीकरण योजना की शुरुआत 2005 में की गई थी जिसका उद्देश्य सभी ग्रामीण आवासों को बिजली उपलब्ध कराना है। योजना के लिए 90 प्रतिशत राशि केंद्र सरकार द्वारा एवं 10 प्रतिशत राशि ग्रामीण विद्युतीकरण निगम द्वारा दी गई है।
अतः विकल्प (B) सही है।

85. भारत में हरित क्रांति 20वीं सदी में 1970 के दशक के दौरान एक नई कृषि रणनीति अपनाने के लिए शुरू की गई थी। इसने भारत की स्थिति को भोजन की कमी वाले देश से दुनिया के अग्रणी कृषि देशों में से एक में बदल दिया।

अतः विकल्प (B) सही है।

86. ग्रामीण समाज में जजमानी व्यवस्था की हानि परिजनों का शोषण है। जजमानी व्यवस्था के अन्तर्गत विभिन्न ऊँची-नीची जातियाँ को पारस्परिक रूप से एक-दूसरे की सेवाओं पर निर्भर रहना पड़ता है। इस पारस्परिक आश्रितता तथा निर्भरता के कारण ग्रामीण समाज का संगठन सुदृढ़ बना रहता है। इस प्रकार ग्रामीण समुदाय के लोगों में सामूहिक इच्छा और संगठन की भावना विकसित होती है।

अत: विकल्प (B) सही है।

87. ग्राम स्वराज, या ग्राम स्वशासन, एम.के. गांधी की दृष्टि में एक केंद्रित अवधारणा थी। यह भारत में आर्थिक विकास के उनके सपने का मूल था। गांधी का ग्राम स्वराज पुराने गाँव का पुनर्निर्माण नहीं था बल्कि उदार अर्थव्यवस्था वाले गाँवों की नई मुक्त इकाइयों के निर्माण की प्रक्रिया थी।

अत: विकल्प (C) सही है।

88. आमने-सामने बातचीत ग्रामीण समाज की विशेषता है। गाँव में व्यक्ति वे एक दूसरे के साथ अनौपचारिक संबंधों से बंधे होते हैं। एक अकेला व्यक्ति जो गांव में सभी व्यक्तियों को जानता है, सभी व्यक्ति सभी को जानते हैं। वे एक दूसरे के साथ मजबूत एकजुटता रखते हैं और दूसरे व्यक्ति को बहुत करीब से जानते हैं।

अत: विकल्प (B) सही है।

89. ग्राम समाज कृषि प्रधान समाज का प्रकार है। ग्रामीण क्षेत्र के अधिकांश व्यक्ति कृषि गतिविधियों से जुड़े। गाँव मुख्य रूप से खाद्य-उत्पादक इकाइयाँ हैं और वे कृषि आधारित हैं। वे न केवल अपने निर्वाह के लिए बल्कि शहरी समाजों के लिए भी उत्पादन करते हैं, जो गैर-खाद्य उत्पादक इकाइयाँ हैं। शहरी समाज कृषि प्रधान समाज नहीं है।

अत: विकल्प (D) सही है।

90. सहकारी विपणन समितियों का व्यापक उद्देश्य संपूर्ण विपणन प्रणाली को युक्तिसंगत बनाना है ताकि यह उत्पादक के लिए लाभकारी हो सके। इसका मूल उद्देश्य किसान की सौदेबाजी की क्षमता को मजबूत करना है ताकि उसे बेहतर मूल्य मिल सके और बेवजह बिचौलियों को खत्म किया जा सके। संसाधन उपयोग और उत्पादन प्रबंधन को अनुकूलित करने के लिए, बाजारों का विस्तार और कृषि आधारित उद्योगों की वृद्धि सहकारी विपणन समितियों की कुछ भूमिकाएं हैं।

अत: विकल्प (D) सही है।

91. प्राथमिक कृषि ऋण समिति त्रि-स्तरीय सहकारी ऋण संरचना में आधार बनाती है। यह एक ग्राम स्तर की संस्था है जो सीधे ग्रामीण लोगों से संबंधित है। यह कृषकों के बीच बचत को प्रोत्साहित करता है, उनसे जमा स्वीकार करती है, जरूरतमंद कर्जदारों को ऋण देती है और पुनर्भुगतान एकत्र करती है। राज्य सहकारी बैंक, जिला केंद्रीय सहकारी बैंक और प्राथमिक कृषि ऋण समितियाँ ग्रामीण सहकारी ऋण संस्था के तीन भाग हैं।

अत: विकल्प (D) सही है।

92. पंचायती राज संस्था को 73वें संविधान संशोधन अधिनियम 1992 के माध्यम से जमीनी स्तर पर लोकतंत्र के निर्माण के लिए संवैधानिक बनाया गया था और देश में ग्रामीण विकास का कार्य सौंपा गया था। 73वां संवैधानिक संशोधन 1992 दिसंबर में संसद द्वारा पारित किया गया था और यह अधिनियम 24 अप्रैल, 1993 को लागू हुआ था।

अत: विकल्प (D) सही है।

93. वित्त आयोग से प्राप्त पंचायती राज संस्थाओं से प्राप्त अनुदान सहायता ग्राम पंचायत को जारी की जाती है। प्रत्येक ग्राम पंचायत को राज्य वित्त आयोग द्वारा की गई अनुशंसा के आधार पर राज्य निधि से सहायता अनुदान प्राप्त करने का अधिकार है। समानता के उपाय के रूप में प्रत्येक ग्राम पंचायत को न्यूनतम 3 लाख रुपये का अनुदान दिया जाता है और शेष राशि को जनसंख्या के आधार पर वितरित किया जाता है। राज्य वित्त आयोग की संस्तुति के

अनुसार हस्तांतरण अनुदान ग्राम पंचायतों, पंचायत संघों और जिला पंचायतों को क्रमशः 60 : 32 : 8 के अनुपात में वितरित किया जाता है।

अतः विकल्प (C) सही है।

94. उत्तर प्रदेश राजमार्ग भू-नियंत्रण अधिनियम वर्ष 1945 में पारित किया गया था।

ब्रिकफील्ड्स और भट्टों के लिए भूमि के उपयोग को विनियमित करने पर ध्यान देने के साथ मुख्य सड़कों से सटे क्षेत्रों पर नियंत्रण रखने के उद्देश्य से क़ानून बनाया गया था।

यह आवश्यक था, जैसा कि अधिनियम द्वारा दो कारणों से घोषित किया गया था, पहला यह कि अनियंत्रित उत्खनन से मलेरिया ले जाने वाले मच्छरों के प्रजनन स्थलों का निर्माण होगा और दूसरा यह कि यह महंगे समतल संचालन के बिना भवन के उद्देश्यों के लिए भूमि के भविष्य के विकास को असंभव बना देगा।

अत: विकल्प (C) सही है।

95. अम्बेडकर विशेष रोजगार योजना (एवीआरवाई) के अंतर्गत सामान्य श्रेणी लाभार्थियों के लिए उपलब्ध इकाई लागत प्रतिशतता एवं अधिकतम आर्थिक सहायता (सब्सिडी) धनराशि 25% ₹ 7,500 है। स्थानीय संसाधनों और ग्रामीण क्षेत्रों की जरूरतों के मद्देनजर, योजना का उद्देश्य विभिन्न भौगोलिक, सामाजिक, आर्थिक स्थितियों की क्षमता के अनुरूप रोजगार पैदा करने वाली परियोजनाओं के माध्यम से व्यक्तियों को लाभ प्रदान करना है।

अत: विकल्प (A) सही है।

96. मध्याह्न भोजन कार्यक्रम के अन्तर्गत मध्याह्न भोजन के पकाने परोसने व उपभोग करने में स्वच्छता का ध्यान रखने के लिए जाँच-पड़ताल दैनिक आवृत्ति पर करनी चाहिए।

मध्याह्न भोजन योजना मानव संसाधन विकास मंत्रालय के स्कूल शिक्षा और साक्षरता विभाग के अंतर्गत आती है। यह योजना प्रदान करती है कि कक्षा I से VIII तक की कक्षाओं में अध्ययन करने वाले छह से चौदह वर्ष की आयु के हर बच्चे को जो स्कूल में दाखिला लेता है और उपस्थित रहता है, तो 450 कैलोरी और 12 ग्राम प्रोटीन के पोषण मानकों वाला पका हुआ भोजन प्राथमिक (I- V वर्ग) के लिए प्रदान किया जायेगा और उच्च प्राथमिक (VI-VIII वर्ग) के लिए 700 कैलोरी और 20 ग्राम प्रोटीन वाला पका हुआ स्कूल की छुट्टियों को छोड़कर हर दिन नि: शुल्क में दिया जायेगा।

अत: विकल्प (A) सही है।

97. एक ग्राम पंचायत में महिलाओं के लिए 33% पद आरक्षित होने चाहिए।

संविधान के 73वें संशोधन- 1992 में, पूरे भारत में पंचायती राज संस्थाओं में महिलाओं को एक तिहाई (33%) आरक्षण दिया गया है।

अत: विकल्प (A) सही है।

98. अक्टूबर 1974 में, ग्रामीण विकास विभाग खाद्य और कृषि मंत्रालय के एक भाग के रूप में अस्तित्व में आया।

18 अगस्त 1979 को ग्रामीण विकास विभाग का गठन ग्रामीण पुनर्गठन मंत्रालय के रूप में किया गया। 23 जनवरी 1982 को इस मंत्रालय का नाम बदलकर ग्रामीण विकास मंत्रालय कर दिया गया।

अत: विकल्प (B) सही है।

99. राष्ट्रीय ग्रामीण विकास और पंचायती राज संस्थान (NIRD&PR) एक प्रमुख संस्थान है जो भारत में ग्रामीण विकास पर प्रशिक्षण देता है और अनुसंधान करता है।

यह केंद्रीय ग्रामीण विकास मंत्रालय के अंतर्गत आता है और वर्तमान ग्रामीण विकास और पंचायती राज मंत्री गिरिराज सिंह हैं। यह वर्तमान में हैदराबाद, तेलंगाना में स्थित है, और वर्ष 1983 में गुवाहाटी में असम में स्थापित किया गया था।

अतः विकल्प (C) सही है।

100. ग्रामीण क्षेत्रों में ऋण आपूर्ति को बढ़ावा देने के लिए आरआरबी और भूमि विकास बैंक की स्थापना की गई थी।

ग्रामीण विकास उन क्षेत्रों के विकास के लिए कार्रवाई पर केंद्रित है जो ग्रामीण अर्थव्यवस्था के समग्र विकास में पिछड़ रहे हैं। क्रेडिट (ऋण) एक समझौते को संदर्भित करता है जिसमें ऋणदाता भविष्य के भुगतान के वादे के बदले में उधारकर्ता को धन, सामान या सेवाओं की आपूर्ति करता है।

अतः विकल्प (C) सही है।

General Hindi

Q.1 निम्न में से कौन-सा शब्द बहुवचन है?

[UP Police Sub Inspector, 2017]

A. गौ   **B.** गुरुजन   **C.** लेखक   **D.** अनुज

Q.2 निर्देश: वाक्य के अशुद्ध भाग (त्रुटिपूर्ण भाग) का चयन कीजिए।

अपराधी और (a)/ निरपराधी का (b)/ अन्तर करना (c)/ कठिन है। (d)

A. (a)   **B.** (b)   **C.** (c)   **D.** (d)

Q.3 'हुक्का पानी बंद करना' मुहावरे का अर्थ है:

A. अत्यधिक लाभ प्राप्त करना

B. बिरादरी से अलग करना

C. निरुत्तर होना

D. लज्जित होना

Q.4 'ठूंठ होना' मुहावरे का अर्थ है:

A. चलाक होना   **B.** शेखीखोरा होना

C. मधुर होना   **D.** जिसको फर्क न पड़े

Q.5 जिन शब्दों में लिंग, वचन, पुरुष, कारक, काल आदि के कारण जो शब्द रूपांतरित होते रहते हैं, क्या कहलाते हैं?

A. विकारी   **B.** अविकारी   **C.** वचन   **D.** प्रत्यय

Q.6 'सत्याग्रह' का समास-विग्रह क्या होगा?

A. सत्या से ग्रह   **B.** सत्य में ग्रह

C. सत्य के लिए आग्रह   **D.** सत्य पर आग्रह

Ques (7-11):निर्देश: निम्नलिखित गद्यांश का ध्यानपूर्वक अध्ययन करें तथा दिए गए प्रश्न का सही उत्तर दें:

22 दिसम्बर, 1939 को श्री धनसिंह नागरकोटी का घर रिसने लगा। मल्ली ताल में दाहिनी ओर बने कुछ घर भी रिसने लगे। जाड़ों के दिनों में रिसना कम ही होता था पर अबकी पता नहीं क्यों पहाड़ी पर बने घरों में भी इस रिसाव के कारण ठण्ड का प्रभाव कुछ ज्यादा ही होने लगा। सन्तोष की बात थी कि शाम तक पानी का जोर हल्का पड़ने लगा। पर रात को जो बर्फ गिरनी शुरू हुई तो अगले दो दिन तक थमने का नाम ही नहीं लिया। 24 दिसम्बर की शाम तक आकाश खुल गया और लोग 'ह्वाइट क्रिसमस' या 'श्वेत बड़ा दिन' मनाने की तैयारी में जुट गए। बड़ा दिन जब आया तो सूर्यदेव के दर्शन हुए। छतों पर की बर्फ खिसक-गिरकर घरों के सामने जमा हो गई थी। उसे हटाकर रास्ता साफ किया गया। पिघलती बर्फ के कारण हाड़ कंपाने वाली सर्दी में भी लोगों का उत्साह कम नहीं हुआ और वे परस्पर क्रिसमस की शुभकामनाएँ और डालियों का आदान-प्रदान करने लगे। तापमान शून्य से तीन डिग्री नीचे हो गया था। पानी की आपूर्ति नलों के भीतर पानी के जमने से उनके फट जाने से रूक गई थी।

Q.7 गद्यांश में क्रिसमस के लिए 'ह्वाइट क्रिसमस' शब्द इसलिए आया है क्योंकि -

A. क्रिसमस के अवसर पर सब लोग सफेद रंग के कपड़े पहनते हैं

B. क्रिसमस के अवसर पर सब लोग सफेद केक खाते हैं

C. क्रिसमस के अवसर पर बहुत बर्फ पड़ी थी

D. क्रिसमस का असली नाम यही है

Q.8 जाड़े के दिनों में पानी का रिसना -

A. हमेशा ज्यादा होता है   **B.** इस बार ज्यादा था

C. कभी-कभी होता था   **D.** इस बार कम था

Q.9 सन्तोष की क्या बात थी?

A. शाम को ठण्ड का प्रभाव ज्यादा नहीं था

B. सुबह ठण्ड का प्रभाव बिल्कुल नहीं था

C. शाम को बारिश रूक गई

D. शाम को बारिश कम होने लगी

Q.10 पानी की आपूर्ति क्यों नहीं हो पाई?

A. पानी पर्याप्त मात्रा में नहीं था

B. पानी नलों में जम गया था

C. पानी फट गया था

D. बर्फ धीमी गति से पिघल रही थी

Q.11 गद्यांश के आधार पर कहा जा सकता है कि -

A. पहाड़ों का जीवन आसान है

B. पहाड़ों पर हमेशा त्योहार मनाए जाते हैं

C. पहाड़ों पर जीवन व्यतीत करना कठिन होता है

D. पहाड़ों पर हमेशा बर्फ जमी रहती है

Q.12 दिए गए विकल्पों में से 'अतल' शब्द का विलोम क्या होगा?

A. अश्रु   **B.** अधिक   **C.** वितल   **D.** अग्र

Q.13 दिए गए विकल्पों में से 'उपमेय' शब्द का विलोम क्या होगा?

A. अनुपमेय   **B.** अनुपमा   **C.** उपचार   **D.** अनुचित

Q.14 फंदा शब्द का तत्सम रूप है।

A. पाश   **B.** पर्पट   **C.** पर्ण   **D.** पक्क

Q.15 'कपित्थ' का तथ्व्रव शब्द है:

A. कपूर   **B.** कैथा   **C.** केला   **D.** खजूर

Q.16 निम्नलिखित में से 'कपीश' में कौन सी संधि होगी?

A. व्यंजन संधि   **B.** गुण संधि

C. दीर्घ संधि   **D.** वृद्धि संधि

Q.17 निर्देश: प्रत्येक प्रश्न के आगे दिए गए विकल्पों में से उचित विकल्प चुनें।

जो पहले कभी नहीं हुआ:

[Sainik School Entrance Class VI, 2018]

A. अजर   **B.** भूतपूर्व   **C.** अकथनीय   **D.** अभूतपूर्व

Q.18 निम्नलिखित में से एक अनेकार्थी शब्द 'खग' से संबंधित नहीं है, उसको चुनिए:

A. मन   **B.** तीर   **C.** पक्षी   **D.** आकाश

Q.19 'नाग' शब्द का एक अर्थ होता है - 'सर्प'। इस शब्द का दूसरा अर्थ क्या होता है?

A. बकरा   **B.** गदहा   **C.** घोड़ा   **D.** हाथी

Q.20 "सरसिज" शब्द का पर्यायवाची शब्द निम्नलिखित में से कौन सा है?

A. नौकर   **B.** नलिन   **C.** आदेश   **D.** ग्रग

Q.21 निम्नलिखित विकल्पों में से कौन सा एक विकल्प शेष तीन का पर्यायवाची नहीं है?

A. लोक   **B.** जगत   **C.** विख्याति   **D.** विश्व

Q.22 एक तुला-मशीन अधिकांशत: व्यक्तियों का वजन बढ़ाकर बताती है। यह निम्नलिखित में से किस प्रकार की त्रुटि का द्योतक है?

A. यादृच्छिक त्रुटि
B. व्यवस्थित त्रुटि
C. मानक त्रुटि
D. संभावित त्रुटि

Q.23 निम्नलिखित में कौन से शब्द में त्रुटि नहीं है?

A. पैत्रिक
B. पैत्रक
C. पैतृक
D. पैर्तक

Q.24 निम्नलिखित विकल्पों में से सही वर्तनी वाले शब्द का चुनाव कीजिए:

A. उज्ज्वल
B. उज्ज्वल
C. उज्वल
D. उजवल

Q.25 सोहन ने भूखे को भोजन दिया-इस वाक्य में कौन-सा कारक है?

A. कर्म
B. करण
C. संप्रदान
D. अपादान

Mathematics

Q.26 एक समलंब का क्षेत्रफल क्या होगा जिसकी समानांतर भुजाएँ 44 सेमी और 36 सेमी लंबी हैं और उनके बीच की दूरी 22 सेमी है?

A. 990 सेमी ^{2}
B. 890 सेमी ^{2}
C. 880 सेमी ^{2}
D. 900 सेमी ^{2}

Q.27 निम्नलिखित में से कौन केंद्रीय प्रवृत्ति का माप नहीं है:

[UPSESSB TGT Mathematics, 2016]

A. माध्य
B. माध्यिका
C. बहुलक
D. मानक विचलन

Q.28 ऐसे वृत्त जिनका केंद्र एक ही हो, लेकिन विभिन्न त्रिज्याएँ हो को ____ कहा जाता है।

A. आतंरिक वृत्त
B. संकेन्द्रीय वृत्त
C. बाहरी वृत्त
D. वृत्त

Q.29 यदि एक आयत का क्षेत्रफल जिसकी लंबाई उसकी चौड़ाई के दोगुने से 5 इकाई अधिक है, 75 वर्ग इकाई है, तो चौड़ाई क्या है?

A. 3 इकाई
B. 5 इकाई
C. 7 इकाई
D. 10 इकाई

Q.30 एक आयताकार हॉल की लंबाई उसकी चौड़ाई से 5 सेमी अधिक है। यदि हॉल का क्षेत्रफल 750 सेमी² है, तो इसकी लंबाई है:

A. 20
B. 30
C. 40
D. 50

Q.31 निम्नलिखित में कौन द्विघात समीकरण है?

A. $x + \frac{1}{x} = 2$
B. $x^2 + 3x^{-1} = 2$
C. $x^3 - x^2 = 5$
D. $3x^2 - \frac{4}{x} = 0$

Q.32 $(x + 2)^3 = (x^2 - 1)2x$ किस प्रकार का समीकरण है?

A. एकघातीय समीकरण
B. द्विघात समीकरण
C. घन समीकरण
D. अचर पद

Q.33 श्रेयस और तेजस दोनों मित्र हैं। प्रत्येक के पास कुछ रुपये हैं। यदि श्रेयस, तेजस को 20 रुपये देता है, तब तेजस के पास, श्रेयस के पास शेष राशि से दोगुनी धनराशि होगी। लेकिन यदि तेजस, श्रेयस को 15 रुपये देता है, तब श्रेयस के पास, तेजस के पास शेष राशि से तीन गुना अधिक धनराशि होगी। प्रत्येक के पास कितने रूपये है?

A. रु. 48, रु. 36
B. रु. 60, रु. 20
C. रु. 170, रु. 124
D. रु. 43, रु. 26

Q.34 एक आयत का परिमाप ज्ञात कीजिए जिसकी लंबाई 22 सेमी और चौड़ाई 5 सेमी है।

A. 34 सेमी
B. 54 सेमी
C. 48 सेमी
D. 36 सेमी

Q.35 दो संख्याओं a और b का HCF, c है। उन दो संख्याओं का LCM क्या है?

A. $\frac{ab}{c}$
B. $\frac{ac}{b}$
C. $\frac{b}{ca}$
D. abc

Q.36 दो अभाज्य संख्याओं x और y ($x > y$) का एलसीएम 161 है। $3y - x$ का मान ज्ञात कीजिए।

A. -1
B. 1
C. 2
D. -2

Q.37 एक वर्ग और एक आयत के क्षेत्रफल बराबर हैं। यदि वर्ग की भुजा 40 सेमी है और आयत की चौड़ाई 25 सेमी है, तो आयत की लंबाई ज्ञात कीजिये।

A. 81 सेमी
B. 65 सेमी
C. 64 सेमी
D. 74 सेमी

Q.38 दो गोलों की त्रिज्याओं का योगफल 10 सेमी है और उनके आयतनों का योगफल 880 घन सेमी है। उनके त्रिज्याओं का गुणनफल क्या होगा?

A. $\frac{79}{3}$
B. $\frac{64}{3}$
C. $\frac{75}{7}$
D. $\frac{87}{3}$

Q.39 ∆ABC में, ∠B = 65°, ∠C = 30° है। तो निम्नलिखित में से कौन सा कथन सत्य है?

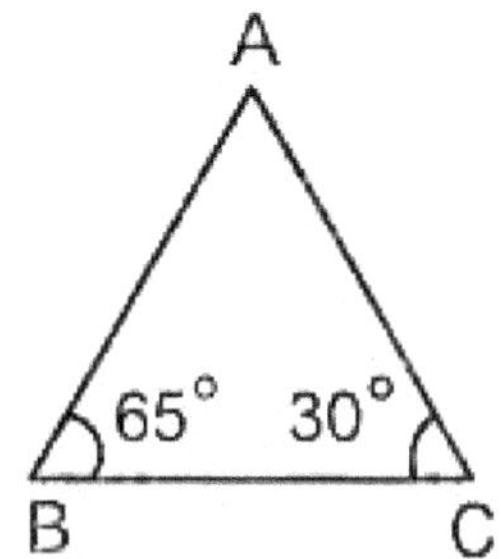

A) AC > AB
B) BC > AB
C) AB > AC
D) AB > BC

A. केवल A
B. केवल B
C. A और C दोनों
D. A और B दोनों

Q.40 आंकड़ों $9,5,8,9,9,7,8,9,8$ की माध्यिका, बहुलक और माध्य ज्ञात कीजिए?

A. 9,9,9
B. 9,8,9
C. 8,9,8
D. 8,9,9

Q.41 आंकड़ों $7.5, 7.3, 7.2, 7.2, 7.4, 7.7, 7.7, 7.5, 7.3, 7.2, 7.6,\ 7.2$ का बहुलक है:

A. 7.3
B. 7.5
C. 7.2
D. 7.6

Q.42 श्रीनिवास काम करता है और $14,500$ रुपये प्रति माह कमाता है, जिसमें से वह केवल 20% बचाता है और शेष राशि अन्य कार्यों पर खर्च करता है। खर्च की गई राशि ज्ञात कीजिये?

[RRB/RRC Group D, 2018]

A. ₹ 11,500
B. ₹ 11,400
C. ₹ 11,000
D. ₹ 11,600

Ques (43-47):निर्देश: निम्नलिखित तालिका में 50 रुपये, 100 रुपये, 200 रुपये और 500 रुपये के नोट 5 व्यक्तियों को दिए जाएंगे। (तालिका में कुछ आंकड़े लुप्त हैं)।

व्यक्ति	50 रुपये	100 रुपये	200 रुपये	500 रुपये
आकाश	-	60	-	12

विकास	50	-	40	-
अनिल	-	20	-	16
सुनील	19	-	-	8
कुणाल	-	20	16	-

Q.43 यदि अनिल को 200 रुपये के नोटों की कुल संख्या, जो उसके साथ 50 रुपये के कुल नोटों की तुलना में 3 कम है, और अनिल की कुल राशि के सभी 4 प्रकार के नोटों की राशि 13900 रुपये है, तो वह 200 रुपये के कितने नोटों को लेगा?

A. 15   **B.** 12   **C.** 16   **D.** 18

Q.44 अगर सुनील के पास 100 रुपये के नोटों की संख्या के साथ 100 रुपये के नोटों का अनुपात 3 : 1 है और सभी लोगों के पास 100 रुपये के नोटों की औसत संख्या 36 है, तो विकास के साथ 100 रुपये के नोटों की कुल संख्या क्या है?

A. 50   **B.** 60   **C.** 80   **D.** 75

Q.45 आकाश के साथ सभी 4 मूल्यवर्ग के नोटों की कुल संख्या 142 है और आकाश के साथ 200 रुपये के मूल्यवर्ग के नोटों की संख्या उससे 25% कम है, उसके साथ 50 रुपये मूल्यवर्ग के नोटों की संख्या, तो आकाश के पास कुल राशि क्या है?

A. 12000 रुपये   **B.** 15000 रुपये
C. 20000 रुपये   **D.** 22000 रुपये

Q.46 विकास के पास 50 और 200 रुपये के नोटों की कुल संख्या आकाश के पास 100 रुपये और 500 रुपये के नोटों की कुल संख्या का अनुपात क्या है?

A. 3 : 5   **B.** 2 : 5   **C.** 3 : 7   **D.** 4 : 5

Q.47 सुनील के पास सभी मूल्यवर्ग के नोटों की औसत संख्या 16 है और 100 मूल्यवर्ग के नोटों के साथ सुनील के पास 2000 रूपये हैं, फिर सुनील के पास 200 रुपये मूल्यवर्ग के कितने नोट हैं?

A. 18   **B.** 17   **C.** 16   **D.** 15

Q.48 एक वर्ग के विकर्ण की लंबाई की गणना करें यदि वर्ग का क्षेत्रफल 50 वर्ग सेमी है?

A. $50\sqrt{2}cm$ **B.** $5\ cm$
C. $15\sqrt{2}cm$ **D.** $10\ cm$

Q.49 निर्देश: निम्नलिखित जानकारी का ध्यानपूर्वक अध्ययन करें और नीचे दिए गए प्रश्नों के उत्तर दें:

25 शहरों में वर्षा की वार्षिक मात्रा को नीचे हिस्टोग्राम में दर्ज और दिखाया गया है:

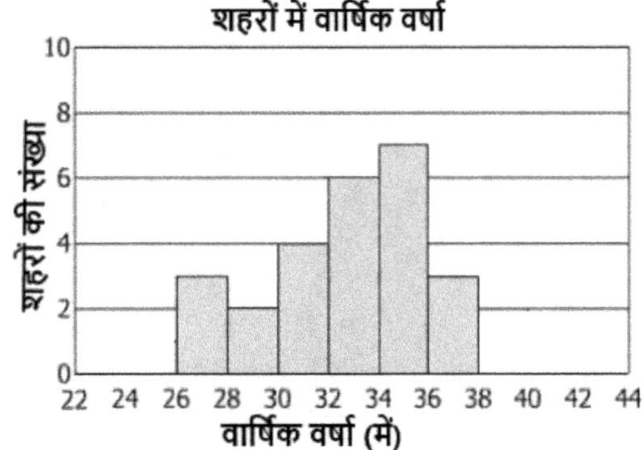

कितने शहरों में वार्षिक वर्षा 28.5 इंच - 32.5 इंच हो सकती है?

A. 6   **B.** 8   **C.** 9   **D.** 12

Q.50 प्रेक्षणों की कुल संख्या, जो एक निश्चित मान से कम होती है, कहलाती है:

A. वर्ग की सीमाएं   **B.** वर्ग अंक
C. संचयी आवृत्ति   **D.** प्रसरण

General Knowledge

Q.51 निम्नलिखित में से किसको फिक्शन श्रेणी में पुलित्जर पुरस्कार 2022 मिला?

A. नेतन्याहूस   **B.** बुक ऑफ नंबर्स
C. पीपल लव्ड डेड जियूज   **D.** फ्रेंच ब्रेड

Q.52 उस डिजिटल प्लेटफॉर्म का नाम क्या है जिसका उपयोग भारत में COVID टीकाकरण के लाभार्थियों को ट्रैक करने के लिए किया जाएगा?

A. आत्मानबीर प्रणाली   **B.** आरोग्य सेतु प्रणाली
C. COWIN प्रणाली   **D.** सीरम सिस्टम

Q.53 भारतीय रेलवे ने जुलाई 2022 में निम्नलिखित में से किस देश के निर्माता से एलएचबी कोचों के लिए 39,000 पहियों की खरीद का आदेश दिया है?

A. यूक्रेन   **B.** चीन   **C.** रूस   **D.** जर्मनी

Q.54 निम्नलिखित हिंद महासागर द्वीप राष्ट्रों में से किस एक ने हाल ही में एक जमीनी जहाज से तेल रिसाव के कारण पर्यावरण आपातकाल की स्थिति की घोषणा की है?

[Officers Training Academy (OTA), 2020], [Indian Military Academy (IMA), 2020]

A. मालदीव   **B.** मॉरिशस
C. मेडागास्कर   **D.** श्रीलंका

Q.55 उत्तर प्रदेश के किस शहर में एफिल टावर की तर्ज पर अनूठी रिवर आर्ट गैलरी बनाई जाएगी?

A. प्रयागराज   **B.** शाहजहांपुर
C. मेरठ   **D.** लखनऊ

Q.56 उत्तर प्रदेश के किस शहर में अपैरल पार्क बनने की घोषणा की गई है?

A. नोएडा   **B.** अमेठी   **C.** रायबरेली   **D.** मुरादाबाद

Q.57 LPG के घटक कौन से हाइड्रोकार्बन होते हैं?

A. मीथेन और ईथेन   **B.** प्रोपेन और ब्यूटेन
C. पेंटेन और बेंजीन   **D.** केवल मीथेन

Q.58 निम्नलिखित में से कौन सा कथन कपूर और अमोनियम क्लोराइड के बारे में सही है?

A. वे दोनों अकार्बनिक यौगिक हैं
B. ये दोनों ही कार्बनिक यौगिक हैं
C. दोनों ही उर्ध्वपातन होते हैं
D. (A) और (B) दोनों

Q.59 किस मानव निर्मित फाइबर को लकड़ी के गूदे से प्राप्त किया जाता है?

A. नायलॉन   **B.** रेयान   **C.** रेशम   **D.** पॉलिएस्टर

Q.60 केप्लर का दूसरा नियम इस रूप में भी जाना जाता है:

A. परिक्रमण काल का नियम
B. क्षेत्रीय चाल का नियम
C. कक्षाओं का नियम
D. ग्रहों का नियम

Q.61 पेयजल में फ्लोराइड की अधिकात किसका कारण बनती है:

A. फेफड़ों के रोग
B. आंत्र संक्रमण
C. फ्लोरोसिस
D. रिकेट्स

Q.62 GIF का पूर्ण रूप क्या है?
A. ग्राफिक इंटरचेंज फॉर्मेट
B. ग्लोबल इनफार्मेशन फौरम
C. ग्राफिक इनफार्मेशन फॉर्मेट
D. ग्लोबल इंटरचेंज फाइल

Q.63 माइक्रोसॉफ्ट पावरपॉइंट एक शक्तिशाली प्रेजेंटेशन सॉफ्टवेयर है, जिसका उपयोग निम्नलिखित में से क्या बनाने के लिए किया जाता है?
A. डेस्कटॉप एप्लीकेशन
B. मोबाइल एप्लीकेशन
C. व्यावसायिक गुणवत्ता प्रेजेंटेशन
D. एप्लीकेशन के लिए विजुअल बेसिक

Q.64 पारिस्थितिकीय पदछाप के माप की इकाई है :
A. भूमण्डलीय हेक्टेयर
B. नैनोमीटर
C. हॉप्स क्यूबिक फूट
D. क्यूबिक टन

Q.65 निम्नलिखित में से किसे अर्थव्यवस्था में आय के चक्रीय प्रवाह से रिसाव माना जाता है?

[DSSSB TGT Social Science, 2014]

A. खपत और बचत
B. आयात और निर्यात
C. निर्यात और बचत
D. बचत और आयात

Q.66 लोरेंज वक्र का उपयोग मापने के लिए किया जाता है:

[DSSSB TGT Social Science, 2014]

A. विषमता
B. गरीबी
C. अंकुशशता
D. उत्पादन संभावना

Q.67 झांसी में 1857 के विद्रोह को किस ब्रिटिश अधिकारी ने दबा दिया था?
A. जॉन निकोलसन
B. हेनरी लॉरेंस
C. सर कॉलिन कैम्पबेल
D. जनरल ह्यूज रोज

Q.68 काकोरी ट्रेन डकैती की योजना किस विद्रोही गुट ने बनाई थी?
A. हिंदुस्तान सोशलिस्ट रिपब्लिकन एसोसिएशन
B. हिंदुस्तान रिपब्लिकन एसोसिएशन
C. यूनाइटेड नेशनल लिबरेशन फ्रंट
D. इनमे से कोई भी नहीं

Q.69 देश के शासन में निम्नलिखित में से कौन सा मौलिक है?
A. मौलिक अधिकार
B. मौलिक कर्तव्य
C. प्रस्तावना
D. उपर्युक्त में से कोई नहीं

Q.70 केंद्रीय सूचना आयोग किस प्रकार का निकाय है?
A. संवैधानिक निकाय
B. अर्द्ध-न्यायिक निकाय
C. वैधानिक निकाय
D. कार्यकारिणी निकाय

Q.71 निम्नलिखित युग्मों पर विचार कीजिए:

पत्रिका / समाचार पत्र	संपादक
1. भारत के दोस्त	फर्दुन जी. मरज़बान
2. मातृ भूमि	के.पी. केशव
3. द लीडर	पं. मदन मोहन मालवीय

नीचे दिए गए कोड का उपयोग करके सही युग्म का चयन कीजिए?
A. केवल 1 और 2
B. केवल 1 और 3
C. केवल 2 और 3
D. सभी सही हैं

Q.72 निम्नलिखित में से कौन-सा दीर्घतम अक्षांश है?

[UPSC NDA, 2021]

A. 90 डिग्री अक्षांश
B. 23.5 डिग्री अक्षांश
C. 0.0 डिग्री अक्षांश
D. 66.5 डिग्री अक्षांश

Q.73 अंड-करंड स्थलाकृति (बास्केट-ऑफ-एस टोपोग्राफी) निम्नलिखित में से किससे संबंधित है?

[UPSC NDA, 2021]

A. ड्रमलिन
B. एस्कर
C. सर्क
D. मोरेन

Q.74 मेजर ध्यानचंद खेल विश्वविद्यालय उत्तर प्रदेश में कहाँ स्थित है?
A. ग्रेटर नोएडा
B. मेरठ
C. लखनऊ
D. कानपुर

Q.75 जब कीबोर्ड पर एक कुंजी दबाया जाता है, तो कीस्ट्रोक को संबंधित बिट्स में बदलने के लिए किस मानक का उपयोग किया जाता है:
A. एएनएसआई
B. एएससीआईआई
C. ईबीसीडीआईसी
D. आईएसओ

Rural Development and Rural Society

Q.76 निम्नलिखित में से कौन जिला पंचायत के सदस्यों में शामिल है?
A. विधान सभा के सदस्य
B. विधान परिषद के सदस्य
C. लोकसभा सदस्य
D. इनमे से सभी

Q.77 निम्नलिखित में से कौन-सी ग्राम पंचायत समिति है?
A. शिक्षा समिति
B. स्वास्थ्य समिति
C. जल प्रबंधक
D. इनमे से सभी

Q.78 ग्राम पंचायत की महीने में कितनी बार बैठक होती है?
A. 1 बार
B. 2 बार
C. 3 बार
D. 4 बार

Q.79 उत्तर प्रदेश में एक वर्ष में कितनी ग्राम सभा की बैठक होनी चाहिए?
A. 2
B. 3
C. 4
D. 6

Q.80 एक गाँव के वार्ड से कितने सदस्य चुने जाते हैं, जिन्हे "पंच" कहा जाता है?
A. 7-12
B. 7-17
C. 10-20
D. 5-9

Q.81 गांव का प्रशासन कौन चलाता है?
A. ग्राम पंचायत
B. ग्राम सभा
C. जिला पंचायत
D. कलेक्टर

Q.82 संस्कृति मंत्रालय की उस योजना का क्या नाम है जो सांस्कृतिक कार्यक्रमों को बड़े दर्शकों के साथ आयोजित करने के लिए अनुदान प्रदान करती है?
A. कला संस्कृति विकास योजना
B. प्रधानमंत्री कला प्रकाश योजना
C. संस्कृति महा योजना
D. सांस्कृतिक कार्यक्रम संवर्धन कार्यक्रम

Q.83 "एकीकृत शीत श्रृंखला और मूल्य संवर्धन योजना" किस मंत्रालय द्वारा लागू की गई है?
A. कृषि मंत्रालय
B. वित्त मंत्रालय
C. खाद्य प्रसंस्करण मंत्रालय
D. मत्स्य मंत्रालय

Q.84 पीएम कुसुम योजना को कौन सा केंद्रीय मंत्रालय लागू करता है?
A. बिजली मंत्रालय

B. अक्षय ऊर्जा मंत्रालय

C. कृषि और किसान कल्याण मंत्रालय

D. स्वास्थ्य और परिवार कल्याण मंत्रालय

Q.85 उत्तर प्रदेश भूमि विकास एवं जल संसाधन विकास प्रशिक्षण संस्थान कहां स्थित है?

A. लखनऊ **B.** कानपुर **C.** प्रयागराज **D.** वाराणसी

Q.86 मृदा स्वास्थ्य कार्ड सबसे पहले भारत के किस राज्य में प्रधान मंत्री नरेंद्र मोदी द्वारा पेश किया गया था?

A. गुजरात **B.** हरियाणा **C.** राजस्थान **D.** पंजाब

Q.87 एनआरईजीपी का फुल फॉर्म क्या है?

[UPSSSC Rajasva Lekhpal, 2015]

A. नेशनल रीजनल एम्प्लॉयमेंट गारंटी प्रोग्राम

B. नेशनल रूरल एंट्रेप्रेन्योरशिप गारंटी प्रोग्राम

C. नेशनल रूरल एजुकेशनल गारंटी प्रोग्राम

D. नेशनल रूरल एम्प्लॉयमेंट गारंटी प्रोग्राम

Q.88 यार्न आपूर्ति योजना का मूल उद्देश्य है:

A. सूत की बिक्री के लिए

B. पात्र हथकरघा बुनकरों को मिल गेट मूल्य पर सभी प्रकार के सूत उपलब्ध कराना

C. सूत के संबंध में बुनकरों को आवश्यक सूचना उपलब्ध कराना

D. इनमे से कोई नहीं

Q.89 "भारत में ग्रामीण समाजशास्त्र" पुस्तक किसके द्वारा लिखी गई है:

A. अक्षय आर देसाई **B.** नीरा देसाई

C. एम.एन. श्रीनिवास **D.** रामाराव इंदिरा

Q.90 भारत में ग्रामीण समाजशास्त्र के व्यवस्थित उद्भव को प्रभावित करने वाले प्रमुख कारक कौन से हैं?

A. दर्शन, ज्ञान और आधुनिकता

B. ब्रिटिश प्रशासन और स्वतंत्रता आंदोलन

C. संविधान की घोषणा

D. ग्रामीण समाज का उदय

Q.91 ग्रामीण जाति व्यवस्था में परिवर्तन का कारण क्या है ?

A. तर्कवाद **B.** संस्कृतिकरण

C. जातिवाद **D.** एकाधिकार

Q.92 संरक्षक-ग्राहक संबंध किस प्रणाली की विशेषता है?

A. जाति प्रणाली **B.** वर्ग सिस्टम

C. धार्मिक **D.** जजमानी प्रणाली

Q.93 पंचायती राज समिति का मुख्य अधिकारी कहलाता क्या है?

A. प्रसार अधिकारी **B.** विकास अधिकारी

C. लेखाकार **D.** कार्यालय अधीक्षक

Q.94 निम्नलिखित में से कौन पंचायती राज संस्थाओं की त्रि-स्तरीय व्यवस्था में सम्मिलित नहीं है?

A. पंचायत समिति **B.** ग्राम समिति

C. ग्राम पंचायत **D.** जिला परिषद

Q.95 राजीव गांधी द्वारा "लोकतंत्र और विकास के लिए पंचायती राज संस्थान के पुनरोद्धार" पर 1986 में नियुक्त समिति का क्या नाम था?

A. अशोक मेहता समिति

B. एल.एम.सिंघवी समिति

C. जी.वी.के राव समिति

D. बलवंत राय मेहता समिति

Q.96 निम्नलिखित में से कौन-सा 'पंचायती राज' व्यवस्था का मूल उद्देश्य है?

A. विकास में जनता की भागीदारी

B. राजनीतिक उत्तरदायित्व

C. लोकतांत्रिक विकेंद्रीकरण

D. दोनों (A) और (C)

Q.97 एसजीएसवाई (SGSY) का पूर्ण रूप _______ है।

[UPSSSC Rajasva Lekhpal, 2015]

A. स्वर्णजयंती ग्राम स्वरोजगार योजना

B. स्वर्णजयंती ग्राम सड़क योजना

C. स्वर्णजयंती ग्राम सुरक्षा योजना

D. स्वर्णजयंती ग्रामीण सेवा योजना

Q.98 स्वच्छ भारत मिशन (ग्रामीण) के अन्तर्गतए ग्रामीण क्षेत्रों में शौचालयों के निर्माण के लिए नवम्बर, 2018 − 19 में उत्तर प्रदेश सरकार ने _______ करोड़ रुपये का प्रावधान किया।

A. 5,565.05 करोड़ रुपये

B. 6,592.64 करोड़ रुपये

C. 1,234.33 करोड़ रुपये

D. 3,156.22 करोड़ रुपये

Q.99 राष्ट्रीय ग्रामीण पेय जल कार्यक्रम (एनआरडीडब्ल्यूपी) के अन्तर्गत, 2022 तक देश में हर ग्रामीण व्यक्ति को उनके घरेलू परिसरों में या उनके घरों से क्षैतिज या ऊर्ध्वाधर दिशा में 50 मीटर की दूरी से कम पर कितने लीटर प्रति व्यक्ति प्रतिदिन पेय जल उपलब्ध होना चाहिए?

A. 80 **B.** 100 **C.** 60 **D.** 70

Q.100 सामाजिक वानिकी कार्यक्रम का उद्देश्य निम्नलिखित सभी क्षेत्रों में बड़े पैमाने पर वृक्षारोपण है सिवाय _________ ।

A. फसल के लिए अनुपयुक्त सार्वजनिक भूमि पर

B. नगरीय औद्योगिक सम्पदाओं में

C. सड़कों एवं रेल पटरियों के साथ-साथ

D. निम्नीकृत वन आरक्षित क्षेत्रों में

// स्मार्ट उत्तर पुस्तिका //

सही उत्तर — उन छात्रों का प्रतिशत जिन्होंने प्रश्नों का सही उत्तर दिया था।   **छोड़ दिया** — उन छात्रों का प्रतिशत जिन्होंने प्रश्नों को छोड़ दिया था।

प्रश्न संख्या	उत्तर	सही उत्तर %	छोड़ दिया %
1	B	84.49 %	13.85 %
2	B	81.63 %	11.77 %
3	B	55.05 %	35.91 %
4	D	52.35 %	42.28 %
5	A	62.63 %	35.89 %
6	C	63.76 %	30.11 %
7	C	65.67 %	31.4 %
8	B	58.0 %	31.39 %
9	D	67.94 %	32.02 %
10	B	48.54 %	50.17 %
11	C	51.06 %	35.08 %
12	C	64.85 %	30.99 %
13	A	67.81 %	30.39 %
14	A	52.07 %	36.06 %
15	B	47.3 %	45.71 %
16	C	16.7 %	67.79 %
17	D	85.31 %	14.42 %
18	A	58.45 %	39.85 %
19	D	20.34 %	78.03 %
20	B	27.66 %	72.22 %
21	C	55.83 %	30.1 %
22	B	66.06 %	30.51 %
23	C	61.29 %	30.34 %
24	B	79.66 %	10.51 %
25	C	47.43 %	35.47 %
26	C	77.6 %	19.22 %
27	D	42.79 %	31.52 %
28	B	78.16 %	18.4 %
29	B	87.64 %	11.07 %
30	B	60.75 %	35.53 %
31	A	46.08 %	52.9 %
32	C	49.1 %	36.49 %
33	A	67.78 %	30.15 %
34	B	54.15 %	40.0 %
35	A	81.81 %	13.3 %
36	D	26.56 %	68.23 %
37	C	66.46 %	32.4 %
38	A	28.68 %	70.54 %
39	D	78.75 %	15.29 %
40	C	51.18 %	45.65 %
41	C	76.34 %	21.3 %
42	D	84.16 %	10.7 %
43	A	18.65 %	71.91 %
44	B	64.53 %	31.63 %
45	C	62.38 %	30.49 %
46	D	56.86 %	39.26 %
47	B	80.58 %	16.89 %
48	D	50.83 %	32.7 %
49	D	59.12 %	31.22 %
50	C	50.69 %	47.05 %
51	A	65.64 %	30.7 %
52	C	43.04 %	45.79 %
53	B	41.78 %	32.83 %
54	B	44.02 %	38.44 %
55	A	63.56 %	30.08 %
56	A	64.7 %	30.02 %
57	B	60.13 %	38.73 %
58	C	84.3 %	13.93 %
59	B	59.99 %	35.59 %
60	B	45.09 %	40.68 %
61	C	57.31 %	36.48 %
62	A	85.38 %	10.93 %
63	C	82.16 %	12.86 %
64	A	77.55 %	21.39 %
65	D	62.75 %	33.8 %
66	A	57.58 %	38.16 %
67	D	32.89 %	67.02 %
68	B	41.64 %	40.11 %
69	D	81.7 %	10.13 %
70	C	45.4 %	45.41 %
71	C	67.76 %	31.35 %
72	C	87.46 %	10.72 %
73	A	85.68 %	11.75 %
74	B	64.21 %	34.5 %
75	B	56.08 %	37.6 %
76	D	41.84 %	39.82 %
77	D	76.62 %	10.6 %
78	A	55.81 %	33.54 %
79	A	62.94 %	35.06 %
80	B	88.0 %	11.58 %
81	A	56.88 %	38.17 %
82	A	29.38 %	68.09 %
83	C	62.18 %	33.44 %
84	B	41.56 %	34.8 %
85	A	61.89 %	34.18 %
86	C	43.83 %	36.76 %
87	D	89.12 %	10.12 %
88	B	47.93 %	32.93 %
89	A	85.66 %	11.1 %
90	C	16.55 %	76.91 %
91	B	85.22 %	14.18 %
92	D	60.9 %	31.68 %
93	B	79.22 %	14.26 %
94	B	45.29 %	38.59 %
95	B	50.5 %	31.52 %
96	D	54.37 %	30.36 %
97	A	52.24 %	37.43 %
98	B	50.96 %	39.57 %
99	D	57.11 %	40.24 %
100	B	59.84 %	37.6 %

//संकेत और समाधान//

1. वचन की परिभाषा: जिन शब्दों से संज्ञा या सर्वनाम के एक या अनेक होने का बोध होता है, उन्हें वचन कहते हैं।

गुरूजन बहुवचन है, इसका एकवचन गुरु होगा।

अतः विकल्प (B) सही है।

2. वाक्य के (b) भाग में त्रुटि है, "निरपराधी का" के स्थान पर "निरपराध का" होगा।

शुद्ध वाक्य:

"अपराधी और निरपराध का अन्तर करना कठिन है।"

अतः विकल्प (B) सही है।

3. 'हुक्का पानी बंद कर देना' मुहावरे का अर्थ है – बिरादरी से अलग करना है।

वाक्य प्रयोग - गांवों में अन्तरजातीय विवाह करने वालों का हुक्का पानी बंद हो जाता है।

जब कोई शब्द समूह या पद या वाक्यांश निरंतर अभ्यास के कारण सामान्य अर्थ न देकर विशेष अर्थ व्यक्त करने लगे तो उसे मुहावरा कहते हैं।

अतः विकल्प (B) सही है।

4. 'ठूंठ होना' मुहावरे का उचित अर्थ जिसको फर्क न पड़े है।

वाक्य प्रयोग - आदित्य एक नम्बर का ठूंठ आदमी है।

जब कोई शब्द समूह या पद या वाक्यांश निरंतर अभ्यास के कारण सामान्य अर्थ न देकर विशेष अर्थ व्यक्त करने लगे तो उसे मुहावरा कहते हैं।

अतः विकल्प (D) सही है।

5. लिंग, वचन, पुरुष, कारक, काल आदि के कारण जो शब्द रूपांतरित होते रहते हैं, विकारी शब्द कहलाते हैं।

इसके अंतर्गत संज्ञा, सर्वनाम, विशेषण और क्रिया आते हैं जिनमें परिस्थिति के अनुसार परिवर्तन किया जा सकता है।

अतः विकल्प (A) सही है।

6. 'सत्याग्रह' का समास-विग्रह 'सत्य के लिए आग्रह' होगा।

- 'सत्याग्रह' शब्द में तत्पुरुष समास है।
- इसमें 'के लिए' सम्प्रदान कारक का प्रयोग हुआ है। इसलिए, इसमें 'तत्पुरुष समास' है।
- जिस समास में उत्तरपद प्रधान हो तथा समास करने के उपरांत विभक्ति (कारक चिन्ह) का लोप हो, वहाँ तत्पुरुष समास होता है।

अतः विकल्प (C) सही है।

7. उपर्युक्त गद्यांश के अनुसार क्रिसमस के अवसर पर बहुत बर्फ पड़ी थी और चारो तरफ बर्फ के कारण सफेद ही सफेद दिखाई पड़ रहा था इसीलिए लेखक ने सफेद बर्फ के लिए 'व्हाइट क्रिसमस' शब्द का प्रयोग किया है।

अतः विकल्प (C) सही है।

8. गद्यांश के अनुसार- जाड़े के दिनों में पानी का रिसना इस बार ज्यादा था। क्योंकि गद्यांश में वर्णित है कि जाड़े के दिनों में रिसाव कम ही होता था परन्तु पता नहीं क्यों इस बार ज्यादा था उसके कारण ठण्ड भी कुछ ज्यादा थी।

अतः विकल्प (B) सही है।

9. प्रस्तुत गद्यांश के अनुसार लेखक कह रहा है कि सन्तोष की बात यह थी कि शाम तक पानी का जोर हल्का पड़ने लगा। या शाम को बारिश कम होने लगी।

अतः विकल्प (D) सही है।

10. उपर्युक्त गद्यांश के अनुसार- पानी की आपूर्ति न होने का कारण था - पानी का नलों में जमजाना। क्योंकि बर्फ के पड़ने से तापमान शून्य से तीन डिग्री नीचे हो गया था जिससे नलों के अन्दर पानी जम गया था जिससे पानी की आपूर्ति नहीं हो पा रही थी।

अतः विकल्प (B) सही है।

11. गद्यांश के अनुसार कहा जा सकता है कि पहाड़ों पर जीवन व्यतीत करना कठिन होता है, क्योंकि वहाँ पर जिस प्रकार से बर्फ पड़ रही है तथा उन्हें वहाँ समुचित चिकित्सा और जरूरत की वस्तुओं की भरपूर उपलब्धता नहीं मिल सकती।

अतः विकल्प (C) सही है।

12. दिए गए विकल्पों में से 'अतल' शब्द का विलोम वितल है।

अतल का अर्थ – तल रहित

वितल का अर्थ – तल सहित

अतः विकल्प (C) सही है।

13. दिए गए विकल्पों में से 'उपमेय' शब्द का विलोम अनुपमेय है।

उपमेय का अर्थ – जिसकी तुलना की जाए

अनुपमेय का अर्थ – जिसकी तुलना ना की जा सके

अतः विकल्प (A) सही है।

14. "फंदा" शब्द का तत्सम शब्द पाश है। क्योंकि यह संस्कृत से ज्यों के त्यों प्रयोग में लिया जा रहा है। अन्य विकल्प असंगत हैं, विकल्प (A) इसका सही उत्तर है।

पर्पट → पराठा

पर्ण → परा

पक्क → पक्का

अतः विकल्प (D) सही है।

15. कैथा यहाँ सही विकल्प है, अन्य विकल्प असंगत है। कैथा एक कठोर वृक्ष होता है। कपिथ्य का तद्रव रूप कैथा होता है।

- कपूर का तत्सम रूप - कर्पूर
- केली का तत्सम रूप - कदली
- खजूर का तत्सम रूप - खर्जूर

अतः विकल्प (B) सही है।

16. 'कपीश' का संधि- विच्छेद 'कपि + ईश' होगा। (इ + ई = ई) है। अतः यहाँ दीर्घ संधि है।

- दीर्घ संधि - ह्रस्व या दीर्घ अ, इ, उ के बाद यदि ह्रस्व या दीर्घ अ, इ, उ आ जाएँ तो दोनों मिलकर दीर्घ आ, ई और ऊ हो जाते हैं।
- गुण संधि - इसमें अ, आ के आगे इ, ई हो तो ए ; उ, ऊ हो तो ओ तथा ऋ हो तो अर् हो जाता है। इसे गुण-संधि कहते हैं।
- वृद्धि संधि - अ, आ का ए, ऐ से मेल होने पर ऐ तथा अ, आ का ओ, औ से मेल होने पर औ हो जाता है। इसे वृद्धि संधि कहते हैं।
- व्यंजन संधि - व्यंजन के बाद यदि किसी स्वर या व्यंजन के आने से उस व्यंजन में जो विकार / परिवर्तन उत्पन्न होता है वह व्यंजन संधि कहलाता है।

अतः विकल्प (C) सही है।

17. जो पहले कभी नहीं हुआ: अभूतपूर्व

अभूतपूर्व एक विशेषण है और यह उन क्रियाओं के आगे या किसी घटना के आगे लगाया जाता है जो पहले कभी हुई नहीं हो जैसे सचिन तेंदुलकर द्वारा लगाए गए शतक या चांद पर मनुष्य का पहुंचना आदि। यह ऐसी घटनाएं हैं जो पहले नहीं हुई उन्हें अभूतपूर्व कहा जाता है।

अत: विकल्प (D) सही है।

18. मन शब्द का खग से कोई सम्बन्ध नहीं है।

अनेकार्थक शब्द वो होते हैं जिनका समय समय पर अलग-अलग जगह अलग-अलग अर्ध निकलता है।

जैसे: खग = आकाश, तीर, पक्षी

अतः विकल्प (A) सही है।

19. 'नाग' शब्द का एक अर्थ होता है - 'हाथी'।

'नाग' शब्द के अन्य अर्थ हैं - 'रांगा, मोथा, पान, बादल आदि।

अतः विकल्प (D) सही है।

20. सरसिज तथा नलिन दोनों कमल के पर्यायवाची है। इसके अन्य पर्यायवाची जलज, पंकज आदि है।

अन्य विशेष-

शब्द	पर्यायवाची
नौकर	सेवक, कर्मचारी, दास इत्यादि।
आदेश	आज्ञा, हुक्म, ऑर्डर आदि।
दृग	आँख, नयन, नेत्र आदि।

अत: विकल्प (B) सही है।

21. दिए गए विकल्पों में 'विख्याति' शब्द शेष सभी विकल्पों के अर्थ से भिन्न है।

विख्याति का अर्थ है 'कीर्ति, प्रसिद्धि, यश, शोहरत'। अतः सही विकल्प विख्याति है।

'लोक, जगत तथा विश्व' ये तीनों शब्द 'संसार' के पर्यायवाची हैं।

अतः विकल्प (C) सही है।

22. एक तुला-मशीन अधिकांशत: व्यक्तियों का वजन बढ़ाकर बताती है।इसमें व्यवस्थित त्रुटि का द्योतक है।

व्यवस्थित त्रुटियां, जिन्हें 'निर्णायक' त्रुटियां भी कहा जाता है, पहचान योग्य कारणों के कारण उत्पन्न होती हैं। इस कारण से, ये, सिद्धांत रूप में, समाप्त या सुधारा जा सकता है। इन त्रुटियों के परिणामस्वरूप मापा गया मान या तो लगातार उच्च या निम्न होता है, अर्थात, वास्तविक मान से भिन्न होता है।

अत: विकल्प (B) सही है।

23. समस्त विकल्पों में शब्द 'पैतृक' सही है तथा अतिरिक्त विकल्प निरर्थक शब्द हैं।

पैतृक का अर्थ- पुरखों का, पुश्तैनी (जैसे—पैतृक संपत्ति)। पैतृक'' शब्द में 'इक' प्रत्यय के साथ मूल शब्द है।

अत: विकल्प (C) सही है।

24. दिए गये विकल्पों में सबसे सही वर्तनी 'उज्ज्वल' है। इसका अर्थ है – जो जल कर प्रकाश दे रहा हो।

उज्ज्वल का मतलब भव्य, लिट, शानदार, आकर्षक, सनशाइन होता है।

अत: विकल्प (B) सही है।

25. इन सभी विकल्पों में से उत्तर सम्प्रदान है। अगर आपको ''भूखे को भोजन दिया।

सम्प्रदान का अर्थ 'देना' होता है। जब वाक्य में किसी को कुछ दिया जाए या किसी के लिए कुछ किया जाए तो वहां पर सम्प्रदान कारक होता है। सम्प्रदान कारक के विभक्ति चिन्ह के लिए या को हैं।

अतः विकल्प (C) सही है।

26. दिया गया है,

समलम्ब चतुर्भुज की समानांतर भुजाएँ 44 सेमी और 36 सेमी हैं।

समांतर भुजाओं के बीच की दूरी = 22 सेमी

हम जानते हैं कि,

समलंब का क्षेत्रफल $= \left(\dfrac{1}{2}\right) \times ($ समानांतर भुजाओं का योग $) \times ($ समानांतर भुजाओं के बीच की दूरी $)$

$\Rightarrow$ समलम्ब का क्षेत्रफल $= \left(\dfrac{1}{2}\right) \times (44 + 36) \times 22$

$$= \left(\dfrac{1}{2}\right) \times 80 \times 22$$

समलम्ब का क्षेत्रफल $= 880$ सेमी^{2}

अत: विकल्प (C) सही है।

27. माध्य एक डेटा सेट का अंकगणितीय औसत है। यह डेटा सेट में संख्याओं को जोड़कर और डेटा सेट में टिप्पणियों की संख्या से विभाजित करके पाया जाता है।

माध्यिका एक डेटा सेट में मध्य संख्या होती है जब संख्याओं को आरोही या अवरोही क्रम में सूचीबद्ध किया जाता है।

बहुलक प्रेक्षण का वह मान है जिसकी आवृत्ति अधिकतम होती है।

मानक विचलन फैलाव का एक उपाय है। यह एक विस्तृत क्षेत्र (केंद्रीय स्थान के बारे में कुछ भी नहीं) पर वस्तु को वितरित करने की क्रिया या प्रक्रिया है।

मानक विचलन केंद्रीय प्रवृत्ति का माप नहीं है।

अत: विकल्प (D) सही है।

28. ऐसे वृत्त जिनका केंद्र एक ही हो, लेकिन विभिन्न त्रिज्याएँ हो को, **संकेन्द्रीय वृत्त** कहा जाता है। संकेन्द्रीय वृत्त के ऐसे समूह को कहते हैं जिसके प्रत्येक सदस्य का केन्द्र एक ही बिंदु हो।

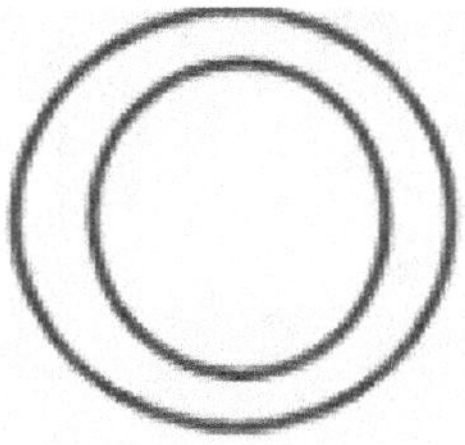

अत: विकल्प (B) सही है।

29. दिया गया है,

आयत का क्षेत्रफल = 75 वर्ग इकाई

मान लें कि आयत की चौड़ाई (b) x इकाई है।

फिर, आयत की लंबाई (l) $(2x + 5)$ इकाई है।

$\therefore$ आयत का क्षेत्रफल $= l \times b$

$$75 = (2x + 5) \times x$$

$\Rightarrow 2x^2 + 5x - 75 = 0$

$\Rightarrow 2x^2 + 15x - 10x - 75 = 0$

$\Rightarrow x(2x + 15) - 5(2x + 15) = 0$

$\Rightarrow (x - 5)(2x + 15) = 0$

$\Rightarrow x = 5$ इकाई

$\because 2x + 15 = 0, x$ नकारात्मक नहीं हो सकता

इस प्रकार, आयत की चौड़ाई 5 इकाई होगी।

अतः विकल्प (B) सही है।

30. दिया गया है,

एक आयताकार हॉल की लंबाई उसकी चौड़ाई से 5 सेमी अधिक है। और हॉल का क्षेत्रफल 750 सेमी² है।

माना लंबाई $= x$ सेमी

फिर, चौड़ाई $= (x - 5)$ सेमी

$x(x - 5) = 750$

$\Rightarrow x^2 - 5x - 750 = 0$

$\Rightarrow x^2 - 30x + 25x - 750 = 0$

$\Rightarrow x(x - 30) + 25(x - 30) = 0$

इस प्रकार, लंबाई 30 सेमी है।

अतः विकल्प (B) सही है।

31. $x + \dfrac{1}{x} = 2$

$\Rightarrow \dfrac{x^2 + 1}{x} = 2$

$\Rightarrow x^2 + 1 = 2x$

$\Rightarrow x^2 - 2x + 1 = 0$

जो $ax^2 + bx + c = 0$ के रूप में है।

अतः विकल्प (A) सही है।

32. $(x + 2)^3 = (x^2 - 1)2x$

$\Rightarrow x^3 + 8 + 3 \cdot x \cdot 2(x + 2) = 2x^3 - 2x$

$\Rightarrow x^3 + 8 + 6x^2 + 12x = 2x^3 - 2x$

$\Rightarrow 2x^3 - x^3 - 6x^2 - 12x - 2x - 8 = 0$

$\Rightarrow x^3 - 6x^2 - 14x - 8 = 0$

जो $ax^3 + bx^2 + cx + d = 0$ के रूप का है।

अतः विकल्प (C) सही है।

33. माना कि तेजस के पास y रुपये और श्रेयस के पास x रुपये है।

दी गई जानकारी से, हम प्राप्त करते हैं,

$\Rightarrow 2 (x - 20) = y + 20$

$\Rightarrow 2x - 40 = y + 20$

$\Rightarrow 2x - y = 60$ ----(1)

और साथ ही x + 15 = 3 (y - 15)

$\Rightarrow x - 3y + 15 + 45 = 0$

$\Rightarrow x - 3y = - 60$

$\Rightarrow 2x - 6y = - 120$ ----(2)

समीकरण 1 और समीकरण 2 से, हम प्राप्त करते हैं,

$\Rightarrow x = 48$ और $y = 36$

$\therefore$ श्रेयस के पास 48 रुपये और तेजस के पास 36 रुपये है।

अतः विकल्प (A) सही है।

34. दिया गया है,

लंबाई $= 22$ सेमी चौड़ाई $= 5$ सेमी

आयत का परिमाप $= 2(l + b)$ इकाई

$= 2(22 + 5)$ सेमी

$= (2 \times 27)$ सेमी

$= 54$ सेमी

अतः विकल्प (B) सही है।

35. दिया है-

दो संख्याओं a और b हैं।

$HCF = c$

सूत्र के अनुसार-

$HCF \times LCM =$ दो संख्याओं का गुणनफल

$\Rightarrow c \times LCM = a \times b$

$\Rightarrow LCM = \dfrac{a \times b}{c}$

$\Rightarrow LCM = \dfrac{ab}{c}$

अतः विकल्प (A) सही है।

36. दिया है-

दो अभाज्य संख्याओं x और y ($x > y$) का एलसीएम 161 है।

दो अभाज्य संख्याओं का एलसीएम हमेशा उनके गुणनफल के बराबर होता है।

$\Rightarrow x \times y = 161$

$\Rightarrow x \times y = 23 \times 7$

तुलना करने पर हमें प्राप्त होता है,

$\Rightarrow x = 23, y = 7$

$3y - x$

$\Rightarrow (3 \times 7) - 23$

$\Rightarrow 21 - 23$

$\Rightarrow -2$

अतः विकल्प (D) सही है।

37. दिया है:

वर्ग का क्षेत्रफल = आयत का क्षेत्रफल

वर्ग का क्षेत्रफल = भुजा × भुजा = (भुजा)²

आयत का क्षेत्रफल = लंबाई × चौड़ाई

वर्ग की भुजा = 40 सेमी

आयत की चौड़ाई = 25 सेमी

∴ वर्ग का क्षेत्रफल = 40 × 40 = 1600 सेमी²

इसलिए, आयत का क्षेत्रफल = 1600 सेमी²

$\Rightarrow 1600 = $ लंबाई × 25

$\Rightarrow$ लंबाई $= \dfrac{1600}{25} = 64$ सेमी

∴ आयत की लंबाई 64 सेमी है।

अतः विकल्प (C) सही है।

38. दिया गया है:

दो गोलों की त्रिज्याओं का योगफल = 10 सेमी

उनके आयतनों का योगफल = 880 घन सेमी

गोले का आयतन $= \dfrac{4}{3} \times \pi \times r^3$

माना r_1 और r_2 दो भिन्न-भिन्न गोलों की त्रिज्याएं हैं।

प्रश्नानुसार,

$\Rightarrow r_1 + r_2 = 10$ ....(i)

$\Rightarrow \dfrac{4}{3} \times \dfrac{22}{7} \times (r_1^3 + r_2^3) = 880$

$\Rightarrow (r_1^3 + r_2^3) = \dfrac{(880 \times 3 \times 7)}{(22 \times 4)}$

$\Rightarrow (r_1^3 + r_2^3) = 210$

अब,

$\Rightarrow (r_1 + r_1)^3 = (10)^3$

$\Rightarrow (r_1 + r_1)^3 = 1000$ ....(ii)

$\Rightarrow (r_1 + r_1)^3 = r_1^3 + r_2^3 + 3r_1r_2(r_1 + r_2)$

$\Rightarrow 1000 = 210 + 3r_1r_2(10)$

$\Rightarrow 1000 - 210 = 30r_1r_2$

$\Rightarrow 790 = 30r_1r_2$

$\Rightarrow r_1r_2 = \dfrac{790}{30}$

$\Rightarrow r_1r_2 = \dfrac{79}{3}$

उनके त्रिज्याओं का गुणनफल $= \dfrac{79}{3}$

अतः विकल्प (A) सही है।

39. दिया गया है:

∠B = 65° तथा ∠C = 30°

∠A = 180° - 65° - 30° = 85°

As, ∠B > ∠C, इसलिए AC > AB (बड़ी भुजा का सम्मुख कोण बड़ा होता है।)

और, ∠A > ∠B, इसलिए BC > AC (बड़ी भुजा का सम्मुख कोण बड़ा होता है।)

और, ∠A > ∠C, इसलिए BC > AB (बड़ी भुजा का सम्मुख कोण बड़ा होता है।)

इसलिए, A और B दोनों कथन सत्य है।

अतः विकल्प (D) सही है।

40. दिया गया डेटा: 9,5,8,9,9,7,8,9,8

संख्याओं को संख्यात्मक क्रम में व्यवस्थित करने पर: 5,7,8,8,8,9,9,9,9

यहाँ $n = 9$ विषम है, तो

माध्यिका $= \left\{\left(\dfrac{n+1}{2}\right)\right\}$वां पद

$= \left\{\left(\dfrac{9+1}{2}\right)\right\}$वां पद

$= 5$वां पद

∴ माध्यिका $= 8$

जो मान सबसे अधिक बार आता है उसे बहुलक माना जाता है, जैसे 9 की 4 बार पुनरावृत्ति होती है।

∴ बहुलक $= 9$

माध्य $= \dfrac{(9+5+8+9+9+7+8+9+8)}{9} = 8$

∴ माध्यिका, बहुलक और माध्य $= (8,9,8)$

अतः विकल्प (C) सही है।

41. दिया है:

आंकड़ा $=$
$7.5, 7.3, 7.2, 7.2, 7.4, 7.7, 7.7, 7.5, 7.3, 7.2, 7.6, 7.2$

संकल्पना:

माध्य: माध्य संख्याओं के संग्रह में औसत या सबसे सामान्य मान है

माध्यिका: किसी क्रम में व्यवस्थित करने पर दी गई संख्याओं का मध्य मान

बहुलक: बहुलक वह मान है जो दी गई संख्याओं में बार-बार आ रहा है

गणना:

जब हम आँकड़ों को इस प्रकार व्यवस्थित करते हैं

$\Rightarrow 7.2, 7.2, 7.2, 7.2, 7.3, 7.3, 7.4, 7.5, 7.5, 7.6, 7.7, 7.7$

हम देख सकते हैं कि दिए गए आँकड़ों में 7.2 बार-बार आ रहा है,

दिए गए आँकड़ों का बहुलक $= 7.2$

∴ अपेक्षित परिणाम 7.2 होगा।

अतः विकल्प (C) सही है।

42. श्रीनिवास काम करता है और कमाता है = ₹ 147,500

वह बचाता है = 20%

वह खर्च करता है = 100% − 20% = 80%

वह खर्च करता है = $14,500 \times \frac{80}{100}$ = ₹ 11,600

अतः विकल्प (D) सही है।

43. माना कि सुनील को 200 रुपये के नोट की संख्या X मिलेगी।

सुनील को 50 रुपये के नोटों की संख्या X + 3 मिलेगी।

200 रुपये और 50 रुपये के नोट के साथ सुनील की कुल राशि।

= 13900 - (100 × 20 + 500 × 16) = 13900 - (2000 + 8000) = 3900

तो, (X + 3) × 50 + X × 200 = 3900

⇒ 50X + 150 + 200X = 3900

⇒ 250X = 3750

⇒ X = $\left(\frac{375}{25}\right)$ = 15

∴ अनिल के पास 200 रुपये के 15 नोट होंगे।

अतः विकल्प (A) सही है।

44. माना कि विकास के पास 100 रुपये के नोट और सुनील के पास 100 रुपये के नोट की संख्या क्रमशः 3X और X है।

(60 + 3X + 20 + X + 20) = 36 × 6 = 180

⇒ 4X = 180 - 100

⇒ X = 20

विकास के पास 100 रुपये के कुल नोट = 3 × 20 = 60

∴ विकास के पास 100 रुपये के 60 नोट हैं।

अतः विकल्प (B) सही है।

45. माना कि आकाश के पास 50 रुपये के नोट X हैं।

200 आकाश के नोटों की संख्या = 0.75X है।

तो, X + 0.75X + 60 + 12 = 142

⇒ 1.75X = 142 – 72 = 70

⇒ X = $\frac{70}{1.75}$ = 40

कुल राशि = (40 × 50 + 60 × 100 + 30 × 200 + 12 × 500) रुपये = 20000 रुपये है।

अतः विकल्प (C) सही है।

46. आकाश के पास 100 और 500 रुपये के नोटों की कुल संख्या = (60 + 12) = 72

विकास के पास 50 और 200 रुपये के नोटों की कुल संख्या = (50 + 40) = 90

आवश्यक अनुपात = 72 : 90 = 4 : 5

∴ आवश्यक अनुपात 4 : 5 है।

अतः विकल्प (D) सही है।

47. सुनील के पास सभी 4 मूल्यवर्ग के नोटों की कुल संख्या = 16 × 4 = 64

सुनील के साथ 100 रुपये के नोट की कुल संख्या = $\frac{2000}{100}$ = 20

सुनील के साथ 200 रुपये मूल्यवर्ग के नोटों की संख्या = 64 – (19 + 20 + 8) = 17

∴ सुनील के पास 200 रुपये के 17 नोट हैं।

अतः विकल्प (B) सही है।

48. दिया गया,

वर्ग का क्षेत्रफल = 50 cm²

वर्ग का क्षेत्रफल = a²

भुजा 'a' के वर्ग के लिए, विकर्ण = $\sqrt{2}a$

a² = 50 cm²

⇒ a = $\sqrt{(5 \times 5 \times 2)}$ = $5\sqrt{2}$

इसलिए वर्ग के विकर्ण की लंबाई = $\sqrt{2}a = \sqrt{2} \times 5\sqrt{2} =$ $10\ cm$

अतः विकल्प (D) सही है।

49. 28 के बाद की लाल रेखा मोटे तौर पर 28.5 का प्रतिनिधित्व करती है और 32 के बाद की लाल रेखा 32.5 का प्रतिनिधित्व करती है। कवर किए गए शहरों की संख्या को y-अक्ष पर दर्शाया गया है।

28.5-32.5 इंच वाले शहरों की संख्या।

वर्षा है- 2+4+6 = 12

अतः विकल्प (D) सही है।

50. प्रेक्षणों की कुल संख्या, जो एक निश्चित मान से कम होती है, संचयी आवृत्ति कहलाती है। संचयी आवृत्ति घटनाओं की एक क्रमबद्ध सूची में एक निश्चित बिंदु पर या नीचे सभी घटनाओं की पूर्ण आवृत्तियों का कुल योग है।

अतः विकल्प (C) सही है।

51. नेतन्याहूस ने फिक्शन श्रेणी में पुलित्जर पुरस्कार 2022 जीता।

मई 2022 में पुलित्जर पुरस्कार 2022 के विजेताओं की घोषणा की गई। जोशुआ कोहेन के नेतन्याहूस ने फिक्शन श्रेणी में जीत हासिल की।

डायने सीस के फ्रैंक: सॉनेट्स ने कविता वर्ग में जीत हासिल की। पहली बार 1917 में प्रदान किया गया, पुलित्जर पुरस्कार पत्रकारिता, साहित्य और संगीत रचना में उत्कृष्टता को मान्यता देता है।

अतः विकल्प (A) सही है।

52. केंद्रीय स्वास्थ्य और परिवार कल्याण मंत्रालय ने देश में बड़े पैमाने पर कोविड -19 टीकाकरण अभियान पर दिशानिर्देश जारी किए हैं।

मंत्रालय ने कहा है कि COVID वैक्सीन इंटेलिजेंस नेटवर्क (Co-WIN) सिस्टम का इस्तेमाल COVID टीकाकरण के लिए लाभार्थियों को ट्रैक करने के लिए किया जाएगा। टीकाकरण के पहले चरण में सरकार ने करीब 30 करोड़ लोगों को टीका लगाने का फैसला किया है।

अतः विकल्प (C) सही है।

53. भारतीय रेलवे ने वैश्विक निविदा के खिलाफ चीनी निर्माता ताइयुआन से एलएचबी कोच के लिए 39,000 पहियों के लिए खरीद का आदेश दिया है।" रूस और यूक्रेन के बीच चल रहे युद्ध के कारण, रूस और यूक्रेन की फर्मों के साथ चल रहे अनुबंधों के खिलाफ आपूर्ति की गई है। अनुबंध की दर एक यूक्रेनी फर्म के पहले के स्वीकृति पत्र (एलओए) में दी गई प्रति पहिया दर से अधिक है।

अतः विकल्प (B) सही है।

54. हिंद महासागर द्वीप राष्ट्रों में से मॉरिशस ने हाल ही में एक जमीनी जहाज से तेल रिसाव के कारण पर्यावरण आपातकाल की स्थिति की घोषणा की है।

प्रभाव:

- तेल रिसाव से मॉरिशस के समुद्र तट की पारिस्थितिकी और हिंद महासागर में समुद्री जीवन को खतरा है।
- यह पहले से ही लुप्तप्राय प्रवाल भित्तियों, उथले पानी में समुद्री घास, मैंग्रोव, मछलियों और अन्य जलीय जीवों को खतरे में डालता है।

अतः विकल्प (B) सही है।

55. एफिल टॉवर की तर्ज पर प्रयागराज में गंगा किनारे निर्माणाधीन सिक्स लेन पुल के टॉवर पर रिवर आर्ट गैलरी बनाई जाएगी।

- यह देश की इकलौती ऐसी रिवर गैलरी होगी, जहां कुंभ और प्रयागराज की संस्कृति की छटा से देश-दुनिया के सैलानी सीधा साक्षात्कार कर सकेंगे।
- इस रिवर गैलरी में प्रयागराज के अतिरिक्त नासिक, उज्जैन और हरिद्वार में लगने वाले कुंभ की छटा को भी दिखाया जाएगा।
- प्रयागराज में प्रवेश करने से पूर्व ही सैलानी इस गैलरी में आकर आध्यात्मिक नगरी की संस्कृति और विरासत के साथ ही कला की झलक ले सकेंगे।
- शंकराचार्यों और अखाड़ों के नागा संन्यासियों की पेंटिंग और उनकी भक्ति-भावना और ध्यान-तप आदि से भी पर्यटक यहाँ परिचित हो सकेंगे।
- फाफामऊ में दो हजार करोड़ रुपये की लागत से निर्माणाधीन 10 किमी. लंबे सिक्स लेन सेतु का निर्माण कार्य वर्ष 2025 में आयोजित होने वाले महाकुंभ से पूर्व ही पूरा कर लिया जाएगा।

अतः विकल्प (A) सही है।

56. 15 जुलाई, 2022 को उत्तर प्रदेश के सूक्ष्म, लघु एवं मध्यम उद्योग मंत्रालय के द्वारा नोएडा में तीन हज़ार करोड़ रुपए की लागत से अपैरल पार्क स्थापित किया जाएगा।

- इसमें 115 वस्त्र इकाइयाँ स्थापित की जाएगी और 2 लाख लोगों को रोज़गार मिलेगा।
- लोक भवन में आयोजित प्रेस कॉन्फ्रेंस में एमएसएमई विभाग की 100 दिन की उपलब्धियाँ बताते हुए राकेश सचान ने कहा कि प्रदेश में सौर ऊर्जा से पावरलूम संचालन को प्रोत्साहित करने के लिये 'मुख्यमंत्री बुनकर सौर ऊर्जा योजना' के नाम से एक नई योजना शुरू की जाएगी।

अतः विकल्प (A) सही है।

57. LPG का अर्थ तरलीकृत पेट्रोलियम गैस है। सभी जीवाश्म ईंधन की तरह, यह ऊर्जा का एक गैर-नवीकरणीय स्रोत है।

इसे कच्चे तेल और प्राकृतिक गैस से निकाला जाता है। LPG तीन या चार कार्बन परमाणुओं से युक्त हाइड्रोकार्बन से बना होता है। इस प्रकार LPG के सामान्य घटक प्रोपेन (C_3H_8) और ब्यूटेन (C_4H_{10}) होते हैं।

अतः विकल्प (B) सही है।

58. कपूर और अमोनियम क्लोराइड दोनों ही कमरे के तापमान पर ठोस होते हैं। लेकिन गर्मी लागू होने पर वे वाष्पीकृत (गैस चरण) होते हैं।इस गुण को उच्च बनाने की क्रिया कहा जाता है।

उच्च बनाने की क्रिया की ऊष्मा - किसी तापमान पर सीधे ठोस की एक इकाई द्रव्यमान को वाष्प में बदलने के लिए आवश्यक ऊष्मा, उस तापमान पर ऊष्मा की ऊष्मा कहलाती है।

अतः विकल्प (C) सही है।

59. रेयान को लकड़ी के गूदे से प्राप्त किया जाता है । रेयान एक पुनर्जीवित सेल्युलोज फाइबर है। यह लकड़ी और कृषि उत्पादों जैसे प्राकृतिक स्रोतों से बनाया गया है।

मानव निर्मित फाइबर दो प्रकार के होते हैं।

सिंथेटिक फाइबर: सिंथेटिक फाइबर केवल प्राकृतिक गैस और पेट्रोलियम के उप-उत्पादों में पाए जाने वाले पॉलिमर से बनाए जाते हैं। उदाहरण: नायलॉन, ऐक्रेलिक, पॉलीयुरेथेन और पॉलीप्रोपाइलीन

पुनर्जीवित फाइबर: पुनर्जीवित फाइबर सेलुलोज पॉलिमर से बने होते हैं जो प्राकृतिक रूप से कपास, ऊन, सन और सन जैसे पौधों में होते हैं। उदाहरण: रेयान और एसीटेट।

अतः विकल्प (B) सही है।

60. केप्लर का दूसरा नियम कहता है कि किसी ग्रह और सूर्य को मिलाने वाली एक काल्पनिक रेखा समान समय में अंतरिक्ष के बराबर क्षेत्र को पार कर जाती है यानी सूर्य के चारों ओर ग्रह का क्षेत्रफल स्थिर होता है। इसे क्षेत्रीय चाल का नियम के रूप में भी जाना जाता है।

अतः विकल्प (B) सही है।

61. अतिरिक्त फ्लोराइड का अंतर्ग्रहण, जो आमतौर पर पीने के पानी में होता है, और फ्लोरोसिस का कारण बन सकता है जो हड्डियों और दांतों को प्रभावित करता है।

फ्लोरीन एक रासायनिक तत्व है, जिसे प्रतीक (F) और परमाणु संख्या (9) द्वारा दर्शाया जाता है। यह सबसे हल्का हलोजन तत्व है और एक अत्यधिक विषाक्त धुंधला पीला डायटोमिक गैस के रूप में मौजूद है। 1529 में, जॉर्जियस एग्रीकोला ने इस तत्व की खोज की।

यह सबसे अधिक ऋणात्मक तत्व है, और अत्यंत प्रतिक्रियाशील है, क्योंकि यह नियोन, हीलियम और आर्गन गैसों (नोबेल गैसों) को छोड़कर अन्य सभी तत्वों के साथ प्रतिक्रिया करता है।

अतः विकल्प (C) सही है।

62. जीआईएफ (GIF) का अर्थ ग्राफिक्स इंटरचेंज फॉर्मेट है।

यह एक बिटमैप इमेज फॉर्मेट है जो यूएस-आधारित सॉफ्टवेयर लेखक स्टीव विल्हेइट द्वारा इंटरनेट सर्विस प्रदाता 'कम्प्यूसर्व' पर काम करते हुए विकसित किया गया था।

अतः विकल्प (A) सही है।

63. माइक्रोसॉफ्ट पावरपॉइंट सॉफ्टवेयर का उपयोग व्यावसायिक गुणवत्ता प्रेजेंटेशन बनाने के लिए उपयोग किया जाता है।

अन्य विकल्प:

डेस्कटॉप एप्लिकेशन लैपटॉप या कंप्यूटर पर स्थापित एक एप्लिकेशन है अर्थात् मीडिया प्लेयर है।

मोबाइल एप्लिकेशन मोबाइल पर स्थापित किए गए एप्लिकेशन हैं अर्थात् मोबाइल वेब ब्राउज़र हैं।

विजुअल बेसिक एक प्रोग्रामिंग भाषा है जिसका उपयोग एप्लिकेशन बनाने के लिए किया जाता है।

अतः विकल्प (C) सही है।

64. पारिस्थितिक पदचिह्न की माप इकाई वैश्विक हेक्टेयर है।

वर्तमान पारिस्थितिक पदचिह्न खाते वैश्विक हेक्टेयर का उपयोग माप इकाई के रूप में करते हैं, जो डेटा और परिणामों को विश्व स्तर पर तुलनीय बनाता है।

अतः विकल्प (A) सही है।

65. बचत और आयात आय के चक्रीय प्रवाह से रिसाव हैं क्योंकि बचत करने से लोग वस्तुओं और सेवाओं पर खर्च करने के बजाय पैसे बचाते हैं जिसका अर्थ है बाजार में आय का कोई प्रवाह नहीं। इसी तरह, चीजों के आयात के लिए हम बाहरी लोगों को पैसा देते हैं और पैसा अर्थव्यवस्था के बाहर प्रवाहित होता है।

अत: विकल्प (D) सही है।

66. लोरेंज वक्र का उपयोग अर्थव्यवस्था में धन वितरण की विषमता को मापने के लिए किया जाता है। यह 1905 में मैक्स ओ. लोरेंज द्वारा विकसित एक ग्राफिकल प्रतिनिधित्व है। इसका उपयोग अक्सर किसी राष्ट्र के नागरिकों के बीच आय वितरण का प्रतिनिधित्व करने के लिए किया जाता है।

अत: विकल्प (A) सही है।

67. जनरल ह्यूज रोज ने झांसी में 1857 के विद्रोह को दबा दिया था।

झांसी में, 1857 के महान विद्रोह का नेतृत्व झांसी की रानी लक्ष्मी बाई ने किया था। उसने साहसपूर्वक लड़ाई लड़ी लेकिन दो सप्ताह के बाद, सर ह्यू रोज की कमान में ब्रिटिश सेना ने झांसी पर कब्जा कर लिया लेकिन वह अपने बेटे आनंद राव के साथ भाग गई। बाद में झांसी की रानी और तांत्या टोपे के संयुक्त प्रयासों से ग्वालियर पर कब्जा कर लिया गया। लेकिन, यह खुशी ज्यादा दिनों तक नहीं रही, तीन दिनों के बाद, ब्रिटिश सेना ने ग्वालियर पर कब्जा कर लिया और 17 जून, 1858 को युद्ध के मैदान में रानी लक्ष्मी बाई की मृत्यु हो गई।

अतः विकल्प (D) सही है।

68. हिंदुस्तान रिपब्लिकन एसोसिएशन ने काकोरी ट्रेन डकैती की योजना बनाई।

काकोरी षड़यंत्र, जिसे काकोरी ट्रेन डकैती भी कहा जाता है, 9 अगस्त, 1925 को हुआ। डकैती ट्रेन के अंतिम गंतव्य लखनऊ से लगभग 10 मील (16 किमी) उत्तर-पश्चिम में काकोरी शहर में हुई थी। डकैती का विचार राम प्रसाद बिस्मिल और अशफाकउल्लाह खान ने की थी जो हिंदुस्तान रिपब्लिकन एसोसिएशन से संबंधित थे।

अतः विकल्प (B) सही है।

69. राज्य नीति के निर्देशक सिद्धांत देश के शासन में मौलिक होते हैं। अनुच्छेद 37 राज्यों को कानून बनाने में इन सिद्धांतों को लागू करने के लिए राज्य पर कर्तव्य बताता है। संविधान का भाग IV राज्यों के लिए निर्देशक सिद्धांतों से संबंधित है। इन्हें "कल्याणकारी राज्य" सुनिश्चित करने के लिए शामिल किया गया है और इसलिए शासन में मौलिक माना जाता है।

अतः विकल्प (D) सही है।

70. केंद्रीय सूचना आयोग सूचना का अधिकार अधिनियम 2005 के तहत गठित एक वैधानिक निकाय है।

केंद्रीय सूचना आयोग एक संवैधानिक निकाय नहीं है, बल्कि एक स्वतंत्र निकाय है, जो सरकार और केंद्र शासित प्रदेशों के तहत कार्यालयों, सार्वजनिक क्षेत्र के उपक्रमों, वित्तीय संस्थानों आदि से संबंधित शिकायतों और अपीलों को देखता है।

- स्थापना: 12 अक्टूबर 2005
- मुख्यालय: नई दिल्ली
- सीआईसी और आईसी के कार्यालय की अवधि: 5 वर्ष या 65 वर्ष, जो भी पहले हो।

अत: विकल्प (C) सही है।

71.

पत्रिका / समाचार पत्र	प्रकाशन का वर्ष	भाषा	संपादक / प्रकाशक
द समाचार प्रेस	1812	गुजराती	फरदुनजी मरज़बान
द पायनियर	1865	अंग्रेजी	एस.एन. घोष
भारत के दोस्त	**1818**	**अंग्रेजी**	**जे.सी. मार्शमैन**
बंगाली	1862		श्री सुरेन्द्र नाथ बनर्जी
द हिंदू	1878	अंग्रेजी	जी. कस्तूरी
मातृभूमि	**1923**	**मलयालम**	**के.पी. केशव**
इंडिया	1890	अंग्रेजी	दादाभाई नौरोजी
यंग इंडिया	1918	अंग्रेजी	महात्मा गांधी
द हरिजन	1933	अंग्रेजी, हिंदी, गुजराती	महात्मा गांधी
नेशनल हेराल्ड	1938	अंग्रेजी	एम. चलपति राव
द लीडर	**1918**	**अंग्रेजी**	**पं. मदन मोहन मालवीय**
द फ्री प्रेस ऑफ़ इंडिया	1927	अंग्रेजी	एस. सदानंद
अल हिलाल	1912	उर्दू	अबुल कलाम आज़ाद

केवल युग्म 2 और 3 सही हैं।

अतः विकल्प (C) सही है।

72. 0.0 डिग्री अक्षांश सबसे दीर्घतम अक्षांशों में से एक है।

- इसे उस स्थान के मध्याह्न के अनुदिश पृथ्वी के केंद्र से एक कोण पर मापा जाता है।
- समान अक्षांशों वाले स्थानों को मिलाने वाली रेखाएँ समांतर कहलाती हैं।
- उत्तरी ध्रुव और दक्षिणी ध्रुव के बीच में 0° अक्षांश पर खींची गई रेखा भूमध्य रेखा कहलाती है।
- यह सबसे बड़ा वृत्त है और ग्लोब को दो बराबर भागों में विभाजित करता है, इसे एक बड़ा वृत्त भी कहा जाता है।
- भूमध्य रेखा से ध्रुवों तक की दूरी के अनुपात में अन्य सभी समांतर आकार में छोटे हो जाते हैं और पृथ्वी को दो असमान हिस्सों में विभाजित करते हैं, जिन्हें छोटे वृत्त भी कहा जाता है।

अत: विकल्प (C) सही है।

73. अंड-करंड स्थलाकृति (बास्केट-ऑफ-एग्स टोपोग्राफी) ड्रमलिन से संबंधित है।

- ड्रमलिन अंडाकार आकार की पहाड़ियाँ हैं, जो बड़े पैमाने पर हिमनदों के बहाव से बनी होती हैं, जो एक ग्लेशियर या बर्फ की चादर के नीचे बनती हैं और बर्फ के प्रवाह की दिशा में सरेखित होती हैं।
- वे पूर्व में हिमाच्छादित क्षेत्रों में व्यापक हैं और विशेष रूप से कनाडा, आयरलैंड, स्वीडन और फिनलैंड में असंख्य हैं।
- 'अंड-करंड स्थलाकृति' ड्रमलिन की स्थलाकृति है, जो आमतौर पर समूहों में पाई जाती है।
- इसका आकार उल्टे नाव या उल्टे आधे अंडे जैसा होता है।
- एक समतल मैदान में हिमनदों के जमा होने से ड्रमलिन का निर्माण होता है।

अत: विकल्प (A) सही है।

74. प्रधान मंत्री श्री नरेंद्र मोदी ने 2 जनवरी 2022 को उत्तर प्रदेश के मेरठ में मेजर ध्यानचंद खेल विश्वविद्यालय की आधारशिला रखी है और यह उत्तर प्रदेश का पहला खेल विश्वविद्यालय होगा।

अतः विकल्प (B) सही है।

75. जब कीबोर्ड पर एक कुंजी दबाया जाता है, तो एएससीआईआई मानक का उपयोग कीस्ट्रोक को संबंधित बिट्स में बदलने के लिए किया जाता है।

"एएससीआईआई", "अमेरिकन स्टैंडर्ड कोड फॉर इंफॉर्मेशन इंटरचेंज" के लिए संक्षिप्त है, इलेक्ट्रॉनिक संचार के लिए एक "कैरेक्टर एन्कोडिंग मानक" प्रारूप है। "एएससीआईआई नंबर सिस्टम" बाइनरी सिस्टम से बनाया गया है, जो "सभी कंप्यूटरों की भाषा" है।

अतः विकल्प (B) सही है।

76. राज्य के प्रत्येक जिले में, जिला पंचायत के सदस्य लोकसभा के सदस्य, विधान सभा के सदस्य, विधान परिषदों के सदस्य और राज्य सभा के सदस्य होते हैं।

जिला परिषद या जिला परिषद 1992 के 73वें संविधान संशोधन अधिनियम द्वारा संविधान में जोड़ी गई पंचायती राज व्यवस्था का तीसरा स्तर है।

पंचायत समिति के सदस्य (ग्राम पंचायत और जिला परिषद के बीच की कड़ी) जिला परिषद के पदेन सदस्य होते हैं। जिला स्तर पर सामान्य प्रशासन विभाग के उप मुख्य कार्यकारी अधिकारी जिला परिषद के पदेन सचिव होते हैं। मुख्य कार्यकारी अधिकारी, जो एक आईएएस अधिकारी या वरिष्ठ राज्य सेवा अधिकारी होता है, जिला परिषद के प्रशासनिक ढांचे का प्रमुख होता है।

अतः विकल्प (D) सही है।

77. ग्राम पंचायतों के कार्यों के निर्वहन के लिए कुछ समितियाँ बनाई जाती हैं, जो विशेष परिस्थितियों में निर्णय देती हैं, ऐसी प्रमुख समितियाँ क्रमशः हैं:

- योजना समिति
- शिक्षा समिति
- स्वास्थ्य एवं कल्याण समिति
- जल प्रबंधन समिति
- प्रशासनिक समिति आदि।

अतः विकल्प (D) सही है।

78. ग्राम पंचायत की महीने में कम से कम एक बार बैठक होना अनिवार्य है।प्रत्येक ग्राम पंचायत में एक सरकारी कर्मचारी की नियुक्ति की जाती है। जिसे ग्राम पंचायत विकास अधिकारी कहते हैं। अधिनियम के प्रावधानों के तहत ग्राम पंचायत की दो बैठकों के बीच दो माह से अधिक का अंतर नहीं होना चाहिए।

अतः विकल्प (A) सही है।

79. प्रत्येक वर्ष ग्राम सभा की कम से कम दो बैठकें होनी चाहिए।

प्रत्येक ग्राम सभा प्रत्येक वर्ष में दो आम बैठकें आयोजित करेगी, एक खरीफ फसल की कटाई के तुरंत बाद (बाद में खरीफ बैठक कहा जाता है) और दूसरी रबी फसल की कटाई के तुरंत बाद (इसके बाद रबी बैठक कहा जाता है) जिसकी अध्यक्षता की जाएगी। संबंधित ग्राम पंचायत के प्रधान।

ग्राम सभा की किसी भी बैठक के लिए सदस्यों की संख्या का पाँचवाँ भाग गणपूर्ति करेगा; बशर्ते कि गणपूर्ति के अभाव में स्थगित बैठक के लिए कोरम की आवश्यकता नहीं होगी। ग्राम पंचायत का एक प्रधान होगा, जो उसका अध्यक्ष होगा।

अतः विकल्प (A) सही है।

80. एक ग्राम पंचायत में 7 से 17 सदस्य होते हैं, जो गांव के वार्डों से चुने जाते हैं और उन्हें "पंच" कहा जाता है।

गांव के लोग एक पंच का चयन करते हैं, जिसमें एक तिहाई सीटें महिला उम्मीदवारों के लिए आरक्षित होती हैं। न्याय पंचायत के प्रत्येक पंच का कार्यकाल उसकी नियुक्ति की तारीख से शुरू होगा, और जब तक कि अधिनियम के प्रावधानों के तहत अन्यथा निर्धारित नहीं किया जाता है, उस ग्राम पंचायत के साथ समाप्त हो जाएगा, जहां से उसे नियुक्त किया गया था।

न्याय पंचायत के समक्ष आने वाले मामलों और पूछताछ के निपटारे के लिए सरपंच प्रत्येक में पांच पंचों से युक्त न्यायपीठों का गठन करेगा।

अतः विकल्प (B) सही है।

81. गांव का प्रशासन ग्राम पंचायत द्वारा चलाया जाता है। ग्राम पंचायत भारत में गाँव की एक शासी निकाय है। निकाय पूरी तरह से लोकतांत्रिक है। ग्राम पंचायत के सदस्य ग्रामीणों द्वारा पांच साल की अवधि के लिए चुने जाते हैं।

अतः विकल्प (A) सही है।

82. कला संस्कृति विकास योजना संस्कृति मंत्रालय की उस योजना का नाम है, जो बड़ी संख्या में दर्शकों के साथ सांस्कृतिक कार्यक्रम आयोजित करने के लिए अनुदान प्रदान करती है।

संस्कृति मंत्रालय ने ऑनलाइन मोड में कार्यक्रम आयोजित करने के लिए दिशानिर्देश जारी किए हैं। दिशानिर्देश कलाकारों को निरंतर वित्तीय सहायता सुनिश्चित करेंगे और संकट से निपटने में उनकी मदद करेंगे क्योंकि वे भौतिक मोड में कार्यक्रम आयोजित करने में असमर्थ हैं। 'कला संस्कृति विकास योजना' (केएसवीवाई) के तहत, मंत्रालय ऐसे कार्यक्रमों/गतिविधियों को आयोजित करने के लिए अनुदान स्वीकृत करता है जिनमें बड़ी संख्या में दर्शक शामिल होते हैं।

अत: विकल्प (A) सही है।

83. खाद्य प्रसंस्करण मंत्रालय द्वारा "एकीकृत शीत श्रृंखला और मूल्य संवर्धन योजना" लागू की गई है।

खाद्य प्रसंस्करण और उद्योग मंत्रालय ने एकीकृत शीत श्रृंखला और मूल्य संवर्धन योजना के तहत 21 परियोजनाओं को मंजूरी दी है। नरेंद्र सिंह तोमर की अध्यक्षता वाली अंतर-मंत्रालयी अनुमोदन समिति (आईएमएसी) ने यह फैसला किया है। इस मंजूरी से 443 करोड़ रुपये के निवेश में लाने की उम्मीद है। खाद्य प्रसंस्करण उद्योग जो रु. 189 करोड़ के अनुदान से समर्थित है।

अतः विकल्प (C) सही है।

84. अक्षय ऊर्जा मंत्रालय ने पीएम कुसुम योजना लागू की।

केंद्रीय नवीन और नवीकरणीय ऊर्जा मंत्रालय (एमएनआरई) ने प्रधान मंत्री किसान ऊर्जा सुरक्षा और उत्थान महाभियान (पीएम कुसुम) योजना शुरू की। मंत्रालय ने योजना के दिशा-निर्देशों में संशोधन किया है क्योंकि किसानों की चारागाह और दलदली भूमि पर भी सौर ऊर्जा संयंत्र लगाए जा सकते हैं। पहले सोलर प्लांट लगाने के लिए केवल बंजर, परती और कृषि भूमि का उपयोग किया जाता था।

अतः विकल्प (B) सही है।

85. उत्तर प्रदेश भूमि विकास एवं जल संसाधन विकास प्रशिक्षण संस्थान लखनऊ में स्थित है।

भूमि विकास एवं जल संसाधन विभाग उत्तर प्रदेश में भारत सरकार के जल संसाधन मंत्रालय के दिशा निर्देशों के अनुसार केन्द्र पुरोनिधानित समादेश क्षेत्र विकास एवं जल कार्यक्रम का संचालन करा रहा है। इसका प्रमुख उद्देश्य है किसानो को भूमि और जल संसाधन के बारे में सही जानकारी देना ताकि उनकी फसल का अच्छा उत्पादन हो।
अतः विकल्प (A) सही है।

86. मृदा स्वास्थ्य कार्ड सबसे पहले राजस्थान में प्रधान मंत्री नरेंद्र मोदी द्वारा पेश किया गया था।

मृदा स्वास्थ्य कार्ड का उपयोग मृदा स्वास्थ्य की वर्तमान स्थिति का आकलन करने के लिए किया जाता है और समय के साथ उपयोग किए जाने पर, भूमि

प्रबंधन से प्रभावित मृदा स्वास्थ्य में परिवर्तन का निर्धारण करने के लिए किया जाता है। मृदा स्वास्थ्य कार्ड मृदा स्वास्थ्य संकेतक और संबंधित वर्णनात्मक शब्दों को प्रदर्शित करता है।

अतः विकल्प (C) सही है।

87. नेशनल रूरल एम्प्लॉयमेंट गारंटी प्रोग्राम, एनआरईजीपी का फुल फॉर्म है।

भारत सरकार ने सितंबर, 2005 में महात्मा गांधी राष्ट्रीय ग्रामीण रोजगार गारंटी अधिनियम, 2005 पारित किया। यह अधिनियम एक ग्रामीण परिवार के वयस्क सदस्यों को एक वित्तीय वर्ष में सौ दिनों के वेतन रोजगार की कानूनी गारंटी देता है जो रोजगार की मांग करते हैं और अकुशल शारीरिक कार्य करने के इच्छुक हैं।

अतः विकल्प (D) सही है।

88. सूत आपूर्ति योजना का मूल उद्देश्य पात्र हथकरघा बुनकरों को मिल गेट मूल्य पर सभी प्रकार के सूत उपलब्ध कराना है।

यार्न आपूर्ति योजना (वाईएसएस) वंचित हथकरघा बुनकरों को रियायती यार्न प्रदान करना चाहती है और उन्हें मिल और पावरलूम क्षेत्रों के साथ प्रतिस्पर्धा करने में मदद करती है। इसका मुख्य उद्देश्य ग्रामीण हथकरघा श्रमिकों की स्थिति में सुधार करना है।

अतः विकल्प (B) सही है।

89. "भारत में ग्रामीण समाजशास्त्र" 7th मार्च, 1959 को प्रकाशित हुआ था। इसे अक्षय आर देसाई ने लिखा। ग्रामीण समाजशास्त्र पुस्तक का सबसे महत्वपूर्ण उद्देश्य ग्रामीण सामाजिक जीवन का अध्ययन करना है। ग्रामीण सामाजिक जीवन में ग्रामीण लोगों के व्यवहार पैटर्न, संबंधों का जाल, सामाजिक संपर्क, जीवन स्तर और सामाजिक-आर्थिक स्थिति शामिल है।

अत: विकल्प (A) सही है।

90. संविधान की घोषणा भारत में ग्रामीण समाजशास्त्र के व्यवस्थित उद्भव को प्रभावित करने वाले प्रमुख कारक हैं। ग्रामीण समाजशास्त्र व्यवस्थितकरण और वैज्ञानिक विश्लेषण पर बहुत जोर देता है। कई अध्ययन किए गए हैं लेकिन उनमें से कई अब मोनोग्राफ या लेख के रूप में हैं। कुछ अध्ययनों में गंभीरता से उचित विश्लेषण और समाधान का अभाव है।

अत: विकल्प (C) सही है।

91. ग्रामीण जाति व्यवस्था में परिवर्तन का कारण संस्कृतिकरण है। यह शब्द गतिशीलता पर निर्भर है। जब निम्न वर्ग या अछूत वर्ग का व्यक्ति अन्य उच्च वर्ग के कर्मकांडों, मानदंडों को अपनाता है। इस शब्द का प्रयोग एम.एन. श्रीनिवास ने किया।

अत: विकल्प (B) सही है।

92. संरक्षक-ग्राहक संबंध जजमानी प्रणाली की विशेषता है।

जजमानी प्रणाली जजमान-कामिन संबंध प्रणाली है। यह व्यावसायिक आधारित पारंपरिक प्रणाली है। इस प्रणाली में एक उच्च वर्ग के रूप में वर्ग की सेवा कर रहा है और दूसरा निम्न वर्ग के रूप में सेवा कर रहा है।

अत: विकल्प (D) सही है।

93. पंचायत समिति के मुख्य कार्यकारी अधिकारी को विकास अधिकारी कहा जाता है।

पंचायत राज समिति, पंचायती राज संस्थाओं का मध्यवर्ती स्तर है। 73वां संविधान संशोधन अधिनियम 1992 में पारित हुआ, जिसने पंचायती राज संस्थाओं को संवैधानिक दर्जा दिया। विकास अधिकारी राज्य लोक सेवा का अधिकारी होता है। पंचायत समिति को जनपद पंचायत के नाम से भी जानते हैं।

अतः विकल्प (B) सही है।

94. पंचायती राज संस्थाओं की त्रिस्तरीय व्यवस्था में ग्राम समिति सम्मिलित नहीं है। पंचायती राज संस्था के तहत त्रिस्तरीय पंचायती राज प्रणाली की स्थापना बलवंत राय मेहता समिति की मुख्य सिफारिशों में से एक है, जिसे मूल रूप से भारत सरकार द्वारा सामुदायिक विकास कार्यक्रम और राष्ट्रीय विस्तार सेवा के कामकाज की जांच करने के लिए ग्रामीण क्षेत्रों में नियुक्त किया गया था। इस समिति द्वारा अनुशंसित तीन स्तरीय प्रणाली हैं:

1. ग्राम स्तर पर ग्राम पंचायत
2. प्रखंड स्तर पर पंचायत समिति
3. जिला स्तर पर जिला परिषद

अतः विकल्प (B) सही है।

95. एल.एम.सिंघवी समिति 1986 में राजीव गांधी द्वारा "लोकतंत्र और विकास के लिए पंचायती राज संस्थान के पुनरोद्धार" पर नियुक्त की गई थी। ग्राम सभा को एक विकेन्द्रीकृत लोकतंत्र का आधार माना जाता है, और पंचायती राज संस्थाओं को स्वशासन की संस्थाओं के रूप में देखा जाता है जो वास्तव में योजना और विकास की प्रक्रिया में लोगों की भागीदारी की सुविधा प्रदान करती हैं। इसकी मुख्य सिफारिश थी कि स्थानीय स्वशासन को, संविधान में एक नया अध्याय शामिल करके संवैधानिक रूप से मान्यता देनी चाहिए और संरक्षित किया जाना चाहिए।

अतः विकल्प (B) सही है।

96. पंचायती राज संस्थाओं के अंतर्गत पंचायती राज व्यवस्था का मूल उद्देश्य जमीनी स्तर पर लोकतंत्र और विकास को बढ़ावा देना है। इसका उद्देश्य तेजी से, तीव्र सामाजिक-आर्थिक प्रगति सुनिश्चित करने और पर्याप्त न्याय प्रदान करने के लिए लोकतांत्रिक विकेंद्रीकरण और विकास में जनता की भागीदारी की एक प्रणाली विकसित करना है।

अतः विकल्प (D) सही है।

97. एसजीएसवाई (SGSY) का पूर्ण रूप स्वर्णजयंती ग्राम स्वरोजगार योजना है।

स्वर्णजयंती ग्राम स्वरोजगार योजना (एसजीएसवाई) भारत सरकार द्वारा देश के ग्रामीण क्षेत्रों में रहने वाले गरीब लोगों को स्थायी आय प्रदान करने के लिए शुरू की गई एक पहल है। यह योजना 1 अप्रैल, 1999 को शुरू की गई थी। यह स्व-रोजगार के सभी पहलुओं को कवर करने वाला एक समग्र कार्यक्रम है जैसे कि गरीबों का संगठन स्वयं सहायता समूह, प्रशिक्षण, ऋण, प्रौद्योगिकी, बुनियादी ढाँचा और विपणन। यह परिकल्पना की गई है कि एसजीएसवाई के तहत सहायता प्राप्त प्रत्येक परिवार को तीन साल की अवधि के भीतर गरीबी रेखा से ऊपर लाया जाएगा। कार्यक्रम का उद्देश्य ग्रामीण क्षेत्रों में ग्रामीण गरीबों की क्षमता के आधार पर बड़ी संख्या में सूक्ष्म उद्यमों की स्थापना करना है।

अत: विकल्प (A) सही है।

98. सरकार के अनुसार, एसबीएमजी के तहत वर्ष 2018 − 19 के लिए उत्तर प्रदेश को जारी की गई अधिकतम धनराशि 6,592.64 करोड़ रुपये है।

कार्यक्रम के तहत आवासीय क्षेत्रों में सामुदायिक शौचालय बनाए जाएंगे जहां व्यक्तिगत घरेलू शौचालय बनाना मुश्किल है।

अत: विकल्प (B) सही है।

99. राष्ट्रीय ग्रामीण पेय जल कार्यक्रम (एनआरडीडब्ल्यूपी) के अन्तर्गत, 2022 तक देश में हर ग्रामीण व्यक्ति को उनके घरेलू परिसरों में या उनके घरों से क्षैतिज या ऊर्ध्वाधर दिशा में 50 मीटर की दूरी से कम पर 70 लीटर प्रति व्यक्ति प्रतिदिन पेय जल उपलब्ध होना चाहिए। राष्ट्रीय ग्रामीण पेयजल कार्यक्रम (एनआरडीडब्ल्यूपी) 2009 में शुरू किया गया था। एनआरडीडब्ल्यूपी एक केंद्र प्रायोजित योजना (सीएसएस) है जिसका उद्देश्य देश की ग्रामीण आबादी को पर्याप्त और सुरक्षित पेयजल के कवरेज में सुधार करना है।

अत: विकल्प (D) सही है।

100. सामाजिक वानिकी कार्यक्रम का उद्देश्य निम्नलिखित सभी क्षेत्रों में बड़े पैमाने पर वृक्षारोपण है सिवाय नगरीय औद्योगिक सम्पदाओं में। बड़े पैमाने पर वृक्षारोपण शब्द का प्रयोग पहली बार 1976 में राष्ट्रीय कृषि आयोग द्वारा किया गया था। सामाजिक वानिकी का मतलब है कि पर्यावरण और सामाजिक मुद्दों को ठीक करने के उद्देश्य से बंजर और वनों की कटाई से वनों का संरक्षण और प्रबंधन है।

अत: विकल्प (B) सही है।

General Hindi

Q.1 'राजलक्ष्मी दौड़ने में तेज है।' वाक्य में कारक है:
A. संप्रदान कारक
B. अधिकरण कारक
C. अपादान कारक
D. संबंध कारक

Q.2 नीचे दिए गए विकल्पों में शब्द का सही बहुवचन पहचानिए।
मंत्री
A. मंत्रियाँ   B. मंत्रिमत   C. मंत्रीगण   D. मंत्रिसंग

Q.3 निर्देश: वाक्य के अशुद्ध भाग (त्रुटिपूर्ण भाग) का चयन कीजिए।

दीपावली पर कुछ लोग (a)/ चमचमाती चाँदी के बर्तन (b)/ खरीदने का लोभ संवरण न कर सके । (c)/ कोई त्रुटि नहीं (d)

A. (a)   B. (b)   C. (c)   D. (d)

Q.4 'तन पर नहीं लत्ता पान खाए अलबता' लोकोक्ति का अर्थ है:
A. बहुत गरीब होना
B. झूठा दिखावा करना
C. एक साथ दो लाभ होना
D. बुरी आदत का शिकार

Q.5 'पर उपदेश कुशल बहुतेरे' लोकोक्ति का अर्थ है:
A. बिन माँगे सलाह देना
B. दूसरों को उपदेश देने को आसान समझना
C. बिना सोचे दूसरों की सलाह पर काम करना
D. दूसरों की बात को शीघ्र मान लेना

Q.6 निम्नलिखित शब्दों में स्त्रीलिंग का चयन कीजिए।
A. वसंत   B. शरद   C. पांवस   D. शिशिर

Q.7 वर्तनी के अनुसार शुद्ध शब्द का चयन कीजिए-
A. सूषुप्ति   B. सुशुप्ति   C. सुसुप्ति   D. सुषुप्ति

Q.8 किस शब्द में द्वंद्व समास है?
A. पाप-पुण्य   B. पंकज   C. नवरात्र   D. महापुरुष

Q.9 'तपोवन' शब्द में कौन सी संधि है?

[KVS Trained Graduate Teacher, 2018]

A. विसर्ग संधि
B. स्वर-व्यंजन संधि
C. व्यंजन संधि
D. स्वर संधि

Q.10 'अपमान' का पर्यायवाची शब्द है:
A. निषेध   B. अनादर   C. उत्कंठित   D. अलंकार

Q.11 'वक्त' का पर्यायवाची शब्द है:
A. हय, तुरङ, वाजि
B. स्तेय, चौर्य, मोष
C. अंश, भाग, टुकड़ा
D. समय, ज़माना, प्रहर

Q.12 इन शब्दों में से तद्भव शब्द पहचानिए:

[Allahabad High Court Review Officer (RO), 2019]

A. उपवास   B. वधू   C. शत   D. अचरज

Q.13 इन शब्दों में से तत्सम शब्द पहचानिए:

[Allahabad High Court Review Officer (RO), 2019]

A. अज्ञानी   B. अदरक   C. किवाड़   D. गाँव

Ques (14-18):निर्देश: निम्नलिखित प्रश्न के उत्तर नीचे दिए हुए गद्यांश के आधार पर दीजिए।

स्वामी विवेकानंद ने कहा था कि यूरोप की सभ्यता सर्वथा तिरस्कार की वस्तु नहीं; क्योंकि मैं भी उस ईश्वर में विश्वास करना नहीं चाहता जो मरने के बाद मुझे शांति तो दे सकता है, किंतु जीवन में मुझे रोटी नहीं दे सकता। स्पष्ट ही, स्वामी विवेकानंद भारतीय अध्यात्म का संबंध उस वस्तु के साथ जोड़ना चाहते थे जो हमारे पास नहीं थी-जो शायद, हमारे पूर्वजों के पास भी नहीं थी। उन्होंने धर्म की गोद में ऊँघते हुए भारतवर्ष को जगाने के लिए शंखनाद किया और कहा, कि तुम्हें जीवन में स्पंदन भरे वाली प्रेरणा की जरूरत है; तुम्हें शक्ति का वह विद्युत् प्रवाह चाहिए जिससे धरती जवान रहती है और जिससे यूरोप के अंग-अंग में चेतना और स्वास्थ्य का सौंदर्य छलक रहा है।

Q.14 विवेकानंद ने किसकी गोद में बैठे हुए भारतवर्ष को जगाने का कार्य किया?
A. अर्थ   B. काम   C. मोक्ष   D. धर्म

Q.15 विवेकानंद ने किसके विद्युत् प्रवाह की वकालत की?
A. भक्ति   B. मुक्ति   C. शक्ति   D. शांति

Q.16 'तिरस्कार' का अर्थ क्या है?
A. अपमान   B. अनुकरण   C. स्वीकार   D. सम्मान

Q.17 'स्पंदन' का अर्थ क्या है?
A. स्थिरता   B. गति   C. सौंदर्य   D. सुख

Q.18 गद्यांश का केंद्रीय लक्ष्य क्या है?
A. भारत की सभ्यता का बखान
B. भारत और यूरोपीय सभ्यता का संघर्ष
C. यूरोपीय सभ्यता का बखान
D. भारत और यूरोपीय सभ्यता के बीच समन्वय

Q.19 'अधिक दिनों तक जीने वाला' वाक्यांश के लिए उचित शब्द का चयन कीजिए।
A. नवजात   B. दुराचारी   C. चिरंजीवी   D. स्वावलम्बी

Q.20 कौन सा शब्द "गुरू" का अनेकार्थी नहीं है?
A. शिक्षक   B. श्रेष्ठ   C. बड़ा   D. अमृत

Q.21 वर्तनी की दृष्टि से शुद्ध शब्द ____ है।

[Rajasthan Police Sub Inspector, 2016]

A. शुश्रूषा   B. सुश्रूषा   C. सुश्रुषा   D. शुश्रुषा

Q.22 'सारंग' का अनेकार्थक शब्द समूह है-
A. चन्द्रमा, भौंरा, रति-क्रिड़ा, चाबुक
B. चन्द्रमा, हाथि, भौंरा, कोयल
C. चन्द्रमा, जत्था, असत्य, भौंरा
D. हाथी, विष, चूना, चन्द्रमा

Q.23 अल्पसंख्यक का विलोम शब्द है:
A. अतिसंख्क
B. बहुसंख्यक
C. महासंख्यक
D. बाहुल्य

Q.24 कलुष का विलोम शब्द है-
A. पापशून्य   B. निष्पाप   C. निष्कलुष   D. निष्करुण

Q.25 किस शब्द में त्रुटि नहीं है?

A. अन्वेषण   B. अनवेषण   C. अन्वेशण   D. अन्वेशण

Mathematics

Q.26 AC और BD समलम्ब चतुर्भुज $ABCD$ के विकर्ण हैं जो एक दूसरे को O पर इस प्रकार काटते हैं कि $OA = x$, $OB = 3x - 12$, $OC = 3$ और $OD = x - 4$ तो x का मान ज्ञात कीजिए?

A. 4 या 9   **B.** 3 या 2   **C.** 7 या 2   **D.** 5 या 7

Q.27 निम्नलिखित में से कौन-से माप को केवल संचयी आवृत्ति वितरण के निर्माण के बाद निर्धारित किया जाता है?

A. समांतर माध्य
B. मोड
C. माध्यक
D. ज्यामितीय माध्य

Q.28 दिए आकृति में O वृत्त का केंद्र है और $\angle PQR = 40°$, कोण $\angle POR$ का मान ज्ञात करे:

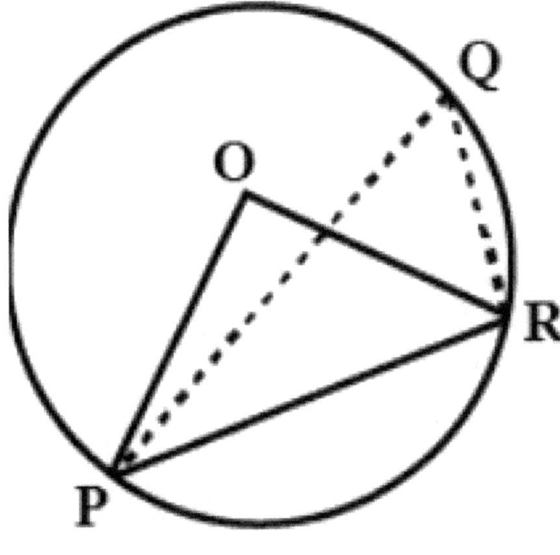

A. 80°   **B.** 60°   **C.** 50°   **D.** 40°

Q.29 एक तार 64 सेमी परिमाप वाले वर्ग के आकार का है। इस तार से एक आयत इस प्रकार बनाया गया है कि इसकी लंबाई 20 सेमी है। तब, आयत का क्षेत्रफल _____ है।

A. 240 सेमी²
B. 880 सेमी²
C. 256 सेमी²
D. 350 सेमी²

Q.30 दो वर्गों के क्षेत्रफल का योग 468 मी² है। यदि उनके परिमापों का अंतर 24 मी है, तो दोनों वर्गों की भुजाएँ ज्ञात कीजिए।

A. 12 मी, 18 मी
B. 12 मी, 16 मी
C. 10 मी, 18 मी
D. 12 मी, 24 मी

Q.31 द्विघातीय समीकरण ज्ञात कीजिए जिसके मूल $2x^2 + 5x + 3 = 0$ के मूलों की व्युत्क्रम हैं?

A. $3x^2 + 5x - 2 = 0$
B. $3x^2 + 5x + 2 = 0$
C. $3x^2 - 5x + 2 = 0$
D. $3x^2 - 5x - 2 = 0$

Q.32 $\frac{a}{b} + \frac{b}{a}$ का मान ज्ञात कीजिए, अगर a और b द्विघात समीकरण $x^2 + 8x + 4 = 0$ के मूल है?

A. 15   **B.** 14   **C.** 24   **D.** 26

Ques (33-37):निर्देश: नीचे दिए गए पाई चार्ट को देखें।

निम्नलिखित पाई चार्ट वर्ष 2018 में एक राज्य में विभिन्न सार्वजनिक क्षेत्रों में सरकार के प्रतिशत व्यय को दर्शाता है।

सार्वजनिक क्षेत्र पर कुल व्यय 500 लाख है।

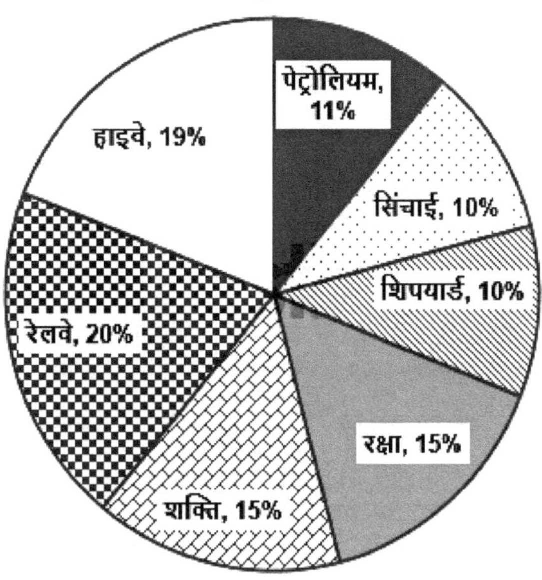

Q.33 2018 में राजमार्ग और रेलवे को मिलाकर कुल व्यय, 2019 में सभी क्षेत्रों पर कुल व्यय का (लगभग) कितना प्रतिशत है, यदि 2019 में सभी क्षेत्रों के व्यय में 20% की वृद्धि हो जाती है।

A. 45%   **B.** 35%   **C.** 40%   **D.** 32.5%

Q.34 यदि 2019 में रक्षा और सिंचाई के व्यय में 20% और 25% की वृद्धि हो जाती है, तो 2019 में इन दोनों क्षेत्रों के लिए कुल व्यय क्या है?

A. 170 लाख
B. 165 लाख
C. 160 लाख
D. 152.5 लाख

Q.35 रेलवे और बिजली को मिलाकर प्रतिशत व्यय का केंद्रीय कोण ज्ञात कीजिये।

A. 150°   **B.** 145°   **C.** 130°   **D.** 126°

Q.36 शिपयार्ड और रेलवे को मिलाकर औसत व्यय, रक्षा और पेट्रोलियम को मिलाकर औसत व्यय में क्या अंतर है?

A. 9 लाख
B. 8 लाख
C. 10 लाख
D. 7.75 लाख

Q.37 रक्षा और पेट्रोलियम पर मिलाकर व्यय का बिजली और सिंचाई पर मिलाकर व्यय से अनुपात क्या है?

A. 6:5   **B.** 5:6   **C.** 26:25   **D.** 10:11

Q.38 25% छूट पर, लाभ% 25% था, 10% छूट पर, लाभ% _________% होगा। चिह्नित मूल्य और बिक्री मूल्य समान रहता है।

[Delhi Forest Guard, 2021]

A. 50   **B.** 30   **C.** 60   **D.** 40

Q.39 एक कमरा 15 मीटर लंबा और 10 मीटर चौड़ा है। यदि 1 वर्ग सेमी फर्श बनाने की लागत 2.00 रुपये है तो पूरे फर्श बनाने की लागत ज्ञात करो।

[Sainik School Entrance Class VI, 2018]

A. 300 रुपये
B. 300000 रुपये

C. 30000 रुपये **D.** 3000000 रुपये

Q.40 निम्नलिखित हिस्टोग्राम एक स्कूल में 22 शिक्षकों की उम्र के बारंबारता वितरण को दर्शाता है:

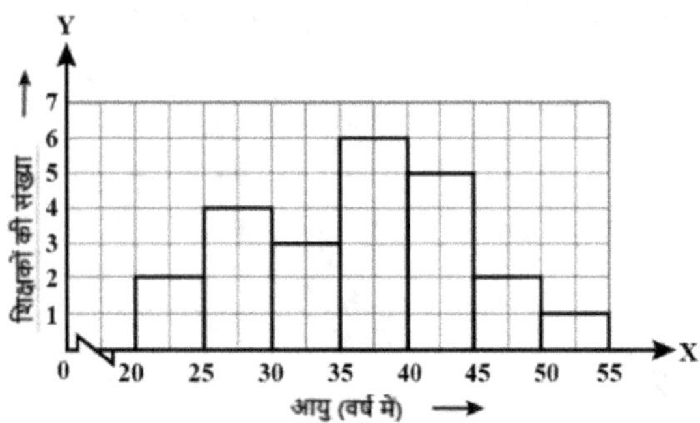

आयु समूह (30 – 40) के बीच शिक्षकों की संख्या का आयु समूह (40 – 55) के बीच झूठ बोलने वाले शिक्षकों की संख्या का प्रतिशत कितना है?

A. 110.5% **B.** 111.5% **C.** 112.5% **D.** 113.5%

Q.41 यदि दो संख्याओं का अनुपात 4 : 9 के अनुपात में है और उनका लघुत्तम 720 है, तो दोनों संख्याओं का योग ज्ञात कीजिए?

A. 260 **B.** 240 **C.** 180 **D.** 390

Q.42 390 मीटर, 495 मीटर और 300 मीटर लंबाई की तीन तारों को बराबर लंबाई के टुकड़ों में काटा जाता है। प्रत्येक टुकड़े की अधिकतम लंबाई ज्ञात कीजिये?

A. 20 मीटर **B.** 18 मीटर **C.** 15 मीटर **D.** 10 मीटर

Q.43 एक आयताकार खेत की लम्बाई और चौड़ाई 5 : 2 के अनुपात में है। यदि खेत का परिमाप 238 मी है, तो मैदान की लम्बाई ज्ञात कीजिए।

A. 83 मी **B.** 82 मी **C.** 84 मी **D.** 85 मी

Q.44 गोले का त्रिज्या घन की भुजा के बराबर है जिसका आयतन 216 घन सेमी है। गोले की सतह का क्षेत्रफल ज्ञात कीजिए।

A. 144 π वर्ग सेमी **B.** 116 π वर्ग सेमी
C. 242 π वर्ग सेमी **D.** 54 π वर्ग सेमी

Q.45 निम्न आकृति में, AD = 5 सेमी, AB = 12 सेमी और AE = 6 सेमी है, तो AC की लंबाई ज्ञात कीजिए?

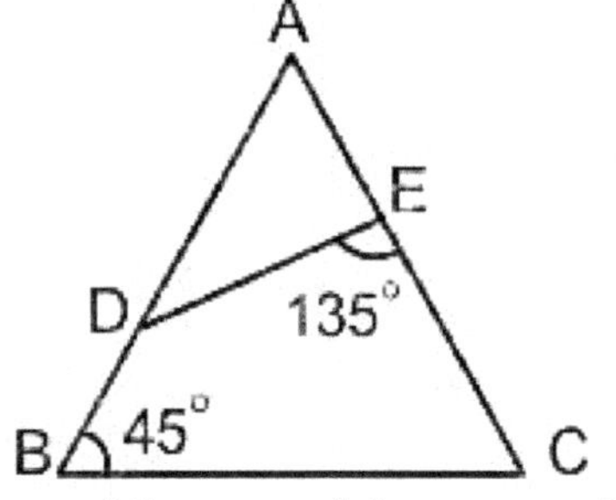

A. 12 सेमी **B.** 5 सेमी **C.** 15 सेमी **D.** 10 सेमी

Q.46 एक परीक्षा में 100 छात्रों द्वारा प्राप्त अंक तालिका में दिए गए हैं।

क्रमांक संख्या	प्राप्तांक (x)	छात्रों की संख्या (f)
1	25	20
2	30	20
3	35	40
4	40	20

छात्रों द्वारा प्राप्त अंकों का माध्य, माध्यिका और बहुलक क्या होगा?

A. माध्य 33, माध्यिका 35, बहुलक 40
B. माध्य 35, माध्यिका 32.5, बहुलक 40
C. माध्य 33, माध्यिका 35, बहुलक 35
D. माध्य 35, माध्यिका 32.5, बहुलक 35

Q.47 आकड़ों का बहुलक है:

अंक	1 – 5	6 – 10	10 – 15	16 – 20	21 – 25	26 – 30	31 – 35	36 – 40	41 – 45
छात्रों की संख्या	7	10	16	32	24	18	10	5	1

A. 18 **B.** 32 **C.** 24 **D.** 18.83

Q.48 यदि A का 20% B के 20% में जोड़ा जाता है, तो उत्तर B का 40% है। B, A का कितना प्रतिशत है?

A. 200% **B.** 100% **C.** 20% **D.** 150%

Q.49 एक समलम्ब की दो समानांतर भुजाओं की लंबाई क्रमशः 53 सेमी और 68 सेमी है और समानांतर भुजाओं के बीच की दूरी 16 सेमी है। समलम्ब का क्षेत्रफल ज्ञात कीजिए।

A. 968 वर्ग सेमी **B.** 972 वर्ग सेमी
C. 988 वर्ग सेमी **D.** 1024 वर्ग सेमी

Q.50 एक नियमित षट्भुज का क्षेत्रफल ज्ञात कीजिए यदि इसकी परिधि 60 सेमी है?

A. 259.81 वर्ग सेमी **B.** 359.82 वर्ग सेमी
C. 289.71 वर्ग सेमी **D.** 269.52 वर्ग सेमी

General Knowledge

Q.51 जुलाई 2022 में एसब्बीआई जनरल इंश्योरेंस कंपनी लिमिटेड के प्रबंध निदेशक और मुख्य कार्यकारी अधिकारी के रूप में किसे नियुक्त किया गया है?

A. टी राजा कुमार **B.** परितोष त्रिपाठी
C. विजय शेखर शर्मा **D.** ज्ञानेश भारती

Q.52 पीएनएस तैमूर, जिसे चीन ने पाकिस्तान को दिया था, एक _______ है?

A. कौर्वेट **B.** फ्रिगेट
C. डिस्ट्रॉयर **D.** विमान वाहक

Q.53 होयसलेश्वर मंदिर विश्व विरासत स्थल की संभावित सूची में शामिल है, निम्नलिखित में से किस राज्य में स्थित है?

A. हिमाचल प्रदेश **B.** कर्नाटक
C. उड़ीसा **D.** महाराष्ट्र

Q.54 उत्तर प्रदेश सरकार ने 2022-23 के बजट में महिलाओं की सुरक्षा के लिए कितने करोड़ रुपये आवंटित किए हैं?

A. ₹720 करोड़ **B.** ₹100.45 करोड़
C. ₹1000 करोड़ **D.** उपरोक्त मे से कोई नही

Q.55 20 मार्च, 2022 को उत्तर प्रदेश के मुख्यमंत्री ने निम्नलिखित में से किस शहर से पल्स पोलियो अभियान शुरू किया था?

A. गाज़ियाबाद   **B.** बरेली
C. लखनऊ   **D.** गोरखपुर

Q.56 निम्नलिखित में से कौन सा राज्य पिछले 5 वर्षों में GeM पोर्टल से की गई खरीदारी में पूरे देश में प्रथम स्थान पर रहा है?

A. मध्य प्रदेश   **B.** उत्तर प्रदेश
C. उत्तराखंड   **D.** गुजरात

Q.57 निम्नलिखित मिलान करें:

	अधिकार		अनुच्छेद
1.	समानता का अधिकार	**(A).**	21
2.	स्वतंत्रता का अधिकार	**(B).**	14
3.	संपत्ति का अधिकार	**(C).**	19
4.	जीवन का अधिकार	**(D).**	300A

A. 1(C), 2(B), 3(A), 4(D)
B. 1(B), 2(C), 3(D), 4(A)
C. 1(B), 2(C), 3(A), 4(D)
D. 1(C), 2(B), 3(D), 4(A)

Q.58 माइक्रोसॉफ्ट ऑफिस में Ctrl + = मुख्य प्रभाव क्या है?

A. अपरकेस   **B.** सुपरस्क्रिप्ट
C. सबस्क्रिप्ट   **D.** लोअरकेस

Q.59 एक छोटे से भौगोलिक क्षेत्र में कंप्यूटर के समूह को जोड़ने वाले नेटवर्क को कहा जाता है

A. लोकल एरिया नेटवर्क
B. निजी क्षेत्र नेटवर्क
C. वृहत् क्षेत्र जालक्रम
D. मेट्रोपॉलिटन एरिया नेटवर्क

Q.60 कंप्यूटर में हार्डवेयर भागों के संदर्भ में, वीआरएएम (VRAM) का पूर्ण रूप क्या है?

A. वीडियो रैंडम एडवांस्ड मीडिया
B. वीडियो रैंडम एक्सेस मेमोरी
C. वर्सेटाइल रीड एक्सेस मेमोरी
D. वर्सेटाइल रीड एडवांस्ड मीडिया

Q.61 भारत की राष्ट्रीय जनसंख्या नीति (2000) का उद्देश्य कुल प्रजनन दर (TFR) को _______ तक प्रतिस्थापन स्तर पर लाना है।

A. 2009   **B.** 2010   **C.** 2011   **D.** 2012

Q.62 बुसान बंदरगाह स्थित है:

[Allahabad High Court Review Officer (RO), 2019]

A. उत्तर कोरिया   **B.** दक्षिण कोरिया
C. चीन   **D.** जापान

Q.63 निम्नलिखित में से किस देश से कर्क रेखा नहीं गुजरती है?

[Allahabad High Court Review Officer (RO), 2019]

A. मेक्सिको   **B.** म्यांमार   **C.** भारत   **D.** ब्राजील

Q.64 व्यक्तिगत राज्य सभा सदस्यों का कार्यकाल क्या है?

A. 3 वर्ष   **B.** 4 वर्ष   **C.** 5 वर्ष   **D.** 6 वर्ष

Q.65 निम्नलिखित में से कौन सा/से कथन चुम्बकीय अनुनाद प्रतिबिम्बन (एमआरआई) के संबंध में सही है/हैं?

1. हमारे शरीर के अंदर चुंबकीय क्षेत्र पृथ्वी के परिमाण के समान और बराबर होता है।

2. हमारे शरीर के अंगों द्वारा उत्पन्न ऊष्मा का पता विद्युत चुम्बकीय क्षेत्र द्वारा लगाया जा सकता है।

A. केवल 1   **B.** केवल 2
C. 1 और 2 दोनों   **D.** न तो 1 और न ही 2

Q.66 आप अपने घर के पास एक आग देखते हैं जिसमें से बहुत सारा काला धुआँ और एक चमकदार पीली लौ निकल रही है। इस आग की संभावना किसके जलने के कारण सबसे अधिक हो सकती है?

A. वनस्पति तेल जो खाना पकाने के लिए उपयोग किया जाता है
B. एक बड़ा प्रोपेन सिलेंडर
C. एक प्राकृतिक गैस पाइपलाइन
D. इनमें से कोई भी

Q.67 मैंगनीज का उपयोग निम्न में से किसके विनिर्माण में किया जा सकता है?

1. कीटनाशक

2. पेंट

3. ब्लीचिंग पाउडर

4. परमाण्विक बल सूक्ष्मदर्शी

A. 1 और 2   **B.** 3 और 4
C. 1, 2 और 3   **D.** 1, 2 और 4

Q.68 महासागर ऊष्मीय ऊर्जा का स्रोत क्या है?

A. महासागर के आधार पर पिघला हुआ मैग्मा
B. ज्वार के बीच घर्षण बल
C. मध्य महासागरीय लकीरें के पास प्लेट का हिलना
D. उपरोक्त में से कोई नहीं

Q.69 वेल्डिंग के लिए ऑक्सीजन और एथीन का मिश्रण जलाया जाता है। निम्नलिखित में से कौन सा कथन एथीन और वायु के मिश्रण का उपयोग नहीं करने के विषय में सही है?

1. एथीन पूरी तरह से शुद्ध ऑक्सीजन की तरह हवा के साथ नहीं जल सकता है।

2. ऑक्सीजन के मिश्रण के बिना, वेल्डिंग के लिए आवश्यक उच्च तापमान तक पहुंचना मुश्किल होता है।

A. केवल 1   **B.** केवल 2
C. 1 और 2 दोनों   **D.** न तो 1 और न ही 2

Q.70 अभ्रक का सबसे बड़ा उत्पादक देश कौन सा है?

[DSSSB TGT Social Science, 2014]

A. भारत   **B.** अमेरिका
C. चीन   **D.** ऑस्ट्रेलिया

Q.71 वैगनर का नियम किस पर आधारित है?

[DSSSB TGT Social Science, 2014]

A. बढ़ती कीमतें
B. बढ़ता सार्वजनिक खर्च
C. बढ़ती सार्वजनिक प्राप्तियां
D. बढ़ता सार्वजनिक कर्ज

Q.72 सार्जेंट प्लान के लिए ब्रिटिश भारत सरकार ने समिति की स्थापना की, यह किससे संबंधित थी?

A. अकाल नीति   **B.** शिक्षा नीति
C. सिविल सेवाओं में सुधार   **D.** न्यायिक सुधार

Q.73 बॉम्बे प्लान के संबंध में निम्नलिखित कथन पर विचार कीजिए?

1. यह 1944 में जेआरडी टाटा और जीडी बिरला द्वारा तैयार किया गया था।

2. इसने जन शिक्षा, वैज्ञानिक प्रशिक्षण और अनुसंधान पर जोर दिया।

3. यह भारत के लिए एक व्यापक रूप से स्वीकृत योजना थी।

ऊपर दिए गए कथनों में से कौन सा सही है / हैं?

A. केवल 1

B. केवल 1 और 2

C. केवल 2 और 3

D. 1, 2 और 3

Q.74 नई योजनाओं के लिए कितना यूपी बजट 2021-22 आवंटित किया गया है?

A. 17598 करोड़ रुपये

B. 27,598 करोड़ रुपये

C. 37,598 करोड़ रुपये

D. 47,598 करोड़ रुपये

Q.75 यूपी बजट 2021-22 का लक्ष्य क्या है?

A. जीवन और आजीविका बचाना

B. आत्मनिर्भर, उत्तर प्रदेश

C. 2022 तक सबके लिए स्वच्छ पेयजल

D. 2024 तक कृषि आय को दोगुना करना

Rural Development and Rural Society

Q.76 निम्नलिखित को मिलाएं

सामग्री	विषय वस्तु
243E	A. पंचायतों की अवधि, और इसी तरह
243G	B. पंचायतों की शक्तियां, अधिकार और जिम्मेदारियां
243I	C. वित्तीय स्थिति की समीक्षा के लिए वित्त आयोग का गठन
243K	D. पंचायतों के चुनाव

नीचे दिया गया सही कूट ज्ञात कीजिए।

A. 1-A, 2-B, 3-C, 4-D

B. 1-A, 2-B, 3-D, 4-C

C. 1-D, 2-C, 3-B, 4-A

D. 1-C, 2-B, 3-D, 4-A

Q.77 भारत में निम्नलिखित में से कौन-सा कर पंचायतों द्वारा वसूल किया जाता है?

A. कृषि भूमि पर और विशिष्ट उद्देश्यों के लिए कर

B. ग्राम पंचायत द्वारा निर्धारित दर से सेवा कर

C. गांव में या उसके आसपास लगने वाले मेलों के लिए टोल टैक्स शुल्क

D. इनमे से सभी

Q.78 निम्नलिखित का मिलान कीजिए

अनुच्छेद	विषय वस्तु
1. 243A	A. ग्राम सभा
2. 243B	B. पंचायतों का गठन
3. 243C	C. सीटों का आरक्षण
4. 243D	D. पंचायतों की संरचना

नीचे दिए गए विकल्पों में से सही का पता लगाएं।

A. 1-A, 2-B, 3-D, 4-C

B. 1-A, 2-B, 3-C, 4-D

C. 1-A, 2-C, 3-B, 4-D

D. 1-B, 2-A, 3-C, 4-D

Q.79 गांवों में ग्राम प्रशासन की देखभाल कौन करता है?

A. ग्राम लेखाकार

B. तहसीलदार

C. जिला कलेक्टर

D. चौकीदार

Q.80 कौन सा निकाय गांव के मामलों को देखता है?

A. पंचायत प्रणाली

B. सरकार

C. समिति

D. पटवारी

Q.81 बीडीओ का चुनाव कौन करता है?

A. सरकार

B. ब्लॉक समिति

C. पंचायत समिति

D. ग्राम पंचायत

Q.82 कौन सा केंद्रीय मंत्रालय आत्मनिर्भर भारत रोजगार योजना लागू करता है?

A. ग्रामीण विकास मंत्रालय

B. आवास और शहरी मामलों के मंत्रालय

C. श्रम और रोजगार मंत्रालय

D. कृषि मंत्रालय

Q.83 मध्याह्न भोजन (एमडीएम) योजना में केंद्र और गैर-पूर्वोत्तर राज्यों के बीच साझा करने का पैटर्न क्या है?

A. 90 : 10   B. 70 : 30   C. 60 : 40   D. 50 : 50

Q.84 बायोटेक-किसान योजना का क्या उद्देश्य है, जो चर्चा में रही?

A. कृषि नवाचार

B. किसानों को वित्तीय सहायता

C. उर्वरक सब्सिडी

D. कृषि में एआई

Q.85 महात्मा गांधी बुनकर बीमा योजना योजना _____ का एक समामेलन है और समूह बीमा योजना में शामिल है।

A. जन धन योजना

B. जनश्री बीमा योजना

C. उजाला

D. पीएमजीएसवाई

Q.86 ग्रामीण गरीब युवाओं के लिए प्लेसमेंट से जुड़े प्रशिक्षण के लिए योजना क्या है?

A. डीएवी-एनआरएलएम

B. डीडीयू-जीकेवाई

C. एमकेएसपी

D. मनरेगा

Q.87 सौभाग्य योजना के लिए कुल कितना बजट आवंटित किया गया है?

A. 19,320 करोड़

B. 18,320 करोड़

C. 16,320 करोड़

D. 17,320 करोड़

Q.88 एमएसपी की प्रणाली वर्ष _____ से शुरू हुई थी।

A. 1965 – 66

B. 1969 – 70

C. 1970 – 71

D. 1966 – 67

Q.89 ग्रामीण समाजशास्त्र का अर्थ ___________ का वैज्ञानिक अध्ययन है।

A. ग्रामीण परिवेश में समाज

B. जाति आधारित संबंध

C. पेडल सोसायटी

D. इनमें से कोई नहीं

Q.90 'इंडियाज चेंजिंग विलेज (1958)' पुस्तक किसके द्वारा लिखी गई है?

A. एस.सी. दुबे

B. ए.के. देसाई

C. रामाराव इंद्र

D. एस.सी. मलिक

Q.91 _______ एक दृष्टिकोण है जो विभिन्न ऐतिहासिक अवधियों के माध्यम से भारतीय गांवों का विश्लेषण करता है।

A. पारिस्थितिक दृष्टिकोण

B. एकीकरणवादी दृष्टिकोण

C. ऐतिहासिक दृष्टिकोण

D. अलगाववादी दृष्टिकोण

Q.92 निम्नलिखित में से कौन-सी सामाजिक संरचना की मूलभूत मशीनरी है?

A. ग्राम समुदाय

B. परिवार

C. जाति

D. उपरोक्त सभी

Q.93 इनमें से कौन भारत में ग्रामीण सहकारी बैंकिंग संरचना के सबसे निचले पायदान पर हैं?

A. राज्य सहकारी बैंक

B. जिला केंद्रीय सहकारी बैंक

C. प्राथमिक कृषि ऋण समितियां

D. इनमें से कोई नहीं

Q.94 निम्नलिखित में से कौन SHG के संबंध में सत्य है?

A. आम तौर पर एक ही आर्थिक पृष्ठभूमि से गरीब लोगों का एक छोटा स्वैच्छिक समूह, जो सदस्यों के बीच छोटी बचत को बढ़ावा देता है और खुद की मदद के लिए एक आम फंड बनाता है

B. सरकार/आरबीआई ने वित्तीय समावेशन के लिए कई SHG-बैंक लिंकेज कार्यक्रम शुरू किए हैं

C. SHG का पूर्ण रूप स्वयं सहायता समूह है

D. ये सभी

Q.95 निम्नलिखित में से कौन-सी आधारभूत ग्रामीण संस्थाएँ हैं?

A. धार्मिक संस्थान
B. शैक्षणिक संस्थान
C. आर्थिक संस्थान
D. उपरोक्त सभी

Q.96 कौन सा संस्थान भारत में ग्रामीण बैंकिंग को नियंत्रित करता है?

A. राष्ट्रीय कृषि और ग्रामीण विकास बैंक

B. पुनर्निर्माण और विकास के लिए अंतर्राष्ट्रीय बैंक

C. बीमा विनियामक एवं विकास प्राधिकरण

D. इनमें से कोई नहीं

Q.97 इंदिरा आवास योजना को संचालित करने के लिए निम्नलिखित में से कौन सा मंत्रालय जिम्मेदार है?

A. श्रम और रोजगार मंत्रालय

B. ग्रामीण विकास मंत्रालय

C. मानव संसाधन विकास मंत्रालय

D. सामाजिक न्याय और अधिकारिता मंत्रालय

Q.98 प्रधान मंत्री उज्ज्वला योजना _______ से संबंधित है।

A. कौशल प्रदान करना
B. वित्तीय समावेशन
C. रसोई गैस कनेक्शन
D. बिजली कनेक्शन

Q.99 मनरेगा के तहत जॉब कार्ड की वैधता क्या है?

A. 2 वर्ष
B. 3 वर्ष
C. 5 वर्ष
D. 10 वर्ष

Q.100 जनगणना के अनुसार निम्नलिखित में से किस राज्य में ग्रामीण जनसंख्या सबसे अधिक है?

A. मध्य प्रदेश
B. महाराष्ट्र
C. पंजाब
D. उत्तर प्रदेश

// स्मार्ट उत्तर पुस्तिका //

सही उत्तर — उन छात्रों का प्रतिशत जिन्होंने प्रश्नों का सही उत्तर दिया था।   **छोड़ दिया** — उन छात्रों का प्रतिशत जिन्होंने प्रश्नों को छोड़ दिया था।

प्रश्न संख्या	उत्तर	सही उत्तर / छोड़ दिया
1	B	45.49 % / 41.6 %
2	C	47.95 % / 39.13 %
3	B	56.73 % / 41.53 %
4	B	17.27 % / 70.95 %
5	B	61.46 % / 32.94 %
6	C	69.78 % / 30.01 %
7	D	67.5 % / 31.16 %
8	A	82.28 % / 10.51 %
9	A	25.25 % / 71.85 %
10	B	52.52 % / 44.77 %
11	D	40.21 % / 36.64 %
12	D	84.24 % / 10.69 %
13	A	53.9 % / 31.04 %
14	D	41.17 % / 58.2 %
15	C	48.15 % / 38.6 %
16	A	57.08 % / 34.18 %
17	B	65.46 % / 32.29 %

प्रश्न संख्या	उत्तर	सही उत्तर / छोड़ दिया
18	D	61.28 % / 31.66 %
19	C	82.8 % / 13.55 %
20	D	61.26 % / 32.12 %
21	A	15.85 % / 82.24 %
22	B	81.34 % / 11.12 %
23	B	41.07 % / 50.07 %
24	C	81.61 % / 16.85 %
25	A	77.2 % / 21.67 %
26	A	47.01 % / 36.89 %
27	C	41.73 % / 50.67 %
28	A	86.46 % / 11.3 %
29	A	30.61 % / 68.69 %
30	A	27.07 % / 69.3 %
31	B	68.04 % / 31.41 %
32	B	41.9 % / 46.77 %
33	D	66.09 % / 30.36 %
34	D	85.93 % / 12.37 %

प्रश्न संख्या	उत्तर	सही उत्तर / छोड़ दिया
35	D	31.32 % / 68.13 %
36	C	85.13 % / 13.85 %
37	C	59.85 % / 34.58 %
38	A	81.98 % / 14.33 %
39	D	85.92 % / 13.16 %
40	C	43.61 % / 36.58 %
41	A	76.73 % / 10.22 %
42	C	46.92 % / 32.49 %
43	D	78.88 % / 15.99 %
44	A	84.76 % / 13.11 %
45	D	13.9 % / 74.72 %
46	C	10.37 % / 68.7 %
47	A	65.99 % / 32.04 %
48	B	41.93 % / 57.07 %
49	A	55.16 % / 38.29 %
50	A	81.0 % / 17.12 %
51	B	42.86 % / 39.36 %

प्रश्न संख्या	उत्तर	सही उत्तर / छोड़ दिया
52	B	59.08 % / 35.09 %
53	B	48.59 % / 37.26 %
54	A	69.93 % / 30.02 %
55	D	19.37 % / 76.84 %
56	B	82.37 % / 13.67 %
57	B	50.23 % / 44.47 %
58	D	58.6 % / 31.79 %
59	A	43.34 % / 56.64 %
60	B	69.25 % / 30.75 %
61	B	45.4 % / 40.47 %
62	B	82.88 % / 11.4 %
63	D	12.06 % / 80.46 %
64	D	54.48 % / 30.39 %
65	D	80.44 % / 18.89 %
66	A	81.53 % / 17.62 %
67	C	84.22 % / 10.54 %
68	D	80.89 % / 15.92 %

प्रश्न संख्या	उत्तर	सही उत्तर / छोड़ दिया
69	C	78.52 % / 16.56 %
70	C	23.39 % / 67.42 %
71	B	51.44 % / 38.33 %
72	B	56.07 % / 35.43 %
73	D	17.41 % / 76.25 %
74	B	52.06 % / 40.62 %
75	B	80.76 % / 10.6 %
76	A	20.48 % / 76.08 %
77	D	61.8 % / 35.9 %
78	A	51.59 % / 35.82 %
79	A	64.54 % / 31.84 %
80	A	79.97 % / 14.7 %
81	A	63.95 % / 34.03 %
82	C	62.15 % / 36.93 %
83	C	83.93 % / 11.33 %
84	A	22.7 % / 67.92 %
85	B	60.12 % / 38.68 %

प्रश्न संख्या	उत्तर	सही उत्तर / छोड़ दिया
86	B	56.59 % / 41.28 %
87	C	43.18 % / 48.81 %
88	D	66.53 % / 32.68 %
89	A	58.42 % / 35.63 %
90	A	89.52 % / 10.3 %
91	C	54.21 % / 44.71 %
92	D	41.68 % / 57.62 %
93	C	62.92 % / 36.5 %
94	D	14.78 % / 85.14 %
95	D	57.31 % / 33.91 %
96	A	42.02 % / 48.43 %
97	B	58.4 % / 30.85 %
98	C	85.49 % / 12.4 %
99	C	56.2 % / 32.84 %
100	D	57.97 % / 36.07 %

//संकेत और समाधान//

1. 'राजलक्ष्मी दौड़ने में तेज है।' यह वाक्य 'अधिकरण कारक' का है।

वाक्य में क्रिया का आधार, आश्रय, समय या शर्त 'अधिकरण' कहलाता है।

आधार को ही अधिकरण माना गया है। यह आधार तीन तरह का होता है– स्थानाधार, समयाधार और भावाधार।

अतः विकल्प (B) सही है।

2. दिए गए विकल्पों में से 'मंत्री' का उचित बहुवचन शब्द 'मंत्रीगण' होगा।

'मंत्री' पुल्लिंग शब्द है जिसका अर्थ होता है-

राजा का प्रधान सलाहकार, अमात्य

आदेश और सलाह देनेवाला राज्य का मुख्य व्यक्ति।

अतः विकल्प (C) सही है।

3. वाक्य के (b) भाग में त्रुटि है, "चमचमाती चाँदी के बर्तन " के स्थान पर "चाँदी के चमचमाते बर्तन" होगा।

शुद्ध वाक्य:

"दीपावली पर कुछ लोग चाँदी के चमचमाते बर्तन खरीदने का लोभ संवरण न कर सके।"

अतः विकल्प (B) सही है।

4. 'तन पर नहीं लत्ता पान खाए अलबता' लोकोक्ति का अर्थ झूठा दिखावा करना है।

वाक्य प्रयोग - बेरोजगारी में धूल फांक रहे हो पर झूठ बोलने में कम नहीं हो। तन पर नहीं लत्ता पान खाए अलबत्ता।

जब कोई पूरा कथन किसी प्रसंग विशेष में उद्धत किया जाता है तो लोकोक्ति कहलाता है।

अतः विकल्प (B) सही है।

5. 'पर उपदेश कुशल बहुतेरे' लोकोक्ति का अर्थ दूसरों को उपदेश देने को आसान समझना है।

वाक्य प्रयोग - हमारे गाँव के मंदिर का पुजारी सभी दर्शनार्थियों को यह उपदेश देता है कि परिश्रम करके खाओ, 'मिल – जुल कर बाँट कर खाओ' और खुद मंदिर में चढ़ा – चढ़ावा अकेले हजम कर जाता है। सच है, 'पर उपदेश कुशल बहुतेरे'।

जब कोई पूरा कथन किसी प्रसंग विशेष में उद्धत किया जाता है तो लोकोक्ति कहलाता है।

अतः विकल्प (B) सही है।

6. पांवस स्त्रीलिंग शब्द है। स्त्रीलिंग शब्द है जैसे- प्रार्थना, वेदना, प्रस्तावना, रचना, घटना इत्यादि। (इ) उकारान्त संज्ञाएँ। जैसे- वायु, रेणु, रज्जु, जानु, मृत्यु, आयु, वस्तु, धातु इत्यादि। अपवाद- मधु, अश्रु, तालु, मेरु, हेतु, सेतु इत्यादि।

अतः विकल्प (C) सही है।

7. उपरोक्त शब्दों में 'सुषुप्ति' वर्तनी के अनुसार शुद्ध रूप है। अन्य सभी शब्द वर्तनी के अनुसार गलत शब्द है।

अन्य तथ्य -

सुषुप्ति का अर्थ - सोए होने की अवस्था

सुषुप्ति का संधि विच्छेद - सु + सुप्ति (व्यंजन संधि)

सुषुप्ति का विलोम - जागृति

अतः विकल्प (D) सही है।

8. 'पाप - पुण्य' में द्वंद्व समास है।

- द्वंद्व समास के समस्त पद में दोनों पद योजक चिन्ह से जुड़े रहते हैं।
- दोनों पद प्रधान होते हैं।
- प्रत्येक दो पदों के बीच और, एवं, तथा, या, अथवा में से किसी एक का लोप पाया जाता है।
- विग्रह करने पर दोनों शब्दों के बीच 'अथवा', 'या' आदि शब्द लिख दिए जाते हैं।
- 'पाप-पुण्य' का समास-विग्रह 'पाप और पुण्य' है। इसलिए, यहाँ द्वंद्व समास है।

अत: विकल्प (A) सही है।

9. तपोवन शब्द में विसर्ग संधि है।

स्वर और व्यंजन के मेल से विसर्ग में जो विसर्ग होता है उसे विसर्ग संधि कहते है। हम ऐसे भी कह सकते हैं- विसर्ग (:) के साथ जब किसी स्वर अथवा व्यंजन का मेल होता है तो उसे विसर्ग-संधि कहते हैं।

विसर्ग संधि के उदाहरण:

तप: + वन = तपोवन

नि: + अंतर = निरंतर

नि: + छल = निश्छल

धनु: + टकार = धनुष्कार

नि: + तार = निस्तार

अतः विकल्प (A) सही है।

10. 'अपमान' का पर्यायवाची शब्द 'अनादर' है।

'अपमान' का पर्यायवाची शब्द - अवज्ञा, अवहेलना, तिरस्कार, अवमानना, परिभव इत्यादि है।

अतः विकल्प (B) सही है।

11. 'वक़्त' का पर्यायवाची शब्द समय, ज़माना, प्रहर है।

'वक़्त' का पर्यायवाची शब्द - समय, ज़माना, प्रहर, काल, वेला इत्यादि है।

अतः विकल्प (D) सही है।

12. दिए गए विकल्पों में से 'अचरज' शब्द तद्भव है। अचरज का तत्सम आश्चर्य होता है। अन्य सभी शब्द तत्सम हैं।

- उपवास का तद्भव उपास होता है।
- वधु का तद्भव बहू होता है।
- शत का तद्भव सौ होता है।

अत: विकल्प (D) सही हैं।

13. दिए गए विकल्पों में से 'अज्ञानी' शब्द तत्सम है।

ज्ञानी शब्द में 'अ' उपसर्ग के योग से 'अज्ञानी' शब्द बना है।

अज्ञानी विशेषण शब्द है जिसका अर्थ होता है - मूर्ख या नासमझ।

- अदरक का तत्सम शब्द आर्द्रक होता है।
- किवाड़ का तत्सम शब्द कपाट होता है।
- गाँव का तत्सम शब्द ग्राम होता है।

अत: विकल्प (A) सही हैं।

14. विवेकानंद ने धर्म की गोद में बैठे हुए भारतवर्ष को जगाने का कार्य किया।

स्वामी विवेकानंद भारतीय अध्यात्म का संबंध उस वस्तु के साथ जोड़ना चाहते थे जो हमारे पास नहीं थी-जो शायद, हमारे पूर्वजों के पास भी नहीं थी। उन्होंने धर्म की गोद में ऊँघते हुए भारतवर्ष को जगाने के लिए शंखनाद किया।

अतः विकल्प (D) सही है।

15. विवेकानंद ने शक्ति के विद्युत् प्रवाह की वकालत की।

तुम्हें जीवन में स्पंदन भरे वाली प्रेरणा की जरूरत है; तुम्हें शक्ति का वह विद्युत् प्रवाह चाहिए जिससे धरती जवान रहती है और जिससे यूरोप के अंग-अंग में चेतना और स्वास्थ्य का सौंदर्य छलक रहा है।

अतः विकल्प (C) सही है।

16. 'तिरस्कार' का अर्थ अपमान है।

अपमान- बेइज्जती, तिरस्कार, निरादर

अनुकरण- अनुसरण, नकल

स्वीकार- अंगीकार, सहमति

सम्मान- आदरपूर्ण भाव

अतः विकल्प (A) सही है।

17. 'स्पंदन' का अर्थ गति है।

स्थिरता- स्थिर होने का भाव

गति- किसी वस्तु के दूरी की दर को चाल कहते हैं

सौंदर्य- सुंदरता, खूबसूरती

सुख- आमोद, प्रसन्नता, प्रमोद, उल्लास, खुशी, आनंद, हर्ष

अतः विकल्प (B) सही है।

18. गद्यांश का केंद्रीय लक्ष्य भारत और यूरोपीय सभ्यता के बीच समन्वय है।

उन्होंने धर्म की गोद में ऊँघते हुए भारतवर्ष को जगाने के लिए शंखनाद किया और कहा, कि तुम्हें जीवन में स्पंदन भरने वाली प्रेरणा की जरूरत है; तुम्हें शक्ति का वह विद्युत् प्रवाह चाहिए जिससे धरती जवान रहती है और जिससे यूरोप के अंग-अंग में चेतना और स्वास्थ्य का सौंदर्य छलक रहा है।

अतः विकल्प (D) सही है।

19. 'अधिक दिनों तक जीने वाला' के लिए एक शब्द 'चिरंजीवी' है।

भाषा को सुंदर, आकर्षक और प्रभावशाली बनाने के लिए अनेक शब्दों के स्थान पर एक शब्द का प्रयोग किया जाता है तो वह वाक्यांश के लिए एक शब्द कहलाता है।

अतः विकल्प (C) सही है।

20. अमृत शब्द "गुरू" का अनेकार्थी नहीं है।

गुरू के अनेकार्थी शब्द- शिक्षक, श्रेष्ठ, बड़ा, भारी, दो मात्राएँ (छंद में)

अतः विकल्प (D) सही है।

21. शुश्रूषा वर्तनी की दृष्टि से शुद्ध शब्द है। अन्य विकल्प असंगत है।

शुश्रूषा का अर्थ- किसी से कुछ सुनने की इच्छा

शुश्रूषा - संज्ञा स्त्रीलिंग

अतः विकल्प (A) सही है।

22. सारंग' का अनेकार्थक शब्द समूह है- चन्द्रमा, हाथि, भौंरा, कोयल।

सारंग के एक से अधिक अर्थ – हाथी, कोयल, कामदेव, सिंह, धनुष भौंरा, मृग, मयूर, स्त्री, नानावर्ण, सुन्दर, सरस, बादल, वृक्ष, छाता, वस्त्र, बाल, शंख, शिव, कपूर, चन्दन, आभूषण, स्वर्ण मधुमक्खी, कमल। अनेकार्थी का शाब्दिक अर्थ है – "एक से अधिक अर्थ वाला" या "अनेक अर्थ वाला"।

अतः विकल्प (B) सही है।

23. अल्पसंख्यक का विलोम शब्द है- बहुसंख्यक।

अल्पसंख्यक का अर्थ होता है दूसरे समूह की तुलना में कम संख्या में होना है। जबकि बहुसंख्यक का अर्थ होता है दूसरे की अपेक्षा या तुलना में गिनती या संख्या में बहुत या अधिक होना से है।

अतः विकल्प (B) सही है।

24. कलुष का विलोम शब्द – निष्कलुष, निष्पाप, निष्कलंक

हिंदी व्याकरण में कलुष शब्द का विलोम शब्द = "अकलुष" होता है।

अर्थत कलुष और अकलुष , दोनों शब्द एक दूसरे के विपरीत अर्थ देते है।

अतः विकल्प (C) सही है।

25. अन्वेषण शब्द में त्रुटि नहीं है।

अन्वेषण का अर्थ - ऐसी अज्ञात अथवा दूर की बातों वस्तुओं स्थानों आदि का पता लगाना जो अब तक सामने न आई हों।

अतः विकल्प (A) सही है।

26. दिया गया है,

AC और BD समलंब $ABCD$ के विकर्ण हैं जो एक दूसरे को O पर इस प्रकार काटते हैं कि $OA = x, OB = 3x - 12, OC = 3$ और $OD = x - 4$

जैसा कि हम जानते हैं, एक समलंब $ABCD$ में यदि समलंब के विकर्ण एक दूसरे को O पर समद्विभाजित करते हैं, तो

$$\Rightarrow \frac{OA}{OB} = \frac{OC}{OD}$$

समलंब की सहायता अवधारणा द्वारा,

$$\Rightarrow \frac{OA}{OB} = \frac{OC}{OD} = \frac{(x)}{(3x-12)} = \frac{(3)}{(x-4)}$$

$$\Rightarrow x^2 - 4x = 9x - 36$$

$$\Rightarrow x^2 - 4x - 9x + 36 = 0$$

$$\Rightarrow x(x - 4) - 9(x - 4) = 0$$

$$\Rightarrow (x - 4)(x - 9) = 0$$

$$\Rightarrow x = 4 \text{ or } 9$$

अतः विकल्प (A) सही है।

27. वितरण के लिए माध्यक $L + \dfrac{\frac{N}{2} - c.f}{f} \times h$ दिया गया है।

जहाँ L माध्यक श्रेणी की न्यूनतम सीमा है।

$c.f.$ संचयी आवृत्ति माध्यक श्रेणी से पहले श्रेणी की संचयी आवृत्ति है।

f माध्यम श्रेणी की आवृत्ति है।

h श्रेणी अंतराल की लम्बाई है।

अतः माध्यक को संचयी आवृत्ति वितरण के निर्माण की आवश्यकता होती है।

अतः विकल्प (C) सही है।

28. हम जानते हैं, केंद्र में एक वृत्त के एक चाप द्वारा समायोजित किया गया कोण वृत्त के शेष भाग पर किसी भी बिंदु पर इसके द्वारा समायोजित कोण से दोगुना है।

तो, दिए गए वृत्त में,

$$\angle POR = 2\angle PQR$$

इसलिए, $\angle POR = 2 \times 40° = 80°$

अतः विकल्प (A) सही है।

29. दिया गया है,

एक तार 64 सेमी परिमाप वाले वर्ग के आकार का है। इस तार से एक आयत इस प्रकार बनाया गया है कि इसकी लंबाई 20 सेमी है।

माना आयत की चौड़ाई b है।

चूंकि इस प्रक्रिया में तार की लंबाई स्थिर रहती है, वर्ग का परिमाप आयत के परिमाप के बराबर होगा,

$$64 = 2(l + b)$$
$$\Rightarrow 64 = 2(20 + b)$$
$$\Rightarrow 32 = 20 + b$$
$$\Rightarrow b = 12 \text{ सेमी}$$

तो, आयत का क्षेत्रफल लंबाई और चौड़ाई का गुणनफल होगा,

$$A = l \times b$$
$$\Rightarrow A = 20 \times 12$$
$$\Rightarrow A = 240 \text{ सेमी}^2$$

अतः विकल्प (A) सही है।

30. मान लीजिए कि पहले वर्ग की भुजा a मी है और दूसरे वर्ग की भुजा A मी है।

पहले वर्ग का क्षेत्रफल $= a^2$

दूसरे वर्ग का क्षेत्रफल $= A^2$

इनका परिमाप क्रमशः 4a और 4A होगा।

प्रश्न के अनुसार,

4A – 4 a = 24

दोनों पक्षों को 4 से विभाजित करने पर, हम प्राप्त करते हैं

A – a = 6

A = a + 6....(i)

दो वर्गों के क्षेत्रफल का योग $= 468$ मी ^{2}

$$A^2 + a^2 = 468 \text{....(ii)}$$

समीकरण (i) से A का मान रखने पर, हम प्राप्त करते हैं

$$(a + 6)^2 + a^2 = 468$$

$$\Rightarrow a^2 + 12a + 36 + a^2 = 468$$
$$\Rightarrow 2a^2 + 12a + 36 = 468$$
$$\Rightarrow a^2 + 6a + 18 = 234$$
$$\Rightarrow a^2 + 6a - 216 = 0$$
$$\Rightarrow a^2 + 18a - 12a - 216 = 0$$
$$\Rightarrow a(a + 18) - 12(a + 18) = 0$$
$$\Rightarrow (a - 12)(a + 18) = 0$$
$$\Rightarrow a = 12, -18$$

जैसा कि हम जानते हैं कि लंबाई ऋणात्मक नहीं हो सकती हैं।

तो, $a = 12$ मी

समीकरण (i) से, हम प्राप्त करते हैं

$$A = a + 6$$
$$= 12 + 6 = 18 \text{ मी}$$

इस प्रकार, पहले वर्ग की भुजा 12 मी है। और दूसरे वर्ग की भुजा 18 मी है।

अतः विकल्प (A) सही है।

31. द्विघातीय समीकरण जिसके मूल $2x^2 + 5x + 3 = 0$ द्वारा प्रतिस्थापित करके x by $\frac{1}{x}$ प्राप्त किया जा सकता है।

इसलिये, $2\left(\frac{1}{x}\right)^2 + 5\left(\frac{1}{x}\right) + 3 = 0$

$$\Rightarrow 3x^2 + 5x + 2 = 0$$

अतः विकल्प (B) सही है।

32. दिया गया है,

$$x^2 + 8x + 4 = 0$$

हम जानते हैं कि

शून्य का योग $= -\ x$ का गुणांक $/\ x^2$ का गुणांक

$$\Rightarrow a + b = -\frac{8}{1} = -8$$

हम यह भी जानते हैं कि,

शून्य का गुणनफल $=$ स्थिर $/\ x^2$ का गुणांक

$$\Rightarrow \text{शून्य का गुणनफल} = \frac{4}{1}$$
$$\Rightarrow ab = 4$$

अब, हम निम्नलिखित का मान ज्ञात करेंगे

$$\frac{a}{b} + \frac{b}{a}$$
$$= \frac{a^2 + b^2}{ab}$$
$$= \frac{(a+b)^2 - 2ab}{ab}$$

$= \dfrac{64-8}{4}$

$= \dfrac{56}{4}$

$= 14$

अतः विकल्प (B) सही है।

33. दिया है:

2018 में राजमार्ग और रेलवे का प्रतिशत व्यय क्रमशः $= 19\%$ और 20%

2018 में सभी क्षेत्रों पर व्यय $= 500$ लाख

2019 में सभी क्षेत्रों में व्यय में वृद्धि $= 20\%$

हम जानते हैं:

प्रतिशत $=$ (मान /कुल मान) $\times 100$

2019 में सभी क्षेत्रों में कुल व्यय $= 500 \times \dfrac{120}{100} = 600$ लाख

2018 में राजमार्ग और रेलवे का मिलाकर व्यय $= \dfrac{(19+20)}{100} \times 500 = 195$ लाख

अभीष्ट प्रतिशत $= \dfrac{195}{600} \times 100 = 32.5\% = 32.5\%$

$\therefore$ व्यय का अभीष्ट प्रतिशत 32.5% है।

अत: विकल्प (D) सही है।

34. दिया है:

वर्ष 2018 में, रक्षा और सिंचाई का प्रतिशत व्यय $= 15\%$ और 10%

वर्ष 2019 में, रक्षा और सिंचाई का प्रतिशत व्यय $= 20\%$ और 25%

हम जानते हैं:

प्रतिशत $=$ (मान /कुल मान) $\times 100$

2018 में रक्षा के लिए व्यय $= \dfrac{15}{100} \times 500 = 75$ लाख

2018 में सिंचाई के लिए व्यय $= \dfrac{10}{100} \times 500 = 50$ लाख

2019 में रक्षा और सिंचाई क्षेत्रों के लिए कुल व्यय $= 75 \times \dfrac{120}{100} + 50 \times \dfrac{125}{100}$

$\Rightarrow 90 + 62.5 = 152.5$ लाख

$\therefore$ 2019 में रक्षा और सिंचाई क्षेत्रों के लिए कुल व्यय 152.5 लाख है।

अत: विकल्प (D) सही है।

35. दिया है:

रेलवे का प्रतिशत व्यय $= 20\%$

बिजली क्षेत्र का प्रतिशत व्यय $= 15\%$

हम जानते हैं:

एक घटक के लिए केंद्रीय कोण $=$ (घटक का मान /100) $\times 360°$

रेलवे के व्यय के लिए केंद्रीय कोण $= \dfrac{20}{100} \times 360° = 72°$

बिजली क्षेत्र के व्यय के लिए केंद्रीय कोण $= \dfrac{15}{100} \times 360° = 54°$

अभीष्ट केंद्रीय कोण $= 72° + 54° = 126°$

$\therefore$ रेलवे और बिजली का मिलाकर प्रतिशत व्यय के लिए केंद्रीय कोण $126°$ है।

अत: विकल्प (C) सही है।

36. दिया है:

शिपयार्ड और रेलवे में क्रमशः व्यय $= 10\%$ और 20%

रक्षा और पेट्रोलियम में क्रमशः व्यय $= 15\%$ और 12.5%

हम जानते हैं:

प्रतिशत $=$ (मान /कुल मान) $\times 100$

औसत $=$ मानों का योग / मानों की संख्या

शिपयार्ड और रेलवे को मिलाकर कुल व्यय $= (10\% + 20\%) \times 500 = (30 \times 5)$ लाख

शिपयार्ड और रेलवे का औसत व्यय $= \dfrac{(30 \times 5)}{2} = 75$ लाख

रक्षा और पेट्रोलियम को मिलाकर कुल व्यय $= (15\% + 11\%) \times 500 = (26 \times 5)$ लाख

रक्षा और पेट्रोलियम का औसत व्यय $= \dfrac{(26 \times 5)}{2} = 65$ लाख

अभीष्ट अंतर $= 75 - 65 = 10$ लाख

$\therefore$ अभीष्ट औसत अंतर 10 लाख है।

अत: विकल्प (C) सही है।

37. दिया है:

रक्षा और पेट्रोलियम में क्रमशः प्रतिशत व्यय $= 15\%$ और 11%

बिजली और सिंचाई में क्रमशः प्रतिशत व्यय $= 15\%$ और 10%

प्रयुक्त सूत्र:

प्रतिशत $=$ (मान / कुल मान) $\times 100$

हम जानते हैं:

रक्षा और पेट्रोलियम में मिलाकर कुल प्रतिशत व्यय $= 15\% + 11\% = 26\%$

बिजली और सिंचाई में मिलाकर कुल प्रतिशत व्यय $= 15\% + 10\% = 25\%$

अभीष्ट अनुपात $= \dfrac{[\left(\frac{26}{100}\right) \times 500]}{[\left(\frac{25}{100}\right) \times 500]}$

$= \dfrac{26}{25}$

∴ व्यय का अभीष्ट अनुपात $26:25$ है।

अत: विकल्प (C) सही है।

38. दिया गया है

यदि छूट 25% है तो लाभ = क्रय मूल्य का 25%

क्रय मूल्य = { विक्रय मूल्य $/(100 + $ लाभ $)$} $\times 100$

मान लीजिये कि अंकित मूल्य $100x$ है

अत:, 25% छूट के बाद विक्रय मूल्य $= 100x - 100x$ का $25\% = 75x$

तो, क्रय मूल्य = $(75x/125) \times 100 = 60x$

यदि छूट 10% है तो विक्रय मूल्य $= 100x - 100x$ का $10\% = 90x$

लाभ प्रतिशत = $\{(90x - 60x)/60x\} \times 100 = 50\%$

∴ 10% छूट के बाद लाभ प्रतिशत 50% है

अत: विकल्प (A) सही है।

39. दिया गया है,

कमरे की लंबाई $(l) = 15$ मीटर $= 1500$ सेमी

कमरे की चौड़ाई $(b) = 10$ मी $= 1000$ सेमी

1 वर्ग सेमी फर्श बनाने की लागत $= 2.00$ रूपये

जैसा कि हम जानते हैं,

कमरे का क्षेत्रफल $= l \times b$

$= 1500 \times 1000$

$= 150000$ सेमी ^{2}

1 वर्ग सेमी फर्श बनाने की लागत $= 2.00$ रूपये

इसलिए, इसके फर्श बनाने की लागत $= 150000 \times 2$

$= 150000 \times 2$

$= 3000000$ रूपये

अत: विकल्प (D) सही है।

40. दिए गए आंकड़ों के अनुसार,

आयु वर्ग के बीच शिक्षकों की संख्या $(30 - 35) = 3$

आयु वर्ग के बीच शिक्षकों की संख्या $(35 - 40) = 6$

फिर,

$(30 - 40)$ के बीच शिक्षकों की कुल संख्या

$= 3 + 6$

$= 9$

अब,

आयु वर्ग के बीच शिक्षकों की संख्या $(40 - 45) = 5$

आयु वर्ग के बीच शिक्षकों की संख्या $(45 - 50) = 2$

आयु वर्ग के बीच शिक्षकों की संख्या $(50 - 55) = 1$

फिर,

$(40 - 55)$ के बीच शिक्षकों की कुल संख्या

$= 5 + 2 + 1$

$= 8$

अब,

आवश्यक प्रतिशत $= \dfrac{9}{8} \times 100$

$= \dfrac{900}{8}$

$= 112.5\%$

∴ आवश्यक प्रतिशत $= 112.5\%$

अत: विकल्प (C) सही है।

41. दिया गया है:

संख्याओं का अनुपात $= 4:9$

संख्याओं का लघुत्तम $= 720$

माना संख्याएं $4a$ और $9a$ है

$9a$ का अभाज्य गुणनखंड $= a \times 3 \times 3$

∴ $4a$ और $9a$ का लघुत्तम $= a \times 2 \times 2 \times 3 \times 3$ ∴

$= 36 \times a$

∵ $4a$ और $9a$ का लघुत्तम $= 720$ ..... (दिया गया है)

∴ $36 \times a = 720$

$\Rightarrow a = \dfrac{720}{36}$

$\Rightarrow a = 20$

∴ संख्याएं है $4a = 4 \times 20 = 80$

$9a = 9 \times 20 = 180$

∴ संख्याओं का योग $= 180 + 80$

$= 260$

अत: विकल्प (A) सही है।

42. अधिकतम लंबाई ज्ञात करने के लिए हमें 390, 495 और 300 का महत्तम ज्ञात करना होगा।

390, 495 और 300 का म.स. = 15

∴ तार की अधिकतम लंबाई = 15 मीटर

अत: विकल्प (C) सही है।

43. दिया गया है:

आयताकार खेत की लम्बाई और चौड़ाई का अनुपात = 5 : 2

आयताकार खेत का परिमाप = 238 मी

हम जानते हैं कि,

आयत का परिमाप = 2(l + b)

आयताकार खेत की लम्बाई और चौड़ाई का अनुपात = 5x : 2x

प्रश्नानुसार,

2 × (5x + 2x) = 238

⇒ 2 × 7x = 238

$\Rightarrow x = \frac{238}{14}$

⇒ x = 17 मी

∴ खेत की लम्बाई = 5 × 17 = 85 मी

अतः विकल्प (D) सही है।

44. दिया है:

घन का आयतन 216 घन सेमी है और घन की भुजा गोले की त्रिज्या के बराबर है।

प्रयुक्त सूत्र:

घन का आयतन = (भुजा)³

गोले की सतह का क्षेत्रफल = $4\pi r^2$

घन का आयतन 216 घन सेमी है।

∴ घन की भुजा = 6 सेमी

अब, घन की भुजा गोले की त्रिज्या के बराबर है।

∴ गोले की सतह का क्षेत्रफल = $4\pi r^2$

$= 4\pi (6)^2$ = 144 π वर्ग सेमी

अतः विकल्प (A) सही है।

45. दिया है:

AD = 5 सेमी

AB = 12 सेमी

AE = 6 सेमी

सूत्र:

यदि ∆ABC ∼ ∆AED है, तो

$\frac{AB}{AE} = \frac{BC}{ED} = \frac{AC}{AD}$

निम्न आकृति में,

∠AED + ∠CED = 180°

⇒ ∠AED + 135° = 180°

⇒ ∠AED = 45°

∆ABC और ∆AED में

∠AED = ∠ABC

∠A = ∠A (उभयनिष्ठ)

∴ ∆AED ∼ ∆ABC

$\frac{AD}{AC} = \frac{AE}{AB}$

$\Rightarrow \frac{5}{AC} = \frac{6}{12}$

$\Rightarrow \frac{5}{AC} = \frac{1}{2}$

⇒ AC = 5 × 2

∴ AC = 10 सेमी

अतः विकल्प (D) सही है।

46. दिया है:

क्रमांक संख्या	प्राप्तांक (x)	छात्रों की संख्या (f)
1	25	20
2	30	20
3	35	40
4	40	20

माध्य $= \frac{\Sigma x_i f_i}{\Sigma f_i}$

माध्य $= \frac{(25\times20)+(30\times20)+(40\times35)+(40\times20)}{20+20+40+20}$

∴ माध्य $= 33$

क्रमांक संख्या	प्राप्तांक (x)	छात्रों की संख्या (f)	संचयी बारम्बारता (F)
1	25	20	20
2	30	20	20 + 20 = 40
3	35	40	40 + 40 = 80
4	40	20	80 + 20 = 100

जैसा कि 100 छात्र हैं अर्थात $n = $ सम

माध्यिका $= \left[\left(\frac{n}{2}\right)$ वां पद $+ \left(\frac{n}{2}+1\right)$ वां पद$\right] / 2$

माध्यिका $= [50$ वां पद $+ 51$ वां पद$] / 2$

माध्यिका $= \frac{35+35}{2}$

$= 35$

बहुलक $= $ उच्चतम बारम्बारता वाला अंक

तालिका से, उच्चतम बारम्बारता 40 है और संगत अंक 35 है।

∴ बहुलक $= 35$

अतः विकल्प (C) सही है।

47. बहुलक $= $ उस श्रेणी का माध्य है जिसमें घटनाओं की अधिकतम संख्या होती है।

दिया है:

हमारे पास $16 - 20$ श्रेणी में छात्रों की अधिकतम संख्या यानी 32 है।

तो बहुलक 16 और 20 का माध्य होगा

बहुलक $= \frac{16+20}{2}$

$= 18$ होगा

अतः विकल्प (A) सही है।

48. दिया है,

यदि A का 20% B के 20% में जोड़ा जाता है, तो उत्तर B का 40% है।

$$y \text{ का } x\% = \left(\frac{x}{100}\right) \times y$$

$$x \text{ का } y\% = \left(\frac{y}{100}\right) \times x$$

प्रश्न के अनुसार, हमारे पास है

$$\left(\frac{20}{100}\right)A + \left(\frac{20}{100}\right)B = \left(\frac{40}{100}\right)B$$

$$\Rightarrow \left(\frac{20}{100}\right)A = \left(\frac{40}{100}\right)B - \left(\frac{20}{100}\right)B$$

$$\Rightarrow 2A = 2B$$

$$\Rightarrow A = B$$

$$\Rightarrow A \text{ का } 100\% = B \text{ का } 100\%$$

$\therefore A$ का $100\%, B$ के 100% के बराबर है।

अतः विकल्प (B) सही है।

49. समलम्ब का क्षेत्रफल $= \frac{1}{2} \times$ (समानांतर भुजाओं का योग) $\times$ (समानांतर भुजाओं के बीच की)

$$\Rightarrow \frac{1}{2} \times (53 + 68) \times 16$$

$$\Rightarrow \frac{1}{2} \times 121 \times 16$$

$\therefore$ समलम्ब का क्षेत्रफल $= 968$ वर्ग सेमी

अतः विकल्प (A) सही है।

50. मान लीजिए ' a' एक भुजा की माप है।

षट्भुज का परिधि $P = 6 \times a = 60\ cm$

$$a = \frac{60}{6} = 10\ cm$$

षट्भुज में छह समबाहु त्रिभुज होते हैं और

षट्भुज के क्षेत्रफल के लिए सूत्र $A = 6 \times \left(\frac{\sqrt{3}}{4}\right) \times a^2$

$$A = \frac{6 \times \sqrt{3} \times 10^2}{4} = \frac{600 \times \sqrt{3}}{4}$$

$$A = 150 \times \sqrt{3} = 259.81 \text{ वर्ग सेमी}$$

अतः विकल्प (A) सही है।

51. एसबीआई जनरल इंश्योरेंस कंपनी लिमिटेड ने जुलाई 2022 पर परितोष त्रिपाठी को प्रबंध निदेशक और मुख्य कार्यकारी अधिकारी के रूप में घोषित किया है।

उन्हें इस पद के लिए मूल कंपनी स्टेट बैंक ऑफ इंडिया द्वारा नामित किया गया था और उन्होंने पीसी कांडपाल का स्थान लिया है।

2017 से 2020 तक वह पहले एसबीआई म्यूचुअल फंड और फिर एसबीआई जनरल इंश्योरेंस के साथ बैंकएश्योरेंस के प्रमुख थे।

अतः विकल्प (B) सही है।

52. पीएनएस तैमूर पाकिस्तान को चीन से प्राप्त दूसरा प्रकार 054ए/पी युद्धपोत है। पोत को शंघाई के हुडोंग-झोंगहुआ शिपयार्ड में कमीशन किया गया था। इस साल जनवरी में, पीएनएस तुगरिल पाकिस्तान नेवी फ्लीट का हिस्सा बनने वाला पहला टाइप 054ए/पी फ्रिगेट बना।

अतः विकल्प (B) सही है।

53. होयसलेश्वर मंदिर विश्व विरासत स्थल की संभावित सूची में शामिल है, कर्नाटक राज्य में स्थित है।

- स्मारकों और स्थलों पर अंतर्राष्ट्रीय आयोग (ICOMOS) के एक विशेषज्ञ टियोंग कियान बूम ने 14 सितंबर, 2022 को कर्नाटक के हैलेबिडु में होयसलेश्वर मंदिर का दौरा किया।
- होयसल संरचना संयुक्त राष्ट्र शैक्षिक, वैज्ञानिक और सांस्कृतिक संगठन (यूनेस्को) की संभावित सूची में शामिल हैं।
- यह भगवान शिव को समर्पित 12वीं शताब्दी का हिंदू मंदिर है।

अतः विकल्प (B) सही है।

54. 2022-23 के हालिया बजट में, उत्तर प्रदेश सरकार राज्य में महिलाओं की सुरक्षा के लिए ₹720 करोड़ अलग सुरक्षित रखेगी। बजट में महिलाओं और लड़कियों की सुरक्षा पर भी जोर दिया गया।

महिलाओं और लड़कियों की सुरक्षा के लिए, राज्य सरकार ने राज्य के सभी 1535 पुलिस थानों में महिला कांस्टेबलों को नामित करते हुए एक "वोमेन हेल्प डेस्क" की स्थापना की है।

अतः विकल्प (A) सही है।

55. 20 मार्च, 2022 को उत्तर प्रदेश के मुख्यमंत्री ने गोरखपुर से पल्स पोलियो अभियान शुरू किया था।

सप्ताह भर चलने वाले इस अभियान के तहत पांच साल तक के 3.80 करोड़ बच्चों को पल्स पोलियो की दवा पिलाई गई थी। इसके लिए 1.10 लाख बूथ बनाए गए हैं। इसके साथ ही 76,000 मोबाइल टीमें बनाई गई हैं।

अतः विकल्प (D) सही है।

56. उत्तर प्रदेश सरकार द्वारा हाल ही में उपलब्ध कराए गए आंकड़ों के अनुसार, GeM पोर्टल से की गई खरीदारी में उत्तर प्रदेश पिछले 5 वर्षों में पूरे देश में पहले स्थान पर रहा है।

सरकारी आंकड़ों के अनुसार, पिछले पांच वर्षों में विभिन्न विभागों द्वारा GeM पोर्टल के माध्यम से 20,642 करोड़ रुपये से अधिक की खरीद की गई है।

अतः विकल्प (B) सही है।

57. मौलिक अधिकार वे अधिकार हैं जो मानव अस्तित्व के लिए आवश्यक हैं।

भारतीय संविधान मौलिक अधिकारों को समायोजित करता है जो उचित प्रतिबंधों के अधीन उचित हैं।

छह मौलिक अधिकार हैं:

1. समानता का अधिकार (अनुच्छेद 14-18)
2. स्वतंत्रता का अधिकार (अनुच्छेद 19-22)
3. शोषण के विरूद्ध अधिकार (अनुच्छेद 23 और 24)
4. धार्मिक स्वतंत्रता का अधिकार (अनुच्छेद 25-28)
5. सांस्कृतिक और शैक्षिक अधिकार (अनुच्छेद 29 और 30)
6. संवैधानिक उपचार के अधिकार (अनुच्छेद 32)

अतः विकल्प (B) सही है।

58. माइक्रोसॉफ्ट ऑफिस में, Ctrl + = कुंजी का प्रभाव सबस्क्रिप्ट है।

एक सबस्क्रिप्ट एक ऐसा करैक्टर है जो आमतौर पर एक संख्या या एक अक्षर होता है, एक सबस्क्रिप्ट एक अक्षर के नीचे या नीचे और दूसरे वर्ण के दाईं या बाईं ओर लिखा जाता है।

अतः विकल्प (C) सही है।

59. नेटवर्क जो एक छोटे से भौगोलिक क्षेत्र में कंप्यूटर के एक समूह को जोड़ते हैं उन्हें लोकल एरिया नेटवर्क कहा जाता है।

लोकल एरिया नेटवर्क का उपयोग कार्यालय भवन के अंदर या कक्षा के अंदर किया जाता है।

ईथरनेट और वाईफाई एक स्थानीय क्षेत्र नेटवर्क बनाने के लिए उपयोग की जाने वाली सबसे आम प्रौद्योगिकियां हैं।

अतः विकल्प (A) सही है।

60. कंप्यूटर में आमतौर पर कंप्यूटर डिस्प्ले के लिए बिटमैप्स नामक ग्राफिकल छवियों को रखने के लिए विशेष वीडियो मेमोरी (वीआरएएम) होती है।

यह मेमोरी अक्सर दोहरी-पोर्ट (dual-ported) की होती है - एक नई छवि को उसी समय संग्रहीत किया जा सकता है जब उसका वर्तमान डेटा पढ़ा और प्रदर्शित किया जा रहा हो।

अतः विकल्प (B) सही है।

61. भारत की राष्ट्रीय जनसंख्या नीति (2000) का उद्देश्य कुल प्रजनन दर (TFR) को 2010 तक प्रतिस्थापन स्तर पर लाना है।

इसका उद्देश्य 2045 तक एक स्थिर जनसंख्या प्राप्त करना है, जो कि सतत आर्थिक विकास, सामाजिक विकास और पर्यावरण संरक्षण के अनुरूप है। राष्ट्रीय जनसंख्या नीति (NPP), 2000 को फरवरी 2000 में केंद्रीय मंत्रिमंडल द्वारा समर्थन दिया गया था।

अतः विकल्प (B) सही है।

62. बुसान बंदरगाह दक्षिण कोरिया में स्थित है।

बुसान बंदरगाह-

- यह दक्षिण कोरिया में नाकटोंग नदी के मुहाने पर स्थित है।
- यह दुनिया का पांचवां सबसे व्यस्त कंटेनर पोर्ट है और पूर्वोत्तर एशिया का सबसे बड़ा ट्रांसशिपमेंट पोर्ट है।
- जेजू शहर के अलावा, बुसान बंदरगाह एकमात्र ऐसा शहर था जिस पर कोरियाई युद्ध (1950-1953) के दौरान उत्तर कोरिया का कब्जा नहीं था।
- शहर जहाज निर्माण, ऑटोमोबाइल, स्टील, इलेक्ट्रॉनिक्स, रसायन, चीनी मिट्टी की चीज़ें और कागज सहित प्रमुख उद्योगों का घर बन गया है।
- इसे बुसान पोर्ट अथॉरिटी (BPA) द्वारा विकसित, प्रबंधित और संचालित किया जाता है, जिसे जनवरी 2004 में स्थापित किया गया था।
- पोर्ट अत्याधुनिक सुविधाओं का उपयोग करता है ताकि यह 100 देशों में 500 बंदरगाहों के साथ सक्रिय विनिमय को संभालने में सक्षम हो, जिसमें नवीनतम पीढ़ी के उच्च गति कंटेनर क्रेन शामिल हैं।

अतः विकल्प (B) सही है।

63. ब्राजील से कर्क रेखा नहीं गुजरती है।

कर्क रेखा-

- यह भूमध्य रेखा के 23.5 डिग्री उत्तर में पृथ्वी पर अक्षांश के समानांतर है।
- उत्तरी ग्रीष्म संक्रांति/दक्षिणी शीतकालीन संक्रांति (प्रत्येक वर्ष 21 जून के आसपास) पर, सूर्य +23.5 डिग्री के अपने सबसे उत्तरी गिरावट तक पहुंचता है। इस समय कर्क रेखा पर एक प्रेक्षक के लिए सूर्य सीधे ऊपर की ओर होता है।
- चीन में ठंडे उच्चभूमि क्षेत्रों को छोड़कर, पूर्वी तटीय क्षेत्रों को छोड़कर, कर्क रेखा पर जलवायु आमतौर पर गर्म और शुष्क होती है।
- कर्क रेखा पर या उससे सटा सबसे ऊँचा पर्वत ताइवान में युशान है।
- कर्क रेखा गुजरात, राजस्थान, मध्य प्रदेश, छत्तीसगढ़, झारखंड, पश्चिम बंगाल, त्रिपुरा और मिजोरम सहित 8 भारतीय राज्यों से होकर गुजरती है।
- यह कई अन्य देशों के बीच मैक्सिको (उत्तरी अमेरिका), म्यांमार (एशिया), भारत से भी गुजरता है।

अत: विकल्प (D) सही है।

64. राज्यसभा के व्यक्तिगत सदस्यों का कार्यकाल 6 वर्ष का होता है। राज्य सभा (अनुच्छेद 83.1) का अनिश्चितकालीन कार्यकाल होता है और विघटन के अधीन नहीं होता है। भारत की संसद द्वारा निर्धारित नियमों के अनुसार, एक व्यक्तिगत राज्यसभा सदस्य का कार्यकाल 6 वर्ष का होता है और इसके दो सदस्यों में से एक तिहाई सदस्य हर दो साल में सेवानिवृत्त होते हैं।

अत: विकल्प (D) सही है।

65. शरीर के अंदर का चुंबकीय क्षेत्र विभिन्न शरीर के अंगों की छवियों को प्राप्त करने का आधार बनता है। यह चुम्बकीय अनुनाद प्रतिबिम्बन (एमआरआई) नामक तकनीक का उपयोग करके किया जाता है। लेकिन, ये क्षेत्र बहुत कमजोर होते हैं और पृथ्वी के चुंबकीय क्षेत्र के लगभग एक-अरबवें हिस्से होते हैं। एमआरआई उष्मा स्वरुप अनुरेखण पर आधारित नहीं होता है।

अत: विकल्प (D) सही है।

66. वनस्पति तेल सामान्य रूप से असंतृप्त तेल होता है, अर्थात यदि यह जलता है तो यह काला धुआं और पीली लौ देता है। प्रोपेन और प्राकृतिक गैस (ज्यादातर मीथेन) संतृप्त हाइड्रोकार्बन (सिंगल बॉन्ड कार्बन चेन) हैं। तो वे एक स्पष्ट लौ देते हैं।

संतृप्त हाइड्रोकार्बन आम तौर पर एक स्पष्ट लौ देगा जबकि असंतृप्त कार्बन यौगिक बहुत सारे काले धुएं के साथ एक पीले रंग की लौ देगा। वनस्पति तेल सामान्य रूप से असंतृप्त तेल होता है, अर्थात् यदि यह जलता है तो यह काला धुआँ और पीली लौ देता है। प्रोपेन और प्राकृतिक गैस (ज्यादातर मीथेन) संतृप्त हाइड्रोकार्बन (एकल आबंध कार्बन श्रृंखला) होते हैं। इसलिए, वे एक स्पष्ट लौ देते हैं।

अत: विकल्प (A) सही है।

67. मैंगनीज का उपयोग मुख्य रूप से कीटनाशकों और ब्लीचिंग पाउडर के निर्माण में किया जाता है।

शीट मीका का उपयोग परमाण्विक बल सूक्ष्मदर्शी (माइक्रोस्कोपिंग का बहुत उच्च रिज़ॉल्यूशन) के लिए किया जाता है। इसलिए, कथन 4 सही नहीं है।

मैंगनीज डाइऑक्साइड का उपयोग पुरातनता से किया गया है ताकि लोहे के संदूषण की मात्रा का पता लगाने के कारण कांच में हरे रंग के रंग को ऑक्सीकृत किया जा सके। MnO_2 का उपयोग ऑक्सीजन और क्लोरीन के निर्माण में भी किया जाता है, और काले पेंट को सुखाने में। मैंगनीज का उपयोग मुख्य रूप से स्टील और फेरो-मैंगनीज मिश्र धातु के निर्माण में किया जाता है। एक टन स्टील के निर्माण के लिए लगभग 10 किलोग्राम मैंगनीज की आवश्यकता होती है।

अत: विकल्प (C) सही है।

68. समुद्र या महासागर की सतह पर पानी सूर्य द्वारा गर्म किया जाता है जबकि गहरे वर्गों में पानी अपेक्षाकृत ठंडा होता है। महासागर-थर्मल-ऊर्जा रूपांतरण संयंत्रों में ऊर्जा प्राप्त करने के लिए तापमान में इस अंतर का फायदा उठाया जाता है। ये पौधे काम कर सकते हैं यदि सतह पर पानी के बीच का अंतर और 2 किमी तक की गहराई पर पानी 293 K (20C) या उससे अधिक हो। गर्म सतह- पानी का उपयोग अमोनिया जैसे अस्थिर तरल को उबालने के लिए किया जाता है। तरल के वाष्प का उपयोग तब जनरेटर की टरबाइन को चलाने के लिए किया जाता है। समुद्र की गहराई से ठंडा पानी पंप किया जाता है और कंडेनस वाष्प को फिर से तरल बनाया जाता है। समुद्र से ऊर्जा क्षमता (ज्वारीय ऊर्जा, तरंग ऊर्जा और महासागर थर्मल ऊर्जा) काफी बड़ी है, लेकिन कुशल वाणिज्यिक शोषण मुश्किल है।

अत: विकल्प (D) सही है।

69. जब एथीन को हवा के साथ जलाया जाता है, तो यह एक पीले रंग की धब्बेदार लौ देता है जिसमें बहुत कम तापमान होता है। ऐसा इसलिए है क्योंकि एथीन पूरी तरह से जलता नहीं है। इसलिए, कथन 1 सही है।

जब शुद्ध ऑक्सीजन का उपयोग किया जाता है, तो लौ साफ होती है, और एथीन का दहन पूरा होता है, और बहुत अधिक तापमान का उपयोग कम मात्रा में एथीन के साथ किया जा सकता है। इसलिए, कथन 2 सही है।

अत: विकल्प (C) सही है।

70. चीन दुनिया में अभ्रक का सबसे बड़ा उत्पादक है क्योंकि यह वैश्विक हिस्सेदारी का तीसरा हिस्सा साझा करता है। चीन ने विश्व उत्पादन स्तर पर अभ्रक पर 780,000 मीट्रिक टन का उत्पादन किया। चीन के बाद क्रमशः रूस, फिनलैंड और संयुक्त राज्य अमेरिका देश का अनुसरण कर रहे हैं।

अत: विकल्प (C) सही है।

71. वैगनर के नियम के अनुसार सार्वजनिक व्यय में वृद्धि के लिए बल का निर्धारण करने वाला सिद्धांत वास्तविक शक्ति व्यक्ति आय की वृद्धि है या दूसरे शब्दों में वास्तविक प्रति व्यक्ति आय की वृद्धि से उत्पन्न होने वाली नई सार्वजनिक सेवाओं के लिए सार्वजनिक मांग में वृद्धि है।

अत: विकल्प (B) सही है।

72. ब्रिटिश भारत सरकार ने सार्जेंट प्लान के लिए एक समिति बनाई जो शिक्षा नीति से संबंधित थी।

- इसे भारत सरकार के तत्कालीन शैक्षिक सलाहकार जॉन सार्जेंट के बाद सार्जेंट प्लान के रूप में भी जाना जाता है।
- इसने 40 साल (1944-1984) में फैले एक चरणबद्ध कार्यक्रम में, छह से कम उम्र के बच्चों के लिए स्वैच्छिक आधार पर नर्सरी स्कूलों की स्थापना, जबकि छह से चौदह साल की उम्र के लड़के और लड़कियों दोनों के लिए मुफ्त और अनिवार्य शिक्षा का प्रस्ताव दिया।

अत: विकल्प (B) सही है।

73. बॉम्बे प्लान (1944):

- यह बंबई के व्यापारिक नेताओं के एक समूह द्वारा एक प्रस्ताव था।
- यह भारतीय अर्थव्यवस्था के बाद की स्वतंत्रता के विकास के लिए था।
- मार्च 1944 के अंत में, फेडरेशन ऑफ इंडियन चैम्बर्स ऑफ कॉमर्स ने अपनी वार्षिक बैठक में बॉम्बे प्लान का समर्थन किया।
- यह 1944 में और 1945 में प्रकाशित हुआ था।
- सम्बन्धित व्यक्ति:
1. श्री जे. आर. डी. टाटा।
2. श्री जी. डी. बिड़ला।
3. पी. ठाकुरदास, कस्तूरभाई लालभाई।
4. श्री ए. डी. श्रॉफ, डॉ. जॉन मथाई।

इसलिये कथन 1 सही है।

उद्देश्य:

- एक संतुलित अर्थव्यवस्था प्राप्त करने के लिए।
- प्रति व्यक्ति आय को दोगुना करके लोगों के जीवन स्तर को ऊपर उठाना।
- अपने वर्तमान 71000 मील से ५० प्रतिशत की माइलेज रेलवे को बढ़ाना।
- कुल 300,000 मील सड़कों को दोगुना करने के लिए।
- तटीय नौवहन का विस्तार और बंदरगाह का उन्नयन।

योजनाकारों ने निम्न मानदंडों के आधार पर न्यूनतम जीवन स्तर निर्धारित किए हैं:

- प्रत्येक व्यक्ति के लिए प्रति दिन संतुलित भोजन की 2,800 कैलोरी।
- 30 गज कपड़े
- एक आवासीय क्षेत्र के 100 वर्ग फुट।
- इसमें वयस्क शिक्षा, वैज्ञानिक प्रशिक्षण और अनुसंधान के प्रावधान थे।
- इसने प्राथमिक, माध्यमिक और व्यावसायिक और विश्वविद्यालय स्तर के अध्ययन सहित सामूहिक शिक्षा की एक विस्तृत दृष्टि दी।

इसलिये, कथन 2 सही है।

इस योजना को आलोचना का सामना करना पड़ा क्योंकि इसमें पूंजीवादी पृष्ठभूमि का अभाव था।

- उन्होंने आगे की पूंजी उत्पन्न करने के लिए भारतीय अर्थव्यवस्था की क्षमता को कम करने की आलोचना की।
- अधिकांश अर्थशास्त्रियों ने तकनीकी कारणों से इस योजना की आलोचना की क्योंकि इसने इस तथ्य पर विचार नहीं किया था कि पूंजी बनाने से मुद्रास्फीति पर प्रभाव पड़ता है।

इसलिये, कथन 3 सही है।

अत: विकल्प (D) सही है।

74. यूपी बजट 2021-22 में नई योजनाओं के लिए 27,598.40 करोड़ रुपये आवंटित किए गए हैं।

उत्तर प्रदेश को 'आत्मनिर्भर' बनाने के लक्ष्य के साथ, योगी आदित्यनाथ सरकार ने सोमवार को राज्य विधानसभा में 2021-22 के लिए 5,50,270.78 करोड़ रुपये का बजट पेश किया। राज्य में विधानसभा चुनाव में एक साल से भी कम समय बचा है, बजट में 27,598.40 करोड़ रुपये की नई योजनाएं शामिल हैं।

अत: विकल्प (B) सही है।

75. यूपी बजट 2021-22 का लक्ष्य आत्मनिर्भर उत्तर प्रदेश है।

मुख्यमंत्री योगी आदित्यनाथ की उपस्थिति में मौजूदा कार्यकाल के अंतिम बजट का अनावरण करते हुए खन्ना ने कहा, "सरकार का लक्ष्य उत्तर प्रदेश को आत्मनिर्भर बनाना और सर्वांगीण विकास सुनिश्चित करना है।.

अत: विकल्प (B) सही है।

76. पंचायती राज भारत में स्थानीय स्वशासन की एक प्रणाली है।

पंचायती राज के महत्वपूर्ण अनुच्छेद:

महत्वपूर्ण अनुच्छेद	विषय वस्तु
243E	पंचायतों की अवधि, और इसी तरह

243G	पंचायतों की शक्तियां, अधिकार और जिम्मेदारियां
243I	वित्तीय स्थिति की समीक्षा के लिए वित्त आयोग का गठन
243K	पंचायतों के चुनाव
243A	ग्राम सभा
243F	सदस्यता के लिए अयोग्यता
243B	पंचायतों का संविधान
243C	पंचायतों की संरचना
243D	सीटों का आरक्षण

अतः विकल्प (A) सही है।

77. ग्राम पंचायतों में कर हैं:

- हाउस टैक्स
- पेशा कर
- वाहन कर
- कृषि भूमि पर और विशिष्ट उद्देश्यों के लिए कर
- जल कर
- ग्राम पंचायत द्वारा निर्धारित दर से सेवा कर
- गांव में या उसके आसपास आयोजित मेलों के लिए टोल टैक्स शुल्क
- कृषि भूमि पर कर

गांव पंचायत (ग्राम पंचायत) की आय के स्रोत कुछ व्यापक शीर्षकों में विभाजित किया जा सकता है। प्रत्येक ग्राम पंचायत का अपना कोष होता है।

पंचायती राज आम तौर पर शहरी और उपनगरीय नगर पालिकाओं के विरोध में ग्रामीण भारत में गांवों की स्थानीय स्वशासन को संदर्भित करता है, इस प्रणाली को 1992 में एक संवैधानिक संशोधन द्वारा पेश किया गया था।

अतः विकल्प (D) सही है।

78. भारत में पंचायती राज से संबंधित महत्वपूर्ण लेख:

महत्वपूर्ण अनुच्छेद	विषय वस्तु
243A	ग्राम सभा
243B	पंचायतों का गठन
243C	पंचायतों की संरचना
243D	सीटों का आरक्षण
243E	पंचायतों की अवधि, इत्यादि
243F	सदस्यता के लिए अयोग्यता
243G	पंचायतों की शक्तियाँ, प्राधिकार और उत्तरदायित्व
243I	वित्तीय स्थिति की समीक्षा के लिए वित्त समिति का गठन
243K	पंचायतों के चुनाव

अतः विकल्प (A) सही है।

79. एक ग्राम लेखाकार ने गाँवों में ग्राम प्रशासन की देखभाल करता है।

एक ग्राम लेखाकार, या पटवारी, भारतीय उपमहाद्वीप के ग्रामीण क्षेत्रों में एक प्रशासनिक सरकारी पद है। 16 वीं शताब्दी की शुरुआत में पेश किया गया था, इसे ब्रिटिश राज द्वारा बनाए रखा गया था। लेखाकार मुख्य रूप से कृषि अभिलेख रखता है।

अतः विकल्प (A) सही है।

80. पंचायत प्रणाली गाँव के मामलों को देखती है।

पंचायत प्रणाली में ग्राम स्तर (ग्राम पंचायत), गांवों के समूह (ब्लॉक पंचायत) और जिला स्तर (जिला पंचायत) शामिल हैं। पंचायती राज ग्राम स्तर पर सरकार का एक रूप है जहाँ प्रत्येक गाँव अपनी गतिविधियों के लिए जिम्मेदार होता है।

अतः विकल्प (A) सही है।

81. बीडीओ की नियुक्ति सरकार करती है।

एक ब्लॉक समिति या पंचायत समिति की देखरेख में कई ग्राम पंचायतें होती हैं और गांवों में विकास की निगरानी के लिए एक ब्लॉक विकास अधिकारी (बीडीओ) भी होता है।

अतः विकल्प (A) सही है।

82. श्रम और रोजगार मंत्रालय आत्मनिर्भर भारत रोजगार योजना लागू करता है।

कोविड-19 महामारी के दौरान सामाजिक सुरक्षा लाभों के साथ-साथ नए रोजगार के सृजन के लिए नियोक्ताओं को प्रोत्साहित करने के लिए आत्मनिर्भर भारत रोजगार योजना शुरू की गई थी। यह श्रम और रोजगार मंत्रालय द्वारा कार्यान्वित किया जाता है। वित्त मंत्री ने घोषणा की कि आत्मनिर्भर भारत रोजगार योजना को 31 मार्च 2022 तक बढ़ाया जाएगा।

अतः विकल्प (C) सही है।

83. 60 : 40 मध्याह्न भोजन (एमडीएम) योजना में केंद्र और गैर-पूर्वोत्तर राज्यों के बीच साझाकरण पैटर्न है।

मिड-डे मील (एमडीएम) योजना के तहत, केंद्र और राज्य सरकार दोनों गैर-उत्तर पूर्वी राज्यों और केंद्र शासित प्रदेशों के लिए दैनिक भोजन के लिए खाना पकाने की लागत को 60 : 40 के अनुपात में और जम्मू-कश्मीर को छोड़कर विधानसभाओं के साथ अन्य सभी के लिए 10 : 90 के अनुपात में साझा करते हैं।

केंद्र ने एकमुश्त कोविड राहत के रूप में कक्षा 1 से 8 के छात्रों के लिए मिड-डे मील (एमडीएम) योजना में खाना पकाने की लागत के अपने हिस्से को उनके बैंक खातों में स्थानांतरित करने का निर्णय लिया है।

अतः विकल्प (C) सही है।

84. चर्चा में रही बायोटेक-किसान योजना का उद्देश्य एग्रीकल्चर इनोवेशन है।

बायोटेक-किसान 2017 में शुरू की गई एक वैज्ञानिक-किसान साझेदारी योजना है। इसका उद्देश्य कृषि स्तर पर लागू होने वाली नवीन तकनीकों का पता लगाने के लिए विज्ञान प्रयोगशालाओं को किसानों से जोड़ना है।

जैव प्रौद्योगिकी विभाग (डीबीटी) ने एनईआर किसानों की स्थानीय समस्याओं को समझने और उनकी समस्याओं का वैज्ञानिक समाधान प्रदान करने के लिए अपने बायोटेक-किसान कार्यक्रम के एक भाग के रूप में पूर्वोत्तर क्षेत्र के लिए एक विशेष कॉल जारी की है।

अतः विकल्प (A) सही है।

85. महात्मा गांधी बुनकर बीमा योजना जनश्री बीमा योजना और समूह बीमा योजना का एक समामेलन है।

'महात्मा गांधी बुनकर बीमा योजना' का मूल उद्देश्य हथकरघा बुनकरों को प्राकृतिक और साथ ही आकस्मिक मृत्यु और उच्च बीमा राशि के मामले में बढ़ाया बीमा कवर प्रदान करना है। भारत सरकार ने दिसंबर 2003 में "बुनकर बीमा योजना" शुरू की थी जो भारतीय जीवन बीमा निगम के सहयोग से लागू की जा रही जनश्री बीमा योजना और एड-ऑन समूह बीमा योजना का एक संयोजन था।

अतः विकल्प (B) सही है।

86. डीडीयू-जीकेवाई योजना ग्रामीण गरीब युवाओं के लिए प्लेसमेंट लिंक्ड प्रशिक्षण के लिए है।

दीन दयाल उपाध्याय ग्रामीण कौशल्या योजना (डीडीयू-जीकेवाई) का उद्देश्य ग्रामीण युवाओं को कौशल प्रदान करना है जो गरीब हैं और उन्हें नियमित मासिक मजदूरी या न्यूनतम मजदूरी से ऊपर की नौकरी प्रदान करते हैं। यह ग्रामीण विकास मंत्रालय, भारत सरकार की पहलों के समूह में से एक है जो ग्रामीण आजीविका को बढ़ावा देना चाहता है।
अतः विकल्प (B) सही है।

87. सौभाग्य योजना के लिए कुल 16,320 करोड़ का बजट आवंटित किया गया है।

माननीय प्रधान मंत्री ने 25 सितंबर 2017 को देश के हर गांव और हर जिले को कवर करने वाले सार्वभौमिक घरेलू विद्युतीकरण को प्राप्त करने के लिए सौभाग्य योजना का शुभारंभ किया। सार्वभौमिक घरेलू विद्युतीकरण के लिए लास्ट माइल कनेक्टिविटी के माध्यम से बिजली पहुंच के सृजन की आवश्यकता है। योजना परिव्यय 16,320 करोड़ है जिसमें 12,320 करोड़ की सकल बजटीय सहायता शामिल है।
अतः विकल्प (C) सही है।

88. एमएसपी की प्रणाली वर्ष 1966 — 67 से शुरू हुई थी।

यह अवधारणा पहली बार 1966 में हरित क्रांति के साथ शुरू हुई थी। हालांकि ऐसा करना कानूनी रूप से अनिवार्य नहीं है, सरकार वर्तमान में हर साल 25 प्रमुख कृषि वस्तुओं के लिए एमएसपी की घोषणा करती है, जिसमें खरीफ सीजन की 14 फसलें और रबी सीजन की 7 फसलें शामिल हैं।
अतः विकल्प (D) सही है।

89. ग्रामीण समाजशास्त्र का अर्थ ग्रामीण परिवेश में समाज का वैज्ञानिक अध्ययन है। ग्रामीण समाजशास्त्र मानव सभ्यता और संस्कृति का मूल आधार है। जो लोग शहरी क्षेत्रों में रह रहे हैं वे मुख्य रूप से ग्रामीण क्षेत्रों के प्रवासी हैं। तो ग्रामीण क्षेत्र या गाँव हमारी संस्कृति और सभ्यता का स्रोत है। इस प्रकार शहरी समुदाय के जीवन के बारे में जानने के लिए उनके रहने के मूल स्थान यानी ग्रामीण समुदाय को जानना आवश्यक है।

अतः विकल्प (A) सही है।

90. 'इंडियाज चेंजिंग विलेज (1958)' पुस्तक एस.सी. दुबे के द्वारा लिखी गई है। यह पुस्तक अनुदैर्ध्य गांव के अध्ययन की विधि और वैचारिक ढांचे से संबंधित है। इस पुस्तक का उद्देश्य अर्थव्यवस्था और समाज के विभिन्न आयामों में गांवों की व्यापक समझ, विशेष गांवों के विस्तृत और एकीकृत खातों की पेशकश करना है।

अतः विकल्प (A) सही है।

91. ऐतिहासिक उपागम एक दृष्टिकोण है जिसका विभिन्न ऐतिहासिक कालों के माध्यम से भारतीय गांवों का विश्लेषण किया जाता है। भारतीय गाँव के बारे में औपनिवेशिक प्रशासकों का विचार भूमि के सांप्रदायिक स्वामित्व, सामाजिक सद्भाव, शासन में पितृसत्तात्मक और शत्रुतापूर्ण अन्य गाँवों से घिरे एक आंतरिक दुनिया का था। भारतीय गांवों को बंद, पृथक प्रणाली और अपरिवर्तनीय संस्थाओं के रूप में वर्णित किया गया था।

अतः विकल्प (C) सही है।

92. ग्राम समुदाय, परिवार और जाति ग्रामीण सामाजिक संरचना की मूलभूत मशीनरी हैं और वे ग्रामीण क्षेत्रों में लोगों के आर्थिक और सामाजिक जीवन को जोड़ते हैं। इस सामाजिक संरचना को समझने के लिए समाज की प्रकृति को समझना आवश्यक है। प्रत्येक समाज में अलग-अलग हिस्से होते हैं, जैसे व्यक्ति, समूह, संस्थान, संघ और समुदाय। इस बिंदु पर सबसे आम साम्यश्य एक जीव के बारे में सोच सकता है जिसमें विभिन्न घटक एक साथ मिलकर काम कर रहे हैं।

अतः विकल्प (D) सही है।

93. एक प्राथमिक कृषि ऋण समिति (PACS) भारत में एक बुनियादी इकाई और सबसे छोटी सहकारी ऋण संस्था है। यह जमीनी स्तर (ग्राम पंचायत और

ग्राम स्तर) पर काम करता है। फिर, जिला स्तर पर केंद्रीय सहकारी बैंक और राज्य स्तर पर राज्य सहकारी बैंक होते हैं।

अतः विकल्प (C) सही है।

94. एक स्वयं सहायता समूह (आमतौर पर संक्षिप्त रूप में SHG) एक वित्तीय मध्यस्थ समिति है जो आमतौर पर 18 से 50 वर्ष की आयु के बीच 10 से 25 स्थानीय महिलाओं से बनी होती है। एक SHG आम तौर पर उन लोगों का एक समूह होता है जो दैनिक मजदूरी पर काम करते हैं जो एक अव्यवस्थित समूह या संघ बनाते हैं। यह आम तौर पर एक ही आर्थिक पृष्ठभूमि से गरीब लोगों का एक छोटा स्वैच्छिक समूह है, जो सदस्यों के बीच छोटी बचत को बढ़ावा देता है और खुद की मदद के लिए एक आम फंड बनाता है। सरकार/आरबीआई ने वित्तीय समावेशन के लिए कई SHG-बैंक लिंकेज कार्यक्रम शुरू किए हैं।

अतः विकल्प (D) सही है।

95. धार्मिक, शैक्षिक और आर्थिक संस्थाएँ बुनियादी ग्रामीण संस्थाएँ हैं। बुनियादी ग्रामीण संस्थाएं सामाजिक एकता और स्थिरता को बढ़ावा देती हैं, राजनीतिक और आर्थिक मताधिकार से वंचित होने के प्रतिकूल परिणामों को कम करती हैं। इनमें व्यापक रूप से स्वच्छता, संरक्षण, जल आपूर्ति, सड़कों, पुलों आदि का निर्माण और रखरखाव और कृषि, कुटीर उद्योग और सहकारी संस्थानों, महिला और बाल विकास को बढ़ावा देना शामिल है। ग्रामीण विकास कार्यक्रमों को क्रियान्वित करना इनकी महत्वपूर्ण भूमिका है।

अतः विकल्प (D) सही है।

96. राष्ट्रीय कृषि और ग्रामीण विकास बैंक या नाबार्ड देश की ग्रामीण बैंकिंग प्रणाली में मुख्य नियामक संस्था है और इसे भारत सरकार द्वारा स्थापित और स्वामित्व वाली चरम विकास वित्त संस्था माना जाता है। यह वित्त मंत्रालय, भारत सरकार के अधिकार क्षेत्र में है। बैंक को भारत में ग्रामीण क्षेत्रों में कृषि और अन्य आर्थिक गतिविधियों के लिए ऋण के क्षेत्र में नीति, योजना और संचालन से संबंधित मामलों को सौंपा गया है।

अतः विकल्प (A) सही है।

97. ग्रामीण विकास मंत्रालय इंदिरा आवास योजना को संचालित करने के लिए जिम्मेदार है।

इंदिरा आवास योजना जून 1985 में राजीव गांधी सरकार के दौरान शुरू की गई थी। 2016 में इसका नाम बदलकर प्रधानमंत्री ग्रामीण आवास योजना कर दिया गया। इस योजना के तहत निर्मित मकान महिला के नाम पर या पति-पत्नी के बीच संयुक्त रूप से आवंटित किए जाते हैं।

अतः विकल्प (B) सही है।

98. प्रधानमंत्री उज्ज्वला योजना रसोई गैस कनेक्शन से संबंधित है।

प्रधान मंत्री उज्ज्वला योजना 1, मई 2016 को शुरू की गई थी। यह बीपीएल से संबंधित महिलाओं को मुफ्त रसोई गैस कनेक्शन प्रदान करना था। यह धुंआ रहित खाना पकाने और महिलाओं के जीवन को स्वस्थ बनाने के सर्वोत्तम तरीकों में से एक है।

अतः विकल्प (C) सही है।

99. मनरेगा के तहत जॉब कार्ड की वैधता 5 वर्ष है।

जॉब कार्ड एक अनूठा दस्तावेज है जो महात्मा गांधी राष्ट्रीय ग्रामीण रोजगार गारंटी योजना के तहत श्रमिकों के अधिकारों को दर्ज करता है। जॉब कार्ड कानूनी रूप से पंजीकृत परिवारों को काम के लिए आवेदन करने का अधिकार देता है और श्रमिकों को धोखाधड़ी से बचाता है।

अतः विकल्प (C) सही है।

100. 2011 जनगणना के अनुसार, उत्तर प्रदेश में सबसे अधिक ग्रामीण आबादी है।

2011 जनगणना के अनुसार, भारत में जनसंख्या 68.84% ग्रामीण क्षेत्रों में रहती है। भारत में ग्रामीण आबादी का सबसे बड़ा अनुपात उत्तर प्रदेश में है। इसकी 155 मिलियन ग्रामीण आबादी है। यह भारत की कुल ग्रामीण आबादी का 18.6% है।

अतः विकल्प (D) सही है।

Q.1 'मुख्य अतिथि के <u>सम्मान में</u> यह आयोजन किया गया है।' इस वाक्य में रेखांकित शब्द में कारक बताइये।

A. कर्ता कारक
B. अधिकरण कारक
C. कर्म कारक
D. सम्प्रदान कारक

Q.2 निम्नांकित शब्दों में से वर्तनीजन्य अशुद्ध शब्द बताइए-

A. प्रविष्ट
B. कनिष्ठ
C. अनधिकार
D. पुरस्कार

Q.3 निर्देश: वाक्य के अशुद्ध भाग (त्रुटिपूर्ण भाग) का चयन कीजिए।

चन्द्रमा की स्वच्छ चाँदनी (a)/ जगती तल, पृथ्वी तल में, (b)/ और आकाश में फैली हुई हैं। (c)/कोई त्रुटि नहीं (d)

A. (a)
B. (b)
C. (c)
D. (d)

Q.4 दिए गए विकल्पों में से 'स्थूल' शब्द का विलोम क्या होगा?

A. सरस
B. सूक्ष्म
C. सुगंध
D. समास

Q.5 दिए गए विकल्पों में से 'तिक्त' शब्द का विलोम क्या होगा?

A. अतृप्त
B. शीत
C. मधुर
D. तीक्ष्ण

Q.6 दिए गए विकल्पों में से 'विकास' शब्द का विलोम क्या होगा?

A. ह्रास
B. कुरूप
C. विधि
D. विरह

Q.7 दिए गए विकल्पों में से 'स्वकीय' शब्द का विलोम क्या होगा?

A. गौण
B. प्रतीची
C. परकीय
D. अभद्र

Q.8 ननद का पुल्लिंग शब्द क्या होगा?

A. ननदा
B. ननदनोई
C. ननदोई
D. नंदन

Q.9 इनमें से बहुवचन शब्द की पहचान कीजिए।

A. रसगुल्ला
B. पपीते
C. कथा
D. वस्तु

Q.10 'लंबोदर' में निम्नलिखित में से कौन-सा समास है?

A. अव्ययीभाव समास
B. द्विगु समास
C. तत्पुरुष समास
D. बहुव्रीहि समास

Q.11 स्वर संधि के कितने भेद होते हैं?

A. चार
B. पाँच
C. सात
D. छह

Q.12 'घर का जोगी जोगड़ा, आन गाँव का सिद्ध' लोकोक्ति का अर्थ है:

A. घर के ज्ञानी को सम्मान नहीं
B. घर-घर में मिटटी की चूल्हे
C. घर की मुर्गी दाल बराबर
D. घर का भेदी लंका ढाए

Q.13 'कोयले की दलाली में मूह काला' लोकोक्ति का अर्थ है:

A. कोयले का व्यापार करना
B. बुरे काम से बुराई मिलना
C. झूठ बोलना
D. व्यापार में घाटा होना

Q.14 निम्नलिखित विकल्पों में से तद्भव शब्द का चयन कीजिए:

A. बैंक
B. अमीर
C. अग्रि
D. मुँह

Q.15 'सींग' शब्द का तत्सम रूप है:

A. सिंग
B. श्रृंग
C. शिंग
D. श्रृंगी

Ques (16-20):निर्देश: निम्नलिखित गद्यांश को पढ़कर पूछे गए प्रश्नों के सबसे उपयुक्त उत्तर वाले विकल्प को चुनिए

।

शिक्षा मनुष्य को मस्तिष्क और शरीर का उचित तालमेल करना सिखाती है। वह शिक्षा जो मानव को पाठ्य-पुस्तकों के ज्ञान के अतिरिक्त कुछ गंभीर चिंतन न दे। यदि हमारी शिक्षा सुसंस्कृत, सभ्य, सच्चरित्र एवं अच्छे नागरिक नहीं बना सकती तो उससे क्या लाभ? सहृदय और सच्चा परंतु अनपढ़ मजदूर उस स्नातक से कहीं अच्छा है जो निर्दय और चरित्रहीन है। संसार के सभी वैभव और सुख-साधन भी मनुष्य को तब तक सुखी नहीं बना सकते जब तक कि मनुष्य को आत्मिक ज्ञान न हो। हमारे कुछ अधिकार और कर्तव्य भी हैं। शिक्षित व्यक्ति को कर्तव्यों का उतना ही ध्यान रखना चाहिए जितना कि अधिकारों का।

Q.16 'सुख-साधन' का विग्रह और समास है-

[CTET Paper-II (Science & Mathematics), 2019]

A. सुख और साधन - दुवंद्व
B. सुखों के साधन - तत्पुरुष
C. सुखों के साधनों का समूह - द्विगु
D. सुख से सधे जो साधन - कर्मधारय

Q.17 वह अशिक्षित शिक्षित व्यक्ति से अच्छा है जो:

[CTET Paper-II (Science & Mathematics), 2019], [CTET Paper-II (Social Science), 2019]

A. दयालु और सच्चरित्र हो।
B. गंभीर चिंतन दे।
C. अपने अधिकार जानता हो।
D. मस्तिष्क का सही उपयोग करता हो।

Q.18 अच्छी शिक्षा की क्या विशेषता नहीं है?

[CTET Paper-II (Science & Mathematics), 2019], [CTET Paper-II (Social Science), 2019]

A. सच्चरित्र नागरिक बनाना।
B. सुसंस्कृत बनाना।
C. अनुत्तरदायी बनाना।
D. आत्मिक ज्ञान देना।

Q.19 'हमारे कुछ अधिकार और कर्तव्य भी हैं'
उपर्युक्त वाक्य किस प्रकार का है?

[CTET Paper-II (Science & Mathematics), 2019]

A. सरल वाक्य
B. संयुक्त वाक्य
C. मिश्र वाक्य
D. मुख्य वाक्य

Q.20 कौन-सा शब्द अन् उपसर्ग से नहीं बना है?

[CTET Paper-II (Science & Mathematics), 2019]

A. अनुपम
B. अनपढ़
C. अनुपयोगी
D. अनुपकार

Q.21 दिए गए वाक्य के लिए एक शब्द का चयन कीजिए-
"नवीन बनाने की क्रिया'

A. आपादमस्तक
B. आधुनिकीकरण
C. आद्यांत
D. इनमें से कोई नहीं

Q.22 निम्नलिखित दिए गए विकल्पों में से कौन सा विकल्प त्रुटि रहित है?

A. अभीनेता
B. अभिनेत्रा
C. अभनेता
D. अभिनेता

Q.23 निम्नलिखित दिए गए विकल्पों में से कौन सा विकल्प त्रुटि रहित है?

A. लांक्षित   **B.** शब्दावली   **C.** शिर्षक   **D.** वितीय

Q.24 'पक्षी, ग्रह, देवता' के लिए कौन-सा अनेकार्थी शब्द उचित है?

A. खचर   **B.** बंधन   **C.** बौराया   **D.** बचाना

Q.25 'कल, केश, गुरु' अनेकार्थक शब्दों के उचित विकल्प को छांटिए।

A. बीता हुआ दिन, बाल, बड़ा

B. सुन्दर, विश्व, सेना

C. कार्य, किरण, बृहस्पति

D. बाल, मशीन, निशान

// स्मार्ट उत्तर पुस्तिका //

सही उत्तर — उन छात्रों का प्रतिशत जिन्होंने प्रश्नों का सही उत्तर दिया था।   **छोड़ दिया** — उन छात्रों का प्रतिशत जिन्होंने प्रश्नों को छोड़ दिया था।

प्रश्न संख्या	उत्तर	सही उत्तर / छोड़ दिया	प्रश्न संख्या	उत्तर	सही उत्तर / छोड़ दिया	प्रश्न संख्या	उत्तर	सही उत्तर / छोड़ दिया	प्रश्न संख्या	उत्तर	सही उत्तर / छोड़ दिया	प्रश्न संख्या	उत्तर	सही उत्तर / छोड़ दिया	प्रश्न संख्या	उत्तर	सही उत्तर / छोड़ दिया
1	B	58.82 % / 2.94 %	6	A	85.29 % / 8.83 %	11	B	79.41 % / 8.83 %	16	B	44.12 % / 8.82 %	21	B	82.35 % / 8.83 %			
2	B	38.24 % / 5.88 %	7	C	70.59 % / 8.82 %	12	A	73.53 % / 8.82 %	17	A	73.53 % / 8.82 %	22	D	94.12 % / 5.88 %			
3	B	82.35 % / 8.83 %	8	C	82.35 % / 8.83 %	13	B	91.18 % / 8.82 %	18	C	61.76 % / 8.83 %	23	B	79.41 % / 8.83 %			
4	B	64.71 % / 8.82 %	9	B	85.29 % / 8.83 %	14	D	44.12 % / 8.82 %	19	A	17.65 % / 8.82 %	24	A	64.71 % / 5.88 %			
5	C	52.94 % / 8.82 %	10	D	76.47 % / 8.82 %	15	B	76.47 % / 8.82 %	20	B	32.35 % / 8.83 %	25	A	85.29 % / 8.83 %			

//संकेत और समाधान//

1. 'मुख्य अतिथि के सम्मान में यह आयोजन किया गया है।' वाक्य में रेखांकित शब्द में अधिकरण कारक प्रयुक्त हुआ है।

क्रिया आधार को सूचित करने वाली संज्ञा या सर्वनाम के स्वरूप को अधिकरण कारक कहते हैं। इसका विभक्ति चिह्न 'में', 'पर' होता है। जैसे: तुम्हारे घर पर चार आदमी हैं।

अतः विकल्प (B) सही है।

2. कनिष्ठ की वर्तनी अशुद्ध है।

कनिष्ठ सही शब्द है।

अर्थ - जो मर्यादा अथवा पद अथवा आयु में छोटा हो।

विलोम - ज्येष्ठ, वरिष्ठ

अतः विकल्प (B) सही है।

3. वाक्य के (b) भाग में त्रुटि है, क्योंकि जगती तल और पृथ्वी तल अर्थ एक ही होता है।

शुद्ध वाक्य:

"चन्द्रमा की स्वच्छ चाँदनी पृथ्वी तल में और आकाश में फैली हुई हैं।"

अतः विकल्प (B) सही है।

4. दिए गए विकल्पों में से 'स्थूल' शब्द का विलोम सूक्ष्म है।

स्थूल का अर्थ – मोटा

सूक्ष्म का अर्थ – बारीक

अतः विकल्प (B) सही है।

5. दिए गए विकल्पों में से 'तिक्त' शब्द का विलोम मधुर है।

तिक्त का अर्थ – कड़वा

मधुर का अर्थ – मीठा

अतः विकल्प (C) सही है।

6. दिए गए विकल्पों में से 'विकास' शब्द का विलोम ह्रास है।

विकास का अर्थ – उन्नति

ह्रास का अर्थ – पत्तन

अतः विकल्प (A) सही है।

7. दिए गए विकल्पों में से 'स्वकीय' शब्द का विलोम परकीय है।

स्वकीय का अर्थ – अपना

परकीय का अर्थ – पराया

अतः विकल्प (C) सही है।

8. ननद का पुल्लिंग शब्द ननदोई होता है।

ननद पति की बहन को कहते हैं, ननद का पति बहनोई होता है।

संज्ञा के जिस रूप से किसी व्यक्ति या वस्तु की पुरुष अथवा स्त्री जाति का बोध होता हैं उसे लिंग कहते हैं।

जिन शब्दों से पुरुष जाति का बोध होता है उन्हें पुल्लिंग शब्द कहते हैं। जैसे- पिता, भाई, लड़का, पेड़, सिंह आदि।

जिन शब्दों से स्त्री जाति का बोध होता है, उन्हें स्त्रीलिंग शब्द कहते हैं। जैसे- माता, बहन, लड़की आदि।

अतः विकल्प (C) सही है।

9. उपर्युक्त सभी विकल्पों में केवल 'पपीते' शब्द बहुवचन है जिसका एकवचन रूप 'पपीता' होगा।

एकवचन	बहुवचन
रसगुल्ला	रसगुल्ले
कथा	कथाएँ
वस्तु	वस्तुएँ

अतः विकल्प (B) सही है।

10. 'लंबोदर' शब्द में बहुव्रीहि समास है।

- जिस समास में कोई पद प्रधान न होकर (दिए गए पदों में) किसी अन्य पद की प्रधानता होती है, वहाँ बहुव्रीहि समास होता है।

- यह अपने पदों से भिन्न किसी विशेष संज्ञा का विशेषण है।

- 'लंबोदर' का समास-विग्रह है- वह जिसके लंबा उदर है अर्थात् गणेश। इसलिए, यहाँ बहुव्रीहि समास है।

अतः विकल्प (D) सही है।

11. स्वर संधि के मुख्यतः पाँच भेद होते हैं:

1. दीर्घ संधि

2. गुण संधि

3. वृद्धि संधि

4. यण संधि

5. अयादी संधि

अतः विकल्प (B) सही है।

12. जब कोई पूरा कथन किसी प्रसंग विशेष में उद्धत किया जाता है तो लोकोक्ति कहलाता है।

'घर का जोगी जोगड़ा, आन गाँव का सिद्ध' लोकोक्ति का अर्थ घर के ज्ञानी को सम्मान नहीं है।

वाक्य प्रयोग - गाँव में पहुँचे हुए ज्योतिषी हैं लेकिन उन्हें कोई सम्मान नहीं देता दूसरी ओर पड़ोस के गाँव में रहने वाले भीखू पंडित से सब अपना हाथ दिखाते हैं सच है घर का जोगी जोगड़ा आन गाँव का सिद्ध।

अतः विकल्प (A) सही है।

13. जब कोई पूरा कथन किसी प्रसंग विशेष में उद्धत किया जाता है तो लोकोक्ति कहलाता है।

'कोयले की दलाली में मूह काला' लोकोक्ति का अर्थ बुरे काम से बुराई मिलना है।

वाक्य प्रयोग - तुम्हें कितना मना किया कि महेश की संगति छोड़ दो अब उसके चक्कर। में तुम्हे भी जेल जाना पड़ेगा। कोयले की दलाली में तो हाथ काला ही होगा।

अतः विकल्प (B) सही है।

14. तद्भव शब्द - 'तद्भव' (तत् + भव) शब्द का अर्थ है- 'उससे होना' अर्थात् संस्कृत शब्दों से परिवर्तित होकर बने शब्द।

मुँह (तद्भव) = मुख (तत्सम)

अतः विकल्प (D) सही है।

15. तत्सम (तत् + सम = उसके समान) आधुनिक भारतीय भाषाओं में प्रयुक्त ऐसे शब्द जिनको संस्कृत से बिना कोई रूप बदले ले लिया गया है तत्सम शब्द कहलाता है।

'सींग' शब्द का तत्सम रूप 'श्रृंग' है।

श्रृंग (तत्सम) = सींग (तद्भव)

अतः विकल्प (B) सही है।

16. 'सुख-साधन' का विग्रह 'सुखों के साधन' है। "सुख-साधन" में संप्रदान तत्पुरुष समास है।

तत्पुरुष समास में दूसरा या उत्तर पद प्रधान होता है।तत्पुरुष समास में कारक विभक्ति चिह्नों का प्रयोग किया जाता है (कर्ता और सम्बोधन कारक की विभक्तियों को छोड़कर)

कारक विभक्ति चिह्नों के आधार पर तत्पुरुष समास के छह भेद हैं:

- कर्म (को) - शरणागत = शरण को आगत
- करण (से, के द्वारा) - हस्तलिखित = हस्त के द्वारा लिखित
- संप्रदान (के लिए) - सुख-साधन = सुख के लिए साधन
- अपादान (से) अलग होने के अर्थ में - रोगमुक्त = रोग से मुक्त
- संबंध (का, के, की) - कन्यादान = कन्या का दान
- अधिकरण (में, पर) - आपबीती = आप पर बीती

अत: विकल्प (B) सही है।

17. वह अशिक्षित शिक्षित व्यक्ति से अच्छा है जो दयालु और सच्चरित्र हो।

गद्यांश के अनुसार 'अशिक्षित व्यक्ति उस शिक्षित व्यक्ति से अच्छा है जिसमें दयालुता और सच्चरित्रता नहीं हैं'।

अत: विकल्प (A) सही है।

18. अच्छी शिक्षा की 'अनुत्तरदायी बनाना' विशेषता नहीं है, अन्य विकल्प असंगत हैं।

प्रस्तुत गद्यांश के अनुसार अच्छी शिक्षा हमें बेहतर इंसान बनाती है।

अत: विकल्प (C) सही है।

19. 'हमारे कुछ अधिकार और कर्तव्य भी हैं', सरल वाक्य है।

वाक्य में जब एक उद्देश्य और एक विधेय होता है तो वहाँ सरल वाक्य होता है।

अतः विकल्प (A) सही है।

20. विकल्प 'अनुपयोगी, अनुपकार व अनुपम' शब्द अनु उपसर्ग से बने हैं तथा 'अनपढ़' शब्द का निर्माण 'अन' उपसर्ग से नहीं हुआ है। 'अनपढ़' शब्द का निर्माण 'पढ़' से हुआ है।

अन उपसर्ग से बने अन्य शब्द- अनाचार, अनजान, अनमोल, अनेक, अनिष्ट आदि।

उपसर्ग उस अक्षर या अक्षर समूह को कहते हैं जो किसी शब्द के पहले जुड़कर उसके अर्थ में परिवर्तन लाता है।

जैसे - प्र, सु, अति, अधि, अनु, नि

प्र + हार = प्रहार

अत: विकल्प (B) सही है।

21. "नवीन बनाने की क्रिया' को "आधुनिकीकरण" कहा जाता है।

अत: विकल्प (B) सही है।

22. दिए गए विकल्पों में शुद्ध वर्तनी वाला शब्द 'अभिनेता' है।

अभिनेता वह पुरुष कलाकार है जो एक चलचित्र या नाटक में किसी चरित्र का अभिनय करता है।

अभिनेता परिकल्पना एवं दर्शक के बीच माध्यम का काम करता है।

अतः विकल्प (D) सही है।

23. दिए गए विकल्पों में शुद्ध वर्तनी वाला शब्द 'शब्दावली' है।

शब्दावली का अर्थ होता है शब्दों का समूह।

शब्दावली - किसी वाक्य कथन अथवा रचना में प्रयुक्त शब्दों का प्रकार या क्रम, विषय अथवा कार्य-संबंधी शब्दों की सूची आदि।

अशुद्ध शब्द	शुद्ध शब्द	अर्थ
लांक्षित	लांछित	कलंकित
शिर्षक	शीर्षक	लेखों आदि के ऊपर दिया जानेवाला नाम
वितीय	वित्तीय	वित्त संबंधी

अत: विकल्प (B) सही है।

24. 'पक्षी, ग्रह, देवता के लिए 'खचर' शब्द है। दिए गए सभी शब्द 'खचर' के अनेकार्थी हैं जिसका अर्थ होता है आकाश में चलनेवाले पदार्थ एवं प्राणी।

अन्य विकल्प:

बंधन – कैद, बाँध

बौराया – पागल, जिसमें बौर लग गया हो

बचाना – सहारा, चक्कर

अतः विकल्प (A) सही है।

25. कल, केश, गुरु का अर्थ क्रमशः बीता हुआ कल, बाल और बड़ा है इसलिए विकल्प "बीता हुआ दिन, बाल, बड़ा" सही है।

अत: विकल्प (A) सही है।

Q.1 'उधर जमीन <u>पर</u> राम बैठा है।' इसमें रेखांकित शब्द किस कारक का चिह्न है?

A. अधिकरण कारक
B. संबंध कारक
C. अपादान कारक
D. कर्म कारक

Q.2 वचन संबंधी अशुद्ध वाक्य है-

A. एक लड़का, दो जवान और कई महिलाएं आती हैं।
B. पिताजी ने अपनी बेटी को बुलाया।
C. रामू, भारती और रजनी आई और वे बीमार हो गए।
D. तुम लोग अंधा नहीं है।

Q.3 निर्देश: वाक्य के अशुद्ध भाग (त्रुटिपूर्ण भाग) का चयन कीजिए।

स्वतन्त्रता-संग्राम में प्राण गँवाने वाले (a)/ वीरों के सम्मान में सरकार से (b)/ एक दिन के सार्वजनिक अवकाश की घोषणा की है। (c)/ कोई त्रुटि नहीं (d)

A. (a)
B. (b)
C. (c)
D. (d)

Q.4 'हथेली पर सरसों नहीं जमती' लोकोक्ति का अर्थ है:

A. सरसों के लिए जमीन चाहिए, हथेली नहीं
B. हर काम में मनमानी नहीं चल सकती
C. काम के लिए समय चाहिए, जब चाहो तभी काम नहीं हो सकता
D. सफलता समय पर आती है

Q.5 'खग जाने खग की ही भाषा' लोकोक्ति का अर्थ है:

A. पक्षियों की भाषा जानना
B. समान प्रवृति वाले ही एक दूसरे को सराहते हैं
C. पक्षी अपनी भाषा स्वयं समझते हैं
D. पक्षियों की तरह बोलना

Q.6 कवि का स्त्रीलिंग होगा-

A. कवियत्री
B. कविियत्री
C. कवयित्री
D. कवियत्रि

Q.7 निर्देश: वर्तनी के अनुसार शुद्ध शब्द का चयन कीजिए:

A. साप्ताहिक
B. सप्ताहिक
C. साप्तहिक
D. साप्ताहीक

Q.8 'नीलकमल' में निम्नलिखित में से कौन-सा समास है?

A. तत्पुरुष समास
B. कर्मधारय समास
C. अव्ययीभाव समास
D. द्विगु समास

Q.9 'पीताम्बर' का सही संधि-विच्छेद है:

A. पीता + अम्बर
B. पीता + आम्बर
C. पीत + अम्बर
D. इनमें से कोई नहीं

Q.10 'पड़ोसी' का पर्यायवाची शब्द है:

A. कुटुम्ब
B. कुनबा
C. बोलबाला
D. प्रतिवासी

Q.11 'वास्तविक' का पर्यायवाची शब्द है:

A. निष्पक्ष
B. प्रकांड
C. नैसर्गिक
D. बिछोह

Q.12 'प्रचण्ड' का पर्यायवाची शब्द है:

A. उग्र
B. प्रीति
C. विपुल
D. प्रण

Q.13 'पराश्रित' का पर्यायवाची शब्द है:

A. पश्चाताप
B. परिवर्तन
C. प्रेक्षागार
D. परतन्त्र

Q.14 'अटारी' का तत्सम शब्द क्या होगा?

A. अट्टालिका
B. अटरिया

C. अटाला
D. इनमें से कोई नहीं

Q.15 'चना' शब्द का तत्सम शब्द क्या होगा?

A. चक्र
B. चणक
C. चवर्ण
D. चक्रवात

Ques (16-20):निर्देश: निम्नलिखित गद्यांश को पढ़कर पूछे गए प्रश्न के सबसे उपयुक्त उत्तर वाले विकल्प को चुनिए:

जिंदगी में धूप - छाँव के सिद्धांत को मानने वाले फूलों के साथ काँटों की मौजूदगी की शिकायत नहीं करते। यह संभव नहीं कि बिना अड़चन और चुनौतियों दैनिक कार्य या विशेष कार्य संपन्न होते चले जाएँ। जो इन अप्रिय, अप्रत्याशित घटनाओं से जूझने के लिए स्वयं को तैयार नहीं रखेंगे उनके लिए जीवन अभिशाप बन जाएगा। वे पग - पग पर चिंतित और दुखी रहेंगे और संघर्षों के उपरांत मिलने वाले आनंद से वे वंचित रह जाएँगे। मुश्किल परिस्थितियों में संयत, धीर व्यक्ति भी विचलित हो सकता है। सन्मार्ग पर चलने वाले की राह में कम बाधाएँ नहीं आतीं।

हम जीवित हैं तो कठिनाइयाँ, चुनौतियाँ आएँगी ही। किंतु स्मरण रहे, कठिनाइयों और बाधाओं का प्रयोजन हमें तोड़ना - गिराना नहीं बल्कि ये हमें सुदृढ़ करने के माध्यम हैं। बाधाओं का सकारात्मक पक्ष यह है कि कठिनाइयों से निबटने में उन कौशलों और जानकारियों का प्रयोग आवश्यक होता है जो सामान्य अवस्था में सुषुप्त, निष्क्रिय पड़ी रहती हैं और दुष्कर परिस्थितियों से जूझने पर ही सक्रिय स्थिति में आती हैं। सुधी जन को यह पता होता है। अमेरिकी रंगकर्मी और पत्रकार विल रोजर्स ने कहा, 'कठिनाई से उबरने का मार्ग इसी के बीच मिल जाता है।' समस्याओं से नहीं जूझेंगे तो ये विशिष्ट कौशल स्थायी रूप से क्षीण हो जाएंगे तथा व्यक्ति समग्र तौर पर जीने में अक्षम हो जाएगा।

हो सकता है कोई व्यक्ति एक तख्त पर सोते हुए कष्ट महसूस करे जबकि दूसरा व्यक्ति उसी तख्त को आरामदायक महसूस करे। मगर यह असमानता आरंभिक स्तर की है। आंतरिक या मूलगत भाव से एक व्यक्ति की दूसरे से कोई भी भिन्नता नहीं है।

जिसका मन जितने विस्तृत क्षेत्र के विषयों की ओर भागता है उसके लिए मन को एकाग्र करना उतना ही मुश्किल होता है। लेकिन एक व्यक्ति के मन को आकर्षित करने वाली वस्तुएँ किसी अन्य मनुष्य को मानसिक स्तर पर प्रभावित कर सकती हैं और ऐसे ही किसी अन्य व्यक्ति की आध्यात्मिक यात्रा में मददगार भी साबित हो सकती हैं। इसी बिंदु पर यह बात समझने की है कि दूसरे के प्रति अपनी पवित्र या शुभ भावना के द्वारा हम अनेक व्यक्तियों की मानस तरंगों में परिवर्तन कर सकते हैं।

Q.16 लेखक का कथन है कि आरंभिक स्तर की असमानता के होते हुए भी भीतरी भाव से:

[CTET Paper-II (Social Science), 2021], [CTET Paper-II (Science & Mathematics), 2021]

A. एक - दूसरे में कोई भिन्नता नहीं होती।
B. हमें कौशलों और जानकारियों का उपयोग करना होता है।
C. सब लोग एक-सा सोचते हैं।
D. मनुष्य विषयों की ओर भागता है।

Q.17 'निष्क्रिय' शब्द के लिए सबसे उपयुक्त विपरीतार्थक शब्द होगा:

[CTET Paper-II (Social Science), 2021], [CTET Paper-II (Science & Mathematics), 2021]

A. कार्यशील
B. सकर्मक
C. क्रियाहीन
D. सक्रिय

Q.18 अन्य व्यक्तियो की मानसिक तरंगो में परिवर्तन करना संभव है:

[CTET Paper-II (Social Science), 2021], [CTET Paper-II (Science & Mathematics), 2021]

A. उसके प्रति सहानुभूति प्रदर्शित करके।
B. अपनी शुभ और पवित्र भावना के द्वारा
C. उसे सुझाव देकर।
D. उसे समझाकर कि सुख-दु:ख अभिन्न है।

Q.19 "जिंदगी में धूप-छाँव के सिद्धांत को मानने वाले फूलों के साथ काँटों की शिकायत नहीं करते"- क्योंकि वे जानते हैं कि:

[CTET Paper-II (Social Science), 2021], [CTET Paper-II (Science & Mathematics), 2021]

A. अप्रत्याशित घटनाओं से जूझना ही पड़ता है।
B. शिकायत करना कोई अच्छी आदत नहीं।
C. सुखों के साथ दु:ख भी आते हैं।
D. दैनिक कार्य संपन्न होते रहते हैं।

Q.20 किनका जीवन अभिशाप बन जाता है ?

[CTET Paper-II (Social Science), 2021], [CTET Paper-II (Science & Mathematics), 2021]

A. जो जिंदगी में धूप-छाँव के सिद्धांत को मानते है।
B. जो सदा सन्मार्ग पर चलते हैं।
C. जो शिकायतें ही करते रहते हैं।
D. जो अप्रिय घटनाओं से जूझने को तैयार नहीं रहते।

Q.21 यायावर का अर्थ है-
A. जिसके जीवन का कोई निश्चित उद्देश्य न हो
B. किसी भी वस्तु को अकस्मात प्रस्तुत करने वाला
C. एक स्थान पर टिककर न रहने वाला
D. इधर-उधर निरुद्देश्य घूमने वाला

Q.22 'वश, गाड़ी, समाप्ति' के लिए कौन-सा अनेकार्थी शब्द उचित है?
A. बाला　　　B. यति　　　C. बस　　　D. लीक

Q.23 'वेशभूषा, सजावट, रंगमंच का पिछला भाग' के लिए कौन-सा अनेकार्थी शब्द उचित है?
A. नेपथ्य　　　B. नग　　　C. धारणा　　　D. तनु

Q.24 निम्नलिखित दिए गए विकल्पों में से कौन सा विकल्प त्रुटि रहित है?
A. खीजना　　　B. प्रान　　　C. सदृश्य　　　D. घबराना

Q.25 निम्नलिखित दिए गए विकल्पों में से कौन सा विकल्प त्रुटि रहित है?
A. धूमकेतू　　　B. धुमकेतु　　　C. धूमकेतु　　　D. धुंकेतु

// स्मार्ट उत्तर पुस्तिका //

सही उत्तर	उन छात्रों का प्रतिशत जिन्होंने प्रश्नों का सही उत्तर दिया था।	छोड़ दिया	उन छात्रों का प्रतिशत जिन्होंने प्रश्नों को छोड़ दिया था।

प्रश्न संख्या	उत्तर	सही उत्तर / छोड़ दिया	प्रश्न संख्या	उत्तर	सही उत्तर / छोड़ दिया	प्रश्न संख्या	उत्तर	सही उत्तर / छोड़ दिया	प्रश्न संख्या	उत्तर	सही उत्तर / छोड़ दिया	प्रश्न संख्या	उत्तर	सही उत्तर / छोड़ दिया
1	A	55.33 % / 38.87 %	6	C	85.1 % / 11.37 %	11	C	45.58 % / 36.25 %	16	A	22.57 % / 74.34 %	21	C	67.4 % / 30.25 %
2	D	64.29 % / 31.33 %	7	A	69.81 % / 30.07 %	12	A	68.21 % / 30.56 %	17	D	84.21 % / 10.5 %	22	C	79.39 % / 17.05 %
3	B	15.57 % / 82.51 %	8	B	31.44 % / 68.37 %	13	D	28.11 % / 71.11 %	18	B	12.58 % / 71.65 %	23	A	16.78 % / 69.53 %
4	C	47.03 % / 39.24 %	9	C	86.33 % / 13.44 %	14	A	41.09 % / 51.33 %	19	C	83.58 % / 10.86 %	24	D	24.47 % / 70.26 %
5	B	61.84 % / 34.22 %	10	D	52.05 % / 37.02 %	15	B	31.72 % / 68.01 %	20	D	62.72 % / 36.0 %	25	C	89.32 % / 10.58 %

//संकेत और समाधान//

1. 'उधर जमीन पर राम बैठा है।' इसमें रेखांकित शब्द 'अधिकरण कारक' का चिह्न है। अधिकरण कारक के चिह्न 'में, पर' है। भीतर, अंदर, ऊपर, बीच आदि शब्दों का प्रयोग इस कारक में किया जाता है।

कारक	परिभाषा	चिह्न
अधिकरण कारक	संज्ञा का वह रूप जिससे क्रिया के आधार का बोध हो उसे अधिकरण कारक कहते हैं।	में, पर

अतः विकल्प (A) सही है।

2. वचन संबंधी अशुद्ध वाक्य 'तुम लोग अंधा नहीं है' है। इसका शुद्ध वाक्य 'सब लोग अंधे नहीं हैं' होता है। सब और लोग सामान्यतः बहुवचन में प्रयुक्त होते हैं।

अतः विकल्प (D) सही है।

3. वाक्य के भाग (b) में त्रुटि है।

भाग (b) में **से** के स्थान पर **ने** आएगा।

इसलिए "स्वतन्त्रता-संग्राम में प्राण गँवाने वाले वीरों के सम्मान में सरकार **ने** एक दिन के सार्वजनिक अवकाश की घोषणा की है।" शुद्ध वाक्य है।

अतः विकल्प (B) सही है।

4. जब कोई पूरा कथन किसी प्रसंग विशेष में उद्धृत किया जाता है तो लोकोक्ति कहलाता है।

'हथेली पर सरसों नहीं जमती' लोकोक्ति का अर्थ काम के लिए समय चाहिए, जब चाहो तभी काम नहीं हो सकता है।

वाक्य प्रयोग - बड़े विश्वविद्यालय में बेटी को प्रवेश दिलाने के लिए उसने मंत्री जी से बात की जब बार – बार पूछती तो मंत्री के सेक्रेटरी ने कहा इन सब कामों में वक्त लगता है हथेली पर सरसों तो ना उगाओ।

अतः विकल्प (C) सही है।

5. जब कोई पूरा कथन किसी प्रसंग विशेष में उद्धृत किया जाता है तो लोकोक्ति कहलाता है।

'खग जाने खग की ही भाषा' लोकोक्ति का अर्थ समान प्रवृति वाले ही एक दुसरे को सराहते है।

वाक्य प्रयोग - मैं जब भी परेशान होता हूँ मेरा दोस्त अमन पता नहीं कैसे समझ लेता है। सच बात है कि 'खग जाने खग ही की भाषा'।

अतः विकल्प (B) सही है।

6. कविता के लेखक को कवि कहते हैं। कवि का स्त्रीलिंग कवयित्री है।

अतः विकल्प (C) सही है।

7. वर्तनी का अर्थ: भाषा की वर्तनी का अर्थ उस भाषा में शब्दों को वर्णों से अभिव्यक्त करने की क्रिया को कहते हैं। लिखने की रीति को वर्तनी कहते हैं।

उपरोक्त शब्दों में 'साप्ताहिक' वर्तनी के अनुसार शुद्ध रूप है बाकी सभी शब्द वर्तनी के अनुसार गलत शब्द है। साप्ताहिक, सप्ताह में होने वाले दिन से संबंधित होता है।

अतः विकल्प (A) सही है।

8. 'नीलकमल' शब्द में कर्मधारय समास है।

- जिसका पहला पद विशेषण और दूसरा पद विशेष्य अथवा एक पद उपमान तथा दूसरा पद उपमेय हो, वह 'कर्मधारय समास' कहलाता है।

- नीलकमल अर्थात् नीला है जो कमल इसमें पूर्व पद उत्तर पद की विशेषता बताने का काम कर रहा है। इसलिए, दोनों पदों में विशेषण विशेष्य होने का सम्बन्ध है।

- इसलिए, यहाँ कर्मधारय समास है।

अत: विकल्प (B) सही है।

9. पीत + अम्बर = पीताम्बर। (अ + अ = आ) अर्थित दीर्घ स्वर संधि।

दीर्घ स्वर संधि - ह्रस्व स्वर या दीर्घ स्वर में अ, आ, इ, ई, उ, ऊ आपस में मिलते हैं, तो वहाँ दीर्घ स्वर संधि होती है।

अत: विकल्प (C) सही है।

10. 'पड़ोसी' का पर्यायवाची शब्द प्रतिवासी है।

'पड़ोसी' का पर्यायवाची शब्द - प्रतिवासी, प्रतिवेशी, हमसाया इत्यादि है।

अतः विकल्प (D) सही है।

11. 'वास्तविक' का पर्यायवाची शब्द प्रतिवासी है।

'वास्तविक' का पर्यायवाची शब्द - नैसर्गिक, यथार्थ, ठीक, परमार्थ, सत्य इत्यादि है।

अत: विकल्प (C) सही है।

12. 'प्रचण्ड' का पर्यायवाची शब्द 'उग्र' है।

'प्रचण्ड' के पर्यायवाची शब्द - उग्र, भीषण, भयंकर, अग्नि, दीपन, ज्वलन इत्यादि है।

अत: विकल्प (A) सही है।

13. 'पराश्रित' का पर्यायवाची शब्द 'परतन्त्र' है।

'पराश्रित' के पर्यायवाची शब्द - मातहत, आश्रित, परतन्त्र, परवश, अधीन इत्यादि है।

अत: विकल्प (D) सही है।

14. 'अट्टालिका' शब्द 'अटारी' का तत्सम शब्द है। 'अटारी' एक तद्भव शब्द है।

संस्कृत भाषा के वे शब्द जो हिन्दी में अपने वास्तविक रूप में प्रयुक्त होते है, उन्हें तत्सम शब्द कहते है।

ऐसे शब्द, जो संस्कृत और प्राकृत से विकृत होकर हिंदी में आये है, तद्भव शब्द कहलाते है।

अत: विकल्प (A) सही है।

15. 'दिए गए शब्दों में 'चना' तद्भव शब्द है जिसका तत्सम रूप 'चणक' होगा।

संस्कृत भाषा के वे शब्द जो हिन्दी में अपने वास्तविक रूप में प्रयुक्त होते है, उन्हें तत्सम शब्द कहते है।

ऐसे शब्द, जो संस्कृत और प्राकृत से विकृत होकर हिंदी में आये है, तद्भव शब्द कहलाते है।

अत: विकल्प (B) सही है।

16. लेखक का कथन है कि आरंभिक स्तर की असमानता के होते हुए भी भीतरी भाव से एक - दूसरे में कोई भिन्नता नहीं होती।

प्रस्तुत गद्यांश दर्शन और जीवन से संबंधित है।

चुनौतियां और दुखों का सामना करना चाहिए क्योंकि सुखी और सरल जीवन के साथ दुख भी होंगे।

लेखक के अनुसार -

हो सकता है कोई व्यक्ति एक तख्त पर सोते हुए कष्ट महसूस करे जबकि दूसरा व्यक्ति उसी तख्त को आरामदायक महसूस करे। मगर यह असामनता आरम्भिक स्तर की है। आंतरिक या मूलगत भाव से एक व्यक्ति की दूसरे से कोई भी भिन्नता नहीं है।

अत: विकल्प (A) सही है।

17. सक्रिय शब्द निष्क्रिय का विपरीतार्थक है।

विपरीतार्थक शब्द - वे शब्द जो किसी अन्य शब्द के विपरीत अर्थ देते हैं।

उदाहरण: अनुराग - विराग , मान - अपमान

- निष्क्रिय - जिसमें कोई क्रिया ना हो रही हो।
- सक्रिय - जिसमें क्रिया हो रही हो, या जो क्रिया कर रहा हो।

अत: विकल्प (D) सही है।

18. अपनी शुभ और पवित्र भावना के द्वारा अन्य व्यक्तियो की मानसिक तरंगो में परिवर्तन करना संभव है।

यह पवित्र या शुभ भावना सकारात्मकता का एक रूप है। हमारी सकारात्मकता और नकारात्मकता से व्यक्तियों की मानसिक तरंगें प्रभावित होती हैं।

लेखक के अनुसार -

" इसी बिंदु पर यह बात समझने की है कि दूसरे के प्रति अपनी पवित्र या शुभ भावना के द्वारा हम अनेक व्यक्तियों की मानसिक तरंगों में परिवर्तन कर सकते हैं।"

अत: विकल्प (B) सही है।

19. "जिंदगी में धूप-छाँव के सिद्धांत को मानने वाले फूलों के साथ काँटों की शिकायत नहीं करते"- क्योंकि वे जानते हैं कि सुखों के साथ दुःख भी आते हैं।

लेखक के अनुसार -

"जिन्दगी में धूप छांव के सिद्धांत को मानने वाले फूलों के साथ काटों की मौजूदगी की शिकायत नहीं करते।"

अत: विकल्प (C) सही है।

20. जो अप्रिय घटनाओं से जूझने को तैयार नहीं रहते उनका जीवन अभिशाप बन जाता है।

लेखक के अनुसार -

'जो इन अप्रिय, अप्रत्याशित घटनाओं से जूझने के लिए स्वयं को तैयार नहीं रखेंगे, उनके लिए जीवन अभिशाप बन जाएगा।"

क्योंकि वह व्यक्ति अप्रिय घटनाओं के लिए तैयार नहीं रहेगा, इसलिए उसे मानसिक तौर पर दिक्कतें आएंगी।

अत: विकल्प (D) सही है।

21. यायावर का अर्थ है- एक स्थान पर टिककर न रहने वाला।

यायावर - "सदा विचरने वाला मुनि।" मुनिवृत्ति से रहते हुए सदा इधर-उधर घूमते रहने वाले गृहस्थ ब्राह्मणों के एक समूह विशेष की संज्ञा 'यायावर' है। ये लोग एक गाँव में एक रात से अधिक नहीं ठहरते और पक्ष में एक बार अग्निहोत्र करते हैं।

अत: विकल्प (C) सही है।

22. 'वश, गाड़ी, समाप्ति' के लिए 'बस' शब्द है।

दिए गए सभी शब्द 'बस' के अनेकार्थी हैं जिसका अर्थ होता है - अधिकार।

शब्द	अनेकार्थक शब्द
बाला	लड़की, आभूषण, वलय आदि।
यति	योगी, विराम, जितेंद्रिय आदि।
लीक	रास्ता, लकीर, प्रथा आदि।

अत: विकल्प (C) सही है।

23. 'वेशभूषा, सजावट, रंगमंच का पिछला भाग' के लिए 'नेपथ्य' शब्द है। दिए गए सभी शब्द 'नेपथ्य' के अनेकार्थी हैं जिसका अर्थ होता है रंग-मंच के पर्दे के पीछे की जगह।

अन्य विकल्प:

नग – नगीना, पर्वत

धारणा – विचार, विश्वास

तनु – शरीर, पतला

अत: विकल्प (A) सही है।

24. दिए गए विकल्पों में घबराना शब्द में वर्तनी शुद्ध है। अन्य विकल्प असंगत है।

शुद्ध वर्तनी	अशुद्ध वर्तनी
खीझना	खीजना
प्राण	प्रान
सदृश	सदृश्य

अत: विकल्प (D) सही है।

25. दिए गए विकल्पों में से शुद्ध शब्द 'धूमकेतु' है। अन्य विकल्प त्रुटिपूर्ण हैं।

दिए गए सभी विकल्पों में 'धूमकेतु' शब्द उचित है जिसके पर्यायवाची शब्द – पुच्छल तारा, अग्नि, केतु ग्रह आदि हैं। अन्य विकल्प वर्तनीगत अशुद्ध हैं।

अत: विकल्प (C) सही है।

Q.1 'मैं माता जी <u>के लिए</u> चाय बना रही हूँ।' इसमें रेखांकित शब्द किस कारक का चिह्न है?

A. कर्ता कारक

B. कर्म कारक

C. करण कारक

D. संप्रदान कारक

Q.2 "कमरा" शब्द का बहुवचन है-

A. कमरें

B. कमराओ

C. कामराये

D. इनमे से कोई नहीं

Q.3 निर्देश: वाक्य के अशुद्ध भाग (त्रुटिपूर्ण भाग) का चयन कीजिए।

महात्माओं का (a)/ वैराग भी समय (b)/ के परिवर्तन की अपेक्षा (c)/ नहीं रखता। (d)

A. (a)

B. (b)

C. (c)

D. (d)

Q.4 स्थावर शब्द का विलोम है-

A. सूचल

B. चंचल

C. चेतन

D. जंगम

Q.5 पारलौकिक शब्द का विलोम है-

A. आधुनिक

B. लौकिक

C. असांसारिक

D. आध्यात्मिक

Q.6 दिए हुए शब्द का निम्न में से सही विलोम शब्द चुनिए।

अत्यधिक

A. अल्प

B. न्यून

C. अत्यल्प

D. जरा-सा

Q.7 दिवंगत शब्द का समानार्थी शब्द चुनिए -

A. बुजुर्ग

B. स्वर्गवासी

C. पूर्व

D. सुर

Q.8 'कवि' शब्द का स्त्रीलिंग रूप क्या है ?

A. कवियत्री

B. कवयित्री

C. कवियानी

D. कवयाइन

Q.9 शुद्ध वर्तनी का चयन कीजिए:

A. कुमुदनी

B. कुमुदुनी

C. कुमुदिनी

D. कुमदुनी

Q.10 'बेफायदा' शब्द में निम्न में से कौन-सा समास है?

A. तत्पुरुष समास

B. बहुव्रीहि समास

C. द्विगु समास

D. अव्ययीभाव समास

Q.11 'संसार' का उचित संधि-विच्छेद निम्न में से कौन सा है?

A. सम् + सार

B. सम + सार

C. सम + सर

D. सम् + सर

Q.12 'जैसी बहे बयार, पीठ तब तैसी दीजे' लोकोक्ति का अर्थ है:

A. समय का रुख देखकर काम करते रहना चाहिए

B. राजनीती में दल-बदल करते रहना चाहिए

C. ऐसा काम करना चाहिए जिससे संकट में न फंसा जाए

D. पवन की तरह कभी शीतल और कभी उष्ण होना चाहिए

Q.13 'बिल्ली को पहले हि दिन मारना चाहिए' लोकोक्ति का अर्थ है:

A. भय का शमन शुरू में ही कर देना चाहिए

B. दुश्मन पर पहले ही वार कर देना चाहिए

C. रौब पहले ही दिन पड़ता है, फिर नहीं

D. बुरा समय आते ही सचेत हो जाना चाहिए

Q.14 'घोटक' का तद्भव रूप क्या है?

[UPSESSB TGT Hindi, 2015]

A. हय

B. अश्व

C. घोड़ा

D. तुरंग

Q.15 'आँसू' शब्द है:

A. तत्सम

B. तद्भव

C. देशज

D. इनमें से कोई नहीं

Ques (16-20):निर्देश: निम्नलिखित गद्यांश को पढ़कर पूछे गए प्रश्नों के सबसे उपर्युक्त उत्तर वाले विकल्प को चुनिए:

घायल बाज़ फिर उड़ना चाहता था। उसने किसी तरह साहस बटोरकर उड़ान भरी और थोड़ी देर पंख फड़फड़ाकर उड़ने के बाद नीचे गिर गया। साँप ने भी ऊँचाई पर बने अपने खोखल से निकलकर अपने को आसमान में छोड़ दिया और नीचे जा गिरा। साँप कहने लगा

"सो उड़ने का यही आनंद है - भर पाया मैं तो। पक्षी भी कितने मूर्ख हैं। धरती के सुख से अनजान रहकर आकाश की ऊँचाइयों को नापना चाहते थे। किंतु अब मैंने जान लिया कि आकाश में कुछ नहीं रखा। केवल ढेर - सी रोशनी के सिवा वहाँ कुछ भी नहीं, शरीर को संभालने के लिए कोई स्थान नहीं, कोई सहारा नहीं। फिर वे पक्षी किस बूते पर इतनी डींगें हाँकते हैं, किसलिए धरती के प्राणियों को इतना छोटा समझते हैं। अब मैं कभी धोखा नहीं खाऊँगा, मैंने आकाश देख लिया और खूब देख लिया। बाज़ तो बड़ी - बड़ी बातें बनाता था, आकाश के गुण गाते थकता नहीं था। उसी की बातों में आकर मैं आकाश में कूदा था। ईश्वर भला करे, मरते मरते बच गया। अब तो मेरी यह बात और भी पक्की हो गई है कि अपनी खोखल से बड़ा सुख और कहीं नहीं। घरती पर रेंग लेता हूँ, मेरे लिए यह बहुत कुछ है। मुझे आकाश की स्वच्छंदता से क्या लेना - देना ? न वहाँ छत है, न दीवारें हैं, न रेंगने के लिए जमीन है। मेरा तो सिर चकराने लगता है। दिल काँप - काँप जाता है। अपने प्राणों को खतरे में डालना कहाँ की चतुराई है ?

साँप सोचने लगा कि बाज़ अभागा था जिसने आकाश की आज़ादी को प्राप्त करने में अपने प्राणों की बाजी लगा दी।

किंतु कुछ देर बाद साँप के आश्चर्य का ठिकाना नहीं रहा। उसने सुना, चट्टानों के नीचे से एक मधुर, रहस्यमय गीत की आवाज़ उठ रही है। पहले उसे अपने कानों पर विश्वास नहीं हुआ। किंतु कुछ देर बाद गीत के स्वर अधिक साफ़ सुनाई देने लगे। वह अपनी गुफा से बाहर आया और चट्टान से नीचे झाँकने लगा। सूरज की सुनहरी किरणों में समुद्र का नीला जल झिलमिला रहा था। लोग मिलकर गा रहे थे -

"ओ निडर बाज़ ! शत्रुओं से लड़ते हुए तुमने अपना कीमती रक्त बहाया है। पर वह समय दूर नहीं है, जब तुम्हारे खून की एक - एक बूंद जिंदगी के अँधेरे में प्रकाश फैलाएगी और साहसी, बहादुर दिलों में स्वतंत्रता और प्रकाश के लिए प्रेम पैदा करेगी।

तुमने अपना जीवन बलिदान कर दिया किंतु फिर भी तुम अमर हो। जब कभी साहस और वीरता के गीत गाए जाएंगे, तुम्हारा नाम बड़े गर्व और श्रद्धा से लिया जाएगा"

Q.16 "कीमती रक्त" में दोनों शब्द क्रमशः हैं-

[CTET Paper-II (Social Science), 2021], [CTET Paper-II (Science & Mathematics), 2021]

A. संज्ञाए सर्वनाम

B. उद्देश्य, विधेय

C. विशेष्य, विशेषण

D. विशेषण, विशेष्य

Q.17 'ओ निडर बाज !'

उपर्युक्त पद में कारक की पहचान कीजिए

[CTET Paper-II (Science & Mathematics), 2021]

A. संबंध कारक

B. संबोधन कारक

C. कर्ता कारक   **D.** कर्म कारक

Q.18 'स्वतंत्रता' के पद परिचय के बारे में क्या उपयुक्त नहीं है ?
[CTET Paper-II (Social Science), 2021], [CTET Paper-II (Science & Mathematics), 2021]

A. 'ता' उपसर्ग   **B.** एकवचन
C. संज्ञा   **D.** भाववाचक

Q.19 घायल होते हुए भी बाज़ ने उड़ान भरी, क्योंकि
[CTET Paper-II (Social Science), 2021], [CTET Paper-II (Science & Mathematics), 2021]

A. उसे मुक्त आकाश की स्वच्छंदता प्रिय थी।
B. उसे अपनी निडरता का प्रमाण देना था।
C. उड़ना उसकी विवशता थी।
D. इससे वह शीघ्र अच्छा हो सकता था।

Q.20 "भर पाया मैं तो ____" साँप के इस कथन का आशय है
[CTET Paper-II (Social Science), 2021], [CTET Paper-II (Science & Mathematics), 2021]

A. आनंद आ गया, अब बैठा रहूँगा।
B. समझ गया, अब धोखा नहीं खाउँगा।
C. देख लिया, अब नहीं देखूँगा।
D. मन भर गया, अब नहीं उड़ूँगा।

Q.21 निर्देश: दिए गए वाक्य के लिए एक शब्द का चयन कीजिए।

'जो परिणय सूत्र में न बँधा हो'
A. अज्ञ   **B.** अभियोगी
C. सद्यःपरिणीत   **D.** अपरिणीत

Q.22 'सारंग' का अनेकार्थी शब्द समूह है।
A. हाथी, वादा, रजामन्दी   **B.** हाथी, कोयल, कामदेव
C. दोगला, योग, कामदेव   **D.** रजामन्दी, कोयल, वादा

Q.23 'अविनाशी, वर्ण, आत्मा' के लिए कौन-सा अनेकार्थी शब्द उचित है?
A. उग्र   **B.** एकाक्ष   **C.** अक्षर   **D.** कुल

Q.24 निम्नलिखित दिए गए विकल्पों में से कौन सा विकल्प त्रुटि रहित है?
A. प्रत्युत्तर   **B.** प्रत्युतर   **C.** प्रत्युयतर   **D.** प्रत्योत्तर

Q.25 निम्नलिखित दिए गए विकल्पों में से कौन सा विकल्प त्रुटि रहित है?
A. रमेश्वरम   **B.** रामेश्वरम   **C.** रामेश्वराम   **D.** रमेशवर्म

// स्मार्ट उत्तर पुस्तिका //

सही उत्तर — उन छात्रों का प्रतिशत जिन्होंने प्रश्नों का सही उत्तर दिया था।
छोड़ दिया — उन छात्रों का प्रतिशत जिन्होंने प्रश्नों को छोड़ दिया था।

प्रश्न संख्या	उत्तर	सही उत्तर / छोड़ दिया	प्रश्न संख्या	उत्तर	सही उत्तर / छोड़ दिया	प्रश्न संख्या	उत्तर	सही उत्तर / छोड़ दिया	प्रश्न संख्या	उत्तर	सही उत्तर / छोड़ दिया	प्रश्न संख्या	उत्तर	सही उत्तर / छोड़ दिया	प्रश्न संख्या	उत्तर	सही उत्तर / छोड़ दिया
1	D	45.59 % / 49.78 %	6	C	62.33 % / 31.46 %	11	A	64.3 % / 30.22 %	16	D	42.5 % / 36.44 %	21	D	42.33 % / 35.77 %
2	A	82.13 % / 16.11 %	7	B	41.72 % / 45.9 %	12	A	19.87 % / 75.98 %	17	B	60.23 % / 37.65 %	22	B	53.97 % / 40.21 %
3	B	31.39 % / 67.5 %	8	B	46.12 % / 40.85 %	13	A	51.44 % / 33.23 %	18	A	84.5 % / 15.39 %	23	C	77.31 % / 20.02 %
4	D	42.06 % / 44.48 %	9	C	58.43 % / 37.03 %	14	C	85.48 % / 12.63 %	19	A	79.75 % / 12.85 %	24	A	16.38 % / 72.47 %
5	B	51.73 % / 45.93 %	10	D	40.64 % / 37.37 %	15	B	86.69 % / 11.56 %	20	B	66.58 % / 33.12 %	25	B	88.69 % / 10.26 %

//संकेत और समाधान//

1. 'मैं माता जी के लिए चाय बना रही हूँ।' इसमें रेखांकित शब्द 'संप्रदान कारक' का चिह्न है। इस कारक की पहचान 'किसके लिए' प्रश्नवाचक शब्द लगाकर भी पहचाना जा सकता है। इसके चिह्न 'के लिए', 'को' हैं। जैसे- 1. श्याम ने ब्राह्मण को दान दिया। 2. माँ बेटे के लिए फल लाई।

अतः विकल्प (D) सही है।

2. संज्ञा का एक से अधिक का बोध करानेवाले रूप को बहुवचन कहते है।

"कमरा" शब्द का बहुवचन "कमरें" है।

अतः विकल्प (A) सही है।

3. वाक्य के (b) भाग में त्रुटि है, "वैराग भी समय" के स्थान पर "वैराग्य भी समय" होगा।

शुद्ध वाक्य:

महात्माओं का वैराग्य भी समय के परिवर्तन की अपेक्षा नहीं रखता।

अतः विकल्प (B) सही है।

4. स्थावर का अर्थ है - स्थिर, स्थायी। तथा जंगम अर्थ है - चल सकता हो। स्थावर शब्द का विलोम जंगम है।

अतः विकल्प (D) सही है।

5. पारलौकिक का अर्थ है - परलोक संबंधी, परलोक का। तथा लौकिक का अर्थ है -लोक संबंधी, सांसारिक। पारलौकिक शब्द का विलोम लौकिक है।

अतः विकल्प (B) सही है।

6. अत्यल्प सही विलोम शब्द है।

अतः विकल्प (C) सही है।

7. बुजुर्ग वृद्ध का, पूर्व पहले का और सुर देवता का समानार्थी शब्द है, जबकि दिवंगत का समानार्थी स्वर्गवासी है।

अतः विकल्प (B) सही है।

8. 'कवि' शब्द का स्त्रीलिंग रूप कवयित्री है।

अतः विकल्प (B) सही है।

9. कुमुदिनी यहाँ विकल्प है, क्योंकि यह शब्द वर्तनी और व्याकरण की दृष्टि से शुद्ध है।

कुमुदिनी का अर्थ - छोटा कमल अथवा कमलिनी होता है।

कुमुदिनी के अन्य अर्थ - कमल, छोटा कमल, पद्मिनी, अरविंदिनी, मृणालिनी, तामरसी, विधुप्रिया, तमरसी

अतः विकल्प (C) सही है।

10. 'बेफायदा' शब्द में अव्ययीभाव समास है।

- इस समास का पहला पद प्रधान होता है और समस्तपद वाक्य में क्रिया-विशेषण का काम करता है। इसी कारण से, अव्ययीभाव का समस्तपद सदा लिंग, वचन और विभक्तिहीन रहता है।
- इसके दोनों पदों का स्वतंत्र रूप से पृथक् प्रयोग नहीं होता; क्योंकि यह प्रायः 'नित्य समास' होता है।
- 'बेफायदा' शब्द का समास-विग्रह है- बिना फायदे के। इसलिए, यहाँ अव्ययीभाव समास है।

अतः विकल्प (D) सही है।

11. 'संसार' का उचित संधि-विच्छेद 'सम् + सार' है।

- नियम: म् सम्बन्धी नियम
- सम् उपसर्ग के उपरांत अंतस्थ या ऊष्म वर्ण आने पर म् अनुस्वार में ही परिवर्तित हो जाता है।
- संधि - दो शब्दों के मेल से जो विकार (परिवर्तन) होता है, उसे संधि कहते हैं।

अतः विकल्प (A) सही है।

12. जब कोई पूरा कथन किसी प्रसंग विशेष में उद्धृत किया जाता है तो लोकोक्ति कहलाता है।

'जैसी बहे बयार, पीठ तब तैसी दीजे' लोकोक्ति का अर्थ समय का रुख देखकर काम करते रहना चाहिए है।

वाक्य प्रयोग - अब लोगों को समाज के संबंध में रूढ़िवादी विचार छोड़कर नये विचार अपनाने चाहिये क्योंकि ' जैसी बहे बयार पीठ तब तैसी दीजे '।

अतः विकल्प (A) सही है।

13. जब कोई पूरा कथन किसी प्रसंग विशेष में उद्धृत किया जाता है तो लोकोक्ति कहलाता है।

'बिल्ली को पहले हि दिन मारना चाहिए' लोकोक्ति का अर्थ भय का शमन शुरू में ही कर देना चाहिए है।

वाक्य प्रयोग - रामू डॉन जब सुभाष को डरा-धमका कर रुपये माँगने लगा तो सुभाष ने निडर हो साफ इंकार कर दिया, उसका मानना है बिल्ली को पहले ही दिन मारना चाहिए ।

अतः विकल्प (A) सही है।

14. 'घोटक' का तद्भव रूप घोड़ा है।

- हय शब्द का अर्थ - घोड़ा, घोटक, अश्व।
- अश्व शब्द का अर्थ - घोड़ा, तुरंग।
- घोड़ा शब्द का अर्थ - बहुत तेज़ दौड़ने के लिए चार पैरों वाला प्रसिद्ध जानवर, अश्व, शतरंज का एक मोहरा।
- तुरंग शब्द का अर्थ - घोड़ा, अश्व, चित्त, तेज़ चलने वाला।

अतः विकल्प (C) सही है।

15. आँसू शब्द तद्भव है, क्योंकि यह संस्कृत से ज्यों का त्यों प्रयोग में न आकार विकृत रूप में प्रयोग लिया जाता है।

अतः विकल्प (B) सही है।

16. कीमती - विशेषण

रक्त - विशेष्य

विशेषण - जो शब्द संज्ञा अथवा सर्वनाम की विशेषता बताते हैं।

उदाहरण - छोटा, मोटा, काला, दयालु आदि

विशेष्य - जिस शब्द की विशेषता बताई जाती है, उसे विशेष्य कहते हैं।

उदाहरण - छोटा पत्थर, मोटा चूहा, काला सांप, दयालु हरीश आदि

अतः विकल्प (D) सही है।

17. यहां संबोधन कारक का प्रयोग हुआ है।

ओ निडर बाज! में संबोधन कारक है।

संबोधन कारक की पहचान - हे, ओ, अरे

विस्मयादिबोधक चिन्ह (!)

अतः विकल्प (B) सही है।

18. एकवचन

भाव वाचक संज्ञा

ता प्रत्यय

उपसर्ग - जो अव्यय किसी शब्द के आगे लगकर उसके अर्थ को विस्तार देते हैं।

उदाहरण - प्र + हार = प्रहार

प्रत्यय - जो अव्यय शब्द के पीछे लग कर अर्थ परिवर्तन करते हैं।

उदाहरण - स्वतंत्र + ता = स्वतंत्रता , समाज + इक = सामाजिक

अतः विकल्प (A) सही है।

19. यह गद्यांश स्वछंदता पर आधारित है।

बाज और सांप के जरिए दो अलग नजरियों को दिखाया है।

प्रतीकात्मकता उपस्थित है।

सांप कहता है - " पक्षी भी कितने मूर्ख हैं। धरती के सुख से अनजान रहकर आकाश की ऊंचाइयों को नापना चाहते थे।"

सांप सोचने लगा बाज अभागा था जिसने आकाश की आजादी को प्राप्त करने में अपने प्राणों की बाजी लगा दी।

अतः विकल्प (A) सही है।

20. सांप को उड़ना पसंद नहीं आया था।

उसको धरती का सुख ज्यादा प्यारा लगा।

उसका एक बार उड़ने के बाद मन भर गया था।

सांप कहता है - मैं अब कभी धोखा नहीं खाऊंगा, मैंने आकाश देख लिया और खूब देख लिया।

अतः विकल्प (B) सही है।

21. यहाँ दिए गये विकल्पों में 'अपरिणीत' उपयुक्त शब्द है। अन्य विकल्प उपयुक्त नहीं हैं। अतः सही विकल्प अपरिणीत है।

- 'अपरिणीत' अर्थात 'जो परिणय सूत्र में न बँधा हो।
- यह व्याकरण का ही एक रूप है जिसे 'वाक्यांश के लिए एक शब्द कहते हैं।
- वाक्यांश के लिए एक शब्द अर्थात 'किसी शब्द समूह को परिभाषित करने के लिए किसी एक शब्द विशेष का प्रयोग किया जाए।

अत: विकल्प (D) सही है।

22. 'हाथी, कोयल, कामदेव' शब्द 'सारंग' के अनेकार्थी शब्द हैं। 'सारंग' के अन्य शब्द हैं- छाता, वस्त्र, बाल, शंख, शिव, कपूर।

दोगला, योग और वादा, रजामन्दी ये अन्य शब्द 'संकर और संगर' के अनेकार्थी शब्द हैं।

अतः विकल्प (B) सही है।

23. 'अविनाशी, वर्ण, आत्मा' के लिए 'अक्षर' शब्द है। दिए गए सभी शब्द 'अक्षर' के अनेकार्थी हैं जिसका अर्थ होता है 'जो न घट सके, न नष्ट हो सके'।

अन्य विकल्प:

1. उग्र – विष, प्रचंड,

2. एकाक्ष – काना, कौवा।

3. कुल – वंश, सब।

अतः विकल्प (C) सही है।

24. दिए गए शब्दों में से सही शब्द 'प्रत्युत्तर' है।

प्रत्युत्तर पुल्लिंग शब्द है जिसका अर्था होता है जवाब का जवाब।

प्रत्युत्तर का संधि विच्छेद 'प्रति + उत्तर (इ + उ = य + उ) है।

यह यण संधि का उदाहरण है।

जब संधि करते समय इ, ई के साथ कोई अन्य स्वर हो तो 'य' बन जाता है, जब उ, ऊ के साथ कोई अन्य स्वर हो तो 'व्' बन जाता है, जब ऋ के साथ कोई अन्य स्वर हो तो 'र' बन जाता है।

अतः विकल्प (A) सही है।

25. दिए गए विकल्पों में से शुद्ध शब्द 'रामेश्वरम' है।

रामेश्वरम हिंदुओं का एक पवित्र तीर्थ है। यह तमिलनाडु के रामनाथपुरम जिले में स्थित है।

अतः विकल्प (B) सही है।

Q.1 $ABCD$ एक समलंब है, जिसमें $AB \parallel DC$ और DC, BC के लंबवत है। यदि $\angle DAB = 110°$, तो $\angle ABC - \angle ADC$ का मान क्या है?

A. 18°　　**B.** 16°　　**C.** 20°　　**D.** 220°

Q.2 7 प्रेक्षणों का माध्य 10 और 3 प्रेक्षणों का माध्य 5 है। सभी 10 प्रेक्षणों का माध्य क्या है?

A. 15　　**B.** 10　　**C.** 8.5　　**D.** 7.5

Q.3 एक त्रिभुज के सबसे बड़े कोण और सबसे छोटे कोण का अनुपात 2 : 1 है। त्रिभुज का दूसरा सबसे बड़ा कोण 33° है। त्रिभुज के सबसे बड़े कोण के 50 प्रतिशत का मान क्या होगा?

A. 98°　　**B.** 69°　　**C.** 59°　　**D.** 49°

Q.4 p और q की किस स्थिति में, समीकरण $x^2 + px + q = 0$ का एक मूल, उसके अन्य मूल का वर्ग होगा?

A. $1 + q + q^2 = 3pq$　　**B.** $1 + p + p^2 = 3pq$
C. $p^3 + q + q^2 = 3pq$　　**D.** $q^3 + p + p^2 = 3pq$

Ques (5-9):निर्देश: चार्ट का अध्ययन करें और प्रश्न का उत्तर दें:

परिचालन लाभ रु. 130 लाख

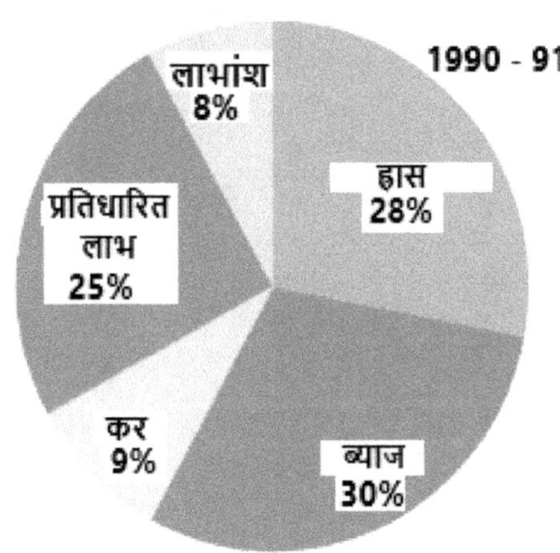

परिचालन लाभ रु. 160 लाख

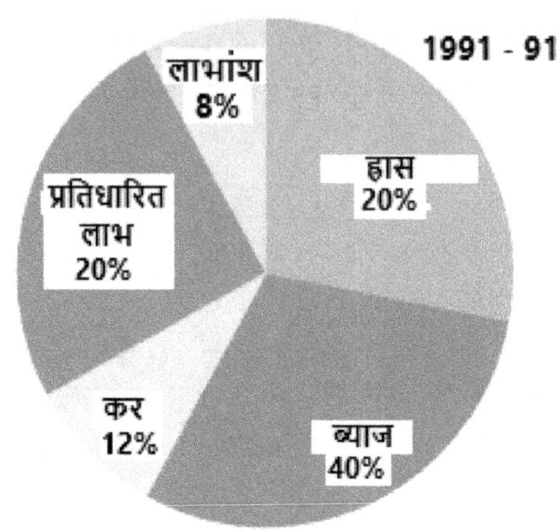

Q.5 1991-92 में परिचालन लाभ में 1990-91 से वृद्धि हुई:

A. 23%　　**B.** 22%　　**C.** 25%　　**D.** 24%

Q.6 1991-92 में ब्याज का भार 1990-91 की तुलना में अधिक था:

A. 50%　　　　**B.** रु. 25 लाख
C. 90%　　　　**D.** रु. 41 लाख

Q.7 यदि उधार ली गई धनराशि पर औसतन 20% ब्याज दर वसूल की जाती है, तो दिए गए दो वर्षों में इस कंपनी द्वारा उपयोग की जाने वाली कुल उधार ली गई धनराशि है:

A. रु. 211 लाख　　　　**B.** रु. 195 लाख
C. रु. 368 लाख　　　　**D.** रु. 515 लाख

Q.8 1991 - 92 में प्रतिधारित लाभ, 1990 - 91 की तुलना में था:

A. 2.5% से अधिक　　　　**B.** 1.5% अधिक
C. 2.5% से कम　　　　**D.** 1.5% से कम

Q.9 उन कंपनियों का इक्विटी आधार अपरिवर्तित रहा। फिर, 1991-92 में शेयरधारकों द्वारा अर्जित कुल लाभांश है:

A. रु. 104 लाख　　　　**B.** रु. 9 लाख
C. रु. 12.8 लाख　　　　**D.** रु. 15.6 लाख

Q.10 एक दुकानदार 11 टैग ह्यूअर घड़ियों की बिक्री करते हुए, 3 टैग ह्यूअर घड़ियों के बिक्री मूल्य के बराबर लाभ कमाता है, उसका लाभ प्रतिशत क्या है?

A. 27.2%　　**B.** 54.4%　　**C.** 37.5%　　**D.** 16.9%

Q.11 मंजू एक आयताकार पार्क के चारों ओर दौड़ती है जिस की लंबाई 35 मीटर और चौड़ाई 20 मीटर है। मीनू 30 मीटर के वर्ग पार्क में दौड़ती है। कौन कम दूरी तय करती है और किसके द्वारा, अगर मीनू 4 राउंड लेती है और मंजू ने 3 राउंड पूरी तरह से ले लिए हैं।

[Sainik School Entrance Class VI, 2020]

A. मीनू 150 मीटर　　　　**B.** मंजू 120 मीटर
C. मंजू 150 मीटर　　　　**D.** मीनू 120 मीटर

Q.12 5,15 और 20 का एलसीएम और एचसीएफ ज्ञात करें।

A. 60,5　　**B.** 60,10　　**C.** 70,5　　**D.** 80,5

Q.13 एक आदमी अपने बच्चों के लिए 100 वर्ग मीटर का आयताकार खेल का मैदान बनाना चाहता है। चूंकि उसके पास केवल 30 मीटर कांटेदार तार हैं, इसलिए वह अपने घर के परिसर की दीवार को चौथे पक्ष की बाड़ के रूप में कार्य करने के लिए बगीचे के तीन किनारों पर बाड़ लगाता है। खेल के मैदान का आयाम है:

A. 15 मीटर × 6.67 मीटर **B.** 20 मीटर × 5 मीटर
C. 30 मीटर × 3.33 मीटर **D.** 40 मीटर × 2.5 मीटर

Q.14 60 सेमी व्यास के एक ठोस धातु के गोले को पिघलाया गया और 20 सेमी, 30 सेमी और 40 सेमी व्यास के तीन ठोस गोलों का निर्माण किया गया। यदि शेष धातु का वजन 325 किलोग्राम था, तो पिघलाए गए ठोस गोले का वजन ज्ञात कीजिये।

A. 300 किग्रा **B.** 600 किग्रा **C.** 400 किग्रा **D.** 500 किग्रा

Q.15 उस वृत्त का व्यास जात कीजिए, जिसका क्षेत्रफल 20 सेमी और 48 सेमी व्यास वाले दो वृत्तों के क्षेत्रफलों के योग के बराबर है।

A. 42 सेमी **B.** 62 सेमी **C.** 52 सेमी **D.** 72 सेमी

Q.16 यदि डेटा $3, x, 2$ और 4 का माध्य x है, तो बहुलक ______ है।

A. 3 **B.** 5 **C.** 8 **D.** 10

Q.17 प्रेक्षणों के समुच्चय के बहुलक का मान है:
$$5,8,8,16,24,24,30,16,24$$

A. 24 **B.** 30 **C.** 16 **D.** 8

Q.18 एक परीक्षा में दो छात्र उपस्थित हुए। उनमें से एक ने दूसरे की तुलना में 12 अंक अधिक हासिल किए और उसके अंक उनके अंकों के योग का 65% थे। उनके द्वारा प्राप्त अंक हैं?

A. 20 **B.** 40,50 **C.** 80,90 **D.** 26,14

Q.19 भुजा 5 सेमी, 11 सेमी और 8 सेमी वाले त्रिभुज के क्षेत्रफल को ज्ञात कीजिए।

A. $4\sqrt{15}$ **B.** $4\sqrt{21}$ **C.** $4\sqrt{26}$ **D.** $4\sqrt{30}$

Q.20 एक फर्श पर टाइलें बिछाई जाती है जो एक समांतर चतुर्भुज के आकार में हैं जिनका आयाम क्रमशः 34 × 10 सेमी आधार और ऊंचाई है। यदि फर्श का क्षेत्रफल 5117 मीटर² है, तो फर्श पर बिछाने के लिए कितनी टाइलों की आवश्यकता होगी?

A. 155000 **B.** 150500 **C.** 100500 **D.** 150550

Q.21 एक आयताकार खेत में बाड़ लगाने की लागत 16 रुपये प्रति मीटर की दर से 1760 रुपये है। यदि खेत की चौड़ाई 29 मीटर है तो इसकी लंबाई क्या है?

A. 26 मीटर **B.** 36 मीटर **C.** 28 मीटर **D.** 32 मीटर

Q.22 आयत चित्र के संबंध में निम्नलिखित कथनों पर विचार कीजिए:
1. आयत चित्र एक निरंतर चर के आवृत्ति वितरण का एक उपयुक्त प्रतिनिधित्व है।
2. पूर्ण आयत चित्र के तहत शामिल क्षेत्रफल कुल आवृति होती है।
उपरोक्त कथनों में से कौन-सा/कौन-से कथन सही है/हैं?

A. केवल 1 **B.** केवल 2
C. 1 और 2 दोनों **D.** ना तो 1 और ना ही 2

Q.23 यदि $xy = -60$ और $x^2 + y^2 = 121$, है, तो $(x + y)$ का मान ज्ञात कीजिये।

A. 2 **B.** ± 1 **C.** 1 **D.** -1

Q.24 यदि एक वृत्त और वर्ग का क्षेत्रफल समान है, तब वृत्त की त्रिज्या और वर्ग की भुजा के मध्य अनुपात ज्ञात कीजिये।

A. $\sqrt{2}:\sqrt{7}$ **B.** $\sqrt{7}:\sqrt{11}$
C. $\sqrt{3}:\sqrt{22}$ **D.** $\sqrt{7}:\sqrt{22}$

Q.25 250 और 600 महत्तम समापवर्तक क्या होगा?

A. 50 **B.** 100 **C.** 25 **D.** 125

// स्मार्ट उत्तर पुस्तिका //

सही उत्तर — उन छात्रों का प्रतिशत जिन्होंने प्रश्नों का सही उत्तर दिया था।   **छोड़ दिया** — उन छात्रों का प्रतिशत जिन्होंने प्रश्नों को छोड़ दिया था।

प्रश्न संख्या	उत्तर	सही उत्तर / छोड़ दिया	प्रश्न संख्या	उत्तर	सही उत्तर / छोड़ दिया	प्रश्न संख्या	उत्तर	सही उत्तर / छोड़ दिया	प्रश्न संख्या	उत्तर	सही उत्तर / छोड़ दिया	प्रश्न संख्या	उत्तर	सही उत्तर / छोड़ दिया
1	C	21.01 % / 73.68 %	6	B	61.83 % / 37.54 %	11	C	22.61 % / 70.75 %	16	A	43.78 % / 36.79 %	21	A	43.73 % / 33.18 %
2	C	56.94 % / 34.44 %	7	D	10.57 % / 86.17 %	12	A	87.01 % / 10.59 %	17	A	89.84 % / 10.11 %	22	A	65.23 % / 30.89 %
3	D	10.69 % / 70.39 %	8	D	31.5 % / 67.99 %	13	B	19.89 % / 67.24 %	18	D	69.44 % / 30.14 %	23	B	64.54 % / 35.39 %
4	C	42.91 % / 56.34 %	9	C	89.49 % / 10.43 %	14	B	19.47 % / 77.1 %	19	B	51.94 % / 30.7 %	24	D	50.49 % / 32.61 %
5	A	81.74 % / 17.64 %	10	C	54.19 % / 42.61 %	15	C	67.37 % / 31.25 %	20	B	58.54 % / 37.84 %	25	A	65.05 % / 32.8 %

//संकेत और समाधान//

1. दिया गया है,

$\angle DAB = 110°$

DC, BC पर लंबवत है अर्थात i.e. $\angle DCB = 90°$

$AB \parallel DC$

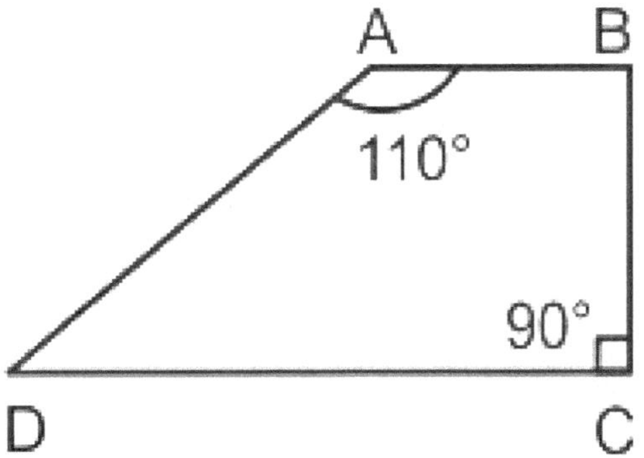

जैसा कि हम जानते हैं कि,

एक ही तरफ के दो कोण संपूरक होते हैं, अर्थात दो आसन्न भुजाओं के कोणों का योग $180°$ के बराबर होता है, तब,

एक ही तरफ के कोण संपूरक होते हैं,

$\Rightarrow \angle BCD + \angle ABC = 180°$

$\Rightarrow \angle ABC + 90° = 180°$

$\Rightarrow \angle ABC = 90°$

हम यह भी जानते हैं कि,

एक समलम्ब के सभी कोणों का योग $360°$ होता है, तो

$\Rightarrow \angle DAB + \angle ABC + \angle BCD + \angle ADC = 360°$

$\Rightarrow 110° + 90° + 90° + \angle ADC = 360°$

$\Rightarrow \angle ADC = 70°$

$\therefore \angle ABC - \angle ADC = 90° - 70° = 20°$

अतः विकल्प (C) सही है।

2. हमारे पास है, $\overline{X}_1 = 10, \overline{X}_2 = 5, w_1 = 7, w_2 = 3$

$\therefore \overline{X} = \dfrac{\overline{X}_1 w_1 + \overline{X}_1 w_1}{w_1 + w_2}$

$= \dfrac{10 \times 7 + 5 \times 3}{7 + 3}$

$= \dfrac{85}{10}$

$= 8.5$

अतः विकल्प (C) सही है।

3. दिया है:

एक त्रिभुज के सबसे बड़े कोण और सबसे छोटे कोण का अनुपात 2 : 1 है। एक त्रिभुज का दूसरा सबसे बड़ा कोण 33° है।

प्रश्नानुसार,

एक त्रिभुज का दूसरा सबसे बड़ा कोण 33° है।

त्रिभुज के शेष कोणों का योग = 180° - 33° = 147°

माना कि त्रिभुज का सबसे बड़ा कोण और सबसे छोटा कोण क्रमशः 2x और x है।

तब,

2x + x = 147°

$\Rightarrow$ 3x = 147°

$\Rightarrow x = \dfrac{147°}{3}$

$\Rightarrow$ x = 49°

$\Rightarrow$ 2x = 2 × 49° = 98°

त्रिभुज के सबसे बड़े कोण के 50 प्रतिशत का मान $= \dfrac{98°}{2} = 49°$

$\therefore$ त्रिभुज के सबसे बड़े कोण के 50 प्रतिशत का मान 49° है।

अतः विकल्प (D) सही है।

4. माना कि मूल t और t^2 हैं

$\Rightarrow$ मूलों का योग $= -\dfrac{b}{a}$

$\Rightarrow t + t^2 = -p$

$\Rightarrow$ मूलों का गुणनफल $= \dfrac{c}{a}$

$\Rightarrow t^3 = q$

$p^3 + q^2 = -(t + t^2)^3 + t^6$

$\Rightarrow -\left[t^3 + t^6 + 3t^3\left(t + t^2\right)\right] + t^6$

$\left[\because (a + b)^3 = a^3 + b^3 + 3ab(a + b)\right]$

$\Rightarrow -[t^3 + 3t^3(t + t^2)]$

$\Rightarrow -[q - 3qp] \quad [\because t^3 = q, t + t^2 = -p]$

$\Rightarrow p^3 + q^2 = -q + 3pq$

$\therefore p^3 + q + q^2 = 3pq$

अतः विकल्प (C) सही है।

5. दिया गया है,

1990-91 में परिचालन लाभ = 130 लाख और 1991-92 में परिचालन लाभ = 160 लाख

अपेक्षित % वृद्धि

$= \dfrac{(160 - 130) \times 100}{130}$

$= 23.07$

$\approx 23\%$

अतः विकल्प (A) सही है।

6. 1990-91 में ब्याज

= 130 का 30%

= 39 लाख

1991-92 में ब्याज

= 160 का 40%

= 64 लाख

तो, अंतर = रु. 25 लाख

अतः विकल्प (B) सही है।

7. कुल ब्याज

= (130 का 30%) + (160 का 40%)

= 39 + 64

= रु. 103 लाख

मान लें कि,

इस ब्याज की गणना उधार ली गई निधि के 20% पर की जाती है।

तो, उधार लिया धन

$= \dfrac{103 \times 100}{20}$

= रु. 515 लाख

अतः विकल्प (D) सही है।

8. 1990-91 में प्रतिधारित लाभ

= 130 का 25%

= रु. 32.5 लाख

1991-92 में प्रतिधारित लाभ

= 160 का 20%

= रु. 32 लाख

कमी

$= \dfrac{32.5 - 32}{32.5} \times 100$

$= 1.53\%$

$\approx 1.5\%$

अतः विकल्प (D) सही है।

9. 1991-92 में शेयरधारक द्वारा अर्जित कुल लाभांश,

= 160 का 8%

= रु. 12.8 लाख

अतः विकल्प (C) सही है।

10. माना घड़ी का विक्रय मूल्य x रुपये है।

कुल विक्रय मूल्य = 11x

लाभ = 3x

क्रय मूल्य = 11x – 3x = 8x

$\therefore$ लाभ% $= \left(\dfrac{3x}{8x}\right) \times 100 = 37.5\%$

अतः विकल्प (C) सही है।

11. दिया गया है,

आयत की लंबाई $(l) = 35$ मीटर

आयत की चौड़ाई $(b) = 20$ मीटर

मंजू द्वारा तय की गयी दूरी $=$ आयत का परिमाप

जैसा कि हम जानते हैं,

आयत का परिमाप $= 2(l + b)$

मंजू द्वारा तय की गयी दूरी $= 2(35 + 20) = 2 \times 55 = 110$ मीटर

3 राउंड लेने के बाद तय की गयी दूरी $= 3 \times 110 = 330$ मीटर

इसलिए, मंजू 330 मीटर चलती है।

वर्गाकार पार्क की भुजा $= 30$ मीटर

मीनू द्वारा तय की गयी दूरी $=$ वर्ग का परिमाप

जैसा कि हम जानते हैं,

वर्ग का परिमाप $= 4 \times$ वर्ग की भुजा

मीनू द्वारा तय की गयी दूरी $= 4 \times 30 = 120$ मीटर

4 राउंड लेने के बाद तय की गयी दूरी $= 4 \times 120 = 480$ मीटर

मंजू 480 मीटर चलती है।

उनकी दूरी में अंतर $= (480 - 330)$ मीटर $= 150$ मीटर

इसलिए, मंजू मीनू से 150 मीटर कम दूरी तय करती है।

अतः विकल्प (C) सही है।

12. 5 का गुणनखंड $= 1 \times 5$

15 का गुणनखंड $= 3 \times 5$

20 का गुणनखंड $= 2 \times 2 \times 5$

एलसीएम $= 2 \times 2 \times 3 \times 5 = 60$

इसलिए, एचसीएफ $= 5$

अतः विकल्प (A) सही है।

13. माना खेल के मैदान की लंबाई x और चौड़ाई y है।

दिया गया है, आयताकार खेल के मैदान का क्षेत्रफल = 100 वर्ग मीटर

$\therefore$ x × y = 100   ...(1)

30 मीटर कांटेदार तार का उपयोग 3 तरफ बाड़ लगाने के लिए किया जाता है। यदि एक लम्बाई की भुजा को तार से नहीं बांधा जाता है तो हम कह सकते हैं,

x + 2y = 30   ...(2)

$\Rightarrow x + 2 \times \dfrac{100}{x} = 30$

[समीकरण से (1)]

$x^2 + 200 = 30x$

$\Rightarrow x^2 - 30x + 200 = 0$

$\Rightarrow x^2 - 20x - 10x + 200 = 0$

$\Rightarrow x(x - 20) - 10(x - 20) = 0$

$\Rightarrow (x - 20)(x - 10) = 0$

$\Rightarrow x = 20$ या 10

अब, समीकरण (1) से,

y = 5 या 10

चूंकि खेल का मैदान आयताकार है, x = y = 10 संभव नहीं है।

इसलिए x = 20 मीटर और y = 5 मीटर

अतः विकल्प (B) सही है।

14. हम जानते हैं कि

गोला का आयतन $= \left(\frac{4}{3}\right)\pi \times$ (त्रिज्या)³ $= \left(\frac{\pi}{6}\right) \times$ (व्यास)³

पिघलाए गए गोले का आयतन $= \left(\frac{\pi}{6}\right) \times (60)^3 = 36000\pi$ सेमी³

40 सेमी व्यास वाले गोले का आयतन $= \left(\frac{\pi}{6}\right) \times (40)^3 = \left(\frac{32000}{3}\right)\pi$ सेमी³

20 सेमी व्यास वाले गोले का आयतन $= \left(\frac{\pi}{6}\right) \times (20)^3 = \left(\frac{4000}{3}\right)\pi$ सेमी³

30 सेमी व्यास वाले गोले का आयतन $= \left(\frac{\pi}{6}\right) \times (30)^3 = \left(\frac{4500}{3}\right)\pi$ सेमी³

शेष धातु का आयतन $= 36000\pi - \left(\frac{32000\pi}{3} + \frac{4000\pi}{3} + 4500\pi\right) = 19500\pi$ सेमी³

अब,

शेष धातु का वजन = 325 किग्रा

इसका अर्थ है कि 19500π सेमी³ धातु का वजन 325 किलोग्राम है।

∴ पिघलाए गए गोले का वजन $= 36000\pi$ सेमी³ धातु का वजन $= \left(\frac{36000\pi}{19500\pi}\right) \times 325 = 600$ किग्रा

अतः विकल्प (B) सही है।

15. यहाँ पहले वृत्त की त्रिज्या $r_1 = \frac{20}{2} = 10$ सेमी

तथा दूसरे वृत की त्रिज्या $r_2 = \frac{48}{2} = 24$ सेमी

अतः, इनके क्षेत्रफलों का योग $= \pi r_1^2 + \pi r_2^2$

$= \pi(10)^2 + \pi(24)^2$

$\Rightarrow \pi \times 676$ ...(1)

मान लीजिए नये वृत्त की त्रिज्या r सेमी है। अतः, इसका क्षेत्रफल $= \pi r^2$ .....(2)

इसलिए, (1) और (2) से,

$\pi r^2 = \pi \times 676$

$\Rightarrow r^2 = 676$

$\Rightarrow r = 26$

नये वृत्त की त्रिज्या $= 26$ सेमी

तो, नये वृत्त का व्यास $= 2 \times 26 = 52$ सेमी

अतः विकल्प (C) सही है।

16. दिए गए डेटा $3, x, 2$ और 4 हैं

माध्य $= x$

∴ माध्य $= \frac{\Sigma x_i}{N} = \frac{3+x+2+4}{4}$

$\Rightarrow x = \frac{9+x}{4}$

$\Rightarrow x = 3$

अब डेटा $3,3,2,4$ हैं:

बहुलक $= 3$ ($\because 3$ सबसे अधिक बार आता है)

अतः विकल्प (A) सही है।

17. दिया है:

प्रेक्षणों का समुच्चय: $5,8,8,16,24,24,30,16,24$

स्पष्टतः 24 दिए गए प्रेक्षणों में सबसे अधिक आता है।

इसलिए बहुलक 24 है।

अतः विकल्प (A) सही है।

18. माना उनके अंक $(x + 12)$ और x है।

प्रश्नानुसार,

$x + 12 = \frac{65}{100}(x + 12 + x)$

$\Rightarrow 100(x + 12) = 65(2x + 12)$

$\Rightarrow 100x + 1200 = 130x + 780$

$\Rightarrow 1200 - 780 = 130x - 100x$

$\Rightarrow 420 = 30x$

$\Rightarrow x = \frac{420}{30}$

$\Rightarrow x = 14$

तो, उनके अंक 26 और 14 हैं।

अतः विकल्प (D) सही है।

19. त्रिभुज का क्षेत्रफल $= \sqrt{s(s-a)(s-b)(s-c)}$

जहाँ $s = \frac{a+b+c}{2}$, तथा a, b और c त्रिभुज की भुजाएं हैं।

दिया गया है a = 5, b = 11 और c = 8

$$s = \frac{5+11+8}{2} = 12$$

त्रिभुज का क्षेत्रफल $(A) =$

$$\sqrt{12(12-5)(12-11)(12-8)}$$

$$A = \sqrt{12 \times 7 \times 1 \times 4}$$

$$A = 4\sqrt{21} \text{ सेमी}^2$$

अतः विकल्प (B) सही है।

20. दिया गया है:

समांतर चतुर्भुज का आयाम, आधार = 34 सेमी; लंबाई = 10 सेमी

फर्श का क्षेत्रफल = 5117 मीटर^2

समांतर चतुर्भुज का क्षेत्रफल = आधार × ऊँचाई

= 34 × 10 सेमी^{2}

= 340 सेमी^{2}

टाइलों की संख्या (n) = फर्श का क्षेत्रफल / एक टाइल का क्षेत्रफल

⇒ n = 5117 मीटर^2 / 340 सेमी^{2}

⇒ n = 5117 × 100 × 100 सेमी^{2} / 340 सेमी^{2}

$$\Rightarrow n = 1505 \times 100$$

$$\Rightarrow n = 150500 \text{ टाइल}$$

इसलिए, फर्श पर बिछाने के लिए 150500 टाइलों की आवश्यकता है।

अतः विकल्प (B) सही है।

21. दिया गया है:

खेत की चौड़ाई = 29 मीटर

बाड़ की कुल लागत = 1760 रुपये

प्रति मीटर बाड़ की लागत = 16 रुपये

प्रयुक्त सूत्र:

आयत का परिमाप = 2 × (लम्बाई + चौड़ाई)

बाड़ की कुल लागत = प्रति मीटर बाड़ की लागत × खेत का परिमाप

⇒ 1760 = 16 × खेत का परिमाप

⇒ 110 मीटर = खेत का परिमाप

⇒ 110 = 2 × (लम्बाई + चौड़ाई)

⇒ 110 = 2 × (लम्बाई + 29)

⇒ 55 = लम्बाई + 29

⇒ लम्बाई = 26 मीटर

∴ खेत की लम्बाई 26 मीटर है।

अतः विकल्प (A) सही है।

22. कथन (1) के लिए,

हाँ, यह सत्य है कि आयत चित्र एक निरंतर चर के आवृत्ति वितरण का एक उपयुक्त प्रतिनिधित्व है। इसलिए, कथन (1) सही है।

कथन (2) के लिए,

हम जानते हैं कि, आयत चित्र का क्षेत्रफल आवृत्ति के समानुपाती है। इसलिए, कथन (2) सही है।

अतः विकल्प (A) सही है।

23. दिये गए आकड़े हैं:

$$xy = -60$$

$$x^2 + y^2 = 121$$

प्रयुक्त सूत्र:

$$x^2 + y^2 + 2xy = (x+y)^2$$

$$x^2 = a^2 \text{ तो } x = \pm a$$

$$x^2 + y^2 = 121 \quad \text{----(1)}$$

$$xy = -60 \quad \text{----(2)}$$

समीकरण (2) को 2 से गुणा करके समीकरण (1) में जोड़ने पर, हम प्राप्त करते हैं-

$$\Rightarrow x^2 + y^2 + 2xy = 121 - 120$$

$$\Rightarrow (x+y)^2 = 1$$

$$\therefore x + y = \pm 1$$

अतः विकल्प (B) सही है।

24. जैसा कि हम जानते हैं,

वृत्त का क्षेत्रफल $= \pi r^2$

वर्ग का क्षेत्रफल $= a^2$

प्रश्नानुसार,

$$\pi r^2 = a^2$$

$$\Rightarrow \left(\frac{22}{7}\right) r^2 = a^2$$

$$\Rightarrow \frac{r^2}{a^2} = \frac{7}{22}$$

$$\Rightarrow \frac{r}{a} = \sqrt{\frac{7}{22}}$$

$$\Rightarrow r : a = \sqrt{7} : \sqrt{22}$$

अतः विकल्प (D) सही है।

25. दिया गया:

संख्याएँ = 250 और 600

संकल्पना:

संख्याओं के समूह का HCF संख्याओं का सबसे बड़ा गुणनखंड होता है।

250 = 2 × 5 × 5 × 5

650 = 2 × 5 × 5 × 13

महत्तम समापवर्तक = 2 × 5 × 5 = 50

महत्तम समापवर्तक 50 है।

अत: विकल्प (A) सही है।

650 = 2 × 5 × 5 × 13

महत्तम समापवर्तक = 2 × 5 × 5 = 50

महत्तम समापवर्तक 50 है।

Q.1 समलम्ब $PQRS$ में, X और Y क्रमशः PS और RQ के मध्य-बिंदु हैं और PQ, RS के समानांतर है। यदि $PQ = (5x + 3)$ सेमी, $RS = (4x - 2)$ सेमी और $XY = (5x - 1)$ सेमी हैं, तो $\sqrt{9x - 2}$ का मान क्या है?

A. 6   **B.** 4   **C.** 3   **D.** 5

Q.2 ΔPQR में, PS, ∠P का समद्विभाजक है। यदि PQ = 15 सेमी, QS = 5 सेमी और SR = 8 सेमी तो PR = ?

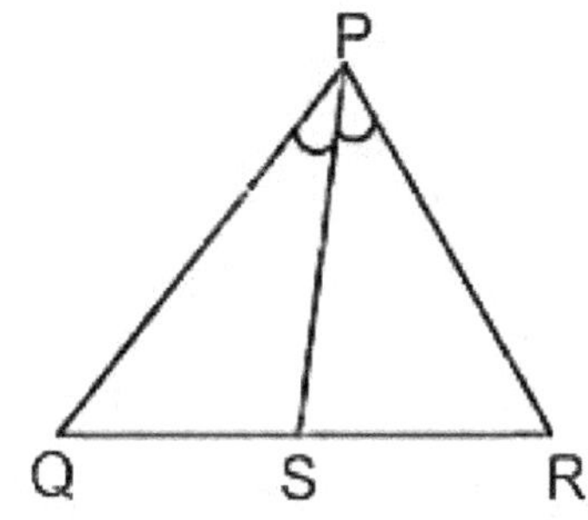

A. 24 सेमी   **B.** 20 सेमी   **C.** 28 सेमी   **D.** 26 सेमी

Ques (3-4):निर्देश: प्रश्न में, दो समीकरण (I) और (II) दिए गए हैं। दोनों समीकरणों को हल कीजिये और उत्तर दीजिए।

Q.3 I. $x^2 - 19x + 88 = 0$

II. $y^2 - 12y + 35 = 0$

A. If $x > y$ **B.** If $x > y$ **C.** If $x \geq y$ **D.** If $x < y$

Q.4 I. $x^2 - 11x + 24 = 0$

II. $y^2 - 16y + 63 = 0$

A. यदि $x > y$

B. यदि $x \leq y$

C. यदि $x \geq y$

D. यदि $x = y$ या x और y के बीच संबंध स्थापित नहीं किया जा सकता है

Q.5 निर्देश: हिस्टोग्राम एक कक्षा में 21 छात्रों की ऊंचाई दिखाता है, जिसे चौड़ाई 5 इंच के समूहों में बांटा गया है।

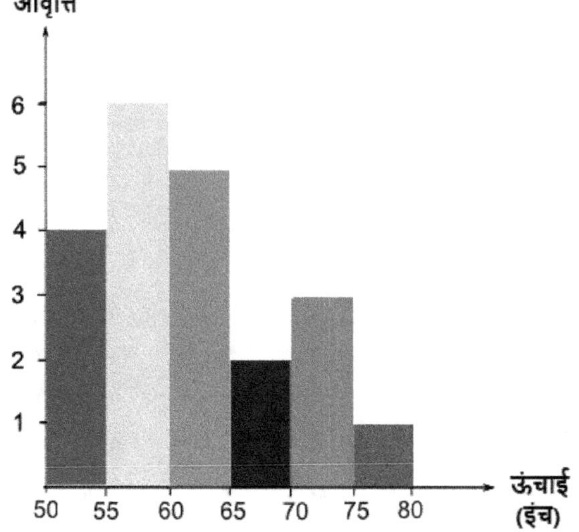

कितने छात्र 55 इंच से बड़े या बराबर थे लेकिन 70 इंच से कम लंबे थे?

A. 13   **B.** 15   **C.** 16   **D.** 17

Q.6 एक वर्ग का विकर्ण 24 सेमी है। इसका परिमाप ज्ञात कीजिए।

A. $46\sqrt{2}$ सेमी   **B.** 28 सेमी

C. $48\sqrt{2}$ सेमी   **D.** $36\sqrt{2}$ सेमी

Q.7 तीन संख्याएँ 1: 2: 3 के अनुपात में हैं और म.स.प. 12 है। संख्याएँ हैं:

A. 12, 24, 36   **B.** 11, 22, 33

C. 12, 24, 32   **D.** 5, 10, 15

Q.8 धनात्मक पूर्णांकों के युग्मों की संख्या क्या होगी, जिनका योग 99 है और म.स.प. 9 है?

A. 5   **B.** 2   **C.** 3   **D.** 4

Q.9 एक वृत्त की परिधि और एक आयत के परिमाप का योग 130 सेमी है। आयत का क्षेत्रफल 104 वर्ग सेमी है और आयत की लंबाई 13 सेमी है। वृत्त का क्षेत्रफल क्या है?

A. 516 वर्ग सेमी   **B.** 616 वर्ग सेमी

C. 816 वर्ग सेमी   **D.** 216 वर्ग सेमी

Q.10 यदि एक गोले की त्रिज्या एक अर्धगोले की त्रिज्या की तीन गुनी है, तो उनके आयतन का संबंधित अनुपात क्या होगा?

[Delhi Forest Guard, 2021]

A. 27 : 1   **B.** 54 : 1   **C.** 81 : 1   **D.** 9 : 1

Q.11 AB वृत्त की एक जीवा है और AOC इसका व्यास है जैसे कि कोण ACB = 50 °। यदि AT बिंदु A के वृत्त की स्परशिखा है, तो ∠BAT इसके बराबर है:

A. 65°   **B.** 60°   **C.** 50°   **D.** 40°

Q.12 निम्नलिखित बंटन का बहुलक ज्ञात कीजिए:

वर्ग-अन्तराल	10 – 14	14 – 18	18 – 22	22 – 26	26 – 30	30 – 34	34 – 38	38 – 42

बारंबारता	8	6	11	20	25	22	10	4

A. 28.5   **B.** 19.47   **C.** 21.12   **D.** 20.14

Q.13 यदि डेटा $6, x, 2, 4$ का माध्य x है, तो बहुलक _______ है।

A. 6   **B.** 2   **C.** 4   **D.** 3

Q.14 किरण ने 15% हानि पर 18700 रुपये में एक बस बेची। 15% लाभ पाने के लिए उसे इस बस को किस मूल्य पर बेचना चाहिए?

[RRB (NTPC), 2017]

A. 25300 रुपये   **B.** 25523 रुपये
C. 25522 रुपये   **D.** 25521 रुपये

Q.15 एक परीक्षा में 15% छात्र अनुत्तीर्ण हो गए। यदि परीक्षा में 1500 छात्र बैठे थे, तो कितने उत्तीर्ण हुए?

A. 1250   **B.** 1375   **C.** 1275   **D.** 1150

Ques (16-20):निर्देश: निम्नलिखित ग्राफ का अध्ययन कीजिये और निम्नलिखित प्रश्नों के उत्तर दीजिये।

बार ग्राफ पांच अलग-अलग संस्थानों से एक परीक्षा में उपस्थित अभ्यर्थियों और अनुत्तीर्ण अभ्यर्थियों की संख्या (सौ में) को दर्शाता है।

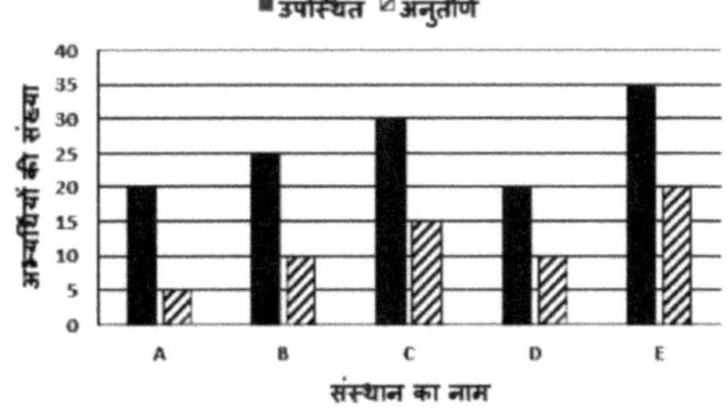

Q.16 संस्थान C और D से एकसाथ अनुत्तीर्ण होने वाले अभ्यर्थियों की संख्या C और D से एकसाथ उपस्थित होने वाले अभ्यर्थियों की कुल संख्या का कितने प्रतिशत है?

A. 100%   **B.** 60%   **C.** 50%   **D.** 45%

Q.17 संस्थान A, B और D से एकसाथ उत्तीर्ण अभ्यर्थियों की कुल संख्या क्या है?

A. 40   **B.** 30   **C.** 35   **D.** 25

Q.18 किस संस्थान से उपस्थित होने वाले अभ्यर्थियों और अनुत्तीर्ण होने वाले अभ्यर्थियों के बीच का अंतर न्यूनतम है?

A. A   **B.** B   **C.** C   **D.** D

Q.19 सभी संस्थानों से एकसाथ उपस्थित होने वाले अभ्यर्थियों की औसत संख्या क्या है?

A. 25   **B.** 26   **C.** 27   **D.** 28

Q.20 संस्थान B और D से एकसाथ उपस्थित होने वाले अभ्यर्थियों की संख्या और A, C और E से एकसाथ अनुत्तीर्ण होने वाले अभ्यर्थियों की संख्या के बीच का अनुपात क्या है?

A. $7 : 8$ **B.** $8 : 7$ **C.** $1 : 1$ **D.** $9 : 8$

Q.21 एक वर्ग के दो विकर्णों की लंबाई का योग $32\sqrt{2}$ सेमी है, वर्ग का परिमाप क्या है?

A. 56 सेमी   **B.** 64 सेमी   **C.** 49 सेमी   **D.** 48 सेमी

Q.22 एक आयत की लंबाई उसकी चौड़ाई के तीन गुने से 2 मीटर कम है। यदि इसकी परिमाप 28 मीटर है, तो इसकी चौड़ाई ज्ञात कीजिये।

A. 10 मीटर   **B.** 4 मीटर   **C.** 6 मीटर   **D.** 7.5 मीटर

Q.23 21 प्रेक्षणों का माध्य 42 है। यदि दिए गए 21 प्रेक्षणों में से पहले 11 प्रेक्षणों का माध्य 50 है और अंतिम 11 प्रेक्षणों का माध्य 35 है, तो 11वाँ प्रेक्षण होगा:

A. 50   **B.** 40   **C.** 35   **D.** 53

Q.24 समलम्ब चतुर्भुज का क्षेत्रफल 27 सेमी² है और इसकी समानांतर भुजाओं के बीच की दूरी 6 सेमी है। यदि इसकी एक समांतर भुजा की लंबाई 3 सेमी है, तो दूसरी समानांतर भुजा की लंबाई ज्ञात कीजिए।

A. 7 सेमी   **B.** 12 सेमी   **C.** 6 सेमी   **D.** 8 सेमी

Q.25 एक आयत की लंबाई उसकी चौड़ाई की दुगुनी है। यदि आयत का परिमाप 78 मी है, तो आयत का क्षेत्रफल क्या होगा?

A. 300 मी²   **B.** 338 मी²   **C.** 169 मी²   **D.** 507 मी²

// स्मार्ट उत्तर पुस्तिका //

सही उत्तर — उन छात्रों का प्रतिशत जिन्होंने प्रश्नों का सही उत्तर दिया था।   **छोड़ दिया** — उन छात्रों का प्रतिशत जिन्होंने प्रश्नों को छोड़ दिया था।

प्रश्न संख्या	उत्तर	सही उत्तर / छोड़ दिया	प्रश्न संख्या	उत्तर	सही उत्तर / छोड़ दिया	प्रश्न संख्या	उत्तर	सही उत्तर / छोड़ दिया	प्रश्न संख्या	उत्तर	सही उत्तर / छोड़ दिया	प्रश्न संख्या	उत्तर	सही उत्तर / छोड़ दिया	प्रश्न संख्या	उत्तर	सही उत्तर / छोड़ दिया
1	D	41.34 % / 51.5 %	6	C	17.3 % / 75.02 %	11	C	56.2 % / 38.68 %	16	C	68.14 % / 30.62 %	21	B	64.98 % / 32.19 %			
2	A	62.34 % / 31.08 %	7	A	85.08 % / 13.3 %	12	A	50.63 % / 41.42 %	17	A	41.22 % / 44.87 %	22	B	48.42 % / 41.4 %			
3	A	51.44 % / 46.67 %	8	A	63.16 % / 34.74 %	13	C	61.68 % / 32.56 %	18	D	84.75 % / 10.8 %	23	D	66.55 % / 33.29 %			
4	D	62.4 % / 30.34 %	9	B	52.3 % / 42.69 %	14	A	47.67 % / 34.95 %	19	B	10.53 % / 78.41 %	24	C	65.66 % / 32.6 %			
5	A	76.79 % / 12.35 %	10	B	82.49 % / 13.81 %	15	C	59.38 % / 33.81 %	20	D	43.62 % / 41.04 %	25	B	60.14 % / 30.82 %			

//संकेत और समाधान//

1. दिया गया है,

$PQ = (5x + 3)$ सेमी

$RS = (4x - 2)$ सेमी

$XY = (5x - 1)$ सेमी

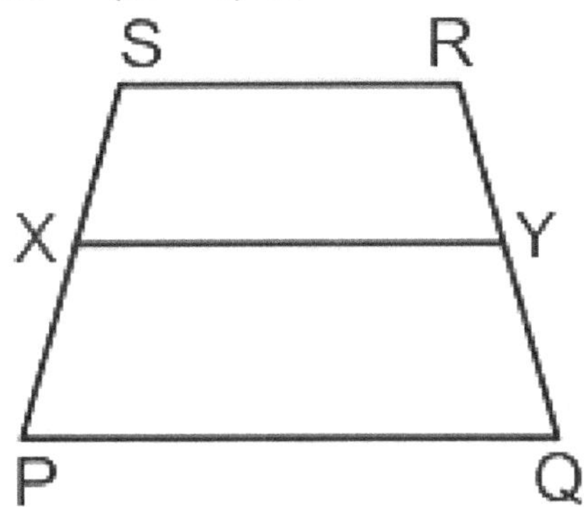

$$XY = \frac{PQ + RS}{2}$$

$$\Rightarrow (5x - 1) = \frac{(5x+3) + (4x-2)}{2}$$

$$\Rightarrow 10x - 2 = 9x + 1$$

$$\Rightarrow 10x - 9x = 1 + 2$$

$$\Rightarrow x = 3$$

प्रश्न के अनुसार,

$$\Rightarrow \sqrt{9x - 2} = \sqrt{(9 \times 3) - 2} = \sqrt{27 - 2} = \sqrt{25} = 5$$

अतः विकल्प (D) सही है।

2. दिया है:

ΔPQR में,

PQ = 15 सेमी, QS = 5 सेमी, SR = 8 सेमी

PS, ∠P का समद्विभाजक है।

प्रश्नानुसार,

PS, ∠P का कोण समद्विभाजक है

इसलिए, कोण समद्विभाजक प्रमेय के अनुसार

$$\frac{QS}{SR} = \frac{PQ}{PR}$$

$$\Rightarrow \frac{5}{8} = \frac{15}{PR}$$

$$\Rightarrow PR = \frac{120}{5}$$

$$\Rightarrow PR = 24 \text{ सेमी}$$

∴ PR 24 सेमी है।

अतः विकल्प (A) सही है।

3. दिए गए समीकरणों के अनुसार,

I. $x^2 - 19x + 88 = 0$

$$\Rightarrow x^2 - 11x - 8x + 88 = 0$$

$$\Rightarrow x(x - 11) - 8(x - 11) = 0$$

$$\Rightarrow (x - 8)(x - 11) = 0$$

$$x = 8, 11$$

II. $y^2 - 12y + 35 = 0$

$$\Rightarrow (y^2 - 7y - 5y + 35 = 0$$

$$\Rightarrow y(y - 7) - 5(y - 7) = 0$$

$$\Rightarrow (y - 7)(y - 5) = 0$$

$$y = 7, 5$$

दोनों समीकरणों की तुलना के बाद, निष्कर्ष $x > y$ है।

अतः विकल्प (A) सही है।

4. दिए गए समीकरणों के अनुसार,

I. $x^2 - 11x + 24 = 0$

$$\Rightarrow x^2 - 3x - 8x + 24 = 0$$

$$\Rightarrow x(x - 3) - 8(x - 3) = 0$$

$$\Rightarrow (x - 3)(x - 8) = 0$$

$$x = 3, 8$$

II. $y^2 - 16y + 63 = 0$

$$\Rightarrow y^2 - 7y - 9y + 63 = 0$$

$$\Rightarrow y(y - 7) - 9(y - 7) = 0$$

$$\Rightarrow (y - 7)(y - 9) = 0$$

$$y = 7, 9$$

x और y के मूलो के मानो की तुलना करने पर, हम प्राप्त करते है कि x के एक मूल का मान y के मूलो के मानों के बीच है। x और y के बीच संबंध स्थापित नहीं किया जा सकता है।

अतः विकल्प (D) सही है।

5. उन छात्रों की संख्या जो 55 इंच से अधिक या बराबर थे, लेकिन 70 इंच से कम लंबे थे, समूहों का प्रतिनिधित्व करने वाले बार में दिखाए गए हैं,

$55 - 60, 60 - 65$ और $65 - 70$

$50 - 60$ के बीच के छात्र $= 6$

$60 - 65$ के बीच के छात्र $= 5$

$65 - 70$ के बीच के छात्र $= 2$

फिर, सभी मानों को जोड़कर,

हम पाते हैं,

$6 + 5 + 2$

$= 13$

अतः विकल्प (A) सही है।

6. दिया गया है,

वर्ग का विकर्ण $= 24$ सेमी

जैसा कि हम जानते हैं,

वर्ग का विकर्ण $=$ भुजा $\times \sqrt{2}$

$\Rightarrow 24 =$ भुजा $\times \sqrt{2}$

$\Rightarrow$ भुजा $= 12\sqrt{2}$ सेमी

वर्ग का परिमाप $= 4 \times$ भुजा

$= 4 \times 12\sqrt{2}$

$= 48\sqrt{2}$ सेमी

$\therefore$ वर्ग का परिमाप $48\sqrt{2}$ सेमी है।

अतः विकल्प (C) सही है।

7. चूँकि संख्याएँ एक अनुपात के रूप में दी गई हैं, जिसका अर्थ है कि उनके उभय गुणनखंड हटा दिए गए हैं।

प्रत्येक का उभयनिष्ठ गुणनखंड म.स.प. है।

और यहां म.स.प. = 12

तो, संख्याएँ 12, 24 और 36 हैं।
अतः विकल्प (A) सही है।

8. प्रश्न के अनुसार,

HCF = 9

$\Rightarrow$ तो दो अंक 9a, 9b होंगे

$\Rightarrow$ 9a + 9b = 99

$\Rightarrow$ a + b = 11

धनात्मक पूर्णांकों के युग्म (1, 10) (2, 9) (3, 8) (4, 7) (5, 6)

$= 5$

अतः विकल्प (A) सही है।

9. दिया है:

आयत का क्षेत्रफल 104 वर्ग सेमी है।

आयत की लंबाई 13 सेमी है।

आयत की चौड़ाई $=$ क्षेत्रफल/ लंबाई

$= \dfrac{104}{13} = 8$ सेमी

आयत का परिमाप = 2(l + b)

= 2(13 + 8) = 42 सेमी

वृत्त की परिधि = 130 – 42 = 88

$\therefore$ वृत्त की परिधि $= 2\pi r$

$\Rightarrow r = \dfrac{88 \times 7}{22 \times 2} = 14$ सेमी

$\therefore$ वृत्त का क्षेत्रफल $= \pi r^2$

$= \dfrac{22}{7} \times 14 \times 14 = 616$ वर्ग सेमी

अतः विकल्प (B) सही है।

10. दिया है:

गोले की त्रिज्या = 3 × अर्धगोले की त्रिज्या

प्रयुक्त सूत्र:

गोले का आयतन $= \dfrac{4}{3} \times \pi \times R^3$

अर्धगोले का आयतन $= \dfrac{2}{3} \times \pi \times R^3$

माना गोले और अर्धगोले की त्रिज्या क्रमशः 3x और x है।

गोले का आयतन $= \dfrac{4}{3}\pi 3x^3 = 36x^3\pi$

अर्धगोल का आयतन $= \dfrac{2}{3}\pi(x)^3 = \dfrac{2}{3}x^3\pi$

उनके आयतनों का अनुपात $= 36x^3\pi : \dfrac{2}{3}x^3\pi = 54 : 1$

$\therefore$ अभीष्ट उत्तर 54 : 1 है।

अतः विकल्प (B) सही है।

11. दिए गए प्रश्न के अनुसार:

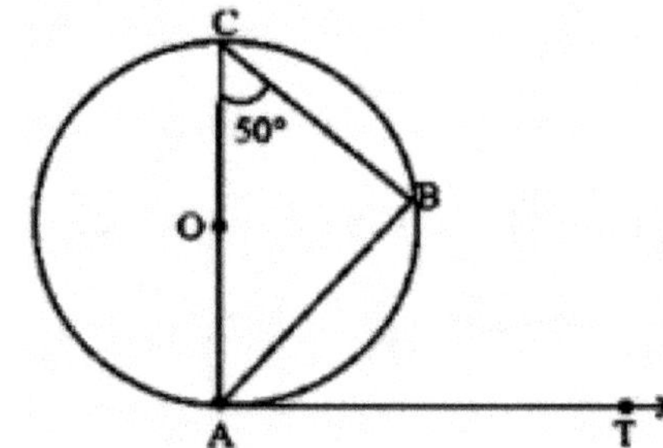

∠ABC = 90 (अर्धवृत्त में कोण)
ΔACB में
∠A + ∠B + ∠C = 180°
∠A = 180° – (90° + 50°)
∠A = 40°
Or ∠OAB = 40°
इसलिये, ∠BAT = 90° – 40° = 50°
अतः विकल्प (C) सही है।

12. दिया है:

अधिकतम वर्ग बारंबारता $= 25$

अधिकतम वर्ग बारंबारता से संबंधित वर्ग बहुलक वर्ग है।

तो, बहुलक वर्ग $= 26 - 30$

निचली सीमा $= L = 26$

बहुलक वर्ग का आकार $= h = 4$

बहुलक वर्ग से पहले वर्ग की बारंबारता $= f_0 = 20$

बहुलक वर्ग की बारंबारता $= f_1 = 22$

बहुलक के बाद आने वाले वर्ग की बारंबारता $= f_2 = 12$

बहुलक सूत्र दिया जाता है,

बहुलक $= L + \left(\dfrac{f_1 - f_0}{2f_1 - f_0 - f_2}\right) \times h$

बहुलक $= 26 + \left(\dfrac{25-20}{2(25)-20-22}\right) \times 4$

$= 26 + \dfrac{5}{8} \times 4$

$= 28.5$

अतः विकल्प (A) सही है।

13. दिए गए डेटा $6, x, 2, 4$ हैं

माध्य $= x$

$\therefore$ माध्य $= \dfrac{\Sigma x_i}{N} = \dfrac{6+x+2+4}{4}$

$\Rightarrow x = \dfrac{12+x}{4}$

$\Rightarrow 4x = 12 + x$

$\Rightarrow 3x = 12$

$\Rightarrow x = 4$

अब डेटा है: $6, 4, 2, 4$

बहुलक $= 4 \qquad (\because 4$ सबसे अधिक बार आता है)

अतः विकल्प (C) सही है।

14. दिया गया है,

बस का विक्रय मूल्य $= 18700$ रुपये

हानि $= 15\%$

लाभ की आवश्यकता $= 15\%$

15% की हानि पर,

क्रय मूल्य $\times \dfrac{85}{100} = 18700$

$\therefore$ बस का क्रय मूल्य $= 22000$ रुपये

15% का लाभ प्राप्त करने के लिए,

विक्रय मूल्य $= 22000 + 22000$ का $15\% = 22000 + 3300 = 25300$ रुपये

अतः विकल्प (A) सही है।

15. दिया है,

एक परीक्षा में 15% छात्र अनुत्तीर्ण हुए

परीक्षा में उपस्थित कुछ छात्र = 1500

परीक्षा में उत्तीर्ण छात्र = 85%

परीक्षा में उत्तीर्ण छात्रों की संख्या $= \left(\dfrac{85}{100}\right) \times 1500 = 1275$

$\therefore$ परीक्षा में उत्तीर्ण छात्रों की संख्या 1275 है।

अतः विकल्प (C) सही है।

16. संस्थान C और D से एकसाथ अनुत्तीर्ण होने वाले अभ्यर्थियों की कुल संख्या = 15 + 10 = 25

संस्थान C और D से एकसाथ उपस्थित होने वाले अभ्यर्थियों की कुल संख्या = 30 + 20 = 50

आवश्यक प्रतिशत $= \left(\dfrac{25}{50}\right) \times 100 = 50$

$\therefore$ संस्थान C और D से एकसाथ अनुत्तीर्ण होने वाले अभ्यर्थियों की संख्या C और D से एकसाथ उपस्थित होने वाले अभ्यर्थियों की कुल संख्या का 50% है।

अतः विकल्प (C) सही है।

17. संस्थान A से उत्तीर्ण होने वाले अभ्यर्थियों की संख्या = 20 – 05 = 15

संस्थान B से उत्तीर्ण होने वाले अभ्यर्थियों की संख्या = 25 – 10 = 15

संस्थान D से उत्तीर्ण होने वाले अभ्यर्थियों की संख्या = 20 – 10 = 10

संस्थान A, B और D से एकसाथ उत्तीर्ण अभ्यर्थियों की कुल संख्या = 15 + 15 + 10 = 40

$\therefore$ संस्थान A, B और D से एकसाथ उत्तीर्ण अभ्यर्थियों की कुल संख्या 40 है।

अतः विकल्प (A) सही है।

18. संस्थान A से उपस्थित होने वाले अभ्यर्थियों और अनुत्तीर्ण होने वाले अभ्यर्थियों के बीच का अंतर = 20 – 05 = 15

संस्थान B से उपस्थित होने वाले अभ्यर्थियों और अनुत्तीर्ण होने वाले अभ्यर्थियों के बीच का अंतर = 25 – 10 = 15

संस्थान C से उपस्थित होने वाले अभ्यर्थियों और अनुत्तीर्ण होने वाले अभ्यर्थियों के बीच का अंतर = 30 – 15 = 15

संस्थान D से उपस्थित होने वाले अभ्यर्थियों और अनुत्तीर्ण होने वाले अभ्यर्थियों के बीच का अंतर = 20 – 10 = 10

संस्थान E से उपस्थित होने वाले अभ्यर्थियों और अनुत्तीर्ण होने वाले अभ्यर्थियों के बीच का अंतर = 35 – 20 = 15

$\therefore$ उपस्थित होने वाले अभ्यर्थियों और अनुत्तीर्ण होने वाले अभ्यर्थियों के बीच का न्यूनतम अंतर संस्थान D का है।

अतः विकल्प (D) सही है।

19. सभी संस्थानों से एकसाथ उपस्थित होने वाले अभ्यर्थियों की संख्या का योग = 20 + 25 + 30 + 20 + 35 = 130

उपस्थित उम्मीदवारों की कुल संख्या = 5

आवश्यक औसत = (सभी संस्थानों से एक साथ उपस्थित होने वाले उम्मीदवारों की संख्या / उपस्थित उम्मीदवारों की कुल संख्या

$= \dfrac{130}{5}$

$= 26$

$\therefore$ सभी संस्थानों से एकसाथ उपस्थित होने वाले अभ्यर्थियों की औसत संख्या 26 है।

अतः विकल्प (B) सही है।

20. संस्थान B और D से एकसाथ उपस्थित होने वाले अभ्यर्थियों की कुल संख्या = 25 + 20 = 45

संस्थान A, C और E से एकसाथ उपस्थित होने वाले अभ्यर्थियों की कुल संख्या = 5 + 15 + 20 = 40

आवश्यक अनुपात = 45 : 40 = 9 : 8

∴ संस्थान B और D से एकसाथ उपस्थित होने वाले अभ्यर्थियों की संख्या और A, C और E से एकसाथ अनुत्तीर्ण होने वाले अभ्यर्थियों की संख्या के बीच का अनुपात 9 : 8 है।

अतः विकल्प (D) सही है।

21. दिया गया है:

एक वर्ग के दो विकर्णों की लंबाई का योग = $32\sqrt{2}$ सेमी

प्रयुक्त सूत्र:

वर्ग का परिमाप = 4 × भुजा

वर्ग का विकर्ण = $\sqrt{2}$ × भुजा

प्रत्येक विकर्ण की लंबाई = $32\sqrt{2} \div 2 = 16\sqrt{2}$ सेमी

$\Rightarrow \sqrt{2} \times$ भुजा $= 16\sqrt{2}$

⇒ भुजा = 16 सेमी

वर्ग का परिमाप = 4 × भुजा

⇒ वर्ग का परिमाप = 4 × 16 = 64 सेमी

∴ वर्ग का परिमाप 64 सेमी है।

अतः विकल्प (B) सही है।

22. दिया गया है:

आयत की लंबाई = इसकी चौड़ाई के तीन गुने से 2 मीटर कम

आयत की परिमाप = 28 मीटर

प्रयुक्त सूत्र:

आयत की परिमाप = 2(लंबाई + चौड़ाई)

मान लीजिये कि चौड़ाई = b

28 मीटर = 2 [(3b - 2 + b)]

⇒ 28 = 2 [4b - 2]

⇒ 28 = 8b - 4

⇒ 8b = 28 + 4 = 32

$\Rightarrow b = \dfrac{32}{8} = 4$ मीटर

∴ आयत की चौड़ाई 4 मीटर है।

अतः विकल्प (B) सही है।

23. दिया गया है:

21 प्रेक्षणों का माध्य 42 है

पहले 11 प्रेक्षणों का माध्य = 50

पिछले 11 प्रेक्षणों का माध्य = 35

अवधारणा:

औसत = तत्वों का योग / तत्वों की संख्या

गणना:

कुल 21 प्रेक्षण = 42 × 21

= 882

पहले 11 प्रेक्षणों का योग = 11 × 50

= 550

अंतिम 11 प्रेक्षणों का योग = 11 × 35

= 385

कुल = 935

अतः 11वां प्रेक्षण = 935 - 882

= 53

∴ 11वां प्रेक्षण 53 होगा।

अतः विकल्प (D) सही है।

24. दिया गया है:

समलम्ब चतुर्भुज का क्षेत्रफल 27 सेमी² है।

माना दूसरी समानांतर भुजा की लंबाई y सेमी है

समलम्ब चतुर्भुज का क्षेत्रफल = (दो समानांतर भुजाओं का योग) × (समानांतर भुजा के बीच की दूरी) / 2

27 सेमी² $= \dfrac{3 + y \times 6}{2}$ सेमी²

⇒ 27 = 9 + 3y

⇒ 27 – 9 = 3y

⇒ 3y = 18

$\Rightarrow y = \dfrac{18}{3}$

⇒ y = 6 सेमी

अतः विकल्प (C) सही है।

25. दिया गया:

आयत की लंबाई = 2 × चौड़ाई

परिमाप = 78 वर्ग मीटर

इस्तेमाल किया फॉर्मूला:

परिमाप = 2 × (L + B)

क्षेत्रफल = L × B

जहाँ L लंबाई है और B चौड़ाई है

माना आयत की चौड़ाई x मी और आयत की लंबाई 2x मी है

परिमाप = 2 × (2x + x) = 6x

78 = 6x

x = 13 मी

लंबाई = 2 × 13 = 26 मीटर और चौड़ाई = 13 मी

क्षेत्रफल = L × B

क्षेत्रफल = 13 × 26

आयत का क्षेत्रफल 338 मी² है

अतः विकल्प (B) सही है।

Q.1 दी गई आकृति में, $\angle CDB = 50°, \angle DBA = 50°, AD = 4$ सेमी और $BC = 4$ सेमी है। तब $ABCD$ एक _______ है।

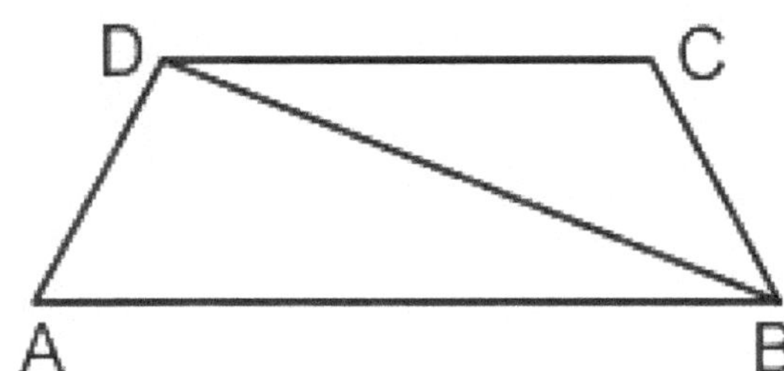

A. समानांतर चतुर्भुज
B. समचतुर्भुज
C. आयत
D. समद्विबाहु समलंब

Q.2 दो संख्याएँ इस प्रकार ज्ञात कीजिए कि उनका माध्य समानुपाती 24 और तीसरा समानुपाती 1536 हो।

A. 5, 95
B. 6, 96
C. 7, 10
D. इनमें से कोई नहीं

Q.3 यदि $ABCD$ एक चक्रीय चतुर्भुज है जिसमें $\angle A = 90°, \angle B = 70°$ और $\angle C = 90°$, फिर $\angle D$ डिग्री में क्या होगा?

A. $110°$
B. $\begin{matrix} 90° \\ 90° \end{matrix}$
C. $\begin{matrix} 80° \\ 80° \end{matrix}$
D. $70°$

Q.4 निर्देश: निम्नलिखित हिस्टोग्राम का अध्ययन करें और निम्नलिखित प्रश्नों के उत्तर दें।

छह अलग-अलग व्यवसायों में कर्मचारियों का प्रतिशत-वार वितरण
कर्मचारियों की कुल संख्या = 26800

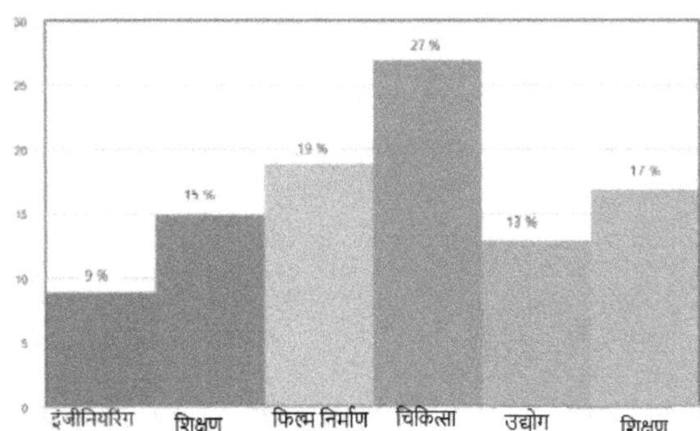

प्रबंधन पेशे में कर्मचारियों की संख्या का तीन-चौथाई महिलाएं हैं। प्रबंधन पेशे में पुरुष कर्मचारियों की संख्या कितनी है?

A. 1239 **B.** 1143 **C.** 1156 **D.** 1139

Ques (5-9):निर्देश: दिए गए प्रश्न का उत्तर देने के लिए निम्नलिखित रेखा ग्राफ का ध्यानपूर्वक अध्ययन करें।

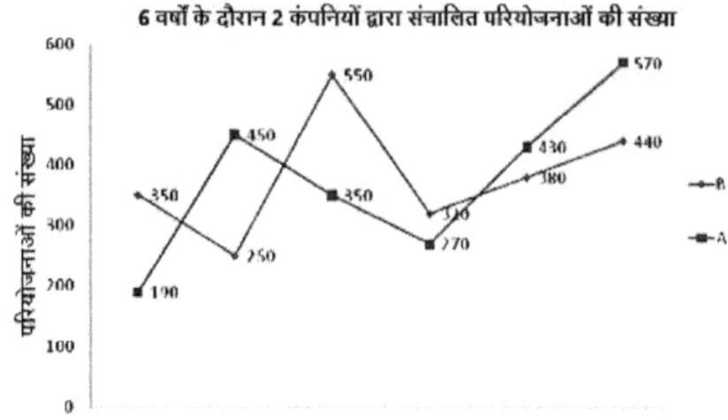

Q.5 दिए गए सभी वर्षों के दौरान कंपनी A द्वारा संचालित परियोजनाओं की औसत संख्या कितनी है?

A. $370\frac{2}{3}$
B. $376\frac{2}{3}$
C. $376\frac{1}{3}$
D. $367\frac{2}{3}$

Q.6 वर्ष 2002 और 2003 में दोनों कंपनियों द्वारा संचालित परियोजनाओं की कुल संख्या के बीच संबंधित अनुपात कितना है?

A. $4 : 5$ **B.** $5 : 9$ **C.** $1 : 1$ **D.** $5 : 7$

Q.7 वर्ष 2006 में कंपनी B द्वारा संचालित परियोजनाओं की संख्या उसी कंपनी द्वारा वर्ष 2002 में संभाली गई परियोजनाओं की संख्या से कितने प्रतिशत अधिक है?

A. 84% **B.** 86% **C.** 72% **D.** 76%

Q.8 दिए गए सभी वर्षों के दौरान कंपनी B द्वारा संचालित परियोजनाओं की औसत संख्या कितनी है?

A. $381\frac{2}{3}$
B. $381\frac{1}{3}$
C. $318\frac{2}{3}$
D. $376\frac{2}{3}$

Q.9 वर्ष 2001, 2003 और 2006 को मिलाकर कंपनी A और कंपनी B द्वारा संचालित परियोजनाओं की कुल संख्या के बीच का अंतर कितना है?

A. 250 **B.** 230 **C.** 260 **D.** 240

Q.10 1038 रुपये में एक वस्तु को बेचकर अर्जित लाभ 762 रुपये में समान वस्तु को बेचने से हुई हानि के बराबर है। 25% लाभ हासिल करने के लिए, उस वस्तु को बेचा जाना चाहिए:

[SSC Selection Post Phase IX, 2019]

A. 1200 रुपये
B. 1080 रुपये
C. 1170 रुपये
D. 1125 रुपये

Q.11 यदि आयत का क्षेत्रफल जिसकी चौड़ाई ' x' सेमी है, $2x^2$ सेमी^{2} है, तो आयत का परिमाप _______ है।

A. $2x$ सेमी **B.** $3x$ सेमी **C.** $6x$ सेमी **D.** $9x$ सेमी

Q.12 चार अंकों की सबसे बड़ी संख्या जो 15, 25, 40 और 75 से विभाज्य है:

[Haryana Primary Teacher (PRT), 2021]

A. 9000 **B.** 9400 **C.** 9600 **D.** 9800

Q.13 वह संख्या कौन सी है जो दोगुनी करने पर 12,18,21 और 30 से पूर्णतः विभाज्य होगी?

A. 630 **B.** 196 **C.** 1260 **D.** 2520

Q.14 20 सेमी लंबाई वाली आयताकार शीट से एक समकोण त्रिभुज काटा गया जिसका परिमाप 30 सेमी भुजा वाले एक वर्ग के समान है। यदि त्रिभुज की ऊंचाई आयताकार शीट की चौड़ाई के समान है और आधार शीट की लंबाई का $\frac{1}{4}$ है, तो शेष शीट का क्षेत्रफल पूरी शीट के क्षेत्रफल का कितना प्रतिशत है?

A. 87.5%   **B.** 11.42%   **C.** 80%   **D.** 56%

Q.15

6 सेमी त्रिज्या काँच की एक गोलाकार गेंद को पिघलाया जाता है और तीन गोलाकार गेंदों में बदला जाता है। दो गेंद की त्रिज्या 3 सेमी और 4 सेमी है। तीसरे गोले की त्रिज्या क्या है?

A. 5 सेमी   **B.** 5.5 सेमी   **C.** 6 सेमी   **D.** 6.6 सेमी

Q.16 ΔABC में, ∠A = 12° + ∠C और ∠B = 2∠C, त्रिभुज का सबसे बड़ा कोण ज्ञात कीजिए।

A. 87°   **B.** 84°   **C.** 78°   **D.** 93°

Q.17 यदि एक द्विघाती समीकरण $ax^2 + bx + c = 0$ के मूल α और β, हैं, तो मूल α^2 और β^2 वाला द्विघाती समीकरण है:

A. $x^2 - (b^2 - 2ac)x + c = 0$
B. $a^2x^2 - (b^2 - 2ac)x + c = 0$
C. $ax^2 - (b^2 - 2ac)x + c^2 = 0$
D. $a^2x^2 - (b^2 - 2ac)x + c^2 = 0$

Q.18 यदि समीकरण $x^2 - 2ax + a^2 + a - 3 = 0$ के मूल वास्तविक है तथा 3 से कम है तो:

A. $a < 2$ **B.** $2 \leq a \leq 3$
C. $3 < a \leq 4$ **D.** $a > 4$

Q.19 20 प्रेक्षणों का प्रसरण 5 है। यदि प्रत्येक प्रेक्षण को 2 से गुणा किया जाता है, तो परिणामी प्रेक्षणों का प्रसरण ज्ञात कीजिए।

A. 5   **B.** 10   **C.** 20   **D.** 40

Q.20 20 प्रेक्षणों का प्रसरण 5 है। यदि प्रत्येक प्रेक्षण को 5 से गुणा किया जाता है, तो नया प्रसरण होगा:

A. 171   **B.** 125   **C.** 84   **D.** 16

Q.21 एक देश में 55% जनसंख्या महिलाओं की है। 80% पुरुष जनसंख्या साक्षर है। यदि कुल साक्षरता 58% है तो कितनी महिलाएं साक्षर हैं?

A. 45%   **B.** 55%   **C.** 40%   **D.** 22%

Q.22 यदि समचतुर्भुज के विकर्णों की लंबाई का अनुपात 7 : 11 है और इसका क्षेत्रफल 962.5 वर्ग सेमी है, तो समचतुर्भुज के सबसे लंबे विकर्ण की लंबाई क्या होगी?

A. 35 सेमी   **B.** 45 सेमी   **C.** 55 सेमी   **D.** 65 सेमी

Q.23 त्रिभुज का क्षेत्रफल ज्ञात कीजिए जिसकी भुजाएँ 12 सेमी, 16 सेमी और 20 सेमी हैं।

A. 120 सेमी²   **B.** 160 सेमी²   **C.** 96 सेमी²   **D.** 84 सेमी²

Q.24 25 सेमी और 9 सेमी त्रिज्या वाले दो वृत्त एक दूसरे को बाह्य रूप से स्पर्श करते हैं। उभयनिष्ठ स्पर्शरेखा की लंबाई ज्ञात कीजिये?

A. 34 सेमी   **B.** 30 सेमी   **C.** 36 सेमी   **D.** 32 सेमी

Q.25 एक अधिकतम आकार के वर्ग की भुजा ज्ञात कीजिए जिसे त्रिज्या r सेमी के अर्धवृत्त में अंकित किया जा सकता है।

A. $\frac{3r}{\sqrt{5}}$ सेमी   **B.** $\frac{2r}{\sqrt{5}}$ सेमी   **C.** $\frac{r}{\sqrt{5}}$ सेमी   **D.** $\frac{4r}{\sqrt{5}}$ सेमी

// स्मार्ट उत्तर पुस्तिका //

सही उत्तर	उन छात्रों का प्रतिशत जिन्होंने प्रश्नों का सही उत्तर दिया था।	छोड़ दिया	उन छात्रों का प्रतिशत जिन्होंने प्रश्नों को छोड़ दिया था।

प्रश्न संख्या	उत्तर	सही उत्तर / छोड़ दिया	प्रश्न संख्या	उत्तर	सही उत्तर / छोड़ दिया	प्रश्न संख्या	उत्तर	सही उत्तर / छोड़ दिया	प्रश्न संख्या	उत्तर	सही उत्तर / छोड़ दिया	प्रश्न संख्या	उत्तर	सही उत्तर / छोड़ दिया	प्रश्न संख्या	उत्तर	सही उत्तर / छोड़ दिया
1	D	41.58 % / 37.77 %	6	C	51.95 % / 40.66 %	11	C	59.53 % / 32.01 %	16	B	45.91 % / 48.3 %	21	C	63.14 % / 32.88 %			
2	B	53.89 % / 32.23 %	7	D	59.0 % / 31.95 %	12	C	88.68 % / 10.45 %	17	D	67.44 % / 31.57 %	22	C	27.39 % / 68.64 %			
3	A	40.47 % / 33.29 %	8	A	63.39 % / 35.38 %	13	A	54.57 % / 42.04 %	18	A	29.53 % / 69.41 %	23	C	43.41 % / 48.07 %			
4	D	54.29 % / 40.71 %	9	B	14.77 % / 77.04 %	14	A	20.08 % / 79.84 %	19	C	24.06 % / 70.78 %	24	B	84.12 % / 12.06 %			
5	B	41.23 % / 40.11 %	10	D	61.61 % / 34.39 %	15	A	27.27 % / 71.18 %	20	B	13.3 % / 67.61 %	25	B	41.0 % / 57.18 %			

//संकेत और समाधान//

1. दिया गया है,

$\angle CDB = 50°$

$\angle DBA = 50°$

$AD = 4$ सेमी और $BC = 4$ सेमी

जैसा कि हम जानते हैं कि,

एक समद्विबाहु $\triangle$ में, गैर-समानांतर भुजाएं बराबर होती हैं।

यदि दो रेखाओं को एक तिर्यक रेखा द्वारा काटा जाता है और एकांतर अंत: कोण बराबर होते हैं, तो दोनों रेखाएँ समानांतर होती हैं।

$\Rightarrow \angle CDB = \angle DBA$

$\Rightarrow AB \parallel CD \quad ...(i)$

$\Rightarrow AD = BC ...(ii)$

$(i)\&(ii)$ से,

$\therefore ABCD$ एक समद्विबाहु समलंब है।

अतः विकल्प (D) सही है।

2. मान लीजिए a और b अभीष्ट समानुपाती हैं,

$a:24 = 24:b$

$\Rightarrow ab = 24^2 = 576 \underline{\quad\quad}(1)$

और $a:b = b:1536$

$\Rightarrow b^2 = 1536a \underline{\quad\quad}(2)$

$\Rightarrow a = \dfrac{b^2}{1536}$

समीकरण (1) और (2) से, हमें $\dfrac{b^2}{1536}b = 576$ मिलता है।

$\Rightarrow b^3 = (96 \times 6)(96 \times 16) = (96)^3$

$\mathbf{b} = 96$

$\therefore a = \dfrac{576}{b}$

$= \dfrac{576}{96} = 6$

अतः विकल्प (B) सही है।

3. चक्रीय चतुर्भुज के विपरीत कोणों की किसी भी युग्म का योग $180°$ होता है। यदि एक चतुर्भुज के विपरीत कोणों की एक युग्म का योग $180°$ है, तो यह चतुर्भुज चक्रीय है।

$\angle B + \angle D = 180°$

$\therefore \angle D = 110°(\because \angle B = 70°)$

अतः विकल्प (A) सही है।

4. प्रबंधन में कुल कर्मचारी = 26800 का 17%

अब, महिला कर्मचारी

$= \dfrac{3}{4}$वां, तब पुरुष $= 1 - \dfrac{3}{4}$वां $= \dfrac{1}{4}$वां

$\therefore$ पुरुष कर्मचारी

$= 26800$ का 17% $\times \dfrac{1}{4} = 1139$

अतः विकल्प (D) सही है।

5. दिया गया,

कंपनी A द्वारा संचालित परियोजनाओं की कुल संख्या मूल्य $= 190 + 450 + 350 + 270 + 430 + 570$

$= 2260$

कंपनी द्वारा संचालित परियोजनाओं की औसत संख्या A है $= \dfrac{2260}{6} = 376\dfrac{2}{3}$

अतः विकल्प (B) सही है।

6. वर्ष 2002 में A की परियोजनाएं और $2003 = 450 + 350 = 800$

वर्ष 2002 में B की परियोजनाएं और $2003 = 250 + 550 = 800$

तो, $A:B = 800:800 = 1:1$

अतः विकल्प (C) सही है।

7. 2006 में कुल परियोजनाएं $= 440$

2002 में कुल परियोजनाएं $= 250$

$\Rightarrow \dfrac{440-250}{250} \times 100$

$\Rightarrow \dfrac{1900}{25} = 76\%$

अतः विकल्प (D) सही है।

8. कंपनी द्वारा संचालित परियोजनाओं की कुल संख्या मूल्य $B = 350 + 250 + 550 + 320 + 380 + 440$

$= 2290$

कंपनी द्वारा संचालित परियोजनाओं की औसत संख्या $B = \dfrac{2290}{6}$

$= 381\dfrac{2}{3}$

अतः विकल्प (A) सही है।

9. 2001, 2003 और 2006 में संभाली गई परियोजनाओं की संख्या:

कंपनी $A = 190 + 350 + 570 = 1110$

कंपनी $B = 350 + 550 + 440 = 1340$

आवश्यक अंतर $= 1340 - 1110 = 230$

अतः विकल्प (B) सही है।

10. माना वस्तु का क्रय मूल्य x है।

प्रश्नानुसार,

$(1038 - x) = (x - 762)$

$\Rightarrow x + x = 1038 + 762$

$\Rightarrow 2x = 1800$

$\Rightarrow x = 900$

वस्तु का क्रय मूल्य $= 900 \times \frac{5}{4} = 1125$

अतः विकल्प (D) सही है।

11. दिया गया है:

क्षेत्रफल $= 2x^2$ सेमी ^{2}

आयत का क्षेत्रफल = लंबाई $\times$ चौड़ाई

$2x^2 = $ लंबाई $\times$ x

लंबाई $= 2x$ सेमी

आयत का परिमाप = 2 (लंबाई $+$ चौड़ाई)

$= 2(2x + x)$

$= 2 \times 3x$

$= 6x$ सेमी

अतः विकल्प (C) सही है।

12. चार अंकों की सबसे बड़ी संख्या 9999 है।

15, 25, 40 और 75 का एल.सी.एम. 600 है।

9999 को 600 से विभाजित करने पर, हमें शेष 399 मिलते हैं।

$\therefore$ आवश्यक संख्या = (9999 - 399) = 9600

अतः विकल्प (C) सही है।

13. 12 के गुणनखंड $= 2 \times 2 \times 3$

18 के गुणनखंड $= 2 \times 3 \times 3$

21 के गुणनखंड $= 3 \times 7$

30 के गुणनखंड $= 2 \times 3 \times 5$

तो, 12,18,2 और 30 का ल. स. म. $= 2 \times 3 \times 2 \times 3 \times 7 \times 5 = 1260$

तो, आवश्यक संख्या $= \frac{1260}{2} = 630$

अतः विकल्प (A) सही है।

14. दिया है,

वर्ग का परिमाप $= 30 \times 4 = 120$ सेमी

आयत का परिमाप = 2(लंबाई + चौड़ाई)

$\Rightarrow 120 = 2(20 + $ चौड़ाई$)$

$\Rightarrow 120 = 40 + 2$ चौड़ाई

$\Rightarrow$ चौड़ाई $= 40$ सेमी

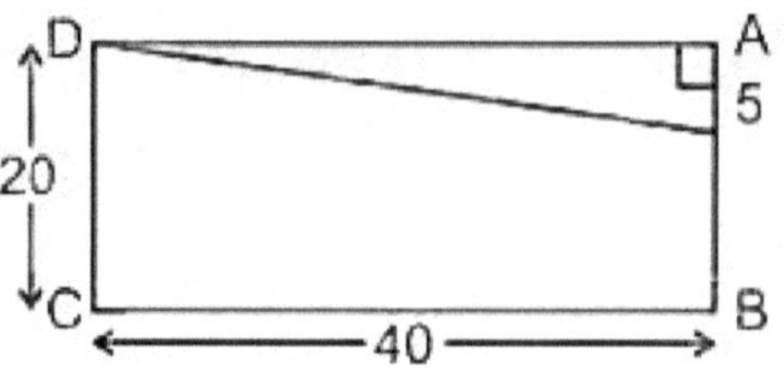

समकोण त्रिभुज के लिए

आधार = 40 सेमी

ऊंचाई $= \frac{20}{4} = 5$ सेमी

त्रिभुज का क्षेत्रफल $= \frac{1}{2} \times$ आधार $\times$ ऊंचाई

$= \frac{1}{2} \times 40 \times 5 = 100$ सेमी²

आयताकार शीट का क्षेत्रफल = लंबाई $\times$ चौड़ाई

$= 20 \times 40 = 800$ सेमी²

शेष शीट का क्षेत्रफल $= 800 - 100 = 700$ सेमी²

आवश्यक प्रतिशत $= \left\{\frac{700}{800} \times 100\right\} = 87.5\%$

अतः विकल्प (A) सही है।

15. दिया है:

6 सेमी त्रिज्या की गोलाकार गेंद।

परिवर्तित दो गोलाकार गेंदों की त्रिज्या = 3 सेमी और 4 सेमी

गोले का आयतन $= \left(\frac{4}{3}\right)\pi R^3$

गोलाकार गेंद की आयतन = छोटी गोलाकार गेंदों के आयतन का योग

माना कि छोटे गोलों की त्रिज्या r_1, r_2 और r_3 हैं।

$r_1 = 3$ सेमी और $r_2 = 4$ सेमी

गोलाकार गेंद का आयतन = पहले गोले का आयतन + दूसरे गोले का आयतन + तीसरे गोले का आयतन

$\left(\frac{4}{3}\right) \times \pi \times 6^3 = \left(\frac{4}{3}\right) \times \pi \times 3^3 + \left(\frac{4}{3}\right) \times \pi \times 4^3 + \left(\frac{4}{3}\right) \times \pi \times (r)^3$

$\Rightarrow \left(\frac{4}{3}\right) \times \pi \times 216 = \left(\frac{4}{3}\right) \times \pi[27 + 64 + r^3]$

$\Rightarrow 216 = 91 + r^3$

$\Rightarrow 216 - 91 = r^3$

$\Rightarrow r^3 = 125$

$\Rightarrow r = \sqrt[3]{125}$

$\Rightarrow r = 5$

$\therefore$ तीसरे छोटे गोले का त्रिज्या 5 सेमी है।

अतः विकल्प (A) सही है।

16. दिया गया है:

ΔABC में, ∠A = 12° + ∠C और ∠B = 2∠C

∠A = 12° + ∠C   ----(1)

∠B = 2∠C   ----(2)

हम जानते हैं, ∠A + ∠B + ∠C = 180°

अब, समीकरणों (1) और (2) से, हमारे पास है

⇒ 12° + ∠C + 2∠C + ∠C = 180°

⇒ 4∠C = 168°

⇒ ∠C = 42°

∠A = 12° + 42°

⇒ ∠A = 54°

∠B = 2∠C

⇒ ∠B = 2 × 42°

⇒ ∠B = 84°

∴ त्रिभुज का सबसे बड़ा कोण का मान 84° है।

अतः विकल्प (B) सही है।

17. दिया है, द्विघात समीकरण $ax^2 + bx + c = 0$ की मूल α और β हैं।

तो, $\alpha + \beta = \dfrac{-b}{a}$ और $\alpha \times \beta = \dfrac{c}{a}$

पुनः, α^2 और β^2 द्विघात समीकरण के मूल हैं।

$$\alpha^2 + \beta^2 = (\alpha + \beta)^2 - 2\alpha\beta$$

$$\Rightarrow \alpha^2 + \beta^2 = \left(\dfrac{-b}{a}\right)^2 - 2\dfrac{c}{a}$$

$$\Rightarrow \alpha^2 + \beta^2 = \left(\dfrac{b^2 - 2ac}{a^2}\right)$$

अब, $\alpha^2 \times \beta^2 = (\alpha\beta)^2 = \left(\dfrac{c}{a}\right)^2$

द्विघात समीकरण के रूप में लिखा जा सकता है,

$$x^2 - (\text{मूलों का योग})x + (\text{मूलों का गुणन}) = 0$$

$$x^2 + \left(\dfrac{b^2 - 2ac}{a^2}\right)x + \left(\dfrac{c}{a}\right)^2 = 0$$

$$a^2 x^2 - (b^2 - 2ac)x + c^2 = 0$$

इस प्रकार, मूल समीकरण α^2 और β^2 है, $a^2 x^2 - (b^2 - 2ac)x + c^2 = 0$

अतः विकल्प (D) सही है।

18. माना $f(x) = x^2 - 2ax + a^2 + a - 3$

चूँकि, दोनों मूल 3 से कम हैं।

⇒ $\alpha < 3, \beta < 3$

⇒ योग, $S = \alpha + \beta < 6$

$$\Rightarrow \dfrac{\alpha + \beta}{2} < 3$$

$$\Rightarrow \dfrac{2a}{2} < 3$$

$$\Rightarrow a < 3 \qquad \text{......(1)}$$

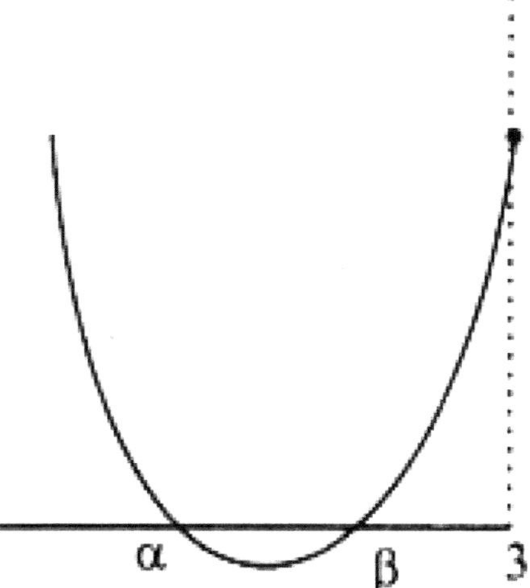

पुनः गुणन, $P = \alpha\beta$

⇒ $P < 9$

⇒ $\alpha\beta < 9$

⇒ $a^2 + a - 3 < 9$

⇒ $a^2 + a - 12 < 0$

⇒ $(a - 3)(a + 4) < 0$

⇒ $-4 < a < 3 \qquad$ .....(2)

पुनः $D = B^2 - 4AC \geq 0$

⇒ $(-2a)^2 - 4.1(a^2 + a - 3) \geq 0$

⇒ $(-2a)^2 - 4.1(a^2 + a - 3) \geq 0$

⇒ $4a^2 - 4a^2 - 4a + 12 \geq 0$

⇒ $-4a + 12 \geq 0$

⇒ $a \leq 3 \qquad$ ...(iii)

पुनः, $af(3) > 0$

⇒ $1[(3)^2 - 2a(3) + a^2 + a - 3] > 0$

⇒ $9 - 6a + a^2 + a - 3 > 0$

⇒ $a^2 - 5a + 6 > 0$

⇒ $(a - 2)(a - 3) > 0$

∴ $a \in (-\infty, 2) \cup (3, \infty) \qquad$ .....(iv)

समीकरण (i), (ii), (iii) और (iv) से, हमें प्राप्त होता हैं:

$a \in (-4, 2)$

उत्तर में $a < 2$ के सुधार के लिए $-4 < a < 2$ होना चाहिए।

अतः विकल्प (A) सही है।

19. दिया है:

प्रसरण $= 5$

प्रेक्षण $n = 20$

$\because$ प्रसरण $= \frac{1}{n}\sum(x_i - \overline{x})^2$

$\Rightarrow 5 = \frac{1}{20}\sum(x_i - \overline{x})^2$

$\therefore \sum(x_i - \overline{x})^2 = 100 \quad \dots(1)$

यदि प्रत्येक प्रेक्षण को 2 से गुणा किया जाए, तो हमें नए प्रेक्षण प्राप्त होते हैं।

माना नए प्रेक्षण $y_1, y_2, y_3, \dots\dots, y_{20}$ हैं।

जहां, $y_i = 2(x_i) \quad \dots(2)$

हमें नए प्रेक्षणों का प्रसरण ज्ञात करना होगा

अर्थात नया प्रसरण $= \frac{1}{n}\sum(y_1 - \overline{y})^2$

$\overline{y} = \frac{1}{n}\sum y_i$

$\overline{y} = \frac{1}{20}\sum 2x_i$

$\overline{y} = 2\left(\frac{1}{20}\sum x_i\right)$

$\overline{y} = 2\overline{x} \quad \dots(3)$

$\Rightarrow \sum\left(x_i - \overline{x}\right)^2 = 100 \quad [\text{समीकरण }(1)\text{ से }]$

$\Rightarrow \sum\left(\frac{1}{2}y_i - \frac{1}{2}\overline{y}\right)^2 = 100 \quad [\text{समीकरण }(2)\text{ और }(3)\text{ से }]$

$\Rightarrow \left(\frac{1}{2}\right)^2\sum(y_i - \overline{y})^2 = 100$

$\Rightarrow \sum(y_i - \overline{y})^2 = 400$

नया प्रसरण $= \frac{1}{n}\sum(y_i - \overline{y})^2$

$= \frac{1}{20} \times 400$

$= 20$

अतः विकल्प (C) सही है।

20. दिया है,

20 प्रेक्षणों का प्रसरण $= 5$

माना कि $i = 1, 2, 3, \dots, N$ के लिए प्रेक्षण X_i हैं, तो

प्रसरण $(X) = \frac{\sum(x_i - \overline{x})^2}{N}$

प्रसरण $(X) = \frac{\sum\left(x_i - \overline{x}\right)^2}{20} = 5$

नए प्रेक्षण $= 5X_1, 5X_2, \dots, 5X_{20}$

नया $\overline{X} = \frac{5X_1 + 5X_2 + \dots + 5X_{20}}{20}$

$= 5\left(\frac{X_1 + X_2 + \dots + X_{20}}{20}\right)$

$= 5X_{\text{पुराना मान}}$

नया प्रसरण $(X) = \frac{\sum\left(5X_i - 5\overline{X}\right)^2}{20}$

$= 25 \times \frac{\sum\left(X_i - \overline{X}\right)^2}{20}$

$= 25 \times 5$

$= 125$

$\therefore$ नया प्रसरण $= 125$ होगा।

अतः विकल्प (B) सही है।

21. माना, कुल जनसंख्या $= 100$

तो, महिलाएं $= 100$ का $55\% = 55$

पुरुष $= 100 - 55 = 45$

अब, साक्षर जनसंख्या $= 100$ का $58\% = 58$

पुरुष साक्षर जनसंख्या $= 45$ का $80\% = 36$

महिला साक्षर $+$ पुरुष साक्षर $=$ कुल साक्षर

इसलिए, महिला साक्षर $= 58 - 39 = 22$

महिला साक्षर $\% = 2255 \times 100 = 40\%$

अतः विकल्प (C) सही हे।

22. दिया हुआ:

समचतुर्भुज के विकर्णों की लंबाई का अनुपात $7 : 11$ है।

समचतुर्भुज का क्षेत्रफल 962.5 वर्ग सेमी है।

उपयोग किया गया सूत्र:

समचतुर्भुज का क्षेत्र $= \frac{1}{2}$ (विकर्णों का गुणनफल)

समचतुर्भुज के विकर्णों की लंबाई का अनुपात $= 7 : 11$ और समचतुर्भुज का क्षेत्रफल $= 962.5$ वर्ग सेमी

माना समचतुर्भुज के विकर्णों की लंबाई का अनुपात $= 7x : 11x$

$\therefore 962.5 = \frac{1}{2}(7x \times 11x)$

$\Rightarrow x^2 = 12.5 \times 2$

$\Rightarrow x = 5$

इसलिए समचतुर्भुज विकर्णों की लंबाई $7x = 7 \times 5 = 35$ सेमी और $11x = 11 \times 5 = 55$ सेमी हैं

इसीलिए, समचतुर्भुज के सबसे लंबे विकर्ण की लंबाई 55 सेमी है।

अतः विकल्प (C) सही है।

23. दिया गया है:

त्रिभुज की भुजाएँ 12 सेमी, 16 सेमी और 20 सेमी हैं।

प्रयुक्त सूत्र:

समकोण त्रिभुज का क्षेत्रफल $= \dfrac{1}{2} \times$ आधार $\times$ ऊंचाई

यहाँ, $(12)^2 + (16)^2 = (20)^2$

दी गई भुजाएँ पीजीटी प्रमेय को संतुष्ट करती हैं।

दिया गया त्रिभुज समकोण त्रिभुज है।

$\therefore$ दिए गए त्रिभुज का क्षेत्रफल $= \dfrac{1}{2} \times 12 \times 16$

$= 96$ सेमी^{2}

अतः विकल्प (C) सही है।

24. दिया गया है:

25 सेमी और 9 सेमी त्रिज्या वाले दो वृत्त एक दूसरे को बाह्य रूप से स्पर्श करते हैं।

प्रयुक्त सूत्र:

उभयनिष्ठ स्पर्शरेखा की लंबाई = √[(केंद्रों के बीच की दूरी)² - (दोनों त्रिज्याओं की लंबाई में अंतर)²]

25 सेमी और 9 सेमी त्रिज्या वाले दो वृत्त एक दूसरे को बाह्य रूप से स्पर्श करते हैं।

केंद्रों के बीच की लंबाई = 25 + 9 = 34 सेमी

त्रिज्या की लंबाई में अंतर = 25 - 9 = 16

अनु स्पर्शरेखा की लंबाई $= \sqrt{[d^2 - (R - r)^2]}$

$= \sqrt{(34^2 - 16^2)}$

$= \sqrt{900}$

$= 30$

अतः विकल्प (B) सही है।

25. दिया गया:

अर्धवृत्त की त्रिज्या = r सेमी

इस्तेमाल किया फॉर्मूला:

पाइथागोरस प्रमेय

H2 = P2 + B2

वर्ग का क्षेत्रफल = भुजा²

माना वर्ग की भुजा 'a' सेमी है।

अधिकतम आकार का वर्ग भुजा 'r' सेमी है।

$\Rightarrow$ H² = P² + B²

$\Rightarrow r^2 = a^2 + \dfrac{a^2}{2}$

$\Rightarrow r^2 = a^2 + \dfrac{a^2}{4}$

$\Rightarrow r^2 = \dfrac{5a^2}{\sqrt{5}}$

$\Rightarrow a = \dfrac{2r}{\sqrt{5}}$

$\therefore$ अधिकतम आकार के वर्ग की भुजा $\dfrac{2r}{\sqrt{5}}$ सेमी है।

अतः विकल्प (B) सही है।

Q.1 निम्नलिखित में से किसने मेक्सिको के अकापुल्को में आयोजित मैक्सिकन ओपन 2022 जीता है?

A. राफेल नडाल
B. नोवाक जोकोविच
C. रोजर फ़ेडरर
D. अलेक्जेंडर ज्वेरेव

Q.2 एल एंड टी ने ग्रीन हाइड्रोजन प्रौद्योगिकी विकसित करने के लिए ____ के साथ सहयोग किया।

A. आईआईटी बॉम्बे
B. आईआईटी दिल्ली
C. आईआईटी कानपुर
D. आईआईटी मद्रास

Q.3 यू॰ एस॰ ओपन टेनिस टूर्नामेंट, 2018 (महिला एकल) की विजेता थी:

[Delhi Forest Guard, 2020], [Super TET Paper - I, 2019]

A. कैरोलीन वोज्रियाकी
B. सिमोना हालेप
C. नाओमी ओसाका
D. सेरेना विलियम्स

Q.4 निवल राज्य घरेलू उत्पाद (NSDP) के मामले में, उत्तर प्रदेश भारत की ____ सबसे बड़ी अर्थव्यवस्था है।

A. प्रथम
B. दूसरा
C. तीसरा
D. चौथी

Q.5 उत्तर प्रदेश विद्युत वितरण नेटवर्क पुनर्वास परियोजना किस वित्तीय संगठन द्वारा वित्त पोषित है?

A. विश्व बैंक
B. न्यू डेवलपमेंट बैंक
C. एशियन डेवलपमेंट बैंक
D. आईएमएफ

Q.6 4 फरवरी, 2022 को, गणतंत्र दिवस 2022 के लिए सर्वश्रेष्ठ झांकी और सर्वश्रेष्ठ मार्चिंग टुकड़ियों के परिणाम रक्षा मंत्रालय द्वारा घोषित किए गए जिसमें किस राज्य की झांकी को सर्वश्रेष्ठ झांकी के रूप में चुना गया है?

A. मध्य प्रदेश
B. गुजरात
C. उत्तर प्रदेश
D. तमिलनाडु

Q.7 किस शर्त के तहत एक उम्मीदवार अपनी सुरक्षा जमा राशि खो देता है?
A. यदि वह चुनाव जीतने में विफल रहता है
B. यदि कोई उम्मीदवार अपने निर्वाचन क्षेत्र में डाले गए वैध मतों की कुल संख्या का दसवां हिस्सा प्राप्त करने में विफल रहता है
C. यदि कोई उम्मीदवार अपने निर्वाचन क्षेत्र में डाले गए वैध मतों की कुल संख्या का छठे से अधिक हिस्सा प्राप्त करने में विफल रहता है
D. इनमें से कोई नहीं

Q.8 ________ सबसे तेजी से कार्य करने वाला कंप्यूटर है।
A. मिनी कंप्यूटर
B. मेनफ्रेम कंप्यूटर
C. सुपर कंप्यूटर
D. डिजिटल कंप्यूटर

Q.9 सबसे पहला कैल्कुलटिंग यंत्र कौन सा था?
A. अबेकस
B. घड़ी
C. डिफरेन्स इंजन
D. कैलकुलेटर

Q.10 वायरस, ट्रोजन हॉर्सेस और वर्म्स है ____.
A. कंप्यूटर प्रणाली को नुकसान करने में सक्षम
B. यदि कंप्यूटर पर उपस्थित है, पता लगाने के योग्य नहीं है
C. उपयोगकर्ता के अनुकूल आवेदन
D. कंप्यूटर पर हानिरहित आवेदन

Q.11 2011 की जनगणना के अनुसार, उत्तर प्रदेश की कुल साक्षरता दर क्या है?
A. 67%
B. 68%
C. 67.68%
D. 63%

Q.12 कर-भार घटना है:

[DSSSB TGT Social Science, 2014]

A. संपर्क का पहला बिंदु
B. अंतिम विश्राम स्थल
C. (A) और (B) दोनों
D. इनमे से कोई भी नहीं

Q.13 "मुक्त अनुवृद्धि (मुक्त राइडर)" समस्या इनमें उत्पन्न होती है:

[DSSSB TGT Social Science, 2014]

A. निजी माल
B. उपभोक्ता माल
C. सार्वजनिक माल
D. पूंजीगत माल

Q.14 मानव मस्तिष्क का निम्नलिखित में से कौन सा भाग निगलने और उल्टी करने का नियमन केंद्र है?
A. सेरिबैलम
B. सेरीब्रम
C. मेदुला ऑब्लांगेटा
D. कॉर्टेक्स

Q.15 पानी और खनिज लवणों को पौधे के विभिन्न अंगों तक पहुँचाया जाता है-
A. जाइलम द्वारा
B. फ्लोएम द्वारा
C. कॉर्टेक्स द्वारा
D. केंबियम द्वारा

Q.16 निम्नलिखित में से कौन मानव शरीर में लाल रक्त कोशिका निर्माण का स्थल है?
A. हृदय
B. तिल्ली
C. यकृत
D. अस्थि मज्जा

Q.17 एक वृक्ष की आयु निम्नलिखित में से किसके द्वारा निर्धारित की जाती है?
A. ऊंचाई
B. वजन
C. वार्षिक वृद्धि के वलय की गणना
D. जड़ों का विस्तार

Q.18 मानव शरीर का कौन सा अंग ग्लाइकोजन के रूप में कार्बोहाइड्रेट का भंडारण करता है?
A. आंत
B. पेट
C. अग्न्याशय
D. यकृत

Q.19 खुदाई के साक्ष्य के अनुसार, जानवरों का पालन-पोषण शुरू हुआ-
A. लघु पुरापाषाण काल
B. मध्य पुरापाषाण काल
C. उच्च पुरापाषाण काल
D. मध्यपाषाण काल

Q.20 सूची। (प्राचील स्थल) का, सूची ॥ (पुरातात्तिक खोज) के साथ मिलान कीजिए और सूची के नीचे दिए गए कूट का उपयोग करके सही उत्तर का चयन कीजिए:

सूची-I (प्राचीन स्थल)	सूची-॥ (पुरातात्तिक खोज)
A. लोथल	1. जोता हुआ क्षेत्र
B. कालीबंगन	2. पोतगाह
C. धोलावीरा	3. एक हल की टेराकोटा प्रतिकृति
D. बनवाली	4. हड़प्पा लिपि के दस बड़े आकार के चिन्हों का एक शिलालेख

A. A-1, B-2, C-3, D-4
B. A-2, B-1, C-4, D-3
C. A-1, B-2, C-4, D-3
D. A-2, B-1, C-3, D-4

Q.21 निम्नलिखित में से कौन सा द्वीप जापान में नहीं है?
[Allahabad High Court Review Officer (RO), 2019]

A. होक्काइडो   **B.** होंशु   **C.** शिकोकू   **D.** सिन काउ

Q.22 फ़ॉकलैंड द्वीप पर फ़ॉकलैंड संघर्ष किसके बीच है:
[Allahabad High Court Review Officer (RO), 2019]

A. मेक्सिको और यूएसए   **B.** उरुग्वे और अर्जेंटीना
C. यूके और अर्जेंटीना   **D.** उरुग्वे और पराग्वे

Q.23 भारतीय संविधान में 'आपातकाल के दौरान मौलिक अधिकारों के निलंबन' की विशेषता संविधान से उधार ली गई है:

A. जापान   **B.** फ्रांस
C. संयुक्त राज्य अमरीका   **D.** जर्मनी

Q.24 निम्नलिखित में से कौन सा पक्षी अभयारण्य सबसे पहले उत्तर प्रदेश में स्थापित किया गया था?

A. महावीर स्वामी अभयारण्य
B. राष्ट्रीय चंबल अभयारण्य
C. हस्तिनापुर अभयारण्य
D. नवाबगंज पक्षी अभयारण्य

Q.25 न्यायिक प्रशिक्षण और अनुसंधान संस्थान उत्तर प्रदेश राज्य के किस शहर में स्थित है?

A. कानपुर   **B.** इलाहाबाद   **C.** लखनऊ   **D.** मेरठ

// स्मार्ट उत्तर पुस्तिका //

सही उत्तर — उन छात्रों का प्रतिशत जिन्होंने प्रश्नों का सही उत्तर दिया था। **छोड़ दिया** — उन छात्रों का प्रतिशत जिन्होंने प्रश्नों को छोड़ दिया था।

प्रश्न संख्या	उत्तर	सही उत्तर / छोड़ दिया	प्रश्न संख्या	उत्तर	सही उत्तर / छोड़ दिया	प्रश्न संख्या	उत्तर	सही उत्तर / छोड़ दिया	प्रश्न संख्या	उत्तर	सही उत्तर / छोड़ दिया	प्रश्न संख्या	उत्तर	सही उत्तर / छोड़ दिया	प्रश्न संख्या	उत्तर	सही उत्तर / छोड़ दिया
1	A	63.14 % / 31.34 %	6	C	10.63 % / 87.13 %	11	C	67.34 % / 30.25 %	16	D	57.42 % / 40.55 %	21	D	11.89 % / 79.69 %			
2	A	67.28 % / 30.15 %	7	C	89.8 % / 10.11 %	12	D	86.99 % / 10.21 %	17	C	66.05 % / 33.39 %	22	C	21.97 % / 72.79 %			
3	C	44.78 % / 36.39 %	8	C	69.49 % / 30.12 %	13	C	43.13 % / 50.34 %	18	D	60.47 % / 32.71 %	23	D	47.57 % / 30.5 %			
4	B	53.44 % / 42.05 %	9	A	88.98 % / 10.65 %	14	C	16.41 % / 73.28 %	19	D	50.71 % / 40.77 %	24	D	56.55 % / 37.01 %			
5	C	62.56 % / 36.95 %	10	A	83.78 % / 12.61 %	15	A	64.38 % / 35.16 %	20	B	44.15 % / 49.73 %	25	C	20.23 % / 68.97 %			

//संकेत और समाधान//

1. राफेल नडाल ने मेक्सिको के अकापुल्को में आयोजित मैक्सिकन ओपन 2022 जीता है। नडाल, जिन्होंने पहली बार 2005 में खिताब जीता था और 2013 और 2020 में इसे फिर से लिया था, ने एक सेट गिराए बिना अकापुल्को ड्रॉ के माध्यम से 2022 के अपने तीसरे सीधे खिताब का दावा किया।

अत: विकल्प (A) सही है।

2. लार्सन एंड टुब्रो (एलएंडटी) ने हरित हाइड्रोजन प्रौद्योगिकी के सह-शोध और विकास के लिए बॉम्बे, महाराष्ट्र में भारतीय प्रौद्योगिकी संस्थान के साथ एक समझौते पर हस्ताक्षर किए। इस साझेदारी के तहत, एलएंडटी अपनी इंजीनियरिंग विशेषज्ञता, उत्पाद स्केल-अप और व्यावसायीकरण की जानकारी का उपयोग करेगा, जबकि आईआईटी बॉम्बे स्वदेशी वैश्विक-प्रतिस्पर्धी प्रौद्योगिकियों को विकसित करने के लिए हाइड्रोजन प्रौद्योगिकियों और विश्व स्तरीय प्रौद्योगिकीविदों में अपने अत्याधुनिक अनुसंधान का उपयोग करेगा।

अत: विकल्प (A) सही है।

3. यू एस० ओपन टेनिस टूर्नामेंट, 2018 (महिला एकल) की विजेता नाओमी ओसाका थी।

- नाओमी ओसाका ने नाटकीय अमेरिकी ओपन फाइनल में सेरेना विलियम्स को हराया।
- वह ग्रैंड स्लैम खिताब जीतने वाली पहली जापानी महिला बनीं।
- उन्होंने फाइनल में सेरेना विलियम्स पर 6-2, 6-4 की जीत दर्ज की।

अत: विकल्प (C) सही है।

4. उत्तर प्रदेश में कृषि प्रमुख व्यवसाय है और राज्य के आर्थिक विकास में महत्वपूर्ण भूमिका निभाता है। शुद्ध राज्य घरेलू उत्पाद (एनएसडीपी) के मामले में, उत्तर प्रदेश महाराष्ट्र के बाद भारत में दूसरी सबसे बड़ी अर्थव्यवस्था है, जिसका अनुमानित सकल राज्य घरेलू उत्पाद ₹14.89 लाख करोड़ (यूएस $210 बिलियन) है, और इसलिए यह भारत का 8.4% योगदान देता है।

अत: विकल्प (B) सही है।

5. उत्तर प्रदेश विद्युत वितरण नेटवर्क पुनर्वास परियोजना को एशियन डेवलपमेंट बैंक यानी एडीबी द्वारा वित्त पोषित किया गया है।

- परियोजना का उद्देश्य उत्तर प्रदेश में बिजली की आपूर्ति की गुणवत्ता और विश्वसनीयता प्रदान करना और सुधार करना है।
- इस परियोजना से यूपी के 45,000 से अधिक ग्रामीण गांवों को लाभ मिलेगा। इसमें 11 केवी फीडर का निर्माण शामिल है, जिसकी कुल लंबाई 17,000 किमी है।
- यह परियोजना केंद्र सरकार की "पावर फॉर ऑल" पहल का भी समर्थन करेगी।

अत: विकल्प (C) सही है।

6. 4 फरवरी, 2022 को रक्षा मंत्रालय द्वारा गणतंत्र दिवस 2022 के लिए सर्वश्रेष्ठ झांकी और सर्वश्रेष्ठ मार्चिंग टुकड़ियों के परिणाम घोषित किए गए जिसमें उत्तर प्रदेश की झांकी को सर्वश्रेष्ठ झांकी के रूप में चुना गया है।

- उल्लेखनीय है कि इस वर्ष गणतंत्र दिवस के अवसर पर 12 राज्यों/केंद्र शासित प्रदेशों ने परेड में भाग लिया, जिसमें उत्तर प्रदेश के 'एक जिला एक उत्पाद और काशी विश्वनाथ धाम' विषय पर आधारित झांकी को पहला स्थान मिला।
- 'पारंपरिक हस्तशिल्प के पालन' पर आधारित झांकी के लिए कर्नाटक को दूसरा स्थान मिला।

- मेघालय को 'मेघालय राज्य और महिला नेतृत्व वाली सहकारी समितियों और स्वयं सहायता समूहों (एसएचजी) के 50 वर्षों को श्रद्धांजलि' पर झांकी के लिए तीसरा स्थान मिला।
- यह उल्लेख किया जा सकता है कि यह पहली बार था कि माईगॉव प्लेटफॉर्म के माध्यम से आम जनता को लोकप्रिय पसंद श्रेणी में सर्वश्रेष्ठ मार्चिंग पार्टी और सर्वश्रेष्ठ झांकी के लिए वोट करने के लिए आमंत्रित किया गया था।

अत: विकल्प (C) सही है।

7. एक पराजित उम्मीदवार जो निर्वाचन क्षेत्र में मतदान किए गए वैध मतों के एक-छठे से अधिक को सुरक्षित करने में विफल रहता है, वह अपनी जमानत राशि खो देता है।

अत: विकल्प (C) सही है।

8. एक सुपर कंप्यूटर एक कंप्यूटर है जिसमें बहुत अधिक गति और मेमोरी होती है। सुपरकंप्यूटर जितनी जल्दी हो सके कुछ कार्यक्रमों को क्रियान्वित करने में अपनी सारी शक्ति लगाता है।

अत: विकल्प (C) सही है।

9. अबेकस एक गणना उपकरण है जो लिखित आधुनिक अंक प्रणाली को अपनाने से पहले सदियों से उपयोग में था और अब भी एशिया, अफ्रीका एवं अन्य जगहों पर व्यापारियों, व्यापारियों और क्लर्कों द्वारा व्यापक रूप से उपयोग किया जाता है।

अत: विकल्प (A) सही है।

10. वायरस, ट्रोजन हॉर्स और वर्म्स तकनीकी रूप से अलग हैं और विभिन्न प्रकार के विद्वेषपूर्ण सॉफ्टवेयर का उल्लेख करते हैं जो आपके पी.सी. या लैपटॉप को नुकसान पहुंचा सकते हैं।

अत: विकल्प (A) सही है।

11. 2011 की जनगणना के अनुसार, उत्तर प्रदेश में कुल साक्षरता दर 67.68% है।

सर्वाधिक आबादी वाला जिला - इलाहाबाद

कम से कम आबादी वाला जिला - महोबा

राज्य की कुल जनसंख्या - 19,98,12,341 (भारत की कुल जनसंख्या का 16.51%)

यूपी का लिंग अनुपात - 912 (राष्ट्रीय औसत 943 से कम 31)

औसत जनसंख्या घनत्व - 829. (2000 से 2011 के बीच, जनसंख्या घनत्व में 139 व्यक्तियों/वर्ग किमी की वृद्धि हुई है)।

अत: विकल्प (C) सही है।

12. कर की घटना निर्माता और खरीदार के बीच कर का एक विभाजन है और यह आपूर्ति और मांग की कीमत लोच से संबंधित है। यदि आपूर्ति मांग से अधिक है, तो खरीदार पर कर का बोझ अधिक होता है और जब मांग आपूर्ति से अधिक होती है, तो निर्माता पर कर का बोझ अधिक होता है।

अत: विकल्प (D) सही है।

13. सार्वजनिक माल की स्थिति में मुक्त राइडर की समस्या उत्पन्न होती है। मुक्त राइडर समस्या बाजार की विफलता है क्योंकि लोग इसके लिए कोई कीमत चुकाए बिना सरकार द्वारा प्रदान की जाने वाली वस्तुओं और सेवाओं का उपयोग करते हैं। ऐसे में खपत बढ़ने से सरकार इसकी आपूर्ति कम नहीं कर सकती है।

अत: विकल्प (C) सही है।

14. मेडुला ऑब्लांगेटा एक लंबी स्टेम जैसी संरचना है जो मस्तिष्क स्तंभ के निचले हिस्से का निर्माण करती है। यह पूर्वकाल और आंशिक रूप से

अनुमस्तिष्क से नीच है। यह एक शंकु के आकार का न्यूरोनल द्रव्यमान है जो निगलने, उल्टी और छींकने जैसे अनैच्छिक कार्यों के लिए जिम्मेदार होता है।

अतः विकल्प (C) सही है।

15. जाइलम द्वारा पानी और खनिज लवणों को पौधे के विभिन्न अंगों तक पहुँचाया जाता है जो जड़ों से उत्पन्न होते हैं और पत्तियों की युक्तियों तक फैले होते हैं। जाइलम वाहिकाएं यांत्रिक सहायता भी प्रदान करती हैं। प्रत्येक जाइलम वाहिका बड़ी संख्या में छोटी, चौड़ी, लिग्निफाइड मृत कोशिकाओं के अंत से अंत तक संघ से बनता है।

अतः विकल्प (A) सही है।

16. लाल रक्त कोशिकाएं, रक्त का एक महत्वपूर्ण तत्व हैं। उनका कार्य कार्बन डाइऑक्साइड के बदले शरीर के ऊतकों तक ऑक्सीजन पहुंचाना है, जिसे वे फेफड़ों तक ले जाते हैं ताकि उन्हें निष्कासित किया जा सके। लाल रक्त कोशिकाओं का निर्माण हड्डियों के लाल अस्थि मज्जा में होता है। लाल अस्थि मज्जा में स्टेम कोशिकाओं को हेमोसाइटोब्लास्ट कहा जाता है।

अतः विकल्प (D) सही है।

17. एक वृक्ष की आयु उसके तने में वार्षिक वृद्धि के वलय की गणना करके निर्धारित की जाती है। प्रत्येक वलय एक वर्ष का प्रतिनिधित्व करता है और वलय की मोटाई उस वर्ष वर्षा की सापेक्ष मात्रा बताती है।

अतः विकल्प (C) सही है।

18. ग्लूकोज हमारी कोशिकाओं के लिए ईंधन का मुख्य स्रोत है। जब शरीर को ऊर्जा के लिए ग्लूकोज का उपयोग करने की आवश्यकता नहीं होती है, तो यह इसे यकृत और मांसपेशियों में संग्रहीत करता है। ग्लूकोज का यह संग्रहीत रूप कई जुड़े ग्लूकोज अणुओं से बना होता है और इसे ग्लाइकोजन कहा जाता है।

अतः विकल्प (D) सही है।

19. उत्खनित साक्ष्यों के अनुसार, पशुओं का पालन-पोषण मध्यपाषाण काल में शुरू हुआ। भारत में पशुओं के प्रभुत्व का सबसे पहला प्रमाण आदमगढ़ (होशंगाबाद, म.प्र.) और बागोर (भीलवाड़ा, राजस्थान) में पाया गया।

अतः विकल्प (D) सही है।

20.

सूची-I (प्राचीन स्थल)	सूची-II (पुरातात्त्विक खोज)
A. लोथल	2. पोतगाह
B. कालीबंगन	1. जोता हुआ क्षेत्र
C. धोलावीरा	4. हड़प्पा लिपि के दस बड़े आकार के चिन्हों का एक शिलालेख
D. बनवाली	3. एक हल की टेराकोटा प्रतिकृति

अतः विकल्प (B) सही है।

21. सिन काउ द्वीप जापान में नहीं है।

सिन काउ सातवां सबसे बड़ा स्प्रैटली द्वीप है और वियतनाम के कब्जे वाला तीसरा सबसे बड़ा द्वीप है।

जापान के चार मुख्य द्वीप-होक्काइडो, होश्यू, शिकोकू और क्यूश्यू।

होक्काइडो-

- यह जापान के चार मुख्य द्वीपों में दूसरा सबसे बड़ा, सबसे उत्तरी और सबसे कम विकसित है।

- इसका मौसम सर्दियों में बहुत अधिक बर्फबारी, तापमान शून्य से नीचे और जमे हुए समुद्र के साथ कठोर होता है।

- यह पश्चिम में जापान सागर (पूर्वी सागर), उत्तर में ओखोटस्क सागर और पूर्व और दक्षिण में प्रशांत महासागर से घिरा है।

होश्यू-

- यह जापान का सबसे बड़ा द्वीप है और इसमें देश के सबसे प्रसिद्ध शहर और गंतव्य शामिल हैं।

- यह पांच क्षेत्रों (पूर्वोत्तर से दक्षिण-पश्चिम तक) में विभाजित है: तोहोकू, चुबू, कांटो, कंसाई (किंकी के नाम से भी जाना जाता है), और चुगोकू।

शिकोकू-

- यह ओकिनावा के बाद दूसरा सबसे छोटा मुख्य द्वीप है।

- यह होश्यू से अंतर्देशीय सागर (उत्तर) और की जलडमरूमध्य (पूर्व) और क्यूश्यू से बुंगो जलडमरूमध्य (पश्चिम) द्वारा अलग किया जाता है।

अत: विकल्प (D) सही है।

22. फ़ॉकलैंड द्वीप पर फ़ॉकलैंड संघर्ष यूके और अर्जेंटीना के बीच है।

फ़ॉकलैंड द्वीप

- यह दक्षिण अमेरिका के दक्षिणी सिरे से लगभग 300 मील (480 किमी) उत्तर पूर्व में स्थित है।

- राजधानी और प्रमुख शहर स्टेनली है।

- द्वीपों की वनस्पति कम और घने परिदृश्य में होती है जिसमें कोई प्राकृतिक वृक्ष नहीं होता है।

- फ़ॉकलैंड्स के लिए स्वदेशी कोई भी भूमि स्तनपायी नहीं हैं, जंगली लोमड़ी विलुप्त हो रही है।

संघर्ष

- यह ब्रिटेन और अर्जेंटीना के बीच एक संप्रभुता विवाद का विषय बना हुआ है, जिन्होंने 1982 में इस क्षेत्र पर एक संक्षिप्त लेकिन कड़वा युद्ध छेड़ दिया था।

- अर्जेंटीना का कहना है कि द्वीपों पर उसका अधिकार है, जिसे वह माल्विनास कहता है क्योंकि उसने उन्हें 1800 के दशक की शुरुआत में स्पेनिश ताज से विरासत में मिला था।

- ब्रिटेन फ़ॉकलैंड्स के अपने दीर्घकालिक प्रशासन और द्वीपवासियों के लिए आत्मनिर्णय के सिद्धांत पर अपना पक्ष रखता है, जो लगभग सभी ब्रिटिश मूल के हैं।

अत: विकल्प (C) सही है।

23. आपातकाल के दौरान मौलिक अधिकारों के निलंबन की विशेषता जर्मनी के वीमर संविधान से ली गई है। संविधान के भाग XVIII में, अनुच्छेद 352 से 360 तक, आपातकालीन प्रावधान हैं।

इस तरह के प्रावधान केंद्र सरकार को किसी भी असामान्य स्थिति से प्रभावी ढंग से निपटने में मदद करते हैं और सक्षम बनाते हैं। संविधान में इन प्रावधानों को शामिल करने के पीछे का कारण देश की संप्रभुता, एकता, अखंडता, सुरक्षा, लोकतांत्रिक राजनीतिक व्यवस्था और संविधान की रक्षा करना है।

केंद्र सरकार सर्वशक्तिमान हो जाती है और राज्य केंद्र के पूर्ण नियंत्रण में आ जाते हैं और यह आपातकाल के दौरान संविधान के औपचारिक संशोधन के बिना संघीय ढांचे को एकात्मक में बदल देता है। भारतीय संविधान की एक अनूठी विशेषता सामान्य समय के दौरान संघीय से एकात्मक में आपात स्थिति के दौरान राजनीतिक व्यवस्था का परिवर्तन है।

अतः विकल्प (D) सही है।

24. नवाबगंज पक्षी अभयारण्य पहली बार उत्तर प्रदेश में स्थापित किया गया था।

नवाबगंज पक्षी अभयारण्य उत्तर प्रदेश में उन्नाव जिले के 224.6 हेक्टेयर क्षेत्र में हरे-भरे हरे-भरे मैदान में स्थित है।

अभयारण्य एनएच-25 (लखनऊ-कानपुर हाई वे) पर लगभग 43 किलोमीटर की दूरी पर स्थित है। लखनऊ से दूर, जिले की नवाबगंज तहसील में- उन्नाव, उत्तर प्रदेश। वर्ष 2015 में, नवाबगंज पक्षी अभयारण्य का नाम बदलकर शहीद चंद्र शेखर आज़ाद पक्षी अभयारण्य कर दिया गया।

अतः विकल्प (D) सही है।

25. उत्तर प्रदेश का न्यायिक प्रशिक्षण एवं अनुसंधान संस्थान गोमतीनगर, लखनऊ में स्थित है। न्यायिक प्रशिक्षण एवं अनुसंधान संस्थान, उत्तर प्रदेश (यूपी) वर्ष 1987 में कार्य कर रहा था।

माननीय श्री न्यायमूर्ति केएन गोयल (सेवानिवृत्त) संस्थान के पहले निदेशक थे। संस्थान की स्थापना यूपी के न्यायिक अधिकारियों को इंडक्शन ट्रेनिंग और इन-सर्विस ट्रेनिंग प्रदान करने के मुख्य उद्देश्य से की गई थी, ताकि अधीनस्थ न्यायपालिका को अधिक कुशल, संवेदनशील और जिम्मेदार बनाया जा सके।

संस्थान की दृष्टि कौशल का निरंतर उन्नयन और राष्ट्रीय और वैश्विक पर्यावरण की अनिवार्यता के अनुरूप इंडक्शन स्तर और सेवाकालीन प्रशिक्षण के माध्यम से उपयुक्त मनोवृत्ति का पुनर्विन्यास है।

इसके लोगो में अंकित संस्थान का आदर्श वाक्य "योग: कर्मसु कौशलम्" है। भागवत गीता के दूसरे अध्याय के 50वें श्लोक से उधार लिए गए इन सुनहरे शब्दों का सीधा सा अर्थ है "मानव क्रिया में निपुणता ही योग है"।

अत: विकल्प (C) सही है।

Q.1 निम्नलिखित में से किस क्षेत्र में भारत और रूस के बीच जनवरी 2022 में पैसेज अभ्यास आयोजित किया गया था?

A. लाल सागर
B. अरब सागर
C. दक्षिण चीन सागर
D. भूमध्य सागर

Q.2 3 साल की अवधि के लिए सेबी के नए अध्यक्ष के रूप में किसे नियुक्त किया गया है?

A. अरुंधति भट्टाचार्य
B. कल्पना मोरपारिया
C. गीता गोपीनाथ
D. माधबी पुरी बुच

Q.3 अप्रैल 2022 में, संघ लोक सेवा आयोग (UPSC) के अध्यक्ष के रूप में किसे नियुक्त किया गया है?

A. विक्रम सिंह मेहता
B. डॉ. मनोज सोनी
C. गोपाल शर्मा
D. संजय शर्मा

Q.4 23 मार्च, 2022 को, राज्यपाल आनंदीबेन पटेल ने निम्नलिखित को उत्तर प्रदेश विधानसभा के प्रोटेम स्पीकर के रूप में नियुक्त किया गया था?

A. रवि केलकर
B. सिरसा गुप्ता
C. रमापति शास्त्री
D. अभिषेक चटर्जी

Q.5 प्रधानमंत्री नरेंद्र मोदी ने किस स्थान पर 16 जुलाई 2022 को बुंदेलखंड एक्सप्रेसवे का उद्घाटन किया?

A. कन्नौज
B. मिर्जापुर
C. जालौन
D. लखनऊ

Q.6 राज्य कैबिनेट ने हाल ही में उत्तर प्रदेश के चौथे टाइगर रिजर्व की अधिसूचना को मंजूरी दी है। यह किस जिले में स्थित होगा?

A. आगरा
B. मथुरा
C. कानपुर
D. चित्रकूट

Q.7 निम्नलिखित में से किस राज्य सरकार ने पांच लाख छात्रों को टैबलेट प्रदान करने के लिए 'ई-अधिगम' योजना शुरू की?

A. नई दिल्ली
B. हरियाणा
C. पश्चिम बंगाल
D. उड़ीसा

Q.8 भारत के संविधान का निम्नलिखित में से कौन-सा अनुच्छेद असम राज्य के लिए विशेष उपबंध से संबंधित है?

[Indian Military Academy (IMA), 2018], [Officers Training Academy (OTA), 2018]

A. अनुच्छेद 371A
B. अनुच्छेद 371B
C. अनुच्छेद 371C
D. अनुच्छेद 371D

Q.9 कंप्यूटर की मशीन भाषा पर आधारित है:

A. संक्षेप बीजगणित
B. मैट्रिक्स बीजगणित
C. बूलियन बीजगणित
D. रेखीय बीजगणित

Q.10 निम्न में से किस प्रोग्रामिंग भाषा को निम्न-स्तरीय भाषा माना जाता है?

A. बेसिक, कोबोल, फोरट्रान
B. सी, सी ++
C. असेंबली लैंग्विज
D. प्रोलॉग

Q.11 IPv4 का आकार क्या है?

A. 8 बिट
B. 16-बिट
C. 32-बिट
D. 64-बिट

Q.12 निम्नलिखित कथनों पर विचार करें:

1. प्राइम मेरिडियन (0° देशांतर) अफ्रीका में अल्जीरिया, माली, बुर्किना फासो, घाना और टोगो से होकर गुजरता है।

2. यूरोप में, यह केवल यूनाइटेड किंगडम से होकर गुजरता है।

ऊपर दिए गए कथनों में से कौन सा सही है?

A. केवल 1
B. केवल 2
C. दोनों 1 और 2
D. न तो 1 और न ही 2

Q.13 निम्न का मिलान कीजिए:

सूची – I (ज्वालामुखी)	सूची – II (क्षेत्र)
(a) पोपा पर्वत	(i) अफ्रीका
(b) किलिमंजारो	(ii) जापान
(c) क्राकाटोआ	(iii) म्यांमार
(d) फूजियामा	(iv) इंडोनेशिया

A. (a) – (i), (b) – (iv), (c) – (iii), (d) – (ii)
B. (a) – (i), (b) – (iii), (c) – (iv), (d) – (ii)
C. (a) – (iii), (b) – (i), (c) – (iv), (d) – (ii)
D. (a) – (iii), (b) – (i), (c) – (ii), (d) – (iv)

Q.14 भारत की संसद में ______ शामिल है।

A. लोकसभा और राज्यसभा
B. लोकसभा और राज्यसभा और राष्ट्रपति
C. लोकसभा, राज्यसभा, राष्ट्रपति और प्रधानमंत्री
D. लोकसभा, राज्यसभा और मंत्रिपरिषद

Q.15 जब सफेद प्रकाश की किरण को एक प्रिज्म पर गिरने दिया जाता है, तो उभरते प्रकाश का अधिकतम विचलन होता है-

[UPSC Central Armed Police Forces AC, 2019]

A. लाल प्रकाश
B. बैंगनी प्रकाश
C. पीला प्रकाश
D. नीले प्रकाश

Q.16 विशिष्ट कर है:

[DSSSB TGT Social Science, 2014]

A. निश्चित राशि
B. उत्पादन-निखेक्ष
C. उत्सावम के प्रति मूल्य पर
D. उत्पादन के प्रति मात्रक पर

Q.17 ब्रेटन वुड्स जुड़वां हैं:

[DSSSB TGT Social Science, 2014]

A. यूके और यूएसए
B. विश्व व्यापार संगठन और आईटीओ
C. आईएमएफ और विश्व बैंक
D. ब्रिटेन और वुडलैंड

Q.18 'स्वतंत्र श्रम पार्टी' के संस्थापक कौन थे?

A. आर श्रीनिवासन
B. बी आर अम्बेडकर
C. सी राजगोपालाचारी
D. लाला लाजपत राय

Q.19 सूची- I के साथ सूची- II का मिलान कीजिये और नीचे दिए गए कोड से सही उत्तर का चयन करें:

सूची-I (हड़प्पा स्थल)	सूची-II (स्थान)
A मंदा	1- राजस्थान
B दैमाबाद	2- हरियाणा
C कालीबंगा	3- जम्मू-कश्मीर
D राखीगढ़ी	4- महाराष्ट्र

A. A-1, B-2, C-3, D-4
B. A-2, B-3, C-4, D-1
C. A-3, B-4, C-1, D-2
D. A-4, B-1, C-2, D-3

Q.20 सूची- II के साथ सूची- I का मिलान कीजिए और सूची के दिए गए कोड का उपयोग करके सही उत्तर चुनिए:

सूची-I	सूची-II
A. बटेश्वर मेला	1. बाराबंकी
B. देवा मेला	2. मेरठ
C. गोविन्द साहब मेला	3. आगरा
D. नौचंडी मेला	4. अम्बेडकर नगर

A. A-4, B-3, C-2, D-1
B. A-1, B-3, C-2, D-4
C. A-3, B-1, C-4, D-2
D. A-2, B-1, C-4, D-3

Q.21 जनगणना आंकड़े 2011 के संदर्भ में, निम्नलिखित में से कौन सा कथन सही नहीं है/है?

1) राज्य का बाल लिंगानुपात राष्ट्रीय औसत से अधिक है।
2) सबसे कम बाल लिंगानुपात बागपत जिले में दर्ज है।

नीचे दिए गए कूट से सही उत्तर चुनिए:

A. केवल 1 और 2
B. केवल 1
C. केवल 2
D. न तो 1 और न ही 2 सही हैं

Q.22 प्रेशर कुकर में खाना जल्दी पक जाता है क्योंकि?

[MP Sub Inspector (MPSI), 2017]

A. उबलते पानी की तुलना में भाप ज्यादा गर्म है
B. कुकर में पानी कम तापमान पर उबलने लगता है
C. कुकर से गर्मी नहीं निकल सकती
D. उच्च दाब के कारण पानी का क्वथनांक ऊपर उठ जाता है

Q.23 रासायनिक परिवर्तन की विशेषताओं के बारे में गलत कथन चुनिए।

A. उत्पादों के गुण अभिकारकों से भिन्न होते हैं।
B. नए पदार्थ बनते हैं
C. प्रतिक्रिया के दौरान गर्मी पैदा करता है
D. अधिकांश प्रतिक्रियाओं में ऊर्जा में परिणाम होते हैं

Q.24 बेकिंग सोडा के साथ प्रतिक्रिया पर सिरका एक गैस का उत्पादन करता है जो चूने के पानी में पारित होने पर दूधिया में बदल जाता है। दूध बनने के कारण होता है:

A. कैल्शियम ऑक्सालेट
B. कैल्शियम कार्बोनेट
C. कैल्शियम हाइड्रॉक्साइड
D. कैल्शियम बाइकार्बोनेट

Q.25 कैल्शियम कार्बाइड का उपयोग हरे फलों के कृत्रिम पकने के लिए किया जाता है क्योंकि यह _______ बनाता है।

A. एसीटीलीन
B. मेथिलीन
C. फ्लोरिजन
D. ऑक्सिन

// स्मार्ट उत्तर पुस्तिका //

सही उत्तर — उन छात्रों का प्रतिशत जिन्होंने प्रश्नों का सही उत्तर दिया था। छोड़ दिया — उन छात्रों का प्रतिशत जिन्होंने प्रश्नों को छोड़ दिया था।

प्रश्न संख्या	उत्तर	सही उत्तर / छोड़ दिया	प्रश्न संख्या	उत्तर	सही उत्तर / छोड़ दिया	प्रश्न संख्या	उत्तर	सही उत्तर / छोड़ दिया	प्रश्न संख्या	उत्तर	सही उत्तर / छोड़ दिया	प्रश्न संख्या	उत्तर	सही उत्तर / छोड़ दिया	प्रश्न संख्या	उत्तर	सही उत्तर / छोड़ दिया
1	B	45.8 % / 49.77 %	6	D	58.2 % / 40.09 %	11	C	40.31 % / 35.22 %	16	D	22.28 % / 73.89 %	21	B	40.84 % / 35.33 %			
2	D	48.63 % / 41.45 %	7	B	63.11 % / 32.63 %	12	A	10.68 % / 89.31 %	17	C	66.57 % / 30.4 %	22	D	88.91 % / 11.06 %			
3	B	45.06 % / 50.8 %	8	B	46.92 % / 50.49 %	13	C	28.61 % / 69.43 %	18	B	83.83 % / 15.53 %	23	C	85.02 % / 14.69 %			
4	C	79.0 % / 19.66 %	9	C	45.22 % / 42.74 %	14	B	69.33 % / 30.02 %	19	C	61.64 % / 32.26 %	24	B	64.81 % / 31.8 %			
5	C	55.25 % / 40.31 %	10	C	46.5 % / 40.08 %	15	B	55.27 % / 36.27 %	20	C	59.71 % / 38.26 %	25	A	58.78 % / 37.42 %			

//संकेत और समाधान//

1. भारत और रूस की नौसेनाओं ने 14 जनवरी 2022 को अरब सागर में एक पासिंग अभ्यास किया।

भारतीय नौसेना के स्वदेशी रूप से डिजाइन और निर्मित निर्देशित-मिसाइल विध्वंसक आईएनएस कोच्चि ने रूसी संघ की नौसेना के विध्वंसक एडमिरल ट्रिब्यूटस के साथ अभ्यास किया। यह सुनिश्चित करने के लिए एक पासिंग अभ्यास किया जाता है कि इसमें भाग लेने वाली दो नौसेनाएं आपदा या युद्ध के समय में सुचारू रूप से समन्वय और संवाद करने में सक्षम हों।

अत: विकल्प (B) सही है।

2. माधबी पुरी बुच को 3 साल की अवधि के लिए सेबी का नया अध्यक्ष नियुक्त किया गया है।

सरकार ने 3 साल की अवधि के लिए सेबी के नए अध्यक्ष के रूप में माधबी पुरी बुच की घोषणा की है। बुच सेबी के पूर्व पूर्णकालिक सदस्य हैं। वह अजय त्यागी का स्थान लेंगी, जिनका पांच साल का कार्यकाल समाप्त हो रहा है। यह पहली बार है जब सेबी में किसी महत्वपूर्ण पद के लिए किसी महिला और निजी क्षेत्र के व्यक्ति को चुना गया है।

अत: विकल्प (D) सही है।

3. संघ लोक सेवा आयोग (UPSC) के अध्यक्ष के रूप में डॉ. मनोज सोनी को नियुक्त किया गया है। वह वर्तमान में यूपीएससी के सदस्य हैं। उन्होंने 2005 में MS विश्वविद्यालय के देश के सबसे कम उम्र के कुलपति के रूप में कार्य किया। उन्होंने अगस्त 2009 से जुलाई 2015 के बीच अहमदाबाद में डॉ. बाबासाहेब अम्बेडकर मुक्त विश्वविद्यालय के कुलपति के रूप में भी कार्य किया।

अत: विकल्प (B) सही है।

4. 23 मार्च, 2022 को, राज्यपाल आनंदीबेन पटेल ने रमापति शास्त्री को उत्तर प्रदेश विधानसभा के प्रोटेम स्पीकर के रूप में नियुक्त किया गया था।

संपन्न विधानसभा चुनाव में गोंडा की मनकापुर विधानसभा सीट से चुने गए रमापति शास्त्री सदन के सबसे वरिष्ठ सदस्यों में से एक हैं।रमापति शास्त्री जून 1991 से दिसंबर 1992, सितंबर 1997 से नवंबर 1999 और मार्च 2017 से वर्तमान तक तीन बार उत्तर प्रदेश सरकार में मंत्री रह चुके हैं।

अत: विकल्प (C) सही है।

5. प्रधान मंत्री मोदी ने 16 जुलाई 2022 को उत्तर प्रदेश के जालौन जिले में बुंदेलखंड एक्सप्रेसवे का उद्घाटन किया।

296 किमी, 4 -लेन एक्सप्रेसवे का निर्माण लगभग ₹ 14850 करोड़ की लागत से किया गया है। यह आगरा-लखनऊ एक्सप्रेस-वे और यमुना एक्सप्रेस-वे के जरिए बुंदेलखंड इलाके को दिल्ली से जोड़ेगा। इसका निर्माण उत्तर प्रदेश एक्सप्रेसवे औद्योगिक विकास प्राधिकरण (यूपीईआईडी) द्वारा किया गया है।

अत: विकल्प (C) सही है।

6. राज्य मंत्रिमंडल ने हाल ही में वन्य जीवन (संरक्षण) अधिनियम 1972 के तहत चित्रकूट जिले में रानीपुर वन्यजीव अभयारण्य (RWS) में उत्तर प्रदेश के चौथे बाघ अभयारण्य की अधिसूचना को मंजूरी दी।

रानीपुर टाइगर रिजर्व 529.89 वर्ग किलोमीटर में फैला होगा, जिसमें 299.58 वर्ग किलोमीटर बफर जोन के रूप में होगा और बाकी कोर क्षेत्र है, जिसे पहले ही 1977 में RWS के रूप में अधिसूचित किया गया था।

अत: विकल्प (D) सही है।

7. हरियाणा सरकार के तहत 10वीं और 12वीं कक्षा के करीब पांच लाख स्कूली छात्रों को टैबलेट दिए जाएंगे।

ये डिवाइस पर्सनलाइज्ड और अडैप्टिव लर्निंग सॉफ्टवेयर के साथ प्री-लोडेड कंटेंट और 2GB फ्री डेटा के साथ आते हैं। हरियाणा सरकार ने स्कूलों के बुनियादी ढांचे और स्वच्छता पर काम करने के लिए शिक्षा क्षेत्र के लिए दो टास्क फोर्स बनाने की भी घोषणा की है।

अत: विकल्प (B) सही है।

8. अनुच्छेद 371B राष्ट्रपति को संविधान के लिए प्रदान करने में सक्षम बनाता है, साथ ही राज्य विधान सभा की समिति के कार्यों में असम के जनजातीय क्षेत्रों से चुने गए सदस्य शामिल होते हैं।

भारतीय संविधान के अनुसार देश के कुछ राज्यों को अनुच्छेद 371 (अनुच्छेद 371) के तहत सीमित स्वायत्तता दी गई है। ऐसे राज्यों में नगालैंड समेत पूर्वोत्तर के कुछ राज्य शामिल हैं। आर्टिकल 371 (A-J) नगालैंड, असम, मणिपुर, सिक्किम, मिजोरम, अरुणाचल प्रदेश आदि राज्यों के लिए विशेष प्रावधान किए गए हैं।

अत: विकल्प (B) सही है।

9. कंप्यूटर की मशीन भाषा बुलियन बीजगणित पर आधारित है।

संक्षेप बीजगणित, बीजगणित के उन्नत विषयों का एक सेट है जो सामान्य संख्या प्रणालियों के बजाय अमूर्त बीजगणितीय संरचनाओं से निपटता है। इन संरचनाओं में सबसे महत्वपूर्ण ग्रुप, रिंग, और फील्ड हैं।

मैट्रिक्स बीजगणित में, एक मैट्रिक्स एक आयताकार सरणी या संख्याओं, प्रतीकों या अभिव्यक्तियों की तालिका होती है, जो पंक्तियों और स्तंभों में व्यवस्थित होती है।

गणित और गणितीय तर्क में बूलियन बीजगणित, बूलियन बीजगणित बीजगणित की वह शाखा है जिसमें चर के मान सत्य मान और सत्य हैं, जिन्हें आमतौर पर क्रमशः 1और 0 निरूपित किया जाता है।

रैखिक बीजगणित रेखीय समीकरणों जैसे कि रेखीय मानचित्रों के विषय में गणित की शाखा है: और वेक्टर स्थानों में और मैट्रिक्स के माध्यम से उनका प्रतिनिधित्व। रेखीय बीजगणित गणित के लगभग सभी क्षेत्रों के लिए केंद्रीय है।

अत: विकल्प (C) सही है।

10. निम्न-स्तरीय प्रोग्रामिंग भाषाओं के दो सामान्य प्रकार असेंबली भाषा और मशीन भाषा हैं।

आज सक्रिय उपयोग में उच्च स्तरीय प्रोग्रामिंग भाषाओं के उदाहरणों में पायथन, विजुअल बेसिक, डेल्फी, पर्ल, पीएचपी, ईसीएमएस्क्रिप्ट, रूबी, सी #, जावा शामिल हैं ।

एक सॉफ्टवेयर डेवलपर प्रोग्रामिंग आईडीई या यहां तक कि एक मूल पाठ संपादक का उपयोग करके उच्च-स्तरीय भाषा में स्रोत कोड बना और संपादित कर सकता है।

अत: विकल्प (C) सही है।

11. आईपीवी4 आईपी का पहला संस्करण था।

इसे 1983 में अर्पनेट में निर्माण के लिए भेजा गया था।

यह आमतौर पर आईपी अनुकूलन का उपयोग किया जाता है।

आईपीवी4 एक 32-बिट एड्रेस स्कीम का उपयोग करता है।

आईपीवी4 बाइनरी बिट्स को एक डॉट (.) द्वारा अलग किया जाता है

आईपीवी4 ब्रॉडकास्ट को सपोर्ट करता है।

आईपीवी4 बाइनरी बिट्स एक डॉट (.) हैं।

आईपीवी4 सुरक्षा गोपनीयता और सुरक्षा को बनाए रखने के लिए एन्क्रिप्शन की अनुमति देती है।

अत: विकल्प (C) सही है।

12. प्राइम मेरिडियन लाइन को अंतर्राष्ट्रीय मेरिडियन या ग्रीनविच मेरिडियन के रूप में भी जाना जाता है।

- यह रेखा इंग्लैंड की रॉयल ग्रीनविच वेधशाला से होकर गुजरती है।
- शून्य डिग्री देशांतर पर स्थित रेखा अंतर्राष्ट्रीय मानक समय निर्धारित करती है।

इसका मान 0° देशांतर है और इसमें से, हम 180° पूर्व की ओर और साथ ही 180° पश्चिम की ओर गिनते हैं।

प्राइम मेरिडियन और 180° मेरिडियन पृथ्वी को दो समान हिस्सों में विभाजित करते हैं, पूर्वी गोलार्ध और पश्चिमी गोलार्ध। इसलिए, एक स्थान का देशांतर पूर्व के लिए ई अक्षर और पश्चिम के लिए डब्ल्यू द्वारा लिखा जाता है।

अफ्रीका में, यह अल्जीरिया, माली, बुर्किना फासो, घाना और टोगो से होकर गुजरता है। इसलिए, कथन 1 सही है।

यूरोप में, प्राइम मेरिडियन यूनाइटेड किंगडम, फ्रांस, स्पेन से होकर गुजरता है। इसलिए, कथन 2 सही नहीं है।

अतः विकल्प (A) सही है।

13.

सूची – I (ज्वालामुखी)	सूची – II (क्षेत्र)
(a) पोपा पर्वत	(iii) म्यांमार
(b) किलिमंजारो	(i) अफ्रीका
(c) क्राकाटोआ	(iv) इंडोनेशिया
(d) फूजियामा	(ii) जापान

पोपा पर्वत:

- पोपा पर्वत एक विलुप्त ज्वालामुखी है, जो समुद्र तल से 1518 मीटर ऊपर है, और मंडेला क्षेत्र में मध्य म्यांमार में स्थित है जो पेगू श्रृंखला में बागान से लगभग 50 किमी दक्षिण पूर्व में है।

किलिमंजारो:

- किलिमंजारो पर्वत तंज़ानिया में एक निष्क्रिय ज्वालामुखी है। इसके तीन ज्वालामुखी शंकु हैं: किबो, मवेंज़ी और शिरा।
- यह अफ्रीका का सबसे ऊँचा पर्वत और दुनिया का सबसे ऊँचा एकल-मुक्त पर्वत है: समुद्र तल से 5,895 मीटर (19,341 फीट) और इसके पठार के आधार पर लगभग 4,900 मीटर (16,100 फीट)।

क्राकाटोआ:

- क्राकाटोआ, इंडोनेशियन क्राकाटाऊ, जावा और सुमात्रा, इंडोनेशिया के बीच सुंडा स्ट्रेट में राकाटा द्वीप पर ज्वालामुखी।
- इसके आधार से, समुद्र तल से 1,000 फीट (300 मीटर) नीचे, शंकु समुद्र के ऊपर लगभग 6,000 फीट (1,800 मीटर) अनुमानित करता है।

फूजियमा:

- फूजी पर्वत, जापानी फूजी-सान, जिसे फुजिसन भी कहा जाता है, जापान का सबसे ऊँचा पर्वत है।
- यह टोक्यो-योकोहामा मेट्रोपॉलिटन क्षेत्र से लगभग 60 मील (100 किमी) पश्चिम में मध्य होन्शू के यमनशी और शिजुओका केन (प्रान्त) में प्रशांत महासागर तट के पास 12,388 फीट (3,776 मीटर) तक उठता है।

अतः विकल्प (C) सही है।

14. भारत में राष्ट्रपति, राज्य सभा (उच्च सदन / राज्यों की परिषद) और लोकसभा (निचले सदन / लोक सभा) से बनी एक द्विसदनीय संसद है। जबकि राज्य सभा राज्यों और केंद्र शासित प्रदेशों का प्रतिनिधित्व करती है, लोकसभा भारत के लोगों का प्रतिनिधित्व करती है।

अतः विकल्प (B) सही है।

15. जब श्वेत प्रकाश प्रिज्म पर पड़ता है, तब विचलित रंगों की तरंगदैर्ध्य और आवृत्ति भिन्न होती है। अलग-अलग वेग के कारण सभी रंग अलग-अलग कोण पर विचलित होते हैं। लाल रंग की तरंग दैर्ध्य अधिकतम होती है, इसलिए यह सबसे कम विचलन करती है जबकि बैंगनी तरंग दैर्ध्य में न्यूनतम होती है और सबसे अधिक विचलन करती है।

अतः विकल्प (B) सही है।

16. विशिष्ट कर या प्रति इकाई कर वस्तुओं और सेवाओं की प्रत्येक इकाई पर अंकित कर की एक निश्चित राशि है। उत्पाद शुल्क विशिष्ट कर का प्रकार है। प्रति यूनिट करों में प्रशासनिक लाभ होते हैं जब उत्पाद या सेवा की बिक्री की मात्रा को मापना आसान होता है।

अतः विकल्प (D) सही है।

17. ब्रेटन वुड्स जुड़वां विश्व बैंक और अंतर्राष्ट्रीय मुद्रा कोष हैं। इन दोनों संगठनों को संयुक्त राज्य अमेरिका में ब्रेटन वुड्स में एक सम्मेलन में स्थापित करने पर सहमति हुई थी, उनके आपसी समझौते के कारण उन्हें ब्रेटन वुड्स जुड़वां के रूप में जाना जाता है।

अतः विकल्प (C) सही है।

18. इंडिपेंडेंट लेबर पार्टी (ILP) अगस्त 1936 में डॉ. बीआर अंबेडकर के नेतृत्व में गठित एक भारतीय राजनीतिक संगठन था | इंडिपेंडेंट लेबर पार्टी (ILP) एक भारतीय राजनीतिक संगठन था जिसका गठन अगस्त 1936 में डॉ. बीआर अंबेडकर के नेतृत्व में किया गया था। 1936 में, अंबेडकर ने स्वतंत्र लेबर पार्टी की स्थापना की, जिसने 1337 और 4 के लिए केंद्रीय विधान सभा के लिए 1937 के बॉम्बे चुनाव लड़ा था। सामान्य सीटें, और क्रमशः 11 और 3 सीटें हासिल कीं। अंबेडकर ने 15 मई 1936 को अपनी पुस्तक अननिहिलेशन ऑफ कास्ट प्रकाशित की। इसने भारत में ब्राह्मणवादी और पूंजीवादी संरचनाओं का विरोध किया, भारतीय मजदूर वर्ग का समर्थन किया और जाति व्यवस्था को खत्म करने की मांग की।

अतः विकल्प (B) सही है।

19. हड़प्पा स्थलों और उनके सापेक्ष स्थानों का सही क्रम निम्नानुसार है:

सूची-I (हड़प्पा स्थल)	सूची-II (स्थान)
A मंदा	3- जम्मू-कश्मीर
B दैमाबाद	4- महाराष्ट्र
C कालीबंगा	1- राजस्थान
D राखीगढ़ी	2- हरियाणा

अतः विकल्प (C) सही है।

20. सही उत्तर A-3, B-1, C-4, D-2 है।

मेले	स्थान
बटेश्वर मेला	आगरा
देवा मेला	बाराबंकी
गोविंद साहब मेला	अंबेडकरनगर
नौचंडी मेला	मेरठ

बटेश्वर नाथ का नाम भगवान शिव के नाम पर रखा गया है जो भारत के प्राचीन मंदिरों में आते हैं। बटेश्वर यमुना नदी के तट पर आगरा (उत्तर प्रदेश) से 70 किमी की दूरी पर स्थित है। बटेश्वर स्थल यमुना और शोरपुर के तट पर स्थित

101 शिव मंदिरों के लिए जाना जाता है। राज्य के आध्यात्मिक और सांस्कृतिक केंद्र बटेश्वर में प्रसिद्ध बटेश्वर मेला लगता है।

बाराबंकी में प्रसिद्ध देवा शरीफ मेला लगता है। कौमी एकता के महाकुंभ नामक इस उत्सव का उद्घाटन पारंपरिक तरीके से होगा। दस दिनों के इस मेले का मुख्य आकर्षण पशु बाजारों और सांस्कृतिक पंडालों में होने वाले कार्यक्रम हैं। मेले की शुरुआत हाजी वारिस अली शाह ने की थी।

नौचंडी मेला मेरठ के नौचंडी मैदान में आयोजित किया जाता है। यह मेला लगभग एक महीने तक चलता है और मेरठ के नगर निगम द्वारा आयोजित किया जाता है। यह आमतौर पर होली के बाद दूसरे रविवार से शुरू होता है।

गोविंद साहब धाम अम्बेडकर नगर और आज़मगढ़ की सीमा पर स्थित है। यहां हर साल एक महीने का मेला लगता है और माना जाता है कि हर मोती बाबा गोविंद दशमी के दिन पूरा होता है।

अतः विकल्प (C) सही है।

21. 2011 की जनगणना में उत्तर प्रदेश में बाल लिंगानुपात 902 दर्ज किया गया था।

यह राष्ट्रीय औसत (919) से कम है। इसलिए कथन 1 गलत है। सबसे अधिक बाल लिंगानुपात बलरामपुर जिले में दर्ज किया गया था।

इसमें 950 बाल लिंगानुपात दर्ज किया गया। सबसे कम बाल लिंगानुपात बागपत जिले में दर्ज किया गया था। इसलिए कथन 2 सही है। इसमें 841 बाल लिंगानुपात दर्ज किया गया। 2001 की जनगणना में, बाल लिंगानुपात 916 था।

अतः विकल्प (B) सही है।

22. प्रेशर कुकर में खाना तेजी से पकाया जाता है क्योंकि उच्च दाब के कारण पानी का क्वथनांक ऊपर उठ जाता है।

एक प्रेशर कुकर इस सिद्धांत पर काम करता है कि बढ़ते दाब के साथ पानी का क्वथनांक बढ़ जाता है। पानी के उच्च दाब वाले क्वथनांक के कारण 100o C से 120o C तक बढ़ जाता है।

तो, भाप भी गर्म हो जाती है और कुकर के अंदर फंस जाती है जिससे भोजन जल्दी पकता है। जब खुले बर्तन में पकाया जाता है तो गर्म हवा बच जाती है।

लेकिन प्रेशर कुकर में भोजन के आस-पास की नमी अपने आप ही उच्च तापमान तक पहुँच जाती है, जो उस प्रेशर के बिना होती है जो खाना पकाने को गति देती है तो, खाना पकाने की गति लगभग चार गुना बढ़ जाती है।

अतः विकल्प (D) सही है।

23. रासायनिक परिवर्तन तब होते हैं जब एक पदार्थ एक दूसरे के साथ मिलकर एक नया पदार्थ बनाता है।

रासायनिक परिवर्तनों को तीन मुख्य वर्गों में वर्गीकृत किया गया है:

- अकार्बनिक रासायनिक परिवर्तन,
- कार्बनिक रासायनिक परिवर्तन और
- जैव रासायनिक परिवर्तन।

अतः विकल्प (C) सही है।

24. बेकिंग सोडा (सोडियम बाइकार्बोनेट) और सिरका (पतला एसिटिक एसिड) के बीच की प्रतिक्रिया कार्बन डाइऑक्साइड गैस और सोडियम एसीटेट उत्पन्न करती है।

$$NaHCO_3 + CH_3COOH \rightarrow CH_3COONa + H_2O + CO_2$$

चूने के पानी में CO_2 के गुजरने के परिणामस्वरूप कैल्शियम कार्बोनेट बनता है। कैल्शियम कार्बोनेट की उपस्थिति इसे एक सफेद रंग देती है।

$$Ca(OH)_2 + CO_2 \rightarrow CaCO_3 + H_2O$$

तो, चूने के पानी का दूध कैल्शियम कार्बोनेट के गठन के कारण है।

अतः विकल्प (B) सही है।

25. कैल्शियम कार्बाइड का उपयोग कृत्रिम रूप से फलों को पकाने के लिए किया जाता है। कैल्शियम कार्बाइड नमी के संपर्क में आता है जो एसिटिलीन गैस का उत्पादन करता है।

कैल्शियम कार्बाइड को लगभग 2,200 °C (4,000 °F) पर कोक के रूप में कैल्शियम ऑक्साइड (चूना), CaO और कार्बन से औद्योगिक रूप से संश्लेषित किया जाता है।

CaC_2 एक रासायनिक यौगिक है जिसका रासायनिक नाम कैल्शियम कार्बाइड है।

अतः विकल्प (A) सही है।

Q.1 किस संस्थान ने 'महिलाएं और लड़कियां पीछे छूट गईं: महामारी प्रतिक्रियाओं में स्पष्ट अंतराल' रिपोर्ट जारी की?

[Delhi Forest Guard, 2021]

A. विश्व आर्थिक मंच
B. विश्व बैंक
C. यूएन वुमैन
D. नीति आयोग

Q.2 मार्च 2018 तक भारत का सबसे तेज सुपर कम्प्यूटर निम्नलिखित में से कौन-सा है?

[Super TET Paper - I, 2019]

A. समिट
B. सिएरा
C. मिहिर
D. प्रत्युष

Q.3 वर्ष 2022 में, 21 जून को अंतर्राष्ट्रीय योग दिवस का कौन सा संस्करण मनाया गया?

A. 4
B. 5
C. 8
D. 7

Q.4 हाल ही में उत्तर प्रदेश में जेवर हवाई अड्डे को विकसित करने के लिए बोली किसने जीती?

A. टाटा प्रोजेक्ट्स
B. जेएमसी प्रोजेक्ट्स
C. पुंज लॉयड
D. एस्सार एंड लार्सन एंड टुब्रो

Q.5 प्रधानमंत्री ने उत्तर प्रदेश के पहले खेल विश्वविद्यालय की आधारशिला कहाँ रखी है?

A. ग्रेटर नोएडा
B. मेरठ
C. लखनऊ
D. कानपुर

Q.6 यूपी राज्य सरकार ने निम्नलिखित में से किस जिले में भारत का पहला नाइट सफारी पार्क स्थापित करने को मंजूरी दी है?

A. प्रयागराज
B. वाराणसी
C. लखनऊ
D. कानपुर

Q.7 निम्न में से कौन सी एक कंप्यूटर की विशेषता नहीं है?

[Allahabad High Court Review Officer (RO), 2019]

A. गति
B. स्टोरेज
C. अर्थव्यवस्था
D. विश्वसनीयता

Q.8 वर्तमान में किस पीढ़ी के कंप्यूटर उपयोग किये जा रहे हैं?

[Allahabad High Court Review Officer (RO), 2019]

A. दूसरी
B. पाँचवी
C. छठीं
D. तीसरी

Q.9 डेसीमल नंबर 759 को उसके समतुल्य ऑक्टल नंबर में बदलिए।

[Allahabad High Court Review Officer (RO), 2019]

A. 1365
B. 1752
C. 1367
D. 1771

Q.10 2011 की जनगणना के आंकड़ों के अनुसार, बाल लिंग अनुपात किससे नीचे आकर 927 हो गया है?

A. 904
B. 919
C. 922
D. 925

Q.11 संविधान के अनुसार निम्नांकित में से क्या शब्दशः भारत के राष्ट्रपति की 'शक्ति' नहीं है?

A. आपातकाल की घोषणा करना
B. राजदूतों की नियुक्ति और बर्खास्त करने के लिए
C. लोकसभा के सदस्यों की नियुक्ति और बर्खास्तिगी के लिए
D. संसद भंग करने और नए सिरे से चुनाव कराने की व्यवस्था

Q.12 मूल्य अनम्सता इसकी विशेषता है:

[DSSSB TGT Social Science, 2014]

A. एकाधिकार
B. योग्य प्रतिदवंद्री
C. द्वयधिकार
D. अल्पाधिकार

Q.13 वन अधिकार नियम (फरेरेस्ट राइटस्स अंक्ट) किस वर्ष पारित हुआ?

[DSSSB TGT Social Science, 2014]

A. 1972
B. 1970
C. 1975
D. 1965

Q.14 निम्नलिखित में से कौन हड़प्पा संस्कृति पर प्रकाश डालता है?

A. चट्टान उत्कीर्णन
B. साहित्य
C. पुरातात्विक खुदाई
D. उपरोक्त सभी

Q.15 चट्टानों को काट कर बनाए गए महाबलिपुरम के मंदिरों का निर्माण किसके द्वारा करवाया गया था?

A. पल्लव
B. चोल
C. चालुक्य
D. राष्ट्रकूट

Q.16 भारतीय पशु चिकित्सा अनुसंधान संस्थान कहां स्थित है?

A. बरेली
B. मथुरा
C. करनाल
D. पटना

Q.17 दुनिया का सबसे सूखा रेगिस्तान है:

A. थार
B. सहारा
C. गोबी
D. अटाकामा

Q.18 निम्नलिखित में से कौन सा भारतीय राज्य म्यांमार के साथ सीमा साझा नहीं करता है?

A. नागालैंड
B. मणिपुर
C. त्रिपुरा
D. अरुणाचल प्रदेश

Q.19 निम्नलिखित में से उत्तर प्रदेश का कौन सा जिला "कत्था उद्योग" के लिए प्रसिद्ध है?

A. इलाहाबाद
B. बरेली
C. आगरा
D. लखनऊ

Q.20 निम्नलिखित में से कौन सा पदार्थ बड़े पैमाने पर खाद्य संरक्षण के लिए उपयोग किया जाता है?

A. सिरका अम्ल
B. बेंज़ोइक अम्ल
C. टारटरिक अम्ल
D. सोडियम बाइकार्बोनेट

Q.21 रासायनिक यौगिक $CaOCl_2$ को सामान्यतः कहा जाता है:

A. ब्लीचिंग पाउडर
B. बेकिंग सोडा
C. कास्टिक सोडा
D. प्लास्टर ऑफ पेरिस

Q.22 एक _________ आवेश एक एम्पियर विद्युत प्रवाह द्वारा एक सेकंड में एक बिंदु से दूसरे बिंदु तक प्रभावित आवेश की मात्रा के रूप में परिभाषित किया जाता है।

A. वाल्ट
B. कैन्डेला
C. कूलम्ब
D. इनमे से कोई भी नहीं

Q.23 ओजोन परत को अधिकतम नुकसान पहुंचाने वाले प्रदूषक कौन हैं?

A. हाइड्रोकार्बन
B. कार्बन डाइऑक्साइड
C. नाइट्रस ऑक्साइडस
D. क्लोरोफ्लोरोकार्बन

Q.24 किस संवैधानिक संशोधन अधिनियम द्वारा मतदान की आयु को 21 वर्ष से घटाकर 18 वर्ष किया गया था?

A. 42वां संशोधन 1976
B. 44वां संशोधन 1978
C. 52वां संशोधन 1985
D. 61वां संशोधन 1988

Q.25 निम्नलिखित में से किसे पादप कोशिका का 'रसोई घर' माना जाता है?

A. क्लोरोप्लास्ट
B. ल्यूकोप्लास्ट
C. क्रोमोप्लास्ट
D. इनमें से कोई नहीं

// स्मार्ट उत्तर पुस्तिका //

सही उत्तर — उन छात्रों का प्रतिशत जिन्होंने प्रश्नों का सही उत्तर दिया था।

छोड़ दिया — उन छात्रों का प्रतिशत जिन्होंने प्रश्नों को छोड़ दिया था।

प्रश्न संख्या	उत्तर	सही उत्तर / छोड़ दिया	प्रश्न संख्या	उत्तर	सही उत्तर / छोड़ दिया	प्रश्न संख्या	उत्तर	सही उत्तर / छोड़ दिया	प्रश्न संख्या	उत्तर	सही उत्तर / छोड़ दिया	प्रश्न संख्या	उत्तर	सही उत्तर / छोड़ दिया	प्रश्न संख्या	उत्तर	सही उत्तर / छोड़ दिया
1	C	47.47 % / 38.67 %	6	C	62.4 % / 35.13 %	11	C	58.07 % / 39.12 %	16	A	50.54 % / 32.69 %	21	A	85.88 % / 13.87 %			
2	D	66.82 % / 30.5 %	7	C	44.81 % / 32.81 %	12	D	17.01 % / 80.82 %	17	D	44.59 % / 50.91 %	22	C	47.54 % / 39.77 %			
3	C	42.4 % / 39.96 %	8	B	77.67 % / 17.01 %	13	A	17.95 % / 79.17 %	18	C	57.82 % / 35.49 %	23	D	54.18 % / 44.9 %			
4	A	62.01 % / 31.15 %	9	C	14.11 % / 75.31 %	14	C	49.59 % / 43.7 %	19	B	47.26 % / 45.9 %	24	D	56.23 % / 34.68 %			
5	B	61.81 % / 30.94 %	10	B	56.17 % / 37.56 %	15	A	60.52 % / 30.29 %	20	B	46.44 % / 42.93 %	25	A	69.11 % / 30.42 %			

//संकेत और समाधान//

1. यूएन वुमैन ने हाल ही में 'महिलाएं और लड़कियां पीछे छूट गईं: महामारी प्रतिक्रियाओं में स्पष्ट अंतराल' शीर्षक से एक नई रिपोर्ट जारी की।

रिपोर्ट के अनुसार, महिलाओं को सरकार से कोविड 19 राहत मिलने की संभावना कम थी। बच्चों के साथ रहने वाले 20 प्रतिशत कामकाजी पुरुष की तुलना में बच्चों के साथ रहने वाली 29 प्रतिशत कामकाजी माताओं ने अपनी नौकरी खो दी। रिपोर्ट के अनुसार, बच्चों के साथ रहने वाली एकल महिलाओं को अधिक पीछे छोड़ दिया गया।

अतः विकल्प (C) सही है।

2. मार्च 2018 तक भारत का सबसे तेज सुपर कम्प्यूटर प्रत्युष है।

प्रत्युष की स्थापना पुणे में भारतीय उष्णकटिबंधीय मौसम विज्ञान संस्थान (आईआईटीएम) में की गई है और इसका उपयोग मौसम और जलवायु पूर्वानुमान के लिए किया जाता है।

भारत के सबसे शक्तिशाली सुपरकंप्यूटर प्रत्युष, देश का पहला बहु-पेटाफ्लॉप उपकरण है, जिसका उपयोग मौसम और जलवायु भविष्यवाणियों को बेहतर बनाने के लिए किया जा रहा है, ने दुनिया के शीर्ष 500 सुपर कंप्यूटरों की सूची में 39वें स्थान पर जगह बनाई है।

- 4 पेटाफ्लॉप सुपरकंप्यूटर ने पहली बार उच्च 300s से लेकर 50 की सूची में भारत की रैंकिंग में सुधार किया है।
- एक पेटाफ्लॉप प्रति मिलियन मिलियन फ्लोटिंग पॉइंट ऑपरेशन है और यह एक सिस्टम की कंप्यूटिंग क्षमता का प्रतिबिंब है।
- प्रत्युष का उपयोग अधिक सटीक मौसम और जलवायु पूर्वानुमान करने के लिए किया जाएगा, जिसमें सभी महत्वपूर्ण मानसून पूर्वानुमान शामिल हैं।

अतः विकल्प (D) सही है।

3. अंतर्राष्ट्रीय योग दिवस का 8वां संस्करण 21 जून, 2022 को मनाया गया, यह मानवता के लिए योग के विषय द्वारा निर्देशित था।' COVID-19 के ठीक होने के बाद की अवधि के दौरान सही योग आसनों का चयन और जागरूकता के साथ उनका अभ्यास करने से तेजी से उपचार के लिए आराम से शरीर और दिमाग के साथ प्रतिरक्षा का निर्माण करने में मदद मिलती है।

अतः विकल्प (C) सही है।

4. टाटा प्रोजेक्ट्स अनुबंध के लिए शापूरजी पालोनजी ग्रुप और लार्सन एंड टुब्रो को पछाड़कर जेवर में राष्ट्रीय राजधानी क्षेत्र के नए हवाई अड्डे का निर्माण करेगी। टाटा प्रोजेक्ट्स, टाटा समूह की बुनियादी ढांचा और निर्माण शाखा, नोएडा अंतरराष्ट्रीय हवाई अड्डे पर टर्मिनल, रनवे, हवाई क्षेत्र के बुनियादी ढांचे, सड़कों, उपयोगिताओं, लैंडसाइड सुविधाओं और अन्य सहायक भवनों का निर्माण करेगी।

अतः विकल्प (A) सही है।

5. प्रधान मंत्री श्री नरेंद्र मोदी ने 2 जनवरी 2022 को उत्तर प्रदेश के मेरठ में मेजर ध्यानचंद खेल विश्वविद्यालय की आधारशिला रखी है और यह उत्तर प्रदेश का पहला खेल विश्वविद्यालय होगा।

अतः विकल्प (B) सही है।

6. यूपी राज्य सरकार ने लखनऊ में कुकरैल वन क्षेत्र में भारत का पहला नाइट सफारी पार्क स्थापित करने को मंजूरी दी है।

प्रस्ताव में कहा गया है कि जूलॉजिकल पार्क 150 एकड़ क्षेत्र में और नाइट सफारी पार्क 350 एकड़ क्षेत्र में स्थापित किया जाएगा। वर्तमान में, देश में 13 सफारी हैं लेकिन वे सभी डे सफारी हैं; एक बार पूरा होने के बाद लखनऊ की कुकरैल भारत की पहली नाइट सफारी होगी।

अतः विकल्प (C) सही है।

7. अर्थव्यवस्था कंप्यूटर की विशेषता नहीं है।

कंप्यूटर सिस्टम की कुछ विशेषताएं हैं-

- गति- कंप्यूटर द्वारा अपने संचालन के लिए लिया गया समय माइक्रोसेकंड और नैनोसेकंड है।
- यथार्थता- कंप्यूटर 100% सटीकता के साथ गणना करते हैं।
- तत्परता- एक कंप्यूटर एक ही स्थिरता और सटीकता के साथ लाखों कार्य या गणना कर सकता है।
- बहुमुखी प्रतिभा- यह एक ही सटीकता और दक्षता के साथ विभिन्न प्रकार के कार्यों को करने के लिए कंप्यूटर की क्षमता को संदर्भित करता है।
- विश्वसनीयता- यह विश्वसनीय है क्योंकि यह डेटा के एक समान सेट के लिए लगातार परिणाम देता है यानी, यदि हम इनपुट के एक ही सेट को कितनी बार देते हैं, तो हमें वही परिणाम मिलेगा।
- मेमोरी / स्टोरेज- इसमें बिल्ट-इन मेमोरी होती है जिसे प्राइमरी मेमोरी कहा जाता है जहां यह डेटा स्टोर करती है।

अतः विकल्प (C) सही है।

8. वर्तमान में पाँचवी पीढ़ी के कंप्यूटर उपयोग किये जा रहे हैं।

- पांचवीं पीढ़ी में, VLSI तकनीक ULSI (अल्ट्रा लार्ज स्केल इंटीग्रेशन) तकनीक बन गई, जिसके परिणामस्वरूप दस मिलियन इलेक्ट्रॉनिक घटकों वाले माइक्रोप्रोसेसर चिप्स का उत्पादन हुआ।
- यह पीढ़ी समानांतर प्रोसेसिंग हार्डवेयर और एआई (आर्टिफिशियल इंटेलिजेंस) सॉफ्टवेयर पर आधारित है।

दूसरी पीढ़ी

- यह एक ऐसा कंप्यूटर है जो वैक्यूम ट्यूब के बजाय असतत ट्रांजिस्टर का उपयोग करता है।
- इस पीढ़ी में, ट्रांजिस्टर का उपयोग किया गया था जो सस्ते थे, कम बिजली की खपत करते थे, आकार में अधिक छोटे, अधिक विश्वसनीय और वैक्यूम ट्यूब से बनी पहली पीढ़ी की मशीनों की तुलना में तेज़ थे।

तीसरी पीढ़ी

- इसे ट्रांजिस्टर के स्थान पर इंटीग्रेटेड सर्किट (IC) के उपयोग द्वारा चिह्नित किया जाता है।
- इस पीढ़ी में रिमोट प्रोसेसिंग, टाइम-शेयरिंग, मल्टीप्रोग्रामिंग ऑपरेटिंग सिस्टम का इस्तेमाल किया जाता था।

छठी पीढ़ी

- इन कंप्यूटरों को आर्टिफिशियल इंटेलिजेंस या आर्टिफिशियल ब्रेन पर आधारित इंटेलिजेंट कंप्यूटर कहा जाता है।
- जटिल समस्या का समाधान संभव है और समस्याओं को अधिक कुशलतापूर्वक और आसानी से हल करने के तरीके खोजने के लिए शोध जारी हैं।

अतः विकल्प (B) सही है।

9. 759 की तुल्य ऑक्टल नंबर 1367 है।

डेसीमल नंबर 759 को ऑक्टल में बदलने के लिए निम्नलिखित चरण हैं:

- भागफल और शेषफल को ध्यान में रखते हुए 759 को 8 से भाग दें।
- भागफल को 8 से तब तक विभाजित करना जारी रखें जब तक कि आपको शून्य का भागफल न मिल जाए।
- बाद में, दशमलव संख्या 759 का ऑक्टल समतुल्य प्राप्त करने के लिए शेषफलों को उल्टे क्रम में लिखें।

759 ÷ 8 = 94 शेषफल 7 के साथ

94 ÷ 8 = 11 शेषफल 6 के साथ

11 ÷ 8 = 1 शेषफल 3 के साथ

1 ÷ 8 = 0 शेषफल 1 के साथ

इस प्रकार, संख्या 1367 है।

अत: विकल्प (C) सही है।

10. 0 से 6 वर्ष की आयु में बाल लिंग अनुपात को प्रति 1000 पुरुषों पर महिलाओं की संख्या के रूप में परिभाषित किया गया है। जनगणना 2001 में भारत का बाल लिंगानुपात 927 था जो 2011 की जनगणना में घटकर 919 हो गया। जनगणना 2011 के अनुसार, अरुणाचल प्रदेश में भारतीय राज्यों में सबसे अधिक बाल लिंगानुपात है, यानी 972, जबकि हरियाणा में सबसे कम बाल लिंगानुपात है अर्थित प्रति हजार पुरुषों पर 834।

अत: विकल्प (B) सही है।

11. लोकसभा के सदस्यों की नियुक्ति और बर्खास्तगी भारत के राष्ट्रपति के अधिकार में नहीं है। लोकसभा का सदस्य लोकसभा में भारतीय लोगों का प्रतिनिधि होता है। लोकसभा के सदस्यों का चुनाव प्रत्यक्ष चुनाव द्वारा वयस्क मताधिकार के आधार पर किया जाता है।

अत: विकल्प (C) सही है।

12. मूल्य कठोरता एक कुलीन बाजार की विशेषता है क्योंकि इस प्रकार का बाजार कुछ प्रमुख उत्पादकों द्वारा कब्जा कर लिया जाता है। उन्होंने आपसी चिंता के कारण अच्छी कीमत तय की। दूसरे शब्दों में, एक संतुलन कीमत विक्रेताओं द्वारा निर्धारित की जाती है।

अत: विकल्प (D) सही है।

13. भारतीय वन अधिनियम, 1927, भारत के मुख्य वन कानून, का संरक्षण से कोई लेना-देना नहीं था। यह लकड़ी की अंग्रेजों की जरूरत को पूरा करने के लिए बनाया गया था। इसने वनों को राज्य की संपत्ति घोषित करके और उनकी लकड़ी का शोषण करके प्रथागत अधिकारों और वन प्रबंधन प्रणालियों को खत्म करने की मांग की। उसी मॉडल को बाद में 1972 में पारित वन्य जीवन संरक्षण अधिनियम में बनाया गया था।

अत: विकल्प (A) सही है।

14. पुरातात्विक खुदाई में हरप्पन संस्कृति पर प्रकाश डाला गया है। पुरातात्विक उत्खनन वह प्रक्रिया है जिसके द्वारा पुरातत्वविद् जमीन में पाए जाने वाले सांस्कृतिक और जैविक अवशेषों को परिभाषित, पुनः प्राप्त और रिकॉर्ड करते हैं। अतीत की गतिविधियां घर की नींव, कब्र, कलाकृतियों, हड्डियों, बीजों और मानव अनुभव के कई अन्य निशान के रूप में निशान छोड़ती हैं।

अत: विकल्प (C) सही है।

15. महाबलिपुरम के रॉक कट (चट्टानों को काट कर) मंदिर पल्लव राजाओं के संरक्षण में बनाए गए थे।

महाबलिपुरम के रॉक-कट मंदिरों का निर्माण पल्लव राजाओं के संरक्षण में किया गया था। महाबलिपुरम कोरोमंडल तट पर स्थित है जो बंगाल की खाड़ी का सामना करता है। यह देखने के लिए एक खूबसूरत जगह है जो पल्लव वंश की 7वीं और 10वीं शताब्दी के दौरान एक अच्छी तरह से स्थापित समुद्री बंदरगाह था।

अत: विकल्प (A) सही है।

16. भारतीय पशु चिकित्सा अनुसंधान संस्थान उत्तर प्रदेश के बरेली में स्थित है। इसमें पशु चिकित्सा दवाओं के विकास के लिए एक शोध सुविधा है और इसकी शाखाएं भी हैं। पूर्व में इसे इंपीरियल बैक्टीरियोलॉजिकल लेबोरेटरी के रूप में जाना जाता था और 1925 में इसका नाम बदलकर भारतीय पशु चिकित्सा अनुसंधान संस्थान कर दिया गया।

अत: विकल्प (A) सही है।

17. दुनिया का सबसे सूखा रेगिस्तान अटाकामा है। यह दक्षिण अमेरिका (चिली) में एक रेगिस्तान का पठार है और दुनिया का सबसे सूखा गैर-ध्रुवीय रेगिस्तान है। यह एंडीज पर्वत के पश्चिम में स्थित 1600 किलोमीटर की दूरी पर, एंडीज पर्वत श्रृंखला और चिली कोस्ट माउंटेन रेंज के बीच स्थित है।

अत: विकल्प (D) सही है।

18. दिए गए विकल्पों में से त्रिपुरा म्यांमार के साथ सीमा साझा नहीं करता है।

चार उत्तर पूर्वीय भारतीय राज्य म्यांमार के साथ सीमा साझा करते हैं: अरुणाचल प्रदेश, नागालैंड, मिजोरम और मणिपुर।

अत: विकल्प (C) सही है।

19. उत्तर प्रदेश का बरेली जिला "कत्था उद्योग" के लिए प्रसिद्ध है।

बरेली फर्नीचर निर्माण, विशेष रूप से बेंत फर्नीचर के लिए भी एक प्रमुख केंद्र है। इस शहर को बाँस-बरेली के नाम से भी जाना जाता है।

अत: विकल्प (B) सही है।

20. खाद्य संरक्षण के लिए बेंजोइक अम्ल का बड़े पैमाने पर उपयोग किया जाता है। इसका सूत्र C_6H_5COOH है। इसकी रोगाणुरोधी परिरक्षक कार्य के कारण, यह खाद्य पदार्थों, फलों के रस और शीतल पेय के लिए सबसे उपयुक्त है, जो स्वाभाविक रूप से अम्लीय pH सीमा में हैं। इसका उपयोग सोडियम बेंजोएट नामक सोडियम नमक के रूप में भी किया जाता है।

अत: विकल्प (B) सही है।

21. रासायनिक यौगिक $CaOCl_2$ को सामान्यतः ब्लीचिंग पाउडर कहा जाता है। इसे कैल्शियम ऑक्सीक्लोराइड कहा जाता है। यह सूखे कास्टिक चूने पर क्लोरीन की क्रिया द्वारा तैयार किया जाता है।

ब्लीचिंग पाउडर के उपयोग:

- कपड़ा उद्योग में कपास और लेनिन विरंजन के लिए और कागज कारखानों में लकड़ी की लुगदी विरंजन के लिए।
- रासायनिक उद्योगों में ऑक्सीकरण एजेंट के रूप में।
- पीने के पानी को कीटाणुरहित करने के लिए।

अत: विकल्प (A) सही है।

22. एक कूलम्ब को एक सेकंड से दूसरे बिंदु पर एक सेकंड में एक एम्पीयर विद्युत धारा द्वारा पहुँचाए गए विद्युत आवेश की मात्रा के रूप में परिभाषित किया जाता है। विद्युत आवेश की मात्रा को मापने के लिए कूलम्ब का उपयोग किया जाता है। विद्युत आवेश प्रोटॉन, इलेक्ट्रॉनों और उप-परमाणु कणों की एक सामान्य संपत्ति है।

अत: विकल्प (C) सही है।

23. ओजोन परत को अधिकतम नुकसान पहुंचाने वाले प्रदूषक क्लोरोफ्लोरोकार्बन (CFC) हैं। समताप मंडल में ओजोन परत मौजूद एक सुरक्षा कवच के रूप में कार्य करता है। यह सूर्य की हानिकारक पराबैंगनी किरणों से पृथ्वी को बचाता है।

CFC (क्लोरोफ्लोरोकार्बन्स) वाले यौगिक ओजोन परत के क्षय के लिए मुख्य रूप से जिम्मेदार होते हैं क्योंकि ये यौगिक ऑक्सीजन के अणुओं को बनाने के लिए पराबैंगनी किरणों की उपस्थिति में ओजोन के साथ प्रतिक्रिया करते हैं और इस प्रकार, ओजोन को नष्ट करते हैं।

अत: विकल्प (D) सही है।

24. संविधान (इकसठवां संशोधन) अधिनियम 1988, ने भारतीय संविधान में संशोधन कर लोकसभा और राज्य विधानसभाओं के चुनाव के लिए मतदान की आयु 21 से घटाकर 18 वर्ष कर दी।

संविधान का अनुच्छेद 326, जो लोकसभा और विधानसभाओं के चुनावों को नियंत्रित करता है, को ऐसा करने के लिए संशोधित किया गया था।

अतः विकल्प (D) सही है।

25. क्लोरोप्लास्ट को पादप कोशिका का 'रसोई घर' माना जाता है।

क्लोरोप्लास्ट पौधों में मौजूद हरे रंग के प्लास्टिड होते हैं। क्लोरोप्लास्ट हरे रंग के पदार्थ क्लोरोफिल से बना है। मैग्नीशियम क्लोरोफिल में मौजूद धातु है। प्रकाश संश्लेषण की घटना क्लोरोफिल की मदद से पौधों द्वारा सूर्य के प्रकाश की उपस्थिति में पूरी होती है।

अतः विकल्प (A) सही है।

Q.1 निम्नलिखित का मिलान कीजिए:

समिति	अनुशंसा
1. जी.वी.के. राव समिति	*A.* जिला परिषद भारत की पंचायती राज व्यवस्था में प्रमुख निकाय होनी चाहिए।
2. एल एम सिंघवी समिति	*B.* पंचायती राज संस्थाओं (मंडल पंचायत और जिला परिषद) की दो स्तरीय प्रणाली।
3. अशोक मेहता समिति	*C.* स्थानीय स्वशासन की संवैधानिक मान्यता।
4. बलवंत राय मेहता समिति	*D.* पंचायती राज संस्थाओं (ग्राम पंचायत, पंचायत समिति और जिला परिषद) की त्रिस्तरीय प्रणाली।

नीचे दिया गए विकल्पों में से सही उत्तर ज्ञात कीजिए।

A. $1 - D, 2 - C, 3 - B, 4 - A$
B. $1 - A, 2 - B, 3 - C, 4 - D$
C. $1 - B, 2 - D, 3 - C, 4 - A$
D. $1 - A, 2 - C, 3 - B, 4 - D$

Q.2 भारत में पंचायती राज संस्थाओं की शक्तियों में से कौनसी नहीं है?

A. भूमि सुधारों का कार्यान्वयन
B. न्यायिक समीक्षा
C. गरीबी उन्मूलन कार्यक्रमों का कार्यान्वयन
D. स्थानीय कल्याण कार्यक्रम

Q.3 निम्नलिखित में से कौन ग्राम पंचायत के सचिव की नियुक्ति करता है?

A. पंचायत समिति
B. जिला परिषद
C. पंचायत अध्यक्ष
D. राज्य सरकार

Q.4 ग्रामीण प्रशासन की सबसे महत्वपूर्ण इकाई क्या है?

A. ग्राम सभा
B. ग्राम पंचायत
C. जिला पंचायत
D. जिला

Q.5 बीडीओ का पूर्ण रूप क्या है?

A. खंड विकास अधिकारी
B. खंड विभाग अधिकारी
C. खंड उप अधिकारी
D. इनमें से कोई नहीं

Q.6 ग्रामसेवक के बारे में सही कथन चुनें:

A) वह ग्राम पंचायत के दिन-प्रतिदिन के प्रशासन के लिए जिम्मेदार है।
B) वह राज्य सरकार द्वारा नियुक्त किया जाता है।
C) वह पंचायत समिति की बैठकों का रिकॉर्ड रखता है।

A. केवल A
B. B और C
C. A, B, C
D. इनमें से कोई नहीं

Q.7 आरआईडीएफ का पूर्ण रूप _______ है।

A. रूरल इंफ्रास्ट्रक्चर डेवलपमेंट फंड
B. रीजनल इंफ्रास्ट्रक्चर डेवलपमेंट फंड
C. रूरल इंडस्ट्रियल डेवलपमेंट फंड
D. रूरल इंडस्ट्रियल डेवलपमेंट फोर्सेस

Q.8 राष्ट्रीय खाद्य सुरक्षा मिशन के तहत महिला किसान को आवंटित धनराशि का प्रतिशत कितना है?

A. 20%
B. 30%
C. 40%
D. 50%

Q.9 दीन दयाल उपाध्याय ग्रामीण कौशल योजना _______ मंत्रालय द्वारा कार्यान्वित की जाती है।

A. सामाजिक न्याय और अधिकारिता
B. श्रम और रोजगार
C. स्वास्थ्य और परिवार कल्याण
D. ग्रामीण विकास

Q.10 श्यामा प्रसाद मुखर्जी रूर्बन मिशन योजना के लिए कुल बजट परिव्यय क्या था वर्ष $2015 - 16$ के लिए?

A. 5002 करोड़ रुपये
B. 7142 करोड़ रुपये
C. 5142 करोड़ रुपये
D. 6142 करोड़ रुपये

Q.11 _______ उन गांवों को संदर्भित करता है जहां लोग केवल कुछ महीनों के लिए निश्चित निवास में रहते हैं।

A. प्रवासी कृषि गाँव
B. अर्ध स्थायी कृषि गाँव
C. स्थायी कृषि गाँव
D. इनमें से कोई नहीं

Q.12 जिस गाँव में गाँव का निवास स्थान धब्बेदार या फैला हुआ होता है उसे _______ कहा जाता है।

A. न्यूक्लेटेड गाँव
B. मिश्रित गाँव
C. रैखिक गाँव
D. बिखरा हुआ गाँव

Q.13 _______ औपचारिक ऋण प्रणाली को ग्रामीण समाजों में एकीकृत करने में मदद करते हैं।

A. भूमि विकास बैंक
B. स्वयं सहायता समूह
C. क्षेत्रीय ग्रामीण बैंक
D. वाणिज्यिक बैंक

Q.14 निम्नलिखित में से कौन एक ग्राम समुदाय की विशेषता है?

A. जजमानी प्रणाली
B. जटिल जीवन शैली
C. धर्म में आस्था
D. उपरोक्त सभी

Q.15 भारत में राष्ट्रीय कृषि और ग्रामीण विकास बैंक (NABARD) की स्थापना कब की गई थी?

A. 1976
B. 1982
C. 1981
D. 1979

Q.16 माइक्रो-क्रेडिट या माइक्रो-फाइनेंस गरीबों के साथ बैंकिंग के लिए एक नया दृष्टिकोण है। इस दृष्टिकोण में _______ के माध्यम से गरीबों को बैंक ऋण प्रदान किया जाता है।

A. स्व-सहायता समूह
B. भूमि विकास बैंक
C. नाबार्ड
D. क्षेत्रीय ग्रामीण बैंक

Q.17 ग्रामीण क्षेत्रों में डेयरी सहकारी समितियों की क्या भूमिका है?

A. पोषण संबंधी सहायता प्रदान करना
B. ग्रामीण गरीबी को कम करता है
C. ग्रामीण क्षेत्रों में आर्थिक विकास को बढ़ाता है
D. ये सभी

Q.18 किसान संगठनों (एफओ) का क्या उद्देश्य है?

A. पूंजी कम होने के कारण उत्पन्न होने वाली समस्याओं का समाधान करने के लिए
B. विपणन से संबंधित मुद्दों में उन्हें सुविधा प्रदान करने के लिए
C. (A) और (B) दोनों
D. इनमें से कोई नहीं

Q.19 निम्नलिखित में से कौन ग्राम पंचायतों का कार्य नहीं है?

A. स्थानीय बाजारों की स्थापना और रखरखाव
B. परिवहन सुविधाएं
C. संक्रामक रोगों की रोकथाम

D. गांव की गलियों में रौशनी

Q.20 भारत के ग्रामीण क्षेत्रों में कमजोर वर्गों द्वारा सामना की जाने वाली निम्नलिखित में से कौन सी समस्याएं हैं?

A. अभद्र कार्य
B. जागरूकता की कमी
C. अद्वितीय भूमि वितरण
D. उपरोक्त सभी

Q.21 भारतीय संविधान में अनुच्छेद $338A$ - राष्ट्रीय अनुसूचित जनजाति आयोग को निम्नलिखित में से किस संशोधन अधिनियम द्वारा सम्मिलित किया गया था?

A. 89वां संशोधन अधिनियम, 2003
B. 102वां संशोधन अधिनियम, 2018
C. 104वां संशोधन अधिनियम, 2020
D. 105वां संशोधन अधिनियम, 2021

Q.22 निम्नलिखित में से कौन राष्ट्रीय अनुसूचित जाति आयोग का कार्य नहीं है?

A. अनुसूचित जाति के लिए संवैधानिक और अन्य कानूनी सुरक्षा उपायों से संबंधित सभी मामलों की जांच और निगरानी करना
B. अनुसूचित जातियों के सामाजिक-आर्थिक विकास की योजना प्रक्रिया में भाग लेना और सलाह देना
C. अनुसूचित जातियों के संरक्षण, कल्याण और सामाजिक-आर्थिक विकास के लिए उन सुरक्षा उपायों और अन्य उपायों के प्रभावी कार्यान्वयन के लिए संघ या राज्य द्वारा किए जाने वाले उपायों के बारे में बाध्यकारी सिफारिशें करना
D. उन रक्षोपायों के कार्यकरण पर वार्षिक रिपोर्ट राष्ट्रपति को प्रस्तुत करना

Q.23 ग्राम विकास कार्यों के संबंध में जिला ग्रामीण विकास अभिकरण कार्यक्रम:

A. योजनाओं का क्रियान्वयन
B. निगरानी
C. मूल्यांकन करना
D. ये सभी

Q.24 किस वर्ष में, सर्वोच्च न्यायालय ने उत्तर प्रदेश में मध्याह्न भोजन योजना को अनिवार्य किया?

A. 2002
B. 2006
C. 2000
D. 2001

Q.25 शहरी गरीबों के सामाजिक और आर्थिक उत्थान के लिए योजनाएं चलाने के लिए उत्तर प्रदेश में निम्नलिखित में से कौन सी एजेंसी स्थापित की गई है?

A. सूडा
B. डुडा
C. आवास विकास परिषद
D. आवास बंधु

// स्मार्ट उत्तर पुस्तिका //

सही उत्तर — उन छात्रों का प्रतिशत जिन्होंने प्रश्नों का सही उत्तर दिया था।   छोड़ दिया — उन छात्रों का प्रतिशत जिन्होंने प्रश्नों को छोड़ दिया था।

प्रश्न संख्या	उत्तर	सही उत्तर / छोड़ दिया	प्रश्न संख्या	उत्तर	सही उत्तर / छोड़ दिया	प्रश्न संख्या	उत्तर	सही उत्तर / छोड़ दिया	प्रश्न संख्या	उत्तर	सही उत्तर / छोड़ दिया	प्रश्न संख्या	उत्तर	सही उत्तर / छोड़ दिया	प्रश्न संख्या	उत्तर	सही उत्तर / छोड़ दिया
1	D	61.54 % / 2.56 %	6	A	23.08 % / 15.38 %	11	A	61.54 % / 15.38 %	16	A	28.21 % / 15.38 %	21	A	51.28 % / 15.39 %			
2	B	66.67 % / 15.38 %	7	A	56.41 % / 17.95 %	12	D	56.41 % / 17.95 %	17	D	74.36 % / 17.95 %	22	C	46.15 % / 17.95 %			
3	D	71.79 % / 15.39 %	8	B	46.15 % / 15.39 %	13	B	38.46 % / 15.39 %	18	C	74.36 % / 17.95 %	23	D	79.49 % / 17.95 %			
4	D	12.82 % / 17.95 %	9	D	48.72 % / 17.95 %	14	D	74.36 % / 17.95 %	19	B	69.23 % / 15.39 %	24	D	35.9 % / 17.95 %			
5	A	79.49 % / 17.95 %	10	C	30.77 % / 15.38 %	15	B	74.36 % / 15.38 %	20	D	84.62 % / 15.38 %	25	A	35.9 % / 15.38 %			

//संकेत और समाधान//

1.

समिति	अनुशंसा
1. जी.वी.के. राव समिति	A. जिला परिषद को भारत की पंचायती राज व्यवस्था में प्रमुख निकाय होना चाहिए।
2. एल.एम. सिंघवी समिति	B. स्थानीय स्वशासन की संवैधानिक मान्यता। 1986 में राजीव गांधी द्वारा "लोकतंत्र और विकास के लिए पंचायती राज संस्थान का पुनरुद्धार" पर नियुक्त समिति
3. अशोक मेहता समिति	C. पंचायती राज संस्थाओं (मंडल पंचायत और जिला परिषद) की दो स्तरीय प्रणाली।
4. बलवंत राय मेहता समिति	D. पंचायती राज संस्थाओं (ग्राम पंचायत, पंचायत समिति और जिला परिषद) की त्रिस्तरीय प्रणाली।

अतः विकल्प (D) सही है।

2. पंचायती राज संस्थाओं की शक्तियाँ हैं:

- भूमि सुधारों का कार्यान्वयन
- गरीबी उपशमन कार्यक्रमों का कार्यान्वयन।
- स्थानीय स्तर पर विकास और कल्याण कार्य।
- प्राथमिक और माध्यमिक विद्यालयों सहित शिक्षा, तकनीकी प्रशिक्षण और व्यावसायिक शिक्षा। पुस्तकालयों का वयस्क और अनौपचारिक शैक्षिक निर्माण।
- स्वच्छता और स्वास्थ्य संबंधी गतिविधियाँ।

अतः विकल्प (B) सही है।

3. ग्राम पंचायत में एक सचिव होता है जो ग्राम सभा का सचिव भी होता है। यह व्यक्ति निर्वाचित व्यक्ति नहीं है बल्कि सरकार द्वारा नियुक्त किया जाता है। सचिव ग्राम सभा और ग्राम पंचायत की बैठक बुलाने और कार्यवाही का रिकॉर्ड रखने के लिए जिम्मेदार है। ग्राम पंचायत का सचिव राज्य सरकार द्वारा मनोनीत किया जाता है।

अतः विकल्प (D) सही है।

4. जिला सबसे महत्वपूर्ण इकाई है।

जिला प्रशासन के मुख्य कार्य इस प्रकार हैं: जिला प्रशासन सरकारी नीतियों को लागू करता है और जिले में कानून व्यवस्था बनाए रखता है। बाढ़ और अकाल जैसी आपात स्थिति में राहत कार्य उपलब्ध कराना। भूमि अभिलेखों का रखरखाव और राजस्व संग्रह।

अतः विकल्प (D) सही है।

5. बीडीओ का मतलब खंड विकास अधिकारी है। वह एक ब्लॉक के विकास और गतिविधियों के लिए प्रभारी कार्यालय है। बीडीओ ब्लॉकों की योजना और विकास से संबंधित सभी कार्यक्रमों के क्रियान्वयन का पर्यवेक्षण करता है।

अतः विकल्प (A) सही है।

6. ग्रामसेवक के बारे में सही कथन है: वह ग्राम पंचायत के दिन-प्रतिदिन के प्रशासन के लिए जिम्मेदार है।

ग्राम सेवक की नियुक्ति जिला परिषद के मुख्य कार्यकारी अधिकारी द्वारा की जाती है। वे ग्राम पंचायत के सचिव हैं। गांव की आबादी के अनुसार सीईओ द्वारा एक या एक से अधिक सचिवों की नियुक्ति की जाती है। ग्राम सेवक राज्य सरकार का तृतीय श्रेणी कर्मचारी है। ग्राम पंचायत का सचिव ग्राम सभा का सचिव होता है। वह ग्राम पंचायत की बैठक का रिकॉर्ड रखता है और ग्राम पंचायत के वित्तीय रिकॉर्ड भी रखता है।

ग्राम सेवक की जिम्मेदारियां हैं:

1. ग्रामपंचायत के दिन-प्रतिदिन के कामकाज की देखभाल करना।

2. ग्राम पंचायत द्वारा पारित आदेश एवं संकल्प पर अमल करना।

3. ग्राम पंचायत के वित्तीय लेनदेन का रिकॉर्ड रखना।

4. ग्राम पंचायत का वार्षिक विवरण पंचायत समिति एवं जिला परिषद को प्रतिवेदित करना।

5. ग्राम पंचायत के कार्यालय को अद्यतन रखना।

अतः विकल्प (A) सही है।

7. आरआईडीएफ का फुल फॉर्म रूरल इंफ्रास्ट्रक्चर डेवलपमेंट फंड है।

आरआईडीएफ की स्थापना सरकार द्वारा $1995 − 96$ में चल रही ग्रामीण बुनियादी ढांचा परियोजनाओं के वित्तपोषण के लिए की गई थी। इस फंड का रखरखाव नेशनल बैंक फॉर एग्रीकल्चर एंड रूरल डेवलपमेंट (NABARD) द्वारा किया जाता है।

अतः विकल्प (A) सही है।

8. राष्ट्रीय खाद्य सुरक्षा मिशन के तहत महिला किसान को आवंटित धनराशि का 30%।

निधि का कम से कम 33% आवंटन छोटे और सीमांत किसानों के लिए किया जाना है और निधि का 30% महिला किसानों के लिए आवंटित किया जाना है। लाभार्थी किसानों के चयन में ग्राम पंचायतों को शामिल किया जाना चाहिए।

अतः विकल्प (B) सही है।

9. दीन दयाल उपाध्याय ग्रामीण कौशल योजना ग्रामीण विकास मंत्रालय द्वारा कार्यान्वित की जाती है।

ग्रामीण विकास मंत्रालय गरीब परिवारों के ग्रामीण युवाओं के कौशल और उत्पादक क्षमता विकसित करके, समावेशी विकास के लिए इस राष्ट्रीय एजेंडा को चलाने के लिए डीडीयू-जीकेवाई लागू करता है। भारत के ग्रामीण गरीबों को आधुनिक बाजार में प्रतिस्पर्धा करने से रोकने के लिए कई चुनौतियाँ हैं, जैसे औपचारिक शिक्षा और विपणन योग्य कौशल की कमी।

अतः विकल्प (D) सही है।

10. श्यामा प्रसाद मुखर्जी रूर्बन मिशन योजना के लिए कुल बजट परिव्यय 5142 करोड़ रुपये था वर्ष $2015 − 16$ के लिए।

श्यामा प्रसाद मुखर्जी रूर्बन मिशन ग्रामीण विकास मंत्रालय (MoRD) द्वारा ग्रामीण क्षेत्रों में एकीकृत परियोजना आधारित बुनियादी ढांचे को वितरित करने के लिए $2015 − 16$ में शुरू की गई एक योजना है। ग्रामीण क्षेत्रों में सतत विकास और शहरी सुविधाएं प्रदान करने के लिए ग्रामीण क्षेत्रों को विकास इंजन के रूप में बदलने के लिए 5142 करोड़ रुपये के बजट परिव्यय के साथ कार्यक्रम शुरू किया गया था।

अतः विकल्प (C) सही है।

11. प्रवासी कृषि गाँव उन गाँवों को संदर्भित करते हैं जहाँ लोग केवल कुछ महीनों के लिए निश्चित निवास में रहते हैं।

अर्ध-स्थायी कृषि गाँवों की विशेषता केवल कुछ महीनों के लिए गाँव में रहने वाले लोगों की होती है।

स्थायी कृषि गांवों का संबंध है कि जनसंख्या कई पीढ़ियों से निवास करती है।

अतः विकल्प (A) सही है।

12. जिस गाँव में गाँव के निवास स्थान धब्बेदार या विसरित होते हैं, उसे बिखरा हुआ गाँव कहा जाता है। इस प्रकार के गाँव पहाड़ी क्षेत्रों में पाए जाते हैं, जैसे हिमालय की तलहटी में, गुजरात के ऊंचे इलाकों में आदि। इन गाँवों का कोई निश्चित आकार या संरचना नहीं होती है और न ही गाँव की गलियाँ होती हैं। एक क्लस्टर को दूसरे क्लस्टर से जोड़ने वाले केवल फुटपाथ हैं। अपने खेतों में रहने वाले परिवारों के पास खेत में सभी पशुधन और अन्य संपत्तियां हैं।

अतः विकल्प (D) सही है।

13. स्वयं सहायता समूह औपचारिक ऋण प्रणाली को ग्रामीण समाजों में एकीकृत करने में मदद करते हैं। स्वयं सहायता समूह ग्रामीण निर्धनों का एक ऐसा छोटा समूह होता है। जिनके सदस्यों की आर्थिक एवं सामाजिक स्थिति लगभग समान होती है। ये सामूहिक प्रयास से अपनी जीवन दशा में बेहतर बनाने का प्रयास करते है। सामान्यतः समूह में या तो पुरूष या केवल महिलाएं होती है, परन्तु मिले-जुले समूह भी बनाये जा सकते है।

अतः विकल्प (B) सही है।

14. एक ग्राम समुदाय की विशेषताएं:

- जजमानी प्रणाली
- जटिल जीवन शैली
- धर्म में आस्था
- विशिष्ट इलाका
- छोटे आकार का
- पड़ोस का महत्व
- सामुदायिक भावना
- संयुक्त परिवार प्रणाली
- कृषि अर्थव्यवस्था

अतः विकल्प (D) सही है।

15. राष्ट्रीय कृषि और ग्रामीण विकास बैंक (NABARD) की स्थापना 12 जुलाई 1982 को राष्ट्रीय कृषि और ग्रामीण विकास बैंक अधिनियम 1981 को लागू करने के लिए बी. शिवरामन समिति (संसद के अधिनियम 61,1981 द्वारा) की सिफारिशों पर की गई थी। इसने भारतीय रिजर्व बैंक के कृषि ऋण विभाग (ACD) और ग्रामीण योजना और ऋण प्रकोष्ठ (RPCC) और कृषि पुनर्वित्त और विकास निगम (ARDC) को प्रतिस्थापित किया।

अतः विकल्प (B) सही है।

16. माइक्रोफाइनेंस एक बैंकिंग सेवा है जो बेरोजगार या कम आय वाले व्यक्तियों या समूहों को प्रदान की जाती है जिनकी वित्तीय सेवाओं तक कोई अन्य पहुंच नहीं होती है। माइक्रोफाइनेंस लोगों को उचित लघु व्यवसाय ऋण सुरक्षित रूप से लेने की अनुमति देता है, और इस तरह से नैतिक उधार प्रथाओं के अनुरूप है। माइक्रो फाइनेंसिंग योजना के तहत स्वयं सहायता समूह के सदस्यों को सूक्ष्म ऋण दिया जाता है। स्वयं सहायता समूह सूक्ष्म उद्यमों की स्थापना के लिए गरीब महिलाओं को सूक्ष्म वित्त प्रदान करने में एक महत्वपूर्ण साधन है।

अतः विकल्प (A) सही है।

17. डेयरी क्षेत्र आज 80 मिलियन कृषि परिवारों को पोषक भोजन, पूरक आय और मुख्य रूप से महिलाओं के लिए पारिवारिक श्रम के लिए उत्पादक रोजगार के तिहरे लाभ प्रदान करता है। भारत जैसी विकासशील अर्थव्यवस्थाओं में पोषण सहायता प्रदान करने, ग्रामीण गरीबी को कम करने, असमानता को कम करने, लाखों ग्रामीण परिवारों के लिए खाद्य सुरक्षा सुनिश्चित करने और विशेष रूप से ग्रामीण क्षेत्रों में आर्थिक विकास को बढ़ाने के लिए डेयरी भी समान रूप से महत्वपूर्ण है।

अतः विकल्प (D) सही है।

18. किसान संगठन (एफओ) किसानों और ग्रामीण गरीबों के सशक्तिकरण, गरीबी उन्मूलन और उन्नति के लिए आवश्यक संस्थान हैं। एफओ किसानों की राजनीतिक शक्ति को मजबूत करते हैं, इस संभावना को बढ़ाकर कि उनकी जरूरतों और राय को नीति निर्माताओं और जनता द्वारा सुना जाता है। इनका गठन छोटे पैमाने के किसानों की कम पूंजी और अपर्याप्त संसाधनों के कारण उत्पन्न होने वाले मुद्दों को हल करने और उन्हें विपणन से संबंधित मुद्दों में सुविधा प्रदान करने के लिए भी किया जाता है।

अतः विकल्प (C) सही है।

19. परिवहन सुविधाएं ग्राम पंचायतों का कार्य नहीं हैं।

ग्राम पंचायत के मुख्य कार्य हैं:

- जल स्रोतों, सड़कों, जल निकासी और अन्य सामान्य संपत्ति संसाधनों का निर्माण और रखरखाव।
- स्थानीय कर लगाना और जमा करना।
- गांव में रोजगार सृजन से संबंधित सरकारी योजनाओं का क्रियान्वयन।
- पर्याप्त संख्या में स्ट्रीट लाइट उपलब्ध कराना और नियमित रूप से बिजली शुल्क का भुगतान करना।
- स्थानीय बाजारों की स्थापना और रखरखाव।
- संक्रामक रोगों की रोकथाम।
- पुरुषों और महिलाओं के उपयोग और उनके रखरखाव के लिए पर्याप्त संख्या में सामुदायिक शौचालयों का निर्माण करना।
- प्राथमिक विद्यालय में बच्चों का सार्वभौमिक नामांकन सुनिश्चित करना।
- जन्म और मृत्यु का त्वरित पंजीकरण और रिपोर्टिंग सुनिश्चित करना।

अतः विकल्प (B) सही है।

20. ग्रामीण क्षेत्रों में कमजोर वर्गों की समस्या:

- जमीन की कोई उपलब्धता नहीं होना
- जाति व्यवस्था का दमन होना
- अस्पृश्यता का अभी भी किसी न किसी स्तर पर मौजूद होना
- अभद्र कार्य
- शैक्षणिक सुविधाओं का अभाव
- स्वास्थ्य सुविधाओं का अभाव
- सामाजिक पहेली
- अद्वितीय भूमि वितरण
- सरकारी योजनाओं के बारे में जागरूकता की कमी

इसलिए, उपरोक्त सभी समस्याओं का सामना भारत के ग्रामीण क्षेत्रों में कमजोर वर्गों द्वारा किया जाता है।

अतः विकल्प (D) सही है।

21. भारतीय संविधान में अनुच्छेद 338A- राष्ट्रीय अनुसूचित जनजाति आयोग को 89वें संशोधन अधिनियम, 2003 द्वारा सम्मिलित किया गया था।

राष्ट्रीय अनुसूचित जाति आयोग एक भारतीय संवैधानिक निकाय है जो सामाजिक न्याय और अधिकारिता मंत्रालय, भारत सरकार के अधिकार क्षेत्र के तहत अनुसूचित जातियों और एंग्लो इंडियन समुदायों के शोषण के खिलाफ सुरक्षा उपाय प्रदान करने के लिए स्थापित किया गया है ताकि उनके सामाजिक शैक्षिक,आर्थिक और सांस्कृतिक हितों को बढ़ावा दिया जा सके और उनकी रक्षा की जा सके।

अतः विकल्प (A) सही है।

22. अनुसूचित जातियों के संरक्षण, कल्याण और सामाजिक-आर्थिक विकास के लिए उन सुरक्षा उपायों और अन्य उपायों के प्रभावी कार्यान्वयन के लिए संघ या राज्य द्वारा किए जाने वाले उपायों के बारे में बाध्यकारी सिफारिशें करना यह राष्ट्रीय कार्य नहीं है।

अनुसूचित जातियों के संरक्षण, कल्याण और सामाजिक-आर्थिक विकास के लिए उन सुरक्षा उपायों और अन्य उपायों के प्रभावी कार्यान्वयन के लिए संघ या

राज्य द्वारा किए जाने वाले उपायों के बारे में सिफारिशें करने के लिए, हालांकि, उनकी सलाह बाध्यकारी नहीं है।

अतः विकल्प (C) सही है।

23. जिला ग्रामीण विकास एजेंसी कार्यक्रम वर्ष 1999 में शुरू किया गया था।

इसका काम जिला ग्राम स्तर पर गरीबी को खत्म करना है। कार्यक्रमों के प्रभावी कार्यान्वयन के लिए यह कार्य का निष्पादन, पर्यवेक्षण और मूल्यांकन करता है। यह तीनों तकनीकी, प्रबंधकीय और वित्तीय तीनों की भूमिका निभाता है।

अतः विकल्प (D) सही है।

24. 28 नवंबर 2001 को, भारत के सर्वोच्च न्यायालय ने यह कहते हुए एक जनादेश पारित किया, "हम राज्य सरकारों / केंद्र शासित प्रदेशों को प्रत्येक सरकारी और सरकारी सहायता प्राप्त प्राथमिक विद्यालय में प्रत्येक बच्चे को तैयार मध्याह्न भोजन प्रदान करके मध्याह्न भोजन योजना को लागू करने का निर्देश देते हैं।"

अतः विकल्प (D) सही है।

25. उत्तर प्रदेश सरकार में "राज्य शहरी विकास एजेंसी" (SUDA) राज्य स्तर पर 'शहरी रोजगार और गरीबी उन्मूलन कार्यक्रम विभाग' के तहत काम करती है।

"राज्य शहरी विकास एजेंसी" (SUDA) को नोडल एजेंसी के रूप में गठित किया गया है। यह एजेंसी 20 नवंबर 1990 से 'सोसाइटी पंजीकरण अधिनियम' के तहत पंजीकृत है।

अतः विकल्प (A) सही है।

Q.1 भारत में ग्राम पंचायत का चुनाव कितने वर्ष बाद होता है?

A. 4 **B.** 3 **C.** 5 **D.** 6

Q.2 पंचायती राज संस्थान (PRI) भारत में __________ की एक प्रणाली है।

A. केन्द्रीय सरकार

B. ग्रामीण स्थानीय स्वशासन

C. प्रशासनिक

D. कर लगाना

Q.3 भारत में महिलाओं के लिए निम्न में से कहाँ आरक्षण उपलब्ध है?

[UPTET Paper - I, 2019]

A. लोकसभा **B.** मंत्रिमंडल

C. विधान सभा **D.** पंचायती राज संस्थाएँ

Q.4 पंचायत के सदस्य के रूप में चुनाव के लिए न्यूनतम आयु ____ है।

A. 21 वर्ष **B.** 25 वर्ष **C.** 28 वर्ष **D.** 30 वर्ष

Q.5 प्रत्येक पंचायत का कार्यकाल ________ की तारीख से पांच वर्ष के लिए होगा।

A. इसकी पहली बैठक

B. पंचायत चुनाव के संचालन के लिए अधिसूचना जारी करने

C. चुनाव परिणामों की घोषणा

D. निर्वाचित सदस्यों द्वारा पद की शपथ लेने

Q.6 ग्राम सभा के संबंध में निम्नलिखित में से कौन सा कथन गलत है?

A. ग्राम पंचायत को अपनी भूमिका निभाने और जिम्मेदार बनाने में ग्राम सभा एक महत्वपूर्ण कारक है।

B. यह वह जगह है जहां ग्राम पंचायत के काम की सभी योजनाएं लोगों के सामने रखी जाती हैं।

C. ग्राम पंचायत में एक सचिव होता है जो ग्राम सभा का सचिव भी होता है और निर्वाचित सदस्य होता है।

D. इनमें से कोई नहीं

Q.7 ग्रामीण भूमिहीन रोजगार गारंटी कार्यक्रम ________ में शुरू किया गया था।

A. 1983 **B.** 1984 **C.** 1985 **D.** 1986

Q.8 ग्रामीण क्षेत्रों में महिलाओं और बच्चों का विकास योजना किस वर्ष शुरू की गई थी?

A. 1985 **B.** 1982 **C.** 1986 **D.** 1984

Q.9 राष्ट्रीय ग्रामीण आजीविका मिशन के तहत ______ रुपये तक के ऋण प्रदान करने का प्रावधान है।

A. 3 लाख **B.** 5 लाख **C.** 4 लाख **D.** 6 लाख

Q.10 दीन दयाल अंत्योदय योजना- राष्ट्रीय ग्रामीण आजीविका मिशन (डीएवाई-एनआरएलएम) कितने ग्रामीण परिवारों को कवर करने के लिए निर्धारित है?

A. 9 करोड़ **B.** 5 करोड़ **C.** 6 करोड़ **D.** 7 करोड़

Q.11 निम्नांकित में से कौन-सी ग्रामीण समुदाय की विशेषता है ?

A. औपचारिक नियन्त्रण

B. प्राथमिक सम्बन्ध

C. व्यवसायों की बहुलता

D. स्थान परिवर्तन की प्रवृत्ति

Q.12 'ग्रामीण समाजशास्त्र ग्रामीण वातावरण मे पाए जाने वाले जीवन का समाजशास्त्र है। बिना इसकी उत्पत्ति एवं विकास के समझे हुए, अधिकांशतः इस विषय पर ग्रामीण जीवन का विवरण प्रायः सामान्य रूप से दे दिया जाता है।' किसने कहा है?

A. डेविड सैण्डरसन **B.** टी. लिन. स्मिथ

C. स्टुअर्ट चैपिन **D.** डॉ. ए. आर. देसाई

Q.13 निम्नांकित में से कौन-सी ग्रामीण जीवन की विशेषता है?

A. प्रकृति से निकटता **B.** नारी का निम्न स्तर

C. धर्म का व्यापक प्रभाव **D.** उपरोक्त सभी

Q.14 निम्नलिखित में से कौन ग्रामीण समुदाय के विकास का कारक है?

A. भौतिक कारक **B.** आर्थिक कारक

C. पारिस्थितिक कारक **D.** उपरोक्त सभी

Q.15 कौन सा निकाय भारत में जिला सहकारी बैंकों के कामकाज को नियंत्रित करता है?

A. आरसीएस **B.** आरबीआई **C.** एसबीआई **D.** सेबी

Q.16 प्रथम डेयरी सहकारी समिति का पंजीकरण कहाँ हुआ था?

A. आंध्र प्रदेश **B.** मैसूर **C.** औरंगाबाद **D.** इलाहाबाद

Q.17 निम्नलिखित में से कौन कृषि ऋण का संस्थागत स्रोत नहीं है?

A. सहकारी ऋण समितियाँ

B. व्यापारी और कमीशन एजेंट

C. वाणिज्यिक बैंक

D. क्षेत्रीय ग्रामीण बैंक

Q.18 निम्नलिखित में से कौन ग्रामीण क्षेत्रों में ऋण के संस्थागत स्रोत का एक उद्देश्य है?

A. साहूकारों के महत्व को कम करना और उन्हें ग्रामीण क्षेत्रों से धीरे-धीरे समाप्त करना

B. क्षेत्रीय असंतुलन को कम करना

C. (A) और (B) दोनों

D. इनमें से कोई भी नहीं

Q.19 बी.पी. मंडल आयोग की स्थापना ________ के पिछड़ेपन के कारणों का अध्ययन करने के लिए की गई थी।

A. अनुसूचित जनजाति

B. अनुसूचित जाति

C. ग्रामीण महिलाएं और बच्चे

D. सामाजिक और शैक्षणिक रूप से पिछड़े वर्ग

Q.20 अक्टूबर 2021 में, उत्तर प्रदेश सरकार ने मनरेगा श्रमिकों के मानदेय को कितनी राशि तक बढ़ा दिया?

A. 8,000 रुपये **B.** 10,000 रुपये

C. 12,500 रुपये **D.** 15,000 रुपये

Q.21 निम्नलिखित में से किस लाभार्थी के लिए उत्तर प्रदेश सरकार द्वारा 'नवीन रोजगार छत्री योजना' लाई गई है?

A. अनुसूचित जनजाति

B. अनुसूचित जाति

C. पिछड़ी जाति और अनुसूचित जाति

D. सामान्य, पिछड़ा और अनुसूचित जाति

Q.22 ग्रामीण आर्थिक संरचना का सीधा सम्बन्ध निम्नलिखित में से किससे है?

A. कृषक   **B.** कृषि योजना

C. कृषि श्रमिक   **D.** कृषि अर्थशास्त्र

Q.23 ग्रामीण विकास में स्वयं सहायता समूहों का समर्थन करता है?

A. कुटीर उद्योगों का विकास

B. महिला सशक्तिकरण

C. स्वास्थ्य और देखभाल

D. ऊपर के सभी

Q.24 उत्तर प्रदेश ने _______ पोर्टल लॉन्च किया, इस पोर्टल के माध्यम से राज्य के लोग सरकार को विभिन्न फीडबैक दे सकते हैं और यूपी सरकार उन्हें राज्य की विभिन्न योजनाओं के बारे में भी सूचित कर सकती है।

A. यूपीएफपीओ शक्ति

B. यू -राइस

C. माय गवर्नमेंट -मेरी सरकार

D. जनसुनवाई

Q.25 11 नवंबर 2021 को उत्तर प्रदेश की राज्य स्तरीय योजना मंजूरी समिति (एसएलएसएससी) द्वारा कितनी योजनाओं को मंजूरी दी गई है?

A. 735   **B.** 635   **C.** 935   **D.** 1000

// स्मार्ट उत्तर पुस्तिका //

सही उत्तर — उन छात्रों का प्रतिशत जिन्होंने प्रश्नों का सही उत्तर दिया था।   छोड़ दिया — उन छात्रों का प्रतिशत जिन्होंने प्रश्नों को छोड़ दिया था।

प्रश्न संख्या	उत्तर	सही उत्तर / छोड़ दिया	प्रश्न संख्या	उत्तर	सही उत्तर / छोड़ दिया	प्रश्न संख्या	उत्तर	सही उत्तर / छोड़ दिया	प्रश्न संख्या	उत्तर	सही उत्तर / छोड़ दिया	प्रश्न संख्या	उत्तर	सही उत्तर / छोड़ दिया	प्रश्न संख्या	उत्तर	सही उत्तर / छोड़ दिया
1	C	90.48 % / -0.0 %	6	C	76.19 % / 9.52 %	11	B	85.71 % / 9.53 %	16	D	61.9 % / 9.53 %	21	B	42.86 % / 9.52 %			
2	B	85.71 % / 9.53 %	7	A	19.05 % / 9.52 %	12	A	33.33 % / 9.53 %	17	B	80.95 % / 9.53 %	22	D	42.86 % / 9.52 %			
3	D	90.48 % / 9.52 %	8	B	23.81 % / 9.52 %	13	D	90.48 % / 9.52 %	18	C	90.48 % / 9.52 %	23	D	80.95 % / 9.53 %			
4	A	90.48 % / 9.52 %	9	A	38.1 % / 9.52 %	14	D	85.71 % / 9.53 %	19	D	66.67 % / 9.52 %	24	C	71.43 % / 9.52 %			
5	A	57.14 % / 9.53 %	10	D	19.05 % / 9.52 %	15	B	33.33 % / 9.53 %	20	B	47.62 % / 9.52 %	25	A	38.1 % / 9.52 %			

//संकेत और समाधान//

1. एक ग्राम पंचायत का कार्यकाल पांच वर्ष का होता है। गांव में हर पांच साल में चुनाव होते हैं। 18 वर्ष से अधिक आयु के सभी लोग जो उस गांव की ग्राम पंचायत के क्षेत्र के निवासी हैं, मतदान कर सकते हैं।

अतः विकल्प (C) सही है।

2. पंचायती राज संस्थान (PRI) भारत में ग्रामीण स्थानीय स्वशासन की एक प्रणाली है। पंचायती राज अब शासन की एक प्रणाली के रूप में कार्य करता है जिसमें ग्राम पंचायतें स्थानीय प्रशासन की बुनियादी इकाइयाँ हैं।

प्रणाली के तीन स्तर हैं : ग्राम पंचायत (ग्राम स्तर), मंडल परिषद या ब्लॉक समिति या पंचायत समिति (ब्लॉक(खंड) स्तर), और जिला परिषद (जिला स्तर)।
अतः विकल्प (B) सही है।

3. पंचायती राज ग्रामीण स्थानीय स्वशासन की एक प्रणाली है। 73वें और 74वें संशोधन अधिनियमों ने भारत के संविधान में दो नए भागों को जोड़ा।
भाग IX को "द पंचायत" (73वें संशोधन द्वारा जोड़ा गया) शीर्षक दिया गया था और भाग IXA को "नगरपालिका" (74वें संशोधन द्वारा जोड़ा गया) शीर्षक दिया गया था। अधिनियम में महिलाओं के लिए सीटों की कुल संख्या के एक तिहाई से कम नहीं (एससी और एसटी के लिए आरक्षित सीटों की संख्या सहित) का प्रावधान है।
अतः विकल्प (D) सही है।

4. पंचायत के सदस्य के रूप में चुनाव के लिए न्यूनतम आयु 21 वर्ष है।

पंचायतों को संवैधानिक रूप से भारत के संविधान के भाग IX में, 73वें संशोधन, 1992 के माध्यम से स्थानीय स्वशासन के रूप में मान्यता दी गई है, और पंचायत राज संस्थाओं (पीआरआई) के रूप में संदर्भित गांव, मध्यवर्ती और जिला स्तर पर गठित की जानी है।

73वें संविधान संशोधन अधिनियम (1992) या संविधान के भाग IX के अनिवार्य प्रावधान:

1. किसी गाँव या गाँवों के समूह में ग्राम सभा का संगठन।

2. ग्राम, मध्यवर्ती और जिला स्तर पर पंचायतों की स्थापना।

3. ग्राम, मध्यवर्ती और जिला स्तर पर पंचायतों की सभी सीटों पर सीधे चुनाव।

4. मध्यवर्ती और जिला स्तर पर पंचायतों के अध्यक्ष पद के लिए अप्रत्यक्ष चुनाव।

5. पंचायतों का चुनाव लड़ने के लिए न्यूनतम आयु 21 वर्ष होगी।

अतः विकल्प (A) सही है।

5. प्रत्येक पंचायत का कार्यकाल उसकी पहली बैठक की तिथि से पांच वर्ष के लिए होगा।

पंचायती राज संस्था (पीआरआई): यह भारत में ग्रामीण स्थानीय स्वशासन की एक प्रणाली है। स्थानीय स्वशासन ऐसे स्थानीय निकायों द्वारा स्थानीय मामलों का प्रबंधन है जो स्थानीय लोगों द्वारा चुने गए हैं।

जमीनी स्तर पर लोकतंत्र का निर्माण करने के लिए 73वें संविधान संशोधन अधिनियम, 1992 के माध्यम से पंचायती राज संस्थान का गठन किया गया था और इसे देश में ग्रामीण विकास का कार्य सौंपा गया था।

अपने वर्तमान स्वरूप और संरचना में, PRI ने अपने अस्तित्व के 26 वर्ष पूरे कर लिए हैं। हालांकि, जमीनी स्तर पर आगे विकेंद्रीकरण और लोकतंत्र को मजबूत करने के लिए बहुत कुछ किया जाना बाकी है।

प्रत्येक पंचायत, जब तक कि किसी भी कानून के तहत जल्द ही भंग न हो जाए, अपनी पहली बैठक के लिए नियत तारीख से पांच साल तक जारी रहेगी और अब नहीं।

अतः विकल्प (A) सही है।

6. ग्राम सभा के संबंध में गलत कथन है: ग्राम पंचायत में एक सचिव होता है जो ग्राम सभा का सचिव भी होता है और निर्वाचित सदस्य होता है।

ग्राम पंचायत को अपनी भूमिका निभाने और जिम्मेदार बनाने में ग्राम सभा एक महत्वपूर्ण कारक है। ग्राम सभा पंचायत को पैसे का दुरुपयोग करने या कुछ लोगों का पक्ष लेने जैसे गलत काम करने से रोकती है। यह चुने हुए प्रतिनिधियों पर नजर रखने और उन्हें चुने गए व्यक्तियों के प्रति जिम्मेदार बनाने में महत्वपूर्ण भूमिका निभाता है।

ग्राम सभा की बैठक पंचायत अध्यक्ष यानी सरपंच और पंचायत के सदस्यों के साथ शुरू होती है जिन्हें पंच कहा जाता है। प्रत्येक ग्राम पंचायत को वार्डों में बांटा गया है। प्रत्येक वार्ड एक प्रतिनिधि का चुनाव करता है जिसे वार्ड सदस्य (पंच) के रूप में जाना जाता है।

ग्राम सभा के सभी सदस्य एक सरपंच का चुनाव भी करते हैं जो पंचायत अध्यक्ष होता है। ग्राम पंचायत के वार्ड पंच और सरपंच। ग्राम पंचायत 5 साल के लिए चुनी जाती है।

ग्राम पंचायत में एक सचिव होता है जो ग्राम सभा का सचिव भी होता है जिसे सरकार द्वारा नियुक्त किया जाता है।

अतः विकल्प (C) सही है।

7. ग्रामीण भूमिहीन रोजगार गारंटी कार्यक्रम 1983 में शुरू किया गया था।

यह एक केंद्र प्रायोजित कार्यक्रम था। यह पूरी तरह से केंद्र सरकार द्वारा वित्त पोषित किया गया था। राज्यों/केंद्र शासित प्रदेशों को निर्धारित मानदंडों के आधार पर संसाधन आवंटित किए गए थे। इसका मुख्य उद्देश्य लाभकारी रोजगार पैदा करना, ग्रामीण क्षेत्रों में उत्पादक संपत्ति का निर्माण करना था।
अतः विकल्प (A) सही है।

8. ग्रामीण क्षेत्रों में महिलाओं और बच्चों का विकास योजना 1982 में शुरू की गई थी।

यह कार्यक्रम 1982 में शुरू किया गया था, जिसका प्राथमिक उद्देश्य गरीबी रेखा से नीचे जीवन यापन करने वाली ग्रामीण इलाके की महिला सदस्यों पर ध्यान केंद्रित करना था।। इस कार्यक्रम का उद्देश्य सतत आधार पर घर आधारित उत्पादन और विपणन पर प्रशिक्षण के माध्यम से स्वरोजगार के अवसर प्रदान करना है। योजना के तहत गरीबी रेखा से नीचे के परिवारों की 10 − 15 महिला सदस्य ग्रामीण क्षेत्रों में महिलाओं और बच्चों का विकास समूह बना सकती हैं।
अतः विकल्प (B) सही है।

9. राष्ट्रीय ग्रामीण आजीविका मिशन के तहत 3 लाख रुपये तक के ऋण प्रदान करने का प्रावधान है।

इस योजना को 2011 में स्वर्ण जयंती ग्राम स्वरोजगार योजना से पुनर्गठित किया गया था राष्ट्रीय ग्रामीण आजीविका मिशन (आजीविका) का उद्देश्य देश भर में महिलाओं के स्वयं सहायता समूह मॉडल को सशक्त बनाना है। इस योजना के तहत सरकार 7% की दर से 3 लाख रुपये तक का ऋण प्रदान करता है जिसे समय पर चुकौती पर 4% तक कम किया जा सकता है।
अतः विकल्प (A) सही है।

10. दीन दयाल अंत्योदय योजना- राष्ट्रीय ग्रामीण आजीविका मिशन (डीएवाई-एनआरएलएम) लगभग 7 करोड़ ग्रामीण परिवारों को कवर करने के लिए निर्धारित है।

दीन दयाल अंत्योदय योजना- राष्ट्रीय ग्रामीण आजीविका मिशन स्वरोजगार और ग्रामीण गरीबों के संगठन को बढ़ावा देने के लिए एक गरीबी उन्मूलन कार्यक्रम है। इसे केंद्रीय ग्रामीण विकास मंत्रालय द्वारा ग्रामीण गरीबों को एसएचजी में संगठित करने और उन्हें स्वरोजगार के योग्य बनाने के उद्देश्य से लागू किया गया था। 8 − 10 वर्षों की अवधि में स्व-प्रबंधित स्वयं सहायता समूहों

(एसएचजी) के माध्यम से देश के 600 जिलों, 6000 ब्लॉकों, 2.5 लाख ग्राम पंचायतों और 6 लाख गांवों में फैले 7 करोड़ ग्रामीण परिवारों को कवर करने के एजेंडे के साथ निर्धारित है।

अत: विकल्प (D) सही है।

11. ग्रामीण समुदाय की विशेषता प्राथमिक सम्बन्ध है। ग्राम वासी सादा जीवन व्यतीत करते है। उनके जीवन मे कृत्रिमता और आडम्बर नही है। उनमें ठगी, चतुरता और धोखेबाजी के स्थान पर सच्चाई, ईमानदारी और अपनत्व की भावना अधिक होती है। जहां नगरों की विशेषता सामाजिक विषमता है वही ग्रामीण समाज की विशेषता सामाजिक समरूपता का होना है।

अत: विकल्प (B) सही है।

12. डेविड सैण्डरसन के अनुसार," ग्रामीण समाजशास्त्र ग्रामीण वातावरण मे पाए जाने वाले जीवन का समाजशास्त्र। बिना इसकी उत्पत्ति एवं विकास के समझे हुए, अधिकांशतः इस विषय पर ग्रामीण जीवन का विवरण प्रायः सामान्य रूप से दे दिया जाता है। ग्रामीण समाजशास्त्र गांव के सम्पूर्ण ढाँचे का विस्तृत व वैज्ञानिक अध्ययन करता है। इसके होते हुए भी ग्रामीण समाजशास्त्र की अपनी सीमायें है और उन सीमीओं मे रहकर ही इसका अध्ययन किया जा सकता है।

अत: विकल्प (A) सही है।

13. ग्रामीण जीवन की विशेषताएं है:

- प्रकृति से निकटता
- नारी का निम्न स्तर
- धर्म का व्यापक प्रभाव
- रीति-रिवाजों का प्रभाव
- आदर्श और परम्पराओं की एकता
- संतोष और भाग्यवादी दृष्टिकोण
- अगतिशील जीवन

अत: विकल्प (D) सही है।

14. ग्राम समुदाय के विकास के लिए कारक:

भौतिक कारक: भूमि, जल, जलवायु

आर्थिक कारक: कृषि परिदृश्य, कुटीर उद्योग

पारिस्थितिक कारक: जनसंख्या, आजीविका, सामाजिक संगठन

अत: विकल्प (D) सही है।

15. रिज़र्व बैंक (आरबीआई) विभिन्न नियंत्रकों, उदाहरण के लिए सह-उपयोग योग्य समितियों के रजिस्ट्रार और सह-रोजगार योग्य समितियों के केंद्रीय रजिस्ट्रार के साथ निकट सह-नियुक्ति में कार्य करता है। रिज़र्व बैंक ने केंद्र सरकार और उन सभी राज्य सरकारों के साथ समझौता ज्ञापन (एमओयू) किया है, जिनके पास दिशानिर्देश और निरीक्षण पर दृष्टिकोणों के अधिक प्रमुख अंतर्संबंध की गारंटी देने के लिए शहरी सहकारी बैंक मौजूद हैं।

अतः विकल्प (B) सही है।

16. दुग्ध निर्माता को कम कीमत चुकाने और महानगर ग्राहक से अधिक कीमत वसूलने के शोषण को नियंत्रित करने के लिए डेयरी सहकारी समिति का पंजीकरण किया गया था। प्रथम डेयरी सहकारी समिति को 1913 में उत्तर प्रदेश के इलाहाबाद में नामांकित किया गया था और इसे "कटरा सहकारी डेयरी सोसायटी" के रूप में वर्गीकृत किया गया था।

अत: विकल्प (D) सही है।

17. कृषि ऋण के स्रोतों को व्यापक रूप से संस्थागत और गैर-संस्थागत स्रोतों में वर्गीकृत किया जा सकता है। गैर-संस्थागत स्रोतों में साहूकार, व्यापारी और कमीशन एजेंट, रिश्तेदार और जमींदार शामिल हैं, लेकिन संस्थागत स्रोतों में

सहकारी, क्षेत्रीय ग्रामीण बैंक, एसबीआई समूह, आरबीआई और नाबार्ड सहित वाणिज्यिक बैंक शामिल हैं।

अत: विकल्प (B) सही है।

18. संस्थागत ऋण का मुख्य उद्देश्य किसानों को उनकी कृषि उत्पादकता बढ़ाने और उनकी आय को अधिकतम करने में सहायता करना है। ग्रामीण क्षेत्रों के विकास के लिए संस्थागत ऋण बहुत महत्वपूर्ण है। स्वतंत्रता के बाद भारत में संस्थागत ऋण के रूप में बहु-एजेंसी दृष्टिकोण अपनाया गया। संस्थागत ऋण संस्थानों में सहकारी समितियां, वाणिज्यिक बैंक और क्षेत्रीय ग्रामीण बैंक शामिल हैं। इस नीति का मुख्य उद्देश्य साहूकारों के महत्व को कम करना और उन्हें धीरे-धीरे ग्रामीण क्षेत्रों से समाप्त करना और क्षेत्रीय असंतुलन को कम करना है।

अत: विकल्प (C) सही है।

19. बी.पी. मंडल आयोग की स्थापना सामाजिक और शैक्षिक रूप से पिछड़े वर्गों के पिछड़ेपन के कारणों का अध्ययन करने के लिए की गई थी।

मंडल आयोग या सामाजिक और शैक्षिक रूप से पिछड़ा वर्ग आयोग (SEBC) की स्थापना भारत में 1 जनवरी 1979 को जनता पार्टी की सरकार द्वारा प्रधान मंत्री मोरारजी देसाई के नेतृत्व में "सामाजिक रूप से पहचान करने या शैक्षिक रूप से पिछड़े वर्ग"के लिए" जनादेश के साथ की गई थी। इसका नेतृत्व बी.पी. मंडल ने जातिगत भेदभाव को दूर करने के लिए व्यक्तियों के लिए आरक्षण की समस्या पर विचार करने के लिए मंडल ने ग्यारह सामाजिक, आर्थिक और शैक्षिक मीट्रिक का इस्तेमाल किया।

अत: विकल्प (D) सही है।

20. अक्टूबर 2021 में उत्तर प्रदेश सरकार ने मनरेगा श्रमिकों के मानदेय को बढ़ाकर 10,000 राशि कर दी। मुख्यमंत्री ने श्रमिकों के लिए मानव संसाधन नीति की भी घोषणा की।

अत: विकल्प (B) सही है।

21. उत्तर प्रदेश सरकार अनुसूचित जाति के लिए 'नवीन रोजगार छत्री योजना' लेकर आई है।

इस योजना के माध्यम से राज्य के अनुसूचित जाति के गरीबों, दलितों, मजदूरों और श्रमिकों के सर्वांगीण विकास को प्रोत्साहित किया जाएगा। इस योजना के तहत मुख्यमंत्री ने महामारी के कारण विस्थापित और बेरोजगार अनुसूचित जातियों को 7.50 लाख सहायता देने का लक्ष्य रखा है। लाभार्थियों को प्रदान की जाने वाली स्वरोजगार की राशि में ऋण के साथ-साथ अनुदान की राशि भी शामिल है जो राज्य सरकार द्वारा वहन की जा रही है।

अत: विकल्प (B) सही है।

22. ग्रामीण आर्थिक संरचना का सीधा सम्बन्ध कृषि अर्थशास्त्र से है।

आज भारत कि आर्थिक व्यवस्था कृषि एवं ग्रामीण विकास पर आधारित है। भारत कि लगभग 70 प्रतिशत आबादी भारत के लगभग 6 लाख ग्रामों में रहती है जो कृषि तथा कृषि पर आधारित उद्योगों पर आश्रित है। शेष 30 प्रतिशत लोग शहरों में निवास करते हैं। राष्ट्रीय आय में कृषि उत्पादन से होने वाली आय लगभग 48 प्रतिशत है।

अत: विकल्प (D) सही है।

23. स्वयं सहायता समूह (एसएचजी):

यह उन लोगों का एक अनौपचारिक संघ है जो अपने रहने की स्थिति में सुधार के तरीके खोजने के लिए एक साथ आना चुनते हैं। एक स्वयं सहायता समूह एक वित्तीय मध्यस्थ समिति है जो आमतौर पर 18 से 40 वर्ष की आयु के बीच 10 से 25 स्थानीय महिलाओं से बनी होती है।

अधिकांश स्वयं सहायता समूह भारत में हैं, हालांकि वे अन्य देशों में पाए जा सकते हैं, विशेष रूप से दक्षिण एशिया और दक्षिण पूर्व एशिया में। एसएचजी

आम तौर पर ऐसे लोगों का समूह होता है जो दैनिक वेतन पर काम करते हैं जो एक ढीला समूह या संघ बनाते हैं।

कई एसएचजी सूक्ष्म ऋण की सुपुर्दगी के लिए बैंकों से जुड़े हुए हैं।

स्व-सहायता समूह गैर-सरकारी संगठनों (एनजीओ) द्वारा शुरू किए जाते हैं जिनके पास आम तौर पर व्यापक गरीबी-विरोधी एजेंडा होता है। भारत सरकार ने 1999 में एसएचजी के गठन और कौशल के माध्यम से ग्रामीण क्षेत्रों में स्वरोजगार को बढ़ावा देने के लिए स्वर्ण जयंती ग्राम स्वरोजगार योजना शुरू की।

कुटीर उद्योग का विकास, महिला अधिकारिता, और स्वास्थ्य देखभाल सभी ग्रामीण विकास के लिए स्वयं सहायता समूह का समर्थन करते हैं। स्व-सहायता समूह लघु उद्योगों के क्रियान्वयन में प्रभावी भूमिका निभाते हैं।

अतः विकल्प (D) सही है।

24. उत्तर प्रदेश के मुख्यमंत्री योगी आदित्यनाथ ने 'माय गवर्नमेंट -मेरी सरकार' पोर्टल लॉन्च किया।

इस पोर्टल के माध्यम से सरकार लोगों से फीडबैक प्राप्त करेगी और उन्हें सरकार की विभिन्न योजनाओं की जानकारी भी देगी। पोर्टल अपनी कुशल सेवा के लिए जाना जाएगा। पोर्टल का उद्देश्य राज्य सरकार के साथ आम नागरिकों के जुड़ाव को और बढ़ाना है।

अतः विकल्प (C) सही है।

25. उत्तर प्रदेश की राज्य स्तरीय योजना मंजूरी समिति (एसएलएसएससी) द्वारा 735 योजनाओं को मंजूरी दी गई है।

11 नवंबर 2021 को उत्तर प्रदेश की राज्य स्तरीय योजना मंजूरी समिति (SLSSC) ने ग्रामीण क्षेत्रों में नल के पानी के कनेक्शन के प्रावधान के लिए 1,882 करोड़ रुपये के राज्य द्वारा प्रस्तुत प्रस्तावों को मंजूरी दी। इन योजनाओं से 33 जिलों के 1,262 गांवों की 39 लाख की आबादी को कवर किया जाएगा।

अतः विकल्प (A) सही है।

Q.1 भारत की पंचायती राज व्यवस्था में कितने स्तर हैं?

A. टियर-1   **B.** टियर-2   **C.** टियर-3   **D.** टियर-4

Q.2 निम्नलिखित में से कौन सा अनुच्छेद पंचायती राज से संबंधित है?

A. अनुच्छेद 243   **B.** अनुच्छेद 324

C. अनुच्छेद 73   **D.** अनुच्छेद 73

Q.3 भारत में पंचायती राज व्यवस्था लाने के पीछे मुख्य उद्देश्य क्या था?

A. राजनीति के अपराधीकरण को रोकना

B. गांवों का विकास

C. सामान्य लोगों के लिए राजनीतिक शक्ति का विकेंद्रीकरण

D. चुनाव खर्च कम करने के लिए

Q.4 जिला स्तर पर प्रशासन की इकाई कौन-सी है?

A. जिला   **B.** जिला परिषद

C. कलेक्टर   **D.** पंचायत

Q.5 जिला प्रशासन का प्रमुख कौन होता है?

A. जिला कलेक्टर   **B.** जिलाधिकारी

C. (A) और (B) दोनों   **D.** इनमें से कोई नहीं

Q.6 वीएओ का मतलब ______ है।

A. ग्राम प्रशासनिक अधिकारी

B. ग्राम सहायक अधिकारी

C. ग्राम सहयोगी अधिकारी

D. इनमें से कोई नहीं

Q.7 दीन दयाल उपाध्याय ग्रामीण कौशल योजना ______ को शुरू की गई थी।

A. 25 अक्टूबर 2014   **B.** 2 अक्टूबर 2014

C. 25 दिसंबर 2014   **D.** 25 सितंबर 2014

Q.8 सांसद आदर्श ग्राम योजना ______ की जयंती पर शुरू की गई।

A. स्वामी विवेकानंद   **B.** महात्मा गांधी

C. जय प्रकाश नारायण   **D.** राम मोहन राय

Q.9 ग्रामीण क्षेत्रों में शहरी सुविधाओं का प्रावधान ______ द्वारा प्रस्तावित किया गया था।

A. सोनिया गांधी   **B.** मनमोहन सिंह

C. अटल बिहारी वाजपेयी   **D.** एपीजे अब्दुल कलाम

Q.10 मान्यता प्राप्त सामाजिक स्वास्थ्य कार्यकर्ता (आशा) योजना ______ के तहत चालू है।

A. आयुष्मान भारत

B. करुणा स्वास्थ्य योजना

C. राष्ट्रीय ग्रामीण स्वास्थ्य मिशन

D. इनमें से कोई नहीं

Q.11 भारतीय गाँवों को एक गणतंत्र के रूप में कौन देखते हैं?

A. बेतेल   **B.** मेटकाफ

C. श्रीनिवास   **D.** इनमें से कोई नहीं

Q.12 निम्नलिखित में से कौन ग्रामीण ऋण का संस्थागत स्रोत है?

A. साहूकार   **B.** क्षेत्रीय ग्रामीण बैंक

C. व्यापारी   **D.** जमींदार

Q.13 ग्रामीण समाजशास्त्र का जनक कौन है?

A. आस्कर लेविस   **B.** विलियम वाइजर

C. रेडफील्ड   **D.** मैकियम मेरिट

Q.14 ग्रामीण समाजशास्त्र के विषय-क्षेत्र में क्या सम्मिलित नहीं है?

A. ग्रामीण सामाजिक संस्थाएं

B. ग्रामीण सामाजिक संगठन

C. विकास कार्य

D. नगरीय जीवन का अध्ययन

Q.15 निम्नलिखित में से कौन ग्रामीण महिलाओं का एक स्वैच्छिक संगठन है, जो ग्राम सेविकों, मुख्य सेविकों, पर्यवेक्षक और कार्यक्रम अधिकारी की मदद से मिलकर काम करने में रुचि रखता है?

A. नारी शक्ति मंडल   **B.** नारी मुखिया मंडल

C. महिला मंडल   **D.** इनमें से कोई भी नहीं

Q.16 ग्रामीण क्षेत्रों में पूरे भारत में पंचायती राज प्रणाली को विकसित और मजबूत करने के लिए भारत सरकार के पंचायती राज मंत्रालय की एक छत्र योजना के रूप में निम्नलिखित में से कौन सा अभियान शुरू किया गया था?

A. राष्ट्रीय ग्राम स्वराज अभियान

B. स्वच्छ भारत अभियान

C. आत्मानिर्भर भारत अभियान

D. इनमे से कोई भी नहीं

Q.17 भारत में कृषि ऋण के संबंध में निम्नलिखित में से कौन सी प्रमुख समस्या है?

A. ऋण स्वीकृति की अपर्याप्त राशि

B. अपर्याप्त संस्थागत कवरेज

C. (A) और (B) दोनों

D. इनमे से कोई भी नहीं

Q.18 भारत में निम्नलिखित में से कौन सा एक प्रकार का कृषि ऋण है?

A. अल्पकालिक ऋण   **B.** मध्यम अवधि का ऋण

C. दीर्घकालिक ऋण   **D.** उपरोक्त सभी

Q.19 ग्रामीण समाज की मूलभूत इकाई क्या है?

A. परिवार   **B.** गाँव   **C.** शहर   **D.** देश

Q.20 निम्नलिखित में से कौन-सा सामाजिक विकास का एक उपयुक्त सूचक नहीं है?

A. निर्धनता के विरुद्ध संघर्ष

B. प्रच्छन्न बेराजगारी में कमी

C. सामाजिक समरसता

D. समाज में उचित स्थान

Q.21 जुलाई 2001 में प्रारम्भ की गई कृषि श्रमिक सामाजिक सुरक्षा योजना का कार्यान्वयन निम्नलिखित में से किसके माध्यम से किया जा रहा है?

A. नेशनल इंश्योरेन्स कम्पनी

B. ग्रामीण विकास एजेन्सी

C. लाइफ इंश्योरेन्स कॉर्पोरेशन ऑफ इण्डिया

D. नाबार्ड

Q.22 'ग्रामीण क्षेत्रों में शहरी सुख-सुविधाएँ प्रदान करना' (PURA) योजना किसके द्वारा प्रतिपादित है?

A. डॉ. ए. पी. जे. अब्दुल कलाम

B. अटल बिहारी वाजपेयी

C. जय प्रकाश नारायण

D. डॉ मनमोहन सिंह

Q.23 प्रधान मंत्री नरेंद्र मोदी निम्नलिखित में से किस राज्य से प्रधानमंत्री आत्मानिर्भर स्वस्थ भारत योजना (PM-ASBY) शुरू की?

A. गुजरात

B. तमिलनाडु

C. उत्तर प्रदेश

D. मध्य प्रदेश

Q.24 निम्नलिखित में से किस राज्य ने किसान कल्याण मिशन 2020 प्रारंभ किया है?

A. राजस्थान

B. हरियाणा

C. उत्तर प्रदेश

D. मध्य प्रदेश

Q.25 मछली उत्पादन के लिए किस राज्य को "सर्वश्रेष्ठ अंतर्देशीय राज्य" में प्रथम पुरस्कार मिला है?

A. मध्य प्रदेश

B. उत्तर प्रदेश

C. बिहार

D. छत्तीसगढ

// स्मार्ट उत्तर पुस्तिका //

सही उत्तर — उन छात्रों का प्रतिशत जिन्होंने प्रश्नों का सही उत्तर दिया था।   छोड़ दिया — उन छात्रों का प्रतिशत जिन्होंने प्रश्नों को छोड़ दिया था।

प्रश्न संख्या	उत्तर	सही उत्तर / छोड़ दिया	प्रश्न संख्या	उत्तर	सही उत्तर / छोड़ दिया	प्रश्न संख्या	उत्तर	सही उत्तर / छोड़ दिया	प्रश्न संख्या	उत्तर	सही उत्तर / छोड़ दिया	प्रश्न संख्या	उत्तर	सही उत्तर / छोड़ दिया	प्रश्न संख्या	उत्तर	सही उत्तर / छोड़ दिया
1	C	41.62 % / 53.84 %	6	A	77.48 % / 17.12 %	11	B	42.28 % / 43.42 %	16	A	40.57 % / 48.44 %	21	C	48.76 % / 47.92 %			
2	A	59.11 % / 30.77 %	7	D	48.84 % / 46.69 %	12	B	46.98 % / 35.73 %	17	C	77.59 % / 14.47 %	22	A	54.13 % / 40.92 %			
3	C	63.62 % / 30.14 %	8	C	59.56 % / 32.66 %	13	C	81.82 % / 15.51 %	18	D	10.24 % / 68.59 %	23	C	55.38 % / 31.65 %			
4	A	84.69 % / 11.82 %	9	D	59.57 % / 35.85 %	14	C	68.79 % / 30.66 %	19	B	77.63 % / 19.22 %	24	C	52.51 % / 41.09 %			
5	A	60.5 % / 39.32 %	10	C	45.04 % / 43.16 %	15	C	29.52 % / 70.2 %	20	B	44.69 % / 45.68 %	25	B	77.73 % / 10.82 %			

//संकेत और समाधान//

1. एक टियर-3 प्रणाली की व्यवस्था की जाती है यानी ग्राम पंचायत, पंचायत समिति और जिला परिषद। इस प्रणाली के तीन स्तर हैं: ग्राम पंचायत (ग्राम स्तर), मंडल परिषद या ब्लॉक समिति या पंचायत समिति (ब्लॉक स्तर), और जिला परिषद (जिला स्तर)। ग्राम पंचायत। ग्राम सभा वह स्थान है जहाँ ग्राम पंचायत के कार्य की समस्त योजनाएँ लोगों के सम्मुख रखी जाती हैं।

अतः विकल्प (C) सही है।

2. अनुच्छेद 243 भारतीय संविधान पंचायत राज को परिभाषित करता है। ड्राफ्ट संविधान, 1948 का मसौदा अनुच्छेद 215 (अनुच्छेद 243) मसौदा संविधान की पहली अनुसूची के भाग IV के भीतर के क्षेत्रों के बारे में था। राष्ट्रपति के पास पहली अनुसूची के भाग IV में भारत संघ के किसी भी भाग को स्थानांतरित करने और क्षेत्र पर शांति सुनिश्चित करने के लिए कोई नियम या विनियमन बनाने की शक्ति होगी।
अतः विकल्प (A) सही है।

3. राजनीतिक विकेंद्रीकरण नीति निर्धारण पर राष्ट्रीय सरकारों के अधिकार में कमी का संकेत देता है। विकेंद्रीकरण सुधार प्रशासनिक कारणों से हो सकता है। जब सरकारी अधिकारी तय करते हैं कि कुछ जिम्मेदारियों और फैसलों को क्षेत्रीय या स्थानीय स्तर पर सबसे अच्छी तरह से नियंत्रित किया जाएगा।
अतः विकल्प (C) सही है।

4. एक जिला भारतीय प्रशासनिक व्यवस्था की एक इकाई है। इसका प्रबंधन स्थानीय सरकार द्वारा किया जाता है। जिलों को आगे उपखंडों में विभाजित किया गया है जिन्हें तहसील कहा जाता है। जिला प्रशासन के लिए जिला कलेक्टर या जिला मजिस्ट्रेट जिम्मेदार होते हैं।

अतः विकल्प (A) सही है।

5. जिला कलेक्टर जिले में राजस्व प्रशासन का सर्वोच्च अधिकारी होता है। जिला कलेक्टर जिला प्रशासन का कार्यकारी नेता होता है और जिले के विभिन्न विभागों के जिला अधिकारी उसे अपने कर्तव्यों के निर्वहन में तकनीकी सलाह देते हैं।

अतः विकल्प (A) सही है।

6. वीएओ का मतलब ग्राम प्रशासनिक अधिकारी है।

ग्राम प्रशासनिक अधिकारी या वीएओ बुनियादी ग्राम स्तर का प्रशासनिक अधिकारी है। उन्हें एक ग्राम सहायक द्वारा सहायता प्रदान की जाती है।

ग्राम प्रशासनिक अधिकारी के कार्य: गांव में होने वाली महत्वपूर्ण घटनाओं के बारे में उच्च अधिकारियों को रिपोर्ट करना, जैसे अप्राकृतिक मृत्यु, जाति विवाद, आपत्तिजनक अतिक्रमण, किसानों को प्रमाण पत्र जारी करना आदि।

अतः विकल्प (A) सही है।

7. दीन दयाल उपाध्याय ग्रामीण कौशल योजना 25 सितंबर 2014 को शुरू की गई थी।

इसे 25 सितंबर 2014 को केंद्रीय मंत्री नितिन गडकरी और वैंकेया नायडू ने पंडित दीनदयाल उपाध्याय की 98 वीं जयंती के अवसर पर लॉन्च किया था, जिसे अंत्योदय दिवस के रूप में जाना जाता है। इसका मुख्य उद्देश्य ग्रामीण गरीब परिवारों की आय में विविधता जोड़ना और ग्रामीण युवाओं की करियर आकांक्षाओं को पूरा करना था।
अतः विकल्प (D) सही है।

8. सांसद आदर्श ग्राम योजना जय प्रकाश नारायण की जयंती पर शुरू की गई।

इस कार्यक्रम की शुरुआत प्रधानमंत्री नरेंद्र मोदी ने 11 अक्टूबर 2014 को लोक नायक जय प्रकाश नारायण की जयंती पर की थी। इस कार्यक्रम के लिए पर्यवेक्षण प्राधिकरण ग्रामीण विकास मंत्रालय है। इस कार्यक्रम के तहत प्रत्येक सांसद 2019 तक तीन गांवों में भौतिक और संस्थागत बुनियादी ढांचे के विकास की जिम्मेदारी लेगा।
अतः विकल्प (C) सही है।

9. ग्रामीण क्षेत्रों में शहरी सुविधाओं का प्रावधान एपीजे अब्दुल कलाम द्वारा प्रस्तावित किया गया था।

ग्रामीण क्षेत्रों में शहरी सुविधाओं का प्रावधान भारत में ग्रामीण विकास के लिए एक रणनीति है जिसे पूर्व राष्ट्रपति एपीजे अब्दुल कलाम ने जनवरी 2003 में ग्रामीण विकास को सशक्त और तेज करने के तरीके के रूप में प्रस्तावित किया था। ग्रामीण क्षेत्रों में शहरी सुविधाओं के प्रावधान का प्रस्ताव है कि शहरों के बाहर अवसर पैदा करने के लिए ग्रामीण क्षेत्रों में शहरी बुनियादी ढांचा और सेवाएं प्रदान की जानी चाहिए। इससे ग्रामीण क्षेत्रों से शहरी क्षेत्रों में युवाओं का पलायन भी रुकेगा।
अतः विकल्प (D) सही है।

10. मान्यता प्राप्त सामाजिक स्वास्थ्य कार्यकर्ता (आशा) योजना राष्ट्रीय ग्रामीण स्वास्थ्य मिशन के तहत चालू है।

राष्ट्रीय ग्रामीण स्वास्थ्य मिशन (NRHM), अब राष्ट्रीय स्वास्थ्य मिशन के तहत 12 अप्रैल, 2005 को शुरू किया गया है। इस योजना का मुख्य उद्देश्य दूरस्थ ग्रामीण क्षेत्रों में सबसे गरीब परिवारों को भी सुलभ, सस्ती और जवाबदेह गुणवत्तापूर्ण स्वास्थ्य सेवाएं प्रदान करना है। इस योजना के तहत मान्यता प्राप्त सामाजिक स्वास्थ्य कार्यकर्ता (आशा) योजना भी चालू है। यह स्वास्थ्य और परिवार कल्याण मंत्रालय द्वारा चलाया जाता है।
अतः विकल्प (C) सही है।

11. मेटकाफ भारतीय गाँवों को एक गणतंत्र के रूप में देखता है। उन्होंने लिखा है कि ग्राम समुदाय छोटे गणराज्य हैं, जिनके पास लगभग सब कुछ है जो वे अपने अंतर्गत चाहते हैं और लगभग किसी भी विदेशी संबंधों से स्वतंत्र हैं।

अतः विकल्प (B) सही है।

12. क्षेत्रीय ग्रामीण बैंक ग्रामीण ऋण के संस्थागत स्रोत हैं। दूसरे शब्दों में, संस्थागत स्रोत ग्रामीण ऋण आवश्यकताओं का लगभग 80% पूरा करते हैं। संस्थागत ऋण के चार प्रमुख स्रोत सहकारी, वाणिज्यिक बैंक, क्षेत्रीय ग्रामीण बैंक और सरकारी विभाग हैं।

अतः विकल्प (B) सही है।

13. ग्रामीण समाजशास्त्र का जनक रेडफील्ड है। ग्रामीण समाजशास्त्र गाँव या गाँव समाज का समाजशास्त्र है। यह समाजशास्त्र की एक शाखा है जो ग्रामीण समाज का अध्ययन करती है। ग्रामीण समाजशास्त्र गांवों में रहनेवाले लोगों के संबंधों का अध्ययन करता है।

अतः विकल्प (C) सही है।

14. ग्रामीण समाजशास्त्र के विषय-क्षेत्र में विकास कार्य सम्मिलित नहीं है।

ग्रामीण सामाजिक संगठन अन्य समाजों, जैसे- आदिम समाज, नगरीय, औद्योगिक के सामाजिक संगठन से भिन्न एवं विशिष्ट होता है।

सभी समाजों की तरह ग्रामीण समाजों में भी आवश्यकताओं को पूर्ण करने के लिए ग्रामीण समाज द्वारा मान्यता प्राप्त विधियाँ होती हैं जिन्हें संस्था कहते हैं। ग्रामीण समाजों में जनरीतियाँ, प्रथाएँ, रूढ़ियाँ, रीति-रिवाज, कानून आदि होते हैं जिनके प्रकारों एवं कार्यों का अध्ययन करना इस विषय का अध्ययन क्षेत्र है।

ग्राम और नगर एक-दूसरे के विरोधी और विपरीत संगठन नहीं बल्कि ये दोनों समाज एक-दूसरे के पूरक हैं। ग्राम "ग्रामीण समाजशास्त्र ग्रामीण एवं नगरीय संस्कृति के बीच अन्तःक्रियाओं की उपेक्षा नहीं कर सकता' ग्राम अपनी अनेक आवश्यकताओं के लिए एक-दूसरे पर निर्भर रहते हैं। ग्रामीण एवं नगरीय जीवन का तुलनात्मक अध्ययन ग्रामीण समाजशास्त्र के अध्ययन का क्षेत्र है।

अतः विकल्प (C) सही है।

15. महिला मंडल स्वैच्छिक सेवा संगठन हैं जो भारत के गांवों में महिलाओं की बेहतरी के लिए काम करते हैं। ये ग्रामीण महिलाएं ग्राम सेविकों, मुख्य सेविकाओं, पर्यवेक्षक और कार्यक्रम अधिकारी की मदद से मिलकर काम करने में रुचि रखती हैं। महिला मंडल पोषण शिक्षा, परिवार कल्याण, खाद्य भंडारण, बच्चों के टीकाकरण, महिलाओं के लघु बचत खातों, स्नानघरों की व्यवस्था, धुआं रहित चूल्हे, महिला शिल्प केंद्र और बालवाड़ी आदि को बढ़ावा देने के लिए काम करती हैं।

अतः विकल्प (C) सही है।

16. राष्ट्रीय ग्राम स्वराज अभियान (आरजीएसए) 24 अप्रैल 2018 को पंचायती राज मंत्रालय, भारत सरकार की एक छत्र योजना के रूप में शुरू किया गया था। यह ग्रामीण क्षेत्रों में पूरे भारत में पंचायती राज व्यवस्था को विकसित और मजबूत करने के लिए प्रस्तावित एक अनूठी योजना है। इस अभियान का मुख्य उद्देश्य राष्ट्रीय महत्व के मुद्दों को हल करने के लिए उपलब्ध संसाधनों के इष्टतम उपयोग और अन्य योजनाओं के साथ अभिसरण पर ध्यान केंद्रित करते हुए समावेशी स्थानीय शासन के लिए पंचायतों की क्षमताओं को बढ़ाना है।

अतः विकल्प (A) सही है।

17. कृषि क्षेत्र में पूंजी निर्माण की कमी, क्षेत्रीय असमानता, विशेष रूप से छोटे और सीमांत किसानों, काश्तकार किसानों, भूमिहीन मजदूरों और बटाईदारों की ऋण के गैर-संस्थागत स्रोतों पर काफी अधिक दरों पर निर्भरता जैसी चुनौतियों का सामना करना पड़ता है। भारत में कृषि ऋण के संबंध में अपर्याप्त ऋण स्वीकृति, अपर्याप्त संस्थागत कवरेज, गरीब किसानों का कम ध्यान और ग्रामीण ऋण की अपर्याप्तता प्रमुख समस्याएं हैं।

अतः विकल्प (C) सही है।

18. देश के किसानों की ऋण आवश्यकता की अवधि और उद्देश्य को ध्यान में रखते हुए, भारत में कृषि ऋण को तीन प्रमुख प्रकारों में वर्गीकृत किया जा सकता है, अर्थात्, अल्पकालिक, मध्यम अवधि और दीर्घकालिक ऋण।

अल्पकालिक ऋण: अल्पावधि ऋण उनकी अल्पकालिक जरूरतों को पूरा करने के लिए दिया जाता है, जैसे कि बीज, उर्वरक खरीदना, किराए के श्रमिकों को 15 महीने से कम की अवधि के लिए मजदूरी का भुगतान करना।

मध्यम अवधि के ऋण: इस प्रकार के ऋण में किसानों की मध्यम अवधि के लिए 15 महीने और 5 साल के बीच की ऋण आवश्यकता शामिल होती है और यह मवेशी, पंपिंग सेट, अन्य कृषि उपकरण आदि खरीदने के लिए आवश्यक होती है।

दीर्घकालीन ऋण: दीर्घकालीन ऋण 5 वर्ष से अधिक की लंबी अवधि के लिए केवल अतिरिक्त भूमि खरीदने या भूमि पर कोई स्थायी सुधार जैसे कुएँ खोदना, भूमि का सुधार, बागवानी आदि के लिए दिया जाता है।

अतः विकल्प (D) सही है।

19. गांव ग्रामीण समाज की इकाई है। इसके लोग जाति और सामाजिक रीति-रिवाजों के एक विशिष्ट ढांचे के भीतर एक साथ रहने का व्यवसाय करते हैं। जाति एक प्रमुख सामाजिक संस्था है जो सामाजिक और आर्थिक संबंधों में व्याप्त है।

अतः विकल्प (B) सही है।

20. प्रच्छन्न बेराजगारी में कमी सामाजिक विकास का एक उपयुक्त सूचक नहीं है।

प्रच्छन्न बेरोजगारी तब होती है जब श्रम बल का एक हिस्सा या तो बिना काम के रह जाता है या अनावश्यक तरीके से काम कर रहा होता है जैसे कि श्रमिक उत्पादकता अनिवार्य रूप से शून्य हो। यह बेरोजगारी है जो सामाजिक विकास के कुल उत्पादन को प्रभावित नहीं करती है। एक अर्थव्यवस्था प्रच्छन्न बेरोजगारी को प्रदर्शित करती है जब उत्पादकता कम होती है और बहुत से श्रमिक बहुत कम नौकरियां भर रहे होते हैं।

अतः विकल्प (B) सही है।

21. जुलाई 2001 में प्रारम्भ की गई कृषि श्रमिक सामाजिक सुरक्षा योजना का कार्यान्वयन लाइफ इंश्योरेन्स कॉर्पोरेशन ऑफ इण्डिया के माध्यम से किया जा रहा है।

यह कृषि श्रमिकों के लिए एक योजना है जिसे 1 जुलाई 2001 को आरंभ किया गया था। यह जीवन बीमा सुरक्षा, आवधिक एकमुश्त उत्तरजीविता लाभ और कृषि श्रमिकों को पेंशन प्रदान करता है जो 18 − 50 वर्ष की आयु के बीच थे।

अतः विकल्प (C) सही है।

22. ग्रामीण क्षेत्रों में शहरी सुख-सुविधाएँ प्रदान करना' (PURA) योजना डॉ. ए. पी. जे. अब्दुल कलाम द्वारा जनवरी 2003 में तीव्र एवं सशक्त ग्रामीण विकास के लिये प्रस्तुत किया गया। ग्रामीण क्षेत्रों में शहरी सुविधाओं का प्रावधान प्रस्तावित करता है कि शहरों के बाहर आर्थिक अवसर बनाने के लिए ग्रामीण केंद्रों में शहरी आधारभूत संरचना और सेवाएं प्रदान की जाएंगी।

अतः विकल्प (A) सही है।

23. प्रधान मंत्री नरेंद्र मोदी ने 25 अक्टूबर 2021 को उत्तर प्रदेश के वाराणसी से प्रधान मंत्री आत्मनिर्भर स्वस्थ भारत योजना (पीएम-एएसबीवाई) की शुरुआत की। उनके द्वारा राज्य में नौ मेडिकल कॉलेजों का भी उद्घाटन भी किया गया। यह योजना, देश भर में स्वास्थ्य सेवा की आधारभूत संरचना को मजबूत करने के लिए सबसे बड़ी अखिल भारतीय योजनाओं में से एक होगी।

अतः विकल्प (C) सही है।

24. 6 जनवरी 2021 को, उत्तर प्रदेश सरकार ने राज्य के किसानों की आय को दोगुना करने के लिए 'किसान कल्याण मिशन' नामक एक विशेष कार्यक्रम प्रारंभ किया। सभी 75 जिलों के प्रत्येक विकास खंड में, किसानों के कल्याण के लिए 3 सप्ताह-लंबे अभियान का समन्वय किया जाएगा।

अतः विकल्प (C) सही है।

25. मछली उत्पादन के लिए उत्तर प्रदेश को "सर्वश्रेष्ठ अंतर्देशीय राज्य" में प्रथम पुरस्कार मिला। मछुआरों को मछली उत्पादन में समान गति बनाए रखने में प्रोत्साहित करने के लिए, उत्तर प्रदेश सरकार कई योजनाएं चला रही है।

अतः विकल्प (B) सही है।

// टिप्पणियाँ //

// टिप्पणियाँ //